国学经典文库

图文珍藏版

实录后宫沉浮　解密宫帏之道

后妃宦官大传

王艳军◎主编

线装书局

十九　刺杀韩信

韩信在长安城成了一个孤独的人。从表面看,他是个有爵位的侯爷,与其他功臣没有什么差别。但实际上,并不是那样简单。

一次,早朝之后,刘邦突然留下韩信,说让他参加一次会议,有事与韩信商议。

这次议题是与匈奴和亲之事。

才过了一两日,朝中连接北方警报,又是匈奴侵犯边疆,往来行踪不测,令汉军几乎防不胜防。高祖召入建信侯刘敬,与他议论边防事宜。

刘敬道:"天下初定,士卒久战,身心都很疲倦。如果再兴师远征,实非易事,看来这匈奴国不是武力所能征服的,一定要安抚才行。"高祖道:"不用武力,难道可用文教吗?"刘敬又说:"冒顿单于,杀父自立,性如豺狼,怎么能与他谈仁义?为今之计,只有想出一条久远的计策,使他子孙臣服,方可无虞,臣倒是有一个办法,但恐陛下不肯照行。"

高祖问道:"果有良策,可使他子孙臣服,那朕还有何说!"刘敬看了一眼旁边的韩信,说:"陛下要想匈奴臣服,只有和亲一个办法,如果陛下能够忍痛割爱,把长公主远嫁给单于的话,以她的容貌风度,一定会受到冒顿的宠爱,被立为正室。将来公主若生下男子,也必定会被立为太子,陛下可以教他礼仪,赠他礼物,软化他的心灵。现在冒顿在世,他是陛下的女婿,日后他要是死了,陛下的外孙就成了单于,更加易于管理。普天之下哪有外孙和外公争天下的呢?"

韩信知道此人是圣上新宠,便想见识一下此人的能力。

想着想着,韩信不禁轻蔑地哼了一声,刘敬以为他要发言,忙问:"淮阴侯机智过人,不知可有何高见?"韩信这些年光碰钉子,人也学乖了,摆手笑道:"没有,没有,建信侯神机妙算,韩某是佩服得五体投地呀!"

高祖一直在犹豫,听他也这么说,就拍板道:"此计甚善,我又何惜一女呢。"

韩信被吓了一跳,心想:天底下还真有这种人,一个女儿许两家,这话怎么听也不应该是金口玉言的皇帝老子说的。

刘邦返入内室,和吕后商量,要把长公主转嫁给匈奴单于。吕后大惊道:"为妻只有这一子一女,相依终身,为何陛下要将女儿,弃诸塞外,许配给尚未开化的番奴?况且女儿已经许字赵王,陛下身为天子,难道尚可食言?妾身实在不敢从命!"说至此处,那泪珠儿已莹莹坠下,渐渐又变成号啕大哭,眼泪是女人的三件法宝之一,吕后只是随便祭出一件,就弄得高祖说不下去,只好付诸一叹罢了。

过了一晚,吕后恐怕高祖变计,忙令太史选择最近的吉日,把长公主嫁与张敖。好在张敖此时正在朝中,尚未归国,趁便做了新郎,亲迎公主。

高祖满心不愿意,却理屈词穷,斗不过吕后,只好任她所为。良辰一到,吕后便即令两人成婚,两口儿恩爱缠绵,留在都中渡了几个蜜日,便进宫辞别帝后,乘辇回国去了。

高祖一心想要和亲,不能为此中止,就找到吕雉,质问道:"女儿让你放跑了,现在匈奴依然猖獗,你说怎么办?"吕雉一笑,道:"此事就交给我,如果我能让匈奴罢兵,陛下就不要怪为妻,好不好?"高祖恨她坏自己的好事,哼了一声,不置可否地

·擅权乱政·

图文珍藏版

走了。

吕雉说到做到，一面派人火速去匈奴提亲，带去她替刘邦写的诏书，

一面又取了后宫所生的女儿，诈称长公主，教她礼仪，准备上路。大约过了一个月，使臣返回，入朝见吕后，说是匈奴已经允洽，但究竟是以假作真，不得而知。

吕后于是吩咐速送假公主到番邦，然后再派人和谈，以此表示诚意，另一方面，她也提醒高祖应该加固边防，以免为敌人所乘。高祖本想看她尴尬，没想到却做得井井有条，于是悻悻地说："朕知道了。"

刘敬也启奏道："陛下定都关中，不仅北近匈奴，须要严防，就是山东一带，六国后裔，以及许多豪强大户，散居故土，难免不出意外，陛下恐怕很难高枕无忧。"

高祖从没想过这个问题，忙问："这却如何预防？"

刘敬说："以臣看来，六国后人之中，唯有齐地的田怀两姓，楚地的屈昭景三族，可以称得上是豪强，陛下不如命他们迁徙到关中，从事屯垦。平时可以防备胡人，如果东方发生变化，陛下也可以率他们东征。除了他们之外，就是燕赵韩魏的后裔，以及一些江湖豪杰，也可以酌情迁入关中，作为后备力量。这样一来，两件坏事就变成了一件好事，请陛下采纳施行！"

高祖又信为良策，即日颁诏出去，令齐王刘肥、楚王刘交等率领齐越豪族，西入关中。还有英布、彭越、张敖诸王，已早归国，亦奉到诏令，调查豪门贵族，迫使他们携眷入关。

高祖还都两月，难耐寂寞，又赴洛阳游玩。此时恰好有赵相贯高的仇人，上书告他造反。高祖阅毕，立即大怒，遂亲写一道诏书，付与卫士，叫他前往赵国，速将赵王张敖，及赵相贯高、赵午等人，一并拿来。这事从何而起？却是由于半年前高祖路过赵国，肆意辱骂赵王，惹恼贯高赵午两人，他们见主子无端被骂，心下不平，竟起反心。他两人年过六旬，本是赵王张敖父执辈，使他为相，好名使气，到老不衰。

此事被贯高的仇人偶然得知，就大做文章，上奏高祖。高祖上回气还没消呢，这回更是毫不客气，一道严诏，发到赵国，赵王张敖，对行刺之事全然不觉，冤冤枉枉的受了罪名，束手就缚。

赵午等见赵王被抓，情急之下，舍生忘死，没抓就自己赶到，当着使臣的面自杀，希望洗清赵王的冤屈。只有贯高怒叱众人道："我王并未谋逆，这一切全是由我等所为，今日连累我王，如果都是一死了事，试问我王的冤枉，何人替他申辩呢？"于是他情愿受绑，随张敖同行。

有几个赤胆忠心的赵臣，也想随着。偏偏诏书中不准相从，并有罪及三族的严厉处罚，于是就一起想出一法，假充赵王家奴，随主人进洛阳。

一次审讯完毕，明日再讯，后日三讯，贯高始终坚执前词，为赵王喊冤。典狱官气急败坏，又命手下用严刑拷打，当时由隶役取过铁针在火中烧热，刺入贯高肢体，可怜贯高不堪忍受，晕过数次，甚至身无完肤，九死一生，仍然不改前言。

典狱官也没办法，怕他受刑而死，只好把贯高关押在狱中，从缓处理。

可巧鲁元公主，为了丈夫被捕，急往长安，求见母后，哭泣求援。吕后大惊，心想：刘邦和张敖看来真的成了冤家路窄了，怎么隔这么短时间又闹上了。她厉声对鲁元公主说："你实话实说，到底张敖是不是杀你父皇的幕后主使！"鲁元公主哭诉

道:"赵王始终感激父皇,怎么会去暗算他呢,母后,你相信女儿,我是不会对你说谎的! 求求你,在父皇面前说上几句,不要让女儿年纪轻轻的就守寡呀!"

吕雉想了想,觉得刘邦借机报复的可能性比较大,就劝慰了女儿几句,自己随后亲自出马,赶到洛阳。见了高祖,她极力为张敖开脱,说他身为帝婿,不太可能谋反。

高祖难忘旧事,仍然发怒道:"张敖如果得据天下,难道尚少你一个女儿吗?!"吕后见话不投机,知道他心中还有怨气,自己不便再请,就告辞出来。

她害怕张敖真有反心,就派人去询问典狱官。典狱官据实陈明,而且马上将每次审讯情形,详细奏明。吕后深受感动,又将原话直接转告高祖。高祖也不禁失声道:"好一个壮士! 始终不肯改言。"他口中虽这么说,心中尚不能无疑心,于是遍问群臣:"何人与贯高相识?"

中大夫泄公应声道:"臣与贯高同邑,也曾相识,高素尚义气,不轻许诺言,却是一个志士。"

高祖道:"你既然认得贯高,可立即到狱中探视,问明隐情,究竟赵王是否同谋?"泄公应命,手持符节进入监狱。狱史见了符节,才敢放他进入。小屋中黑漆漆的,泄公走到竹床附近,才见到贯高仰卧床上,已是遍体鳞伤,令人不忍逼视。他轻轻地呼唤了数声,贯高听着,方开眼仰视道:"来人莫非就是泄公吗?"泄公连声称是。

贯高便要坐起,可是身子却不能动弹,伤口却如撕裂般疼痛,未免呻吟不已。泄公仍叫他躺着,婉言慰问,与平时相见一样。等说到谋逆一案,方才出言探问道:"你何必硬保赵王,自受此苦呢?"

贯高用力把眼睁开道:"你说错了! 人生世上,哪一个不爱父母,恋妻子,今天我自认首谋,必致三族连坐,难道我痴呆至此? 为了赵王一人,甘愿送掉自己三族性命? 不过赵王确实并未同谋,如何将他扯进来,我宁愿灭族,也不愿诬陷我王。"

泄公于是依言回报,高祖才相信张敖无罪,赦令出狱。就又对泄公道:"贯高至死都不肯诬陷赵王,忠诚之心却是难得,你可再往狱中,传报张敖已经释出,连他也要被赦罪了。"于是泄公复至狱中,传述谕旨。贯高不顾疼痛,跃然起床道:

"我王果然已被释出吗?!"泄公道:"主上有命,不止释放张王,还说足下忠义过人,也应当赦罪。"

贯高长叹道:"我所以拼着一身,忍死须臾,无非是想要为赵王洗脱冤屈。今天他既然已经出狱,我得尽责才行,死又算什么,何况我身为人臣,已受篡逆的恶名,还有何脸面再服侍主上? 就算主上可怜我,我难道就不知自愧吗?"说罢,竟然一头在墙上撞死。

这天,刘邦召集群臣高谈阔论,韩信也在场。刘邦特别提到了去年亲征匈奴,在平城被困差点丢了性命的事。最后说:"韩爱卿,要是以后再有匈奴侵犯,你可否领兵出战啊?"

"陛下,国家社稷,乃为臣之命,为国效力,为陛下尽忠是为臣义不容辞的责任。"韩信说道。

"不过,我有个愿望,在我有生之年,一定要击败匈奴,报平城之仇。我将亲手击败单于!"刘邦望着韩信又说:"韩爱卿可相信?"

刘邦此话的意思很明显,那就是,我刘邦不用你韩信,同样有办法击败匈奴。但是,心直口快的韩信却并未听出刘邦的弦外之音。他对刘邦说:"陛下亲征时,臣愿为先锋。"

"呵,难道樊哙、周勃等将就不能做我的先锋了吗?"刘邦阴阳怪气地说道。

刘邦嘴角抽动一下,似笑非笑地又说:"淮阴侯,我问你一个问题。"

"陛下请讲。"

"你看我能指挥多少兵作战呀?"

韩信不加思索,随口答道:"陛下可以领兵 10 万。"

"噢…"刘邦面带难堪之色,没有立即接话。

刘邦心想,才领兵十万?领兵十万绝不能算是大将之才,他如今成为一国之君,曾经统率过千军万马,取得了胜利,统一了国家,这岂能说只能领兵十万。

刘邦的脸色越来越难看,他认为韩信这是瞧不起自己,有意羞辱自己。于是,他又冷冷地问道:"那么,请问淮阴侯,你呢?你能带多少兵?"

既是失言,就不能收回,一定要想办法圆回来。韩信从容地说道:"回陛下,臣韩信带兵,当然是多多益善了。"

"噢……"刘邦又是一惊。他已气得双眼都红了,随着几声冷笑,说道:"韩爱卿,我佩服你的坦率和诚实,不过,我又为你盲目自大和傲慢自骄而感到羞耻。如你所说,我只配领兵十万,而你多多益善,那么,你怎么会让我抓获呢?"

这时吕雉认为时机成熟,她干咳一声说道:"韩将军,虽然你与皇上是老朋友,但今天已是君臣关系。家有家规,国有国法,作为人臣,如此当面轻视皇上,该当何罪呀?"

吕雉在前次韩信府上碰了钉子后,觉得韩信不吃自己那一套,也就死心了。但她却一直怀恨在心,寻找机会给韩信一点厉害。

面对刘邦、吕雉的咄咄逼人的问话,韩信显得从容而自信,一点都没有慌乱的意思。因为韩信发现自己说错话之后,已在心里想好了补救之词。他微笑着对刘邦和吕雉说道:"陛下、娘娘,你们曲解了臣的本意。"

"曲解?不是刚才你清清楚楚说,我只可领兵十万,而你却多多益善吗?"刘邦不耐烦地说道。

"是啊,陛下问的是带兵,而不是带将。臣以为,陛下与常人不同之处就在于不善带兵,而善于带将。臣韩信却不同,自己只能作为陛下手下的一将而已,所以也就只能是带兵的,这样,当然希望自己的兵越多越好了。正因为差别在这里,才有臣为陛下所擒获的结果了。"

刘邦听韩信徐徐道来,便不住地点起头来。终于,他高兴地大笑起来:"哈哈哈……还是韩爱卿了解我。哈哈,我善带将,这话很对,这正是我能打败项羽的原因啊!哈哈,我善带将,韩信善带兵,有道理,有道理啊,哈哈哈!"

韩信终于松了一口气。

韩信盼着尽快吃了午饭回家,但是午宴上的情景却让他触景生情,心里更不好受。在整个宴会上,吕雉有说有笑,而与他同坐在刘邦身边的戚夫人和薄夫人却显得十分沉闷。韩信知道,这位戚夫人还是刘邦最宠爱的人,而薄夫人也是刘邦的患难之交。

"这个女人确实不凡。"韩信心里暗叹着。他想,戚夫人、薄夫人这两个刘邦的宠妃,在这个女人面前都一副楚楚可怜的样子,足以说明这个女人整治人的手段是如何高明。从两位嫔妃的处境,韩信想到了自己,他觉得他也像这两位皇妃一样,主要由于眼前这位吕皇后火上浇油地进谗言,才落到今日下场。想到此,他气就不打一处来。

这时,吕雉端起杯给韩信敬酒,韩信正在心里暗暗骂着她,一时脑袋没回过神,沉着脸盯着吕雉。抓起酒杯一仰脖子独自唱了,连句客气话都没说。

这显然是极失礼的事,萧何和陈平都傻了眼,刘邦也颇感惊异地看着韩信。韩信发现大家都在看他。猛然觉得自己已失礼,他用眼扫了一下吕雉,她手里还在把着那杯酒,眼睛里暗含着不易发觉的哀怒,继而,这种哀怒又变成了凶光。韩信本能地浑身一颤,赶忙对吕雉说:"韩信深谢娘娘好意。娘娘敬酒,臣因为心中激动,便独自先饮了。"

萧何此时也过来打圆场,端起酒杯敬吕雉及其他两位夫人。

韩信稍顿,便推说自己喝多了酒提前退出了午宴。

在回府的路上,韩信百感交集。他一代英雄,曾叱咤风云,何等威风。可一转眼工夫,就变成了

这是韩信一生中最后一次参与朝政。正是由于这次打击,他从此便称病在家,从不上朝。

当然,韩信不上朝,并无谁重视他,很少有人过问他。渐渐地,韩信的脾气越来越坏,稍有不顺,便大发雷霆。日子在沉闷的平安中度过,转眼韩信到长安快四年了。

长安的有头有脸的人都怕自己被株连而不敢与韩信接触,但这并不是韩信府上就没有客人。韩信府上每日客人不断,不过那都是市井中的平民百姓。

当然,这些见韩信的"平民"中自然有刘邦的暗探,特意装扮成平民去劝韩信,讨他的口风。而探子们每每报告的消息都是韩信如何说刘邦的圣明和他如何忠于刘邦的话,这使刘邦一度感到对不起韩信。

不过,刘邦这种愧意仅是一闪而过,他清楚,即便是冤枉,也要冤枉下去,因为他已是骑虎难下,他不能也不敢放了韩信。

刘邦御驾亲征后,吕雉便与审食其密谈,认为对韩信要严加防范。

最初,高祖率大兵出长安时,韩信称病不随皇帝出征。后来打听到陈豨屯兵曲阳,又觉得陈豨应当占据邯郸,阻塞漳河才为上策,怎么可以屯兵曲阳呢? 高祖假如占据住邯郸,陈豨就凶多吉少了。

想来想去,自己虽然无法起兵呼应,至少应该提醒他一下。于是马上奋笔疾书,把自己的想法倾囊而授,而后暗中派心腹人前去送信给陈豨。此外,他在信中还特别提道:请派遣良将精兵从小路径攻长安,我却从中起事,让高祖首尾不能相应,如此必获全胜。

心腹人带书信出城,有韩信家仆谢公著设酒送行,两人饮酒,不觉沉醉,说了很多不该说的话。直喝到红日西沉,谢公著才与心腹人告辞,返回侯府。

谢公著五更酒醒,其妻道:"你回来晚了,淮阴侯很生气,怪你两句,可是你口出狂言,甚是无礼,明天肯定受罚。"谢公著就问:"我都说什么言语了?"其妻说:"你

说:'我又不曾交通外国,能干什么事?'淮阴侯惊讶入内,晚间还和夫人计议要杀你,幸好被为妻听到,你可及早逃走出去,以免一死。"

谢公著闻妻言,惊惶不已,便起来穿了衣服,预备行李,躲避在夹道旁等候。天光见亮时,侯府刚开宅门,他就侧身而出。

审食其连日来接到吕后手敕,吩咐用心防备韩信,以除后患。他进不去淮阴侯府,自然也无法知道韩信的情况,正无计可施,却在街上的角落里看见韩信的家奴谢公著,急忙喊住他,想从他的嘴里掏些话出来。

谢公著一看是他,眼前也是一亮,心想:此人与吕后不清不楚,而吕后又与韩信颇有矛盾,看来这件事告诉他最好。

这下好了,两人臭味相投,没说两句就切入正题。谢公著随着进入审食其府内,后者近前密问道:"你有何事告变?"

谢公著低声道:"韩侯与陈豨交通,结连谋反!"

审食其一听,美得差点儿没晕过去,不过,他脸上尽量绷着劲,摆出侯爷的威风,道:"汝你告他谋反一定要确有其事才行,不可轻易。如果不实,你就难免死罪!"

谢公著指天发誓道:"此事岂是小事?谢某纵有天大的胆子,亦不敢轻易。如果不实,谢某甘当重罪!甘愿天打五雷轰!甘愿……"

审食其见他许愿发誓的样子,知道是真的,就说:"行了,行了!我带你去个地方,保证你的狗头能留下。"

说完,他便领谢公著到宫中去见吕后,让他把此事详详细细重新讲述一遍。

"我就知道韩信绝不会就此罢休,果不其然,他跳了出来。"吕雉恶狠狠地说道。

"娘娘,我带领御林军立即到侯府擒了韩信,不然他先动手就麻烦了。"审食其摩拳擦掌地说道。

"愚蠢!韩信是谁?你带上几个御林军!还不够他包饺子呢对付韩信,必用智取,万万不可强行,弄不好,我们先都成了他的刀下之鬼了。"

"对,对,还是娘娘料事周全。"审食其讨好地说道。

"你再发展几个内线,让他们严密监视着韩信,决不能让他离开府宅半步!"吕雉说道。从这时开始,韩信便已经向死亡的深渊一步步迈去,可悲的是,他还蒙在鼓里,一无所知。

刘邦出兵征讨陈豨,临行前嘱咐:长安宫里所有政事,内托皇后吕雉,外委丞相萧何代管,吕雉自然乐意,从不怠慢,每天一早临朝,与群臣一起商议军国大事,退朝后又忙于批阅文书奏折。吕雉想:这回好了,抓住这个小辫子,终于可以将韩信这个不识时务的混账东西置于死地了。想到这里,她脸上禁不住露出了得意的狞笑,她连夜召萧何入宫密商对策。她流着泪对萧何说:"皇上现在远离都中,若让韩信得逞,非但我母子肝脑涂地,只恐汉室社稷一倒,黎民百姓又要遭受战乱之苦了。请丞相速速定计剪灭叛贼才是啊!"

这给萧何出了个大难题,他同韩信有着很深的私人交情。

现在韩信犯了死罪,他真不忍心诛灭,但面对吕后那一番话,他又不得不放弃私情,他想,自己身为丞相,本以江山黎民为重,岂能因为私情而庇护反逆?于是,萧何躬身说道:"皇后陛下请放心,臣自有良策擒拿韩信。"

"唉,请问丞相有何良策?"吕雉急火火地问道。

"臣以为,韩信乃当今无人可敌的骁将,如果硬碰硬地去擒拿,势必有很大的困难。所以,我们只能用计擒拿而不能硬性去拿。"

"嗯,这话不假,依丞相看,该用何计呢?要知道,韩信并非只有勇,他也是很有头脑的人啊!"

"当前,条件还不成熟,等过上几天。"萧何向吕雉低语了一阵,吕雉高兴地说:"对,对,对,丞想不愧是智谋过人,此计甚好。"

"顶顶要紧的是不要让韩信发觉我们的行动,不然就会打草惊蛇。"吕雉不放心地叮嘱萧何道。

"娘娘请放心。"萧何说完便告辞出来了。

萧何回到自己府上,百感交集,但事已至此,他又毫无能力挽回。他一边布置着抓韩信的步骤,一面在心里说道:"韩老弟,请见谅啊!"

几天之后,一名将士风尘仆仆驰入长安,直奔吕后住的长乐宫。

他自称是皇上从前线派来的使者,向皇后太子以及朝中大臣传报佳音,说反贼陈豨已被扫平,圣上不日将班师回京。

群臣听说有捷报,都进入萧何相府,商议明日入朝称贺。丞相说:"这是国家大事,诸君应该齐到,就约韩信一同入贺。"

养病在家的淮阴侯韩信也接到了上朝道贺的通知,但他与往常一样,告病未去。

这可急坏了萧何,他在心里暗忖:这个韩信搞的什么名堂?明明昨天还答应我说将来要参与朝事,为什么又没来,难道他发觉了什么?

萧何亲自来请,这是韩信万万没有料到之事。

"韩将军,你不是给我答应得好好的嘛,怎么今天不去?今天可只有你没去,很显眼啊!"一进门萧何就没好气地说道。

"丞相,你搞错了,我说的是参与朝事,并不是说朝中有事便可去。再说,皇上不在,我有这个必要吗?"

"有必要,很有必要!"

"噢,何以见得?"

"韩将军,吕皇后对你本来就有些不满,这你是知道的,如果你不去,皇后以为是你看她不起,说不定哪一天又要生出什么事端来啊!唉,如果皇上在宫里,我就不会多这事了。对现在皇上在外,皇后受托执政,你说,你这不是明摆着得罪皇后吗?"

"丞相,"韩信苦笑着说;"我与你想的不同。我不去也是出于对皇后的考虑,你认为不去是得罪皇后,但我却不这么看,说不定她还不想让我去呢,因为我一去,就会多嘴多舌,有时会给她下不了台,因此说,我入宫,皇后不见得就欢迎。"

"不!这次绝对欢迎,我可以保证……"萧何自觉失言,及时打住没往下说。

韩信看着萧何,颇感诧异,不过,他并未因这诧异而去深想。稍缓,韩信笑着说;"既然丞相要我去,那就去一趟吧!"

"好,我们同行。"

韩信先到内庭见苏夫人,备说皇帝有思念之意,叫他同众人入朝称贺。夫人有些奇怪,道:"前日皇帝远行征讨陈豨,相公托病不同行,一向又未得见吕后,今闻捷音至,却去称贺,吕后会不会觉得奇怪,恐至陷害,公当斟酌!"

韩信道:"如果今天不去朝见,皇帝早晚回朝,吕后必进谗言,我们君臣如何相见?况且萧丞相在左右,决然维持,料亦无事。"

于是,淮阴侯韩信,随着丞相萧何向长乐宫而去。

刚到长乐宫前殿,就有四名执事上来,说道:"娘娘在临华殿等候淮阴侯"。韩信躬身应是,回头看了萧何一眼,那意思是:为啥单独接见我,还不许丞相入内?

萧何拱手一笑,说道:"既然皇后有旨单独召见,那就请韩将军快去吧,我在前殿候命。"

走到临华殿门前,他老远就看见审食其在门旁对什么人指点着说什么,随后便不见了。同时,他又听到走廊有杂乱的脚步声。

韩信刚一踏进门槛,两扇大门"咯吱吱"一声便关上了。接着四条绳子从天而降,同时搭在了韩信的身上和脖子上。八名武士一人牵着一头,同时向着一个方向猛跑几圈,把个韩信便结结实实地绑了起来。随后又上来四名武士,把韩信重重地摔倒在地,然后用绳子分别捆了双手和双腿。

这时韩信才知上了当,但他心不死,左右扭头看着,在找萧何,他大声喊道:"丞相救命啊、丞相救命!丞相萧何你在哪里呀?"

武士们把韩信押上殿。吕雉怒视着韩信,斥道:"没良心的东西,皇上待你不薄,如何一而再、再而三地谋反?"韩信大喊冤枉。吕后一点都听不进去,打断韩信的话说道:"你冤枉?你要冤枉,我就冤枉了。现在奉皇上诏令,将反贼韩信立即处死,灭三族!"

韩信大喊道:"老妖婆,你要杀我容易,可是先拿出证据来,天下人才会信服,我也死而无憾!"

吕雉冷笑道:"好一个死而无憾!我问你,你的家奴谢公著这些天到哪儿去了?"

韩信身上一震,有些语塞。没容他答话,吕雉又说:"他几天前就已经到了丞相府上,并且把你的事原原本本和我们讲了。"

"那是他一面之词,是他打击报复!"韩信在做最后一搏。

吕雉笑道:"是吗?那么皇帝从陈豨大营中搜出的亲笔信也不是你写的了,是不是?"韩信只觉得脑子里嗡的一声,一句话也说不出了。这时,韩信才知道自己上了当,并且是上了至交萧何的当。他心里一阵钻心的痛。他悔恨交加,悔不该让萧何骗他进来,现在羊落虎口,毫无办法了。

"咳!"韩信长叹一声。把他与萧何的交往全部从这声哀叹中吐完,他心里说道:萧何啊,萧何,真是成也是你,败也是你,既然今天这么煞费苦心地来害我,那么何必当初月下死追呢?

不过,现在怨萧何已经晚了,他只能面对现实,面对吕后。韩信突地从地上站了起来,仰头一阵大笑之后,怒目瞪着说:"你想处死我?"

"对于逆臣反贼,理当处死!"吕雉毫不妥协地说。

"既犯有死罪,也该是上降圣旨处死,哪能轮上你来处死,谁给你这个权力?"

"哼哼!你太精明了,不过再精明今天你也是死定了。老实给你说,除了你就是皇上降的旨。"

"圣旨在哪儿？让我看看！"韩信争辩道。

"我看就没这个必要了吧！"

"那好，圣上曾赐我三不杀：见天不杀，见地不杀，见铁不杀。我问你，你如何处死我？"

吕后冷笑一声。

韩信知道这次在劫难逃了，就仰天长叹道："我真后悔当初不听蒯彻的劝告，以致今天这样冤死。唉，不想我韩信一世英雄，今日竟死于一妇人之手！"

吕后命人拿来一块大布和许多一人多高的削尖的竹签。武士们将竹签一根根竖在地上，另外几个武士将韩信从头到脚裹上。

吕后对裹在布里的韩信说："我今天叫你死在这竹签上。你现在抬头看不见天，低头看不见地，你到死都见不到铁器，还有何话可说？"说完，吕后得意地笑了起来。

几个武士得到吕后的命令，将韩信一下子抬起来，架到了竹签的顶端，然后喊着号子一齐松了手。竹签深深地刺进了韩信的身体，鲜血顺着竹签慢慢地流下来，染红了未央宫的地面，渗入到未央宫的泥土里。

二十　蛇蝎心肠

彭越是灭楚的重臣元老，他在朝中的功劳仅次于韩信。自从韩信被贬为淮阴侯，久居长安以来，彭越就有一种不祥的预感，总觉得有什么灾祸随时都可能降临。韩信被杀害，彭越确实有一种兔死狐悲的不祥之想，按朝廷的官文指控，说韩信策划谋反。这个罪名彭越首先就不相信。

"他们这是卸磨杀驴，过河拆桥！"彭越有时自言自语地说。

成了惊弓之鸟的彭越，几乎不再进京，这时的彭越已是梁王，有事要报奏朝廷，他派使者，朝廷有令，他也会积极执行，就是从不进京，也不轻易与刘邦见面。他心想，韩信的教训就是太轻信他们。

彭越这种敬而远之的态度，在刘邦看起来倒还没什么，吕雉却好似鱼刺在喉。她心里暗自盘算着，一定要尽快除了这个心头之患。

终于，机会来了。

韩信死后，他的一些旧将在楚地相继起兵造反。刘邦亲征，出发前，吕雉对刘邦说："陛下一定要小心从事，那都是些亡命之徒，要知道这一人亡命，三个好汉也难挡啊！"

"请夫人放心，乌合之众，差得远呢。我连项羽、韩信都有办法剪除。何惧他们？"刘邦不在乎地说。

"话当然是可以如此说，不过，陛下毕竟已上了年岁，不比当年啊！我倒是有个想法，不知……"

"有话便说嘛，何必吞吞吐吐的。"

"为何不让梁王与你会师一起剿灭叛贼呢？"

"哎，对呀！这倒是个好主意，这样既可省去长安兵力远途跋涉，又可以给京城留够兵力，用彭越的兵，就近而且，唉！恐怕……"刘邦犹豫了。

"陛下有何为难处？"吕雉明知故问。

"这几年，自韩信贬王封侯以后，彭越似乎逐渐和我故意疏远，这次让他出兵会师，未必听我的。"

"陛下，治天下讲究个令行禁止。作为王侯，连皇上的诏令都不听，那还了得？如果彭越胆敢不率兵会师，那就说明他有谋反之心，不妨尽早设法剪除，以防后患。"

"那么，就试他一回，等他不出兵时再作道理。不过，我还是要多带一些兵，以防彭越不出兵。"

"这样当然好。"吕雉高兴地说道。

吕雉的目的达到了。她明知彭越绝对不会出兵，但她向刘邦建议的目的就是把彭越这种敬而远之的态度更加挑明了，让他们君臣之间的矛盾公开化，明朗化，使双方都没有退路可走。

果然，刘邦出发前，就差人通知彭越。让他率军到楚地与自己会师，共同征讨叛逆。

彭越思前想后，不敢前往。他已经意识到刘邦对自己的不满，也从韩信的死中得到了启发。所以，他只派了一个部下将官率三千精兵与刘邦会师，自己称病而未去。

这事自然激怒了刘邦，他立即遣人专程赶到了梁地，指责了彭越。面对刘邦的指责，彭越进退两难。他知道，违抗诏令，是要杀头的，自己已经犯了死罪。为了挽回这被动局面，他准备铤而走险，亲自报挂上阵前往谢罪。

但是，彭越的属下将领扈辄劝谏他说："大王要是现在去，已经于事无补了。"

"为何？"彭越问道。

"大王前日没有应召会师，已经完全失信于皇上，现在绝对没有挽回的余地。如果大王今日前去，必定要遭暗算，事已至此，还不如就此举兵，截断圣上退路。"

虽没起兵造反，但扈辄和彭越商谈时的话被另一位他的部下听到了。这人密报了刘邦，刘邦出其不意地将彭越和扈辄一举捕获，押到了洛阳，交给廷尉处审讯。

审讯的结果是：彭越不听扈辄唆反之意，无大罪。但彭越若是孝忠汉室，就应该将扈辄治罪。因此，彭越也是罪不该赦。

刘邦心里暗想，刚刚杀了韩信，再杀彭越，怕人说他连杀功臣，招人不满。因此，他决定处决反臣扈辄，赦了彭越死罪，废为庶人，发配到四川，以观后效。

吕后得知关于刘邦对彭越的处罚后，心里是喜忧参半。喜的是又一名异姓王犯罪被除掉，剔除了她心头一块疾患。忧的是皇上竟没有杀他，这无疑等于放虎归山，将来必成心腹大患。她立即命令内侍，不顾暑天燥热，直奔刘邦居住的洛阳南宫。

车驾走到郑(陕西华县)时，忽见官道上走来一名身穿囚衣，披镣带枷的犯人，后面由八名军士押解。坐在凤辇上的吕后，一眼就认出，那身着囚服的人就是彭越。

吕后忙命车驾停住，召彭越相见。她装作十分惊讶的样子问："梁王何罪，怎么成这个样子？这是到哪儿去呀？"

彭越在囚车上抬眼看了一下,懒洋洋地说道:"臣被发配,这是赴四川去。"

"这是怎么回事? 一定是哪个小人诬陷,彭爱卿乃国家栋梁,开国之元勋,是少有的大忠臣,就连圣上也经常挂在嘴边夸赞不已,怎么落到这个地步?"吕雉说着,对身边的侍从们喝道:"还不赶快为梁王去了刑具,你们都是木头人?"

武士们七手八脚为彭越解去了刑具,大梦方醒的彭越等明白过来后,立即伏地哭诉道:"娘娘明鉴,臣一片忠心,苍天可知。但是臣不幸受小人诬陷,说臣有谋反之意。幸亏皇上开恩,免臣死罪,发配四川。"

吕雉长叹一声,接着说道:"你看看,我猜就是小人作怪。"彭越道:"臣感谢娘娘恩典。臣有一事相求,不知娘娘可为臣做主。"

"彭爱卿,你但说无妨。"吕雉爽快地说道。

"臣犯重罪,感谢皇上不杀。但发配四川,千里迢迢,不知何日才能回归故里,我一家老小也从此见不着了。臣请娘娘代臣奏明圣上,将小臣流放回昌邑故里,使臣与妻儿老小团圆,罪臣将感恩不尽。"彭越说着,叩头不止。

吕雉下了车辇,轻移脚步,走到彭越跟前把他扶了起来,安慰道:"彭爱卿,我答应你的请求,等回到洛阳见了圣上,我一定为你开脱。"吕雉说着命卫士牵过一匹马,让彭越骑着,随在自己车辇之后,一同直奔洛阳。

进城后,吕雉没等通报,径直来到刘邦的寝殿。这时,刘邦正与戚夫人饮酒作乐,吕雉突然闯入,使刘邦有些不高兴,但念及她远道而来,并没说什么,只是淡淡地问道:"你怎么招呼不打一个就来这儿了? 让你在宫里主持内务,你忘了吗?"

"我怎么忘了,我是有急事而来,办完事后明日便立即回去。"

"急事? 宫中有事?"刘邦惊奇地问道。

"不是官中之事。"吕雉说着,看了一眼一旁的戚夫人。戚夫人知趣地说道:"娘娘既然有事,那我先回避了。"说着向刘邦躬身行礼后就退了出去。

"究竟出了什么事,这样风风火火的?"刘邦又追问道。

"臣妾在长安闻报,梁王彭越谋反,陛下不加以重罪。我就是为这事而来。"

"咳,就是为这事呀?"刘邦不屑地说道:"彭越哪里是什么谋反,他不过是想走韩信的老路,怕我诱捕他而没有率军会师而已。不过,他的罪过在于对唆反叛臣没有及时除掉,所以死罪可去,活罪难免,我已判他流放四川了。"

"陛下,"吕雉向前坐了一下,接着说:"这样对待彭越,恐怕有放虎归山之患。"

"没那么严重吧! 彭越造反,查无实据,起码他没有领兵直接谋反。姑念在垓下决战中,多亏彭越截断楚军粮道,烧毁楚军粮草,致使项羽食尽草绝,败死垓下。他可算是我大汉开国重臣之一啊,所以我才饶他一死。"

"陛下,这种说法恐怕站不住脚,论功,韩信不比他小,可该杀还得杀。"吕雉将了刘邦一军。

"是啊,韩信当然是第一功臣,不过我只是免去了他的王位,没有想过要杀他。既然他要造反,那就当然要杀他了,他要是不谋反,我到现在也不会杀他的。"

吕雉连连摇头说道:"韩信、彭越都是大汉重要功臣,这确实不假。但彭越和韩信一样,都是顶天立地的汉子。韩信之所以后来造反,就是因为免去了他的王位才不满而谋反的。既然韩信还有个侯爵的位子都谋反,那彭越被你发配流放,就能不明不白地受罪吗? 如果他在四川再图谋反,凭借着天府膏腴之地,兵精粮足,到时陛下恐怕后悔就来不及了。再说了,太子仁孝懦弱,还需我们作长久考虑。俗话说一拳是打,两拳何尝不是打呢?"

这一席话把刘邦说动了,他越往下听越觉得吕雉所说有道理,也为自己一时冲动免去彭越死罪而后悔。想到这里,他又说:"你说得不无道理,但我已经当面赦了彭越的死罪,岂能当作儿戏,说变就变呀?"刘邦有些为难。

"这有何难?就说彭越不服,在发配之时又谋反,这不就有了证据了吗?"

"对,这事就交给你去处理。但是,彭越已从洛阳出发两天了,不知如今到了何地了,应立即派人把他押回来。"

"不用了。陛下,我已把他带回洛阳来了。"吕雉得意地说道。

"你?你在哪儿见他了?"刘邦不无惊奇地问道。

"我在来洛阳的半途中碰见他的,我知道陛下一定会采纳我的建议,因此就把他顺便带了回来。"

"真有你的,这下可省事了,这样吧,我授权给你,你全权处理彭越之事。不过,要及时地给我通报,其他大臣问起我好有个交代。"刘邦高兴地对吕雉说道。

彭越被吕雉带到洛阳,安顿在一所昔日旧交的府中,吃喝起居等方面都较优越,又把彭越的部分随从从梁国调了过来。表面上看似没事人一样,其实用的是外松内紧之策。

吕雉一面指派彭越手下舍人告发彭越,说他回洛阳后又重新图谋造反,一面又策划着如何捕获彭越。因为彭越也是一员虎将,力大无比,擒获他必须用计,不敢硬拼。

彭越回到洛阳,眼巴巴地盼着吕雉说情,成天乐悠悠在这里转转,那里走走,还不时地嘴里哼哼叽叽地唱上几句。

这天一早,吕雉的侍卫官带着一行人来到了彭越的住处。"梁王听着,皇后有诏,请你速去见驾。"

"是,臣立即便去。"彭起终于盼到了信息,他以为吕后在皇上面前求情准许,这是诏他进殿宣布呢,他高兴得声音都有些变了。

为了便于看管,彭越的住处距吕后住的地方并不远。没多大功夫,彭越便到了。捕获彭越与捕获韩信如出一辙,吕雉也令武士设伏在门边,等彭越一跨进门槛,便用绳子缠捆了起来。

被捆住双手双脚的彭越仍未醒悟过来,他在叫着说:"这是怎么回事?我是梁王,是奉皇后之诏来晋见皇后的,你们瞎了眼了?"

武士们也不与他多说,只顾捆得结结实实之后,才把他拉进了殿门。

吕雉端坐正中,满脸怒气,看着彭越。"娘娘,这是怎么回事啊?"彭越大声问道。

"住口!彭越匹夫,圣上对你不薄,你却谋反。圣上念及你曾屡立战功,宽恕了你,只治你发配流放之罪。这已经够宽恕你的了。我中途遇见,又念你开国有功,解你刑具,赐你以马代步,我到洛阳后又多次在圣上面前为你求情,在我苦劝下圣上也已打算赦你无罪,谁知你不知好歹,又在住所图谋造反。今天你还有何说的?"

"我冤枉啊!请娘娘明察,我确实是冤枉的呀!"

"你冤枉?我让你见一个人,一会儿你就不喊冤枉了。"吕雉说着招了招手,武士领进一个人来。

"彭越，你抬起头来看看他是谁？"吕雉又说道。

彭越抬起头转向那人，那人立即低下了头。彭越看看那人，又看看吕雉，不解地问道："娘娘，他怎么了，怎么也弄到这儿来了？"

"你问我，我问谁去？"吕雉翻了一眼彭越，接着说道："你刚才不是还在喊冤吗？你究竟有多大冤屈，与你这位属下说说吧！"

彭越瞪着眼睛又转向了他身边的那个人。

这人叫胡参，是彭越多年的旧部，曾跟彭越一起起兵，南征北讨，两人感情不错。只是半年前，已成都尉的胡参因调戏民女被彭越重责了一顿。谁知对此胡参一直记恨在心。这次吕雉到了洛阳，得知这一情况后，便秘密把胡参召来，如此这般地教唆了一番，让他当堂作证诬陷彭越图谋造反。吕雉答应事后封他官爵。

"胡参，把你们商议谋反的事再说一遍！"吕雉对胡参说。

"大王，娘娘她们都知道了，你就招了吧！"胡参连看都不敢看彭越，低着头怯怯地说道。

"什么？我招什么？"

"就咱们谋反之事呀！"

"咱们谋反？我与你？我何曾与你商议谋反？"彭越又急又气地问道。

随着他那地崩山裂的一声大吼，他身上的绳索"叮咬""咋呼"断成数截，接着他指着吕雉骂道："无道的婆娘，你好歹毒的心肠！我彭越就是死了，也要变成鬼来索你的狗命！"话音未落，他飞起一脚，将置于堂前的一个三尺案几踢向吕雉。

站在堂下的武士们被彭越这突如其来的挣扎吓呆了，看着直飞向吕雉的案几，一名武士挺身迎了上去，只听"啪"的一声，案几落地，那武士也应声倒下。吕雉已吓得面无血色，结结巴巴道："还不把这逆贼赶快拿下！"

这时几十名武士和闻讯赶来的禁军近百人把彭越团团围住，但谁也不敢近前。手无寸铁的彭越这时身上的绳子虽然已挣断，但双腿上还有绳索，他想，冲出去是不可能的。那几层兵士就是不动手他也跑不过去呀！何况还有几个兵士分两处一个劲地拽挂在他腿上的绳子。使他站立不稳，前后直打趔趄。他一边使出全身力气转身飞腾，同时还要防备被人围上来擒获。就这样在大殿里展开了一场力量悬殊的搏斗。

但是，好汉不敌乱棍，彭越纵有三头六臂，也无法逃出里三层、外三层的禁军包围圈。这时，一位侍卫拿来了弓箭，站在高处连发数箭，彭越胸脯、颈项等处都被射伤，最后终于倒在了血泊中。见彭越倒了下去，军士们一拥而上，又用绳子把他重新捆了起来。

躲在门后的吕雉看到彭越被制服，也三步并作两步地坐回了自己的座位上，喘着粗气说道："好你个反贼，我看你还有何招数？"

彭越由于流血过多，倒在地上已没有说话的力气，但他瞪着血红的眼睛，久久地盯着吕雉。良久，彭越的眼睛变成了两个流血的窟窿，一滴一滴往外滴血。

吕雉被彭越看得毛骨悚然，她急忙吼道："把这逆贼推出去立即斩首！"武士们刚要把彭越拖出去，又听她说："慢，就在这儿斩首！"

武士们似乎没听明白她的意思，用疑惑的眼光看着吕雉，一时愣在原地不动。

"拖回来,就在殿堂里斩首,我要看看逆贼的脑袋是不是肉长的!"于是,武士们又把彭越拖了回来,重重地放在地上,其中一名力大的武士手起刀落,彭越的人头便落了地。

吕雉看着那如注的血,感到一阵阵头晕恶心。她闭上眼稍顿一会儿,说道:"把这逆贼剁成肉泥,装于瓷罐里,分送各路诸侯,并且每个瓷罐上都贴上枚标签,标明此为彭越之肉酱,将来谁要胆敢谋反,定是同此下场! 去吧,立即照我的吩咐去办!"说着她在几名侍卫的搀扶下回到了寝宫。

二十一　力保太子

这段日子里,审食其在吕雉面前恭敬超过了爱慕,一副公事公办的姿态,没有了以往那种特殊的情意。

吕雉颇感纳闷,一次,她问及此事,审食其神色慌张,闪烁其词,聪明的吕雉立即意识到事出有因。她没有再多问,只是半眯起眼沉思起来。

阳春三月,刘邦去郊外春游,吕雉借故没去,当然她也没让审食其去。

还是这个暖阁,但今天审食其一进门就顿感气氛不对。吕雉不像以前斜倚在床上,而是端坐在龙椅上,两眼望着右边墙壁,那神态像是泥塑。

审食其进门后跪拜道:"娘娘传奴才,不知有何指教?"

半晌,吕雉才长叹一口气,对审食其看也不看一眼,冷冷地说:"你起来先坐一边!"

"谢娘娘。"又是一阵难耐的沉默。

沉默中的吕雉和审食其都在各自想着各自的心事。吕雉心想,你怎么一下子就给我装起正经来了,要是在以往,你还能如此正经地坐着? 越是这样想,她越是感到眼下这个审食其不像以前那个审食其了,一定有什么对不住她的事。所以,吕雉越想越气,决心要弄个水落石出。

审食其也在暗忖,吕雉这股怒火从何而来? 他那双灰眼珠骨碌碌地乱转,猜测着吕雉的心事。

"近来都忙些什么?"吕雉突然冷冷地问道。

"禀娘娘,奴才每日食俸禄,忙朝务,一丝一毫也不敢怠慢,不知……"

吕雉怒目圆睁,直视着审食其,审食其一阵激灵,不敢再往下说了。

"说呀,这几年官场没有白混,混出来了,给我也打起官腔来了。长了不少能耐嘛!"

"奴才不敢。"审食其低下头,喃喃自语似的说道。

"我来问你,你还想不想在我身边干了? 如果想,那你就收起你那一套小聪明,把近来发生在你身上的事原原本本地告知于我,如果是相反,那请你立即就出去,永远不要来见我,何去何从,你自己掂量着办吧!"

吕雉仍然目不转睛地盯着右边那堵墙,并不看审食其,房里死一般的沉寂。

良久,吕雉又转过脸来瞪了审食其一眼,长叹了一声说道:

"去吧,我不想见你了。"

"别,别,娘娘,您千万别这样。"审食其扑通一声跪在地上,拉着哭腔说道;"奴才该死,奴才不是人,奴才全说了,请娘娘饶奴才一回,奴才就是当牛做马绝无半点怨言。"

审食其在吕雉的威逼下,把刘邦如何偷偷去禁宫后来又不去的情况对吕雉说了,然后他哭着哀求道:"奴才真是有罪,请娘娘给奴才一个重新做人的机会。"

听着审食其的述说,吕雉由怒转为惊,又由惊转为忧。她万万没有想到事情会是如此,这使她倒吸了一口凉气。

"别这样,你真是个不知足的东西。这回我先饶了你,要是再让我发现你偷鸡摸狗,就别怪我翻脸不念旧情,你下去吧!"

"谢娘娘不杀之恩,娘娘可真是我再生父母呀!"审食其磕头如捣蒜地说道。

"别肉麻了,我是你再生父母?要是那样的话,你更不是个东西了,难道你连你的母亲……"吕雉显然怒气已消了多半,半开玩笑地说道。

"那是,那是,谁让老天把奴才赐在娘娘身边这些年呢,这都是上苍有眼呀!"审食其见吕雉不再多说什么,便知趣地走了。

这件事给吕雉的打击比较大。也是从这个时候起,她便变得什么人都不太轻信,而只相信自己了。

事后吕雉借口禁宫养花植草之事,硬是说服刘邦把两位宫女从禁宫清理了出去,打入永巷服了劳役。从此,这段丑事暂告结束。不过,通过这件事,给吕雉的教训却是不浅的。一连几天,她茶不思,饭不想,反复琢磨这件她认为已经处理完毕的事,却远远出乎她所料,丈夫又搭上了情人,得不偿失了。她把宫里宫外,朝廷上下的人和事联系起来想了一遍,把自己入宫以来几年里所经所历一桩桩一件件地在脑海里过了一遍,最后得出结论:自己还是太实在,心眼不够活泛。

"看来,要想在这深宫里取得不败之地位,必须事事都要想在别人之前,件件要做在别人之前,时时防在别人之前……"她心里狠狠地说道。

向着太上皇的塑像行跪拜礼,薄夫人还带着她的儿子刘恒,也跟在她的身旁。礼毕,乐止。刘邦、吕雉、戚夫人、薄夫人和刘恒以及众姬妾走出正寝,进入便殿休息叙话。吕雉是正宫娘娘,在这些场合自然先由她开口。

"陛下对太上皇已尽忠尽孝了,他老人家也该瞑目了。不过,还请陛下多保重自己的身体,不要让臣妾担忧。"吕雉含笑对刘邦说道。

刘邦爽朗地说:"这倒也是。不过,我这身体还没一点问题,你不必担心,你还是多操心一下刘盈吧,他太瘦弱了。"

"是啊!刘盈又瘦又弱,像是得了什么病,万一……"吕雉话到嘴边,故意打住,用眼扫了一眼刘邦,当她看到刘邦认真听时,就又接着道:"万一他有个不测,陛下江山靠谁执掌?"刘邦万万没有想到吕雉在这种时候这种地方说出这样的话来,他惊异了半天,然后平静下来说道:"太子如有不幸,还有如意嘛。"说着他把温和的目光移向了戚夫人。

这时,吕雉也把目光移向戚夫人,不过她那眼光却不是温和的,而更多的是冷酷和嫉妒以及说不清道不明的复杂成分。

薄夫人也把眼光移向戚夫人,她的眼光里多半是赞赏和热情。其他嫔妃们也把眼光移向戚夫人,她们的眼光是欢乐和庆幸的。

这个话题令在座的戚夫人、薄夫人等有些不安。按礼教,皇后起了话题,其他人就应该附和着说上几句,但这个话题别人实在难以接茬,场面暂时处于沉默状态。还是薄夫人头脑转得快,她笑了笑对刘邦和戚夫人说道:"如意这孩子生得十分英俊,准是个好样的。"戚夫人此时感情十分复杂,她激动中略有几分不安。她日思夜想,想让自己的儿子如意成为太子,但如此直截了当地当着吕雉的面说出来,真有些神情不安。她感激地瞅了一眼薄夫人,意味深长地说道:"多谢薄夫人夸奖,但愿这孩子长大成材。"

这时,吕雉突然把声音拔高一级又说道:"要是如意也早夭呢?"这一问,更使刘邦惊异,同时也惊了戚夫人和薄夫人,惊了所有的嫔妃和在场的宫女们。刘邦站起来,从薄夫人身边拉过刘恒,厉声答道:"还有刘恒嘛!"所有的人都随着刘邦站了起来,几乎都惊呆了。大家被圣上和皇后一番对话弄得呆头呆脑,不知所措,没有一个人再敢作声。

"我这也是为陛下的社稷江山着想,并无他意,万请陛下见谅。"吕雉看到刘邦那一脸的愠怒,赶紧打圆场说道。

刘邦对太上皇的祭奠就这样窝窝囊囊地结束了,他怀着对吕雉一肚子的不满,回到了未央宫。不过不管怎样,有戚夫人在他身边说说笑笑,他的不满很快也就驱散了。也就是从这一天开始,刘邦更加坚定了改立太子的决心,他只是在等待时机。尤其吕雉那阴阳怪气的神态,更使刘邦生厌,他非常清楚吕雉当着戚夫人和薄夫人问那些话的本来意义,他也更加清楚吕雉的为人,只要她打定主意要办的事情会不顾一切的。刘邦心里想,一定要尽快解决了这桩事,不然,还说不定吕雉会干出什么事来。

在一个和煦的日子,大白天,吕后突然想要睡觉了。幸娥把吕后扶到床上,盖好被子,不一会儿吕后就睡着了。

刘长和幸娥是吕雉的贴身侍从,深得吕雉的宠爱。只要吕雉留在宫里的时候,总是一刻也离不开他俩,一切衣食茶饭都要由别的宫女取来递给他俩,再由他俩亲自呈递上去。就是白天睡觉,也要他俩守候在身边。

刘长和幸娥发觉吕后睡得越来越不安,到后来竟翻腾起来,他俩连忙凑过去,像哄婴儿那样轻轻拍着她,使皇后睡稳。像往常一样,这也算是一项职责。可是,今天这着却不灵了,皇后惨叫一声,一骨碌坐了起来,失神地望了望左右,问道:"我这是在哪儿呀?"

"您在床上,母后。"刘长和幸娥同时答道。

"不是在天上吗?"

"不是,母后,您是在床上。"

吕后无可奈何地笑了笑,悻悻地说道:"我刚才做了一个梦,叫人又是高兴又是害怕。"她说这话时神情是茫然的,像是对孩子们说,又像是自言自语。

两名宫童也不便答话,只把眼睛睁得大大的,想听下文。可是他们的皇后却把眼睛一眯,深深地思索起来。

过了好大一阵子,吕后便把审食其召到了暖阁议事。她把刚才所做的梦告诉了对方,然后笑了笑说:"梦幻,是不可捉摸之事,信之则有,不信则无,我是不信的。"

审食其点了点头,灰色的眼珠滴溜溜转了转,又把指头在膝盖上弹了弹,附和着说:"臣也这么想,不过何妨信其前半,而疑其后半呢?"

"你真会说,其实,信什么也不如信自己,我为何偏要信那什么前半呢?"

审食其见没有恭维到点子上,立即变了口吻说:"是的。娘娘,要相信自己的力量和手腕。皇后娘娘一向人称铁腕人物,智足谋深,就连盖世无双的韩信都不能相比,要不然他怎么能上了圈套俯首就擒呢。"

"看你说的。"吕后看一眼审食其,两个人的眼光相碰在一起,双方顿时有些不自然起来。吕后脸上一阵红晕,但立即就恢复了,因为还有人在身边,她要顾及皇后的身份,于是她又接着说:"现在是什么时候?你既然知道奉承那一套,也要看时机的,看有无缝隙可找。"

"是,是,是。"审食其立即说。"主要是看机会,找准缝隙。"

两个人又如此这般地计议了一番,审食其就告辞了。

几天来,吕泽奉吕后旨意,不断去找张良,但都被张良的门卫给挡驾了。

又一天,门卫说:"吕泽将军又来了,说一定要见留侯。吕将军还说,他已三顾我府,留侯不赐一见,他心中很不自然。这次他是奉皇后娘娘旨意前来。一定得见。他还说如果这次留侯仍是拒见,皇后娘娘就要亲自屈驾我府拜谒了。"

两名侍女听说是娘娘要降驾临府,深恐主人招来祸事,赶快轻轻走近主人的用功房,先从门缝里看了看主人还没收功,便又轻轻退了回来。

门卫摊开手说:"这可怎么办?"

外面的说话声被张良听见了,他在里面说道:"皇后派大臣来见我,想必是朝廷出了大事,快快有请吕将军。"他边说边下床,嘴里不住地说:"快有请吕将军。"

吕泽带来两名差役,各捧一只大食盒,在吕泽的指挥下,端端正正地放在客堂几案上,把盖子打开后便退下了。吕泽指着两个大食盒对张良说:"子房先生,这是皇后娘娘对先生的一点敬意,命微臣向先生献上,望先生笑纳。"

张良向吕泽拱了拱手说:"臣何德何功于娘娘,敢受娘娘如此丰厚的赏赐?不过,臣早已不用五谷,不吃酒肉。如果是娘娘对臣有所垂询,臣自当尽心策划,为娘娘解除繁难,所赐御食,实不敢受,敬请带回。"

吕泽也拱了拱手说:"娘娘口谕,人生一世,如白驹过隙,转瞬即逝,先生何必何苦如此?望先生勿辞收下。娘娘一再说,先生若执意不收,她就不敢请教先生了。"

张良命人将皇后娘娘所赐饮食拿下去,又对吕泽说道:"下臣身体欠安,消息不灵。今吕将军大驾前来,想必朝廷出了什么大事吧?"

吕泽对张良说:"子房先生说得对,朝廷确实要出大事了、皇后说子房是重臣,常为圣上出谋划策,皇上对子房言无不听,计无不从,现令圣上要更换太子,先生怎能高枕而卧。不发一言呢?"

听了吕泽的活,张良说道:"平时皇上多次处在危难困厄之中,用了臣的计谋,平定了四海,现在天下安定,皇上因为骨肉之间的恩爱想要更换太子,此事仅在皇上一家一族之中,外人是不便过问的。"

面对张良的这种态度、吕泽只好说:"先生既然不肯帮助皇后母子,臣只好进宫复旨,请皇后别图良法。"

"皇后有什么良法?"张良疑惑地问道。

"臣不敢说……"吕泽故意暗示吕雉将会有所威迫。

"莫非皇后娘娘真要驾临臣舍威逼吗?"张良有点怕了。

"不妨我对先生明言了吧! 皇后说,倘若先生不相为谋,她就要带领太子刘盈,另带鸩酒一瓶,亲趋府邻,与先生三人一同将鸩酒喝下。皇后还说,她母子宁愿与先生同归地下,免去烦恼。"

张良耐不过,只好边想边说:"换太子一事,很难用口舌争过来。不过,有四位名人,皇上多次召请不到,现在这四个人都已老了,白发白须,人称'四皓'。此四人:一名姓唐字宣明,居东园,送号为东园公。一名姓绮名里季,邯郸人,初隐商南,后与东园为友。一名姓崔名黄,字少通,齐人,隐居夏黄,就自号夏黄公,一名姓周名术,字元道,河内人,号角里先生。因皇上对读书人傲慢,所以逃避山中,不为汉臣。倘若太子亲笔作书,措辞谦卑,不惜金玉,备好安运车辆,一再请求,他们也许会来,来了待为上宾,时刻随太子入朝,皇上看见,定要询问他们是何人。皇上知道他们是他多次访不到的四位名人,那对皇后和太子就会大有好处。"

吕泽听了张良这一席话,高兴地说:"皇后深知先生足智多谋,能出绝妙之计。事如成功,皇后和太子将终身不忘报答先生恩德。先生,告辞了。"

这时张良却痛苦地说道:"吕将军,臣张良追随圣上运筹决策,实是为了安定天下,岂望得到报答? 如今我已被封为万户侯,是天下人间的最高封赏,我心愿足矣! 可是,如果因臣这一小计致使圣上伤心,臣这心里如何过得去呀!"

二十二　宫中选美

吕后携带内使李恭等四人,蜀锦 40 匹,黄金 4000 两,名马四匹,前赴商山,求见四皓。

四皓方从山中采芝而归,见使者备厚礼,跪于山坡之下,俯伏而言回:"方今皇太子仁孝诚敬,著闻于天下,素仰四公之名,特差某等,乞请四公下山,辅教太子,以成太平,太子他日嗣登宝位,富贵与公共之,愿公勿辞焉!"四皓初有难色,免使命哀求恳切,拜伏在地不起,遂将礼物收下,留使者在山中暂歇一宿。次日,四皓收拾行囊,同使者下山去见太子。吕后即传命排设筵宴,款待四人。自此,四皓朝夕与太子相伴不离。

刘邦本来就对刘盈不太满意,加上现在戚夫人正受宠,成天在刘邦面前嘀咕,动员刘邦废掉刘盈,改立她的儿子如意为太子。刘邦已多次有意无意地流露出了这种打算,面对这种情况,吕雉寝食不安。她不在乎刘邦对哪个妃子的宠爱,但她在乎太子的地位。如果废了刘盈的太子,改立如意,那她将来可就惨了。吕雉挖空心思想了许多办法,又找来审食其商议了几番,最后她认为,如今主要是因为戚夫人受宠才使局面如此困难,所以首要的问题是设法来削弱戚夫人在刘邦面前的地位。

"启奏娘娘,那个姓戚的妖精把圣上迷住了,圣上对她言听计从,这便是问题的根本所在。"审食其骨碌碌转着一双灰眼睛说道。

"废话",吕雉不满意地瞪了审食其一眼,接着说:"你呀,就知道跟着打哈哈,一点脑筋不动。戚夫人受宠,这还要你来说? 现在的关键是如何使她不在皇上面前得宠。"

"娘娘说得对,我这人就这么没本事。"审食其不好意思地说道。

吕雉怒道:"行了,行了。谁让你检讨了?再好好想一下,看有什么良策没有。"

审食其"咳咳"干笑了几声,"娘娘,依我看,何必费这份脑子,干脆找几个混混,黑夜摸着进来把那姓戚的妖精给"审食其说着用手比画了一个杀头的动作。

听了他的话,吕雉冷笑一下,瞪了审食其一眼说道:"你认为就那么容易?三岗六哨那么轻松就进得来?即使进来了,就说把那妖精给杀了,那一查还不把我给查进去?你以为大家都跟你一样没脑子?"

"那我就实在想不出好法子了。"审食其委屈地坐在凳子上不再吱声了。

"有了!"吕雉突然兴奋地说道。

"有了?娘娘快说有什么好法子了?"

"我问你。戚夫人为啥能在皇上眼前得宠?"吕雉盯着他问道。

"这……不外乎是因为她年轻"。

"对,是因为她年轻貌美,才迷住了皇上。"

审食其看着吕雉,莫名其妙地问道:"娘娘的意思是……"

"你说,这天底下就再没有比戚夫人更加年轻貌美的女人了吗?"吕雉盯着审食其追问道。

"这,当然会有的。"

"那我们就找这个天底下比戚夫人更美的美女来,让她成日侍候圣上,皇上有了新来的美女,戚夫人不就自然被冷落了吗?"

"哎呀,娘娘真是高见,我怎么就没想到这点呢?"审食其也兴奋地说道。

戚夫人画像

这天晚宴后,吕雉便拉上刘邦散步。

吕雉边走边观察着刘邦的脸色,她看到刘邦满面春风、兴高采烈的样子,便试探地说道:"陛下,咱们现在国泰民安,朝廷也要有朝廷的样子了,该具备的也要具备了,你说是不是?""嗯,那是,那是。"刘邦随口应道。

"陛下,你不觉得当今朝廷还有一半缺少的项目吗?"

刘邦回过头来看着吕雉,吕雉谨慎而认真地说:"皇妃!"

"唉,这个呀!"刘邦边走边说道:"你又琢磨什么了?我早就有明谕,我宫中不要众妃,这么多年来也从没有在这方面动过一点心思,这你是知道的。"

"陛下误会了,臣妾所说乃是出于对朝廷威仪的考虑,丝毫不存在我个人私心。我理解陛下对我的尊重,也深知陛下不要众妃是对我的宠爱。但是,一个朝廷,哪能没有威仪之理?历朝历代,皇帝的三宫六院众妃之制度都是延续下来的,如果陛下执意在这方面革新,不但没有丝毫的实际意义,反而会使百姓臣民以为陛下…"

"以为什么?"刘邦认真地问道。

"百姓还以为陛下缺少男人的阳刚之气。"

"咳,这是什么话呀!"刘邦不以为然地说道。

"陛下,说你还是小事,更重要的是臣妾要背不白之名了。"

"你要背不白之名,我怎么越听越不明白,这与你有何关系?"

"陛下,你执意不纳众妃,这在朝野上下可是件颇有影响之举。知情者自然知道这是皇上清廉,可不知情者还以为我这个当皇后的从中作梗,不许纳妃呢。况且,皇宫之中的事,知道者毕竟是少数,天下众多百姓始终是不会知道这其中真情的。这样一来,陛下设想一下,我在百姓眼中不就成了罪人了吗?"

"有这么严重吗? 不纳众妃,只是宫中之事,这与天下百姓没有关系嘛。"

"不,臣妾以为有关系。天下百姓效忠皇上的自然不少,他们凭借自己有一个貌美出众的女子,送入宫内,要是好了,便可得到全家族命运的转变呀! 人心是朝上长的,谁不谋求个好呢?"

"这么说,我也…"

没等刘邦往下说,吕雉便抢着说道:"对,按照惯例选美,一来为宫里增加些人手,二来也多几个皇上身边的人,这可是为我大汉社稷着想啊!"

"这是臣妾应尽之责。"

"好,这件事我看就交给萧何去办吧!"刘邦边走边说道。

吕雉急走两步,对刘邦说道:"萧何丞相当然好,不过,这件事属于内宫之事,堂堂丞相亲自办理,不免有些失妥。"

"那你认为……"

"我想让审食其去办比较合适。这个人对陛下忠贞不贰,办事也细,再说,他本来就是内宫属官,办理这些事名正言顺。"吕雉有理有据地说道。

"倒也是。不过,我怀疑审食其有没有这个才能?"

"这不要紧,有臣妾亲自把关,保准给皇上选来的美女个个赛如天仙。"吕雉说着略带调侃地看了刘邦一眼。刘邦也有些不好意思,赶忙掩饰地说道:"什么天不天仙的,我只不过是依着你填补一下宫中的规矩,多增加一些人手罢了嘛。"

"臣妾自然知晓,这事就交给我办好了。"

征得刘邦的许可,吕雉便开始在全国范围内选美了。

吕雉首先派出了30多名官员,分别奔赴各诸侯国,让他们把看中的美女直接带人京城,进行复选。

三个月后,各诸侯国选送的美女都齐集京城,一共有200多名,年龄大都在十五六岁之间。

这天是腊月初一,复选的第一天,地址定在禁军校场。

这些候选秀女也是早上天刚亮就被召集到校场上了,只等到快近中午时分,吕雉、审食其等人才来到选美现场。

主选席上坐着一批选官,但真正拿主意的还是吕雉和审食其。大家都很知趣,看到吕雉拿哪一位秀女的牌子,他们也就赶紧拿起哪个秀女的牌子,谁也不会轻易拿牌子。

审食其坐在吕雉的身边,一开始还与吕雉说几句话,到后来他眼睛直勾勾盯盯这个,看看那个,茫然不能分辨谁该留而谁不该留。只有吕雉才是真正放开眼光来挑的人。她全神贯注地审视着每一位秀女,看中一个便把与那秀女相同代号的牌子放在一边,下面的侍从人员立即就把那位秀女叫到一边。

复选活动直到午后才进行完。吕雉连冻带累,身体感到极度疲乏,她慢慢起身,说:"把这100名秀女带进宫里,给她们穿上统一的服饰,洗流整齐,三月后在前廊进行再选。"说完他眼也不抬,便踱着困乏的脚步回首了。

再选的日子到了。这天是个风和日丽的好天气。秀女们进宫住了三个月,对这里的规矩知道了一些,再加上已经有了初选、复选的经历,这次再选时不像第一回那么羞怯懦弱,比起以前两次来,秀女们发挥得好多了,场面也热闹许多。

再选时每五人一班,行过礼后,还要报出生年月和籍贯地址,目的是让主选人听听她们说话的声音和口齿。

由于每个人报出生年月和籍贯地址时,距离主选者很近,因此,吕雉这回可以从从容容地挑选。

第三班中间的一名秀女引起了吕雉的注意。她生一双很温柔的眼睛,粗看,活脱脱一个戚夫人,只是气质、个头还不如戚夫人。

从复选中吕雉还真没发现一个能超过戚夫人美丽的,她本来就已经有几分心灰意冷。不过既然圣上已让她主持大选,她自然不能半途而废,不管怎样,还得最终选进10名妃子。今天一看见这名秀女,吕雉突然心花怒放。

"奴才张高氏,正月生人,今年16岁,祖籍秦地关中。祖父张蒿,已病逝。父亲张三牛,母亲高氏,一直在祖籍耕织养家。奴才恭请皇后及各位大人安康。"

心想,这个秀女一定会得到皇上的满意,转念一想,这小女子怎么能生得如此惹人喜爱呢? 一种不易察觉的忌愤感在她心里升起。吕雉拿起不留的牌子准备往右边桌上放的一刹那间,她又收回了手。其他主选便跟着吕雉把不留的牌子拿起又放下。

吕雉一会拿起留牌,一会儿又拿不留牌,如此往复几次,最后她对那位秀女说道:"你的小名叫什么?"

"奴才小名川桂莲。"

"嗯,好! 留下!"吕雉爽快地说着,把留牌往右边猛地一扔。接下来一连几个,没等秀女们报完籍贯,吕雉就把不留的牌子掷了出去。她没有一点心思再挑选,直到最后她意识到还没选够20名,便胡乱点了几位,凑够了20名,再选便告结束。

过了一星期,是皇上亲自选定的日期。这一天,刘邦、吕雉、审食其等一班人马来到长秋殿大厅,刘邦和吕雉坐在上首位,审食其与另外几名内侍官员坐在一旁,由于选美是宫内之事,其他大臣都没有参与。

今天的吕雉与平时有所不同,她表面上看似兴高采烈地同刘邦说笑,但那笑里分明有着不易察觉的隐忧。从感情上讲,刘邦是吕雉的丈夫,现在丈夫要选美,也就是说要纳小,这对于做妻子的吕雉来说不能一点心理影响都没有,尤其她与刘邦是结发夫妻,她嫁给刘邦时,他还是个布衣,这份夫妻之间的情分自然不同于刘邦当皇帝后才嫁给他的妃子们。不过,吕雉天生一副政治头脑,她的最大优点就是能权衡各方面的利弊,从而以超常的意志去实现超常的目标。

刘邦今天亲自选美,这对他来说,还有点不太自然。他尽可能找一些话题与吕雉攀谈,以掩饰自己的不习惯和难为情。

终选开始了,第一班徐徐走了过来。

第一班秀女刘邦实际上没有集中精力看,该到他问话时,才猛醒过来。他胡乱问了几句诸如家里有些什么人啦,读过书没读过书啦之类的话,便手一挥让下去了。

第一班就等于皇上一个也没选中。这使吕雉和审食其颇为不安,他们怕如此选下去,一班一班地都让刘邦打发走,那么这次选美就徒劳了。

刘邦和吕雉半认真半玩笑地说话时,第二班秀女已走到了台前。那位极像戚夫人名叫桂莲的秀女站在第一位。

吕雉用嘴呶了呶台下,对刘邦说:"陛下请看,这第二班里可有几位美人呢。"刘邦用眼往台下一扫,立刻像触了电似的,眼睛直勾勾盯住桂莲看了一阵,又把眼光转向吕雉,疑惑万分地说道:"这……这是怎么回事?"

"什么怎么回事?"吕雉故意问道。

"这人…"

"陛下,这里有一位特像一个人,是吗?"

刘邦说着又转眼看着桂莲。

"陛下,这桂莲可是才十六呀,你看那身段,那腰围,那含苞待放的神态……"吕雉说这话时,一边观察着刘邦的神色。现在她断定,刘邦看中了桂莲。

"这姑娘还真不错。"刘邦情不自禁地说道。

"过牌吧,陛下。"吕雉用一种古怪的口气对刘邦说道。

"这…"

"陛下,这可是正经事儿,没什么不好意思。"

"那就留下吧!"

于是桂莲说道:"奴才桂莲,叩谢皇后天恩!"

"怎么不谢皇上呢?"吕雉用一种教训的口气说道。

这是不敬。桂莲一半惭愧,一半惶恐,顿时满脸通红,赶紧答应一声:"是!"

"起来吧!"刘邦说道。

桂莲起身,倒退几步才进入后宫,临走又用眼睛在皇上脸上扫了一下。

接下来是第三班行礼。由于第一班和第二班才选了一名,还剩 10 个秀女要选出九个,因此在这第三班中就没有挑选余地。加上刘邦的心思还在刚才那桂莲身上,对秀女几乎没有什么兴趣。主要由吕雉定夺,吕雉对说:"陛下,下面十个秀女中要留下九个,这一班我看就全留下吧!"

"噢,行,行。就依你吧!"

刘邦正准备拿牌子,吕雉伸手挡住道:"反正是全留,请陛下说声留下就行了。""也是的,我今天怎么老是转不过弯来呢。"刘邦自嘲地说着,手一扬,又接着道:"都留下吧!"

第四班的情形与第三班差不多,刘邦粗略地看了一会儿,便指着其中一位金鱼眼的秀女说道:"你,就是你下去,其余全留。"

终选的十名秀女齐了,那九名其实刘邦根本不关心,他只关心桂莲一个人,等秀女们都走开后,对吕雉说道:"夫人,今天入选的秀女,怎么办哪?"

"陛下,你看该怎么办?"吕雉明知刘邦问话的意思,她不正面回答,故意反问一句。

这使刘邦一时难以启口,他本来想说让桂莲今儿晚就到后宫。把她立刻封为妃子。但他觉得这话由自己如此着急地说出来有些不妥,尤其当着自己的夫人、当今皇后的面,总觉得有些别扭。

吕雉心里一阵酸涩,故意又说:"你挺喜欢她的是不是?"

"谁?"刘邦故意装糊涂。

刘邦被吕雉说中了心事,使他更不好意思起来。于是便说:

"不。"

"那你为什么挑上了她呢?"

"我看她可怜。"

"陛下真是菩萨心肠啊!"吕雉看着周围人少了,立刻说道。

"是啊,朕也有些纳闷,非亲非故的,我也不知怎么了,反正看她那模样,就感到她挺可怜的。"刘邦说道。

"圣上应该说挺可爱的。选妃子,本来就是给皇上选心上人嘛,这有什么不好说出来的呢?"吕雉说着,突然话锋一转,盯着刘邦问道:"圣上,你看那桂莲长得像谁?"

"这个,朕也感到她长得与谁相像,很面熟,但又总是想不起来。夫人说说,你说她像谁呀?"

吕雉抿嘴看着刘邦,心里暗自盘算,怎么向刘邦说破。

选中桂莲,吕雉是既兴奋又担忧,兴奋的是她找了一个与戚夫人相像的女人,她可以凭着自己年轻的优势,在皇上面前得宠,取代戚夫人的地位。

然而,吕雉是很有头脑的人,她并没有一味地高兴,她转念一想,不免还是有些担忧。

十位美女中,只有桂莲有幸被皇帝封为妃子,位居吕雉、戚夫人、薄夫人之后。不过,由于这桂莲年轻貌美,又加之她聪明伶俐。很会一套待人接物的本领,不长时间,便成了刘邦的宠妃,实际上取代了戚夫人。

最初,吕雉着实高兴了一阵子,她得意自己的这着棋走对了,终于用桂莲取代了戚夫人。不过,很快她又发现,这位新皇妃桂莲似乎与她不合拍,每次见了她,都毕恭毕敬,该说的话说完后便没有一句多余之言。但她见了戚夫人和薄夫人却谈笑风生,犹如亲姐妹,这使吕雉又陷入了一种不祥的感觉之中。

吕雉以为这是桂莲怕她,才在她面前局促,不敢多言。

吕雉要改变这种局面,因为她清楚,不论是什么人,只要在皇上面前得宠,那将是任何人都得罪不起的,尽管她是正宫皇后,但要是这位新宠皇妃老在皇上那儿吹冷风,那她还指望什么?

这一天,吕雉专门下了帖子请桂莲到自己的内殿叙事。

桂莲接到后,犹豫着该不该去。桂莲和戚夫人相处得越来越近。戚夫人把自己所知关于吕雉的一些情况全部介绍给了桂莲。先入为主,桂莲对吕雉从此就没了个好印象。

刘邦的态度也很明显。桂莲发现,刘邦对吕雉虽然说不上不好,但在桂莲面前却从不提及。相反,却常常在桂莲面前提起戚夫人,还叮嘱桂莲凡事都应多向戚夫人请教。这样一来。桂莲就有了明显的倾向性。当然,她也不敢轻视皇后,因为她清楚,要是惹恼了皇后,那同样也不会有她的好日子过。

面对皇后的帖子,桂莲思量再三,还是决定要去。

这天下午,刘邦召集朝廷众臣们商议国事。吕雉便抽这个时间请来了桂莲。

"皇后万福,奴婢祝皇后陛下万事如意。"一进门,桂莲就对吕雉行了大礼。

吕雉也微微起身,以示还礼。说道:"桂莲妹妹请过来坐,你我同为皇上的人,就是亲姐妹,何必如此客气。"

桂莲说道:"谢皇后。"说着坐在了下首位置。"进宫半年多了吧?"吕雉歪着头,眼睛并不看着桂莲,回忆似的自向自答道:"对,半年多了。记得我第一次见到你后,就被你的美貌给迷住了。那时我就断定,皇上一定会喜欢你的。你看,我的眼光还是不错的吧!"

"多亏提携,桂莲永世不忘皇后的大恩大德。"桂莲起身行礼,一边说着,一边在心里猜测着吕雉叫她过来叙话的真正意图。

吕雉话锋一转,问桂莲道:"戚夫人、薄夫人和官夫人对妹妹可好?"

"还好。"桂莲小心地说道。

"戚夫人给你说起过我吗?"

桂莲这时已完全明白吕雉今天叫她过来的真实意图。

面对皇后如此直截了当的问话,桂莲略加思索,说道:"奴婢刚进宫,许多事都不懂,戚夫人就常常提醒奴婢该注意的事情,这是她们说得最多的话。至于说皇后的嘛,也经常说起。"

"唤,她们都说些什么呀?"吕雉说道:"我有什么好说的,其实,我也并不是怕说我。"

桂莲心里一阵好笑,但她仍然一本正经地说:"戚夫人每当提起皇后,总说您与皇上情感深笃,尤其是皇上起兵初期,常年在外征战,家里全靠皇后养老抚幼,为刘家立下了大功。她们还说皇后如何坚强,当年被项羽抓去,皇后凭着机智和胆量,终于活了下来,后来又帮助圣上取得胜利。大家都说皇后是大汉江山的奠基人之一,是大汉的头号功臣。"

桂莲这番话把吕雉说得心花怒放,极为高兴。但她转念又想,戚夫人肯定不会这样说她的好话,八成桂莲这些话是从别处听来的,为了讨好,才借戚夫人之口说出来。

"小丫头,还来蒙我。"吕雉在心里这样暗骂道。不过,吕雉心里虽这样想,嘴上仍然客气地说道:"她们尽给我说好听的,这么一说,好像我也是个英雄了。其实,我做了什么呀?别看她们嘴上说得多么好听,可在心里不知谋算什么呢。"

桂莲这时没有多少心思陪吕雉扯下去了,她长叹一声,说道:"皇后与几位夫人之间的事,奴婢实在是无权评说,请皇后见谅。"

吕雉本想找来桂莲,在她这儿探听到戚夫人一些动向,试探一下桂莲与戚夫人之间的关系,如果可能的话,还可以挑拨一下,使桂莲成为自己这条阵线上的人。但现在看来,她很难实现这个设想,桂莲不买她的账。

话不投机,吕雉借口有事就打发走了桂莲。

桂莲走后,审食其立即来到了吕雉的暖阁,两个人自然是一阵密谋,并由审食其注意这位新皇妃的动向,根据桂莲的表现再作应对。

这时，吕雉已明白，自己用心良苦选进宫的桂莲，不但没有帮上自己一点忙，弄不好会成为戚夫人的同谋，成为自己的一位新的对手。这真是"偷鸡不成反蚀一把米"。

"小贱人，我有办法使你一步升天，自然也有办法让你下地狱，走着瞧吧！"吕雉恶狠狠地在心里骂道。

时光流逝，日月轮转。转眼间桂莲进宫八月有余，看着她那日渐隆起的肚子，吕雉心想，如果日后桂莲再为皇上生下一子，那时新妃就可以轻而易举地凌驾于她这皇后之上了，戚夫人就是个最好的例证。

不过，天助吕雉，就在桂莲分娩之时，由于难产，桂莲和孩子一起命归西天，这倒省去了吕雉为此再劳心费神地去除她。

二十三　长幼之争

天下没有不透风的墙，君臣二人的谈话很快便由宫中传到审食其的耳中。

听了审食其这话，把吕释之的酒意全给惊跑了。他眨巴眨巴眼，急切切地问道："皇上知道了吗？"

"不但知道，而且还决定征讨！"

"派谁做大将呢？是不是周勃？"吕泽又追问道。

"不，周勃不在京师，要是派外人，臣又何必来这。"审食其神色慌张地说。

全场惊问："派了谁？"

"太子，我们的太子。"

全场变得肃静了。

东园公想了想，说："太子统兵出征，这还是第一次，太子离开京师，戚夫人母子又时刻守候在皇上左右，太子的命运可就……"

吕释之赶紧附和道："是呀，太子说什么都不能离开京师。"

"臣常听人说，受宠的母亲生下的孩子父亲常常会抱着。当今戚夫人日夜守在皇上身边，她的孩子自然也深得皇上的疼爱。太子如有闪失，皇上更换太子的决心就会更大了，说不定这次派太子出征还有借刀杀人之意呢。现在我们必须设法阻止才行。"

吕雉看了他一眼，心说：此人不愿久居朝中，否则他这份儿心机倒是可以成为自己的好帮手。

夏黄公一直沉默不语，听到这儿，他清了清嗓子说道："依老夫之见，现在最好的办法只有一条！"他说到这儿故意打住不说了，其余几个人齐声问道："什么办法？"

夏黄公看了一眼旁边的吕雉，说："请皇后在皇上面前哭泣，就说英布是当今天下一流猛将，善于用兵，勇不可当。太子从未经历战阵，这次统兵出征，显然不是英布的对手，这是其一；其二，现今朝中诸将，都是与皇上同时起事的前辈故旧，恐怕到时不会为太子尽力，更谈不上听从指挥了，这就好像是一只小绵羊带着一群饿狼，其凝聚力还不如一盘散沙；其三，假如英布闻知是太子为帅，将更加无所畏惧而趁机一举西进，中原必定为他所动，继而便可颠覆大汉，正因为以上原因，只好请求御驾亲征了,否则,大汉江山将危矣!"

大家听了,都不约而同地说这是个好办法。审食其转了转眼珠,觉得此话虽然在理,可是他还有些顾虑,于是说道:"诸位说的都有道理,不过圣上正在患病,能否……"

"患病何妨?要是皇上能亲自出征,虽然有点疾病,但只要躺在舒适的御车里,四周用帷帐遮住,就是卧车指挥,谁敢抗令?"绮里季说道。

吕雉一直在旁边听着,想来想去,觉得只好这样,就亲自到未央宫去找刘邦。但刘邦不在宫中,侍从们说圣上与戚夫人去了养德殿。

养德殿,是如意居住的地方。如意由于年幼,不能聘请老师,戚夫人就为他请了一位博学多才的老宫女教他识文断字。这一天,面带病容、郁郁寡欢的刘邦和戚夫人特地来这里探视他们的爱子。

刘邦和戚夫人刚进入宫内,如意已经闻讯跑出来,一头扎入刘邦的怀抱:"父皇!"

"孩子!"

刘邦一下子把如意抱了起来,几乎要把他举起来了,他们像很久没有见面似的。戚夫人在一旁看着这一场景,虽然不吭一声,心里却美滋滋的。据她所知,皇上可是从没有这样抱过太子刘盈。

进了宫内,刘邦和戚夫人各自坐定,如意就面对刘邦骑在他的大腿上,在刘邦的脸上、颈上抚摸着。

刘邦欣喜地对戚夫人说:"你看看,这孩子长的多么像我。""皇上所生,岂能不像皇上。"

"这话也对也不对。"

"陛下之意,妾妃又不懂了。"

刘邦叹了一口气说道:"我所生的不一定都像我。你看刘盈,他哪点儿像我?你看他那又瘦又弱、懒说懒动的样子,简直就是朝不保夕嘛。让他继承大汉江山,真让我不放心。他要是像这孩子,处处能如我意就好了。"

"这孩子真能如陛下的心意吗?"

"他确实很合我的心意。你看,不但相貌像我,心性也像我,很有灵性却不失倔强之气,能屈能伸,而不像盈儿,只能屈而不能伸。"

这时,如意依在刘邦的怀中说:"父皇,你不是身体有病吗?要好好歇息,不要牵挂孩儿。"

刘邦被如意说得高兴了起来,他搂住如意说:"好个刚强的孩子,如此之小就能为父皇着想。可是,父皇如今还不能休息,因为天下还不太平。"刘邦又转向戚夫人,接着说道:"我封的一些王侯将相,总有一些要造反,比如韩信。"

戚夫人怕刘邦过分伤感,轻轻地走过来,十分爱怜地从刘邦手里拿走宝剑,放在一边柔声说道:"陛下为刘家后代争得江山,那也就该为刘家后代着想而保重御体。陛下近来御体欠安,应该静下心来好好休养一阵子,不要再为过去之事动情。妾妃为你试演一段剑舞吧!"

戚夫人正欲起身,突然吕后在一大群宫娥和侍卫人员簇拥之下出现了。

"你们好悠闲啊!大敌当前,还有如此闲心,真是难得啊!"吕后说着,恶狠狠地扫了戚夫人一眼。戚夫人一时有些尴尬,但很快就镇静了下来,向吕后恭恭敬敬地施了礼,带着如意回避了。

吕雉的出现,使刘邦的情绪顿时低落了许多,他感到心情有些压抑,十分不快地接受了她的问候,说:"你怎么不说一声就进来了?"

"皇上陛下的原配正妻,何须通报? 而且事情甚急,也来不及通报嘛。"吕雉话中明显带着刺。

"什么急事?"刘邦冷淡地问道。

"英布反了。"

"这我知道了,算什么急事嘛。况且我已做出决定,准备让太子带兵征讨呢。"

"臣妾正是为此事而来的。"吕雉答道。刘邦听她一说,心中有些诧异,暗想:我和萧何谈论此事时,身边并无他人,这个消息是如何传出去的? 看来,有必要把身边的宫人轮换一下了。

"陛下,太子去不得呀!"看他沉吟不语,吕雉把话说得更明白了些。

"为什么?"刘邦明知吕雉护独子,偏要打破砂锅问到底。

吕雉把脸一抹,顿时哭哭啼啼起来。她断断续续把四皓那些主意那些话语,添枝加叶地诉说了一番,刘邦听着听着,觉得吕雉说得不无道理。吕雉说完好一阵子,刘邦都沉默无语,只是在地上来回走着。当他走到桌旁时,看见那柄跟随自己南征北讨几十年的宝剑,顺手拿了起来,用另一只手的手指抹了一下剑刃,看着窗外自言自语地说道:"我深知这小子难当此重任,而且朝中恐怕也无人有此指挥能力,看来为今之计,只好老子亲自去了!"

"难得圣上如此圣明,真是我大汉之幸。"吕雉见皇上终于放过刘盈一马,心中一块石头这才落了地。待了一会儿,见高祖始终不正眼看她,恐怕夜长梦多,为了不让他改口,吕雉一咬牙,连话都没说便匆匆退了出去。

吕雉走后,刘邦才转过身来,叹息道:"这个傻女人,其实刘盈能闯过此劫就可以做真正的天子了,何必整天把他护佑在卵翼之下呢?"

戚夫人知道刘邦决心已定,说道:"陛下这次亲征,我自然要跟随而去,单留下如意在京,真叫妾妃不放心呀!"

"哎,这有何不放心的,我可以把如意封为赵王,让他到那里去如何?"

戚夫人一听便抹起了眼泪,说:"陛下难道是要处死我不成?"

刘邦问:"这是什么话,我与你相处,天地可鉴,况且你又没有犯什么罪,我为何要处死你呢?"

戚夫人听了抹掉泪水又说道:"陛下为何要把如意送往赵国呢? 我只有这么一个儿子。陛下不是成心让我们母子分离吗?"

"就是为这呀! 这好说,我只是随便说说,要是你不同意,不去就是了。"

"陛下,今天话既然说到了这里,我就只好多说几句。陛下也说过,皇后是个又嫉妒又暴虐的人,不如薄夫人善良。我想,皇后绝不会容我们母子,恐怕日后……"

"她敢!"

"眼下当然不敢。但吕后……日后陛下要是……,那我和如意将死无葬身之地了。"说罢,戚夫人又珠泪涟涟起来。

"快别哭了,哭得朕也心里酸楚不安的,那你说吧,怎样才能……。"

"陛下只有将如意改立为太子,我才可放心。"戚夫人说完这话,两只泪眼盯着刘邦。

刘邦先是一愣,继而哈哈大笑起来,笑完后说道:"没想到你与朕想到一起去了。刘盈懦弱成性,难做一国之君,为了我大汉江山,势必要改立太子。我意已决,就改立如意为太子。日前我就和大臣们商议,在我出征前把这件事先办了。"

"妾妃谢主隆恩。"

"这也是为国家前途所虑。"

从戚夫人那儿回到未央宫,刘邦就在内寝宫分别召见了安国侯王陵和曲逆侯陈平。

在召见陈平的时候,他的心情稍稍宽慰了一点。

"朕不日将亲征英布,你是否愿意代替留侯张良随朕出征?"刘邦问道。

陈平跪答道:"臣愿随往,以效死力。"

"嗯,还是你忠心可鉴呐。"

"皇上,臣有三句话,不知当讲不当讲?"

"但讲无妨。"

"今日英布反,昔日韩信反,这些都是异姓王。依臣之见,今后陛下封王时尽量多封同姓王,不封异姓王,以扼制异姓王的势力,今后干脆非刘姓族人不要封王。"

"甚好,甚好。这个见解正合朕意。陈爱卿,朕问你,你对于更换太子一事有何见解呀?"

"倘若陛下定要更换宗同,为臣自也无可奈何,但须提防舞阳侯樊哙,他是皇后的妹婿,统率大军,胜于燕代,此人历来鲁莽,易被人所利用,陛下不可不防。"

刘邦满意地点点头,若有所思地说:"他也算我朝开国元勋,其功仅下于韩信、彭越。可惜他却不是韩信。要是韩信不死,我岂怕英布?"

"韩信倒是个知恩图报的人。听人说,他说没有皇上的提拔,他就做不了齐王。"

刘邦接过话头说道:"他说得对,没有我刘邦,就没有他的当年。"

陈平略一思考,坦言道:"可是没有韩信的当年,也就没有陛下的现在啊!"

刘邦没想到陈平会说出这句话。这话正像一把利刃直刺刘邦的心窝,他猛然抬头,睁大眼盯着陈平,不说话了。陈平看着刘邦发怒了,便说道:"臣说话不慎,触犯龙颜,请陛下恕罪。想当初,陛下还是用了臣的计策,才把韩信诱捕了的,那时做臣只知道忠于陛下,不问其他。"

"为什么现在你又问及其他了呢?"

"现在还是为了陛下。因为形势已发生了转变。"

"唉,这些朕也知道。朕深知这都是你的忠心啊,如刚才你那话,非真忠是不敢那样直言的,不过,那话也太激我的心了。我不怪你,请起来叙话吧!"刘邦说着离座亲自搀扶起陈平来。

"陛下圣明。"陈平千恩万谢一番方起来坐在了凳子上。

正在这时,名皇上的随从侍卫过来说:"陛下,御史赵尧、大夫陆贾奉诏,现已在宫门外候见。"

"请进来一同议事。"刘邦说。

赵尧和陆贾进来后,刘邦和他三人又议了一阵,当场刘邦便命他三人连夜拟出加封同姓王的议案。

　　在同一时间里,皇后吕雉也在忙乎着。她召来审食其、吕释之、吕婴、吕产、吕禄和叔孙通在长乐宫内的长秋殿秘密议事,吕雉在最后才提出自己的方案,她特别寄希望于叔孙通,说道:"据我估计,圣上明日早朝,一定会把亲征英布和更换太子两桩大事提出征询,还望太傅在如此重要关头尽心尽力才是。"

　　"请皇后娘娘放心,臣定会以死力争的。"叔孙通说道。

　　吕婴听到"死"字,认为不吉祥,便对叔孙通说:"不要提死。太博,行不行?"

　　吕释之轻蔑地看了吕婴一眼,说:"你以为太傅真会死吗?"一句话,说得在场的人都大笑了起来,只有吕雉和审食其没有笑。审食其凑在吕雉耳根低声说:"请娘娘占个卦吧,看看太子殿下的前程如何?"

　　吕雉轻蔑地瞪了他一眼,说:"你难道不知道,我一向是不搞妖魔鬼神的吗?"说完,又习惯性地眯起眼睛深思起来。

　　第二天清早,朝臣和宗族子弟到后,鼓乐齐奏,刘邦面带病容,来到正殿登上宝座。除萧何外,一群臣子跪在地上三呼:"万岁"。

　　"诸位大臣和宗室长幼子弟,不日我将出征英布,有些朝事需同众卿商议定夺。"

　　"谨候圣谕。"大臣们异口同声地说道。

　　"众所周如,我前封了八王,这八个王中不断有人反叛,在我朝文武臣将的同力征讨下,大体平息。现今英布又反了,并且还很猖獗。英布此人作战骁勇,善于用兵,为了加速平息此王叛乱,只有朕亲自出征,朝里大小事情,还要仰仗众卿多多操心才是。可惜的是留侯病情加重,不能随军运筹,只有请陈平先生代子房辛苦一路。"

　　陈平答道:"臣陈平,愿随陛下出征!"

　　萧何于是在原位坐着说道:"老臣虽然愚钝昏庸,也一定尽全力,请陛下放心。"

　　刘邦这时话题一转,加重语气说道:"我大汉天下来之不易,看来守之更加不易。为了保我大汉皇运,经陈平先生、赵尧先生和陆贾先生拟议,急需分封刘氏宗室子弟为王,守于四方,捍卫大汉,诸位大臣以为如何?"

　　大臣一齐响说道:"陛下开创汉代江山,臣等愿刘氏绵亘无穷!"

　　刘邦激动地站了起来,说道:"诸位老臣老将,你们都是同朕一起征战的功臣,只有你们深知我心。可是,当今大功告成,天下安定,你们却一个个都老了、病了。你们一心为大汉,耿耿忠心,定能光明我的子子孙孙,同大汉河山永远并存。"

　　众臣又齐呼"万岁!"

　　"好,现在就请御史赵尧按照昨夜在宫中同陈平和陆贾先生议好的方案,当殿宣告授封。"刘邦大声说道。

　　赵尧出班列,说道:"遵旨"。

　　赵尧向下面列班看了看,高声说道:"请皇帝的公子和亲属受封:刘肥,封为齐王。刘恢,封为梁王。刘友,封为淮阳王。刘贾,封为荆王。刘交,封为楚王。刘濞,封为吴王。授封毕。"

　　受封者和众臣皆高呼"万岁!"

刘邦又宣告:"还有,刘如意封为赵王,暂留宫中养育,其余各王都应择吉日启程,回到各自的封国里去。各王都要赤胆忠心,为大汉辅翼,万不可辜负朕的美意。"

众王一致说道:"臣等谨遵圣命,愿世世代代做大汉的卫士,海枯石烂,此志不移!"

"你们先退下吧!"

刘邦说完,七名新王和太子刘盈退了朝。这时,刘邦又提出一个新的议案:"还有一件大事,太子刘盈,为人仁慈软弱,遇事情拿不定主意,容易受人挟制,而且身体不健,很难担当延续汉室重任,我早就想更换一个能当此任的太子,众卿以为如何?"

众臣一看这情景,忽跪倒在地,异口同声地奏道:"废长立幼,是不得已而为之,现今太子独立已多年,他既无失礼也无失德。确实不可废立呀!"

刘邦环视了一周众臣,清清嗓子正想陈述自己废立太子的理由,但还没张口,突然听到有人大喊道:"不、不、不、不可!"

刘邦抬眼看,却是周昌。

"你光说不可,那么为何不可? 说说理由朕听。"

周昌本来就有口吃的毛病,越着急越说不出话来。他双目圆睁,脸色涨得通红,好大一会儿才说出一句话来:"臣口,口不能言,然而臣……臣……知其不可,陛下若…若要要……废太子,臣……臣不…不敢奉诏。"

刘邦被周昌那副滑稽的样子逗笑了,他边笑边问道:"你期期期半天,究竟要说什么?"顿时,本来十分紧张的气氛被冲淡了许多,众臣们也都吃吃地笑了起来。

大家笑了一阵,无法再议下去,刘邦便令退朝。

群臣纷纷退出。周昌在退朝的人群之中,边走边擦额上的汗珠,他刚走下台阶,忽然被一个宫女拉住说:"您就是御史周昌,娘娘叫你。"说着,挽上周昌就向东侧走去。

周昌被这突如其来的情况吓了一跳,他刚想要细问原委,但那个宫女只顾拖着他走,转眼就来到了东厢门口。

周昌抬头望去,只见吕后已经站在那儿了。滴滴地对他说道:"周爱卿尽管请起,我是感谢爱卿保全太子,才行此礼。"

周昌听了这话,才知道吕后的原意,心里稍稍踏实了许多。他定了定神,张口结舌地说:"臣……臣是为公,不是为……为私。怎么……反而,当起娘娘如此大礼。"吕后站起后,对周昌说道:"周爱卿不必过谦,如果不是你今日力争,恐怕太子此刻早已被废了。"说完后吕雉回了宫,周昌也独自回去了。

废立之事被阻,刘邦几天来都闷闷不乐。他并没有从心里打消废立的念头,只是在寻找时机。

二十四 征讨英布

吕雉对此看在眼里,急在心头,她要设法让刘邦尽快取消废立太子的念头。

这天,吕后为皇上举行家宴,名义上是为皇上御驾亲征饯行,实际上是不显山不露水地把"四皓"推出去,让刘邦知道自己已请回了他当年请不到的高人。

宴席就设在长秋殿前的庭院中,应邀前来的人首先是皇上刘邦,其次是太子刘盈以及刘邦的众嫔妃及所生子女,另外还有审食其、叔孙通以及"四皓"等人。

等大家都到齐后,宴席便开始了。吕雉以皇后的身份和家庭主妇的身份操持了这次家宴,她首先说道:"今天家宴,一来为皇上御驾亲征,我衷心祝愿陛下马到成功,旗开得胜。二来祝愿皇帝陛下圣体永远健康。"说着她向刘邦敬了酒,刘邦愉快地接过酒杯,向在座的诸位点点头,一饮而尽。

接着是太子以国储身份向刘邦敬酒,随之刘如意、刘恒、刘建等以及戚夫人、薄夫人和其他嫔妃都轮流把盏,向皇帝敬了酒。

刘邦因为身体欠安,没有像以往那样豪饮,所以对敬酒的人,除吕雉外,其他人敬酒他只是少抿一点,并不喝干。

不多时,刘邦发现有四个须发皆白的老人,个个儒服峨冠,道貌岸然,跟在太子身后,寸步不离,刘邦奇怪家宴上哪来的这么几个人。他转向吕雉说道:"那几位白发老者是何人?怎么从未见过他们?"

"噢,陛下说的就是他们吧?"吕雉手指着"四皓"向刘邦说。

"是啊,今天是家宴,理应是家里人,可这几位白发老人我怎么从没有见过呢?"

"我这就把他们叫来,给陛下请安。"吕雉给审食其丢个眼色,审食其快步走到"四皓"跟前,低声耳语两句,"四皓"便缓缓来到刘邦面前,依次自我介绍说:"臣,东园公","臣,绮里季。""臣,夏黄公。""臣,人称'南里先生'。"

"噢,你们莫不是人们所说的四皓吧?"刘邦吃惊地问道。

"臣等正是!"站在首位的东园公说道。

"朕曾派人多次召见你们,你们都不肯来,这是为什么呀?"

"那么,如今为什么又……"

"南里先生"跨前一步,缓慢而自信地说道:"当今太子大仁大孝,尊贤敬上,闻名于天下,天下人都愿意为太子效力,我们是仰慕太子的贤德而来的。"

听到这里,刘邦的脸一下子变了,正想发作几句,突然又转口说:"你们既然跟随了太子,那就麻烦你们照护太子好了。同时,你们还可以号召天下的贤士们,齐力同心,为我大汉出力出谋。"

"臣等切记!"

"四皓"答道,随后,起立退去。

从这时起,刘邦的脸色变得渐渐忧郁了下来,相反,吕后的脸色却变得越来越明朗了。

"四皓"的出现,使刘邦的兴致一下子冷了下来。他推说身体不适,提前退了席,由戚夫人和几名贴身侍从陪着回到未央宫去了。刘邦看着戚夫人那大失所望的样子,便宽慰她道:"看来改立太子的事是办不成了,不过,以后还有机会嘛。"

戚夫人深深地叹了口气,没有作声。

"你也看到了,并不是朕不肯努力,怎奈朝臣无一赞成此事,就是朕违背众意,强行立如意为太子,日后也不能安稳。依我之见,眼下还是暂且忍耐,再作打算才是啊!"

戚夫人扶住刘邦的肩膀,说道:"妾妃并不是一定要改立太子,只是我母子的性命就在皇后的手中,这点想必陛下是看得出来的吧!"

刘邦叹口气道:"这朕是知道的。但朕自会设法,决不让你母子吃亏的。"

这时,宫人进来说御史赵尧求见。

戚夫人皱了皱眉说道:"这么晚了,陛下要休息。有事明日再议不行吗?"

"来人说有要事,一定得见。"宫人说道。

"那就请进来吧!"

赵尧进殿后直截了当地说道:"近日陛下每天闷闷不乐,是否因为如意年少,戚夫人与吕后不和,将来赵王母子有难?"

刘邦听了连连点头,说道:"朕正是为了此事,爱卿有何良策,不妨快快奏来。"

"眼下改立太子显然很难成功,陛下没必要强违众臣之意,扰乱宫廷秩序。依微臣之见,陛下还不如就请赵王及早就国,那才是上策。"

"这当然是个上策,可就是……"刘邦看了一眼戚夫人没再说下去。

"赵王远就赵国后,吕后也就对他放心了,也许慢慢地会缩小与戚夫人之间的矛盾。"赵尧说着看了一眼戚夫人,接着说:"只是赵王年幼,夫人放心不下对吗?"

"对。"戚夫人这时也说道。

"可以派一名德高望重、有谋有略的人去辅佐不就得了吗?"

"那么,依你之见,派谁合适呢?"刘邦问道。

"周昌。"赵尧肯定地说。

"周昌?"刘邦惊疑地问道。

"他?"戚夫人不相信自己耳朵似的。

"对,周昌!"赵尧咽了一口唾沫继续说道:"陛下和夫人不要认为他阻拦改立太子,就认为他不会辅佐赵王。其实,臣敢担保,周昌这人,只知有公,不知有私,绝不会因为不赞成赵王为太子,就对赵王不忠心了。"

过了几天,刘邦召见周昌,对他说:"朕准备让赵王就国,让你作赵相,保护赵王,不知意下如何?"

"臣自陛下起兵以来,相随相认至今,陛下的事情,胜过我的事。请陛下放心,我一定全力以赴,辅佐好赵王。"周昌结结巴巴地说完这些话,脸早已憋得通红。不久,周昌就随赵王去了赵国。至于赵尧,自然也得到了好处,周昌所遗御史大夫一职,由赵尧顶替。

明天刘邦就要带兵出征。这天夜里,吕雉在自己的宫室前庭院中往复踱步,低着头眯着眼沉思了很久很久,然后进入暖阁继续思索。

灯影下。吕雉十分庄严地坐在暖阁的正中,郦商弓着腰站在一旁,吕雉问道:"郦将军,你看皇上这次出征,战意可坚?"

"启奏皇后陛下,皇上战意甚坚。"

吕雉稍停一下又说道:"我的意思是说,你看圣上会不会改变初衷,放了英布?"

郦商仍没有领会吕雉的意思,含糊地回答说:"倘能议和,百姓免除干戈之祸,不失为一良策。"

吕雉淡淡地笑了笑,又在鼻子里轻轻呼了呼。这一少见的动作引起了郦商的不安,以为自己的话一定违背了皇后的意旨,于是顿感惶恐。他赶忙跪下以头触地,谢罪道:"启奏皇后娘娘,臣愚钝不智,有何见教,还请皇后娘娘明示。"

吕雉宽容地笑了笑说道："郦将军请坐下叙话。""谢谢皇后娘娘。"随后，郦商小心翼翼地坐下。吕雉看到郦商坐下了，就继续说道："你觉得英布这人如何？"

"一代枭雄，今世罕有。"

"你觉得我大汉朝廷中，有谁可与英布匹敌？"

郦商想了想说："现今恐怕没有了。"

"你说得对。你再想想，英布对大汉功劳是大还是小？"吕雉紧追不舍地问道。郦商谨慎地说道："功勋卓著，可与淮阴侯韩信和梁王彭越齐功同劳。"

"这就对了！试想一想，一个功高盖世，勇冠三军的枭雄，又正当盛年之时，而当今皇上已年过五十，精力日衰，一旦圣上归天，那时大汉朝内有谁能驾驭此人？"

郦商被吕雉问得茫然了。他仍拿不准吕雉要他做什么，于是又一次小心地问道："皇后娘娘的圣意是……"

"及早去之！"吕雉断然说道。这时她的眼光变得更加严厉了。她看了一眼怔在一边的郦商，接着说："这次皇上选定你和陈平、夏侯婴、灌婴四人随驾出征，只有将军你对本后意旨能领会得深刻，望将军定要善处此事。"

"娘娘刚才一番圣教，真是启臣愚昧，臣当力谏皇上拒和就是了。"一直到这时郦商才明白皇后叫他深夜入宫的真正用意，于是他讨好地说道。

"一战一和，本是一切战争的结局，而其间的情况又可能变幻万端，圣意也可能随机应变。关键时刻进一言，也许能起到意想不到的效果。"

"微臣谨遵皇后娘娘教谕，在军中见机行事定杀英布，绝不讲和。"

"好，这我就放心了。"吕雉说着打了一个哈欠。郦商会意，赶忙说："夜深了，请皇后娘娘休息吧！"

"好的，你也该休息了。"

郦商再次叩了头，便出去了。

第二天，刘邦亲自出征。

刘邦全身戎装。到这里，他们都下了辇，与朝臣告别。除萧何外，其余大臣都跪在辇前齐声说："恭送皇上，祝圣上此次出征，马到成功！"

刘邦心里掠过一丝不易察觉的凉意。不过，此时此刻，他不愿在众臣面前表露什么，强装笑脸地说道："朕走后，请众卿协力，办好朝事，使朕放心！"

"臣等谨应圣命！"

"谢谢众卿！"刘邦说着，发现了张良，他立即近前扶起张良，握住他的手，说："子房，爱卿有病在身，何必出来？莫非近来好一些了吗？"

"这几天感觉稍好一些了。多谢陛下关心。"

"卿不能随军策划，临行前，朕愿听听卿对此行的高见。"刘邦真诚地说道。

"臣重病在身，不能随陛下远征，实为憾事。依臣之见，英布未必真反，陛下应该体察。倘若非战不可，应考虑到英布乃盖世英豪，而陛下已上了年纪，因此最好用智胜。如果英布并非真反，自然应以协和为上策。"

刘邦听着张良的话，一边点头，一边用眼看了看身旁的郦商等人，然后又对张良说："子房放心，朕已经请郦老将军和陈平先生随我出征，夏侯婴和灌婴二位将军，久经沙场，阅历很多。陈平先生足智多谋，可以代朕运筹帷幄。倘若非战不可，制胜英布，还是有把握的！"

张良说道："陛下千万不可大意啊！"

刘邦对此没有表示什么，他只是说："子房虽然重病在身，朕还是希望你尽力辅助朝廷，把教导太子的重任担当起来，你看如何？"

说到这里，刘邦看了看叔孙通，表现出了对这位太子太傅明显的不信任。稍停一会儿，刘邦又对张良说："子房，请担任太子的少傅吧，朕信任卿！"

张良再次受到皇帝的信任，内心非常感激。突然他想起了此前为阻止圣上更换太子而为吕雉献计之事，感到很对不起皇帝。于是，他含着泪水点点头，表示愿尽全力。

刘邦便转身上了车辇，说道："起驾！"吕雉和太子刘盈也来送行，但不知何故来晚了一些。他们刚走到车辇跟前，想与刘邦说几句话，但刘邦这时已将辇帘垂了下来，车辇开始移动了。吕雉十分尴尬地站了一会儿，便领着刘盈离去了。

刘邦率领的军队行至会坠，就停了下来，因为这里是英布军队把守的前沿了。刘邦和郦商等人走到一个高山头上观察了一阵地形，互相交换了一些意见。

正在这时，英布派人给刘邦送来一封信。刘邦打开信看了，笑着说："这小子要求同我阵前对话。"不等郦商等人说话，他便对信使说："回去转告英布，明日我与他阵前对话！"

第二天，刘邦比约定时间晚了一会儿到阵前。

刘邦身披坚甲，骑一匹白色战马，只带了护身宝剑，山也似的屹立在那里。

刘邦看了英布的阵势，引起一阵厌恶，他对郦商说："英布布阵，很像项羽，他是想气死我。"

郦商笑笑说道："其实这并没有什么可怕的，英布认为韩、彭已死，他就是我大汉的大敌之将，又欺陛下年迈，所以正面布阵很强，两侧就显得虚弱，只要攻其侧面，英布将难改败局。"

英布早已按时等候在阵前。

英布今天如约不带武器，只佩了护身宝剑。他左等刘邦不来，右等刘邦不到，他不知刘邦是有意拖延。当刘邦出现在阵前，他立即扬鞭策马，互相接近，郦商紧贴在刘邦身后。

正面楚军将士个个伸长脖子、踮起脚尖看着大汉天子刘邦的威仪，还不时地指手画脚，议论纷纷。

英布拍马上前拱手道："陛下，军中无大礼，恕末将不能下马躬身参拜了。"

刘邦心平气和地说："不必拘礼，足下别来无恙啊？"

"托陛下洪福，末将一向甚安。末将听说圣驾不适，何必如此辛苦，亲自来同小臣英布作战呢？"

"是你请我来的，我不得不来。"刘邦满脸笑意地答道。

英布清清嗓子又说道："陛下是否还记得，当陛下用陈平先生诡计，诱捕韩信，陛下问到韩信能带兵几何，陛下又能带兵几何的一段对话吗？"

刘邦答道："当然记得"。

"那很好。当时韩信答说陛下只能带十万兵，而他自己则是多多益善。陛下说：'既然如此，你怎么被我所抓，韩信答道：'陛下虽不善带兵，却善于带将，所以我才被陛下所擒获，而且陛下做天子，是上天所授，而非人力所可争取。'既然韩信到那时还深信陛下乃天之所授，又善带将，他造反岂非逆天行事？淮阴侯有过人之智，怎能不知道逆天行事是要遭灭顶之灾的？"

刘邦更加没有说的了。

这时，双方战马有的在不住地嘶鸣，有的马蹄在原地不住践踏着。刘邦强辩说："韩信他想袭杀皇后和太子。"

英布又是冷冷一笑说："这话更是没有根据了。陛下诱捕韩信之后，因念韩信功勋卓著不忍杀他，只是去了王号，留京观察。谁知吕后心怀异志，正想网罗人才。她看中韩信是一名非凡将才，韩信识破吕后阴谋，拒绝为她驱使，为此触怒吕后，蓄意要杀害韩信，于是，吕后趁陛下远征陈豨离开京师之机，相国萧何伪称陛下征讨陈豨全胜，劝韩信入宫庆贺，将韩信骗到长乐宫的钟室里杀害。"

刘邦还要强辩，不料英布又提高声音追问道："诛灭韩信、彭越，如此毒策，究竟出自何人？"

刘邦赶忙摆手说道："那时朕本不在京师，此事纯系皇后一人所为，不知详情。"郦商听着不对劲，赶忙引开话题，说道："韩信藏匿楚将钟离眛，还不该治罪吗？"

英布又答道："不错。钟离眛原是项王大将，同韩信有旧交，项王失败，他逃归韩信，后来韩信提着他的人头去见陛下，以表明对陛下的忠心，可陛下还是将韩信拘捕，这实在是不近情理嘛！"

刘邦点点头说："你说得有些道理。那彭越总是真造反吧？"

"哈哈哈，你说彭越真造反，我说他更冤枉。"英布大笑说。

"何以见得？"刘邦问道。

英布说道："陛下请听，陈豨反，陛下亲征，因梁王偶有疾病未能应征，受到陛下责备。这时他的部将跑到洛阳，诬告彭越谋反，以报私仇，陛下将他废为庶人，贬到四川。而中途皇后从长安来，彭向吕后诉说冤情，表白自己并无反意，吕后自愿把他带回洛阳，逼迫彭越效忠于她。越不从，就买通彭越的一名侍从，诬告彭越再次谋反，终于杀了他。更可恨的是，吕后命人把彭越的尸体剁成肉泥，以皇后名义分送给各路诸侯。我也蒙她不弃，幸得一份，并有皇后书谕，请陛下看看吧！"说着，英布指使一员未带武器的部将骑马驰到刘邦面前，将一个盒子递上。郦商代皇帝接了过去。

"打开。"刘邦说。

郦商将盒子打开，盒子里彭越的肉泥，已经严重腐烂。上面铺着用黄绸子写的吕后的手谕："有不从吾命者，如彭越！"

刘邦看了，倒抽了一口凉气，面色登时变白。他假装糊涂地问郦商道："有这种事吗？"

"这个……这个臣并不知道。"

刘邦极力掩饰着自己的尴尬，低声道："简直是胡闹！"

郦商听了这话，浑身战栗，他是怕皇上和英布妥协了。不料英布却说："陛下如能杀吕后，除吕党，臣英布自然罢兵谢罪，永远辅佐刘汉，绝无二心。倘若不然，英布宁愿战死沙场，永不后悔！"

听了这话，刘邦的脸上实在挂不住了。他心中涌起一股怒火，但他还不能发作,因为还不能断定手下是否已经逼近楚军两翼,只好克制着自己,先点了点头,然后对英布说:"既然如此,足下此次兴兵,你认为能得胜吗?"

"这难说!"

"万一失败呢?"

"臣愿献上首级,毫不后悔!"

"晤。"刘邦又点了点头,继续说道:"好! 倘若幸而得胜呢?"说完他歪起头看着英布。

英布也歪头用戏弄的口吻说:"说不定也像陛下一样,坐几天江山!"

郦商此时实在忍不住了,他想到答应皇后"见机行事"的诺言,认为这就是时机。于是大吼道:"匹夫英布你太过分了,看枪!"跃马挺枪,直取英布而去。

英布没带兵器,情知上当,急忙抽出护身宝剑应战。

战争就这样开始了,身后的两员年轻虎将也追上去共战英布。刘邦只得向自己阵地退回。盛怒之下的英布哪里容得刘邦退去,直取刘邦。口中吼道:"身为天子而不顾信义,出尔反尔,动用刀兵,岂不取笑于天下?"

追上刘邦,英布想从马背上抢下刘邦,作为人质。眼看英布的手就要抓住刘邦了。郦商及几员大将的马比英布的马快。英布被擒。郦商代皇帝刘邦审讯了英布,英布五花大绑,直立不跪。

"英布,你还有什么要说吗?"郦商问道。

"请哪位将军代向皇上转奏一言。"

"你说!"郦商看也不看英布。

"日后乱大汉天下者必是吕后,一定要提防!"

郦商心中微微一颤,立即大吼道:"把他拉出去砍了!"

武士们奉命把英布推出去斩了。

第二天,刘邦得知杀了英布,有些不满地说道:"他即是死罪不赦,也该由我来处死,你们怎能随意……"

"臣一时怒火难平,就……请恕罪。"

"人都死了,我还降你何罪? 他在临刑前说了什么话?"

"他只是写了几句话,无关紧要。"郦商小心翼翼地回答道。

"唉,你们哪……"刘邦看着郦商半天没有说话,最后慢慢说道:"不管咋样,他也是一位开国元勋,还是该厚葬啊!"

二十五　刘邦之死

这天,刘邦感觉身体好些了,便想见一见刘长和幸娥。吕雉奉诏将两个孩子带到了未央宫刘邦的寝室。

"孩子们来了吗?"刘邦问。

"来了,就在寝室外。"吕雉答道。

"快叫他们进来。"

"是。"吕雉说着便把两个孩子带了进来。

刘邦见刘长和幸娥进来,挣扎着坐了起来,一个手抱住一个孩子,说道:"你们知道你们的爸爸和妈妈是谁吗？”

幸娥反应较快，回头指着吕雉说：“这不是？这就是我们的母后呀！”

“那么，你们的爸爸呢？”刘邦笑着问道。

“爸爸？我们没有爸爸。”刘长困惑地说道。

“孩子，人怎么能没有爸爸呢？你们知道你们俩为什么长得这么相像吗？”刘邦又问道。

“不知道。”两个孩子你看看我，我看看你，不知所措地说道。

“唉，现在该是对你们说明白的时候了。那年，我路过赵国，赵王张敖把一名美女献给我，有了身孕。后来他的相国叫贯高，想要叛乱，我派人逮捕了，连累张敖和这位美人也下了狱。美女在狱中生下一对儿女，男为长，女为幼，留下话，说这就是皇帝的骨血，请求护送到京都，之后，她就自尽了。这事，你们的母后知道。”

没等刘邦说完，两个孩子已经哭倒在刘邦怀里，齐声喊道：

“父皇……”

本来由于皇后到此而回避了的戚夫人，听到孩子们的哭声，怕刘邦因伤感使病情加重，赶忙出来，再次向皇后行了礼，走到刘邦床边说：“陛下歇息一下吧，不要多说话才是啊！”

刘邦有气无力地推开戚夫人的手，继续说道：“孩子们，这阵爸爸很高兴，你们也不用哭了。过来，你们都过来互相认识一下吧！”

刘长和幸娥悲喜交加，百感交集。喜的是他们有了爸爸，也知道了自己的生母是何人。悲的是尽管他们知道了生母，但又无法与母亲见上一面。于是，他们两个人互相扑过去，抱成一团。

刘邦又指了指身旁的刘盈，严肃而认真地说：“刘盈，你可要好好对待他们啊！”

“是，父皇。”刘盈说道。

“皇后养育你们一场，长大了，你们要对皇后……”说到这里，又一阵气喘，再也说不下去了。

面对此情此景，吕雉坐在一边，一声不吭。过了一阵，她招呼来一批宫人，准备把刘邦抬到长秋殿去。

戚夫人上前对吕雉说：“陛下眼下病情正在发作，还是不动的好，请娘娘……”“怎么？我连这点都不懂了？陛下现在病成这样，理所当然由我来陪侍她，我要时刻在他身边，并请御医认真诊治，到长乐宫不是更加方便些吗？”

戚夫人无奈，在一旁偷偷地抹起泪来。

高祖道：“待诸臣进内，我自有话说。”于是吕雉传命，令太子、诸臣进内。太子与群臣入内，见高祖面黄肌瘦，四体沉重，就叩首于御榻前，哀告道：“陛下春秋已高，又兼有疾，久在于此，虽朝夕欢乐，似非养圣躬之所。臣等愚见，欲迎接陛下回正宫静养，以保万年。则太子之大孝，臣等之至愿兼尽之矣！”

原来，他们都已在吕后的控制之下了。

高祖道：“我之得疾，主要是因为久于兵马，悲怀终日，所以困而成疾。今居于此，自觉心志舒畅，或可以保平安，怎么可以重新移居复他处，那样愈加烦乱，事情就不像你们想的那样了。”

高祖见群臣跪请，态度坚决，不得已只好同意到长乐宫养病。这时吕雉便下令

·擅权乱政·

图文珍藏版

宫人们七手八脚地把皇帝抬到了长秋殿。

刘邦被抬到长秋殿后，病情不断恶化，每日的进餐不断减少，身体越来越瘦。由于体弱，常常发高烧，一发高烧就说胡话。这时，宫中的御医急得不知所措，用了最好的药，病情仍然得不到一丝好转。

一天，吕雉对御医说："太医，你看圣上的病日益加重，不知太医有何良方，救陛下于垂危之际？"

御医见吕后前来责问自己，急忙跪倒，浑身颤抖着说："臣不才，不能在陛下病痛缠身时，为陛下解除病痛，臣实在该死。臣现在虽为太医，但毕竟不能把天下所有的神医妙方全学到手，望皇后赶忙传令，召天下名医到宫中来，为皇上会诊，一定会有人拿出灵丹妙药，拯救陛下于垂危之中。"

吕雉觉得御医的话有理，于是便派人到全国各地寻访名医名药。不久，就有很多名医高手从全国各地赶来。这些人都是当地有名的医生，都身怀绝技，掌握着祖传的神医良方。当然他们中也有想趁机捞功名的，本来就没什么本领，只是浑水摸鱼而已。

吕雉把这些医生们陆续领进宫去，赏给他们好酒好饭。吃喝过之后，这些医生们便聚在一起商议如何治皇帝的病。讨论许久，谁也拿不出什么高招。这也难怪他们，因为他们还没见着病人，如何拿出诊治办法呢？只是纸上谈兵而已。

正在这时，吕后走了过来，对他们说："现在皇上病情垂危，哪一位能想出好办法，拿出灵丹妙药，拯救陛下于垂危，赏银万两，并可封侯做官。"

一群医生们一听，都十分高兴，认为这是一个发迹的机会，然后便由吕雉亲自带着来见刘邦。

刘邦这时正迷迷糊糊地在床上，群医进来后，他稍微有些清醒。医生们首先为刘邦跪拜请安，然后小心翼翼地为刘邦一一诊断。

中医治病，讲究望、闻、问、切。望就是观看病人的脸色及身体各部位的肤色体态；闻是闻病人的气味，包括病人呼出的气味及大小便气味等；问就是询问病人病的起因，心里当时的所想和身体感受；切就是切脉，通过脉搏的跳动来了解病情。

这些医生一一为刘邦诊断，用了很长时间，刘邦早就不耐烦了，但又不好发作。诊断完了，群医又凑到一起议论起来，这时刘邦忍耐不住，便问道："我的病还能治得好吗？"

群医连忙回答说："陛下洪福，您的病不是很重，只要好好治疗，完全可以治好。""朕是天子，既然天要亡我。寡人能活到现在，即使神医扁鹊前来，也是无济于事的。请你们都回去吧！"刘邦闻听此言，生气地说道。

群医被刘邦这一通话说得不知所措，大家都转向吕后，投去征询的目光。

吕后知道这时刘邦心情不好，便轻声地说道："陛下开辟汉室江山，现在天下初定，朝中大臣和地方诸侯还都是服从陛下的，陛下的健康关系着天下大局，望陛下以天下为重，以刘氏江山为重，保重身体。"

"说这些没用的干啥，你快把他们给我打发走，快打发走。"刘邦不耐烦地指着那些医生们说道。

无奈，吕雉便一一打发了群医。回到内寝，守在刘邦身边。刘邦虽对吕雉的许多做法不满，但他们毕竟是结发夫妻，还是有着较深的感情的。他看到吕后那副忧郁的样子，心一下子便软了下来，他有气无力地对吕雉说："皇后放心，朝中大事自然有人替我安排，刘氏江山会稳定下来的。"

刘邦的病情使吕雉不得不考虑以后的一些事，她看到刘邦情绪有些好转，便问道："陛下德高望重，威加海内，相国萧何足智多谋，考虑问题严谨缜密，办事井井有条，法度内外适宜，所以才得以开创天下，平定了诸侯王的叛乱，使天下得以太平。可是一旦陛下百年以后，萧何也去世了，那由谁来代替他做相国，辅佐新皇上治理我们的大汉天下呢？"

"曹参。"刘邦脱口而出。

"那么曹参以后呢？"吕后接着追问。

"王陵。但王陵性格有点过于耿直厚道，陈平可以助他一臂之力。陈平虽然足智多谋，但他却不能独担大任。周勃为人正直，仁义忠信，刘氏天下的安定，非此人不可，可以给周勃以太尉之位。"刘邦说完，累得上气不接下气。

"再下来呢？"吕后又追问道。

"再后来？那就不是你能知道的事，也不是我能知道的事了。"刘邦有气无力地说道。

刘邦的病情越来越重，吕雉背着刘邦请了一名巫医，趁刘邦熟睡时给刘邦看了病。

人们被这情景惊呆了，半天方缓过神来。

这时吕后也到了刘邦内寝门口，刚才那一情景她也看到了，心中暗叫："不好，圣上要没了！"

病榻上的刘邦已面无血色，见到吕雉，只摇了摇头，积攒了半天力气，才抓住吕雉的袖子，断断续续地说："皇后……朕死后，你一定要……尽……"

刘邦话没说完，便是一阵猛烈的抽搐。

吕雉抓住刘邦的手，仿佛要将刘邦从死神手中夺回来一样，狠命地抓住不放。泪水不知不觉中已顺着面颊滑落下来。

大汉开国皇帝刘邦驾崩了！

吕后仍在泪水满面地抓着刘邦的手，一遍又一遍地呼唤着。刘邦驾崩了，了却了尘世间的一切思虑，再也不会为平定异姓王而操心劳身，不必为戚夫人的前途而忧心忡忡，也不必为爱子如意的事犯愁了，更不必因吕雉专权揽政、滥杀大臣而恼火了。然而，不犯愁就没有愁了吗？一切才刚刚开始，尤其对于吕雉来说。

刘邦死后，吕雉非常镇定，首先召集所有长乐宫的宫女、内侍，下令不让随便乱说，更不能把圣上已驾崩的消息传出去。同时，她立即召来审食其商议。

审食其看见吕雉面带泪痕，忙上去替她擦拭，一面关切地问："娘娘是不是又与戚夫人生气了？"

吕雉任由审食其将她的眼泪揩干，用眼神示意宫女们出去，才对审食其说道："主上驾崩了，在这关键时刻，你可要尽心尽力帮我们孤儿寡母才是啊！"

审食其一听皇帝已死，吓得顿时不知所措，过了半天才结结巴巴地问吕后道："这这这……可如何是好？"

"看把你吓的！我叫你进宫，原想指望你替我出出主意，谁知你一个六尺汉子，反不如我这么个女人，真没出息！"吕后有些生气地说道。

审食其看吕雉神态自若，也把情绪稳定了下来，接着说道："国母应是天生之才，我这平常之人怎好与您相比呢？"

"贫嘴。"吕雉一笑，说道："我不要你在这里恭维我。现在主上既已丢下我归天去了，那你可不许负了心呢！"

审食其听了这话，忙跪下发誓道："皇天在上，厚土在下，我审食其如敢变心，或是一夜不进宫来陪着娘娘，就让我死在铁锥之下好了。"

吕雉听他发起誓来，急忙过去一把捂住了审食其的嘴，说道："嘴里有毒呢。你不负心，何必赌这样的血咒呢？我愿你以后逢凶化吉就是了。"说完，她让审食其坐下，又接着道："主上去世，那班文武功臣，未必肯服从少帝，我想谎称主上病榻托孤，召集功臣入宫，等他们来时，让提前埋伏的刀斧手乘其不备全都杀个干净，只要把这班自命不凡德高望重的人物去掉，其余的自然就好办了，不服也得服。"

审食其听到这里，急得连连摇头说道："不可不可，万万不可！娘娘您想啊，这班功臣，都是力敌万夫的好汉，几个刀斧手怎是他们的对手？再者说了，即使全被我们杀尽了，那班功臣手下都有英勇善战的部将，一旦有变，那还了得？万万使不得呀！"

"那你说该如何是好？我们总不能坐以待毙吧！"吕后又着急地问审食其道。

"我看还是把国舅请来一同计议，此事非同一般。"

就这样，刘邦死后的消息被封锁了起来，凡是长乐宫的人不许出去，未央宫的人也不许随便走动，除吕雉的几名亲信和宫女外，这时候谁也不知刘邦去世的消息。

陈平、周勃奉刘邦之诏，前去剿杀樊哙。两人不敢急慢，快马向樊哙军营飞驰而去。将到军营时，陈平说道："樊哙是开国重臣，立了很多战功，而且还是吕后的妹丈，既是皇亲，又是国戚。如今皇上正在情绪不稳定时候，要是斩杀了他，有朝一日圣上反悔起来，那时候首先说不清楚的就是你我了。"

"我也正在想这件事呢，我们现在杀了他，如何向吕后交代？"周勃也说道。

等樊哙反应过来时，自己已被五花大绑了。

陈平说道："樊将军请莫生气，我们也知道你冤枉，所以我们冒罪不杀你，把你活着带回长安，到那时，我们可以在皇上面前为你开脱，再找吕后娘娘为你说情，也许皇上会回心转意的。希望将军包容我们的冒犯。"

听了陈平这一席话，樊哙不再叫闹，服服帖帖地被关进了囚车。陈平一面令军士押解樊哙起程，向长安进发，一面对樊哙手下士兵们说道："将士们听着，现在皇上请周勃将军统领你们，樊将军到长安去打一场官司，望你们能够听从周将军的调遣，不得有误！"

就这样，陈平押着樊哙走走停停，过了三天，当他们走到燕国的时候，朝使早已到达荥阳灌婴的驻地。他是皇后派来下诏的。见陈平和灌婴进来，朝使说有皇后的书谕下。朝使宣读道："皇后明谕：皇帝新崩，朝野悲恸，今恐天下不安，谕令陈平、灌婴即屯军荥阳勿动，听候朝廷调遣。"陈、灌二人彼此交换了一下眼色，陈平淡淡一笑，站了起来，正要向朝使询问皇帝留有什么遗诏，朝使又开口说道："二位就这么办吧，我必须火速赶往周勃太尉那里，皇后书谕，十万火急，不得延误。"说着把手一挥，表示再也没有什么要谈的了。接着他又匆匆地说道："再有一件事，皇后听说樊哙将军还在人世，皇后深深感谢陈平先生和周勃太尉。"说完，作了一揖，便出帐去了。

"怎么办？"灌婴焦急地对陈平说："朝廷出了这么大的事，为什么不准我们回去呢？"

陈平沉默了一会，说道："依我看，将军留下，下臣先回。"

"这可使不得，违抗皇后，岂不等于送死？"

陈平又淡淡一笑，换了一种轻松的口吻说："不尽然。依我猜度，皇后此刻还不会杀我，请将军放心好了。"陈平接着用严肃的口气说："皇后的书谕实际上是想把我们同京城隔绝起来，以便从容进行大事。因此，我二人之中即是冒万死之险，也要回去一人。万一幸免，也好随时互通风声，报告缓急。"

陈平赶到长安时，刘邦棺木还未安葬。他一到宫中，就爬在灵位之前，边哭边拜，一副悲痛欲绝、痛不欲生的样子，让人看了很是心酸。

吕后一见陈平到来，急忙从后账出来，劈头先问樊哙下落。

陈平心里暗自高兴，心想：果然不出我所料，还亏了自己聪明，留了个心眼儿。他边擦眼泪边答道："臣知樊侯本有大功，不敢加刑。仅将樊侯押解来都，打算向皇上死谏求保樊侯，不料臣已来迟一步，臣不能……真可悲呀！"

吕后一听陈平未斩樊哙，心里那个高兴劲儿就别提了，立即收了怒容，换了一种赞赏的口气道："陈先生果真能够顾全大局，保大汉之社稷，真是我大汉江山之幸呀，樊哙现在何方？""樊侯不日即到，臣因急于奔丧，故而先到一步。"陈平答道。

吕雉带着责备的口吻说道："本后有谕，要你同灌婴将军屯军荥阳待命，你怎么回来了呢？"

"臣启娘娘，臣本应留在荥阳，但臣为一桩头等大事，又十分紧急，务必亲自启奏娘娘，所以不得不甘冒逆天大罪赶回京师。""什么紧急大事啊？"吕雉不紧不慢地问道。"就是樊哙将军之事呀！"吕雉这回倒来了兴趣。

陈平接着说："臣等正在回都的路上，接到娘娘书谕，让我等留在荥阳。臣反复寻思，认为如能救得樊侯一命，何借臣之小命，故而甘愿冒犯娘娘圣谕，先期回京请旨，得罪之处，敬请娘娘降罚。"

陈平的这一番话，深深地打动了吕后，她把声音放得更加温和地说："先生虑事十分周全，朝廷感谢你，本后感谢你。"说到这里，吕后又想，这种深谋远虑之人，如能为我所用，那可真是太好了。于是就又说："先生也太辛苦了，你先回去休息吧！"

陈平说："启奏娘娘，现正值宫中大殡，臣愿留充守卫。"

"先生还有大事等着呢，守卫之事，令几名武士就可以了，何需先生？"

"既如此，臣有一事请求明谕。"陈平想进一步实现自己的计划。

"先生细说无妨。"

"皇上新崩，朝野不安，皇后娘娘虽御体康泰，又富于春秋，也难免百事烦扰，困于运筹，先皇和娘娘均待臣恩高德厚，臣一心想报答，臣愿住宫中协助，皇后娘娘百事均可方便一些。"

吕后听着陈平的话，想到这个曾被刘邦倍加赞赏和预定为丞相的人，要是能一心一意忠于她，成为自家的心腹助手，那将来就好办多了。

"世上忠诚如先生的，真是少有。现在太子即将就位，他年纪还小，需要一位富有阅历的大臣尽心辅佐，先生就留在宫里，辅佐新皇帝吧！"吕后兴奋地对陈平说道。陈平一再叩首谢恩，便出宫去了。

不一会儿，宫人来报，说樊哙已到，正在宫外候召。

"宣樊哙进宫！"吕后说。

"戴罪之臣樊哙参见娘娘。"樊哙一进门便跪拜在地。

"樊将军请起！"吕后说着便下了赦令。接着说："樊将军，你的性命，是谁保下来的，可是知道？"

樊哙朗声说道："自然是太后的恩典，臣当以死图报！"

"我不敢贪他人之功为己有，也不必你当面恭维。你再想想，到底是谁？"

"这……"

"不知道吗？"吕后又追问道。

樊哙明知道是陈平帮忙，但因是私事，他认为是他与陈平之间的私人交情，不敢当着吕后的面说出。但现在看来，似乎吕后已经知道了这里的秘密，便只好如实说道："臣那时听了陈平宣读诏书，诏书有立即斩首字样。臣自知活不成了，因为相距数千里，纵有天大冤情，也无法向先帝诉说。幸亏陈平说了他的办法，才使臣的这颗心放了下来。陈平冒死违旨相救，臣这一辈子都忘不了他！"

吕后笑了笑说道："这还差不多。"

未央宫的男男女女还不知皇帝已经驾崩，都还在眼巴巴地盼望着圣体早日康复。

一连几天，戚夫人都是茶饭不进，以泪洗面，随身侍从劝她到院里走走，好消消愁，解解闷。

戚夫人叹了一口气，哀伤地说："不，我这会儿哪儿也不想去，我要在这儿静候圣上。"

这时戚夫人百感交集，心如乱麻。自从吕后抬走刘邦，她就预感到这生这世恐怕再难见他一面，尤其近几天来，她总感到有一股莫名的力量挤压着她，令她喘不过气来。

现在她又沉浸在往事的回忆之中了。她想，这三宫之内，嫔妃不下百人，唯独吕家得了专宠。许多年来，不论宫廷中、疆场上，她都时刻陪着皇上，圣上也从未离开过她。现在皇上病成那样，正是需要互相安慰的时候。可偏偏就在这时，她却连面都见不着。更不能使她忘情的是，自从有了如意，圣上对自己的恩宠就更深厚了，她现在更加想听听皇上将有什么遗诏，对她母子有什么新的安排，可是却被皇后生生割断了。她痴想：皇上一旦驾崩，她就要到赵国去依附儿子了，但她又预感到她母子将要陷入一个漆黑深渊，四面光滑，无可攀援，感到天都要塌下来了。

二十六 秋后算账

在一个黄昏时分，她终于被两名宫女劝出去，来到宫廷大院。

夜色正在一片一片地浸染着大地，覆盖着宫廷，戚夫人感到阵阵凉意，不由得一阵瑟缩，两位宫女赶忙用自己的身子紧紧靠住她，说道："黑夜来了，天气转凉，请夫人回去吧！"

"好,咱们回去吧,怎么我的身板一下子就……"戚夫人自己诧异地说道。

寝室里已是灯火通明,戚夫人乍从昏暗的外面回来,感到一阵阵晃眼,幸好被贴身的宫女扶住了,才没有倒在地上。她走过去小心地取了过来,长叹一声,对宫女们说:"我要为皇上献上最后一舞。"

说罢,戚夫人翩翩起舞。不一会儿,戚夫人进入了角色,恢复了她的轻盈,宝剑在她手中上下翻滚,左右飞舞,发出声响。

戚夫人舞剑兴起之时,便放声唱了起来,歌声凄楚哀伤。突然,一阵阵的钟声,从长乐宫方向传出。钟声沉重、迟滞、抑郁,音拖得很长。

戚夫人浑身一抖,猛然止歌罢舞,双剑落地,大声呼喊:"这是丧钟! 皇上驾崩了?"说着不顾一切地向宫门冲去。

刚到未央宫门口,突然宫门大开,一伙禁军手持宝剑,高举火把,将戚夫人团团围住,七手八脚,把戚夫人捆绑后拉了出去。

戚夫人哭叫着,反抗着,被拖得头发散乱,鞋袜脱落,一直拖到了长乐宫后的寝宫。

几个士兵把五花大绑的戚夫人推到吕雉眼前,只听吕雉大喝道:"大胆罪妇,还不跪下!"

戚夫人心知今日落入吕后之手,必定没有活路。不过,她心存侥幸,对吕雉尽量装出顺从的样子,说不定还会有机会。

"臣妾所犯何罪,请皇后娘娘明示。"戚夫人低头说道。

吕雉狠狠地瞪了她一眼,慢腾腾地说道:"好! 我今天就给你说说。你就在先帝重病之时,仍不忘行房事,故而导致先帝劳损过度,病入膏肓,过早驾崩,这是罪行之一。你想扰乱朝纲,影响朝政,废长立幼,废掉当今太子,让自己的儿子取而代之,这是罪行之二。你背后诽谤皇后,没大没小,这是罪行之三。你任用内监,经常干点不法行为,这是罪行之四。这四点是罪不该赦的四大点,其余之罪,今天你还有啥说的?"

汉代陶仓楼

戚夫人听后,自知失去了刘邦这个靠山,自己再说也没有什么用,只好沉默不语。

这时,吕后又对着左右说道:"剥去这个罪妇的衣服,贬为宫女穿戴。"于是就有几个宫女走到戚夫人眼前,三下五除二地把戚夫人身上的凤袍剥去,换上粗布衣裳,然后又把她头上的首饰一件件摘去,捎带着还拔了几把头发。戚夫人顿时痛得哭爹喊娘。

吕后冷笑一声说道:"因为你平时太作威作福,不让你吃点苦,那可是太便宜了你。"

机灵非凡的刘长和幸娥感到眼前的情景十分怪异,母后在父皇死后几乎没有落泪,只是在刚死后的那一刻哭了一阵,再没见过她伤心,更没有亲自主持父皇的大殓事宜,都是让审食其一手主办。审食其这几天来,日夜不离母后左右,行踪十分诡秘,刚才他也进了密室。

刘长让幸娥以端茶倒水为名,不断出入密室,探听一些消息。因此幸娥便断断续续听到一些机密,最后她听审食其说:"大行动前,一定要假传先帝诏谕,做到禁街断巷,盘查行人,王公贵人,概不例外。"直到深夜时分,这几个神秘的人才从密室里离去。

"他们说的大行动是怎么回事呢?"刘长也说不出,不过,他想起这些天来母后常常向那个审食其和吕家的人流露出父皇的那班老臣半数以上靠不住的话,就自言自语地说:

"也许是要大杀父皇的功臣宿将吧!"

"啊呀,哥哥,那可怎么办?我们得把这个消息传给那些大臣们,让他们早日提防着。"

"可是宫门已被封锁,怎么出得去呢?"刘长一筹莫展地说道。

"有符证不就可以出去了吗?"

"你等着。"幸娥说罢,转身定定神,便灵巧而敏捷地窜到密室去了。

这时密室里只剩下吕雉自己,她也许这几天太累了,刚送走那几个人,便靠着御床休息。

"母后请休息吧!"幸娥走近后轻声说道。

"知道了,你们也休息去吧!"吕雉眼睛都没睁地说道。

"是!"幸娥在转身的同时,顺手从茶几上堆着的一堆符证中拿了一个,轻步溜了出来。

"哥哥,你看,这个是什么?"幸娥举起刚从密室里偷来的那个竹制符证说道。

"啊!符证!有这个就能出得去了!"刘长高兴得跳了起来。

他从幸娥手中取过符证,转身就往外走。幸娥一把拉住刘长说:"哥哥出去找谁呀?"

"嗯……就找张良叔叔吧,他最有办法。"

"嗯,我看也可以。不过,哥哥你可要当心啊,千万不要被他们的人看见了。"

刘长一边跑,一边说:"放心吧,他们不会看见的。"

刘长逃出长乐宫,一阵没命似的奔跑,一直跑到张良的府地。

他冲开门卫的阻拦,直接闯入张良的卧室。这时他已一头大汗,气喘吁吁。

刘长喘息刚定,便比画画地把在吕后密室里听到的事,都一五一十地告诉了张良,张良听了,一惊而起,说:"来人!一名侍从应声而入。

"快叫辟强来!"很快,张辟强就来了。张良对辟强说:"你快把淮南王刘长迎到客厅里,问明情况,立即到你郦商伯伯那里,请他设法舒缓一下,再留后计。"

张辟强按父亲的吩咐,把刘长领到了客厅里,问明情况后便赶往郦商府上。

张辟强很快就来到了郦商府，一进门对郦商说："父亲身患重病，下不了床，他请郦伯伯找一下郎中令，让郎中令在皇后面前舒缓一下。父亲还说，郦伯伯和郎中令很有交情，此事非郦伯伯不能办成。"

这时的郦商也有病在身，听到这个消息，他也大吃一惊。他从被窝里起来，披衣坐了一阵，沉思半天后说道："真会出这样的事吗？"

郦商话音未落，郦寄就踉踉跄跄地奔了进来，他一身酒气，边喘着粗气边对郦商说："父亲，不好了。刚才吕禄请我吃酒，酒后他说皇帝已经驾崩，皇后至今不发丧，就是要在三天之内杀尽皇帝的旧臣老将。"

郦商对儿子的话就不能不信了，他赶忙穿好衣服，说道："这事看来是真的了。"

正在这时，一名侍从进来通报："辟阳侯到。"

"快快有请。"郦商说完，由郦寄搀扶着，去见审食其。

张辟强于是告辞回去了。

审食其与郦商很有些交情，在他们采取大行动之前，他把这一消息想首先通知郦商。不料郦商却对他讲了大堆的道理，反而把他给吓坏了。

到了长秋殿，审食其上气不接下气地把郦商的话一股脑儿地说给吕后。最后他对吕后说："郦老将军对皇上驾崩，我们秘而不宣的做法非常恼火，再加之听说圣上的旧臣老将全部杀绝简直是怒不可遏，我看这事咱们还得重新计议。"

"你呀，就是不像个男人，永远也成就不了大事！"吕雉生气地对审食其说道。

"娘娘，这可不是微臣胆小怕事，实在是情之所迫啊！你再仔细想想，现在周勃和柴武带着二十多万人驻扎在燕、代两国，灌婴有十多万人驻扎在荥阳，一旦得知京城诛杀老臣老将，他们一定会联合起来进军长安。你想啊，现在的京城兵力不多，又无城池固守，他们那些勇将们杀回来如何抵挡？况且，在京城的老将们现已闻到了风声，他们绝不会伸长脖子等着让咱们去杀，他们也会联合起来的，何况那些老臣都是身经百战，武艺超群之人，到时候，内外文武大臣联合起来，各路豪杰一齐起来重新争夺天下，那可怎么收拾？"

"这……"吕雉听了审食其的话，也感到事情并不像她想象的那样简单。

"郦老将军还说，由于皇后娘娘历来很器重他，他才敬献这些忠言。如果娘娘执意不听忠告，那将是引火烧身，自掘坟墓。"

"大胆，他敢说本后！"吕雉怒目圆睁，虽嘴硬但显然底气不足地说道。

"娘娘息怒，其实郦老将军实实是一片好意。他说，他的那些见解和看法决不会对外人去说。因为他和微臣是至交，所以才托微臣转谏皇后，给皇后提个醒，请皇后……"

"别说了！"吕雉头扭向一边，赌气似的不让审食其再往下说了。过了一阵，她猛然对审食其说："怪了，咱们的决策是很机密的呀，郦商是怎么知道的？"

他稍思考了一下，说道："臣也感到奇怪。今日一早，臣去郦老将军处闲聊，实际上是借机侦察一下那班老臣的动静。没想到一到郦府，他就对臣说了那通话。我问过他，他是怎么知道皇帝驾崩的，他说是他算计到的，我又问，那么皇后决策是如何知道的？他说这事不要我再问，我当时就推说，皇后根本就没做那样的决策，纯是谣言，好给皇后一个下台阶的机会。"

"嗯，你还算机灵。不过，得好好查查这事，看风声是从何处走漏的。"吕后眼睛里射出两道凶光，一句一板地说。

"是！"审食其答道。

吕雉把眼闭上想了一阵，然后慢慢睁开看着审食其，说道："那……如此说来，我们就不能动手了？"

"是，娘娘，至少现在不是时机。"审食其赶忙答道。

"那你就立即去告知二哥他们，大事情暂且缓办！"

"是！"审食其作了一揖，急匆匆地去找吕释之。在他刚要迈腿出门之际，吕后又喊道："回来！"

"娘娘还有什么教谕？"

"用本后名义给周勃和灌婴各下一书，让他们不要回京，没有本后书谕，任何人不准离开驻地半步。"

"是！"

"还有，"吕雉接着说："安排下去，今天晚上为皇帝发丧，择吉日在长陵安葬。"

"是！"审食其施了礼走出了长秋殿。

吕雉抬起头，用异样的目光死死盯住刘长和幸娥，她一会儿看看刘长，一会儿又看看幸娥，然后把目光又转向刘长，盯住刘长看着。又这样过了许久，吕雉又懒洋洋地说："刘长，你父是已经封你为淮南王，今年你已十三岁了，可以搬到你的淮南王府去了，也不至于耽误你的前程。我这儿只留幸娥就行了。"

"母后……"

刘长刚要说什么，就被吕雉抬手制止住了。因为刚才她想到这消息很有可能就是这兄妹走漏的，对他们二人，吕雉当然目前还没必要去理会，再说也没有足够的证据证明一定就是他俩所为。但她对他俩有点不相信了，所以她先把刘长打发走，剩下幸娥一人，就好对付多了。她止住刘长要说的话，对刘长说："你不要再说了，母后这也是为你着想。你既然已经受封为王，自然要亲朝事，主朝政，履行你的王职去。现在让你早日离开这里，实际是让你及早锻炼，将来成为国家之栋梁，你懂了吗？"

"是，母后。"刘长说道。

第二天，刘长就搬出去了，吕雉另选了一名宫童代替刘长。

陈平自从有了吕后的信任，日子就好过多了，尤其是他违旨救下樊哙之后，在吕家党中的地位大大地提高了。加之他以自己的智谋取得了亲近太子、教谕太子的特殊权利后，就使他的安全比起其他旧臣老将来，要好得多。辅教太子的责任，本来还有两个人，一个是名正言顺的太傅叔孙通。叔孙通虽然也诚心诚意、尽忠尽职，可是刘邦对他却不信任，在出征英布前当着众大臣的面明白无误地把这种不信任表露了出来，并嘱托张良以后要担当起辅教太子的责任，这其实就等于客客气气地剥夺了叔孙通的权力。此后吕雉也对他渐渐地冷淡起来，所以，叔孙通便知趣地退了下来，很少入宫了。另一个人就是张良。刘邦的叮咛张良一直不敢忘怀，可是他自己已病入膏肓，连床都起不来，因此对先帝嘱托辅教太子的重任自然不能担当起来了。

正在这种时候，陈平救了樊哙。趁吕雉对他感激之时，巧妙地争取到了辅教太子的权力。陈平这样做，一来是为自己谋个稳定的地位，不至于刘邦死后落个不好

图文珍藏版

的下场，二来他要以自己的才智把太子培养好，接替刘邦，不为吕家所用。

陈平教育太子，就方法而言还是比较得当的，尤其很符合太子刘盈的胃口，因此，不多几日，太子就很喜欢与陈平在一起了。

这一天，陈平把太子带到未央宫，想让他认识一下先帝创业的艰难，同时让太子坚定治天下、守好刘家江山的信心。他先从刘邦的创业入手，给太子讲述刘邦如何以一个名微力弱的亭长，成为一位开国皇帝。讲述先帝如何在那些战火纷飞的日月里扫荡群雄，从而建立了大汉基业。这些，太子此前只是断断续续听说过一些，但从没有人这样精辟地给他讲过，所以，他听得很认真，从而也加深了他对先帝的崇敬，树立起了一些潜心守业、励精图治的信心。

随后，陈平又把太子带到功臣阁，阁内空空没多少陈设，只是四壁挂着一些大汉功臣们的画像，挂在正中，位列第一的是萧何。

陈平指着萧何的画像，对太子说道："功臣阁是悬挂先帝功臣肖像的地方，先帝认为萧何功绩最高，所以把他名列正中，位居第一。"

太子刘盈边听边点头，当陈平介绍到韩信、彭越、英布等人时，便不多说，打算蒙混过去。可太子刘盈却问道："韩信、彭越、英布是叛将，为何还要把他们的画像挂在这里？"

这个问题使陈平有些为难。他心里自忖：伪游云梦，诱捕韩信，是自己的阴谋，后来韩信被皇后斩杀于长乐宫。出献奇计，击灭英布，也是自己的策划。只有彭越的死与自己无关，但这三位大将的死，都是先帝不愿意的，先帝惜才之情溢于言表，因此后来留下遗诏，将这三个人的画像也列入功臣阁中。但这些事要讲清楚，势必要捎带着说出宫廷一些内部斗争的真相，可现在给太子说这些，显然是不太合适的。思量再三，他说："这三人，本都是先帝的有功之将，为先帝创建汉室家业立下了奇功，所以……不过，至于他们的功过，估计皇后知道得更加详细一些，殿下找机会问问皇后便可明白一切。"

刘盈就没再继续追问下去。

刘盈看见一画像，题为"郦食其"，便对陈平说："不知何故，不管何时何地，我只要一听见或看见'食其'两个字，心里就想发呕。"

"这个……"陈平一听就知他是联想起了审食其。对这种事陈平作为一个外臣，是不便说什么的，尤其当着太子，他能说什么呢？于是，陈平没有回太子的话，而是故意岔开话题，笑一笑说道："这位就是郦商老将军的兄长郦食其。"

"就冲他这么……这么俗气的名字，他有何功绩？"刘盈带有几分不平地说道。

陈平淡淡一笑说："这位郦食其可不是一般人啊！那时先帝还在做沛公，有一天这位郦食其去见先帝。正好碰见有两位女子为沛公洗脚，郦食其看了很不高兴，就对先帝说：'足下如果真要成就大事，就不应该极早贪图享受'。先帝听了，不以为然地笑了笑，没有怎么理会他，郦食其又说：'足下如果想纠合义兵讨伐无道的秦国，那你首先得有道，不应该对长者不礼貌。'这时，先帝停止了洗脚，穿好衣服，还给郦食其好酒好菜招待，然后问道：'有何妙计'？郦食其劝他先占陈留，说陈留这地方处于天下要冲，四通八达，又有足够的粮草。先帝听了郦食其的话，果然得了陈留，随之，势力迅速发展了起来。这样，郦食其便深得先帝的信任。后来先帝又派他去说服齐王田广归顺，那时，先帝已做了汉王，没料到淮阴侯韩信也正想用武力征服齐国,他认为一名说客只凭一只利舌攻下齐国七十多座城池,而自己率领百万之众还不如他?于是,韩信便举兵攻打齐国。齐王田广以为郦食其与韩信同谋,骗他撤去防卫,一怒之下将郦食其抛在大鼎中煮死了。"

"那他可真是好人、大忠臣,怪不得父皇对他的兄弟郦商那么宠信呢。"

"是的,"陈平这时有意补充一句说:"人的姓名不过是一种代号而已,并不见得凡名'食其'之人都是……"

刘盈抬眼看了一下陈平,陈平赶紧打住话头,下面的话没有直说出来。但刘盈显然已经明白他的意思,望着陈平,诚恳地点点头,两人都心照不宣,谁也没再说什么。

陈平又带刘盈来到天禄阁,两人缓步登入阁内,这里珍藏着重要历史文献和贵重图书,旁有一耳房,房内靠窗放着一张矮案,案前铺一张蒲团。

陈平说:"这正是当年陆贾写书的地方。"

陈平顺手取出陆贾写的《新语》一书,接着说道:"陆贾的这部书,先帝看过,十分赞赏,殿下应该仔细研读一下,想必对你会有好处的。"

转眼他们来到了刘邦曾居住的内寝宫,刘盈想念刘邦及戚夫人,便硬让陈平带着他来到内寝宫。陈平本不想带他来这儿。因为戚夫人被囚禁,还瞒着刘盈呢,等刘邦丧事办完后再由吕后给他说。现在去,刘盈肯定要问起戚夫人的下落,到那时自己将不好回答。照实说嘛,有些不合适,不直说呢,又不能骗他。因此,陈平再三推辞,刘盈就是坚持要去看看。无奈,陈平只好带他去了。

来到内寝宫,刘盈看见父皇的巨幅画像仍挂在正中墙壁上,只是画面上积满了尘土,他上前去用自己的袖子拂去尘土,由陈平陪着行了礼,回头问道:"戚夫人呢?"

留守的宫女们,以梯娥和拴娥为首,只是流泪,却不敢言语一声。刘盈转身盯住陈平,疑惑地问道:"戚夫人呢?"

陈平心里暗暗叫苦,越是怕越有事,他把刘盈拉出内寝宫,悄悄对他说:"殿下,臣听说先帝驾崩之后,戚夫人已被囚禁起来了。"

"什么?谁有这么大的胆子,竟敢囚禁父皇的爱姬?"刘盈怒气冲冲地问道。"家务之事,我等外臣实难说清楚,殿下何必深究呢?"陈平说。

刘盈听说"家务事",一下子联想到母后常常咒骂戚夫人,心里便已明白了八九分,他长长地叹了一口气,深有悲慨地说:

"唉,没想到……为什么帝王之家,还要有这么多的烦恼!"

陈平和刘盈来到未央宫内的马厩,这里是养御马的地方。刚到门口,夏侯婴便出来下跪接待。

陈平介绍说:"这就是夏侯婴将军,先帝封为汝阳侯,他专管路铃厩,也就是说专管这些宫内战马的饲养和配备。"

"将军干这差事有多少年了?"刘盈问道。

"臣年幼时就为沛县管理养马,干这差事已四十多年了。"夏侯婴回答说。

这时陈平插话道:"殿下,这位将军曾与殿下有一段生死攸关的交往,还能记得吗?"刘盈盯住夏侯婴看了半天,困惑地说:"好像有些面熟……"

夏侯婴笑着说:"那时殿下还年幼,况在兵荒马乱之中,只怕不记得了。"

一句话提醒了刘盈,他激动万分地说:"我记起来了,记起来了。那年项王把父皇打败,一家人失散了。我和姐姐在乱军中看见将军驾着车马奔跑,车上坐的那个人很像父亲。还没等我们看清,将军先看见了我们,便把我俩抱上车,车上果然就是父亲。那时楚兵追赶很急,为首的楚军大将是季布,高喊着定要俘虏父亲,父亲把头和背都躬得弯弯的,好让车子轻点,跑快点,但仍摆脱不了楚军,这时,父亲几次把我和姐姐推到车下,多亏几次都是将军把我俩抱起。最后一次,你把我俩扶在左右腋下,跳上一战马突了出去。"

"没错,此后我也顾不了大王,只是护着殿下和公主,一直到县东,才又和先帝团聚。"夏侯婴补充道。

刘盈十分激动,他走近夏侯婴,紧紧握住夏侯婴的双手,流着眼泪说道:"要不是将军,我可能……为感激将军厚德,我将禀明母后,重赏将军。"

夏侯婴赶忙跪地,说道:"那都是臣分内之责,怎敢居功邀赏?"

"好啊,"陈平又似乎漫不经心地说道:"只要殿下不忘先帝旧臣之功,刘汉江山就不会改姓了。"

刘盈听着陈平的话,脸上露出了几分难以察觉的困惑,但接着这种困惑便消失了,看着陈平深深地点了点头,再也没说什么。

陈平带着刘盈去路铃厩,实际上是一件冒风险的事。因为吕后规定,太子必须每天赴长乐宫长秋殿做早晚汇报,如果有事不报,就要严责。陈平带着太子刘盈去未央宫和路铃厩,不可能瞒过吕后。因为吕后时刻派有专人暗中盯着太子的行踪。当然,陈平有陈平的想法,纵然明知是这样,弄不好还会遭到不幸,但他想自己辅教太子,总得给他灌输点什么才对,为了大汉基业,他顾不了那么多,只好冒险做了这件事。

果然不出陈平所料,太子被召进长秋殿,在吕后的查问下,他把什么都说了。

刘盈一边说,吕后一边闭着眼听着,口里不住"嗯""嗯"地应着。刘盈说完后又加了一句:"启奏母后,夏侯婴将军这样有大恩大德于我家,没有他就没有我,请母后予以重赏。"

吕雉听了笑笑说:"这事让我想想,你先回去吧!"

吕雉把审食其召来,把陈平领着刘盈游未央宫和路铃厩的事说了一遍,问审食其怎样对待这事。两个人又合计了半天,直到深夜,审食其才从吕雉寝室回去。

几天之后,在长秋殿的门前举行了一次盛大的授奖仪式。

夏侯婴和陈平双双跪在皇后座前,听皇后口谕:"夏侯婴将军在从前的战乱之年,多次勇救太子和公主,保存了汉嗣,功勋卓著,特赐上等府第一宅,匾额一张。"

"谢娘娘恩典。"夏侯婴即头说道。

这时,审食其指挥着几名官人抬过一块用柏木制成的匾额,上有皇后亲手撰写的大字:"忠义",置于夏侯婴面前。

接着吕后又降口谕:"陈平先生夜以继日,辅教太子,可称尽职尽心,太子能有今日之长进,陈平先生功居第一。特赐予原府第之后加辟园围池塘,以表彰功德。"

吕后的口谕完毕,四周响起了鼓乐,审食其走过来把夏侯婴和陈平搀起,这时已有人抬起匾额,与陈平、夏侯婴一起出了宫门。

公元前195年的五月十七日,刘邦安葬于长陵。这时,长安的气候变得格外温暖起来,可是吕雉的心情却反而觉得有些寒冷了。

迫于郦商的劝告,不得不暂缓她原拟定的大行动,吕雉心里不时涌起一股股失意。她成天深居长秋殿,除了审食其能够给她一点慰藉外,连什么人都不想见。

一天,审食其来到她的内寝,对她说:"皇后深居宫中,为时已久,不怕伤了御体吗? 微臣不才,愿陪皇后出去走走。"

吕雉便听从了审食其的劝告,由他搀扶着来到了大院里。"好明媚的春光!"吕雉脱口而出。

审食其指着这五光十色的春景,对吕雉说:"娘娘请看,这大好风光,不都是为太子殿下即将正位歌舞朝贺吗?"

一句话提醒了吕雉。她看了一眼审食其,若有所思地说:"是啊,盈儿是该正位了。"说到这里,吕雉又想到了刘盈说过的那句话:没有夏侯婴,就没有大汉,于是转向审食其说:"那天给夏侯婴和陈平授奖之后,他俩回去后说了些什么,你查过没有?"

"据臣所知,夏侯将军甚感娘娘厚恩,陈平先生却沉默寡言,终日与夫人饮酒。"

"嗯! 这些都在我的预料之中,夏侯婴诚实敦厚,胸无城府。陈平这人,先帝临终时说他为人机敏,看来确是富于心计,善于变化,他若久留宫中,难免……"

"娘娘有智有谋,陈平纵然聪明,也只能成为娘娘的掌中玩物,臣看来,不必过虑。"审食其说。

"过几天,我还要再次抚慰夏侯婴,命他仍做未央宫路铃厩令,担任太仆之职。我们还是先谈谈太子的事吧!"

"是的,娘娘。太子的事,臣已审思多日,臣以为,太子尚未成年,人间许多事情不太熟,何况登基大事? 为了登基之时不失体位,不妨宣太傅叔孙通进宫辅教一番。"

"叔孙通嘛,这个人是有些学问,曾为老头子制定朝仪,树立起皇帝的尊严,又保太子不废有功。可是后来他却很少为我们做事了。"

"是的,他后来好像在专意躲着我们似的。"

"此人给我的印象不好,他不但是个腐儒,还是个利禄之辈,趋炎附势,表里不一,不可信任。"

"至于他的为人,咱们知道了就可,不过,当前之事,臣以为,得用人时且用人,他熟悉朝仪,为了太子大事,不妨用其所长嘛。"

吕雉思考片刻后,说道:"好吧,那就先让他辅教太子作登基试演吧!"

审食其立即把这个好消息告诉了叔孙通,这位莫名其妙失宠了好久的老儒生,不禁拍案称快,一口应承,不自觉地手舞足蹈起来。

二十七　太子登基

这是一个风和日丽的早晨,是刘盈正式登基的吉日。

刘盈出现在未央宫议事殿的正中,威严地登上宝座。此时,他心里掠过一阵阵得意之情,同时也不时地涌现出几丝不安。

得意的是有他的母亲,现在就坐在他身边的吕雉,将来可以皇太后的身份来管理朝政,替他指点,这使他有了几分的放心,因为他对他母后的理政才能是佩服的,要是没有她,或者不是她的竭尽全力,他的太子地位早就被弟弟如意取而代之了。

使刘盈不安的是那班跪在地上的文武大臣们。今天,刘盈一登上这个座位,陡然居身于这样高大雄伟的大殿,顿时感到阴冷,面对那些曾跟随先皇创业的一批社稷重臣,便觉有些不安。他想起这当皇帝并不是件愉快的事,更何况自己不论才、智、勇都不如弟弟,似乎觉得这皇位来得并不是顺承天命,于是神色有些痴呆起来……

众多臣僚下跪叩头,三呼"万岁"已毕,吕雉以皇太后的身份颁旨:"我大汉创业皇帝刘邦驾崩,太子刘盈今日即位,由于他还年幼,暂由本后秉政。请皇帝降旨。"

刘盈仍在那里发痴,吕雉侧转身用手轻轻推了推他,才使他从纷繁复杂的思绪中清醒过来,按照事先拟好的文稿向朝臣们背诵宣告:"朕尚年少,奉承天命,接续大位,仰赖先父皇之天灵,中仗皇太后之秉钧,下托众文武之力辅,定能振大汉之天威,给万民以丰足,天下太平,皇业绵亘,无穷无尽,朕愿与众卿共勉之。"

"臣等愿遵圣命,誓为大汉献忠。万岁,万岁,万万岁!"

"很好,谢众卿。当前头等大事,应为先皇帝谥号,请众卿提议。"吕雉喜气洋洋地说道。

大家纷纷发言。首先说话的是周勃:"先帝出身平民,提三尺宝剑才取得了汉家天下,成为鼻祖,功德至高无上。谥号应与此相应,才不会辱没先帝,望陛下循此定名,推崇先帝为万世始尊。"众大臣都附和着说,同意周将军的看法。

刘盈点了点头,看了看吕雉说:"我想,那就谥号为'高皇帝'吧,如何?"

"陛下圣明,最好最好。"众臣齐声道。

"太后以为如何?"刘盈问。

"就高皇帝吧!"

"万岁,万岁,万万岁!"群臣又是一阵三呼万岁。

"现在请太后降旨。"刘盈又说。

吕雉正正身子,清了清嗓子,不慢不紧地说道:"本后代新皇帝口授两件事:一是众臣要齐心协力,扶助新帝共振大汉基业,不要辜负先帝的期望。二是请各位大臣众卿严守法度,上下通和,勿存二心,不然,朝政法度是不认人的。"

众人默然。

"退朝!"

众老臣唉声叹气地退出了大殿,各自默默地回府。

吕雉诛杀功臣的计划虽未实现,但她开始消除异己力量,培植吕氏家族当权,她要把刘氏势力逐渐削弱,以除后患。第一个受害的便是戚夫人和赵王如意。

刘邦死讯传出的当天,吕雉就派人把戚夫人抓了起来,并送到永巷去。

戚夫人被送去永巷已有些时日了。这一天,吕雉把看守召来,问道:"那女人在说些什么,做些什么?"

看守说:"她说她关在永巷宫十分寂寞,十分劳累,希望太后网开一面,能让她出来散散心,解解闷。"

"她还有这念头?"

"是的,她多次说起过。"

"她还说什么了?"

"她整天对着铜镜说话,听不清楚。"看守回答说。"我知道了,你回去吧!"

戚夫人想起自己以前的荣华富贵,与刘邦的恩爱生活,与儿子如意在一起的幸福生活,而现在却落到这一步悲惨的境地,不禁落下了伤心的泪水。她一边舂米,一边悲切地唱道:"子为王,母为虏,终日泪洗面,常与死为伍,相距三千里,有谁能告汝?"

戚夫人就这样一遍遍地吟唱着,越唱心里越是难受。这时碰巧审食其陪着太后散步到永巷附近,隔墙听见了,审食其便有意挑起吕雉的愤怒,他说:"太后请听,这是谁的声音?"说着,他歪起脑袋,斜起眼睛,面带一点挑逗的笑意,看着吕雉。

"子为王,母为虏……"

吕雉听出来了,不加思索地拉长音调说:"这不是那位受高祖皇帝恩宠的爱妃吗?"

"太后请听,这声音多么悲切?"

"是呵,她想她那个为王的儿子了!"

"这声音要是叫赵王听了,会怎么想呢?"审食其又说道。

吕雉突然停步,眯起眼想了想,没有说什么,就匆匆转身走去,走得很快,审食其几乎是小跑着追在后面,一同回到了长秋殿。这一夜,吕雉又失眠了。在暖阁里,她盘腿坐在松软的蒲团上,眯起眼睛想着,算计着。她预感到将有一种重大的不祥降临,不由得要先发制人。

这个时候的吕雉,正在全神贯注地想着一个问题,那就是如何对待如意和戚夫人。

审食其昨夜回府后,也是一夜未睡,他知道太后一大早定会召见自己,便吃了点夜宵,和衣靠在卧椅上等候着。审食其也有忧虑和恐惧,他同吕雉相处多年,深知她在不少大事方面比自己看得深远,忧虑自己的谋略总是不如她,这样时间久了,会不会不再重用他……

这天夜里,吕雉的密室里又聚集了七个人,除了上次的审食其、吕释之父子、吕禄、吕产和吕更始以外,还多了个樊哙。吕雉并没有急着把她和审食其商定的决策吐露出来,只是查问了一下近来宫廷内外的动向。

吕释之着急地说道:"妹后呀,咱不能老这样坐等了。高帝晏驾后,人心一直不安,戚夫人之事,更使长安城变成了一锅沸水,大臣们和老百姓,多感愤愤不平,他们唯知自保,都不过问朝政了。看来妹后暂缓那次大行动确是件明智之举。当然,大家都看得出,周勃将军每隔一两天就要到郊外纵马试箭,用心不明,陈平深居府第,不问世事,还有……"吕释之说到这儿,咽了一口唾沫接着说:"回想先帝驾崩以来,这批老臣一律没得到妹后的抚慰,这是个失误,谨防人心思变啊!依我之见,还是先开放长乐、未央两宫,再给老臣们一些真心的抚慰,这样起码可以……"

这时吕产说道:"姑妈,未央宫里全是那个戚妃的人,也不可靠啊!"

"放把火烧光他妈的,哪有那么多的事?"樊哙吼叫着。

吕雉把眼光转向樊哙,斜了他一眼,明显表露出不高兴。樊哙自知失言,便吐了吐舌头,垂头闭嘴不吱声了。吕婴赶快为丈夫圆场,同时又想为陈平美言几句,便放低声音说:"姐姐,他不会说话,请姐姐宽恕,妹臣知道,他是想说,陈平先生搭救他有功,姐姐就……"

"好了好了,你们都不要再说了,我意已决,太傅叔孙通老了,以后刘盈身边还是由陈平负责。赵王如意和戚夫人之事,都不用你们操心,只是你们各自嘴上给我长个把门的,如若谁再走漏风声,可别怪我。"

密室议事就这样快快散去。

二十八 毒杀如意

等剩下吕雉自己时,她眼盯着门外,心里怒气冲冲地说:"你不是想依靠你儿子得救吗?哼!我先成全了你那儿子,再成全你!"

于是,吕太后便派使者到赵国,要召赵王如意进京。

使者拿着吕雉的诏书,从长安来到赵都邯郸,只见赵国在赵王和相国周昌的治理下,一派繁荣的景象。

使者进入赵王府,这时候周昌正在教如意研读《论语》。自从周昌做了如意的相国和老师,如意的文化水平很快提高,现在已能批示公文了。

使者宣读诏书,周昌接旨,然后把使者请到上座,并向使者说:"烦劳回去,向太后禀报,就说臣已年老,赵王年幼,都不便远行,而且这里事务繁忙,不能脱身。"

使者心里十分纳闷,周昌居然敢违抗太后的旨意。当然,他不便多说什么,只好回长安向吕雉回报。

果然不出所料,吕雉听了非常生气,说道:"周昌好大的胆,竟敢违抗本后旨意,不带赵王入朝。你立即再回邯郸,就告诉周昌,如果再不入朝,就要对他们治罪!"

使者只得再次来到赵国,对周昌把太后的原话学说一遍,周昌听了后坦然地说:"请你再回去转告太后,就说赵王病了,不能远行,我还要治理赵国,望太后原谅。"

使者莫名其妙地说:"周相国,太后的脾气你不是不知道,你接二连三地违抗太后旨意,难道就不怕治罪吗?"

周昌一笑说:"你的好意我领了,但赵王实在不能入京,请你再次向太后禀明,望太后恕罪。"

使者回到长安,只好如实向吕雉禀明。吕雉半天没有吱声,闭着眼思考了好大一阵子,便手书了一份御旨,还加盖了大印,然后又对使者说道:"你再去邯郸,就说我请赵王,立即入京,我想让赵王与他母亲见上一面,有要事相商。"

使者第三次捧着诏书会见周昌,周昌见了太后的诏书,知道这事拖是拖不过去了,便对使者说:"高祖让我辅佐赵王,实际上我心里比谁都清楚,那是让我保护赵王啊!我还听说太后怨恨戚夫人,想要召赵王入京,把他们一起杀掉,所以我不敢让赵王入京,这就是我为什么敢于违抗太后旨意的原因。现在虽然太后手书在此,但我有高祖亲手所书御旨,故不能让赵王进京。望使者回去告知太后,并恕臣罪。"

使者返回长安,向太后禀报,吕雉听说周昌有高祖刘邦的手书御旨,知道这事不太好办,只好暂时作罢。

一晃时间过去了两个来月,周昌心里想,这段时间的沉默,不是情况发生好转,就是吕雉又在谋划着更大的阴谋。正当周昌心里忐忑不安的时候,长安又来了一位使者。

这回来的不是别人,而是皇太后亲戚吕禄。

周昌接待了吕禄,吕禄一开口便气势汹汹地说:"周相国,朝廷诏命,要召赵王回京省亲,你怎么胆敢抗旨?"

周昌本来就看不起吕禄这类酒囊饭袋之辈,斗鸡走狗之徒。尤其周昌是个性格刚烈的人,他是容不下这种非礼之言的。听了吕禄的话,周昌火冒三丈,结结巴巴但又用掷地有声的语调说道:

"你是何人?"

"我是朝廷命官吕禄呀,你装什么糊涂?"吕禄瞪着眼疑惑地说。

"你既然身为朝廷命官,侍朝多日,难道不懂得起码的礼节吗?"

吕禄是谁,他飞扬专横惯了,何以受得如此奚落。听了周昌的话,他气得跳了起来,吼道:"你这老而不死的逆臣,违抗我姑妈的法命,不怕灭族吗?"

周昌仍压住怒火,不慌不忙地说道:"年轻人,做点好事,给自己也留条后路吧!不要到处吓唬人,也不要损了阴德,那样对你姑妈和你们姓吕的一家可都没有好处啊!你仔细想想,你们这样闹下去,难道也不怕灭族吗?"说完,周昌把两手一拱说道:"对不起,年轻人,我还有事,恕不奉陪。识相的,请快快回去,要是再敢胡来……"周昌指着吕禄,一字一句地说:"你给我放明白了,这儿是赵国,不要惹老夫真生了气,你娃娃就回不去了!"

周昌说完便径直离去,丢下吕禄一个人在那里发愣。还是吕禄的随从进来将他唤醒。因为碰了钉子,吕禄感到非常尴尬,但又不敢发作,当然不便再留下来,于是便动身返回长安复命去了。

吕禄回到长秋殿,添油加醋地把周昌的话向吕雉学说了一遍,最后问道:"姑妈,还有什么好办法?"

"你辛苦了,先回去休息吧!"

打发走吕禄,吕雉也觉得这件事颇为难办。她深知周昌这人的脾气,他认准的事,很难改变,他还特有胆量,别人不敢说的话他敢说,别人不敢干的他敢干。尤其在当前这种情况下,一般老臣本来就有不满,要是给周昌来硬的,万一老臣们被激怒,那局面可就不可收拾了。但软的又不行,周昌聪慧过人,很难用计谋把他制服。

"来人,快去请郎中令来!"吕雉微闭着双眼,向宫人说道。

审食其很快就来到了长秋殿的暖阁里。他毕恭毕敬地立在一边,在心里猜度着主人叫他来的用意。吕雉明明知道他早已进来,但仍然连声招呼都没打,微闭着眼想她的心事。审食其不敢问,只好一边咂巴着嘴,一边转着他那对小眼珠。

"你去征询一下二哥的意见,看看他还有什么高招。"吕雉半睁着眼,对审食其说道。

"是,我这就去。"

"噢,看我这记性。"吕雉这才把接赵王回京的难处告诉了他。

审食其急忙去找吕释之,将吕雉的难处转述一番,说道:"请二兄献策。"

吕释之挺有把握地咳了一声,接着说道:"这件事依我看根源在于周昌。周昌是个聪明人,他隐匿赵王,拒不奉旨,显然对朝廷已有了怀疑。在当前这种情况下,咱们越是着急,他那里的疑虑就越深,结果肯定是欲速而不达。"

"那就没有个好法子了吗?"审食其伸长脖子着急地说道。

"哼!法子当然不会没有,我看,不如暂缓一阵,过了这阵子,周昌的疑团渐渐消去,到那时再作打算。"

"二兄算说对了。"审食其恍然大悟。

吕释之得意地点头微笑着。

审食其又接着说:"二兄之妙方,我已尽知,我这就回宫复旨去了。"

听了审食其转述的吕释之的"妙方",吕雉不以为然地说:"这算什么妙方?这是不得已而为之罢了。这法子其实我早就想过了,不过只觉得这样太便宜那周昌了。再者说,夜长梦多,那头犟牛到时候要是仍然执意不回,又该如何是好?"

"这……"审食其欲言又止,看着吕雉只好在旁边发愣。

"既然二兄有这个意见,你也觉得是个妙方,那我们就先照此试一试吧!"

果然,事过三月之后,一封敕文传到了周昌面前:"诏令赵相国周昌火速代赵王赴京述职!"

朝使把敕文往周昌手里一塞,也只说了一句话:"望相国急速动身。"说完便返回长安去了。

周昌手掂着诏书,心里自然明白这是吕雉搞的调虎离山之计。不过,这次吕雉的高明之处,就在于只召周昌,不宣赵王如意,还明明白白写着让周昌返京代赵王述职。这样一来,周昌就没有理由拒绝了,他长叹道:"我周昌一身赴难毫无足惜,只可怜赵王。"

周昌在屋里不安地来回走着,寻思着,提着敕文的那只手不住地颤抖着。最后,他横下一条心,那就是先赴京,再在太后面前为赵王母子进言。想着想着,不由自主地脱口说道:"这也好!"

一路上周昌几乎是人不解衣,马不卸鞍,日夜急驰,一到长安,连口气都没来得及喘,便去长乐宫求见皇太后吕雉。吕雉在暖阁里接见了周昌。

"臣赵相国周昌奉诏回来,先来向太后请安,敢问召臣回来,有何训谕和差遣?"周昌跪在地上问道。

吕雉说道:"相国一路辛苦,请坐下说话。"

"谢太后。"周昌说着便起身坐在了吕雉旁边的小板凳上。等周昌坐好后,吕雉只是简略地询问了一下近来赵国的朝政,接着她开门见山地说道:"本后深知相国是刚直之人,我就可以直说了。朝廷想召赵王回来,在先帝陵前尽一下孝道,也好劝慰一下她的母亲莫过悲伤,你为何五次三番地抗旨,不让赵王回来呢?"

"太后何须瞒臣?"说了这句话后,周昌半天不作声,他低头沉思许久,情绪激动,但很有分寸地接着说:"臣深知,太后深恨戚夫人母子,先帝在世时,为保赵王平安,就托臣为赵王操心护驾,现在先帝已去了,臣在赵一日,就该保赵王安全无祸,为此,臣的身家性命,在所不惜。何况赵王系先帝亲骨肉,万一赵王有失,臣不是辜负了先帝的依托之重了吗?至于太后的私怨,那仅仅是一家一族之间,下臣不敢参与,下臣唯有知道先帝遗命罢了。再者说,臣这等保护赵王也如同保护少帝,因为他们同祖同宗同父,亲同手足啊!"

面对周昌的一席话,吕雉无言以对。周昌接着说:"如果太后对臣没有别的训谕,臣当即返回邯郸,赵王年幼还需有人照料啊!"

这时吕雉淡淡一笑,说道:"回邯郸?朝廷费这么大劲把相国调回,就不必回去了吧!"

"怎么?莫非免了臣赵相国之职不成?"周昌诧异地问道。

"深佩相国先见之明。唉,不过,相国要正确对待,因为你也老了,于情于理,都该休养了。"

"这是谁定的法度,如此不明不白地就免去了一个朝廷命官的职位?"周昌不服地问道。

"你好健忘啊,看来相国确是老了,难道你竟忘了先帝的约法三章了?"

"何时、何地、何文?"周昌茫然地问道。

"剿灭英布得胜之后,他在长安以西的霸上,文有三条。相国如有一点记忆,自当知道是谁定的法度了。"吕雉胸有成竹地说。从她那从容的话语里,可以看出,吕雉显然是早有准备,她料定周昌会这样问。

"谢太后启示,臣想起来了。"

"既然能想起来,烦请老相国说说可以吗?"

"当时,先帝在霸上'刑白马',同众文武及亲眷歃血为盟,说'所有王侯国相国和太傅均由朝廷任免调迁;各王侯国不得自立法令;无朝廷虎符,各王侯国不得擅自调动军队'。"

"好!还算你有些记性。"说着,吕雉突然脸色一变,又说道:"既然你还记得这回事,又为什么要三番几次地抗拒朝廷调动?"

"这……这个……那赵王呢?"

"朝廷自会另派得力重臣为他辅政,你就放心回府休养去吧,朝廷不会减少你的俸禄。"

周昌顿觉受到了莫大的不公,尤其当他听到"俸禄"二字时,更加不能自制情绪,他涨红着脸抗辩道:"臣追随先帝于乡里,抗强秦,灭楚项,创大汉,难道仅仅只是为了眼前的这点俸禄吗?既然太后免去臣职,臣尚须亲见当今皇帝,奏明此事,如果是当今皇上的圣意,臣自当奉旨,否则,臣不愿就这样不明不白地被免职。"

"大胆!"

吕雉怒吼一声,接着说:"当今皇帝也是老娘的儿子,他也得听老娘的!"

正在这时,吕禄和审食其赶忙从暖阁耳房里出来,守在门口,不知如何是好。吕禄和审食其来这儿已好一阵了,他们见吕太后正和周昌说话,不便进去,就先躲在耳房里。

周昌看见吕雉动了怒,只得叩头谢罪,说道:"臣秉性如此,心口如一。言语不会拐弯,冲撞了太后,望太后恕罪。"

"去吧,念你曾立过大功,本后不与你计较罢了。你也不必再争执了。"吕雉愤愤地说道。

其实刚才吕雉盛怒之下,已动了杀机,但就在那一刹那间,她猛然想起周昌曾尽力谏阻刘邦废太子有功,自己还为此给他下过跪,想到这里,便觉得不必再同这头犟牛计较了,于是摆摆手,请他出去。

憨直的周昌并未全部理解吕雉的意思，他又提出："臣谨太后谕旨便是，只是请太后不要加害他母子，臣回到京城，已得知太后将戚夫人囚禁了起来，传闻即将处以酷刑，又听说要把赵王召回杀害。当今皇帝年少，太后勉力秉政，自当以骨肉亲情为重。给天下一个宽仁厚爱的胸怀，这是对大汉基业乃至太后名节都只有百利而无一害之事啊！太后圣明，既然深爱先皇帝，与其甘苦始终，而戚夫人和赵王如意又是先帝亲自起用，太后怎会害他们呢？臣甘愿冒万死之罪劝太后，万万不可为了一时之得失，做出被天下耻笑、为后世非议的事来。臣耿耿忠心，天日可鉴，望太后三思而后行啊！"

吕雉听着周昌这些话，心中怒火直往上升腾，但她又不便发作，正是由于碍于当年周昌曾苦谏保太子之功，所以，吕雉只是对周昌冷冷地一笑，摆手示意让他快去。

周昌刚一回到府，就有家人报告说，赵王已经回到了京城。

自从赵王如意从邯郸回到霸上后，刘盈就处于一种无名的惊恐之中。他知道这一定是母后的摆布，意识到弟弟如意凶多吉少。如意到来的当天，刘盈不顾自己病弱的身体和冬令的寒冷，只带了少数侍卫，背着母后，乘辇急行，走到距长安北三里的渭桥时，碰见了弟弟如意。他下了辇，如意也下了辇。刘盈看见如意那副样子，心里十分痛楚。如意因失去了父皇又隔绝了生母，所以在周昌的授意下，已多时只穿素装。看见如意走来，刘盈止不住泪如雨下，上前紧拉住弟弟的手说："弟弟，你，你怎么回来了？"

"我想妈妈，还要在父皇长陵前祭奠。"

这时，周勃、王陵、陈平、赵尧、纪通等一批文武大臣都闻讯赶来迎驾，周昌在人群的最后面。前来迎驾的人黑压压跪倒一大片，许多人心里清楚如意这次进京的后果，因此不少人偷偷地掉了泪。周昌先扑到如意面前，带着哭声说道："大王呀，你怎么不听臣的劝告？你不该回来啊！"

这时如意也泪流满面，哽咽着说道："相国，我想妈妈呀！"

周昌没有答如意的话，转身又扑到刘盈面前，长跪地下，老泪纵横地奏道："臣启陛下，赵王是先高皇帝的骨血，是陛下的手足，陛下可要保他的平安啊！陛下万万千千、千千万万一定要保赵王莫出意外，臣已被免职，无能为力了，只好拜托陛下看在先帝的面上，保住赵王。"

不等周昌说完，刘盈上前扶起周昌说："朕一切都清楚，爱卿请起。"刘盈虽然这样宽慰周昌，但心里却觉得一点把握都没有，于是转身对如意说道："弟弟，咱们先一起回去吧！"

刘如意转眼一看，哥哥身边也正有两名宫女为他捶腿，于是，他面带哀伤地说道："我现在没心思享受，我只想尽快见到母亲。哥哥你一定要帮我一下，让我尽早见到母亲。"

刘盈立即敛了笑容，叹了一口气说道："唉，这个……我看还是祭奠先父皇以尽孝道为第一吧！不过，我要告诉你，你从今日起就要同哥哥住在一起，千万不可随意走动，你明白吗？"

"我很愿意同哥哥住在一起，但更愿意同妈妈住在一起。请哥哥说实话，妈妈现在住在哪里？"

"这……这个，自然住在宫里嘛，她跟母后在一起吧！"刘盈支支吾吾地说道。

"难道太后把妈妈囚禁起来了？"刘如意猛然问道。

刘盈这时尴尬极了，他无法回答弟弟的问题，正在进退两难之时，宫人进来禀报说宴席已备好，请用餐。这下可解脱了刘盈，他对如意说。

"弟弟不要胡乱猜度，我们先用餐吧！"

如意跟着刘盈来到宴席上，但一点食欲都没有。他心想，自己已经回到了长安，回到了未央宫，回到了先父皇和妈妈居住过的地方，但如今却是景物依旧，人事已非，刘如意虽尚年幼，但他聪慧过人，尤其他越来越预感到妈妈可能身遭不测，所以，他无限伤感。

从这天起，刘如意再也不提要见妈妈的事，他已清楚地意识到，他的母亲戚夫人可能遭到了不测。

到了晚上，刘盈命宫人为如意备好了舒适的寝具，服侍如意沐浴净身，换了寝衣，扶他到御床就寝。但这些都被如意拒绝了。

他对刘盈说："还没有祭奠先父皇就享受这样舒适的寝具，不是人子之道，我不能为之。我借哥哥一席之地，效仿古人，要寝苦枕块，以寄托我对先父的一片养育之恩。"

"哎，先父皇丧期已过，那些又都是民间礼法，弟弟不必那样自苦。"刘盈劝刘如意说。

"不！先父皇丧葬，我没有随从应该补上，我不管它是民间礼法还是皇室法度。"

刘盈拗不过如意，同时也被弟弟的孝心所感动，只好为刘如意换了孝服，取来茅草席，搬来土块，扶如意头枕土块和衣睡在草席上，自己取来蒲团和软枕，靠在弟弟身边。直到如意睡着后，天快亮时他才移到了御床上睡去。

这一天，刘盈命宫人宣召叔孙通，要他教弟弟陵园祭奠之礼。

可是叔孙通却抗旨未来，回话说："臣已年迈，不胜风寒，近日疾病缠身，无力奉旨，还望陛下怨老臣逆旨之罪。"

刘如意听说叔孙通抗旨，心里暗自庆幸，于是便在一旁说道："不来也好，那老头儿我也不喜欢他。他那些繁文缛节，把人摆布得忽东忽西，脑袋都昏了。要不，我们就在密室祭奠吧！"刘盈就依了如意，在寝室布置了贡品，兄弟们共同祭奠了一番。

又过了十来天时间，如意总是寝食不安，闷闷不乐。为了调剂一下如意的心情，刘盈对他说："弟弟，你平日里最喜欢玩什么？"

如意没有思想准备，恍惚了一下，便说道："走马，射箭，打猎，看戏。"

"好。"刘盈愉快地说着。他庆幸总算找到了弟弟的开心之锁。

从这天起，刘盈总是隔三岔五地带如意到宫内的猎场射猎取乐，开始如意还真愉快了一阵子，但时日一长，便没了兴致。

一天，如意对刘盈说。"哥哥，这儿地方太小了，咱们到郊外打猎吧！"

"这……"刘盈犯难了。他怕去郊外，怕去郊外的原因就是怕弟弟有所闪失，但他又极其仁慈，不忍扫弟弟的兴。

"行不行呀？哥哥。"

"好,我们去。我也想到郊外散散心去。"

如意见刘盈答应下来后,高兴极了。这时刘盈心里却又忐忑不安起来,他知道母后对弟弟如意一直怀有恶意,万一……

刘盈又派宫人去请教太傅叔孙通,说想带赵王出郊外打猎。叔孙通听后又慌乱又为难,他思忖半天,含含糊糊地说道:"……保御体,仅保御体……"他学乖了,他虽然心里为如意捏了一把冷汗,但又不能说什么,只说了这么四个字。谁都知道,这四个字怎么理解都可以,用到什么场合都可以。

刘盈又派宫人去请教陈平,陈平也送了四个字:"注意风寒。"

这样,他就打消了去郊外的念头,给弟弟说了许多解释的话。

"弟弟,现在已进入腊月了,北风刺骨,冰雪封道,行走不便,我们还是别去郊外了吧,就在内寝之中为弟弟举办一场歌舞演出活动,你看如何?"

如意虽觉不去郊外有些遗憾,但看到刘盈如此诚挚,也就没说什么,这事便被搁下来了。

这年的长安,天气格外冷,吕雉因不慎患了风寒,一连数日卧病在床。在这期间,刘盈还是每日按太后的要求向她请安。一日,刘盈去得迟了一些,一进门,吕雉就说:

"赵王近来的情绪如何啊?"

"还好,就是想见见戚夫人,今天他求儿臣代他向母后求情,恳请见他母亲一面。"

"嗯,他这是第几次了? 他这分明是要我作难。"

"可是……可是他真的很伤心。"刘盈说着快要呜咽起来了。

"你怕他伤心?"吕雉顿了顿说:"你就不怕你自己伤心了?"

"臣不会有什么伤心事的。"

"盈儿,人没有不伤心的,不是伤他人的心,便是伤自家的心,你愿意伤谁的心呀? 一定要改换一下你那副心肠了。"

"改换心肠……"刘盈茫然地问道。

"是的,改换心肠!"吕雉加重语气说道。

刘盈从母后的语气里听出了言外之意,于是便感到不安起来,他迟疑了一下,又试探着问道:"母后的意思是……"

"从今天起,你的心肠要换成铁的。"吕雉断然地说道。

"不! 母后,儿臣不能,不能啊! 母后要是对弟弟实在容不下,那就即刻让他回赵国去。"刘盈着急地说。

"回赵国?"吕雉又习惯性地把眼睑了起来,变成沉静的腔调,说道:"也好! 我让他回去,他也确实该回去了。你先回去吧!"

吕雉望着出去的刘盈的背影,心里暗自思忖,自己怎么生了这么个没有骨气的儿子。她想,像刘盈这个样子,早晚有一天,要被刘如意取而代之的,到那时,她这位皇太后的下场不就惨了吗? 想到这里,她感到一种前所未有的孤寂和苦闷,不由得黯然泪下。

刘盈回到如意身边,高兴地对他说:"弟弟,母后口谕,说准许你回赵国去。我看你打点一下东西,过几天就回去吧,那儿是你的社稷,比这儿要平安一些。"

刘如意忽闪着大眼睛说:"看来太后是不让我见妈妈了,哥哥,请你做主……"

不等如意说完,刘盈就抢过话头说道:"弟弟,请不要再提见妈妈的事了,哥哥做不了这个主。"

"哎!"刘如意自语道:"见不着了,见不着了……"

从这天起,如意对任何事都漠不关心,也不再多说一句话了。

刘盈看着弟弟有些反常,心里更加不安起来,他不愿就这样把如意打发走,心想让他再多住几日,等情绪稍好一些后再回赵国去。

没想到,在第三天头上,长乐宫的宫人来未央宫向皇帝传达太后书谕。宫人清了清嗓子,朗读道:"大汉同皇帝寻儿刘盈陛下钦签……"

宫人没有理会,只管读那书谕。这封书是吕雉花费了近一个通宵时间,与审食其拟定的,书谕中论古引今,从刘邦开国称帝到古人兄弟争位,说来说去,主要意思是让他克服仁弱性,树立自信,并规定每天要他习武,强健身体。

刘盈听完这封书谕,顿感如芒刺在身,战栗不安。他怯怯地道:"儿臣遵命!"

在随从人员的搀扶下,刘盈迷迷糊糊地回到了自己的寝室。

第二天,侍女轻轻把刘盈叫醒。刘盈下床后转头看了看如意,见他还在呼呼大睡,便走过去用手推一推,说:"弟弟,快醒醒,咱们去猎场。"

如意翻了一个身,又睡去了。

刘盈安排好后,便在一大群人员的簇拥下出了宫门,他发现宫里怎么换成了陌生人,正想问。又怕迟到了母后怪罪,便没说什么去了猎场,他心想等会儿早些回去看弟弟。

吕雉已经等候在那里了。

他赶紧过去向母后请了安。吕雉没有怪他,反而给他投过来赞许的眼神儿。刘盈哪有心思打猎,他今天有一种特别的感觉,总觉得有不祥之事缠绕在脑际,心慌意乱,神不守舍。

吕雉看着儿子练功如此吃力,怕他那本来就弱不禁风的身体吃不消,便在一旁说道:"好了,今晨天冷,早一些收功休息,明晨再练吧!"

刘盈像得了赦令似的,擦了擦头上的虚汗,向吕雉深鞠一躬,说:"谢母后。"说完掉头就走。

吕雉答话说:"慢着!"吕雉叫住刘盈,接着说:"你回去休息,不管遇到什么事,你都要沉住气,万万不可着急。"

"儿臣遵旨!"

刘盈急切切地回到了自己寝宫,进了宫中,一片寂静,他心里纳闷,怎么这么静?人都到哪去了?他心慌意乱,三步并作两步赶到自己的寝室,看见弟弟四脚朝天,面色惨白,直挺挺地躺在床上。

两天之后,惊魂未定的刘盈一边吩咐安葬了刘如意,一边明察暗访查出了害死刘如意的人。原来是吕雉的吩咐,派人趁刘盈清早练功之时潜入内寝宫,用毒酒毒死了刘如意。

刘盈心里一阵阵酸楚,他总觉得太对不起弟弟,只要一想起刘如意,他就痛苦不已。

从这天开始,刘盈就根本不过问任何事了,整天除了吃,就睡,或者与身边几个宫女鬼混,身体也一天天消瘦下去,整个人变得完全麻木了。

吕雉除了刘如意之后,心里放心了许多,她认为这下可以由她来执政,刘盈也完全可以操纵在她手里。因此,在这个时候,她下令将后宫所有嫔妃,做了一番排队审查,对稍不放心的或打或杀,一时要尽了威风。朝中大臣,个个怕她的淫威,生怕引火烧身,反而服服帖帖,一时出奇的平静。

正在吕雉得意之时,齐王刘肥来到了京城,这给吕雉又添了一个心病。

刘肥进京办公务,顺便去看望与自己同父异母的弟弟刘盈。刘盈一直很尊重刘肥,见他远道而来,便热情地接待了他。

有一天,刘盈陪着刘肥进宫去见吕雉,吕雉见到刘肥后,表面上装作亲亲热热的样子,但心里却又打起了小算盘。

这天刘盈为刘肥特意设了家宴接风。宴席上,刘盈不用君臣之礼,坚持要让自己的哥哥坐在上首位。

"陛下,这可使不得呀!"刘肥坚持道。

"哥哥,你就别陛下陛下的了,人面上为了礼仪不得已而为之,你我兄弟,在自己家里还讲究什么朝廷礼数,理应按兄弟之情、长幼之序才对呀!"

"这不合适吧!"

"有什么不合适,谁让你是我的哥哥呢?"刘盈不以为然地说道。

刘肥推辞不过,只好依了刘盈,席间逐渐放得开了些,也就免去了君臣之间的许多规矩,称兄道弟,喜气融融,刘盈不时把盏为刘肥敬酒,兄弟俩无拘无束地畅饮到深夜。

早有宫人禀报吕雉,说刘肥在席间不顾君臣之大礼,居然以兄长自居,让当今皇帝为他把盏敬酒。

第二天,吕雉说刘肥近年来远离京城,在齐地辛苦,特设宴慰劳刘肥。

宴席上,吕雉自然坐了上首,刘肥在刘盈的推让下,在右边入座。在汉朝,右边座位仅次于上座的位置,吕雉看着这些,虽然心里很不舒服,表面上仍然装得若无其事的样子,说道:"齐王不必过谦,今日是私宴,可以撇开君臣礼节,你是盈儿的兄长,自然坐在右首了。"

"谢太后抬举。"刘肥说。

"有什么可谢的? 昨日你们不是就这样做了吗?"吕雉阴阳怪气地说。

刘盈本来就仁慈厚道,他把母后害死赵王的事已忘了,今天听说母后专为刘肥设了家宴,心里还一个劲儿地高兴,以为母后良心发现,从此转变了对刘氏诸王的态度了呢。现在听母后如此说,也说:"兄长不要客气,既然母后都如此说,就不必再推让了,咱们今天兄弟俩再来个一醉方休。"

席间,刘盈与刘肥共饮,兄弟二人正在开怀痛饮之时,吕雉宫中一名宫人,手捧一只大酒杯,进来向齐王刘肥行了个礼,将满满一杯酒举起来,对刘肥说:"此种酒是外部所献,味美性醇,尊太后旨意,敬献王爷,一来作为太后对王爷的关怀,二来也让王爷尝尝鲜。"

刘肥赶忙起身离座,双手接过酒杯,心里一阵激动,他捧着酒转向吕雉说:"下臣刘肥何德何能,劳太后如此厚爱,请太后先饮此酒。"

"本后平日不喝酒,今日高兴,已喝过了量,再好的酒也不敢多贪了。还是请齐王自饮吧!"

刘肥听吕雉说已喝多,就没有勉强敬她。他转身又对刘盈说:

"弟弟,既然太后不胜酒力,那就请你代太后先饮一口吧!"

"哎,酒是母后赐给哥哥的,你就喝吧!"刘盈说。

"不,这等好酒,哪有我一人独饮的道理。这样吧,这一大杯酒我也喝不完,那就倒成两半,你我兄弟各人一半,同饮如何?"

"这样甚好,我还正想尝尝这异乡美酒的滋味呢。"

说话间,刘肥已经将酒倒在了刘盈的酒杯之中了。

两人端起酒杯,刘肥站了起来,刘盈也跟着站了起来。

"请,哥哥。"刘盈伸出一只手对刘肥说道。

"弟弟先干吧,请。"刘肥说。

谁让一番后,刘盈举起酒杯,刚刚送到嘴边,正要喝下的时候,太后惊恐万分地说道:"盈儿!"

这一声怪声怪气的惊叫,把刘肥和刘盈都吓了一跳,同时转向吕雉,向她投去了疑惑的眼光。

"盈儿身为太子,要保重身体才好啊,今日,母后看见你已喝了那么多酒了,就不要再喝了,否则,喝多了会伤身体的,还是让齐王自饮吧!"吕雉一时间找不到合适的理由,只好语无伦次地说道。

"太后莫虑,弟弟有海量,昨日我们喝了那么多都不妨事,今日不及昨日一半呢。"刘肥在旁说道。

"母后请放心,我知道自己的酒量,平日里喝酒从不会醉的,这杯酒还是要与我兄长喝的,不然我兄长会说我失礼了。"刘盈说到这儿,又对着刘肥说:"哥哥,请!"说完,他又举杯要喝。

"住手!"吕雉一边大喝一声,一边从刘盈手中夺过那杯酒,气急败坏地往桌子上重重一放,说:"别喝了,散席!"

由于吕雉太激动,那杯子一时没放稳,"哗啦"一下酒杯倒了,杯中的酒顺着桌沿流到了地上。

正巧吕雉养的一只爱犬在地上溜达,看见地上的酒,便迈着毛茸茸的小腿过来,舔了起来。刚舔了几口,只见那只小狗先是咆哮了起来,接着浑身抽搐打战,不到一刻钟,那狗便口吐黑血而死。

这把刘肥和刘盈都差一点吓死,尤其是刘肥,真庆幸自己没喝了那杯毒酒,于是他谎称喝醉,便提前谢宴回去了。

回到住处,刘肥仍心跳不止,惊魂未定,他把这事告诉了随他同来的齐国内使。

内使道:"大王,若要想保全性命回国,只有一个办法,那就是讨得鲁元公主的欢心。公主是太后的亲生女儿,公主欢心,太后就自然欢心,大王的性命也就可以保住了。"

"鲁元公主? 我如何才可以讨得她的欢心呢?"刘肥茫然地问道。

"大王难道忘了,那年张敖被贬,没有了代王之职,多年来一直闲居赵国,这对鲁元公主来说,虽然不缺吃少穿,但失去了朝廷重权的滋味毕竟是不好受的呀! 如果大王现在上表太后,请鲁元公主到齐国去居住,并割让一个城池,让她与其丈夫张敖享受天伦之乐,她不是就欢心了吗?"

"嗯,这个主意还真不错,就依你计,看行不行。"

刘肥立即上表太后,愿将城阳郡献给公主。但奏章送上五天了,仍不见太后的回批,刘肥又与内使官商议,拿出一个更好更妙的办法。内使官苦苦思考,对刘肥说:"臣有一策,但怕大王不愿意做。""我只要能保住性命,安然回国,无论什么事,都可以做,你快说是个什么高招?"刘肥急切地说。

"我的意思是说,请大王再次上表太后,就说你请愿尊奉鲁元公主为王太后,请鲁元公主入朝执事参议,共振齐国大计,那时鲁元公主自然就全力协助大王了,你不是就可以安然回国了吗?"

刘肥听了这话,连连摇头说:"不行不行,鲁元公主是我的亲妹妹,我怎么可以称她为母呢?"

"大王要想求全性命,岂能顾得了这么多? 刘如意之事,大王难道已经忘了吗?"内使又说。

刘肥一听如意两字,脸色突变,对内使官说:"就依你之计,快快上表,快快上表。"

这封奏章一上,也就起到了作用,只几个时辰。刘肥正在住处坐卧不宁时,忽见许多宫女,笑哈哈地走了进来,手里还提着许多美味佳肴,口称太后和鲁元公主随后就到。

听了此话,刘肥高兴极了,他赶忙吩咐内使准备迎驾。

进了住处,吕雉上座,刘盈与鲁元公主分左右而坐。齐王刘肥先向太后行礼,接着便向鲁元公主行了母子之礼。

礼毕,吕雉一阵呵呵大笑,对鲁元公主说道:"我女儿得了这么一个宝贝儿子,真是此生之大幸。当然我也高兴极了,因为又得了一个大外孙儿。"

鲁元公主厚颜无耻地说:"这都是托母后洪福,肥儿,既然你我有母子之缘,那今日我就不能薄待了我儿,"说着她向旁边的几个宫女使了个眼色,宫女们立即把黄金十万,佳肴百担献给了刘肥。接着说:"这是为母给儿的见面礼,收下吧!"

"谢王后厚爱,臣也有几件见面礼,请母后笑纳。"

刘肥说完从地上爬了起来,从内使官手中接过明珠百粒,玉盏一双,亲自呈给了鲁元公主,接着说:"由于时间仓促,礼物太轻,请母后不要怪臣儿不孝。"

"少礼,为娘喜爱了,你起来说话吧!"鲁元公主一副真娘的腔调说道。

刘肥认妹为娘为啥那么快就准奏,这完全出于吕雉的撮合。

正在她思考如何处死刘肥的当日,接到了刘肥请求尊鲁元公主为母后的奏章,这可使吕雉对他的诚意大为满意,她当然立即应允了。

吕雉答应刘肥的这个要求,并不是单纯为了使鲁元公主当个什么王太后,主要原因还在于以此为借口,断了刘肥永远不能谋求皇位的后路。即便退回一万步来,刘盈有个不测,那也永远轮不到刘肥,因为刘肥已经成了下一代人,这样,皇位不论怎样轮换,始终跑不出她吕雉亲手控制操纵的权力网,当然,这样一来,对鲁元公主也算是个安排。这等一箭双雕的好事,吕雉当然求之不得了。

认亲礼毕,又举行了一场浩大的宴会,吕雉传令所有在京的文武大臣都参加了。

酒宴上，吕雉当众宣布了这一震惊朝野的"大喜事"，当场有许多大臣都目瞪口呆，但碍于吕雉平日的淫威，又是皇室家族中的私事，所以没有谁提出异议，酒宴进行得隆重而热闹，一直吃到月挂中天，方才散去。

不久，鲁元公主收拾停当，在"王儿"刘肥的陪护下，启程回了齐国。

二十九　亲创酷刑

吕雉在短短的几个月时间里，毒杀了赵王如意，降低了齐王刘肥的辈分，这似乎解除了她心头最大的疾患，因为她最怕刘盈的皇位落入这两人手中。

然而，打发走刘肥和鲁元公主后，她又闷闷不乐起来。

这一天，审食其见了吕雉，看见她面有愁容，预感她可能有心事，因此，便试探地问道："太后有啥事不乐呢？"

"你呀，就知道看事情的表面。就眼下来说，我是比几个月前先帝刚驾崩时好过多了，起码那些文武大臣们没人敢不从我。但是，我生平第一大敌人还活在那里，这实在令我寝食不安！"吕雉说着眼中射出凶光。

"太后所说的不就是戚夫人吗？"

吕雉没吱声，不置可否地看着他。

"我还以为是何等重大之事，原来是为了这件小事呀？咱们马上把她处死不就行了，这连吹灰之力都费不了，还用得着太后你犯愁？"

吕雉听了后，道："处死这个贱货，自然易如反掌，但如果顺顺当当地让她死去不是太便宜了吗？我犯愁是因为想不出个让她死的办法。"

"要杀要剐，不是由着你一句话吗？怎么说想不出个死法呢？"

"不！我既不杀她，也不打她，你要替我想出个特别的死法来，要一个从古至今没有人用过的刑罚。你如果能想出个最毒最惨，而又没人用过的法子，我一定重重奖赏你。"

这天午后，吕雉来到后花园闲逛散步，忽然听见有杀猪的声音。那声声猪嚎凄惨彻骨。她漫步走了过去，只见一头猪已被拔去了全身的毛，但那猪却还活着。连刀都没有扎进去，这先拔毛后往死里杀的办法也是吕雉发明的，先杀后拔毛的肉味是死的，先拔毛后杀死的肉味是活的。

她的命令，谁敢不从，不过当时宫内的猪们，却受了无辜之罪，同是被人宰吃，却要多经受那一层奇惨的痛苦。

吕雉看了一阵后，突然心里一动，赶忙回到寝宫，召来审食其。

吕雉笑着对审食其说："你这傻子，可以不必费心了。我老实对你说吧，我都想不出的法子，你也休想，刚才我偶然看见一桩事情，那个贱婢的死法已经有了。"

"还是太后高明。不知您给她想出个什么死法了？"审食其问道。

"你看了自然知道。"

吕雉立即吩咐把戚夫人带到宫里来。

顷刻之间，戚夫人已被带到。这个时候，戚夫人已知道吕雉的权威了，她不由得不低头，一进门，戚夫人便双膝跪下，说道："太后娘娘在上，罪妇向太后请安。"

"过奖了，你是何人？你是先帝的爱妃啊！"吕雉阴阳怪气地说道。

大厅里沉闷得让人喘不过气来，戚夫人低头不敢抬眼再望，只等着吕雉的发落。

吕雉朝戚夫人冷笑一声说道："你这贱妇，万岁在世时，你何等的了不起，那时连我也要看着你的眼色行事，如今你的感觉如何呀？"

"罪妇该死。"戚夫人连忙说道。

"该死？你也认为你该死？"吕雉接着戚夫人的话茬问道。

"这个…"戚夫人低着头支吾着不敢说话了。

"想死还不容易？我可以成全你，谁让你我姐妹一场呢？不过，我要让你死得惊天动地，死得特别一些，因为你原本就是不一般的人，死法当然要与别人有所区别了。"说到这儿，她向站立两旁的宫女们说："你们把这个贱婢的衣服先剥去了！"

"是。"几个宫女七手八脚，没费什么周折就把戚夫人剥成了裸女。

吕雉又向后帐招了招手，立即就有两名宫女走出来，手里端着一盆熬好的药。

吕雉说道："今天我送你去一个你该去的地方，那儿再不会有你的罪受了。"说完便向宫女们使了使眼色。

宫女们按原先的吩咐，架起戚夫人就走。她们来到永巷宫内的一处厕所，扔麻袋似的把戚夫人扔了下去，紧接着又跳进去几名宫女，先把事先煎好的聋耳药灌进了耳朵，随着戚夫人的惨叫声，又把致哑药灌入口中，不过数刻钟，戚夫人已叫不出声来了，只是大张着嘴，捣蒜似的在地上磕头，求宫女们放过她。

这些宫女有谁敢放她，她们都是按吕雉的旨意行事，不但没有放了她，接着又把戚夫人的眼珠子挖了出来，把双手和双脚切了下来。可怜这时的戚夫人受着这种奇刑，连喊叫都喊叫不出来，只是斜躺在地上有一声没一声地"哼哼"着，全身血肉模糊，没有了人形。这种名目，吕雉别出心裁地叫做人猪，即像人非人、像猪非猪的东西。

吕雉得到回报说，已经按她的吩咐办好。她当即重赏了那十几名宫女，打发走她们后，又对审食其说："戚夫人母子的顾虑虽然已除，但我又怕起了刘盈，你说该咋办？"

一听这话，审食其转了转眼珠子，以为吕雉又想加害刘盈，当时吓得他打了一个激灵，"扑通"一声跪倒在地，口中说道："那可是你的亲生儿子，太后圣明，当今皇上，太后难道……。"

"看把你吓的！你这个人哪，就是不愿动脑子，你想哪儿去了？我能加害于盈儿吗？我杀赵王，刑戚婢，降刘肥，不都是为了盈儿的皇位更加稳固一些吗？"

"是是是，请太后恕臣顽冥之罪。"

"我是在想，刘盈本性宽厚，我杀如意时，他拼命保护，还不止一次地为戚夫人求情。这种与我心思完全相悖的言行难道不令人担心吗？你想啊，他本来在这几件事上就对我不满，将来要是被一些奸臣进些谗言，我倒不会有什么，可是你就有一定危险啊，因为盈儿似乎已经察觉你我之间……"

审食其听到这里，果然害怕起来。上次在登基演习中，他就领教了刘盈对他的反感和厌恶。他越想越怕，突然站了起来，似乎立即要逃出宫，从此与吕雉断绝一切来往的样子。

吕雉却很能沉住气，她不忍多年的相好就这样离去，尤其她已丧偶守寡，情丝难断，哪肯让审食其就此离去。

她朝审食其喝道："站住！你往哪儿走？还不乖乖地给我坐下！"

审食其见吕雉发怒，只好回到了原处坐下，身子不住地打着寒战。

吕雉看着他那种尴尬窘相，又好气又好笑地说道："我多次说过你，你在这些事情上就压根儿不像个男人，连一丁点胆子都没有，以后我还指望你能帮我呢。"

"太后说得对，我这人就是胆小，不过，这事非同小可，还请太后想出个万全之策，才好安稳过日子。"

吕雉微笑着说道："你不要害怕，我自有办法！"

这天，突然有长乐宫的宫人过来，向他奏道："启奏陛下，太后有谕，听说陛下近日心情郁闷，怕有伤情志，特派臣来请陛下过去看'人猪'，以消愁闷，壮肝胆。"

刘盈正在无聊之极的时候，一听说有什么"人猪"，便跟着宫人去了。

吕雉在宫门迎接了刘盈，把他直接带入那个厕所。

"给你看一个怪东西。"吕雉说。

"噢。"刘盈木然地应了一声。

"瞧，这个怪东西，既像人又像猪，既非人也非猪，名叫'人猪'，稀奇不稀奇？"吕雉指着厕所内正在扭动的一团黑乎乎的怪物说。

刘盈仔细观看，只见这个怪东西紧缩成一团，在冰雪堆中不断地蠕动。再细一看，那个怪东西又像人，不大像猪。刘盈在那儿看了半天，猛然间从那挖去了双眼的脸庞上认出还是个熟人，不过，他怎么也想不起这个怪东西究竟像谁。

刘盈目不转睛地盯着那东西，吕雉却目不转睛地盯着刘盈。过了好半天，刘盈仍没想起这个怪东西像谁，他把询问的目光投向了母后，一下子看见母后那眼睛里正焕发出得意的光芒，他不由地打了个寒战。

刘盈再次把目光从吕雉身上移到了那个怪东西身上，猛然发现正在地上扭动的那个怪物是个女人身躯。刘盈再次细看了一阵，用颤抖的声音问吕雉道："母后，她是……"

没等刘盈把话说完，吕雉微笑着向刘盈频频点头。

刘盈再次把眼光移向那个怪东西，刚一看见，便凄厉地高叫一声："怎么会这样！"掉头冲了出去。

刘盈一回到寝宫，便吐了一口鲜血，他简直不敢相信母后会如此残忍。

不多时，幸娥送药来了，其他宫女们当然就回避了。

"皇兄，母后派妹妹送来安神丸，请你及时服用吧！"说着，她打开匣子，取出一丸，亲手服侍刘盈吃下。过了不到半个时辰，刘盈便清醒了。他坐起身子，用无力的双手摇着幸娥的两臂说：

"妹妹，你知道'人猪'的事吗？"

幸娥深深地点点头。

"你知道那'人猪'是谁吗？"

幸娥痛苦地低下了头，没有答话，一连串泪珠淌了下来。

吕雉听了幸娥的回奏，听说儿子已经恢复神志，从心底涌起一丝喜悦与感慨。幸娥请她去未央宫亲自看看圣上，她没有搭理，只在嘴里说："有什么可看的？"

吕雉在嘴上这样说的同时，心里却想着："他呀，实在不该是我的儿子。"

刘盈连服几剂药,似乎好了一些,不过,每当他一想起那个"人猪"来,就觉着天也可怕,地也可怕,日月星辰也可怕,他仿佛感到全部宫中人都是设谋伺机陷害他。这样过了将近一个多月,刘盈的语言举止已大大失常,眼神变得灰暗了,胸中异常憋闷,时刻像塞了一团棉絮,心头始终像压着一块石头,堵得他连气都喘不上来。

三十　宫廷乱伦

这一天,刘盈一大早便召来宫女,差她把他早写好的上太后奏章连同玉玺一并交给太后。

吕雉打开奏文,只见上面写着:"母后至明,'人猪'之举,非人类所为,戚夫人随侍先帝多年,使她惨遭那样的下场,实属太不应该,儿至死不能接受母后这种做法,我现已有病在身,不能再行治天下之责,以后朝廷诸事请太后自主便是!"

自从刘盈向吕雉宣告弃朝不问政事之后,自觉心里平静了许多,但只要他一人独坐在房中时,便不由地胡思乱想起来。

就这样,他时常无目标地瞎想,越想反而越发陷入无以名状的痛苦之中。

一天早晨,刘盈从被窝里钻出来,照例要宫女为他穿衣服,但他看不见随从,叫了好几声都没有应,于是便大叫了起来。进来两位宫女,问皇上有什么事情,刘盈说:"以前那个呢?"

"我们也不知道。"

"怎么,又不在了?"他心想,多半又是被母后调走。他心里一阵慌乱,不知又要出什么祸事了,于是捂着脸"呜呜"地哭了起来。

惠帝三年(前192年),刘盈已经年满二十岁了,吕后不能不考虑儿子的婚事。有一天,吕后把妹妹吕媭召进后宫,对她说:"皇上已经二十岁了。《周官》说得明明白白,天子、诸侯二十而冠,就该议定大婚了。皇上现在很少过问朝政,天天跟宫女们在一起胡闹,这样下去怎么能行?"

吕媭也说:"是呀,听说皇上身体还不大好,是该早些操办大婚,也好为大汉留下血脉。"

姐妹俩商量一会,吕后提出:就娶她自己的女婿张敖和鲁元公主的女儿张嫣做皇后怎么样?吕媭一听,吓了一跳,心中暗想,这不是乱伦吗?可又不敢明讲,半天没吭声。吕后接着说:"张嫣这孩子,是我从小看着长大的,性情温柔,从小就和皇上很合得来,立她为皇后,亲上加亲,也好让我放心。"

吕媭明知姐姐这样做,是怕形成另一支外戚势力,跟吕氏外戚相抗争,所以就是自己表示反对,也终难改变姐姐的主意,因此只好点头应允。

惠帝四年(前191年)元月,在吕后的一手操办下,为刘盈举行了盛大的婚礼,这年,张嫣刚好十三岁,舅甥女正式配为夫妻。

吕后为惠帝完婚,本想早些抱上龙孙,可日子一天天过去,儿媳的身子虽然日渐丰满,可肚子总没见鼓起来。于是就派亲近内侍找儿媳询问,这才知道,惠帝由于荒淫过度,身体逐渐不支,婚后与张嫣同床的次数也屈指可数,而且往往是干打雷不下雨。吕后无奈,只好另想办法。过了几天,有个后宫美人向吕后报喜,说她

·擅权乱政·

图文珍藏版

已怀有身孕。吕后一听，计上心来，亲近地拉起她的手，说过几天就册封她为正妃，嘱咐她不要到处走动，以免动了胎气。

这位美人走后，吕后立即安排几位亲近侍女，以替她保胎为名，将她迁入一个隐秘的住所，天天由两名宫女侍候着，但不能走出庭院半步。这个美人还以为是太后的恩宠，抚摸着日渐隆起的肚子美滋滋地笑个不停。然后，吕后又密令张嫣，诈称自己有了身孕，每天往怀里塞些棉絮，外人不知真相，都纷纷跑来向皇后贺喜。

到了那位美人临产的那天，张嫣也装作肚子疼，又是烧水，又是叫御医，一直忙到半夜，才"生"出一个男婴，被立为皇太子。可怜他的生母，刚刚经受了做母亲的痛苦，还没等看上孩子一眼，就被残忍地杀害了。

惠帝死后，美人所生的皇太子刘恭被立为少帝，张嫣被尊为皇太后，但后宫大权仍然全都操纵在太皇太后吕雉之手。

吕后忙完了儿子的婚事，总算有时间松了一口气。这时，吕后虽然已经年近 50，但风韵犹存，自然忘不了跟辟阳侯审食其的恋情。

可好景不长，没过多久，就有好事之徒把吕后的隐私很有分寸地透漏给惠帝，不敢说吕后勾引审食其，反而说审食其如何如何调戏太后。惠帝听后大怒，想来想去，终于心生一计。

汉惠帝刘盈

一天，惠帝前往长乐宫给吕后请安，母子俩都努力使气氛显得随和、融洽。作为国家的权力人物，就是谈家常也很自然地把话题引向现实政治上去。惠帝谈到国家的发展、壮大，很贴切地拿秦国为例证，当他们谈到秦始皇时，惠帝不经意地问起："茅焦谏秦王"的故事。吕后脸上一红，推托自己不太清楚，忙把话题岔了过去。其实，吕后哪能不知道这段秦宫艳话呢？

吕后听儿子向她提及这段秦宫艳话，羞得满面绯红，知道自己跟辟阳侯的私情已被人泄露给惠帝，这才岔过话题，避而不答。

惠帝原想借用这个典故提示母后，多从国家的形象从发，规范自己的行为。可事与愿违，不仅辟阳侯照常进宫，而且那个向惠帝通风报信的侍臣也神不知鬼不觉地失踪了。惠帝这回可被激怒了，当即派人把辟阳侯公开逮捕，投入大牢，并声称要将他诛杀，以了断吕后的念头。朝中大臣对审食其跟吕后的隐情早有所闻，认为留着他有损于先帝的名声，因此多数人建议早早问斩，以免夜长梦多。吕后在这几天里像丢了魂似的，有心求救，可又无颜面对皇儿，绞尽脑汁也想不出个法子。在这危急关头，是平原君朱建略施巧计，才救了审食其的性命。

朱建很有辩才，廉正刚直，不随波逐流。审食其听说朱建很有名气，就想跟他结成患难之交。但朱建认为审食其品行不端，幸于吕后，就拒不接见。没过多久，朱建的母亲过世，由于家里穷，没钱办丧事，朱建正忙于到处借钱，置办丧服和棺木。陆贾一向跟朱建很要好，就想利用这次机会，为他和审食其搭个人情桥，于是找到审食其，向他庆贺说："平原君的母亲死了。"

审食其被他说得莫名其妙,奇怪地问:"平原君的母亲死了,跟我有什么相干,你何以来向我庆贺?"

陆贾说:"以前你打算跟朱建结为患难之交,他因为有老母健在,所以不能以身同你患难与共。现在他母亲已死,你如果能厚重地前去送葬,朱建必定以义气为重,以后以死报答于你。"

审食其表示同意,就亲自到朱建家里吊丧,并赠送黄金一百斤。审食其当时毕竟是吕后的大红人,消息传出去后,在京的列侯及趋炎附势之流也不敢怠慢,都纷纷前往朱建家吊唁,赠送的布帛价值五百金。朱建的母亲出殡那天,审食其亲自送葬,列侯贵人唯恐不及,一时车水马龙,好不气派。

审食其被捕后,眼看性命不保,就贿赂狱吏,捎口信给朱建,说自己很想见见他。朱建推辞说:"案子追查得很急,我不敢去看望他。"审食其听了大怒,骂朱建是个忘恩负义的小人。其实,朱建另有打算,他求见惠帝的宠臣闳籍孺说:"你所以得到皇上的恩宠,并不是因为有才能,不过以婉媚取得贵幸,对此,朝野上下无人不晓。如今辟阳侯有宠于太后,反而蹲进牢狱,大街上的行人都议论纷纷,说是你向皇上进的谗言,想要借刀杀人。但你要知道,今天杀了辟阳侯,明天太后羞怒交加,也会找借口杀了你。你要是聪明的话,就应该肉袒着到皇上那儿为辟阳侯求情。皇上若是听了你的话而放了辟阳侯,太后一定满心欢喜,到那时,太后和皇上都贵宠你,你就可以享受双倍的荣华富贵了。"

闳籍孺听后,大为惊恐,就到惠帝面前为审食其说好话,具体说了些什么,因史书缺载,我们就不得而知了。总之,惠帝果真放了审食其。

审食其这次虽然逃过了劫难,但吕后死后,他还是被淮南王刘长给杀了。究其原因,还是因为他做了吕后情夫的缘故。

近日来,刘盈的身体一天不如一天,这可急坏了吕雉。她并不是为刘盈的身体着急,而是因为刘盈到目前为止,还没有个正宫娘娘。虽说已经得了个张帆的儿子以备万一,但那毕竟不是刘盈的正宫所生呀!如果日后刘盈晏驾时,大臣们问这"太子"从何而来,她如何回答?

想到这些,吕雉急召来妹妹吕媭,二人如此这般地密商了一番。

之后吕媭来找刘盈,一进门见到刘盈便下跪。

刘盈从来没有经过这种场面,吓得一时不知所措。他忙把吕须扶起来,说道:"皇姨千万别这样,自己家里,无须这样,快快请起。"

"亏你还记得这些。不过,按家礼,我是长辈,那我说话你这个小辈应该不应该听啊?"

"应该,当然应该。我一定听从皇姨的。"

"那就一言为定了。我现在教你立即册封吕禄的女儿为皇后,择日完成大婚。你要知道,你母亲实在等不及了。"

"这是几年来的老话了,皇姨……"

"怎么,刚说过的话就忘记了?你刚才不是还说要听长辈的话吗?"吕媭阴阳怪气地说道。

"那……那皇姨也该容我一言。"刘盈结结巴巴地接着说道。

"我已暗自发誓……"

"啊，"没等刘盈说完，吕媭就被吓了一跳，瞪着眼睛看了好一阵刘盈，突然起身一阵风似的走出去了。

吕媭从未央宫出来径直进入到长乐宫去了。

吕媭走后，刘盈一阵急火攻心。几名宫女走来，赶紧把他扶上了床。刘盈面色先是蜡黄，继而转成铁青。他大口大口地喘着气，突然一阵剧烈的咳嗽，大口鲜血吐出，顿时气息奄奄。

早有宫人报知了吕媭，并立即请来了御医。御医和吕媭几乎是同时来到刘盈的病床前。吕媭进来后并没多说话，只是示意让御医先诊治。

御医仔细地为刘盈诊过脉，再望一望已是半昏迷状态的皇上，听见他的说话声越来越微弱，神志已经不清楚，于是深深地叹了一口气。

"圣上的这病严重吗？"吕媭怯怯地问道。

"启太后，皇上素来虽身体虚弱，但正值年盛，认真调养也是可以强壮起来的。但今日皇上的脉象模糊间歇，乍疏乍离，是由于惊吓过度，引起抑郁不遂，导致五脏无主，神志无依。这种病，不是无情草木所能治，针随穴位所能医的。即便是扁鹊再世，恐怕也只有叹息的份儿了。"

"这么说……"吕媭欲言又止。

"请太后免忧，臣这里先开一些药，试着吃下去看能否有个人间奇迹。"御医对吕媭说道。

御医当下开了处方，并且亲自将药煮煎。药刚煎好，刘盈突然又一阵咳嗽。接着便烦躁不安起来，嘴里断断续续地说："来日我见了父皇，定责我无用，见了赵王，定怪我无情。悠悠苍天，为何无报？"刘盈说完这几句话后，突然睁开眼四处找寻，那贪婪的眼神使在场的每一个人都感到害怕。过了一阵，他似乎使尽全身力气喊道："必杀侯封！"登时气绝身亡。这天是公元前188年夏历八月，刘盈在位七年，年仅二十四岁。

刘盈临终前的一声怒吼"必杀侯封"，好似一声惊雷，几乎摄走了吕媭的三魂六魄。

随后的几天里，只要吕媭一闭上眼睛，就听见四处同时响着一个声音："必杀侯封！必杀侯封！"

"必杀侯封？"他为什么要必杀侯封？吕媭在心里一遍又一遍地这样想着。

"难道他知道了那件事是侯封干的？那么又是谁泄露了机密呢？"吕媭自言自语地说道。

毕竟是亲生骨肉，吕媭怎么也难以忘掉儿子临终前喊出"必杀侯封"时的愤怒和痛苦模样。她欠这个当了七年皇帝却没有做过一次主的儿子太多太多，对于儿子临死的这个愿望她想成全他。

第二天，吕媭便以皇帝遗诏的理由将隐匿很深的侯封处死了，从此也等于她还了儿子一个心愿。

长安城里所有的文武大臣，得到刘盈驾崩的消息，都洒下了哀伤的眼泪，他们主要哀伤这位年轻的皇帝壮志未酬就早早地离开了人世。

吕媭碍于母亲身份，没有下跪，表面上看似很伤心地哭着，但却不住地用眼睛偷看陈平、周勃、王陵、纪通、夏侯婴等一班老臣。

聪明过人的张良的儿子张辟强一眼就看穿了吕雉的心事。

等哀悼完毕，张辟强直接拜见陈平。

因为是老友之子，陈平对张辟强的来访很高兴，当日便留住张辟强吃酒。

席间，张辟强说道："曲逆侯叔叔，太后只有这么一个儿子，当了七年皇帝，才二十四岁就撒手西去，您说该不该当母亲的悲哀？"

"自然是悲哀之事啊！"陈平一时没有理解了张辟强的意思，茫然地答道。

"那么，您是否注意过今日太后的表情，她可是假哭，根本就没掉一滴眼泪呀！"

"是吗？ 这……"

"皇上没有成年的儿子，太后怕你们这些老臣另有他谋，所以她这个时候是顾不上哭儿子啊，并不是对儿子无情无义，实则情不它移而已。"

"嗯，有道理，有道理。"陈平点头说道。

"尤其对您和周伯伯、王陵几人，太后恐怕更不放心。我注意到太后在一边假哭，一边不住地观察着你们几位的一举一动。"

"言之有理。"

"这就说明你们几位老臣比别人要多一分危险了。"

"唉！这点我也早就料到了，无奈一朝天子一朝臣，历来如此，何况我们已属隔代老臣了。没法子呀！"陈平忧心忡忡地说道。

"不！法子自然是有的。"张辟强果断地说道。

"何法？"

"立即奏请太后拜吕氏兄弟为将，并尽可能将诸吕兄弟一一封官，使他们掌管当朝要事。"

"这怎么能行？ 这不是明摆着断送刘家社稷吗？"陈平急急地说道。

"不如此又能怎样？ 请问叔叔，现在您想'力挽狂澜'，有这个可能吗？ 恐怕弄不好连自家性命都难以保全。等把你们这些老忠臣们赶尽杀绝之后，到那时才真正断送了刘氏社稷呢。"

"嗯，侄儿此话有理，你是说我们先用个'欲擒故纵'之计？"

"对，叔叔不知物极必反的道理？"张辟强又说道。

陈平兴奋地握住张辟强的手，说道："真不愧为张良之子，老虎生不下浪儿子啊！"

送走张辟强，陈平就急匆匆地进见太后去了。

见了太后，陈平奏道："太后圣明，今我朝中宿将老臣，纷纷告老凋谢，主上新崩，国事未定，民心不安，这使下臣心里十分忧虑，还请太后及早有个善后之法才是。"

吕雉听了陈平的话，叹道："爱卿为汉室栋梁，应该有个主见嘛。"

陈平抬头望了一眼吕雉，接着说道："吕台、吕产、吕禄、吕更始等智勇双全，让他们分管南北禁军，警卫皇宫，可保汉室深宫的安全，请太后准奏。"

吕雉扶起陈平，说道："爱卿真乃深明大义啊！"说完又一把鼻涕一把泪地哭了起来。

古话说，国不可一日无君。在当时的那个特殊时期，就更是如此。刘盈安葬完毕后的第一次朝会上，吕雉就提出了太子继位的大事。

·擅权乱政·

图文珍藏版

众多大臣们对那个太子本来就疑虑重重，因为那个名叫张帆的宫女当时被审食其和吕婴秘密选入宫中，生了一子，被吕雉封为太子，虽然许多文武大臣对这个来路不明的"太子"心存异议，但迫于吕雉"不许传说，不许探问，不许说三道四"的诏谕，大家也就不敢深究了。再说，让谁继位，谁为太子，那完全是皇室私家的事儿，大臣们不应说长道短。议事时众臣僚没有一个人因这位太子的身份问题提出质疑，很快便达成了共识，大家都赞同吕雉的设想——择吉日太子继位。

这一天，是太子继位的日子。

吕雉和那位叫作刘措的太子同乘凤辇来到未央宫的议事大殿，鼓乐声响成一片，首先吕雉在众多仪卫、宦臣、宫娥的簇拥下，缓缓步出凤辇，一位内侍小心翼翼地将那位太子抱出来，又轻轻放在了龙案之上，随后吕雉坐在了龙案右后一侧，双手轻轻抚着太子。

吕雉先用眼四下里扫视了一番众臣，然后用极其庄严的神态和口气说："众卿共知，皇帝驾崩，今日太子正式继位。先皇帝谥号，本后曾与一些臣商议过，鉴于先皇帝以仁慈孝惠闻名于天下，拟立为'孝惠皇帝'，大家以为如何？"

这关头谁还敢多说什么，于是大家齐声说道："太后圣明，所拟谥号，非常得体，臣等并无异议。"

"好，既然大家认为得体，这件事就这么定了。接下来我要说的就是继位之事。太子虽然从今日起就成了我大汉的皇帝，但他年龄尚小，还不足五岁，因此，不得不由本后临朝称制。对此，公卿可有何看法啊？"

大家又同声说道："皇帝即位，但年岁尚小，太后称制，理所当然，我等忠心耿耿，概无二心！"

"这样甚好，这样甚好。"吕雉长出了一口气，以非常欣慰的口吻说道。

过了一阵，吕雉又换了一种神态说道："近年来，我朝辅国老臣，多有逝去，致使朝政松弛，国力转弱，这使本后深为忧虑。好在我朝自有忠臣贤僚，及时提出了可行性建议，经本后考虑，有些事是可以按这些臣将的意见办的。"

众臣又一次齐呼。

"太后圣明。"

"前几日，曲逆侯陈平先生提出，拟加封吕产、吕禄、吕更始为将军及掌管长乐宫禁军之事，我考虑，此提议非常适时，所以今日我就封吕产、吕禄、吕更始为将军，由吕产、吕禄分管南、北两军，吕更始掌管长乐宫禁军，众卿意下如何？"

这时众大臣中出现了一些小小的不易察觉的动静，但转眼即逝，稍顷就听大家说道："臣等十分赞同。"

只有王陵、陆贾、赵尧等几个人闷闷不乐没有吱声。

"好，很好！还有，因为平阳侯曹参相国、舞阳侯樊哙将军和留侯张良先生去世，使本朝如同失去了栋梁，所以我遵奉高皇帝遗诏，已于年前拜安国侯王陵为右丞相。现在我决定再拜曲逆侯陈平为左丞相，重新恢复'太尉'之职，还是拜周勃担任太尉之职，对此，众卿可有异议？"

"臣等赞同！"这次大家的声音似乎很响亮。

"本后再封刘肥次子刘章为朱虚侯，三子刘兴居为东牟侯。等他们长大一些之后，还可以封为王侯。"吕雉慢条斯理地继续说道。

这时，审食其出班跪地，从袖内掏出一封表章，奏道："启奏太后，这里有太傅叔孙通托臣呈奉太后奏折一封，他委臣当殿宣读，请太后准许。"

这些都是审食其与叔孙通在吕雉的授意下故意出演的一幕戏。不过，既然是演戏，就要演得认真一些。

吕雉装作不太情愿的样子，故意冷冷地说道："就是你们事儿多，那就宣读一下吧！""遵旨！"审食其随后便读了起来："臣叔孙通，启奏太后，高皇后代，封王不少，但太后随高帝定天下，功绩也显著，然而太后宗室却无一人封为王者，臣意觉不妥。故而请太后加封吕氏族人为王，以顺民情，而固国本。"

吕雉边听边用眼不住地扫视着众臣僚。

审食其宣读后，吕雉假意思索了一会儿，说道："这是民意吗？"

"是民意，是民意。"审食其赶忙答道。

"既然是民意，我看这件事还真要……民意不可违……"吕雉吞吞吐吐地又把脸转向众臣说道："众卿以为此议如何？"

这时，王陵实在忍不住了，他跨出朝班，愤愤地责道："臣启太后，当年高皇帝杀白马与大臣亲属歃血盟誓，说'不是刘家子弟不得封王，如果封王，天下要共同讨伐他！'记得当时太后也在场。而今天如果要封吕氏家族的人为王，显然有悖于当年先皇的愿望，这可是万万不可的呀！"

吕雉瞪了一眼王陵，没有直接与他说话，而是又把眼光投向陈平，以期待和乞求的目光对他说道："左丞相以为如何？"

陈平泰然出班，抖了抖朝服，样子十分安然地说："臣以为，高帝定天下，子弟为王，自然是顺天命又应人情的。今天太后临朝称制，也和皇帝等同无大异，封一些吕氏后人为王，也没有什么不可！"

王陵这时气得脸都变了形，他用愤怒的眼光盯住陈平说道："怎么……"

陈平朝王陵淡淡一笑，意味深长地朝他做了个向下压的手势，意思是让他压压怒火，退后再说。王陵当然明白陈平的意思，不便说啥，把脸扭向了一边。

"周太尉呢？你以为如何？"吕雉又问周勃。

这事周勃倒真没有想过，不过，既然陈平都表态说可以，他也没意见。周勃出班奏道："没有什么不可之处。"

"其他各位呢？"吕雉又用一双犀利眼光扫视着群臣说道。

"臣等也认为没有不可之处。"

"好，既然大家都认为可以，那么，本后也无权违抗众意，就按大家的意见办吧！请御史纪通将军代本后授封。"

这时纪通捧出吕雉事先就拟好的名册。——高声朗读起来。

这时吕雉又插话道："还要加封一人，他是临光侯吕媭的女婿，高皇帝的堂弟，刚从燕国为燕王报表回朝的大将军营敬侯刘泽，封他为琅邪王。"

受封者都跪在了地上，由纪通分别授予符单，然后高呼：

"万岁！"

吕雉又接着说："着吕禄即以赵王身份继续统管北军，吕产即以梁王身份继续统管南军，二王仍可留在京师。吕更始继续禁宫，所有南军、北军和皇宫卫队统归梁王吕产统领。"

吕产、吕禄、吕更始三人出班谢恩奏道："臣等遵旨！"

就在众臣们以为此次朝事就此可以告一段落时，吕雉又说话了。她猛然间想起刚才王陵听到要加封吕氏后人为王时的那种情势，心里陡然一动，暗想："王陵今日的态度令人担忧，虽然在这里他没敢再说什么，但他心里一定不服，加上他是右丞相，不是一般臣僚，要是让他回去说三道四或者来个串联什么的，那还有个好？"她下决心要给王陵一个下马威，从此使那些心不服者永远不敢流露出来。于是，她清了清嗓子说道："右丞相王陵，年高德望，少帝还年幼，又急需一名太傅，本后有意拜他专任少帝太傅，右丞相一职由曲逆侯陈平继任，陈平原任的左丞相一职由辟阳侯、郎中令审食其兼任。对此，不知王陵有没有异议？"

王陵早就料到吕雉会对他实行报复，但他没想到来得这么快，事已至此，他只好出班奏道："臣德薄才浅，且年老体病，愿太后准臣告老还乡，就感恩不尽了。"

"也好，老丞相态度谦让，令人起敬。不过，告老还乡之事暂可不议，你先在家休养一阵子，说不定他日还有重用之处。"

"臣遵旨！"王陵悻悻回到朝班。

"御史大大……"吕雉拿着腔调叫赵尧。

"臣赵尧在。"赵尧出班答道。

"高帝派周昌为赵相辅助赵王刘如意，听人说，是出自卿的主意，是真的吗？"

"是臣的推荐。"

"你推荐的好啊，这里本后感谢你。不过，我想调广河相任敖接替你的御史大夫，不知你意下如何？"

"臣赵尧得罪太后，臣体力不支，请特准还乡休养。"

"那就请你回家去吧！"

"臣遵旨。"

这时，陆贾出朝班，奏道："臣陆贾启奏太后，臣近年来体弱多病，请太后特准许臣今后在家休养一阵。"

"噢？陆贾大夫也不想干了？"吕雉阴阳怪气地说道。

"臣实则年老多病，力不从心。"

"好，准奏，我成全你。"

吕雉此时又眼扫着众大臣，挑衅似的问道："还有呢？还有谁不想干了？不妨一并提出来，本后一一成全。"

大家低头默然，没人敢大出一口气。

半天，吕雉才说："那么好吧，既然众卿没有不想干的，也就罢了。不过，话可明说，今后谁不想干了，随时可以提出，本后一定成全，退朝！"

这天夜里，吕雉早早地上了床，她感到一阵阵头晕，浑身瘫软，四肢无力。也难怪她累，这些天确实忙坏了吕雉。

此时，她躺在床上，非常激动，每到这时，她就非常想念审食其。人一到了老年阶段，就特喜欢回忆，她每当这时，就要回忆一番地与审食其的种种乐事，那真是一种回肠荡气的快乐之事。

正在她浸入美好回忆的时候，审食其来了，这是审食其与吕雉的默契，每当她需要他的时候，他总是不期而至，这也是吕雉对审食其一直放不下的重要原因。

审食其明白,自己有了今日这一步,全仗着吕雉的提携,她把"相国"一分为二,分为"左""右"二相,又把王陵打发掉,给自己空出了位子。当然为了不给吕雉难堪,他下决心要干出一番成绩来,到时候还要谋到右丞相之职。

吕雉临朝称制的第四年里,又出了一件令她伤透脑筋的事。

一天,少帝心血来潮,突然提出要去太液池划船玩耍。

太阳升至中天之时,宫女们乘坐的花船围绕着少帝坐的大花船,边划边嬉笑戏乐,一派热闹景象。

在少帝专用的大花船上,一位须发花白的老人在给少帝解说,他就是专门为皇室人员解说古迹和一些旧时风俗的人。

"那山上都有些什么呀?"少帝听得似懂非懂,指着前面那三座山问。

"陛下请看,那一座树林葱茏茂密的就是'蓬莱'。那上面有倾响怪石,像许多猛兽要捕人的就是'方丈'。那一座最远的,百鸟凌空,祥云瑞洛,缥缈虚无,那就是'瀛洲'。"老人抬起头接着说:"始皇帝的次子胡亥登基后,命上等工匠巧制了不少花船,胡亥每逢闲暇之时,就邀宫中美女互相泼洒戏闹。"

听到这里,少帝突然叫道:"我也要当胡亥,同她们做泼水戏玩。"

"咦……好,好。"老人附和着说道。

"喂,过来,过来呀,咱们学胡亥做泼水游戏玩吧!"少帝高声叫道。

这时,那些宫女正乘着各色花船在池中互相争逐,一听圣旨要做泼水游戏,便赶忙聚集在了少帝大花船周围。

宫女们见少皇帝高兴,一时竟忘了礼数,无拘无束地泼洒起来,少帝终于招架不住,恼了。他对宫女们说道:"你们那么多人向我一人泼水,这不是欺负我嘛?你们知不知道我是皇帝……"

这时,宫女们已经玩得忘了形,没有理会少帝的情绪,反而七嘴八舌地说:"你知道孝惠皇帝的皇后是谁吗?她姓什么呀?"

"你知道你爸爸是谁吗?"少帝理直气壮地说道:"你们连这都不知道呀?我妈妈姓张,妈妈的爸爸也姓张,他叫张敖。我的爸爸是谁?这还用问吗?"

宫女们听了,一阵哄笑,随之便议论起来:"你们看,他还挺神气,连自个是谁都不知……"

"哈哈……"

"哎,你们看,他长得像谁?"一个宫女问同伴们说。

"他呀,像那个灰眼睛的郎中令……"

一位随身老宦官为了维护少帝的尊严,厉声训斥道:"你们这些不识尊卑的丫头们,乱说些什么?难道你们竟忘了在你们面前的是至尊至贵的皇帝吗?怎么敢如此放肆呢?"

宫女们听了,再也不敢闹了,这时的少帝也没了兴致,说:"回宫!"

回宫后,少帝牵着老宦官的衣襟问道:"你说,那些宫女明明知道我母亲是谁,更知道我父亲是谁,为什么要那样明知故问呢?她们还说我长得像什么……什么令的,这是怎么回事啊?"

"陛下,她们不懂事,完全是胡言乱语,不要去理会那些。"

"不,其实,你不说,我也能猜到。前些日子,我就听说过有关我的身世的事,当时我还不相信,看来,这里面必有文章!"

当下,少帝便找了几个知情人逼问,终于弄清了自己的身世。这位少帝,人虽小,志气却颇大。他知道内情后,自思既然我已经贵为天子,我就得利用手中的权力,为生母报仇。

果然,从这天起,张后对他稍有训责,他便顶起嘴来了。有一次,竟对张后说:"太后和你一起杀了我的母亲,这笔账先欠着,等我长大了再清算,你既然不是我的生母,那以后就免开尊口,要是惹我恼了,我就把你撵出宫去!"

对此,张后无奈。只好一五一十地将这事告知吕雉。

吕雉听完后气得脸色发青,嘴唇发紫,她问张后道:"这小东西果真这样说吗?"

"是的,母后。"

"嗯……快请郎中令来!"吕雉冷冷地说道。

审食其很快就来到了吕雉的屋里。

吕雉便把刚才张后所说的对审食其说了一遍,随后接着说:"小小年纪,竟有如此主张,敢如此狂妄,等他长大后,我这条老命早没了。"

"真是可恶。不过……"审食其附和着说道。

"不过什么?有话就痛快点说,不要吞吞吐吐的。"吕雉对审食其说道。

"启禀太后,少帝这些言行着实令人气愤。不过,臣想,他一个小娃娃家,尚未成年,怎么能知道他的身世呢?这里面必有谗臣挑唆,图谋借少帝之手……"审食其说到这儿,没有再往下说。

"借他的手来惩治我们?他有那么大能耐吗?想得倒美,我先废了他。"吕雉气愤地说了这几句话后,眼睛盯着前方一动不动地思考着。许久,她的一条毒计已生成。长叹一声后,吕雉缓缓说道:"看来,只好如此。不怪天,不怪地,只怪他没有享受天子之福的命,这与我无关,天命啊!"

"太后之意是?"审食其试探地问道。

"你去办理此事,要快,绝不能走漏半点风声。"吕雉眼睛里流露出凶光。

"遵旨,臣这就去办!"审食其被吕雉的态度所感染,诚惶诚恐地答应着扭头便往外走。

"回来!"吕雉一声断喝,吓得审食其打了一个冷战,回转身茫然地望着吕雉。

吕雉把自己废少帝的计划说给审食其,说让他先把少帝秘密捕入永巷,三天之内处死,另行择人嗣立。

听完吕雉的话,审食其扑通一声跪在了地上,说道:"太后圣明,少帝出言不逊,理该严责,他胸无大志,与太后相左,理应废掉。不过,他也仅仅一乳臭未干的小儿,废了他的皇位贬为庶民也就罢了,下臣以为没有必要夺其小命,请太后能考虑一下下臣的这一请求?"

"哎,我说你今儿是怎么了,连我的话都可以不听了。我说这样就得这样,别再费话了!"吕雉一甩袖子,把脸扭到了一边。

审食其看到那样子,知道要使吕雉收回成命已是不可能的事了,不过,他仍不死心,要做最后一次努力。

也难怪,对这位少帝,审食其有一种特殊的情感。这里面的原因就是这位少帝的身世问题所造成的。这孩子小小年纪,竟出落得跟审食其一个模样。

尤其随着这位少帝渐渐成人后的相貌显示，审食其更加认定，这位少帝一定就是自己的骨血。

可是，眼下这事却叫他为难了，不但自己不能去认自己的骨肉，还要奉旨亲手处死他，这无论如何使审食其难于下手，所以才破天荒地在吕雉面前几次三番地替少帝求情，以求那小生命能够延续下去。

"太后暂且息怒，再听下臣几句，行吗？"审食其近乎乞求地说道。

吕雉转眼长时间地瞪着审食其，仿佛不认识似的。看了半天，才轻轻叹了一声，说道："你今天是跟上鬼了。好吧，你说，我听着。"

"谢太后。"审食其赶忙双膝往前移了几下，接着说："俗语说，'没有不漏风的墙'，如果我们把少帝拘入永巷处死，必定会有风言传出。那时，恐怕大臣们怪咱们心胸太窄，连个娃娃都容不下，反而招致祸端，还请太后三思而行啊！"

"噢？你倒换成了菩萨心肠。那么，我来问你，依你之见，应该如何办？难道我们就这样把那个野种供着养着，等他长成人了，再把我们一并收拾掉，那样就显得气量大了吗？"

"下臣绝非这个意思。我是说他不配做皇帝，就把他废了。"

听了审食其的话，吕雉也有些心动，起码她的怒气消了一些，因此用较缓和的口吻说道："难得你还有这么好的心肠，你说的这些也有些道理，我曾也想到过。但是，你只想到了其一，而没有想到其二。"

送走审食其，吕雉又把妹妹吕媭召进了自己的暖阁，对她说了发生在太液池的事及那位不知深浅的少帝的言语，最后她长叹一声说道："这是一个极大的教训，看来必须要以自家子弟做帝嗣才是根本之计。"

"姐姐说得对，只有自家的子弟才行，外人啥时候都是外人，这是祖辈上说旧的话。"

"话虽这么说，可有谁能成为帝王呢？"吕雉说道。

吕媭想了好一阵子，她把刘吕两家的人统统在脑海中过了一遍，突然说道："姐姐可否还记得，二哥建成侯去世的第二年，他的一名爱妾生了一个男孩，身材和相貌很像刘义。"

"你不是去年把盈儿后宫的两名遗子刘强和刘义封为淮阳王和常山王了吗？就让这孩子冒充刘义续位吧！"

"嗯，这倒是个人选。不过，那么刘义本人呢？"吕雉不解地问道。

"这有何难？姐姐设法处置了就是。"

"又要处置一个。"吕雉眯起眼睛思考了一阵，接着自言自语地说道："只好这样了，谁让他们生不逢时。"她说着又问吕媭说："这孩子几岁了？"

"算下来，今年五岁了。"

"就这样吧，先把刘义设法送出长安，送到远远的地方，这件事交给吕产办吧，只有他办事较严实一些。"吕雉说。

"还有，要把这孩子的名字改一下，不能直接叫刘义，就改名为……对，叫刘弘吧，取其'弘扬大志'之意，"吕雉说道。

吕雉主意打定后，便召集群臣商议。当吕雉说明自己的意图后，当即陈平就闪出朝班奏道："皇太后为天下计，废暗立明，奠定宗庙社稷，臣等自然奉诏。"

　　"我这几日也为此事伤透了脑筋,思来想去只有一人可以继承皇位,这个人就是刘义。众爱卿以为如何?"

　　大家一听拟立刘义为新帝,自然没有异议。因为刘义是刘盈之子,又是常山王,顺理成章,于是群臣异口同声表示赞同。

　　吕雉环顾四周一阵,然后说道:"既然众爱卿都没有异议,那就这样定了,等择个吉日就举行登基大典,散朝吧!"

　　这天一大清早,吕雉亲自主持了"刘弘"的登基仪式。

　　吕雉坐在未央宫正中宝座上,那名"刘弘"坐在她的身旁,全朝文武大臣几乎都到齐了,只有王陵和陆贾几位没来。

　　时辰一到,吕雉便开口说道:"今天是一个大吉日,我……"刚说到这儿,突然一块黑云从上空掠过,她不安地抬头看了看天色,心里暗想:"怎么天突然变得阴沉沉起来了……"她正一正神色说道:"凡是能够据有天下,统治百姓的人物,应该像上天那样覆盖大地,像大地那样包容万物。皇帝应该有欢爱之心安抚百姓,百姓才能高高兴兴地服从皇帝。只有这样,上下一条心,天下才能太平昌盛。可是。当今皇帝身体素质不好,突染怪病,神志昏乱,已失去常人之理智,这样的人自然不能再成为我朝皇帝,也不能继续宗室,因此只好更立新帝。"

　　大臣们谁都心里明白,吕雉所说皇帝得怪病并不是实情,但摄于吕雉的压力,谁也不敢探究此事。

　　"这就好,这就好。"吕雉说着又用手指了指"刘弘"说道:"你们现在就朝这个孩子跪拜吧,他是先孝惠皇帝之子,原名刘义,去年封为常山王,现更名为刘弘,取'弘扬大志'之意。"

　　群臣等吕雉说完,便一齐跪地,高呼道:"万岁,万岁,万万岁!"

　　那位新皇帝开始时左顾右盼地只顾观看,这时众大臣们齐声高呼"万岁"的声音吸引了他,他立即以惊奇的目光注视着黑压压跪拜的众大臣,继而小脸露出了好奇的笑。

　　"哈哈哈,真好玩,真好玩,我也与他们一起去玩了……"说着便从龙榻上溜下来要走。

　　新皇帝这一突如其来的举动,使吕雉始料不及,她用低沉而威严的口吻吼道:"刘弘! 不许胡闹!"

　　"不,不嘛。"新皇帝任性地说。

　　"嗯?"

　　"就不! 要是不能由着我,我就不姓刘了,还去姓我家的吕。"

　　"住口!"没等新皇帝说完,吕雉猛然离开自己的座位,一把拉过新皇帝,往回抱的时候,在他屁股上狠狠拧了一把,使劲往龙榻上一扔,说道:"坐下去!"

　　"哇……"新皇帝连疼带委屈,放声大哭了起来,边哭边含糊不清地说:"你们说话不算数,说好了让我姓刘……叫刘义……叫刘弘就啥事……都由着我,可你们……"

　　吕雉神色慌张但又不得不装出一副无所谓的样子,说道:"新帝今日偶有不快,快扶他回去歇着吧!"

　　有几名侍从立即上来,一面一个把新皇帝拖了回去。

吕雉这才长出了一口气，她用手擦了一下掉下来的鬓发，无意间向天空望了一眼，发现天更加暗了下来。她本来心情就被新皇帝折腾得很是不愉快，现在又见天色更加黑暗了下来，那心里的窝火就更加大了。她厌恶地说："怎么大白天的就黑暗了下来呢？这是怎么回事？嗯？你们说说！"

群臣无人敢说话，说话间天色越来越暗，几乎要变成夜晚了。

吕雉心头一惊，顿感这是不祥之兆。她再也坐不住了，猛地起立，愤愤说道："这一定是冲着老娘来的，太不吉利了。退朝，退朝！"说罢，她逃也似的退回了暖阁。

吕雉回到长秋殿时间不长，太阳又现了出来。吕雉心想："我刚回来，黑夜就过去了，这不正是冲着老娘来的吗？"

不过，吕雉却不是那种信神鬼、信天命的人，她有思想，也有魄力，她要是打定主意干的事情就没有什么力量能阻止，即便有阻拦，那种阻拦越大，就越能激发她冲破这种阻拦的力量，这就是一个女强人的性格。

吕雉虽然不太相信天命，只信自己的力量，但毕竟那种在她认为极不正常的由白天转黑夜，又由黑夜即刻转白天的现象她无法解释，因此也就闷闷不乐。

正在吕雉闷闷不乐的时候，审食其及时地来了。

审食其虽然说结交很广，见识也较多，说话也乖巧，可是对今天的这奇遇他却着实无法圆说，支支吾吾半天都没有说清楚究竟为什么。

吕雉又把妹妹吕媭请了来，吕媭也困惑不解，只是说，这事看来真有点不祥，她劝吕雉抽时间到高皇帝陵寝祭扫一下，除去不祥之气。吕媭还说："依我看，这长乐宫恐怕住不成了。"

"为什么？"吕雉问。

"我这也是推测，不一定就准确，姐姐既问，我便随便说说。"吕媭说。

"有啥话你就直说呗，还绕什么弯子。"吕雉不耐烦地说道。

看着他们那副着急的样子，吕媭轻轻挪动了一下身子，说道："我是在想，先前高祖皇帝原居长乐宫，就有许多王侯反叛。后来迁到未央宫，汉室就慢慢地安定了下来。自打姐夫驾崩后，姐姐主政，却一直深居长乐宫长秋殿内，你看这诸事不顺利，今天这事，明天那事，总是接连不断地发生一些不顺心的事。还有姐姐的身体也一直欠安，这我推测与长乐宫有关。"

吕雉本不信这一套，现在听吕媭如此说，心里暗想，她说的也有些道理，心中稍有些动，但碍于面子，她嘴上仍说道："妹妹多疑，我就不信这些。"

"太皇太后圣明，可是皇太姨说的也不无道理。根据过来之事推测，祥瑞之气在未央，而不在长乐。依臣之见，太后不妨亲告高帝在天之灵；移居未央宫，接续汉室大业，微臣也愿随太后陛下移居未央宫，继续尽忠尽孝。"

吕雉想了想，睁开眼睛："既然你们都这么说，那就先移居吧！"

"这样最好，这样最好。"审食其说道。

"这样一来，可望姐姐身体康健，汉室家业更加兴旺也。"吕须本来就会说话，看到姐姐采纳了自己的意见，便高兴地说道。

"借你们的吉言，可望……"吕雉说着，眼睛里流露出不易发觉的几丝忧伤。

吕雉迁居未央宫的诏谕一下，首先忙坏了刘章和吕更始，因为他们两人都分派接下来,就是未央宫的宦官和宫女们一起大忙了开来。他们先把刘邦和刘盈居住过的内寝彻底清扫一番,又把刘邦的画像依吕雉的意见摘下来,换成吕雉自己的巨幅画像。三天之后,两方面都安排完毕,吕雉这才开始迁移。

移居仪式刚结束,吕雉稍事休息了一阵,便吩咐宫人侍从,她要去高帝陵寝祭扫。

按照事先预订,祭礼完毕后,刘、吕两家族人就在高祖庙的偏殿进行团圆宴,一来庆贺吕雉迁居之喜,二来以表两族家人对刘邦的缅怀之情。

宴会就要开始,大家恭请太皇太后吕雉坐上席,太皇太姨吕须坐主陪席,然后依长幼年龄顺序就座,因吕他是两家人中年龄最小的一个,于是便坐入距偏殿门口最近的末位。

吕雉看到大家都已到齐,便说:"今天我们在这里举行家宴,其意义想必不用我说,在座的每一个人都没有不知道的。"她稍顿了一下,眼睛在四周扫视一番接着说道:"我们选择在大汉创业主、先高帝的陵寝团聚,除当今皇帝因年幼怕感风寒外,所有在京的刘、吕两族亲眷都到了。平日里大家各忙各的事,亲眷之间走动也不多,这样不利于互相之间的沟通,也容易造成一些不必要的误会。今日我来当这个牵线人,目的就是让两家人共同坐下来欢乐一番。同时,借我高皇帝在天之灵,愿我家世运绵亘,子孙兴盛,凶来化吉,福禄无穷。"

"太皇太后圣明,我皇家江山万代千秋永不改变!"

"遵太皇太后旨意,今日咱尽情地欢乐一番。"吕氏人中纷纷起立表态捧场,唯有刘氏人没一人作声。

不过,这刘家倒是有一个人例外,这人便是刘章。刘章有勇有谋,智慧过人。他自从担任了宿卫官以来,办事干练,不卑不亢,表面上把吕雉对付得高高兴兴,吕雉总以为刘章是在孝敬他。

而实际上,刘章这是"卧薪尝胆",他表面上做的那一套一来是为了保全自己性命,二来是为了争取更多的权力,好为日后谋事做准备。因为他知道,在目前这种氛围下,反抗只能是拿鸡蛋碰石头,白白送性命,还言什么大业。

刘章看到吕产、吕禄等人都站起身向吕雉表了态,刘家这边没人吭声,显然于当时的气氛不合拍,于是他也站起来强压心头怒火,换了一副和颜悦色的样子说道:"太皇太后的旨意臣孙全然明白,我刘室家业,全仗今日在座诸位,愿我们姓不分刘吕,人不分男女,共同为皇业永恒而努力!"

吕雉很认真地听着刘章说完,起初她以为刘章会唱一点反调,没想到他也如此"开明"。因为吕雉也不是糊涂之人,今日的家宴虽说请的是刘吕两家,但绝大多数人都是吕家的,刘家就那么三两个,她心里明白,这时候那几个刘族人肯定不满,不过,对此,她倒是有思想准备,他们要发牢骚就发发牢骚,今天她是不会计较的,就凭眼前那几个人,是翻不起多大浪涛的,她心目中只有对刘章曾留意过,她觉得刘章是个人物,但渐渐地又感到刘章不像是刘家子弟,倒像是吕家人一样,尤其令她高兴的是,刘章智勇双全,吕家并无一人可比,所以她还较器重刘章。因为她也需要他这么个干事的人啊!

听了刘章的话,吕雉确实感到一阵高兴。她一边点着头,一边用爱慕加赞赏的目光看着刘章说:"好,好,说得太好了,这就是我的全部意思,很好很好。"她又顿了一下,想起什么似的说:"对了,你看我差点忘了这事,为了这次家宴尽欢尽兴,我这里就口谕命刘章担任今天的行酒令吏,监督大家开怀畅饮,有违酒令者,听任刘章处罚。"

刘章心里一阵高兴,但他仍装作无所谓的样子,站起来说道:"启奏祖母太皇太后陛下,这酒吏之职犹如战场上的指挥官,臣孙恐怕难以胜任。"

"哎,你就不要推辞了,我已说了,岂有不算数之理呀?"吕雉道。

"既然如此,臣孙不敢不从。"

酒宴开始,因为都是自家人,无所顾忌,又有吕雉的口谕,大家果真痛痛快快地畅饮起来了。顿时,划拳声,劝酒敬酒声,还有孩子们的吵嚷声,响成了一片。不大一会儿,就有人已喝得东倒西歪了。

刘章先向大家敬了一次酒,便与刘长坐下来闲聊了起来。这时,刘章向刘长使了个眼色,那眼色是意味深长的,同时,他在心里向刘长说:"今天你瞧我的吧!"刘长也心领神会地还了刘章一个眼色。

刘章离席向吕雉奏道:"启奏祖母,臣孙愿为太皇太后唱一支耕田歌,以助酒兴。"

"噢?我只知道你的父亲刘肥还懂一些耕田的道理,可是你自出生以来就是王子,怎么会知道耕田之事呢?"

"孙儿知道一些。"

"既然如此,便唱一下给大家助助酒兴吧!"吕雉又对大家说道:"你们听着,刘章要为大家唱一段耕田歌,以助酒兴,我们听听他唱得如何?"

吕雉说了话,划拳猜令的人暂时停了下来,都等着听刘章唱耕田歌。刘章走到中间,拔出剑来,清了清嗓子,边舞边唱了起来:

"好,好,有道理。别看这语言不多,却道出了耕种的根本之点,刘章继续唱来。"吕雉说。

刘章又边舞边唱起来。本来刘章并不会唱什么耕田歌,他只是借自编的这几句家谚,讥讽当今皇帝是个野种,应当"铲而去之",以泄心头之愤。接着刘章唱了几曲,胡乱唱了一阵后又接着反复咏唱起那四句农谚。

吕雉听着听着,听出了那歌里的含意,顿时她的脸由明朗变得暗了,但转瞬又转明朗了。吕雉强压着怒火,在心里暗想,刘章这歌是偶然碰巧还是有意中伤,她一时拿不准,不便发作。一来她开始已经说过唱得好,还说这歌意深刻,转眼之间她又不好说啥。二来嘛,她见大家都喝得高兴,听得入神,而这次宴会又是自家发起的,所以,她强装高兴地说道:"唱得很好,刘章也去喝点酒吧,别光顾了大家,而忘了自我。"吕雉这句"忘了自我"也是话中有话,她在给刘章说那句话时,眼睛里那种异样的神色使刘章心里猛然一颤。

吕他年龄还小,不胜酒力。他的席位距离殿门最近,趁大家不注意,他便出了偏殿。

刘章眼快,看见吕他离席而去,便不动声色地跟了出来,下了台阶,刘章跨上一步,揪住吕他大声说:"你竟敢擅自逃席,违犯酒令,这明摆着是藐视军法,藐视本酒吏。既然你已犯到这里,休怪我军法之惩!"

"你敢怎样？"吕他已吓得脸煞白，结结巴巴地说。

"怎样？我敢怎样？！我这个监酒使者，原也无足轻重。但太后口传的圣谕，朝中大臣，天下人民，无不遵从。可你，你要知道，逃席事小，违令事大，这法不行，何以服众！"说着，他手起刀落，已将吕他的脑袋剁了下来。

刘章手提着吕他的首级，径直走到吕雉跟前道："启奏祖母皇太后，刚才有一人违令逃席，臣孙已遵照太皇太后圣谕，依旨将他正法了。"

吕雉惊道："你把谁给杀了？"

"启奏太皇太后，臣孙情急之中还没有认出是谁，臣孙这就辨认一下，再回话。"刘章说着又提起吕他的首级看了看，接着说："被杀者是吕他！"

"啊……"

"这……"

顿时大殿里一阵骚乱，刘章警觉地跳在一边，以应付吕产、吕禄的突然进攻。

就在这千钧一发之际，吕雉对众人大声说："乱糟糟的，像什么话？"

大殿里一下子就安静了下来。

"启奏祖母太皇太后，臣孙奉旨行使酒吏之职，为了维护太皇太后圣谕的严肃性，一时性急没有看清逸席者竟是吕他。不过，臣孙以为，军法面前是不分亲疏的。再者说，今日是家宴，本无外族疏远之人，既有违者执行军法，那必定不是伤足便是断指，望祖母太后……"

"刘章，你太过分了！"吕雉气得低声吼道。

吕雉回到未央宫，立即召来陈平，把今天在家宴上发生的刘章暗讥皇帝和借刀杀吕他的事情原原本本地说给他，最后问道："丞相以为这事可恼不可恼？"

"这个……"陈平欲言又止。

"有话直说，我既召爱卿来，就是想听听你的意见。"

"启奏太后，老臣以为没有理由处置刘章。"

"为什么？"

"刘章所唱的那耕田歌本是一首农谚，乃放之四海而皆准的真理，怎么能说是讥讽当今皇上呢？当今皇帝乃正宗刘氏族种，并非'异苗'，无须'铲之'，故而，就此并不能认为刘章那耕田歌有什么暗讥之意，除非……"

"就算这不是他的不对，那杀吕他一事，总不能说他有功吧？"不等陈平说完，吕雉又说道。

"太皇太后请冷静一下，依老臣愚见，刘章杀吕他，正可谓大忠大孝于太皇太后之举呀！"

"噢？新鲜，我倒想听听！"

别看陈平在封诸吕废少帝上积极支持吕雉，但在对待真正的刘氏子弟问题上却丝毫不含糊，尤其陈平清楚地认识到，刘家的希望在于刘章，所以，他今天要拼死说服吕雉。

"太皇太后至明，眼下举国上下谁是一国之主？"

"这还用问吗？"吕雉不屑地说。

"对，无须设问，自然是太后。可一国之主，治国之道，首推之要便是法度严明，这是祖上历代朝政经验之说，也是太后实际治国过程证明了的。当今我朝上下人心，就是靠太后依法治国。国法若是不行，朝政便肯定不安，不知臣之所见太后同意否？"

"这话自然有理，可这与刘章杀死吕他有何关联？难道一个家宴上的酒吏能与国法朝政相提并论不成？"吕雉反问陈平道。

"臣启太后，这酒宴上的酒吏本属儿戏，自然不能与朝政相提并论。可不同之处在于，刘章那酒吏却是太后陛下口谕所封，刘章对违令者依军法论处也是经太后钦准的。这样一来，刘章那酒吏就不是儿戏之职了，而是钦命监酒官。对违令者的处罚也是奉旨行事，太后，您说是不是这个理儿？"

"这……"

"再说了，刘章严明法纪，奉旨斩杀违旨逃席者，乃是维护太后旨令的威严性。何况，在刘章斩杀吕他之前并不知晓他是谁。今天是家宴，逃席之人无非刘吕两家人。这就是说，即便当初逃席者是刘章的叔王刘长，大概也难免一死，这更加说明了刘章对太后忠孝，他着实在为太后一人着想啊！"

"嗯，有些道理，有些道理。"吕雉一边眯起眼睛点着头，一边自语道："我也在想，刘章我是没有看走眼的，他怎么会？"

"太后，请凡事都要深一步去想，千万不可伤了大忠之人的心啊！"陈平看到吕雉态度有所转变，赶忙趁机说道。

"唉，难为他了。"吕雉长叹一声说道。

陈平不清楚吕雉所说"难为他"是指的谁，是刘章还是吕他，但凭直觉，陈平感到刘章大难已过，自己也松了一口气。

三十一 吕后殡天

刘章酒宴上杀了吕他，一时间激起了吕氏家庭的愤怒。他们想让吕雉降刘章的罪，但吕雉对这件事却含含糊糊，态度暧昧，这让吕姓氏族都感到很意外。

这一天，吕媭在众人的怂恿下来见吕雉。开始时，吕雉也是含糊其词地推着，意思是没必要治刘章的罪，但吕媭却态度坚决，对姐姐吕雉说："人都说姐姐称制以来越来越胆小怕事，这回我看倒是应验了。不过，依我看，你这样忍气吞声，真好似养虎做伴，眼下你怕自己的地位失落，将来反而要后悔。"

"住口！"不等吕媭说完，吕雉便气愤地吼道："你们知道什么？刘章借口斩杀吕他，难道我心里就不疼？可是，凡事都得有个由头，要治刘章的罪，总得有个由头吧，如果还是沿用以前的一些办法，让刘章不明不白地死去，对现在拥有一定兵力且文武双全的刘章已不是一件十分容易的事，弄不好会引火烧身。再说，刘章斩杀吕他，也是源于我的旨意，我岂能出尔反尔？唉！你们哪，我老了，恐怕活不了多长时间，你们应该多想想我死后你们该怎样了，我总不能把所有的异性族人都杀完，光留下你们几个吧！"

说到这儿，吕雉有几分动情，眼睛里闪着晶莹的泪光。

"姐姐，这……"

"行了，啥也别说了，请你一并转告产儿等族人，你们以后凡事都得多思，好自为之。要知道，人无万年寿，我老了，终有一天要死的。"吕雉今天越说越动情，她不

513

由自主地时刻想到自己即将离开人世,离开这费尽她半生甚至一生精力才谋到手的至尊至贵的一切。

"你们的心情我理解,刘章如果成心借口杀吕地,那他斩杀的不是一个人,而是一个族,是直接冲着我来的。如果是刘章忠于口谕,为严肃性考虑,那我还得重奖这位有勇有谋的宿卫官呢。这就是我所说的此事难办的原因。一正一反,一黑一白,这可是事关性命名声的大事啊,岂能说怎样就怎样呢? 总得容我查证清楚嘛。"

"姐姐说得对,都怪我们眼光短浅,没有把事情看透。"吕媭说道。

"回去告诉他们,这件事到此为止,谁也不许再提半个字,更不能在刘氏族人面前有丝毫的表露。"

送走妹妹吕媭,吕雉顿觉头昏,心烦意乱起来。

她忽然醒悟这近两天了,审食其怎么没来?

"他怎么没来? 他怎么可以两天不来见我? 是他听到刘章杀吕他,自己预感吕氏前景不妙,有意疏远于我? 对,一定是这个原因!"吕雉在心里这样说着,一丝凉意又掠过她的心头。

吕雉背靠龙床,半卧半坐地躺着,任自己的思绪在她几十年的风风雨雨里翻飞,她似乎在追寻着什么,却什么都无心追寻……

审食其进了门,看见吕雉半躺在龙床上假眠,本想悄悄上前去亲热一下,但走到距床边还有一步之远时,吕雉睁开眼看见了他。

那一刻,吕雉的眼睛里射出了复杂的光芒。

那眼神里既有期盼之人突然来到眼前的惊喜和兴奋,同时又有难以掩饰的责备,又有被人愚弄和抛弃的愤恨和凄楚。

审食其走近床边,刚要俯身去亲吕雉的脸,忽然吕雉抬手一挡,迅疾一翻手打了一记响响的耳光,把审食其吓了一跳,急忙后退一步,双膝跪地,说道:"愚臣来晚,太皇太后息怒。"

审食其这一说,更让吕雉气不打一处来。"来晚了? 谁盼你来早了? 你也认为……你既然知道来晚了,那你……什么叫来晚了,早来干什么?"吕雉气得脸色蜡黄,断断续续地责骂道。

"罪臣该死,罪臣该死。"审食其装作害怕地低头说道。

"少来这一套,我问你,这两天你干什么去了?"

"我……"

"什么'你'啊'我'的,你眼中还有我吗?"吕雉气愤地说:"哼! 你不说,我也知道。你是不是听说刘章斩杀吕他的事了?"

"臣听说了。"

"你是不是认为吕氏天下气数已尽,这就不敢来我这儿了,好为你将来留条后路?"吕雉紧逼一步问道。

"这个……"审食其心里一阵叫苦,他被吕雉一针见血地戳破了自己的心思,顿时慌乱了起来。

审食其这些表情自然瞒不过吕雉的眼睛,凭着她对审食其的了解,凭着她判事观物的敏锐,无须审食其再说什么,她已明白了一切,同时她的心也彻底地凉了。

"孙……"审其其一开口,吕雉立即伸手指着他,用低沉而颤抖的声音吼道:

"滚！快滚出去！"

"是是是，我滚。"说着，审食其便逃出了吕雉的寝室。

吕雉一下子便瘫在了龙床上。她感到自己这时候才真正成了孤家寡人，她张目四望，没有看见一个人，又感到连宫女们都在有意躲着她。吕雉长叹一声，闭眼躺了下去。

这时，两名宫女又进来催吕雉就寝。

吕雉急忙拉住她们的手，说道："你们，你们不要躲着我，行吗？"吕雉这突如其来的举动，把两个宫女吓得倒退了一步，不认识似的盯着吕雉，用颤抖的声音说道："启禀太皇太后，奴婢不敢……"

两名宫女搀扶着吕雉来到了未央宫外庭院里，内宫卫士和宫女们前呼后拥，一起在外庭院里散步。

突然，吕雉看见一只黑色的狗朝自己奔来，她本能地停住了脚步。那条黑狗跑到吕雉眼前，先是瞪着眼睛看了一阵她，然后亲昵地在她脚上闻了闻。

吕雉一阵害怕，她刚要让卫士赶走黑狗，还没等她张口，那黑狗在她身上咬了一口，然后一溜烟跑了。吕雉顿感痛彻心扉，不禁大声喊道："打狗！快给我打死那畜生！"。

卫兵、宫女们听得吕雉喊叫，急忙围过来问太皇太后为何惊慌？

吕雉皱起双眉，骂道："还问呢？你们这么多人，难道就没看见那只黑狗咬我吗？"

卫士们被吕雉这么一说都弄傻了，你看着我，我看看你，不知如何办才好，有个胆大的便说："我等一直跟着，伴在太皇太后左右，并没见什么黑狗，莫不是太皇太后眼花了吧？"

"荒唐！我明明看见那只黑狗从前方跑来，咬了我后又原路跑了回去，怎么是眼花呢？即便是看花了眼，这脚到现在还疼痛难忍，难道也是我装的不成？"吕雉满腔委屈地说道。

卫士宫女们见状，不敢多言，便扶着吕雉回到了寝宫。

回到寝宫，解开鞋袜一看，那只右脚已经红肿起来，不多时，疼肿遍及右半身，致使吕雉坐卧不成，只得侧身半卧，呻吟不止。

从此，吕雉卧床不起，用药，毫无效果。宫人召来太史官卜卦。太史一算，说是如意作祟。吕雉半信半疑，但长时间医治无效就遣人到赵王如意坟墓代她祷告，一日三次，坚持数日，仍旧无效，反而疼痛越来越厉害，吕雉内寝宫日夜哭叫声不断。

转眼过了三个多月，吕雉已奄奄一息，大家已深知这也许就再也好不起来了，宫里宫外，朝廷上下整日价乱哄哄的，各自忙着各自的事。

审食其以丞相身份接受了禀报，对使者说："太皇太后贵体欠安，由我来禀报，你们就不必再打扰了，下去吧！"

审食其来到内宫，把在殿前遇到边防使者的情况说了一遍，最后说："据报，匈奴国冒顿已带领军队到了长城脚下，扬言一定要……"

"一定什么？"

"一定要到长安。"

"到长安来？来干什么？"

"他说,他说要来长安……"

"你今天是怎么了？说话吞吞吐吐的！"

"他说,要到长安来亲自瞧一瞧陛下……"

"什么？"

"嗯……瞧瞧陛下的玉颜。"

"放肆！"

"是,放肆。"审食其吓得双膝跪地,他不知道吕媭说的放肆是指冒顿还是他自己,结结巴巴地说:"太皇太后有什么明谕,微臣将竭力去办。"

吕媭摆了摆手,说道:"叫陈平来。"

"遵旨。"审食其叩过头,便去找陈平。

时近中午,审食其又赶回未央宫复旨,说:"陈平先生没有找到,他的夫人说他一大早就出去了,不知哪去了。"

其实,陈平早就听说了吕媭病重的消息,并料定吕媭将要驾崩。他听侍从说审食其来访,便立即隐匿起来,叫夫人找话题把来人打发走了。

"这样吧,你去传我旨意,请周勃辛苦一次,到长城那边走走,以示威力就可,切莫轻举妄动,挑衅是非。"

"遵旨。"审食其说着并不走,只是抬眼看着吕媭。吕媭感到纳闷,说:"怎么还不快去？"

"太皇太后,据报,南粤王赵佗也反了。"

"啊？"吕媭全身一抖,顿感一阵眩晕,慢慢地倒在床上。

吕媭这时已有几分麻木,她无力地说:"你与陈平先生商议一下,再派陆贾辛苦一趟吧！"

"陆贾不是辞朝了吗？"

吕媭不说话了,她把身子一歪,索性闭上了眼睛。

审食其没有办法,只得又说:"臣遵旨。"

审食其刚要扭身出去找陈平,吕媭又把眼睛睁开说:"找过太尉周勃了吗？"

"还……还没有。"

"唉,咋搞的嘛,怎么连我的旨意你都不听了！去呀,快去找,都要找,一南一北,都得有人去挡着。"

"遵旨。"审食其边说边一路小跑出了内寝宫。

这下可给审食其出了个大难题,他料定那陈平并未出门,只是托词不见而已。他索性谁也没去找,先回到自己府上休息了一阵,用了午餐后,再次去找吕媭。

见了吕媭,审食其撒谎说:"微臣再次到曲逆侯府找过陈平,他的夫人说,他自早上出去一直就没有回来。臣又到绛侯府去找周勃,也没有见到,他的夫人说,可能是到郊外游玩打猎去了。"

吕媭听了,深叹了一口气,说:"他们这是料定我病重必死,所以都借口躲开我了。"停了一阵,她瞪大眼睛说:"不！我不死,我要看着他们先死！"

审食其怕吕媭生气使病情加重,赶忙劝慰道:"太皇太后请息怒,依微臣看,太后这病,只是天意责罚,并非春秋已尽,陛下请看,我朝近几年接二连三地出现怪事,先是两位少帝早夭,孝惠皇帝早逝,刘章宴前杀死吕他,白天变成黑夜,冒顿北疆进犯，赵佗南粤谋反，……这些都是天意对我朝的责罚，不妨在来年择吉日祭天，才可抹除这诸多灾祸。请太皇太后放心。"

向来不信巫医鬼神的吕雉，遇上了这诸多不顺心的怪事本来心里就已有所动，再加上她自己久病不愈，尤其这病得的也颇怪异，因此她也无时无刻地不在心里思谋着是否是触怒了天意。现在一听审食其如此说，就同意到郊外奠祭。"这么说，就依你吧，来年三月再择吉日。"

"遵旨。"

"冒顿和赵佗现在到了何处？"吕雉转了一下话题问道。

"据报，两支进犯之军分别停在长城边和长沙，再没有向前进犯。"审食其答道。

"嗯……"吕雉稍稍放心了。

这几天在病床上，吕雉也反复地想了许多，她不是不清楚，刚才审食其所列的那些怪现象，除极个别几件她无法解释外，其余的她都知道是怎么回事。

吕雉把一切罪过全归于审食其，认为今日朝政不振，都是因为他而引起的，起码与他有很大关系，几天前她就想好了，必须把审食其抛出去。只有这样，才是唯一的缓和之良策。

吕雉睁开眼看了一下站在一旁的审食其，说："你还没走？"

"臣愿多守候陛下一阵。"

"你坐那儿，我有话给你说。"

"是。"

沉默半天，吕雉缓缓说道："经我再三思考，眼下这局势，只得让你受点委屈了。"

"为了太皇太后，微臣肝脑涂地，毫无怨言，还谈什么委屈不委屈。"

"那样便更好。"停了一会儿，她又说："你任左丞相之职多长时间了？"

"嗯，约一年有余吧！"

"现在就罢了你的左丞相之职。"

一听这话，审食其惊得灵魂都要出窍了，他慌忙跪地求道："微臣多年来一直矢忠太后，为何好端端地要罢免臣左丞相之职呢？"

"你不罢职，罪过就只有我一身独担了。你想一想，接二连三出现怪异现象，实质上就是因为朝政失当，才招致天怨人怨。你是我的心腹重臣，你我之间那点事，朝野上下有谁不知，有谁不晓，如果当初你事事都谋划得当，朝事怎会有颠倒之处？现在有两种选择，要么罢了你的官，要么我主动交出权力，孰轻孰重，你自己想一下。"

"既然如此，自然当罢臣的职了。"审食其哭丧着脸说道。

"这就对了，我这也是不得已而为之嘛。不罢你的官，人就会说我这太皇太后临朝称制，非昏即庸，难掌国运。到那时，即使我不主动让出皇权，也难以保住眼下的这一切。如果去了你的职后人心还可以失而复得，危机可以来而复去，等到时机成熟，渡过难关，再复你的职，不是两全其美之事吗？"

审食其听着这些话，眼珠子滴溜直转，汗珠从头顶上一颗一颗直往外冒。

一转眼，到了祭祖天地日月的三月，按叔孙通择定的日子，三月三日进行祭祀。

祭祀仪式隆重而热闹，从未央宫到长安城外渭水南岸20多里的路上，全部由吕产指挥的禁卫军警戒，三步一岗，五步一哨，戒备万无一失。

· 擅权乱政 ·

图文珍藏版

吕雉身边则由吕更始调长乐宫的卫士护驾,一时间,戈矛齐整,金光耀目,行人路断,百姓远避。

吕雉由贴身宫女搀扶着,前呼后拥地来到长安城外这条渭水的支流边,这里已经用黄土夯起一座高约五尺的多角形祭坛。

在返回的路上,吕雉心里有些坦然,觉得完成了一件大事,心情也轻松了许多。她透过窗口看着那800里秦川的绿色长毡,不禁心往神驰,一时竟完全忘记了病痛。

突然辇帘被风猛然刮起,一只黑狗从天空飞来,直扑到她的脚下,狠狠咬住她的右脚不放。这只黑狗比上次那只更大更凶,那狗边咬还边"呜呜"地吼着,吕雉痛彻骨髓,大声叫道:"快把犬赶走!"

"陛下,哪里来的犬啊?"侍从们莫名其妙地问道。

这时吕雉已昏迷不醒,侍从人员立即把她抬回到未央宫,请御医诊治。

吕雉那原来就很重的病这一次更加重了,在后来的四个多月时间里,她几乎没有很好地吃过一顿饭,人已经只剩下一副骨头架子了。

公元前180年的夏历八月一日,吕雉病危。吕家宗室的主要子弟,都守在她的病床前。

"看来,我八成是不行了。"她无力地接着说:"我要走了,立诏书吧!"说完,她费了最大的气力,用眼睛左顾右盼,似乎在寻找什么人。

"他……呢?"

"姐姐是在找审食其吗?"吕媭把嘴凑到吕雉耳边问道。

吕雉无力地微微地点点头。

"他,他没有来。"吕媭又说。

"他这个人……"说到这儿,吕雉再没有说下去。

"还是请姐姐陛下降旨吧!"

吕雉点点头,歇了一会儿,说:"吕禄……"

"姑妈。"吕禄带着哭音低声叫着,跪在地下听旨。

"你要继续统领好北军,不可懈怠,不可丢了兵权。"

"侄儿遵旨。"

"吕产过来。"

"姑妈陛下,侄儿在。"

"你要掌管好南军,不可有半点疏忽。切切记住……"

"侄儿谨记。"吕产起身退下。

这时吕雉对着吕媭,说:"你也老了,将来事成事败,全看产儿了,我看就命产儿把家族中人统领起来吧……"吕雉说不下去了,然后是一大阵昏迷时间。

吕雉苏醒过来后,对大家说:"高帝曾盟誓,不是刘家人不准封王,而我封了吕家之人为王,老臣们多有不服。我要去了,皇帝还小,大臣们难免要作乱,你们要……"吕雉半张着嘴,像冒出水面倒气的鱼说不出话,只是用眼睛看看这个又看看那个,最后似乎用足全身气力,说:"要彼此呼应,多加小心,一定要防……"

说到这里,她没有说下去,接着全身抖动了一下,头一耷拉,口角边垂下一滴涎水,便断了气。

八年七月辛巳日，吕后晏驾，遗诏以吕产为相国，以吕禄女为皇后，以左丞相审食其为少帝太傅。

吕产在内护丧，吕禄在外巡行，戒严内外，防备非常周密。到了吕后出丧，灵柩葬于长陵，二人遵照吕后遗言，不去送葬，但带领南北二军，守卫宫禁，寸步不敢离开。

朱虚侯刘章暗中派一名亲吏，报告其兄齐王刘襄，叫他发兵西向，自己与胞弟东牟侯刘兴居为内应，以诛诸吕，事成之后，乃立齐王为帝。

齐王刘襄闻听此信，心中大喜，即与其母舅驷钧、郎中令祝午、中尉魏勃商议发兵。

吕后的一生，坎坷多艰，历尽风险，尝尽了人生的苦辣酸甜，其中，有来自婚姻家庭方面的悲欢离合，更多的则是政治上的权力争夺。吕后凭借自己的睿智和坚忍，渡过了一条条险滩，闯过了一道道难关，最终冲向权力宝塔的顶端，为她的五彩人生写完了最后一笔。

对吕后的一生应如何评价，千百年来众说纷纭，各持一端，争议较大。汉代史学家司马迁、班固曾经用简练的笔调肯定了吕后的政治生涯，所谓"孝惠皇帝、高后之时，黎民得离战国之苦，君臣俱欲休息乎无为，故惠帝垂拱，高后女主称制，政不出房户，天下晏然。刑罚罕用，罪人是希。民务稼穑，衣食滋殖"。应当说，这种评价是比较公正和符合历史实际的。然而，在长期的封建社会，随着封建专制主义的加强，特别是封建意识形态的强化，对吕后

吕后的玉玺

的评价便越来越贬低了。往往把她描绘成"妇从夫贵，侥幸抓到大权的庸俗女人"，认为她心胸狭窄，嫉妒多疑，贪婪残忍，几乎没有做过一件足以书于青史的好事。我们认为，这种观点未免失于偏颇，因为它主要不是从历史的角度，而是从道德方面立论的。

评价历史人物的功过是非，主要应该看他对当时历史进程起到了什么作用，在他力所能及的范围内，是推进了物质文明、制度文明、精神文明的进步，或是相反。只有以此为标尺，才能正确评价历史人物的功过、地位。当然，人生本身是丰富多彩的，历史人物的生平活动也是复杂多样的，每一个特定历史时期的人物受历史的、文化的、风俗的影响，在他的一生中，其思想、活动往往是充满矛盾的，所以必须抓住历史人物的重大生平活动予以评说，而不能以偏概全，一叶遮泰山。

对吕后持否定意见者，无外乎在这样几个问题上大做文章，比如她那凶险、阴毒和女人为争风吃醋而产生的强烈嫉妒，对戚夫人和赵王如意的令人发指的虐杀；她那除恶务尽的思想和对刘氏贵族为所欲为的处置和诛杀；特别是她那无以满足的权势欲，促使她封王诸吕而引起的统治集团之间的血腥大屠杀。诸如此类，借此否定吕后在历史上的应有地位，显然是不公正的。

吕后协助刘邦诛除异姓诸侯王，只能说手段险恶，方式刻薄，而方向是正确的。

吕后虐杀戚夫人和刘如意，除了那种发疯般的嫉妒和复仇心理，在任何历史环境

下都不可取之外,也有可以理解的一面。在当时的历史条件下,作为一个爬到封建权力峰巅的妇女,为了维护自己的地位和权力,她这样做似乎也符合专制皇权下的权力机制。可以设想,如果戚夫人鼓动刘邦改易太子获得成功,她作为临朝称制的女主在刘邦之后执掌大汉皇朝的权柄,那么,吕后、刘盈以及吕氏宗族的下场,恐怕也不会美妙。所以说,戚夫人、刘如意表面上死于吕后之手,实质却是政治斗争的牺牲品。

吕后封王诸吕是她临朝后犯下的最大错误,不论在她死后,是诸吕要谋杀异己,还是在刘氏集团咄咄逼人的攻势下诱发出诸吕的蠢动,基本的事实是,吕后死后,因为她的封王诸吕而使统治集团内部关系一度极为紧张,最后引发出一场流血的宫廷政变。或许有人把它解释为吕后封王诸吕是为了巩固和加强自己的权力,问题是没有任何史料能说明元勋大臣对她的临朝构成了什么威胁。吕后即使按照惠帝在位时的姿态进行统治,恐怕也不会发生太大的不愉快。当然,刘、吕两个集团的斗争仅仅局限在上层统治集团的小范围内,并且历时较短暂,又未造成大规模的流血冲突,因而并未给整个社会带来混乱,也没有影响到西汉初年已经开始的恢复生产和发展经济的历史进程。

也有人把注意力集中到吕后是否要篡国夺权的问题上,其实这对评价吕后意义不大。在不影响社会政治安定的前提下,由哪个姓氏的人当皇帝只是个形式问题,连篇累牍地去争议吕后有没有篡权,是受封建史观的影响,或受现实政治斗争的左右,而于历史研究并无太大的裨益。

我们认为,吕后是一个应该肯定的历史人物,她对历史发展所起的作用,主要表现在她帮助刘邦完成了统一事业,继续推行"与民休息"政策,对汉初经济的恢复和发展起到了承前启后的作用。当然,我们在肯定她的同时,决不能无限地拔高,像有的人竟把吕后个人的私生活说成是反封建礼教,而实际上封建礼教当时还没有确立起来,她不过是"随乡就俗"罢了。

关于她帮助刘邦完成统一事业的问题,行文中已做过反复交代,不想赘叙。

关于她推行"与民休息"政策,如果在了解了"承前"的基础上,进一步了解一下"启后",或许更能准确地为吕后时期定位。司马迁描绘吕后时期是:"刑罚罕用,罪人是希。民务稼穑,衣食滋殖。"文景时期,正是利用这一有利局面,继续推行轻徭薄赋慎刑的基本国策,并进一步颁行了一系列旨在发展经济的改革措施,从而使西汉社会由此步入"人给家足,都鄙廪庚皆满,而府库余财"的发展道路。农业上"屡敕有司以农为务,民遂乐业";工商业禁令全部放开,"驰山泽之禁",废除《盗铸钱令》,盐铁民营,使商品经济一时出现前所未有的繁荣景观;减免田租、赋役,提高傅籍年限,人口成倍增长;人心安定,皇诏每下,"民虽老羸癃疾,扶杖而往听之,愿少须臾毋死,思见德化之成也"。所有这些方面的表现,都是一个社会健康向上,走向繁荣昌盛的反映,它虽然主要是在文、景二帝统治时期取得的,但其基础却是在高帝、特别是在吕后时期奠定的。

从这个意义上说,吕后顺应汉初历史发展的潮流,虽然没有什么惊天动地、力挽狂澜之举,但却做到了小心翼翼地沿着刘邦君臣确定的轨道前进,正是因为她的"俱欲休息乎无为",才起到了从刘邦至文、景时期过渡桥梁的作用。因此说,吕后是一个对汉初历史发展做出了巨大贡献的历史人物,换句话说,西汉王朝以一个文明大国的姿态出现在世界人民面前,其中也有吕后的一份功劳。

铁血太后　无冕女皇——慈禧太后

人物档案

慈禧太后:那拉氏,祖居叶赫,故称叶赫那拉,满洲镶蓝旗人;别称"西太后""兰贵人""老佛爷",中国清代咸丰帝奕詝之妃,同治帝生母。同治、光绪两朝实际最高统治者,晚清重要政治人物。慈禧1852年入宫,次年晋封懿嫔。1856年皇长子爱新觉罗·载淳(同治帝)出生,晋封懿妃,次年又晋封懿贵妃。咸丰帝驾崩后,慈禧联合在京主持和谈的恭亲王奕訢发动辛酉政变,诛顾命八大臣,夺取政权,形成"二宫垂帘"、亲王议政"的格局,史称"同治中兴"。1875年同治帝去世,慈禧选择咸丰帝之侄(同时也是她的外甥)载湉入继大统,两宫再度垂帘听政。随着慈安太后去世、恭亲王被罢免,慈禧开始独揽大权。1898年,慈禧发动戊戌政变,再度训政。1900年庚子国变后,实行新政,对兵商学官法进行改革。1908年光绪帝驾崩,慈禧太后命醇亲王载沣为摄政王,立其子溥仪为帝,年号宣统,慈禧被尊为太皇太后。次日慈禧太后于中南海仪鸾殿病逝,享年74岁。

生卒时间:公元前1835年11月29日~公元前1908年11月15日。

安葬之地:定东陵(河北省遵化市普陀峪)。

性格特点:博学多才,能书善画,洞悉人性,工于心计,个人至上,敢作敢为。

历史功过:慈禧太后是晚清统同治、光绪两朝的最高决策者,她以垂帘听政、训政的名义统治中国四十七年。推行洋务运动,开辟中国近代化道路;实行"新政",对兵、商、学、官、法进行大力改革;首次提出君主立宪;办学堂,废科举,派留学;严禁鸦片。长期以来,有关慈禧的史学论著和文艺作品,大都只讲慈禧祸国殃民的一面,甚至把一些与慈禧毫不相干的恶行也加在慈禧的身上。在人们的心目中,慈禧已成为一个昏庸、腐朽、专横、残暴的妖后。

名家评点:赵尔巽主编的《清史稿》评价说:"及文宗末造,孝贞、孝钦两皇后躬收政柄,内有贤王,外有名将相,削平大难,宏赞中兴。不幸穆宗即世,孝贞皇后崩,孝钦皇后听政久,稍稍营离宫,修庆典,视圣祖奉孝庄皇后、高宗奉孝圣皇后不逮十之一,而世顾窃窃然有私议者,外侮迭乘,灾祲屡见,非其时也。不幸与德宗意恉不

协,一激而启戊戌之争,再激而成庚子之乱。晚乃壹意变法,怵天命之难谌,察人心之将涣,而欲救之以立宪,百端并举,政急民烦,陵土未乾,国步遂改。综一代之兴亡,系于宫闱。呜呼!岂非天哉?岂非天哉?"

一 显赫家族

说起慈禧,首先不能不介绍她出身的那个家族——叶赫那拉,一个古老显赫而又充满传奇色彩,并且与爱新觉罗家族有着深远历史关系,在清代历史上值得大加研究、大书特书的部落。

叶赫部的历史,最早可上溯到元代的海西女真,这是一个倚海西江而得名的女真部落,其地域原本分布于日本海至鞑靼海以西,直抵松花江大屈折处,主体部分则在以忽喇江(今呼兰河)为中心的松花江中游地区。在明朝嘉靖年间,逐渐形成了比较强大的叶赫、哈达、乌拉、辉发四部,即清史中的扈伦四部。

海伦四部中,叶赫部属明塔鲁木卫,其始祖胜根打喇汉,又称星根打尔汉,二代祖石儿刻命刚兔,又称席尔克明噶图,父子二人均为塔鲁木卫的小头目。至其四代祖祝孔革,率部众迁至叶赫河流域,是为叶赫部直接始祖。

祝孔革在明正德八年(1513年),袭父职,任塔鲁木卫都督金事,但后因争夺海西女真的霸权,被哈达部首领王忠以阻贡扰边的罪名杀害,朝贡敕书及其所属季勒等十三寨也被哈达部夺取和霸占,叶赫部遂由盛转衰。

但"二努"同为叶赫之主后,兄弟二人修筑了两个城池,故城叫老城,由逞家奴居住,其弟仰家奴则住在西边的新城。兄弟二人同心协力,多次打败哈达,势力日渐强大,叶赫部又由衰转盛。于是叶赫部不仅受到了明朝政府的注意和警觉,同时也开始与努尔哈赤有了交往。

因此在清王朝的政治舞台上,叶赫的男性后裔仍相当活跃,而且位居要职者大有人在。至于叶赫的女性后裔,继努尔哈赤的孝慈高皇后之后,充任列朝后妃者,从太宗皇太极到道光帝旻宁,也几乎代代不断。出生在这样一个家族中的慈禧,至咸丰朝被选入宫,把两个家族间古老的婚姻关系继续下来也就不足为怪了。

如果说慈禧的家族古老而又显赫,那么她出身的家庭,相比之下就显得衰败而平淡无奇,只不过是普通中下等满洲贵族家庭而已。

慈禧的确切家世,得从她曾祖父吉郎阿说起。据考证,吉郎阿在乾隆五十一年(1786年)任内阁中书,至嘉庆六年(1801年)已升为六品中书,列为京察二等,同年并考取了。嘉庆十二年(1807年),吉郎阿即升任从五品的内阁侍读,不久出军机处,调署户部银库员外郎。嘉庆十五年(1810年)正式补授,从此管理银库事务,直至最后死在户部员外郎的任上。

慈禧的祖父景瑞,则为监生出身,先是花钱捐个笔帖式。嘉庆十一年(1806年)正式补授笔帖式,次年被派往张家口办理牧场事务。嘉庆十八年升授盛京刑部主事,旋即调回京城,在刑部充任清档房主事,兼任秋审处行走。道光六年(1821年)提升山东司员外郎,派掌广西司印。此后官运一直亨通,至道光二十年(1840年)奉旨交军机处记名,以道府用。越二年,又奉旨往江苏,以知府差遣使用。道光二十七年,其父管理银库有贪污行为,景瑞则因为其父退赔款项不及时被参了一本,道光帝准旨予以革职监追处分,被关进刑部审房。直到次子惠征多为筹措,使退赔款项达到应退款项六成以上,道光帝才旨准将景瑞释放,官复原职,但不久又被休致,后死于咸丰年间。

慈禧之父惠征生于嘉庆十年(1805 年),监生出身,长期任笔帖式。惠征与其祖父、父亲相比,在仕途上就更是大起大落。在多年任笔帖式,从事拟稿、翻译及抄抄写写的文书工作之后,至道光二十六年(1846 年)始任吏部文选司主事;道光二十八年奉调升吏部验封司员外郎;二十九年二月,被道光帝定为京察一等,由部引见,奉旨交军机处记名,以道府用。闰四月初升任吏部验封司郎中,并兼任工部宝源局监督;旋于闰四月十七日,内阁奉上谕,宣布任命其为山西归绥道道员。此后他在归绥道任上恪尽职守,官声颇佳,遂于咸丰二年二月初六(1852 年 3 月 26 日),被咸丰帝调任更为重要的安徽宁池太广道。该道所辖五府一州,即安庆府、徽州府、宁国府、池州府、太平府和广德直隶州,共计 28 个县,又兼管芜湖关税务,因此较之归绥道,不仅是个要缺,而且还是个肥缺。

然而好景不长,惠征上任不到一年时间,便因太平天国革命而厄运临头。

慈禧出生在这样一个从曾祖父、祖父到父亲都在朝中为官的世宦家庭,虽然谈不上显贵,但也可以说是名门世族。

二 少女时代

要是有人问道中国历史上女人最集中的地方在何处,一般人都会这样回答:后宫。是的,后宫是最高统治者皇帝的后妃们居住的地方。如此小小的地方,居住着数以百计、千计的女子,无论从数量上,还是从人口密度上,都可以称作世界之最了。

清代的后妃制度中有一个可以伸缩的东西,即嫔以下无确定的数量。这就为荒淫纵色的君主提供了方便条件;再加上清朝有一个"每三岁选八旗秀女,户部主之;每岁选内务府属旗秀女,内务府主之。秀女入宫,妃、嫔、贵人唯上命"的制度,因此宫中女子不会比以往各朝为少。

在这种后妃制度下,后宫中充斥着数以百计、千计的女子,她们的唯一使命就是伺候最高统治者皇帝。由此,后宫中的女子必然为了求得皇帝的宠爱而展开惊心动魄的斗争,这就是中国封建社会中后宫多事,不时发生宫廷变乱原因之一。

慈禧,姓叶赫那拉氏,小字兰儿。生于道光十五年十月初十日(1835 年 11 月 29 日)。

在慈禧的兄妹中,无论从长相上,还是从才能上,只出了慈禧一个人。对于慈禧的长相,正史上并没有作详细的描绘,而且,对于少女时代的慈禧,又多无记载。如今我们只好借助一些野史、笔记的材料观其一般了。《清朝野史大观》上有这么一段描绘:"西后(即慈禧太后)垂髫时雅好修饰。……西后每一出游,道旁观者皆喃喃作欢喜赞,谓天仙化身不是过也。"

从这里我们可以看出,少女时代的慈禧确实是"天生丽质",美丽超群。

慈禧是叶赫那拉氏的后裔,隶籍八旗(初隶镶蓝旗,后抬入镶黄旗),这就注定了她必须加入选秀女行列的命运。按照清朝制度,"每三岁选八旗秀女"。这些秀

·擅权乱政·

图文珍藏版

女的挑选对象主要是八旗子女。

慈禧有备选秀女的"义务",又是天生丽质,其中选入宫则为必然。所以当大清第九代皇帝(入关后第七代)咸丰下诏选秀女时,年已十七的慈禧被选中,并于次年五月入宫,成为咸丰皇帝的贵人。

慈禧在少女时代的生活情况,由于史籍阙载,无言其详。但从零星的资料中,我们至少可以知道如下两点。

一、慈禧是一个天姿聪明,十分好学的人,对于经史很感兴趣,因此致力最深。"年十六岁时,五经成诵,通满文,廿四史亦皆浏览"。这为日后其参政垂帘打下了基础。

二、慈禧并未得到家庭的温暖,也没有优裕的生活条件。慈禧出生于一个仕宦之家,有二兄一妹。

通经悉史,是慈禧少女时代最值得称道的,也是中国封建社会中统治者所必备的课程。了解了这些,才能在涉足政坛后知前鉴而后有所为;了解了这些,才使之有了在官场竞争的资本,有了击败政敌取得胜利的基础。

并非优裕的生活环境,不仅可以激发有志者的上进心,而且可以磨炼其意志。慈禧并未消沉,也未低头,她经受了考验,不屈不挠。这为日后在逆境中崛起做了必要的锻炼。

三　兰儿入宫

慈禧入宫了。入宫后没有因为其天生丽质而得宠皇帝、尽快升迁、主宰后宫。因为宫廷里的情况,并不像她入宫前想得那样美好。

首先是王宫的主人——咸丰皇帝,并不像她听说得那么"伟大"。

咸丰帝,名奕詝,是道光的第四个儿子。

咸丰二年夏,道光帝丧期一结束,咸丰帝便下诏拣选秀女。清朝制度规定:四品以上满蒙官宦人家十四岁至二十岁的女子,可以供皇帝选为宫娥。

这一天,正是挑选的日子。咸丰帝刚刚看过两个奏折,就有人禀报:秀女都在寿康宫等着,恭请圣驾。咸丰帝放下朱笔,步出养心殿,乘黄缎绣龙御辇,来到寿康宫。寿康宫这时是康慈皇贵太妃的寝宫。康慈皇贵太妃本是咸丰帝的养母。道光二十年春,咸丰帝生母孝全成皇后崩,咸丰帝尚在童年,全仗这位皇太妃抚育。咸丰元年,养母被封为康慈皇贵太妃。咸丰帝也仿照着乾隆帝和道光帝的做法,将养母按皇太后的待遇移居寿康宫。这次挑选秀女,将地点定在寿康宫,也是为了尊重皇太妃之意。

这时,皇太妃已在宫内等候。咸丰帝按礼见过皇太妃,母子俩道过安,便一起坐堂上,开始拣选秀女。方式是,由总监按名一个人召人,面见皇太妃和咸丰帝。选中者,由咸丰帝朱笔圈点,不中者一律送回。这时,一名被唤作"兰儿"的秀女,袅袅娜娜地走进来,在红毡上恭恭敬敬地跪下、叩头。这时,有个太监叫道:"抬头见驾!"

兰儿抬起头来。和咸丰帝的目光正好相对,不觉脸上浮上一片红晕。仿佛中她发现咸丰帝还在目不转睛地看着自己。此时,她低头不好,抬头又要看到咸丰帝的眼睛,于是,不禁羞态横生,微掩秋波,任由咸丰帝瞵视了。

咸丰帝正为没有选到几个称心如意的秀女而懊恼,此刻看到兰儿,顿时为兰儿姿色迷住。只见这位兰儿梨颊娇姿,越形妩媚,面色红中带白,白中含红。咸丰帝盯着兰儿的羞态,忍不住越看越爱看。旁立的宫监、侍女们看到这种情景,谁也不敢发出一点声响。宫里好一阵静寂。最后还是那上座的老旗妇说了一句:"此女颇有福相"。这句话传到咸丰帝的耳中,才使咸丰帝回过神来。于是忙道:"慈鉴定然不错。"说着拿起朱笔,在兰儿的名上圈了两圈,命宫监将兰儿带下。

剩下十一人,皇太妃与咸丰帝也都一一看过,并从中选出两人。此次挑选在六十人中,共选出二十八人,其余打发回家。此次挑选秀女就这样结束了。

这位名叫兰儿的姑娘,也就是日后的慈禧太后。

咸丰帝

慈禧是咸丰二年五月初九日进宫的。进宫时就是按规定可以役使宫女四名的贵人了,而绝非是个宫女。贵人每年宫份银在五百两左右。

咸丰三年十一月十八日之前,咸丰帝的妻妾已从四人增加到十人。在这十人中,慈禧位居第三。

咸丰四年二月,兰贵人晋封为懿嫔。该年十一月二十五日,咸丰帝命协办大学士贾桢为正使,礼部左侍郎肃顺为副使,举行典礼,正式册封兰贵人为懿嫔。截止该年十二月初三日止,咸丰帝的妻妾仍为十人,慈禧仍然名位列第三。

咸丰五年正月初四日,云嫔病死。于是慈禧就成了咸丰帝妻妾中的第二位,地位仅次于皇后。该年,慈禧二十一岁,已经有孕在身。当年十二月二十六日,其母和跟随来的家下妇人二名从由苍震门进宫,来到慈禧入宫后一直居住的储秀宫陪伴。咸丰六年三月二十三日,慈禧产下一个男孩,咸丰帝极为高兴,当天即将慈禧由懿嫔提升为懿妃,连储秀宫太监也跟着升了官职。

在咸丰帝的这些妻妾之中,慈禧一直处在较为显赫的位置,仅次于皇后钮祜禄氏。她的备受宠幸,备受重视,并不只是从咸丰六年生育载淳开始。当然,有了载淳之后,她比以前更加趾高气扬了。

一天午后,咸丰帝坐着御辇,正从桐荫深处的外墙走过,一阵风吹来,传来娇脆的歌声。他把手向矮墙内一指,抬轿的太监便顺着歌声拥来。屋内的宫女见皇帝驾到,慌得赶紧出门,跪在地上接驾。这时咸丰帝一心在那唱曲子的秀女身上,于是吩咐众宫女站着,不许声张,自己跨下轿来,寻着歌声走去。绕出后院,见一个旗装秀女,手里拿着一柄鹅毛扇儿,背着身坐在假山旁。

旗装秀女手拿扇子摇着风，清脆婉转的曲子随着风飘扬过来。咸丰帝轻手轻脚地走到秀女身后。

唱到最后一个字，真是千回百转，余音绕梁。咸丰帝听罢，忍不住喝道："好曲子！"那秀女听背后有人说话，急转过脸来，见是自己每日都想着的咸丰帝，慌得忙趴在地上道："婢子兰儿叩见万岁爷。"这几个字本是寻常问候，但经此秀女口中道出，就特别清脆动听。咸丰帝很高兴，便吩咐她抬起头来。咸丰帝看了，只见她眉目清楚，桃腮笼艳，皓齿明眸，一点红唇。咸丰帝看了，不觉心中诧异：这个面庞，我曾在哪见过。却忆不起来，于是问道："你到此有多久了？"

兰儿又要跪禀。咸丰帝赐她立对。兰儿答道："沐恩承值已有半年。"

"照你说来，你是本年入宫的吗？"

"本年五月，奉诏应选。"咸丰帝不等兰儿说完，便恍然道："是的，是的，我想起来了。"咸丰帝又问道："你今年几岁了？"

"已一十六岁了。"

这时，正巧两个太监走进门来，皇帝对两个太监吩咐道："快传谕，说朕今天在这休息了，叫他们散了自去吧！"太监听了心里明白，便口称遵旨，把院门掩上，悄悄地退出去了。这里兰儿服侍皇帝休息用膳。直到夕阳西下，才见咸丰帝一手搭在兰儿肩上，走了出来。太监抬过御辇，皇上坐上，兰儿跪送出门。

咸丰帝回宫以后，兰儿知道咸丰帝晚上还要来宣召，便急急地梳洗一番，打扮得格外娇艳。到了用过夜膳以后，敬事房的太监，果然举着一方绿头牌来，口称："兰儿接旨！"兰儿跪下接旨。于是宫女扶她到卧室里去，照例脱去衣服，又浑身洒上香水，穿上太监拿来的大氅。收拾停当之后，喊了声"领旨"，太监闻声进来，将兰儿扛在肩上，送进皇上的寝宫。太监把兰儿背入咸丰帝寝宫，卸去氅衣。兰儿羞怯不安地钻入衾中。按惯例，太监要在外面等候两个时辰，再把兰儿送回原处，因为咸丰帝每夜临幸妃嫔，是从不留下的。今晚却不同了，咸丰帝吩咐太监不必再等，兰儿留下。

这一夜，咸丰帝拥着兰儿，自然是千般缠绵，万般恩爱。这有两点可证：一是第二天辰刻，日上三竿，咸丰帝才起身上朝；二是没过几天，就有一道圣旨下来：封那拉氏为贵人。

自从咸丰二年咸丰帝尝试了那拉贵人风情以后，心里就留了一种美好印象。每逢心情愉悦，总忘不了宣召那拉贵人侍寝。

一天晚膳后，咸丰帝踱到了储秀宫那拉懿嫔的住处。这位那拉懿嫔正卸妆准备就寝，忽闻皇上驾到，便仓促迎驾，伏地跪接。咸丰帝亲手扶起，偕入寝室。以往召幸的时候，都是由宫监宣召，背玉体于御寝。此次却是御驾亲临。此时，由于仓促，那拉懿嫔只穿着一件妃色罗衫，更显得玉骨玲珑，弱不胜衣。咸丰帝不胜喜爱，于是一把将其拥入床中。那拉懿嫔此时却装出半推半就的模样。咸丰帝甚觉奇怪，道："朕为这长发贼闹得心烦意乱，多日不来召幸，让你寒衾冷落，辜负良宵。莫非你有些怨气吗？"

懿嫔道："婢子怎敢。婢子有几句话不得不奏，又不好直奏，还求万岁爷恕罪，方敢奏明。"

咸丰说："你尽管讲来，朕不会怪罪你。"

懿嫔道："长发盗贼肆虐已有几年，几年来万岁爷日理万机，事必躬亲，就是有多强的精力，到休息时，也须加意爱护。

万岁爷的龙体上承列祖，下系万民，何等珍重。只要能格外保护，婢子比永夜承恩，还要欣慰呢!"

咸丰帝笑道："你甘居寂寞，不愿欢娱吗?"

懿嫔道："欢娱事小，国家事大。圣躬近日加倍操劳，不好因一夕欢娱，有伤圣体。"

咸丰帝听了，不由得道："瞧你说这话，真是个贤德女子，朕心甚为感动。"

这一夕间，芳情脉脉，软语喁喁，惹得咸丰帝格外怜爱，不到数日，懿妃即怀酸作呕，生起病来。咸丰帝命太医诊断。太医奏称熊罴叶梦，龙凤呈祥。咸丰帝听罢大喜。

慈禧入宫之后，所面对的就是这么一位放荡的皇帝。这与煌煌谕旨、官场颂扬的表面文章相差甚远。在这种情况下，她不得不放弃原有的单凭姿色取宠的想法，而不断加入新的内容。这些新的内容围绕的一个中心问题是：击败群芳，独占鳌头。以计取宠，以计固宠。

其次步入宫廷后，残酷的现实，使慈禧认识到了"争宠"原是势所必需，不求宠，必自锢，要出人头地，必须自己争取。

慈禧不是安于本分的女人，也不是容易满足的人。贵人的名位对她来说根本不是最终目标，因为它距统摄六宫的皇后宝座还差着五个级别呢! 由贵人升为嫔、妃、贵妃、皇贵妃直至皇后，才是她的向往所在。因此，她在后宫中开始了与诸妃的角逐。

慈禧是个很有心计、善于等候时机的人。在咸丰由奋发转为颓废纵情于声色的时候，她及时地靠了上去。不仅凭借自己的丽质去打动咸丰的心，以满足心里空虚而产生的声色之欲，而且能够充分利用身边的仆婢，打通咸丰身边的太监。及时而又准确地判断咸丰的欲望所在，以便能在咸丰最需要的时刻出现在他的面前。当然，对于咸丰的好恶，慈禧也一一观察了解，通过各种途径给以满足。这样，只要慈禧一人就可以满足咸丰一切欲望，就不必让众妃嫔们伴驾了。

在慈禧得宠的时候，后宫里的妃嫔们却怨声载道。以前得宠过的人为失宠而迁怒于她。从未受过宠的人，因"专擅"而抱怨于她，她成了后宫女人的众矢之的。也正是在这个时候。慈禧与皇后钮祜禄氏发生了冲突，甚至为此而险遭毒打。

咸丰二年被选中的秀女入宫后，皇后钮祜禄氏对这些秀女中的一个印象最深，那就是长得美丽活泼的慈禧。因为她在漂亮之外，还有一处与众不同，她见了皇帝与皇后是那样的落落大方。从她的眼神可以看出，这个秀女不是等闲之辈。一个争风吃醋的念头闪过，皇后竟劝咸丰不要收留她。可是咸丰置若罔闻，不仅将慈禧选入宫中，而且倍加宠幸。皇后虽然不断地在咸丰耳边吹风，竭力想从慈禧身边夺回咸丰，但她的心机白费了，慈禧的手段比她高出一筹。皇帝还是照样宠幸着慈禧，而慈禧的地位也由此不断升迁着。

皇后钮祜禄氏是六宫的主宰者，她对咸丰整天迷恋慈禧很不满，劝咸丰应该保重身体，咸丰付之一笑。这可气坏了皇后，她冥思苦索后终于想出了一个得意的好办法。

清朝的皇帝非常敬畏祖训,只要是老祖宗留下的法制,后代统治者往往奉为真理。咸丰迷恋慈禧,使皇后想起了祖训,她想用祖训约束一下这个好色的皇帝。

皇后找来了自己的心腹太监,告诉他到慈禧住的储秀宫,如此这般如此这般。次日清早,太监领命走到储秀宫寝门外念起了祖训。正在入睡的咸丰听到"祖训"两个字,便急忙披衣起而跪听。

这个太监是奉皇后之命而行的,他在寝宫门外诵祖训,一直等到咸丰帝走出储秀宫前往听政殿后才停了嘴。

皇后的办法还算灵验,咸丰怕听祖训,所以去储秀宫的次数少了。可是,当钮祜禄氏放松警惕,储秀宫门外一切又恢复正常后,咸丰又开始一如既往。他不但同以前一样经常去储秀宫,而且时常不早朝。皇后故技重施,是咸丰已有思想准备的,他不敢置祖训于不顾,听完祖训后一切照旧,那个念祖训的太监还不时地遭到皇帝的斥责。当他怀着满腹委屈到皇后那里交差时,皇后又给他气受,很难下台。听到几次相同的回答后,皇后又恼又恨。皇后下了决心。她决定亲自出马,一是为劝皇帝听政,二是为惩慈禧乱宫。咸丰六年春天的一天,清晨起床后,刚刚梳洗完毕,皇后就令太监将祖训拿来。承伺太监听到祖训二字就慌了神,因为祖训已把他搞得太苦了!可是,懿旨已下,谁敢抗命不遵?不得已,这位太监胆战心惊地取来祖训,他不明白皇后要干什么,所以十分困惑。过了好一会儿,没想到皇后对太监说道:"随我去储秀宫!"说完便顶起祖训,急匆匆地奔向储秀宫。到了宫门外,皇后双膝跪地,高声叫道:"请皇帝起,听祖训!"咸丰和慈禧被从梦中惊醒,惊慌起来,他们没有想到皇后会亲自来,深知皇后此行非同小可。咸丰迅速地起了床,急忙说道:"朕即听朝,勿诵祖训。"

待咸丰匆匆上朝去后,皇后站了起来,吩咐身边的太监起驾前往坤宁宫,随即传旨令慈禧一同前往。

听到皇后传旨,慈禧不免大惊失色。

慈禧到了坤宁宫时,见皇后已在正中的座位上坐下,怒容满面地等待着她的到来。她刚刚踏入宫门,就听到了责骂声:"你用什么妖术迷住了皇上,皇上本来是个关心政事,奋发有为的君主。自你进宫以后,皇上既不早朝,又不理政务。你可知罪吗?"

跪在地上的慈禧,此时就算有千言万语也不敢说,即使有满腹委屈也不能说。她知道此时此刻的任何辩解都是没有用的。只有"知罪"而已。

慈禧慢慢地抬起了头,泪水在她的眼眶里打转,但是没有掉下来,她把嘴唇一咬,说:"都是我不好,我知罪。"

皇后见慈禧"知罪"了,于是喝道:"知罪就好,来呀,家法侍候,给我打!"

慈禧低下头,咬紧了牙关,双手却在保护着腹部。因为这里是她的希望所在,此时她心中只有一个念头:委屈一下吧,或许将来生个阿哥一切都会好的。在慈禧听天由命地等着受罚的时候,没想到救驾的人来了。

原来咸丰自储秀宫上朝后,看着皇后那愤怒的脸色,推测出今天要发生的事情,所以上朝之后,根本无心理政。一个大臣出列奏太平军攻下武昌等事时,没等说上两句,咸丰挥了挥手说道:"所有军事,着军机大臣妥议具奏。"说完便宣布退朝,因为他心里还惦记着后宫里的事情,什么太平军、武昌,他才顾不上去过问呢。

咸丰退朝后，急忙前往储秀宫，还未出发，就听到皇后驾临坤宁宫的消息。咸丰一听"坤宁宫"三个字，就知道皇后用意所在，于是立即转向坤宁宫，当他刚刚走进宫门时，就听皇后的惩罚令，他连忙高声叫着："请皇后免责，懿嫔已有娠矣！"

既然皇帝出面说情，而且有怀孕在身的理由，哪有不准的道理。皇后自己找了个梯子下台。只见她略有责备地说道："皇帝怎么不早说呢？"随即便令慈禧起而赐座。

皇后钮祜禄氏因与慈禧争宠而欲大施毒手，慈禧因受宠而得到了皇帝的保护，免了一场祸。由于得宠于皇帝，她的地位也不断升迁。咸丰四年晋封为懿嫔，咸丰六年当她为咸丰生下大阿哥载淳后，就由嫔晋升为懿妃，次年又升为懿贵妃，成为皇后之下，众妃嫔之上的二号人物。

懿嫔怀孕六个月以后，肚子越来越大，行动很不便。咸丰帝传下旨意，准许懿嫔亲眷一人进宫看顾。懿嫔的母亲富察氏住在劈柴胡同，听到内务府传来皇帝谕旨后，领着两名家下老妇人进了皇宫。

懿嫔听说额娘入宫，精神大振，迎出门外，按宫中礼节，富察氏先向懿嫔行了君臣大礼，然后懿嫔又以女儿身份向额娘见了礼。母女俩相见格外亲热。

咸丰六年三月二十三日，随着懿嫔肚子一阵阵疼痛，一个婴儿破体而出。"大阿哥降生了！"这个消息很快传遍宫廷内外。咸丰帝闻报喜不自胜，马上于次日传谕内阁，晋封那拉懿嫔为懿妃，并恩赐懿妃银三百两，表里四十。原来咸丰帝嗣位六年，已到二十六岁，宫内后妃人等，虽也生产过几次，无奈都是女孩，只有那拉氏产下一子，自然要受到恩宠了。

太平天国的内讧，严重影响了对清军的作战，给清政府以喘息的机会。

咸丰帝的心情也随着战争形势的转变，变得轻快起来。这些日子里，皇宫里正忙着给道光帝的七公主和九公主主办婚事。七公主同副都统熙拉布之子瑞林成婚，而九公主则即将与诚勇公裕恒之子德徽成婚。皇宫内一片喜气洋洋。

看到七公主和九公主即将成婚，懿妃那拉氏不由想到自己的妹妹容儿。容儿比懿妃小五岁，将近十五岁，与道光帝第七子也就是咸丰帝的弟弟奕譞年貌相当。懿妃想，如果把妹妹指配奕譞，做个王爷的福晋，就是亲上加亲了，这有多荣耀啊！懿妃开始盘算起来，琢磨什么时候向咸丰帝提出为好。

这一天，咸丰帝兴致很高，又踱到懿妃宫中。谈话中，懿妃故意将话题引到七公主和九公主的婚期上。咸丰帝说："七公主的吉日子就要到了，九公主的还远着呢！"

"听说七王爷也将指婚，不知人家是否已经选定？"

"还没有。"

说到这里，懿妃有些局促，不愠不火地说道："婢子有一想法，早就想向圣上禀报，只是不敢造次。"

"但说无妨。"

懿妃嗫嚅地说道："婢子上沐天恩，已是非分的荣幸，此外，再思邀泽，恐怕是不知足了。万岁爷不会责怪婢子吧？"

咸丰帝不知懿妃要说什么，催促道："有事尽管直讲，不要吞吞吐吐，朕认为可以的，自然一定照准。"

·擅权乱政·

图文珍藏版

懿妃说道:"婢子有一妹,今年将近十五岁,还颇伶俐,正是择配的时候,若蒙圣上施恩,许为撮合,婢子不胜感激了。"

因为懿妃是在问过奕譞指婚问题之后才提出这个请求的,所以咸丰帝自然猜出了懿妃的用意,道:"是否要配于七王爷?朕与你做主如何?"

咸丰帝所说正是懿妃心中所求,所以听罢咸丰帝的话,懿妃屈身在地上,磕头谢恩。

在封建时代,皇子和皇弟的亲事都是由皇帝做主。所以,既然咸丰帝已经答应,这门亲事就定下了。剩下的事,就是如何履行程序。

第一道程序,就是咸丰帝派人到惠家传达皇帝提婚之意。

第二道程序,是举行文定礼和纳彩礼。

最后一道程序,就是行成大礼。这一天,宫廷銮仪卫派彩舆,即花轿一乘,由内务府大臣率属员二十人,护军四名及女官若干名前往惠征府迎娶。花轿抬新娘到奕譞住处,举行合卺礼,对拜后,皇宫内大排宴筵,招待客人的亲属和诸王公大臣。

次日,奕譞及福晋夙兴即起,拜见皇帝及皇后。

四　不甘寂寞

那拉氏自咸丰二年入宫后,步步高升,不断得宠之际,也正是咸丰帝处于内忧外患的连连打击之下,因应对乏术、身体虚弱而心灰意冷、懒理政事之时,这就为那拉氏的干政提供了难得的机会。

那拉氏为人正像英人濮兰德所说,"心思灵敏,突过于人,其热心政权,亦独秉特性"。就是说,她在后宫争宠得手,尤其晋升为懿贵妃,为咸丰帝生了唯一的皇子之后,便不甘于后宫的寂寞生活,开始对政治产生了兴趣,并利用其在后宫的有利地位,"时于上前道政事"。而咸丰帝不理政事,懿贵妃干脆便"时时披阅各省章奏",直接代替咸丰帝办理军国要务,久而久之,便"渐思盗柄",有了某种政治野心,由频频干政,到觊觎皇权。

英法两国不满足于第一次鸦片战争从中国取得的侵略权益,至1858年,便以清政府拒绝"修约"为名,联合美、俄,发动了第二次鸦片战争。他们攻占广州、袭扰上海,炮击并占领大沽南北炮台,然后陈兵津门,就像侵略者自己所承认的那样,

《天津条约》签字场景

"用手枪对准咽喉"的方式,逼迫清政府签订《天津条约》,接受侵略者的全部无理要求。

对这样一个条约,咸丰帝一开始就是不满意的,尤其对公使驻京,更是感到无法接受,决心加以废除和修改。为此他一方面派大学士桂良和吏部尚书花纱纳赴上海谈判,甚至不惜以免除所有关税换取《天津条约》各项条款的完全废除;另一方面,则命令僧格林沁认真整顿天津武备,加强海防。正是在咸丰帝反抗《天津条约》思想的指导下,当 1859 年英法联军再次强行侵入大沽炮台时,便遭到了沉重打击,被击败击沉军舰 12 艘,死伤 400 余人,英军司令何伯受伤,何伯副手则伤重致死,法军司令也受了伤。

清军取得意想不到的辉煌胜利之后,咸丰帝虽然估计到英法不甘失败,必加报复的可能性,但总的来说,咸丰帝对大沽之战的胜利估计过高,对英法侵略者的贪欲和实力则认识不足,因此 1860 年春英法联军经充分准备,再次发动大规模侵华战争,连续攻陷北塘、大沽炮台,占据天津,一路如入无人之境,直逼通州城下之时,咸丰帝的对外基本政策,又倾向一个"和"字,先是派桂良赴天津谈判,后又派怡亲王载垣和兵部尚书穆荫为钦差大臣,赴通州议和。

对上述议和行为,懿贵妃是反对的。

咸丰帝派载垣到通州议和后,谈判中因外国公使带兵入驻京师条款被清廷视为"猖狂已极","无论如何,断断不能见准",而使谈判议和陷入僵局。而此时载垣又愚蠢地认为,前来通州面递照会,要求撤退驻防张家湾清军的巴夏礼,被咸丰帝下令扣留起来之后,因"巴夏礼善能用兵,各夷均听其指挥,现已就擒,该夷兵心必乱,乘此剿办,谅可必操胜券",结果又导致清军在通州大败。

在欲和不成,欲战又败的形势下,咸丰帝便又准备逃往热河,这就是所谓的"北狩木兰"。

咸丰帝逃往热河的计划酝酿已久。最早提出这个建议的是僧格林沁。

王公大臣当天在内阁集议时,大都不主张亲征北巡,并请咸丰帝从圆明园返回宫中,以安定人心。

除王公大臣上述反对意见外,懿贵妃此时也极力谏阻咸丰帝北逃。

正是在王公大臣以及懿贵妃的反对和谏阻之下,咸丰帝经过几天的犹豫,在 9 月 14 日终于发布上谕,取消"亲征",并发还征调的车马,以息浮议,安定人心。

但是,咸丰帝不离开北京的决心并未坚持多久。当八月七日清军与英法联军在八里桥大战失利,英法侵略军攻下八里桥,进逼皇木厂,京师岌岌可危。当晚咸丰帝听到这一消息,便匆忙预备车驾,次日午前即偷偷从圆明园北逃,向热河方向奔去。临行前,他任命恭亲王奕䜣为议和大臣,主持办理同英法侵略军的议和谈判工作。

奕䜣是道光帝之子,咸丰帝的异母兄弟,道光帝死前立储时封为亲王,咸丰帝继位后封为恭亲王。他以御弟身份主持和谈工作之后,鉴于守城清军已人无斗志,大约一闻枪声便立时惊溃,根本无力反抗外来侵略,就也改变了原来的主战立场,转向妥协求和,并最终全部接受了英法侵略者的无理要求,分别于 10 月 24、25 日先后与英法签订《北京条约》。

此时在热河的懿贵妃得知恭亲王奕䜣与英法议和签约之事后,她从其一贯主战的立场出发，对此深以为耻，并且劝咸丰帝重"开衅端"，但因咸丰帝病危，不愿离开热河，于是向侵略者进行报复的计划遂被搁置起来。

慈禧以懿贵妃的身份频频干政之时，正是肃顺、载垣、端华当政之际。

三人在朝中朋比为奸，权势日张，而怡亲王载垣和郑亲王端华，由于不太通汉文，"且自觉才短，对于咸丰帝的意见，多不能发展，知肃顺习汉文，又多知历史风俗利疾，遂合荐其才可大用"，使得肃顺在咸丰帝眼里"独被信任"，而"端华、载垣听命而已"，因此他们三人实际上是以肃顺为主。

肃顺等人受到咸丰帝的重用而当政之后，极力迎合咸丰帝的旨意，满足其穷奢极欲。尤其咸丰帝在内忧外患日益严重的局面下，因无力扭转危机而纵情声色、麻醉自己时，肃顺、载垣、端华三人为邀宠而向咸丰帝进献艺伎。

肃顺等人向咸丰帝进献声色的做法，不仅朝中大臣有人反对，更主要的是使懿贵妃失去了后宫之宠。据说圆明园中的"四春"，即牡丹春、海棠春、武陵春、杏花春，乃是肃顺从江南求得之后献给咸丰帝的，致使咸丰帝从此迷恋园居而不复回宫。懿贵妃探得此事后，便对肃顺产生了切齿之恨。另一方面，懿贵妃的干政行为又使肃顺等人的权力受到侵犯，肃顺、载垣、端华与懿贵妃由此便产生了矛盾。双方在矛盾斗争中，往往各以谗言挑拨咸丰帝同对方的关系，尤其懿贵妃常常在咸丰帝面前借故诋毁肃顺，以至于肃顺一次从京师直趋圆明园的途中，走了御道被咸丰帝得知后遭到了遣斥。肃顺认为咸丰帝对他们素来很厚，何至于此，此事必是懿贵妃从中挑拨所至，于是对懿贵妃特别忌恨。其中最使懿贵妃恼恨的是，肃顺等人不仅在前往热河的途中克扣其饮食供应，苛待于她，而且竟建议咸丰帝仿效汉武帝，请用"钩弋故事"，除掉懿贵妃。肃顺建议咸丰仿效汉武帝的做法，对懿贵妃做出断然处置，咸丰帝对此虽然并未采纳，但从此之后，对懿贵妃却已日渐疏远，以至死前给皇后钮祜禄氏一道遗诏，日后如发现懿贵妃不安分守己，如当国乱政的野心，可以拿出这个遗诏，命令廷臣把她除掉。咸丰帝的这一举动，很显然是受肃顺这一建议的影响才做出的。

由此可见，懿贵妃的过早干政，虽然使她在政治上开始有所磨炼，但却过早暴露了她不甘寂寞的政治野心，且招致了咸丰近臣肃顺、载垣、端华等人的忌恨，而使自己陷入困境之中。处于孤立无援的懿贵妃，此时只好隐忍不发，静待时机，徐图大计。

咸丰的厌政，本来为想参政的慈禧提供了一个有利的条件，而且从手握朱笔之时起，慈禧也实际上参与了朝廷大政。但是，大臣中以肃顺、载垣、端华为代表的权臣势力崛起并参与皇权的角逐，使得慈禧在参政之路上荆棘丛生，险象连绵。为了能清楚地了解双方斗争的根由，我们还是先看一下对立面肃顺等人的情况吧！

肃顺、载垣与端华是咸丰年间形成的一股强大势力——权臣势力的中心人物。

肃顺当政以后，做了一件大好事是重用汉人。肃顺很瞧不起满人，"常谓满人糊涂不通，不能为国家出力，唯知要钱。"

不过，肃顺受宠专权以后，确也专横跋扈。清制，内阁六部满汉复职。即内阁中有满职大学士，又有汉职大学士，六部之中有满职尚书又有汉职尚书。咸丰年间肃顺为户部尚书(满职)，而协办大学士周祖培亦为户部尚书(汉职)，二人同坐户部大堂，不想肃顺根本未把周祖培放在眼里。

咸丰年间有一个最大的科场案,也是清代最大的科场案,称作"戊午顺天科场案"。这是因为此案发生在咸丰戊午年(咸丰八年,1858)而得名,从这个案件的处理中,也可见肃顺的专横跋扈。

咸丰八年,一年一度的乡试开始了。顺天府乡试的考场设在京师的贡院,主考官是军机大臣、内阁大学士柏葰,副考官是户部尚书朱凤标、左都御史程庭桂等。考试结束发榜以后,有人传言:在中考的前十名中,有位旗下大爷名叫平龄,他本人好唱戏,而且登台演出过。这样的人参加考试是无视国法,因为按大清律法是不准伶人参加科举的,何况还考中前十名呢。所以,由此引起了轩然大波。

肃顺与柏葰本来就有矛盾,当他听说柏葰主考的顺天考场出了大事,便把其心腹陈孚恩召来,令其前往调查处理。经陈孚恩调查的结果,不但发现顺天考场有开后门递条子等事,而且柏葰等主考官有受贿之事。其实对科场之事,柏葰并不知实情,也未受贿作弊,只是由于肃顺从中作梗,欲以此打击异己,所以在他的推波助澜下,刑部按律定罪为:柏葰等均著处斩,立即执行。

行刑之日,柏葰等人皆被押往菜市口。不过,此时尚有一道手续,即行刑之前,还必须皇帝亲批,此即所谓驾帖。当刑部尚书赵光前往皇宫取驾帖时,恰巧肃顺也在。肃顺见赵光前来,便已猜出何干。赵光向咸丰叩头行礼以后,禀报来意,敬请驾帖。咸丰拿起朱笔,犹豫起来,迟迟下不得笔。他把脸朝向肃顺,似在同肃顺商量,又似在自言自语地说:"罪无可逭,情有可原啊!"肃顺见皇帝忧心忡忡,知道再迟疑肯定下不得手,就对咸丰说:"虽属情有可原,究竟罪无可逭。"咸丰听了肃顺的劝语,点了点头,但仍提笔不动。略一沉思,又欲将笔放回原处。这时久已与咸丰相处,对咸丰已十分了解的肃顺知道皇帝不准备发驾帖了,如此,则会将这些罪犯改刑发落。说时迟,那时快,肃顺趁咸丰将笔往砚台上放且尚未放下之时,竟夺过朱笔代书驾帖。

赵光见到此景,惊呆了。他没想到肃顺竟敢如此而为。他本想皇帝肯定会放柏葰等人一条生路,但不巧肃顺在场,天亡柏葰之命啊!

通过上面的两个例子,我们已能见到肃顺等人的专横跋扈。但是,此时肃顺等人的权力尚未达到极点。当咸丰逃往热河后,肃顺等人才完全控制皇帝,达到了"挟天子以令诸侯"的目的。

咸丰十一年(1860)七月,军机处突然接到意想不到的奏报:"先是,九年五月,英人自大沽败退,沿途测量旅顺、威海等要口而去,至香港,益募闽粤亡命,操练不辍。……至六月,英将额尔金、法将葛罗率舰队至,合兵万有八千,窥北塘弛防,遂驶进内港。僧格林沁麾兵使往扼守,值潮退,英法兵舰不能动,恐为所袭,诡悬白旗,示欲和状。僧格林沁信之,按兵不动。无何潮长,舰突出,长驱抵新河,以七百人登陆。僧格林沁瞰其寡,发劲骑突之,七百人伪退,乘势蹴之,七百人忽排列为一字阵,人持火枪,俟逼近骤发,无不中者,遂纷纷于马上颠陨。三千精骑,得脱者七人而已。于是英法兵舰进攻大沽……破大沽炮台。"

看罢奏报,军机处乱了套。一些军机大臣嚷嚷着要治僧格林沁的罪,一些军机大臣认为此时正关键时刻,应当立即命令僧格林沁将功补过。争论良久,还是毫无结果,正在他们争执不下时,天津陷落的消息传来了。

英法联军攻陷天津的消息传来,咸丰大为震惊,立即下令:"命大学士端麟统京旗九千防通州,又命侍郎文俊及前粤关监督恒祺赴津议和。"但英法联军拒绝议和,咸丰不得已又派桂良前往。英参赞巴夏礼提出的条件是:"要以增军费及开天津为商埠,并准各国酌带数十人入京换约。"桂良飞报朝廷,咸丰严辞拒绝。英法联军见目的未达,于是,从天津发兵,直逼京师,败报不日传至京师:"英兵进逼通州之张家湾,胜保红顶黄褂驰面督战,同盟军丛炮注击,伤颊坠马,师溃。僧格林沁及端麟二军,亦退至京城外,通州遂陷。"

咸丰听到通州沦陷的奏报,大惊失色。于是带着肃顺、载垣、端华及后妃等人匆忙奔热河去了。

五　咸丰病死

咸丰皇帝等从京城仓皇出走,不曾带戏班到热河。而咸丰帝又是一日也离不开听戏的主儿。所以,到热河后便感觉寂寞难忍。

一日,咸丰帝召见热河都统春佑,曰:"朕问你一件事。"

春佑赶紧下跪叩头,道:"奴才敬听。"

"你这一带可有戏班否?"

春佑一听是这个事,忙答道:"回禀万岁爷,承德市面有几个清音小班,也有几个好角儿。如果万岁爷肯赏光,奴才带他们来侍候。"

"嗯!那就带他们来,朕倒要听听他们唱得如何。"

"是!奴才遵命。"春佑叩过头,匆匆退出准备。

次日,春佑带三拨清音小戏班到烟波致爽殿。三拨小戏班伶人,分拨到台前向咸丰帝叩头谢恩。咸丰帝仔细打量,只见戏班男女伶人各半,都是二八妙龄,特别是女伶,个个玲珑俏俊,不觉精神振奋。心想,在京中听戏数年,还没见过这样的妙龄少女,今日在塞外还大开眼界了呢!

演唱开始。先是一段清唱。

清唱一段,继之花唱。

这一段戏后,咸丰帝精神倍增,连连赞道:"好戏!好戏!"春佑也因此得了不少赏银。

此后,这几拨戏班便早晚两班交替伺候,频繁出入。烟波致爽殿成了圆明园的同乐园。

时间长了,庄上便出现了议论,说:"皇上宣召清音小班入宫演戏,很晚才离宫,这样演下去,不过一年有人就会成为妃子。"

懿贵妃最先听到了这些议论,心中顿时快然不悦。心想,这不又要出现"四春"吗?她知道,这事只有求助皇后,才能阻止继续发生。于是便到东宫找皇后商议。

皇后道:"这些流言蜚语,我也没少听到,有什么办法?"

懿贵妃说:"怎么没有办法,我们姐妹可以共同劝说啊,这也正是为皇上好嘛!"

皇后叹了口气又道:"如今远在塞外,听没听的,看没看的,如不听清音小唱,又怎么能行?"

懿贵妃道:"宁让皇上忍着,也不能再召小戏班。听说,升平署总管安福昨天已面奏皇上，皇上命令北京内外戏班分三拨赴热河供奉。估计半月左右总可以赶到。这半个月不能劝皇上忍一忍吗?"皇后也正为这件事担心，于是说:"好吧，咱们一起劝一劝。"

经言官上书劝谏，以及皇后、懿贵妃劝说，咸丰帝发了一顿脾气，最后还是停止了召清音小班入宫。喧闹一时的避暑山庄顿时静下来。咸丰帝除了一日四餐，有时朱批几个折子，再无别的事可做，到了晚上，更感到寂寞难耐。

某日，肃顺前往咸丰住处，见到神情憔悴的皇帝正在闭目养神。

咸丰双目微闭，正在想着如何更愉快地生活几天，因为他知道自己的病情不断恶化，活在世上的日子已经不多了。反正，听天由命罢了! 肃顺来了，他强打精神睁开了眼，见肃顺刚要施礼，咸丰摆了摆手，示意他"免了吧!"肃顺也不客气，因为自从进入内廷以来，他和咸丰相处得很融洽，尤其到热河以后更是密切。所以，有时不用通报他就能直入御榻前。这是一般人，包括贴身太监所不敢为的。可见，肃顺与咸丰的关系非同一般。因此，咸丰摆了摆手，肃顺也就不再多礼了。

肃顺见咸丰脸色发黄，显得十分疲倦，他知道咸丰昨天晚上又召妃嫔前来淫乐了。他本想上前劝告几句，劝咸丰保重身体。但又一想，咸丰纵情声色，一是本性，另有他诱导的原因，反正只有这样，自己才能大权独揽，权倾朝外，否则，肃顺不过是肃顺而已。当然，他也不会忘记近来皇后钮祜禄氏与慈禧因每见咸丰就唠叨"皇上应该多保重身体，不要太纵情了"等话受到斥责与厌恶的事。所以早已摸透了皇帝性格的肃顺，只是冠冕堂皇地说了一句"还求皇上多多保重身体，国家大事全靠皇上一人承托，实有劳累，不过有什么事还是吩咐奴才去做，不必皇上事事上躬亲。"

咸丰听到"保重身体"四字后，眉头紧皱，但听到后面几句，又不觉心喜，原来是劝我为国事少操心啊! 他了解地对肃顺点了点头。

咸丰让肃顺在他旁边坐了下来。肃顺稍稍向前移了一下，以便更能接近咸丰，增加亲切气氛。然后接着对咸丰说出了他的心事:"奴才有件事情禀报皇上，请求皇上明鉴。"咸丰抬起了头，瞟了肃顺一眼问道:"是军机，还是生活。"肃顺早已知道咸丰的意思，因为一听到汇报军机大事，咸丰就会摇头，并且随即就下令"著军机处全权处理。"他太厌倦军机大事了，所以肃顺听到这句问话后笑了笑，急忙回答:"禀皇上，不是军机大事，也不是生活小事。"咸丰面有疑惑，但还是没有开口，等着肃顺说下文，既然不是军机大事，那么你就报告吧! 肃顺见咸丰没反对，就说明了他的来意。他就这样说道:"奴才等见皇上整日为国事操劳，龙体欠佳，实于心不忍，况热河行宫娱乐的地方太少，皇上无以散心，故奴才等想从户部库储解银到此备用。"咸丰听到此，无精打采的面目不见了，立刻眉飞色舞，他表示:"当然可以，你去令军机处拟一谕旨，令户部着实办理。"

肃顺得旨后回到军机处，立即明发上谕到户部，并令人速送京师，直达户部。那日，户部侍郎宝鋆奉命守城，见有一骑飞奔而来，以为有什么重要军报，急忙前往，只见一人翻身下马，持圣旨出示宝鋆。宝鋆一见圣旨，便跪地聆听，只听那人朗朗读道:"上谕，近因英法同盟军交战失和，圣躬蒙尘，巡幸热河，兹因热河急待修缮，特令户部将库储银两，悉数运抵承德以备用。势不可少缓，钦此。"

宝鋆原以为是有关军机要事的圣旨，没有想到原来是如此无关紧要的谕旨。

听完了，他愤然作色，抗疏力争道："守城需饷，库无存储，是无京城也，臣敢以死争。"

钦差碰了一鼻子灰，并没有拿到一分钱，不得已急忙返回热河。肃顺听罢汇报，怒不可遏，愤然表示非将宝鋆处罚一下不可。于是数日后，一道圣旨降到了京师："户部侍郎宝鋆著降五品顶戴，开去守城之差！"

在肃顺等人一手遮天的日子里，朝中大臣像宝鋆这样的很少。对于奉行顺我者昌、逆我者亡信条的肃顺来说，大臣们多是逆来顺受，满腹的不满，只有压在心里，甚至有些奴颜婢膝的无耻之人，为了保住头上乌纱，为了换一顶戴花翎，而主动地投靠肃顺，助纣为虐，这就更使权倾朝野的肃顺等人气焰嚣张而不可一世。

由于为政事的担忧和北逃热河的颠沛流离，咸丰帝在途中即已重病。至避暑山庄后，久治不愈，身体日渐虚弱。咸丰十一年谷雨刚过，就又卧床不起了。

这一日，咸丰帝感觉有了点精神，便起床批阅奏章。他知道，几天没有处理，奏折一定积攒了很多。

果然，各地奏报情况，特别是奏报同太平军作战情况的奏折积压了很多。咸丰帝拿起奏折一个一个地看，没一会儿头上便一片涔涔冷汗，胸前也隐隐作痛，好像一不留神就会栽倒。他趴在书案上喘了几口大气，然后示意左右太监把他扶到床上躺上歇息。

咸丰帝躺在床上，想到批答奏章这件事，甚是困惑。他不能明白，他的列祖列宗哪来的那些精力来应付日理万机的政务。

想到这儿，他示意太监把奏折搬到床上翻阅。这样看一会儿，歇一会儿，好不容易才把所有的奏折都看了一遍。

"传懿贵妃来批本！"

"喳！"太监领旨走了。

当懿贵妃接旨赶到烟波致爽殿时，咸丰帝已由太监护送去了皇后处。懿贵妃坐到御书案侧面的小书桌前，这是专门为她设的书桌。咸丰帝看过的奏折已放在小书桌上。

懿贵妃先把那些"请圣安"的黄折子挑出来放在一边，数一数奏事的白折子，一共是三十二件，然后再把没有留记号，要交给军机大臣拟议的挑出来，那就只剩下十七件了。

懿贵妃坐在桌前，看着这些奏折，心里又浮现了近日常考虑的问题，即咸丰帝为什么让她代为批折。是因为皇后识字不多，看不懂奏折，还是因为自己是皇子的生母，还是要制约一下专权跋扈的肃顺的权力。不管怎样，她愿意得到这样的机会，因为各地的奏折反映的是正在进行中的，要了解内外局势，就必须依靠这些奏折，要熟悉朝章制度，默识大臣言行，研究驭下之道，懂得外朝行事，也必须阅读这些奏折。她比谁都更加注意咸丰帝的病情。她知道，不过一年半年，她六岁的儿子，咸丰帝唯一的皇子载淳，就将继承皇位。她必须帮助儿子治理天下。因此她现在必须学习如何治理。

排除杂念，懿贵妃拿起朱笔开始批答。十七件奏折，对于她实在算不了什么，不过半个时辰，都已批答完了。

目睹肃顺等人的专横跋扈，慈禧心中溢满了愤怒；听到朝廷上下的趋炎附势，眼中喷出了火花;回想踏入热河以来的日日夜夜,不禁心惊胆战;憧憬走出热河以后的未来岁月,她觉得茫然失措,思绪不自禁地左慌右乱。经过多日的仔细观察与反复思考,慈禧认为应该奋起抗争,应该转变全以待毙的情况。要做到这一点,她必须首先打击肃顺,力争击败这般强大的权贵势力,尽管要冒很大的危险,甚至可能以生命作代价。为了前途与命运,慈禧终于与肃顺等人宣战了。

决心易下,付诸实施可就困难了。慈禧觉得第一步是要同皇后结盟。虽然以前皇后曾与她有过间隙,不过,生子以后关系有所改善。况且,自从来到热河以后,皇后时常表露对肃顺的愤恨,这就是结盟的基础。慈禧迈出第一步是非常谨慎的。她深知万一皇后不与自己同心,不仅不能抗争权贵,而且性命休矣。所以最好是先找到肃顺的擅权证据,然后再以向皇后汇报的名头,指出必须联合的必然性。这样做顺理成章,成功的把握较大。为此慈禧作了周密的安排。她身边有一个得力的、对她忠心耿耿的太监,名叫安德海,因为既有忠心,又有本领,所以慈禧对他十分重用。这一次为联合皇后而寻找肃顺罪证的重任,当然非安德海莫属了。所以,她向安德海下达了指示:"小安子,从今天起你要特别注意肃六那边的动静,每一件事都要向我禀报。"

安德海看着慈禧那非常严肃的脸,知道事关重大,接受任务后,安德海全力以赴。功夫不负有心人,不几日,就将慈禧所需要的情报送来了。他了解的重要情报是:肃顺是一个不守臣规大逆不道的人。这有两件事可以证明:一件是肃顺不仅胆敢坐皇帝宝座,而且竟然问身边的人看他像不像皇帝;另一件是肃顺手下的一个小内监不小心打碎了他心爱的和阗羊脂玉杯,为逃避惩罚,这位小内监得到老太监的指点后,在次日用粘贴凑合在一起的杯子为肃顺送参汤时,惊叫一声,杯子落地而碎。当肃顺问他原因时,小内监说道:"刚才见爷两鼻孔中有黄气二道,犹如龙脉,长五六尺,故不觉大惊而失手。"肃顺听了不仅未怒,而且窃窃自喜,嘱咐小内监别将事情外传。

这是两个能置肃顺于死地的情报。慈禧听到安德海的汇报后,不觉喜上心头。这一下总算有了证据,这样的事情一旦传入皇帝耳中,肃顺还会受宠吗?况且,有这么重要的情报,皇后定会痛恨肃顺结盟之事也大有可能。为此,慈禧并未直接去咸丰那里告状,而是先奔皇后宫中,先向皇后作了证明。在得到皇后的支持之后,慈禧又向皇后分析了肃顺专权的后果。这使皇后对肃顺更加不满,而对慈禧信任倍增。她相信了慈禧的话,不联合起来同肃顺斗,将来就不会有好日子过。因此她欣然同意了与慈禧联合对付肃顺等人的提议。从此以后,以当时为懿贵妃的慈禧和皇后钮祜禄氏结成了联盟。在热河的两股势力集团——权贵势力与后妃势力——展开了激烈的斗争。

咸丰十一年后,咸丰的身体明显地衰弱了,有时整夜咳嗽不止,痰里经常伴有血迹,显然病情加重了。造成这个后果的原因固然很多,但直接原因却是一件伤心的事情。皇后对他说了肃顺谋逆的事,这使他大为费解。

肃顺是个很会看咸丰眼色行事的人。这几天他从咸丰的举止中看出,皇帝对他不再那么亲密,不再那么宠信。苦思之下,他想起了慈禧,皇上的变化可能与她有很大关系。她仗着自己生子载淳,趾高气扬,一向与他们做对,不时进谗言于皇帝,非设计惩治她一下不可!可是惩治这个女人非同小可,肃顺不由得想起了不久

·擅权乱政·

图文珍藏版

前的教训。前不久他为了谗毁慈禧，曾对咸丰说慈禧如何不好，可谓直截了当。但是，他进过谗言之后，慈禧反而升了级，咸丰竟然又将她由懿妃晋升为懿贵妃。这一次再也不能采取这种方式，得想个万全之策见机行事。

在来到热河之后，咸丰不光沉溺酒色，而且奢侈好玩。所以，一旦身体稍佳，便要看戏、出游。这一天，咸丰感觉身体稍好，便要在湖水中作春游泛舟游戏，传诏妃嫔从游。慈禧为了博得咸丰的好感，显示自己的与众不同，刚到湖边，她便提出了自己的请求："妾寓南方久，习操舟技，请让妾来为皇上持篙楫以待。"

咸丰见慈禧如此殷勤，很是高兴，便点头表示赞许。慈禧是个争强好胜的人，很想在众人面前露一手，她拿起了划船用的篙楫，先一步跨上了船。咸丰见慈禧已经站稳，也连忙随着跨上去。由于他身子太虚弱，再加上船在水中不稳，身子尚未立定，而慈禧又急于炫耀自己的划船才能，所以将篙撑入水中，船离开了岸。没有料到，船刚一划出，咸丰却在船上像跳舞似的摇摆着，一只脚踩在船舷上，船身一侧，竟掉进了水里。

慈禧见咸丰掉进水里，着了慌，但又不能跳进水里去，因为她也不会游泳。幸亏太监们手疾眼快，很快把咸丰捞上来。咸丰像个落汤鸡似的被搀了回去。这场春游泛舟，就这样不欢而散。

肃顺把咸丰扶回寝宫换了衣服，就毕恭毕敬地站在御榻旁守护着咸丰。当咸丰从惊恐中安定下来之后，慢慢地睁开双眼，见到肃顺在旁侍立，心中甚是高兴，当即让他坐下。肃顺谢坐以后，见咸丰精神好了一些，就装作胸无城府把他多日来深思熟虑的阴谋端了出来。他向咸丰表示，慈禧今日所为不是一时失手，而是怀有不轨之心欲为大逆不道。

咸丰听罢大吃一惊，他不相信以前他所宠爱的人竟会这样对他，所以惊恐过后又困惑不解。肃顺把咸丰的脸色表情一点也未放过，捕捉到的表情告诉他：皇上并没有完全相信他的话。肃顺将身子向前倾了倾，头部伸向咸丰龙榻前，显示十分机密，但又不敢贸然说出来的样子。咸丰见到这一举止知道他有什么重要情况陈奏，便催促肃顺有事可以直接说，不必隐讳。

听到咸丰这句话，肃顺长长地吐了一口气，像是卸了千斤重担似的。然后便对咸丰神秘地说道："奴才以为懿贵妃确有篡逆之心。皇上难道忘了懿贵妃是叶赫那拉氏吗？想来布扬古对爱新觉罗氏的诅咒皇上必不会忘记吧！"

听了肃顺这句话，咸丰顿时恍然大悟。在他的脑海中闪现了历史上的一幕。他略做思考便转向肃顺说："朕不日将效法汉武帝处死钩弋夫人的做法，你以为如何？"肃顺未回言，只是赞同地点了点头。咸丰正在气愤之际，加上肃顺的煽动，到了怒不可遏的地步，因此他顺手拿起朱笔，写了这么一个诏书："朕死，必杀懿贵妃以为殉，毋使覆我宗。"

宫里秘密多但又无秘密。肃顺与咸丰的对话，只有二人在场，别无他人，但在这种明争暗斗的多事之秋，各派势力都极力利用自己的心腹太监，去打听对方的秘密。慈禧的心腹太监安德海也算得上精明强干，所以，很快地就把肃顺与咸丰的谈话内容通过咸丰身边的太监打听到了。

近来，慈禧很不安稳，自覆舟事件发生后，她悔恨交加，但为时已迟。唯一补救的办法是尽快地知道咸丰对此事的处理意见，以便及时采取措施。因而她让安德海千方百计打探情况。安德海不负重托,很快就将肃顺献计及咸丰决定大计的重要情报得到了。

安德海报告了肃顺与咸丰谈话的内容,使慈禧大惊失色,手足无措。她从没有如此惊慌过,以致连安德海都有些吃惊。不过慈禧毕竟不同寻常嫔妃,在一阵慌乱之后,又很快安定下来。因为她懂得仅仅惊慌没有用,现在需要的是做最坏的准备,向最好处努力。慈禧低着头沉思着对策,她觉得如今最重要的大事,就是联合一切力量打倒肃顺。只要除掉他,就会化险为夷。那么如何下手呢?她决定立即与皇后共商大计。因此,她以探望大阿哥为借口,来到皇后宫中。

慈禧与皇后见过礼后,并没顾得上看她的儿子载淳,便急忙与皇后讨论近日的情况。交谈中皇后像想起什么似的,突然对慈禧说道:"不知恭亲王那边情况怎样?听说他已有奏折来了,说是要来皇帝处探疾,可不知皇上准了没有。"慈禧听到这话,顿时振作起来。仿佛遇到什么最称心的事情,紧绷着的脸上露出了笑容。她们很快派了几名心腹太监前去打探,不久,被派去的太监就了解到了后妃所需要的全部内容。

有一天,懿贵妃处理奏折,在没有留下记号的奏折中,发现了一道奕䜣的奏折,大意是:"奏请赴行在,敬问起居。"这是很简单的奏请,可是咸丰帝没有批答。原因是什么?懿贵妃心里十分清楚。恭亲王奕䜣曾是咸丰帝的皇位竞争者,近来感情上不是很融洽,又是肃顺的政敌。想来奕䜣要来热河,目的有两个,一个是亲自探看咸丰帝的病情,以为自己今后作打算;另一个是苦谏回銮。懿贵妃虽没有和奕䜣联手,但与肃顺也是冤家一对。肃顺一再向咸丰帝暗进谗言,说懿贵妃意图揽权,干预政事。企图阻止懿贵妃代批奏章。懿贵妃也对肃顺的专擅跋扈忌恨在心。她想,如果让奕䜣到热河劝说咸丰帝回京,北京有那么多王公大臣、勋戚耆旧,或许可以制约一下肃顺的专横。但是,咸丰帝没有在奕䜣的奏折上做任何记号,很明显这是要把奏折发交军机处处理。而在热河的军机大臣都是肃顺的死党,倚肃顺为靠山,所以,该奏折发到军机处的后果,是不言自明的。懿贵妃决心为这道奏折做些努力。

懿贵妃拿着这道奏折,到了烟波致爽殿西暖阁咸丰帝的卧处。

咸丰帝一眼就看到了懿贵妃手里的奏折,等懿贵妃请了跪安后,便问:"你拿的是谁的折子?"

"六爷的。"这是宫内家人称呼,咸丰帝行四,恭亲王奕䜣行六,所以妃嫔都称奕䜣为"六爷"。

咸丰帝不说话,脸色渐渐地阴沉下来。这样阴沉的脸色,懿贵妃在近来见得多了。起先是不安和不快,时间长了,便不以为然了。而现在,懿贵妃是有备而来,就更不在乎这些了。

"万岁爷!这道折子何必发下去呢?"

咸丰帝用冰冷的语气答道:"我有我的道理。"他本来想给她一个钉子碰,但底气不足。

"我知道万岁爷有道理。可是对六爷有什么话,应该亲笔朱批。六爷本是万岁爷的同胞手足。而且……"她略一停顿,终于把下面的话说了出来:"他跟五爷、七爷他们,和皇上的情分又不同。"

·擅权乱政·

图文珍藏版

咸丰帝有五个异母的弟弟，行五的奕誴，出嗣做他三叔的儿子，袭了惇亲王的爵，行七的奕譞、行八的奕詥和行九的奕譓都是在他手里才受封的郡王。只有奕诉的情况特殊，是封他为太子的同时，由先帝亲封的亲王。情分格外不同的是，咸丰帝十岁丧母，由恭亲王奕诉的生母抚养长大，所以，在几个兄弟中，只有他们俩感情最好。

但是，因爱成仇，也正为此。这是咸丰帝的心病，懿贵妃偏偏要来揭疮，而且话说得有理。咸丰帝心里恼火，又说不出来，只好让了一步，说："那，你先放下罢！"

"是！"懿贵妃说，"这道折子我另外留下，等万岁爷亲笔来批。"

这句话既是对"先搁着"地答应，又是在对咸丰帝作安排，使咸丰帝大为不快。咸丰帝没有表情地说道："你跪安吧！"

"跪安"是皇帝叫人退下的一种较婉转的说法，然而真正的含义，因人因地而异。召见臣子，用这样的说法是表示优遇；对妃嫔用这样的说法就意味着讨厌了。咸丰帝此时用这样的说法对待懿贵妃，说明心里极不高兴。

奕诉是聪明的人，虽未亲到热河，但对热河的情况了如指掌，因为军机处的曹毓英已通过廷寄把在热河的情报传给了他。既然皇帝在肃顺等人手里，上谕又颁示天下，他也不好硬闯热河，自找苦吃。因此一心扑在自身力量的壮大上，并准备一旦时机成熟就和在热河的肃顺决一死战。

对于奕诉的情况，慈禧和皇后并不十分了解，但他们深知精明的奕诉不会在北京毫无所为。所以她们一拍即合，准备联合奕诉击败肃顺。

当探事太监向皇后、慈禧报告了咸丰不许奕诉赴行在问疾的情况后，她们知道这是肃顺在捣鬼，但又不能明白干预。皇后与慈禧均陷入了沉思，她们在思考着找个适当的机会与奕诉联系。

咸丰帝知道自己所剩的日子不多了，越想到这些就越对皇后有了不尽的眷恋之情。在这段日子里，咸丰帝不是把皇后请到东暖阁来闲谈，就是挣扎着到皇后那里闲坐说话。皇后寝宫右侧是一座水榭，后临广池，池中种满了荷花，正值盛开，皇帝每次来，总喜欢在那里倚栏而坐，观赏摇曳多姿的红白荷花，与皇后谈论往事。

咸丰帝虚弱得厉害，多说话就会觉得累。但是，他总觉得有许多话，还想对皇后说。他明白，这时不多说几句，以后再没有机会了。

为了不惹皇后伤心，他尽量避免用那种郑重嘱咐后事的语气，有许多极重要的话，都是在闲谈方式中透露的。好在皇后极信服皇帝，他的每句话，都会记在心里的。

有一次谈起大臣的人品，咸丰帝说到先朝的理学名臣，把康熙朝汤斌、张伯行的行止，告诉了皇后，这两个人是河南人。于是又谈到此时正在河北办团练、讲理学的李棠阶，咸丰帝说他是品学端方，堪托重任的真道学。也讲到驻防河南的蒙古旗人倭仁，曾经当过惇亲王师傅，此时在做奉天府尹，也是老成端谨的宿儒。

皇后把李棠阶和倭仁这两个名字，在心里暗暗记住了。

有一次谈到肃顺，皇后把宫里对肃顺的怨言，很婉转地告诉了咸丰帝，意思是希望咸丰帝限抑肃顺的权力。

"我也知道有很多人对肃六不满。"咸丰帝平静地说，"这就是任怨！如果不是他事事替我挡在前面，我的麻烦就更多了。"

"我也知道他替皇上分了许多劳。可是……"皇后正色说道,"凡事也不能不讲礼法,我看他,有点桀骜不驯。"

"他也不是对每个人都这样,像对你,"皇帝停了一下又说,"我知道他是挺尊敬的。你可以放心。"

"我不是什么不放心!"皇后急忙辩道,"有皇上在,我还有什么不放心的?"

听了皇后的话,咸丰十分感动,只见他先一摇头,然后又点了一下头。他自己也不知道他是什么含义。接着,他向皇后说出了心里话:"朕死之后,最担心懿贵妃会待你不敬。"

听到这些,皇后钮祜禄氏的心骤然猛跳起来,她很疑惑:皇帝此话什么意思呢?咸丰单刀直入:"朕死之后,懿贵妃必援母以子贵之义,而并尊为太后。然此人绝非善类。你应该多方留心才是。若懿贵妃果安分无过,当始终曲全恩礼,若其失行彰著,你可召集廷臣,将朕此旨宣示,立即赐死,以绝后患。"

咸丰边说,边从枕头底下抽出了已经写好的朱谕递给了皇后。皇后急忙跪下,双手接过了咸丰的朱谕,泪如雨下,伏在御榻上呜咽起来。好半天,她才止住泪。随即咸丰又赐给皇后一颗象征权力的"御赏"印章,令皇后回宫。皇后走了,咸丰看着她离去的身影,露出了一丝微笑,他为自己临终前办的这件大事感到欣慰。

咸丰十一年七月,咸丰帝病危,已经昏迷了数日。

一天午后,咸丰帝服了重药,精神大振。他知道这是回光返照,不敢等闲度过,便传旨召肃顺。

一看皇帝居然神采奕奕地靠坐在软榻上,肃顺大为惊讶,跪安时随即称贺:"皇上大喜,圣恙真是大有起色了。"

咸丰帝摇摇头,说:"你叫所有的人都退出去,派侍卫守门,什么人都不许进来。"

这分明是有极重要、极机密的话要说,肃顺懔然领旨,安排好了,重回榻前,垂手肃立。

"这里没有别人,你搬个凳子来坐着。"

这时皇帝越是假以辞色,肃顺反而越是不敢逾礼,跪下回奏:"奴才不敢!"

"不要紧! 你坐下来,说话方便。"

想想也不错,他站着听,皇帝就得仰着脸说,未免吃力,所以肃顺磕个头,谢过恩,取条拜垫过来,就盘腿坐在地上。

"肃六,我待你如何?"

就这一句话,肃顺马上又趴下来磕头:"皇上待奴才,天高地厚之恩。奴才子子孙孙做牛做马都报答不尽。"

"你知道就好。我待你不薄。只是我们君臣一场,为时不多了,你别看我这会儿精神不错,我自己知道,这是所谓的'回光返照'。"

他的话还没有说完,肃顺感于知遇,触动悲肠,霎时间涕泪交流,哭着说道:"皇上再别说这话了! 皇上春秋正富,哪里有天崩地坼的事? 奴才还要伺候皇上几十年……"越说越伤心,竟然泣不成声了。

咸丰帝又伤感,又欣慰,但也实在不耐烦他这样子,"我知道你是忠臣,大事要紧,你别哭了!"咸丰帝用低沉的声音说:"趁我现在精神好时,有几句要事要嘱

541

咐你。"

"喳！"肃顺慢慢地止住哭，拿马蹄袖擦一擦眼泪，仍旧跪在那里。

"我知道你平时尊敬皇后，将来要一如既往，如我在时一样！"

这话隐含锋芒，肃顺不免局促，碰头发誓："奴才如敢不敬主子，叫奴才天诛地灭。"

"除了尊敬皇后，还要保护皇后，如果将来有谁想对皇后不利，你要想法制止。"

咸丰帝虽没有直接说出"谁"来，但肃顺是明白的。咸丰帝的话说明，他已发现懿贵妃有揽权的迹象。肃顺想，既然把保护皇后的重任托付给了我，就是让我将来辅弼幼主，如果这样，何不趁此机会把私下里商量好的顾命大臣的名单提出来呢？想到这里，肃顺说道："奴才承皇上隆恩，托付大事，只怕粉身碎骨，难以图报。此刻有句话，不敢不冒死陈奏，将来责任重大，但求皇上多派几个赤胆忠心的人，与奴才一起办事，才能应付下来。"

肃顺平时的口才极佳，这番话却说得支离破碎，极不得体。好在皇帝懂他的意思，便问道："你说的是顾命大臣吗？"

肃顺不敢公然答应，只连连磕头。

咸丰帝沉默了一会，说："依你看，有哪些人可受顾命？"

"此须上出宸顾，奴才不敢妄议。"肃顺故意这样以退为进地措辞。

"说说无妨，我好参酌。"

肃顺慢条斯理地答道："怡、郑两王原是先朝受顾命的老臣。随扈行在的四军机，乃皇上特简的大臣。另有六额驸，忠诚谨厚，奴才自觉不如。这些人，奴才取保，决不会辜负皇上的重托。"

"嗯，嗯。"皇帝这样应着，合上眼，吃力地拿手捶着腰，显出疲倦的样子。肃顺看到皇上累了，赶紧告辞。肃顺明白，尽管皇上没对提出的几位顾命大臣表示什么意见，但这些提议肯定会对皇上起作用的。

咸丰十一年七月十六日，咸丰帝早膳的胃口还很好，到了下午，突然昏厥。宫中又忙作一团。

栾太等三名御医早已闻讯赶来，赶紧诊脉。认定是虚脱，栾太立即开出药方"通脉四逆汤"，用大剂量人参、附子，并派人煮药，救治。

服下"通脉四逆汤"后，咸丰帝渐渐苏醒，用微弱的声音说："我不行了！"然后把脸转向肃顺说："你找人来吧！大阿哥、宗令、军机、各位王爷。"

这些人除了大阿哥刚刚睡觉外，都早已在外等候。肃顺转身出门，宣召亲王及军机大臣觐见。

以惠亲王绵愉为首的亲王及军机大臣排成一行悄悄地进入东暖阁，排好班次，磕头请安。发言的仍然是唯一奉旨免去君臣大礼的惠亲王，他干巴巴地说道："皇上请宽心静养！"

"五叔！"皇帝吃力地说，"我怕就是这两天了。"

一句话未完，跪在地上的人，已有人发出哭声。咸丰帝枯疲的脸上，也滑下两滴晶莹的泪珠。

歇了一会儿，咸丰帝又一个字一个字地说："社稷大计，早定为宜。本朝虽无立储之制，现在情形有变，大阿哥可以先立为皇太子。"

惠亲王代表所有奉命的人，复诵一遍，表示奉诏："是！大阿哥为皇太子。"

"大阿哥年纪还小，你们务必尽力匡助。朕特委派几个人，专责辅弼。"

到了最紧要的一刻了，所有的亲王和军机大臣都屏息细听。

"载垣、端华。"咸丰帝念到这里，停了下来，好久都没有再作声。

每一个人都在揣测着，咸丰帝所要念的下一个名字。这时肃顺在想，皇帝可别临时变卦，念出恭亲王的名字呀！

咸丰帝继续说着名单："景寿、肃顺、穆荫、匡源、杜翰、焦祐瀛。"

载垣看了看端华和肃顺，磕一个头，说："臣等仰承恩命，只恐才具不足以负重任。只有竭尽犬马之劳，尽心辅助，倘有异心，天诛地灭，请皇上放心。"

这番话虽不甚得体，总算有个交代了。咸丰帝点点头，接着问："大阿哥呢？"

大阿哥已由太监抱来，在门外等着，此刻听到宣召，专门服侍大阿哥的太监赶紧把他放下地来，哄吓地说："皇上叫了，乖乖去吧！记着，要懂规矩，千万不能哭，一哭，明天我就不能陪你玩了。"

穿着袍服的大阿哥，听太监说一句，答一句。正这时，景寿掀帘出来，牵着大阿哥的手，领进屋来。大阿哥走到御榻前，跪了安，叫一声："阿玛！"

咸丰帝握住大阿哥一只小小的温暖的手，想到六岁的儿子马上就要承担半壁残破的江山，百感交集。

就这样呆了片刻，咸丰帝止住眼泪稳定，手摸着大阿哥的小脸，看着载垣说："我把大阿哥交给你们了！"

"是！"载垣肃然答道，"大阿哥天生纯孝，必是明主。"

咸丰帝又将目光移到大阿哥脸上，说："你也认一认我所托付的八大臣，给他们作个揖吧！"

载垣代表顾命八大臣辞谢，皇帝不准。最后，惠亲王发言劝阻，顾命八大臣站成一排，与大阿哥相对。一面作揖，一面跪下还礼，这样咸丰帝当面托过孤了。

托孤之外，还有最重要的一道手续。肃顺让人抬来几案，备了笔墨，要咸丰帝亲笔朱谕，以昭慎重。但这时咸丰帝已经无法写字，握着笔的字，不住地发抖，竟写不出来一个字，唯有颓然掷笔，说一句"写来述旨"！

奉旨，杜翰简单扼要地写了两道"手谕"，捧交给军机大臣穆荫，穆荫转交御前大臣肃顺，肃顺把"手谕"放在咸丰帝身边的几案上，捧过金烛台，给皇帝看那两个文件。

又不知过了多少时间，咸丰帝朦胧中听到呜呜哭声，抬眼一看是皇后跪在榻前。皇后钮祜禄氏端庄贤厚，极有教养，最得咸丰帝敬重。咸丰帝费力地侧了侧身，伸手握住皇后纤弱的手，吃力地说道："朕不行了。"听到这话皇后的哭声越发高了起来。过了一会儿，皇后的哭声小了一点，咸丰帝又继续说道："你要保重自己。把大阿哥照顾好。"乾隆朝传下来的。皇后见上面朱笔书写着一行字："某如恃子为帝，骄纵不法，卿即可按祖宗家法治之。特谕。"皇后惶惑地望着咸丰帝。没有理解其中的用意，咸丰说："这颗玉印将来可限制权臣独断专行，目无君长；这道朱谕将来用于惩治违犯祖宗家法之人。"皇后听罢，给咸丰帝磕了一个响头，含着热泪说了句："给皇上谢恩。"

咸丰帝显得很疲惫的样子，但还是说道："让她们依次进见吧！"

皇后明白这是要见嫔妃最后一面,于是吩咐太监宣召懿贵妃。懿贵妃正候在门外,听到宣召,跪在皇后身后。

在咸丰病重的这几天,慈禧处于极度不安中。眼看皇帝就要龙驭上宾,剩下这孤儿寡母前景吉凶难卜。若肃顺独揽大权,那他们可就百死不得一生了。而且,儿子这个未来的皇帝能否保住皇位也很难说。她从太监处探知皇帝单独召见了皇后,便发动一切关系进行了解,得来的消息只是皇帝赏给皇后"御赏"印一颗,另有那张写着朱笔大字的圣旨,至于圣旨写的什么,还有什么别的东西,就不得而知了。

正在慈禧坐立不安之际,咸丰召见的口谕传来,慈禧接旨后迅速叩见,泪流满面。未等慈禧抽泣完毕,咸丰慢慢地开口说道:"朕死之后,阿哥承继大统,万望不负重托,以成致治之世。卿有孕育之功,阿哥承统年纪小,尚望卿与皇后照顾,若成中兴之世,卿等有不朽之功。"慈禧点了点头,语气很重地向咸丰表示:"谨遵圣谕。"

咸丰听罢慈禧的话,从枕头底下取出"同道堂"印一颗,说道"此付予卿,望卿自重。"慈禧双手接过御印,感激得她再次泪流满面。许久,她才告别了咸丰,回寝宫。这时慈禧的脸上不再是泪水和悲伤,因为咸丰赠给她一个象征权力的印章,不仅免除了她殉葬,而且为她战胜肃顺提供了条件。

咸丰颁赐御印的消息很快传了出去,肃顺感到了恐惧与不安。从皇帝的安排中,他觉察到了对他不利,为了扭转被动局面,他未等咸丰召见,便以探病为名闯入了咸丰的寝宫,陈述了他的理由:"奴才以为,赏赐御章之事,皇后尚可,那懿贵妃却万万使不得,难道说皇上竟忘记祖训吗?叶赫那拉氏是会覆亡爱新觉罗的!"

肃顺旧调重弹,已起不到什么作用。听腻了这话的咸丰,不禁十分反感。而且由于今日肃顺很不冷静,说话咄咄逼人,这更增加了他的不满。此时的咸丰想到的只是经过他一番周密安排,将来的事情是会像所预料的那样发展的。因此,他很自信地对肃顺说道:"卿之所云,朕已知悉,懿贵妃之事已有安排。"随即咸丰又将他对肃顺等人的安排意见以上谕形式公诸于众。

咸丰十一年(1861)七月十六日,咸丰病情恶化后,有两个上谕先后颁发。先是立皇长子载淳为皇太子的上谕传示内外,接着又是立赞襄政务八大臣的上谕明发天下。这道上谕是这么写的:"咸丰十一年七月十六日,奉朱笔:皇长子御名,现立为皇太子,著派载垣、端华、景寿、肃顺、穆荫、匡源、杜翰、焦祐瀛尽心辅弼,赞襄一切政务,特谕。"第二天,即七月十七日,人们看到了咸丰驾崩的遗诏:

咸丰的遗诏是对自己一生的评价。诏书中说他即位之初曾一度求治、荐人才,开言路则可,然而说十一年来日理万机,批览奏章,引对臣工,未尝一日稍懈,则与事实相差甚远。其瞑目之时把一个破烂摊子推给了幼子,未竟之志不也太大了吗?!

不过,就咸丰临终之前的安排而言,这个皇帝未全蒙在鼓里,他还是有点预见性的,他对各方势力的安排也颇费了一番心事。可惜的是,历史的进程并未按咸丰预先安排的进行,他的如意算盘被慈禧打乱了。

六　叔嫂密谋

咸丰死后所确立的顾命制度，首先使恭亲王奕䜣大为不满。奕䜣自从奏请前往热河探望咸丰病情遭到拒绝之后，便一直密切注视着热河局势的演变。奕䜣的亲信、在热河行在任领班军机章京的雷毓英等人，通过军机处寄谕密封，随时将肃顺等人的举动密报给奕䜣，故尔奕䜣对热河行在集团的一举一动，可以说都了如指掌。

咸丰帝死后，遗命由载垣、肃顺等八大臣辅政，奕䜣被排除在外，这不能不使留守京城的官员们大吃一惊。

更有甚者，奕䜣虽被任命为恭理丧仪大臣，但却仍令在京办理一切事宜，阻止其奔赴热河。留京诸大臣中，独有陈孚恩以参与葬礼事宜的名义被召往热河。肃顺的这一举动，一则意在表明赞襄政务王大臣对陈孚恩的信任；再则防止陈孚恩像上次吁请文宗回銮时那样"异议"，故"特以羁縻之，使不得再发异议。"

很明显，照这样下去，肃顺集团的辅政，只能意味着奕䜣集团的失势。对此，不仅奕䜣集团心有不甘，就是受肃顺排斥而闲居在京的元老重臣耆宿硕儒也纷纷行动起来，为使恭王重居枢要之地而出谋献策。要除去肃顺，使不在顾命之列的恭王执政，道路只有一条，就是尽翻朝局，彻底推翻顾命制度，由女后垂帘，恭王辅政，而这只有同两宫联合起来才能办到。大计已定，奕䜣于是决定以叩谒大行皇帝梓宫的名义前往热河，以便同两宫太后接头。肃顺对奕䜣前来热河哭临的请求不便阻止，只得予以批准。七月二十六日（8月28日），奕䜣便秘密首途。

就在奕䜣积极动作起来，为尽翻朝局而运筹帷幄之际，热河行在的懿贵妃，也在为咸丰帝病逝后，如何改变自己的处境而焦虑不已。

咸丰帝死后第二天，皇后和懿贵妃被尊为皇太后。对此，清代档案记载为："咸丰十一年七月十八日，内阁奉上谕：朕缵承大统，母后皇后应尊为皇太后，圣母应尊为皇太后。所有应行典礼，该衙门敬谨查例具奏。钦此。"

接着十八日档案记道：

"十八日巳初二刻，在澹泊敬诚殿内入金柜，随传各等处穿孝衣，皇上换缟素，午祭奠俱系外边伺候，皇太后奠酒，内廷伺候。是日敬事房首领传本处首领马：懿贵妃亲封为皇太后。"

这条记载表明：懿贵妃是咸丰帝死后第二天，经嗣皇帝载淳"亲封"才晋为皇太后的。两位皇太后晋封故意相差一日，这对懿贵妃来说，不能不是个刺激和羞辱。因为，按照清代祖制，凡妃嫔生子为帝者，其子登极时，例尊之为皇太后。因此懿贵妃之晋封皇太后，本来是不成其为问题，完全没必要与皇后钮祜禄氏区别开来。肃顺等人这样做，不管怎么说，确实起到了在两宫皇太后之间扬此抑彼的作用。

两位皇太后晋封之后，钮祜禄氏称母后皇太后，因住烟波致爽殿东暖阁，又称东太后；那拉氏称圣母皇太后，因住烟波致爽殿西暖阁，又称西太后，这就是西太后名称的来历。

对于西太后来说，要反对肃顺，唯一可以借助的力量就是恭亲王奕䜣。因为就政治势力而言,奕訢与肃顺可以说是旗鼓相当,甚至超过了肃顺。

再从奕訢与肃顺的关系来说,联合奕訢又是极有可能的。肃顺过去倚仗咸丰皇帝宠信支持,向来不把奕訢、奕譞兄弟放在眼里,平时只以六儿、七儿称之。此次建立顾命制度,又把奕訢排斥在外,而且奕訢虽被任命为恭理丧仪大臣,却仍令其在京办理一切事宜,阻止来热河祭奠。

西太后与奕訢的想法既然那么接近,问题是一个在热河,一个在京师,双方之间又是怎样互相联络接上头的呢?

据传是两宫太后派密使到了北京,至于这位密使是谁,则有三种说法:

第一说是太监安德海。

第二说是侍卫恒起。

第三说是醇郡王奕譞。

综上三说,太监安德海、侍卫恒起和醇郡王奕譞,都不是密使。那么,谁是密使呢? 派没派密使呢? 实际上两宫太后根本没有向北京派密使。

第一,没有必要派密使。

第二,某些史料记载不同。

第三,密札代替了密使。

两宫太后通过西太后之妹、醇王奕譞的福晋,把欲速见奕訢的想法告诉奕譞。奕譞再把这个信息转达给其亲信某军机章京。这位某军机章京用密札方式将此信息传递给在京的奕訢党人军机章京朱修伯,朱修伯转给文祥,文祥直禀奕訢。奕訢在赴京之前已完全了解了两宫太后的真实意图。

于是慈禧与奕訢终于走到一起,为推翻顾命制度,打倒肃顺等八大臣联起手来,所以奕訢做好了到热河一搏的思想准备,他的热河之行,果然像英国公使预料的那样,获得了好的结果。

恭亲王奕訢七月二十六日(8月31日)离开北京,一路上昼夜兼程,仅用4天时间便于八月初一清晨急匆匆地赶到了热河。这一天恰逢为殡天不久的大行皇帝行“殷奠礼”,下马之后,恭王顾不上旅途劳顿,直奔咸丰帝梓宫之前,一下子扑倒在地,失声痛哭,他的这一举动使周围在场的人感到他对咸丰帝确实怀有深厚的手足之情,因此人们对他的热河之行,也都认为是专为叩谒咸丰帝的梓宫而来,并未产生任何怀疑。

然而慈禧太后和奕訢却按预定计划,在奕訢行完祭奠礼以后,便立即由两宫太后召见奕訢。

至于这次召见的谈话内容,除了两位太后向奕訢哭诉肃顺、载垣等人如何“侵侮”她们孤儿寡母之外,更重要的则是“密商诛三奸之策”,即详细策划并商定了推翻顾命制度、铲除肃顺等人的策略、步骤和实施办法。具体内容包括:

一是发难地点。奕訢认为热河处于肃顺等人的势力范围内,要发动政变、摆脱肃顺等人的控制,非得回北京不可,因此向两宫太后坚请速归,而且一再说明:南方将帅曾一再向咸丰帝上疏吁请圣驾早日回京,外国公使也即将到达京师,如果幼帝继位后,圣驾仍迟迟留在热河而不出发,与洋人签订和约后的和平局面很可能中途发生变化而遭到破坏,其后果将不堪设想。

但慈禧由于过去曾经“排外”,因而对外国人很不放心,担心在北京发动政变洋人是否出面干涉，所以向奕䜣指出"奈外国何"的疑问，对此奕䜣回奏说："外国无异议，如有难，唯奴才是问。"

二是政变的准备和实施。其中至为关键的是草拟拿问肃顺等人谕旨的人选。这项工作要在极端秘密的状态下进行，人选必须绝对可靠，绝对忠实于两宫太后，而又能把肃顺等人的罪状写得淋漓尽致，把推翻顾命制度、实行太后垂帘的理由写得有理有力，不用说，这个人选非同小可，稍有疏忽，都会招致政变的失败。所以对拟旨的人选，有人曾误认为是领班军机章京曹毓瑛，而真正拟旨的人，则是奕䜣的七弟，醇郡王奕譞，其福晋乃是慈禧的妹妹，有此关系，他在热河可以随时入宫。有此便利条件，所以决定由他担此重任之后，两宫太后于是秘密叮嘱他，令其草拟肃顺等人罪状的诏书，拟妥后即带入宫中，由慈安太后藏在贴身内衣之中，宫内外无一人知道此事。政变时捉拿肃顺也是奕譞直接负责进行的。所以后来两宫太后代幼帝发布谕旨时也特意指出："朕于热河行宫命醇郡王奕譞缮就谕旨，将载垣等三人解任"，即充分证明政变中的各项谕旨是由奕譞草拟的。

这次会见之后，慈禧即按照密谋，以两宫太后的名义发布谕旨，回銮京师。肃顺等人立即表示反对，并威胁说："皇上一孺子耳，京师何等空虚，如必欲回銮，臣等不敢赞一辞！"但两宫皇太后已成竹在胸，不为所动，毫不示弱地答道："回京后如果发生意外，不与汝等相干！"仍命令立刻准备车驾。肃顺等人虽想加以阻止，但两宫太后态度强硬，肃顺集团只得照办。

另一方面，奕䜣在热河的一周时间，继续进行了一系列密谋活动。为了不露痕迹，麻痹对方，奕䜣不仅本人格外小心，对肃顺等人卑逊特甚，而且一再叮嘱同党，不论时局多么险恶都要忍耐，要稍安勿躁，等进北京城后再说。尽管如此，肃顺等人也颇有惧心，见到奕䜣后也未尝不肃然改容，往日气使颐使的嚣张气焰也有所收敛，并且还设宴款待了奕䜣。

然而在这次宴请中却发生了一场小小的虚惊。正当奕䜣在席中与肃顺等人猜拳行令、曲意周旋、酒至半酣之际，奕䜣的五兄惇亲王奕誴，却当着奕䜣的面，突然抓起肃顺的辫子大声说道："人家要杀你哪！"面对此景，奕䜣大吃一惊，不由得出了一身冷汗。幸好奕誴平时邋邋遢遢，为人不拘小节，不太过问政事，此时又喝得醉醺醺，肃顺听了竟以为是酒后戏言，并未引起任何警觉，反而低着头对奕誴要活宝似的答道："请杀，请杀！"说罢一阵哈哈大笑，大家也跟着大笑起来，这才化险为夷，使奕䜣松了口气，仍然镇定自若地和肃顺等人应酬下来。

从这场意外的虚惊中，奕䜣感到热河不宜久留，应尽早回京。

次日奕䜣奉命回京，为了不致发生意外，警惕性很高的奕䜣密令他的护卫、随从，先到外八庙之一的普陀宗乘庙，也就是俗称布塔拉庙的后门等他。

两宫太后与奕䜣在热河密谋政变，计划已定之后，便开始着手政变的实施准备工作，其中首先是舆论准备工作。

奕䜣离开热河的第三天，山东道监察御史董元醇便上疏，奏请皇太后垂帘听政，开始为政变进行舆论准备。

董元醇的奏折递上后，次日两宫太后即召见赞襄政务大臣，要他们照董元醇所奏传旨实行。结果立即引起赞襄政务王大臣与太后之间的激烈冲突，肃顺等人勃然抗论，以为不可，声称他们"系赞襄皇上，不能听太后之命"，甚至说请太后看折

·擅权乱政·

图文珍藏版

也是多余的事情。八大臣之一的杜翰，尤其放肆莽撞，竟说出了"若听信人言，我等不能奉命"的话，气得两位太后双手发颤。双方争论十分激烈，以至声震殿堂，惊吓了幼帝，使其啼泣不止，最后竟尿到了太后的身上。

肃顺等人退朝后，立即以幼帝名义拟旨痛驳董元醇的奏折。

肃顺等人的拟旨递上后，两宫太后留中不发。八月十二日，肃顺等人"决意搁车"，即以停止办公同两宫太后对抗，发下来的奏折不开视，端华甚至声称"不定是谁来看"。双方僵持不下。据传西太后意不肯发下董元醇的奏折，坚持要求太后垂帘听政，是要临朝。在将近中午时分，两宫太后不得已将董元醇的奏折和肃顺等人的拟旨发下照抄，作为上谕由内阁发布。肃顺等八位赞襄政务王大臣才照常办事，言笑如初。

赞襄政务王大臣与两宫太后之间的这场冲突，以太后的妥协和赞襄政务王大臣的胜利而宣告结束。西太后的舆论试探受挫，奕䜣党人认为其失败在于发之太早，西太后临朝心切所致。

在董元醇上疏之前，北京城内的奕䜣党人也在酝酿垂帘之议，不过他们没有贸然上疏，而是请李慈铭先做准备。

他经过冥思苦想，提出了一个极为敏感的问题，即赞襄政务王大臣的合法性问题。在李慈铭看来，天子年幼，处在"甫解语言，乍胜保抱"的状态，就是说才刚刚能听懂一些话，由襁褓之中由人怀抱的状态下脱离出来，这样不仅赞襄政务王大臣平时所发布的谕旨，是否就是幼帝的旨意令人大可怀疑，甚至连咸丰皇帝的遗诏，也是出自肃顺等人之手，纯属伪造。他们这样做，纯粹是假借朝廷的旨意，不让奕䜣之类的贤人执掌国政，冒充先帝的遗命以维护和巩固八大臣所把持的大权，即所谓"假朝旨以蔽贤路，冒遗命以固政权"。

李慈铭提出的上述怀疑一旦成立，并为大多数人所接受，就将为从根本上推翻顾命制度，打倒肃顺等人提供理论和法律根据。李慈铭的这个做法，比起董元醇仅仅从"舍经用权"上去鼓吹垂帘，显然更能击中肃顺集团的要害，在本来就不稳定的"主少国疑"朝局中，埋下了颠覆顾命制度的种子，后来胜保奏请皇太后垂帘听政时，就正是从李慈铭的这个观点出发大放厥词的。

对于政变者来说，理论准备固然十分重要，但更为至关重要的是军事部署。当时奕䜣集团中手握军权，缓急可恃的只有兵部侍郎胜保。胜保在议和成功后，再次被起用为钦差大臣，督办山东军务，继而督办河南、安徽军务，剿杀捻军起义。咸丰帝病逝后，手握重兵的胜保，默察时势，公开倒向西太后一边，以黄折向皇太后请安，受到交部议处的处分；同时又提出奔赴热河叩谒梓宫的请求，且不待肃顺等人允准，即径自带兵北上。

胜保北上抵达北京的当天，奕䜣也刚好从热河返回北京。两人在京很可能就政变问题做了周密研究，议定由胜保借赴热河叩谒梓宫之机把军队部署在京郊密山一带，为政变做好军事准备。

与此同时，手握重兵的蒙古亲王僧格林沁，在奕䜣等人的笼络下，也在奏折中故意书写"伏乞皇太后、皇上圣鉴"等语。

有了胜保、僧格林沁的两支武力做后盾，政变已成功在望。

可悲的是，赞襄王大臣对此仍浑然不觉，全力忙于大行皇帝梓宫及新皇帝回京事宜。八月十六日,他们宣布新皇帝九月二十三日由热河扶枢启行,十月初九日在京即位。十八日,又以皇帝冲龄,如一路上均早晚至奉安梓宫的芦殿行礼朝奠,恐"圣躬劳勚,实非所宜",因而提出稍为从权,请皇上于九月二十三日在丽正门外送梓宫登舆后,由间道先行启跸回京,凡梓宫所经沿途一切事宜,均由仁寿等负责,庶圣体不至过度劳累,便于灵驾到京之日,皇上在东华门外跪迎。这又正中西太后下怀,乘机令肃顺护送梓宫,把他同其他赞襄政务王大臣分开,使先行的七人离开肃顺,变得群龙无首,肃顺一人在后,则又孤掌难鸣。

据说,肃顺等人在返回京城的途中也曾密谋过兵变,令怡亲王载垣以其侍卫兵护送后妃一行,途中将西太后杀掉。但西太后早有准备,命荣禄率兵迎驾,预防载垣暗下毒手,结果载垣遂不敢动手,八大臣的计划落空。

九月二十三日(10月26日),咸丰帝的灵枢启行回京。临行之前,内廷各妃嫔来到两宫太后前辞行。两宫太后流着眼泪说道:"若曹幸自脱,我母子未知命在何所,得还京师相见否?"凄凄惨惨,哀哀切切,真真假假,虚虚实实。她们感到前途险恶,吉凶未卜。

回程的队伍分两路。一路是两宫太后和幼帝的队伍,由间道先行,载垣、端华、景寿、穆荫各大臣扈从;另一路是梓宫队伍,自大路后发,由肃顺、仁寿、奕譞、陈孚恩、宋晋等扈从。睿亲王仁寿、醇郡王奕譞负有监视肃顺的使命。这样安排对两宫太后是非常有利的,为她们适时发动政变创造了难得的契机,得以先一日到达京师,看来这是慈禧太后的主意。

当天,早晨行启灵礼。两宫太后和幼帝到梓宫前奠酒。辰时(早79时),两宫太后和幼帝目送梓宫出热河行宫的丽正门,然后乘轿至喀拉河屯传膳,稍坐一会,等梓宫至芦殿,升服,幼帝乘轿至梓宫前奠奶茶。启灵礼后,这一路就急匆匆地往北京进发了。

两宫太后的担心不是没有道理的,路上并不平静。据说,肃顺害怕慈禧先到京师于己不利,曾密令怡亲王载垣的侍卫兵在护送后妃途中,将慈禧等人杀掉。但是,胜保的迎驾以及荣禄带兵赶到,预防其变,肃顺等遂不敢动。

经五天行程,于二十八日,两宫太后和幼帝一行抵达京郊石槽,立即"召见恭王"。

二十九日未正一刻(13—15时),慈安太后同幼帝同乘黑布轿在前,慈禧太后单乘黑布轿在后,到达北京德胜门外。留京的全体文武大臣,均身着缟素,翻穿珠补褂先期排班在道边跪迎。心事重重的两宫太后在接受了他们的请安之后,便急速入城回宫,未及休息,于昨日召对后又迫不及待地单独召见奕䜣。这是两次极为重要的召见。《翁文恭公日记》特加一笔:"恭邸前日昨日均召对。"这两次召见,两宫及奕䜣共同分析了政治形势,沟通了双方信息,商议了政变步骤,敲定了发动时间。其中心议题是如何抓住战机,突然出击。

三十日(11月2日),两宫太后召见恭亲王奕䜣及大学士桂良、周祖培、贾桢、侍郎文祥等。这些大臣都是奕䜣党人。两宫太后边痛哭流涕,边控诉肃顺等八大臣欺藐两宫太后及幼帝的罪行。这说明,依照与奕䜣商定的计划,两宫首先发难,表明政治态度,矛头直指顾命八大臣,尤其为首的载垣、端华和肃顺等三人。

周祖培老谋深算,此时已得到奕䜣的"讽示",心中有数,便直言奏道:"何不重治其罪?"

两宫太后明知故问:"彼为赞襄王大臣,可径予治罪乎?"

周祖培立上一计:"皇太后可降旨先令解任,再予拿问。"

两宫太后心想,正合吾意,急答:"善。"

这时,两宫太后便拿出由奕譞于九月十八日在热河拟就的谕旨,交给奕䜣,当众宣示。

这道谕旨实是两层意思。第一层是解除赞襄政务王大臣的职务。为此,宣布了他们的三大罪状:(一)筹画乖方,失信各国,咸丰帝被迫巡幸热河;(二)三奸交结,为阻回銮,致使咸丰帝圣体违和,龙驭上宾;(三)阳奉阴违,擅改谕旨,反对垂帘。因此,将载垣、端华、肃顺解任,命景寿等五人退出军机处。第二层是命奕䜣会议两宫太后如何垂帘。谕旨已明白宣布"虽我朝向无皇太后垂帘之仪",但是"岂能拘守常例"?强调"事贵从权",即要面对现实。规矩是人制定的。老祖宗没有这样做,不等于我慈禧不能做。

谕旨是在赞襄政务王大臣不在场的情况下宣布的。刚宣读完,载垣、端华就闯入宫内,一见奕䜣等王大臣都在内,颇感意外,大声质问道:"外廷臣子,何得擅入?"奕䜣冷静地答道:"皇上有诏。"载垣、端华竟然说两宫太后"不应召见"奕䜣等。两宫太后极为愤怒,立命传下另一谕旨,当然,这都是事先准备好了的,谕旨如下:

> 咸丰十一年九月三十日,奉上谕:
> 前因载垣、端华、肃顺等三人种种跋扈不臣,朕于热河行宫命醇郡王奕譞缮就谕旨,将载垣等三人解任。兹于本日特旨召见恭亲王,带同大学士桂良、周祖培、军机大臣户部左侍郎文祥,乃载垣等肆言不应召见外臣,擅行拦阻。其肆无忌惮,何所底止!前旨仅于解任,实不足以蔽辜。著恭王奕䜣、桂良、周祖培、文祥即行传旨:将载垣、端华、肃顺革去爵职拿问,交宗人府会同大学士、九卿、翰、詹、科、道严行议罪。钦此。

因阻拦两宫太后召见,而罪加一等,由原来的解任而升为夺去爵职拿问,并交宗人府严行议罪。

恭王捧诏宣示,载垣、端华二人厉声质问:"我辈未入,诏从何来?"恭王将头轻轻一摆,示意侍卫将他们二人拿下。二人大声喝道:"谁敢者!"侍卫数人上前摘去二人冠带,拥出隆宗门。他们还看随从和肩舆在不在,人家告诉他们早就驱散了。二人知道大势已去,被押在了宗人府。

事不宜迟,与此同时,又下一道谕旨:

> 咸丰十一年九月三十日,奉旨:
> 著派睿亲王仁寿、醇郡王奕譞将肃顺即行拿问,酌派妥员押解来京,交宗人府听候议罪。钦此。

十月初二夜,肃顺护送梓宫歇在密云,睿亲王仁寿、醇郡王奕譞带领侍卫奉命而来。卫兵们有王命在身，又有两位王爷撑腰，不管三七二十一，一齐上前踢开寝门，不容分说，捆绑了肃顺。卫兵们押着肃顺来到了睿亲王仁寿、醇郡王奕譞的居处。肃顺见到他们后仍不服，并且大叫道："我乃赞襄政务大臣，我辈未入，哪来的诏？"话音未落，只见睿亲王仁寿手捧诏书，说："肃顺听旨：'著派睿亲王仁寿、醇郡王奕譞将肃顺即行拿问，酌派妥员押解来京，交宗人府听候议罪。钦此。'"

载垣、端华见状，也不禁摇头叹息。他俩怎么能想到会有今日端华说道："事已至此，夫复何言！"载垣也有一肚子委屈无处诉，因而也对着端华牢骚："我的罪名全是听了你的话得来的。"事已至此，所以肃顺听完了载垣的话后，也就不再言语了，他终于低下了头。

慈安、慈禧与奕䜣行动之快着实令人赞叹。有人曾这样慨叹道："办理神速，为中外人情所不料。尤有迅雷不及掩耳之势。"

擒拿肃顺、载垣、端华并解除八大臣职务之后，为乘胜追击将其彻底击败，慈禧决定目前要抓紧两件事：一是继续打击肃顺党人；二是否定有赞襄政务的遗诏，以表明师出有名。

十月初一，慈禧接到了许彭寿要求查办肃顺党羽的奏折，十分高兴，深感这个奏折来的时候。慈禧立即传旨，令军机处拟旨前来，立即查办肃顺党众，给肃党以严厉打击，并令许彭寿指出党援诸人。

慈禧看完许彭寿的奏折，觉得对这个问题应该慎重处理。从许彭寿奏折中来看，陈孚恩罪状较重，况且，其所言八大臣于大行皇帝升天之日，京内连恭亲王等都不准前往热河，而特邀陈孚恩赴行在，由此可见他与八大臣关系非同一般，所以对陈孚恩必须严厉打击。至于所列其他人则有些牵连的意味了。特别是肃顺、载垣、端华当权之日，有些人免不了要与他们打交道，即使奉承一下，也是情有可原。想到这些，不觉对刘崐、成琦等人也就谅解了。于是，她决定放过一些人。她将此想法与慈安商量，两人意见一致，决定采取惩其首恶，协从放过，杀一儆百的策略。于是传旨军机处令就查办肃顺党援之事拟旨呈进。

第二天，军机处拟旨呈进，慈安，慈禧看了很满意，于是下令明发。旨中写道："许彭寿纠弹各节，朕已早有所闻，用特惩一儆百，期于力振颓靡。至载垣、端华、肃顺三人，事权所属，诸臣等何能与之绝无干涉？此后朕唯以宽大为心，不咎既往。尔诸臣亦毋许再以查办党援等事纷纷陈奏，致启讦告诬陷之风。唯当各勤厥职，争自濯磨，守正不阿，毋蹈陈孚恩等恶习，朕实有厚望焉。"

当然，这个宽大的政策，并不是不惩办党援。慈禧对以下两种人的惩办还是不轻的。这就是惩一儆百用心的所在。

咸丰十一年十一月二十八日内阁发出了对陈孚恩的处理决定。

为了惩处宫中攀附权贵之徒，在处理了陈孚恩以儆效尤后，立即处理太监杜双奎和袁添喜等。

慈禧对这些太监的处理是有目的。她久居宫中，对如何利用和打击太监很有办法。不把这些追随肃顺的太监赶出宫廷，后患无穷。所以，慈禧一句话，这些太监便被押解出宫。

在擒拿肃顺及党人之后，有一事需要立即办理，那就是以理服众。擒拿肃顺、载垣、端华的时候，三人不服，说他们是受大行皇帝重托的赞襄政务大臣。众论服与不服,关键应当也在这个问题。为此事,两宫与奕䜣可花了不少心血。

慈禧、奕䜣要斗倒辅政大臣,实行垂帘,这是违反祖制的。如何理服众论呢?慈禧等人是这样策划的。第一步先由御史、要官弹劾肃顺等八大臣矫诏假造诏书事。第二步是发上谕斥之以定其罪名。因此,这场以理服众的戏就在两宫与奕䜣的导演下开锣了。

咸丰十一年十月初六,恭亲王奕䜣等遵旨会议载垣等八大臣罪名情形的奏折呈进两宫,其中有一条罪,即是假造赞襄政务诏书罪。"大行皇帝面谕立皇太子,伊等即假传谕旨,造作赞襄政务名目。"

在文武百官纷纷弹劾肃顺等矫诏之事后,慈禧、奕䜣见已是尘埃落定之时,所以特发上谕指出:"岂知赞襄政务,皇考并无此谕,若不重治其罪,何以仰副皇考付托之重,亦何以饬法纪而示万世?"

没有想到这三位赞襄政务大臣在接受托孤时,为之欣喜。此后数月权倾朝野,不可一世。数月之内,却又因此而丧命。

慈禧处理事情确实是迅速而又精明的!自九月三十日返回京师,至十月六日,只不过六天的时间,不仅将肃顺、载垣、端华擒拿,把其他六位——景寿、穆荫、匡源、杜翰、焦祐瀛、陈孚恩等也一并治罪,而且还抄了肃顺的家,没收了全部财产,革了郑亲王、怡亲王的王爵。当一切事情办妥之后,又于十月六日治罪诏书颁发内外。经过反复酝酿,最终宣布对他们的处理结果是:载垣、端华赐令自尽,肃顺斩立决。景寿因系宗亲,仅予革职,免其发遣。穆荫革职,发往军台效力赎罪。匡源、杜翰、焦祐瀛因系协从,故仅予革职,免其发遣。

十月六日治罪诏书明发以后,慈禧马上派肃亲王华丰、刑部尚书绵森前往宗人府,强迫载垣、端华自尽;又派睿亲王仁寿、刑部右侍郎载龄前往菜市口。载垣、端华接到令其自尽的圣旨后,仰天长叹,在华丰、绵森的催促下,终于结束了自己的性命。

肃顺行刑却好像一场大戏。处死肃顺的这一天,围观的人特别多。

肃顺的囚车慢慢走向菜市口。围观的人中好些是受肃顺迫害者的亲属,或对时政不满者,他们把愤恨全都撒在肃顺身上。因此在观看的人群中,有人在置酒庆贺,有人在欢呼跳跃,放声大叫:"肃顺也有今天啊!"更有甚者拿起瓦砾泥土抛向囚车。

肃顺一边走,一边听着旁观者的叫骂声,身体也不时被飞来的瓦砾泥土打中。快到西市时,他的脸已青一块、紫一块,泥土已盖住了他的头发。事已至此,肃顺全身已经麻木,瓦砾泥土打在身上,他已没有什么感觉了,只有他的头脑还很正常。他没有思虑它事,一切全归结于慈禧这个叶赫那拉氏的"篡逆"。他恨透了慈禧。刑场上,肃顺并未低下头,而是顽强地昂着头,直到被刽子手杀死,倒在血泊里。

载垣、端华、肃顺被处死的消息陆续传到了内宫。慈禧听到回复消息后,终于露出了胜利的微笑。她在这场权力角逐的战斗中,穿过惊涛骇浪,排除艰难险阻,成功地击败了政敌。这场惊心动魄的宫廷政变,因为发生在同治"祺祥"年间,所以称祺祥政变。

七 垂帘听政

垂帘听政,紧握皇权,是慈禧追求的目标,也是这次政变要达到的目的。

某军机章京在《热河密札》中把太后钤印和八大臣赞襄政务的政治体制美化为"垂帘辅政,兼而有之",似乎这一政治体制已经实现了太后垂帘听政了。

此时,在恭亲王奕䜣的策划下,统带重兵的胜保和资深重臣大学士贾桢等各上一奏折。九月二十八日胜保上一"奏请皇太后亲理大政并简近支亲王辅政折",内称:"为今之计:非皇太后亲理万机,召对群臣,无以通下情而正国体;非另简近支亲王佐理庶务,尽心匡弼,不足以振纲纪而顺人心。"九月三十日,大学士贾桢、大学士周祖培、户部尚书沈兆霖、刑部尚书赵光上一"奏请皇太后亲操政权以振纲纪折",内称:"为今计之,正宜皇太后敷中宫之德化,操出治之威权,使臣工有所禀承,命令有所咨决,不居垂帘之虚名,而收听政之实效。"

一外一内,一武一文,内外结合,文武兼备,造成了中外臣工共同吁请皇太后垂帘听政的声势。

慈禧垂帘听政遗址

顺理成章,水到渠成,两宫太后借皇帝名义于贾桢等上疏的同日向内阁明发一上谕:

就是说,慈禧正式谕令王、大臣会议商定如何垂帘听政,并把结果据实速报。

十月五日,大学士周祖培以原肃顺所拟年号"祺祥"二字,意义重复为由,上奏请改年号。周祖培初改为"熙隆"或"乾熙",最后议政王、军机大臣共同议定"同治"二字,奏上,奉懿旨允行。"同治"含有两宫太后共同治理大清天下之意。《慈禧外纪》说:"(慈禧)太后读书较多,知此二字不佳,意欲人人永忘载垣僭乱之事。遂取'同治'二字,盖欲靖逆谋,求治安也。"说的有道理。

关于如何垂帘,王、大臣们绞尽脑汁,商议再三。御史杨秉璋等亦分别上疏试拟垂帘章程,上奏慈禧,但慈禧总是不满意。王、大臣们逐渐猜摸到了慈禧是想集大权于一身。但是臣工议拟章程则不能不顾及前史往例及二百余年清代祖制的基本精神。他们无形中受到历史框框的约束。慈禧看到垂帘章程难产,干脆以皇帝名义明发内阁两道上谕,明确点出垂帘听政章程的要点,旨令臣工们照办。

这两道谕旨的主题是"皇太后躬亲裁制"。谕旨对处理中外一切章奏作了严格的规定,按步进行。

第一步是慈览。一切中外章奏,均首先呈递两宫太后慈览。

第二步是详议。慈览后发交议政王、军机大臣详议。

第三步是请谕。当日召见时,两宫太后代表幼帝就谕旨内容发出具体指示。

国学经典文库

后妃宦官大传

·擅权乱政·

图文珍藏版

第四步是缮拟。根据请谕到的内容，议政王、军机大臣缮拟谕。

第五步是阅定。谕旨拟后的次日经两宫太后阅读审定。

第六步是颁发。阅定后发至内阁。

两宫太后把上谕颁发权紧紧控制在手中。

慈禧同时，又以皇帝名义明发上谕，文内引两宫皇太后懿旨："据王、大臣等所议，详加披阅，援据章典，酌斟妥善，著即依行。垂帘之举，本非意所乐为。唯以时事多难，该王、大臣等不能无所禀承，是以姑允所请，以期措施克当，共济艰难，一俟典学有成，即行归政，王大臣仍当届时具奏悉归旧制。钦此。"

慈禧日思夜想地就是垂帘听政。但在这里她又忸怩作态地说什么："垂帘之举，本非意所乐为。"又"姑允所请"。真是虚伪的可以。

十一月初一日（12月2日），举行垂帘听政仪式。这是个历史性的日子。这一天，天清气朗，阳光明媚。养心殿布置一新，金光耀眼。大殿正中高悬先祖雍正帝御书的"中正仁和"匾额。此殿自雍正帝始，便成为皇帝寝兴常临之所，一切日常政务，如批章阅本、召对引见、宣谕筹划，均在此进行。

小皇帝载淳怀着童稚的好奇心端坐在宽大的红木宝座上。其前设御案，其后设八扇精致的黄色纱屏，纱屏后设御案。透过纱屏，清晰可见左边坐着神态安详的慈安太后，右边坐着志满意得的慈禧太后。

养心殿外，王公大臣们翎顶辉煌，袍褂灿烂，态度庄重，举止谨慎。议政王、首席军机大臣奕訢带领内廷诸臣及王公大臣、六部、九卿在养心殿前向皇帝和两宫皇太后行礼。然后，奕訢稳步走入殿内，立在皇帝御案左侧。王公大臣如有章奏，由奕訢捧至御案上。仪式结束，自此，清代历史上从未有过的第一次垂帘听政便宣告开始了。

八 初掌天下

奕訢和慈禧上台以后，是怎样执掌国政、行使最高权力的呢？换句话说，他们是怎样分享政变成功的果实，即如何处理太后垂帘与亲王辅政的关系，互相分配清王朝最高权力的呢？

在这方面，慈禧采取的第一步行动，就是为酬谢奕訢在推翻顾命制度中所做的巨大贡献，首先给奕訢以一系列奖赏：

政变后的第二日，奕訢即被授为议政王，在军机处行走。

接着，十月初八日，两宫为"懋赏酬庸，以彰继述"，又召见恭亲王奕訢，宣示"著以亲王世袭罔替"，且称此举乃先帝遗言，"实属论功行赏，允惬众心，用慰在天之灵，非予一人之私愿也。"

十月初十日，又发布上谕称，奉两宫懿旨，康慈皇太后，"侍奉皇祖宣宗成皇帝，微柔素著，及保护我皇考，备极恩勤，允宜隆晋徽称，媲隆三后，礼崇配庙，……应如何议加尊谥之处，大学士会同六部九卿详议具奏。"经奕訢等人会议，旨准上尊谥"孝静康慈懿昭端惠弥天抚圣成皇后"，至此奕訢生母亦得"升祔太庙，永极尊崇"。

十二月初九日，奕訢长女又晋封为固伦公主。奕訢长女由应封郡主而晋封固伦公主，从同治元年正月起，每月赏银二十两；次年对供其役使的谙达、太监、精奇妈妈也给予加赏,并另赐灯水妈妈、水上妈妈三人,每月亦赏银一两,这在清代是空前绝后的。

同治元年元旦,又发布上谕:"恭亲王以议政王在军机处办理一切政务,勤劳懋著,加恩著在紫禁城内坐四人轿,以示优异";恭亲王之子奉恩辅国公载澂,又加恩赏戴三眼花翎。

不久,京察届期,奕訢又以"自简授议政王以来,首赞枢廷,亲贤辅翼,公忠体国,于一切用人行政,事无巨细,综核靡遗,著交宗人府从优议叙。"

如果说上述事实表明,慈禧太后对奕訢的封赏确实十分慷慨,不论对奕訢本人,还是对其家庭成员,那么对清王朝最高统治权力的掌握,在太后与奕訢之间的权力分配方面,则毫不含混,绝不退让。尽管奕訢荣膺议政王大臣这样显赫的头衔,并掌管军机处、总理各国事务衙门、内务府、宗人府等要害部门的实权,但他仅仅是政府的行政首脑,处于"辅政"的地位,是在太后的信任和同意之下行使

清代官服

行政权,清廷的最高决策权则掌握在太后手里,任何诏旨的颁发,都须有两宫印章才能生效。为了表明太后的这种权力绝不仅仅是名义上的,在任命奕訢为议政王、军机处行走之后的第二天,慈禧即以内阁奉上谕的形式郑重宣告:

这道长达五六百字的上谕,对议政王的权力和责任未置一词,却一再强调太后"亲理大政""万机日理",要求中外臣工于用人行政一切事宜向太后密折直陈,表明慈禧决不甘于仅仅在形式上行使其垂帘听政的权力,而要直接从密奏中控制用人行政大权。

接着在载垣、端华、肃顺被诛后的第二天即十月初七日,内阁又发布一道上谕:

这道上谕,又就日常递交奏报的程序做了详细明确的规定,按照这个规定,凡需降旨的各省及各路军营折报,都必须先呈交太后览阅,再发还奕訢等军机大臣悉心详议,当日召见请旨后再行缮拟,并于次日呈请两宫太后最后阅定批准方能颁发。这就意味着,奕訢对任何行政事务的处理,都须征得太后的批准和同意。而慈禧太后则像皇帝一样,取得和掌握了对日常行政事务处理的控制权。慈禧之所以在处死肃顺等人的第二天,就急于发出这样一道上谕,显然是接受了载垣、肃顺等赞襄政务王大臣在热河时把持朝政,不准太后看奏折,声称"请太后看折,亦系多余",以致大权旁落的教训才做出的。因此,这道上谕的背后,明显地隐含着防止奕訢像肃顺那样擅政的用意。

对此,奕訢自然不能不心有灵犀一点通,因此第二天,即十月初八日,他一方面"声泪俱下"的辞谢世袭罔替,一面具折上陈:

奕訢何以在授命为议政王、军机大臣七天之后,才有"跪聆之下,惴栗难名"之说?慈禧太后心里是清楚的,况且奕訢折中亦已言明,之所以请饬臣工于用人行政

各抒所见,意在使"臣得藉以多方历练,庶不致有陨越之虞",其诚惶诚恐的心情已跃然纸上。对此,慈禧发布上谕,温语安抚,称奕䜣"贤亲众著,朝野咸知",自任议政王、军机大臣后"滋命益恭",所上奏折也"谦卑恻怛,具见悯忱","当此国家多事之秋,至以懿亲而膺重寄,凡可以安国家利社稷者,自罔不竭尽心力,而我诸臣皆身受国恩,亦岂有不及时思效,奋其忠诚,以纾多难者乎?"接着又勉励说:

> 即恭亲王奕䜣正欲与诸臣精白一心,同襄郅治,亦得虚衷参酌,尽其多方延揽之诚。尔诸臣其书思纳诲,陈善闭邪,竭尔股肱耳目,助予心膂,毋负谆谆申命,爰咨爰度之怀。朕有厚望焉。

但安抚归安抚,君臣之别仍要强调,太后懿旨仍要遵行,因此十月初九日内阁又奉上谕称:

> 朕奉母后皇太后、圣母皇太后懿旨,现在一切政务均蒙两宫皇太后躬亲裁决,谕令议政王、军机大臣遵行,惟缮拟谕旨仍应作为朕意宣示中外。自宜钦遵慈训,嗣后议政王、军机大臣缮拟谕旨,著仍书朕字。将此通谕中外知之。

从此,两宫皇太后的懿旨,即以至高无上的"朕"的旨意宣示中外,谕令议政王、军机大臣遵行。太后与奕䜣之间的君臣关系,他们之间的权力界限,就这样明确地确定下来!

但是,慈禧此时毕竟年轻,还缺乏治理国家的经验,面对内忧外患的复杂局面,只有依靠奕䜣,利用他的声望和才干,取得官僚阶级的普遍支持和西方列强的谅解合作,方能使清王朝渡过难关,保住其统治地位,因此这时绝不能也不应该把同奕䜣的关系弄得很紧张。

恭亲王奕䜣在辛酉政权后建立的"太后垂帘、亲王辅政"兼而有之的政治体制中,虽有"亲王辅政"之名,且有"议政王"头衔,但他对太后来说,只不过是充当"主妇"和"管家婆"的角色,清王朝的最高大权,仍掌握在两宫太后,特别是慈禧的手里。

两宫太后在奕䜣集团的紧密配合下,一举击败了肃顺集团,取得了政变的决定性胜利,掌握了国家的最高统治权力。当务之急,是稳定人心,控制大局。这就必须奖励功臣,惩罚政敌。

控制大局的第一步是尽快组成新的领导班子,以免造成权力真空。新的领导班子的组成和奖励有功之臣是结合在一起的。

首先要奖励的是恭亲王奕䜣。

其次要奖赏的是这次政变的有功人员。

控制大局的第二步是处罚肃顺集团的有关人员。当时有位少詹事许彭寿上一奏折密陈查办党援。他提出应做的四件事:一是门禁宜加严也;二是产业宜从速查抄也;三是党援宜严密查办也;四是狱囚宜省释也。其核心思想是从严查办肃党的有关人员,从速查抄肃党的家产。但是,慈禧和奕䜣并没有采纳他的奏折中的一切从严的指导思想，而是分清情况，区别对待，宽严结合，不兴大狱。

总之，这一大的政变，处理得十分圆满。"原顾命八王大臣，处死三人，处分五人；与其关系密切的处理了陈孚恩等六人、太监五人，共计十九人。这与肃顺办理之戊午科场案动辄处分牵连数百人，不可同日而语。政变从发动到处理完毕，也只约一个月时间。时间之短促，也足令人吃惊。因之遂得仁慈圣母之名，京中人民，尤称颂不已。太后性情，宽严并施，此等美称，实非溢誉也。"慈禧因处理得法，得到了朝野的称颂。她一箭双雕，既夺得了大权，又博得了美名。她的真实的面孔被姣美的外貌暂时掩盖起来，但未来的政治体制取何种形式则是她最关心的。

军机处是清代的特殊政治机构，是直接秉承皇帝意旨经办一切重大政务的中枢。军机处实际上是皇帝内庭的办公厅或机要室，地位极其重要。政变结束，必然要组成为两宫太后服务的新的军机处。

咸丰十一年（1861年）十月初一日连发两道上谕。任命大学士桂良、户部尚书沈兆霖、户部右侍郎宝鋆，均著在军机大臣上行走。鸿胪寺少卿曹毓瑛，在军机大臣上学习行走。户部左侍郎文祥，著仍在军机大臣上行走。

这样，以恭亲王奕訢为首组成了新的六人军机处。

咸丰十一年十月二十一日（1861年11月30日）上谕，添派董恂在总理各国事务衙门办事。

慈禧太后把军机处和总理衙门牢牢地控制在自己手中，这就为贯彻她的政治主张奠定了组织基础。

九　内忧外患

在内政问题上，慈禧主要采取既依靠曾国藩统率的湘军镇压太平天国革命，又限制曾国藩势力的过分发展，避免对清王朝构成新的威胁，以实现满汉地主阶级所期望的"中兴"；在外交上，慈禧则主要是推行奕訢"外敦信睦，隐示羁縻"的方针，力争数年之内外国侵略者"即系偶有所求，尚不遽为大害"，以实现中外和好、相安无事的局面，便于清王朝集中力量镇压太平天国革命，在此基础上"借师助剿"，尽早扑灭太平天国农民革命的烈火，这便成了清廷在处理中外关系问题上所极力追求的目标。

"外敦信睦，隐示羁縻"，其中关键是如何执行第二次鸦片战争结束时所签订的一系列不平等条约，做到既能取信于外国侵略者，而又不致过分损伤中国的主权，杜绝侵略者的非分妄求，这便是慈禧、奕訢在对外交涉中必须解决的一大难题。

第二次鸦片战争结束后，中外交涉的第一个大问题是通商，尤其是长江各口的通商问题。中英《天津条约》规定，长江一带各口，英商船只俱可通商。但因太平军占领南京，除镇江一年后辟为口岸开始通商外，其余口岸待镇压了太平天国革命之后，再由中外双方选择三个口岸作为通商之区。然而英国侵略者急于对中国进行经济侵略，1860年在北京同奕訢谈判时，就迫不及待地提出"先赴汉口、九江两处通商"的要求，至于关税，则表示或在上海、或在镇江按照新章纳税。针对清政府担心长江通商后侵略者乘机向太平军出售军火武器、互相勾结起来的问题，英国在照会中特意声称：英船可以向海关报明船上所带的武器弹药若干，发给照单，行至各关口时查明核实,如发现额外军火武器或发现无照单私行售卖者,即将货物没收,船只驱逐出口。奕䜣认为英国的这一要求,"与原约相符",而又"先严定章程,以自明其无他",便表示同意,并建议咸丰帝予以批准。遂后,中英双方按照上述精神在1861年3月25日签订了《长江各口通商暂订章程》。10月9日,由总理衙门与英国公使做进一步会商修改,议定《长江各口通商暂行章程》十二款及《各口通商章程》五款,12月5日公布施行。

上述章程规定,各国船只入长江各口通商,均需由上海海关发给江照,并纳完进出口关税,此后在长江各口便可"任便起货、下货,不用请给准单,不用随纳税饷"。这一规定因严重妨碍了汉口海关以及厘金的收入,引起湖广总督官文的大为不满,认为这种做法"流弊无极","有专为上海计,而未为通商三口计者;有专为洋商获益计,而不为内地税饷计者。照章办理,则长江无可立之关,无可征之税,无可查之货。长江二千余里,一任自来自去,毫无察觉,各领事官坚执第七款不容盘查,以遂各商偷漏之计,既失利源,又失政体,不特弊窦百出,亦且后患无穷"。主张汉口、九江也应照海关例就地收税,各清各款,按季报部,以免牵混,并杜外商偷漏关税之弊。

奕䜣接到官文的奏折后,为上述规定辩解说:"从前定议之时,并非偏重上海,实以其时该督访闻洋船有在安庆城下接济贼匪盐粮之奏,诚恐洋商果有此事,为中国大患,因权衡于利害之中,以利多害少则不妨舍害而求利;害多利少,则必须舍利而防害。今既欲收税饷之利,又欲防济贼之害,再四筹思,别无他策,唯有于明定章程之中,暗寓钳制之法,庶利害两不相妨。"并说:"总须以获利之中,仍寓防害之意,使洋商上下长江,不敢公然济贼,于大局既无妨碍,而税课可丰旺,方为两全。仍应统筹各口全局,不可专以该省收税为重,致滋流弊。"总之,在通商问题上,防止外国侵略者与太平军勾结,暗中接济其军火粮盐是主要的,税收是次要的,在这二者害与利之间,要尽可能舍害求利,但决"不敢贪小利而误大局",这就是奕䜣处理通商问题上的指导思想。

由此可见,奕䜣在办理通商这类对外交涉事件时,其方针完全是服从于镇压太平天国革命这个大局,清楚地显示了其外交为内政服务的特点。

第二次鸦片战争之后,中外关系中出现的另一新局面,就是中国人民反洋教斗争的普遍展开。从六十年代起,所谓"教案"问题开始成为中外交涉中的经常项目。

西方资本主义国家向来把传教作为侵略落后地区和国家的重要手段,一些传教士随着外国炮舰进入中国之后就开始对中国人民进行一系列的侵略活动。从此外国传教士便更加公然进入内地,利用诸如强迫捐献、盗买盗卖、低价勒索、占领垦地等各种非法手段,霸占中国人民的土地,引起民教相争,或者包庇教民作奸犯科,或者任意干涉中国内政,甚至以武力向地方官要挟等等,由此激起民众公愤,使各地人民反洋教斗争此起彼伏,连续不断,仅1861年至1864年间,在贵州、湖南、江西等地就先后发生了一系列教案。

教案问题发生后,奕䜣开始还要求地方官"查明根由,斟酌事势,持平办理",对奉教者只要循规蹈矩,谨遵条约,"应与不奉教者一体抚字,不可因习教而有所刻求。倘或倚恃教民,作奸犯科,至有霸地抗租、欺侮良民等,为国法所不贷者,定照中国例加等治罪,亦不能因习教而少从宽宥。如此奉教者知所儆惧,不奉教者无所猜疑,可期彼此相安,永无嫌隙。"

所谓"持平办理",看起来貌似公正,实际上是对传教士侵略活动的一种妥协退让。

上述事实说明,奕䜣办理中外交涉,虽然以妥协为其主要特色,并像西方外交官所评论的那样,"他的成功的最大秘密就在于,当妥协成为必要时,事先就能下决心妥协"。然而他的妥协毕竟还是有限度的,是以"不伤国体",不妨害清王朝的统治这个根本利益为原则的。为此,西方外交官把奕䜣的对外政策,曾恰当地称为"守势外交政策",并称他是"实行政策方面的机灵而又多才多艺的政治家和外交家"。

最足以表明奕䜣对外政策实质及其外交风格的是其"借师助剿"活动,他那趋利避害,既想借助外国侵略者的力量尽快镇压太平天国革命,又要避免其干涉中国内政,"贻无穷之患"的意图,在整个策划和推行"借师助剿"活动的过程中,都表现得淋漓尽致。

"借师助剿"一事,因咸丰帝生前一直心存疑虑而未能实现。咸丰帝去世,障碍得以克服,1861年底太平军攻克宁波、杭州,淞沪告急,过去一直暗中积极策划"借师助剿"的薛焕,以江浙两省绅士"合词吁请具奏"的形式,在1862年1月31日,正式向清政府提出了"借师助剿"的建议。

奕䜣过去虽然也向咸丰帝提出过借师助剿的主张,但如今执政之后,真要经自己之手把它付诸实施时,也同样产生了种种疑虑:一是想起去年魏妥玛"借兵剿贼,克服城池,即行占据,系外国向章之语",对英法两国能否诚心相助,不无怀疑;二是担心外国军队难以控制指挥,"借助外国兵众,既未能操纵自我,尤当防患未萌";三是英法侵略者出兵之后,"倘仅以索谢等事为请,则尚可权许以救目前之急,如其占据地方,勾结逆匪,阻挠官兵进剿,则当深思熟虑,力持大体,不可稍涉迁就。"

出于上述疑虑,奕䜣、慈禧对薛焕的建议采取了审慎的态度,一面由总理衙门出面与英法公使商办,并令薛焕督饬江浙绅商"酌量办理,毋稍拘泥,毋涉大意";一面又谕令军机大臣说:"洋人之在沪者恐不足恃,其与我和好,究竟唯利是图,一有事机吃紧之时,往往坐观成败。若欲少藉其力,必致要结多方,有情理断不能容之事"。因而对薛焕的奏请只是"从权谕令该抚熟计,以期无拂与情,谅该大臣早能洞悉。洋人既不足恃,仍须该大臣酌派名将劲兵前往,方可万全无患。"明显地流露出对"借师助剿"持有怀疑和保留态度。

另一方面,曾国藩对"借师助剿"虽然原则上同意,认为"目下形势,舍借洋兵,亦实别无良策"。但仅主张"借洋兵以助守上海",因为上海是通商口岸,"洋人与我同其利害,自当共争而共守之"。至于其他内地城市,如苏州、常州、南京等地,本非通商口岸,则不应借助洋兵,如"借兵助剿,不胜为笑,胜则后患不测"。若洋人定要出兵,当以情理劝阻,劝阻无效,则任洋兵去攻,湘军决不派兵会剿。曾国藩的这一意见,奕䜣认为与清政府的想法"实相吻合",基本上被采纳,这样借兵助剿的范围便限定在上海地区。

但是就英国政府来说,他们所实行的"中立"政策,只要还对清政府和太平天国继续起到敲诈要挟的投机作用,他们是不会撕下伪装,公开宣布进行武装干涉的。为此,他们特别加紧对太平天国频频进行敲诈要挟。

中英《北京条约》签订后,英国为实现在长江通商的特权,1861年3月1日,何伯命令英国舰长雅龄在天京同太平天国当局谈判,提出英舰停泊天京,准许英国商船通过天京上驶长江,太平军进攻镇江、九江、汉口或长江一带时,不要侵犯英国居民的生命财产等八项要求,太平天国对此都一一复允。3月28日,何伯又命雅龄照会太平天国,要求太平军不得侵入上海、吴淞近百里(三十英里)以内的地区,对此太平天国最初表示拒绝,后来同意在一年内不进攻上海。

英国侵略者并不以此为满足,误以为太平天国是可以威胁利诱的。1861年冬,何伯和巴夏礼到达天京,向天王洪秀全提出"打倒清朝,平分中国"的建议。洪秀全当即予以拒绝,当年12月26日,何伯再次派"狐狸先生"号军舰舰长宾汉,向太平天国讹诈,提出悬挂英旗的舰只自由来往航行江上,不受检查,太平军不得侵及上海、吴淞、九江、汉口周围百里地带等要求,遭到太平天国的严词驳复。1862年1月,太平天国先前允诺的一年之内不进攻上海的期限届满,忠王李秀成遂率军第二次攻打上海。

宾汉向太平天国进行讹诈遭到失败之后,英国侵略者感到通过外交谈判手段已不能迫使太平军让步,实现《天津条约》和《北京条约》所规定的条款,于是便准备代之以武装干涉。

7月2日,罗塞尔在上议院公开宣布了武装干涉中国革命的决定,英国政府至此终于放弃了"中立"政策。

奕䜣对英国政府对华政策的转变表示欢迎,1862年3月31日发布上谕说:"据英法两国住京公使声称,贼匪与洋人构衅,此时在沪洋人情愿帮助官军剿贼,并派师船驶往长江,协同防剿等语。洋人性情坚执,若因我兵单薄,借助于彼,势必多方要挟。今该洋人与逆匪仇隙已成,情愿助剿,我亦不必重拂其意,自应姑允所请,作为牢笼之计"。

至此,清政府"借师助剿"的政策也正式宣布确立,中外反革命在镇压太平军的问题上开始联合勾结起来。

中外反动势力联合镇压太平天国革命,其方式主要有两种:一是英法侵略军直接参战,帮助清军攻陷嘉定、青浦,将太平军从上海四周打出去,另外又以军舰火炮击败太平军,占领宁波;二是利用、支持华尔的常胜军,通过常胜军协助清军攻打太平军。华尔的洋枪队1862年2月改名常胜军,8月上海外围战斗结束,英法侵略军退回上海后,从此即主要由常胜军和清军联合向太平军发起进攻。

曾国藩、薛焕的奏折,更加引起慈禧、奕䜣对外国侵略者的怀疑,于是彻底打消了借师收复苏、常的念头,谕旨称"此事之不可行,实与恭亲王等所议略同",饬令曾国藩对法人入江助剿"不可不防",薛焕对华尔所带常胜军"不可不豫为裁制,以潜消其尾大不掉之患"。

4月10日,李鸿章率首批淮军由安庆乘轮船到达上海,在以后二十多天之内,全军共十三营五千五百人陆续抵沪,加上李鹤章添募的亲兵以及周盛波、周盛传两营,也几乎从陆上同时到达,李鸿章所统率的兵力,已达八千五百人。

淮军的到达使清军在上海的兵力大为增强,从而减少了清政府对外国侵略者的过分依赖心理。为此,慈禧特谕令李鸿章,对上海各营兵勇力加整顿,汰去老弱,挑选精锐,派得力将弁加统带,"不必专藉华尔之军,方能剿贼"。英、法军队攻陷嘉定、青浦后，奕䜣又强调，"规复太仓，必须专派官军前往，不至事事借力于人，为所轻视"。并把收复太仓的希望寄托在李鸿章身上，说"李鸿章所部各军，业已到沪两旬，足资休息，如已训练精奇，即著派令出队，一鼓作气，克复太仓，非独贼匪畏我军威，即英法之兵，亦当为之震慑。"

但李鸿章5月13日接江苏巡抚之任后，深知淮军刚刚组建，缺乏训练，并且初到上海，不足以言战，便以"屡接督臣曾国藩来函，以兵勇训练未熟，人数未齐，目下断不宜出仗"为由，表示不能立即奉命出征，而是由薛焕派知府李庆琛统带五千人往攻太仓。李秀成见敌人越逼越紧，亲率听王陈炳文、纳王郜永宽等部万余太平军反击，消灭了李庆琛全军，并乘胜反攻，再克嘉定，收复青浦，打得英法侵略军被迫龟缩到上海城内，"从此不敢出击"。

慈禧、奕䜣从奏报中获悉英法军队退出嘉定时，英军提督士迪佛立竟威逼地方官焚毁县城之后，感到英法军队的野蛮作法，与其先前所料正相吻合，"其害已见"，于是对"借师助剿"之弊病便有了更清楚的认识。这时当崇厚要求由英法军队兴兵助剿，从镇江水陆并进，直捣金陵时，奕䜣立即明确表示反对，说："若令外国带兵入内地攻剿，不特得一处代守一处，足为中国腹心之患；即得一处焚毁一处，亦实为地方疮疫之灾，……臣等于崇厚此议，亦不敢遽以为然。"

与此同时，英法军队攻占宁波后，清军并未接收设防，只有华尔常胜军协同防御。根据嘉定、青浦的教训，慈禧奕䜣认为这种把所克城池"竟全委于外国"的做法，"流弊滋多"，令李鸿章和左宗棠两人会商，或由江苏或由浙江迅速派兵前往，"总令中国之兵多于外国，断不可尽听外国主持，致生他虑。"后来因太平军攻陷慈谿，宁波防守吃紧，法国表示愿令其水师副将勒伯勒东"权受中国职任，带兵防剿"。慈禧、奕䜣在"宁郡兵勇，所存无几"的紧急情况下，虽然同意了法国的要求，但坚持勒伯勒东受命之后，必须听从浙江巡抚及宁波道节制，"其所保守之地方，仍应由中国主持"，待左宗棠克复金华，兵力足以兼顾宁波一带之后，"即行察看情形，将勒伯勒东撤回法国，仍由中国官兵防守，毋庸俟浙省全行平靖，方令撤卸。"上述主张经与法国使馆"再三讲论"，法国使馆终于放弃了宁波筹防大权"统归勒伯勒东办理"的主张，同意了奕䜣的要求。

对华尔统率的常胜军，奕䜣此时也同样更加心怀疑虑，认为"华尔虽为中国出力，究系外国之人，性本不羁，心尤难测"，近日又竟自署衔名伸手向军机处要调兵之权，足见其"桀骜不驯之气，尚未清除"，要求李鸿章、左宗棠必须对其"随时留心防范，俾之日就羁勒"。

9月20日，华尔进攻慈谿被太平军击中，次日身亡，遗言以副领队白齐文、法尔思德接统其军。奕䜣则想乘机把常胜军接管过来，由中国大员管带，如一时无此胜任之员，可仍交白齐文管带，由薛焕、李鸿章悉心察度，毋贻后患，但无论如何也要阻止英国接管常胜军的企图。10月7日，英国水师提督何伯、陆路提督士迪佛立往见李鸿章，称"白齐文材勇可任，无庸由英国派员接管，且无庸令法尔思德会带，以一事权"，李鸿章当即面允上奏清政府。慈禧、奕䜣虽然批准了李鸿章的奏请，但提出"此军勇丁，已属不少，若始终令外国人管带，恐将来必至掉运不灵"，要求李鸿章派得力员弁到常胜军，"随时留心与兵丁等一同学习，俾资管带，次第收回兵权。"

国学经典文库

后妃宦官大传

·擅权乱政·

图文珍藏版

白齐文原为美籍海盗,接统常胜军后,恃有英国袒护,骄横跋扈,不受清政府约束指挥。李鸿章令其带常胜军赴镇江,协剿九洑州、下关、南京一带太平军,白齐文迁延不去。1863 年 1 月 3 日,竟在松江闭城索饷,次日又到上海殴打杨坊,抢去洋银四万余元。事件发生后,李鸿章立即同英军提督交涉,解去白齐文军权,听候中国查办,并派李恒嵩会同英国教练官接管常胜军,听从李鸿章调遣。其后有关常胜军支发口粮、约束营规、裁减勇数、一切章程,均由中国主持经理,该兵官不得干预。接着,李鸿章又乘势连续同英国提督士迪佛立会谈,整顿裁减常胜军,经反复辩驳,双方订了统带常胜军章程十六条,规定常胜军暂交英国参谋奥伦管带,以后由戈登统领,中国派员会带。常胜军人数由四千五百人减为三千人,经费由每月七八万两删为四万余两,淞江城内外地方事宜,外国管带官不得干预,以及惩办违法兵勇,"悉听中国会带官主意"等等。

李鸿章对常胜军的上述处理,得到了慈禧、奕䜣的支持和称赞,认为所定"各条约均能斟酌尽善,从此渐收兵柄,一切可由中国主持,庶无尾大不掉之患",并要李鸿章向士迪佛立据理折斥,将逃匿在英国水师兵船上的白齐文迅速交出,按中国军法惩处,以免后来外国接统常胜军者纷纷效尤,控制愈难措手。同时由总理衙门出面,向英、法公使交涉,历数白齐文罪状,坚持将白齐文"革出中国版图,再不叙用",使白齐文复职阴谋未能得逞。

白齐文事件发生后,慈禧、奕䜣更加感到,"以外国人统带中国兵,谋始已属不善,即如借兵助剿,借员训练,皆属万不得已之举,其中流弊原多,而常胜军为尤甚。"于是加强控制常胜军,并及早予以解散的想法便更为强烈。常州克复之后,戈登有遣散常胜军辞职回国之意,慈禧、奕䜣立即谕令李鸿章,此"实属不可失之机会","应乘势利导,妥为遣散"。李鸿章遂不顾巴夏礼、赫德的阻挠,毅然解散常胜军,留洋枪队三百人,由李恒嵩统带,炮队六百人,由罗荣光统率。

常胜军的解散,清除了清政府的一大隐患,李鸿章此举被曾国藩誉为"擘划分明,为戡乱之才"。慈禧、奕䜣也称赞"筹办甚属周妥"。从此清政府把攻剿太平军的大权完全操在自己手中,并终于依靠曾国藩统率的湘军,攻陷了太平天国首都天京,镇压了太平天国革命。

天京失陷之后,太平军余部仍然坚持斗争,其中福建太平军攻陷漳州,影响所及,福建、广东两省地方当局颇深警惧,再次向清政府请求"借师助剿"。慈禧当即驳斥说:"中国用兵,原无藉资外国之理","缘洋兵协守,所费不赀,又多流弊,且非自强之道。"后来新疆回民起义,伊犁将军明谊奏请俄兵助剿,慈禧也同样不以为然,认为那样做,结果只能是"灭一回匪,添一俄人,害尤甚焉,所以善于运筹者,总以不借助外国为至论",坚持仍由"中国自行催兵催饷",拒绝了明谊的请求。此后清政府内部再也无人主张"借师助剿"了。

上述事实表明,慈禧、奕䜣的"借师助剿",确实是在万不得已之下的一时权宜之计,其根本出发点是"加意薮循""曲为牢笼",使侵略者"乐于助顺","俾为我用",通过采取种种防范措施,做到既收目前之利,又免"贻无穷之患"。总之一句话,趋利避害,极力维护清王朝封建统治的利益,这就是慈禧、奕䜣对外政策的实质。

两宫太后虽然取得了最高领导权,但是她们面对的是一个烂摊子。为了摧毁太平天国农民起义,为了维护岌岌可危的封建统治,慈禧采取了一些严厉措施,其中最令人心悸的是连斩两大臣。

第一个斩的是两江总督何桂清。何桂清,云南昆明人,道光进士。历任编修、太仆寺少卿、太常寺卿、户部右侍郎、浙江巡抚、两江总督等官职。

1859年钦差大臣和春、帮办军务张国梁所统率的江南大营以长墙围困天京,天京危急万状。1860年1月底,李秀成仿效围魏救赵故智,决定采用奇袭杭、湖,然后回师反攻江南大营的战略,以解天京之围。1860年5月5日江南大营全军溃败,天京解围。和春、张国梁俱死。常州是两江总督何桂清住所,他在此专主饷事,拥兵自卫,坐视不救。陈玉成部欲攻常州,何桂清见大事不好,希图逃走。这时,江苏按察使查文经、江苏布政使薛焕、江南盐巡道英禄、江安粮道王朝纶猜摸何桂清心理联衔票请退保苏州。这实质是"显系见事已危急,意在同逃"。何桂清得票大喜,这下子可有了逃路的堂而皇之的理由了。他即想逃往苏州。

何桂清逃向苏州,苏州巡抚徐有壬不让进城,并上疏奏劾何桂清。咸丰帝大怒,谕旨将何桂清革职拿问,解京严审。何桂清走常熟,常熟也不纳。后来他声言借兵助剿,逃到上海。咸丰帝上谕将何桂清褫职逮问,但是一拖两年而没有办成。主要原因是咸丰帝北狩和辛酉政变,最高领导者无暇过问此事。

现在政变已大功告成,慈禧太后一再强调整饬政纪,严肃官常。在此情况下,何桂清一案又被提起。

当时江苏巡抚薛焕、浙江巡抚王有龄都是何桂清的旧时属吏,因何桂清的举荐才达到今天的地步,所以都极力包庇何桂清。他们合疏上奏请"弃瑕录用,俾奋后效,以赎前罪",但言官不饶。给事中郭祥瑞、卞宝第等上疏,追究何桂清罪责。慈禧太后下令于同治元年(1862年)五月将何桂清逮入刑部狱。

入狱之后围绕着如何处治的问题展开了一场尖锐的斗争。负责总办秋审处的刑部直隶司郎中余光绰,是常州人,对何桂清十分愤恨,而他恰好负责此案。他认为仅依据"封疆大吏失守城池斩监候,秋后处决律"是不够的,又加上何桂清击杀执香跪拜父老19人,忍心害理,罪当加重,拟斩立决。此议一出,上谕大学士六部九卿翰詹科道会议讨论,讨论结果同意刑部决定。这样看来,是可以定罪了。

不成想,突又发一上谕:"何桂清曾任一品大员,用刑宜慎。如有疑义,不妨各陈所见。"是有意为何桂清网开一面,抑或是就杀一大臣事,意在引起一场争论,以便造成更大的震动,产生更大的影响?

既然上谕命再议,有人就以为是想为何桂清减刑,便乘机为何桂清翻案。或一人自为一疏,或数人合为一疏,其约17人上疏为何桂清申辩。其中职务最高、资格最老的是大学士、礼部尚书祈寯藻。他援引嘉庆帝谕旨:"刑部议狱,不得有加重"字样作为理由,意在为何桂清开脱。其他如工部尚书万青藜,通政司王拯,顺天府尹石赞清,府丞林寿图,九卿彭祖贤,给事中唐壬森,御史高延祜、陈廷经、许其光、李培祜等都纷纷上疏为之求情。一时形成了一个较强大的声势。这些人的情况不同。有的是私交甚厚,有的是不明是非,有的是兔死狐悲,有的是见风使舵。

面对着这股狂风,御史卞宝第不听邪,独上疏抗论。他针对老臣祈寯藻疏,痛加驳斥。他认为,道光年间提督余步云、咸丰年间巡抚青麟,都是以失陷疆土而被处决的,那时你身为军机大臣为什么一言不发,而单对何桂清如此偏爱,究竟是为什么？卞宝第的上疏传下来，闻者皆以为快。当时太常寺卿李棠阶又上一密疏："刑赏大政，不可为谬悠之议所挠。今欲平贼，而先庇逃帅，何以作中兴将士之气？"

这道密折对慈禧和奕䜣影响很大，使他们下定决心要处决何桂清。

但是何桂清申辩，说他之所以从常州逃到苏州，是因为江苏的司道要求他到苏州，以保饷源重地。他引出薛焕等四人禀牍为佐证。这是何桂清能捞到的最后一棵救命稻草了。

慈禧和奕䜣表现出了很大的耐性。慈禧太后通过同治帝之口又发下上谕，命两江总督曾国藩查核。曾国藩很快上疏道："苏、常失陷，卷宗无存。司道请移之票，无容深究。疆吏以城守为大节，不宜以僚属一言为进止。大臣以心迹定罪状，不必以公禀有无为权衡。"这就明确表明他是赞成重治何桂清的。

听了双方的意见之后，慈禧太后经同治帝于同治元年十月二十一日（1862 年12 月 12 日）发布谕旨。

这个上谕清楚地说明了何桂清犯的是弃城逃跑罪，此点是明确无误的了。另一条罪状是避匿二年之久。大臣会议意见不一致，后来采取了酌中意见，即斩监候，秋后处决。本来这一年正是停勾之年，有的人幻想可以再缓一缓。但慈禧太后决定立即斩掉何桂清，以明官纪。因此，颁下谕旨，于同一天杀了封疆大吏何桂清。

第二个杀的是胜保。胜保，字克斋，苏完瓜尔佳氏，满洲镶白旗人。道光举人。考授顺天府教授，迁赞善，升侍讲，擢祭酒，又升光禄寺卿、内阁学士。太平天国起义后，胜保一再同太平军作战，后又同捻军作战。曾招抚了接受太平天国封号的淮北团练头目苗沛霖和捻军首领李昭寿。并招抚了义军首领宋景诗。胜保是辛酉政变的积极参与者，是政变成功的武力后盾。为此，政变后慈禧对他委以重任。他由三四品京堂侯补降职身份升为正二品的兵部左侍郎，由镶蓝旗汉军副都统升入上三旗的正黄旗满洲都统、正蓝旗护军统领，手中握有重兵。慈禧命他主持山东、安徽间的"剿捻"军务。可是，慈禧突然于同治元年（1862 年）十一月传旨将他革职拿问，并于同治二年（1863 年）七月十八日赐令自尽。

慈禧是杀胜保的最后决策者。胜保在辛酉政变中是立了大功的。那么，慈禧为什么恩将仇报，最后杀掉胜保呢？

历来有三种说法。一为杀人灭口说，二为打击奕䜣说，三为翦除后患说。这三种说法，何者为是？我意以第三说为是。

同治二年三月，慈禧命奕䜣同军机大臣、大学士会同刑部审讯。胜保除携带姬妾随营一条承认外，其余各条概不承认。同时递上亲供及诉呈各一纸，反控参劾他的大员是诬告。慈禧十分恼怒，命发上谕道："苗沛霖性情阴鸷，胜保极口保其无他，且擅调其练众入陕。今苗沛霖已戕官踞城，肆行背叛；宋景诗以反复降匪，经胜保代为捏报战功，保至参将，后又在陕拥众背叛。是今日苗宋二逆之糜饷劳师，皆胜保养痈贻患所至；而胜保之党护苗宋二逆，不得谓无挟制朝廷之意。""挟制朝廷"是他被判死刑的最根本的原因。

同治二年七月十八日（1863 年 8 月 31 日）因念其有战功，所以从宽令其自尽。

胜保因辛酉政变建功，不料竟"矜功恃宠，日即骄淫"。这是他被杀的思想根源。而他以"拥兵养寇为自固之计"，更是为慈禧所不许。这是他被杀的策略根源。曾国藩、李鸿章、胡林翼等汉人统带的湘军和淮军惟慈禧之命是从，不敢越雷池一步。只怕功高盖主,带来杀身之祸。胜保反其道而行之,哪有不被杀头之理。

杀胜保后,慈禧仍然实行不事株连的政策。慈禧下令,于同治元年十二月十一日(1863年1月29日)将在胜保家及其门人丁祥家查抄到的书信,命恭亲王奕䜣及军机大臣在军机处会同监视焚毁。这就安定了人心,稳定了大局。

太平军起义以来,在太平军的急风暴雨般的打击之下,整个封建地主阶级惊慌失措。他们见太平军,如风声鹤唳。有的骄惰成风,各分畛域;有的近在咫尺,不相救援;有的迁延观望,贻误时机;有的擅离任所,规避不前,甚至形成了一股逃跑风。上述积弊,如不整饬,便会危及地主阶级的最高政权。

咸丰十一年十一月十七日(1861年12月18日)慈禧上台不久便发出上谕:"各路统兵大臣及封疆大吏,往往骄惰成风,各分畛域,动以驱贼出境,击贼回巢为能,甚至邻近府县不相救援,督抚只顾省城,不顾外郡,以致此路肃清,彼路失陷,伊于胡底?"并提出如再发生此事,"必重治其罪,决不宽贷"。但是,这股逃跑风并没有刹住。为此,慈禧决心拿一二品大员开刀,从而整饬吏治,严肃官常。

同治四年二月初四日(1865年3月30日)恭亲王奕䜣照常入值进见两宫皇太后。慈禧拿出一件奏折严肃地对奕䜣说:

"有人弹劾你!"

奕䜣一愣,用眼扫了一眼奏折,不以为然地问:

"是谁上的奏折?"

慈禧非常不满意奕䜣的傲慢态度,不情愿地答道:

"蔡寿祺!"

奕䜣脱口而出:

"蔡寿祺非好人!"并要逮问蔡寿祺。

两宫皇太后一看奕䜣毫无承认错误的意思,立刻大怒,当即斥退奕䜣,然后避开以奕䜣为首席军机大臣的军机处,单独召见大学士周祖培、瑞常、吏部尚书朱凤标、户部侍郎吴廷栋、刑部侍郎王发桂、内阁学士桑春荣、殷兆镛等。

慈禧哭哭啼啼地说:

"王植党擅权,渐不能堪,欲重治王罪!"

诸大臣看到太后盛怒,不知葫芦里卖的是什么药,面面相觑,胆战心惊,不敢答话。

慈禧又开导说:

"诸卿当念先帝,无畏王;王罪不可逭,宜严惩。"

老僵持着也不是办法。周祖培老谋深算,磕着头说:

"此惟两宫乾断,非臣等所敢知。"

把球轻轻地推了回去。

慈禧不依不饶:

"若然,何用汝曹为?他日皇帝长成,汝等独无咎乎?"

周祖培略一沉吟,找到了一个缓兵之计,他答道:

"此事须有实据,容臣等退后纠察以闻。并请与大学士倭仁共治之。"

这时慈禧才让他们退下。各位大臣已汗流浃背了。

蔡寿祺何许人也?他是江西德化人,道光二十六年(1846年)入京,中式后服官京曹，并曾在胜保营中稽核军务。他出京后，先后到成都、重庆，但官运不佳。直到同治四年（1865年）二月才钦奉署日讲官之命。因在宫内，听说慈禧不满意恭亲王奕䜣，才有此举。在弹劾奕䜣之前，他先上了一道洋洋万言的封奏，痛陈时政，并指斥湘军人物，以为政治试探。看看没受到申斥，又听到宫内的传言，为博取敢言之誉，他便上疏弹劾奕䜣，一举成为天下皆知之人。他是个投机取巧、苟且钻营的人。

原来同治四年三月初四日（1865年3月30日），日讲起居官编修蔡寿祺上疏弹劾奕䜣贪墨、骄盈、揽权、徇私之弊。

在弹劾奕䜣的罪状之后，蔡寿祺向慈禧建白："臣愚以为议政王若于此时引为己过，归政朝廷，退居藩邸，请别择懿亲议政，多任劳成，参赞密勿，方可保全名位，永荷天庥。"这是声言叫奕䜣交出手中的权力，回家颐养天年。怂恿慈禧罢免奕䜣，剥夺他的一切权力。

受到慈禧的召见后大学士倭仁、周祖培等不敢迟延，于三月初六日齐集内阁开会。

他们猜测两宫太后是想适当地"裁减"奕䜣的一些事权。

初七日，他们递上了覆奏。不料，慈禧根本没看他们的奏折，而是拿出了她自己亲笔书写的谕旨给他们看。这完全出乎意料之外，也使他们意识到了问题的严重性。

慈禧手书的罢免奕䜣的朱谕，虽错别字连篇，但文字尚通顺。由于她平时亲阅奏折，因而掌握了上谕的一般用语和通用格式。

这那里是裁减事权，分明是一撸到底。大臣们面色惶然，不知所措。他们不知道反复无常、性情乖戾的铁女人慈禧的真意何在，不敢贸然行事，天怒难犯啊！周祖培感到朱谕太片面了，又不敢多说，只是建议加上"议政之初，尚属勤慎"八个字。慈禧想了想，觉得加上八个字无关宏旨，便欣然同意了。然后，马上厉声说道："此诏即由内阁速行之，不必由军机！"她深悉军机处是奕䜣的班底，因而绕开军机处，直接交由内阁办理。由此可见，盛怒之下的慈禧在处理同她合作多年的奕䜣时态度之决绝，行动之专断。

慈禧的手书朱谕，经周祖培略加润色、点染，便交由内阁明发下来。这个朱谕除上述内容外，关于军机处交代"着责成该大臣等共矢公忠，尽心筹办"，关于总理衙门则"责令文祥等和衷共济，妥协办理"，至于"以后召见、引见等事项，着派惇亲王、醇郡王、锺郡王、孚郡王四人轮流带领"都写了进去，这就是说，慈禧把罢免奕䜣后形成的政治真空都做了相应的弥补。朱谕发下去了，一场风波似乎就这样平息了。

不料，上谕发下的第二天，即初八日，却又起波澜。惇亲王奕誴不听邪，即上一疏，表示了同两宫太后不同的意见：

惇亲王奕誴是道光帝第五子，在现存的几位王子中，他排行第一，地位较崇。他性情豪爽，直言敢谏，平时不大过问政事。但在黜陟奕䜣的这个重大问题上，他却上了一疏，明确表示不同意两宫，尤其是慈禧的处治。慈禧对他的上疏不能不格外重视。

当天，两宫太后便召见了孚郡王及军机大臣文祥等，令他们传谕王公、大臣、翰、詹、科、道，于明日到内阁开会。将惇亲王的疏和蔡寿祺的折都发到会议，让他们讨论。并谕令文祥等到内阁去传达今天两宫太后新的懿旨。这个懿旨说了一些对奕訢有利的话。因此当天都城内盛传两宫太后"天怒已回，眷顾未替，宫中且多言恭王将复辅政矣"。看起来，事情似乎往有利于奕訢的方面转化。

但是问题不那么简单。初九日，两宫太后又变卦了。她们召见了倭仁、周祖培、瑞常、朱凤标、基溥、吴廷栋、王发桂等八大臣。慈禧对八大臣怒道："恭王狂肆已甚，必不可复用。"对奕訢在用人方面百般挑剔："即如载龄人才岂任尚书者乎？而王必予之。"同时对奕誴上疏为奕訢说情，也极为不满，挖苦地说："惇王今为疏争，前年在热河言恭王欲反者非惇王耶？汝曹为我平治之。"这里明确地表示出对奕訢的处分是不可更改的了。

从两宫太后处退出，大学士倭仁等忙到内阁，与六部、九卿、翰、詹、科、道开会，传达了面奉的两宫太后的懿旨。

但是，就在这个会议上，军机大臣文祥也传达了昨天面奉的两宫太后的懿旨："恭亲王于召见时一切过失，恐误正事。因蔡寿祺折，恭亲王骄盈各节，不能不降旨示惩，及惇亲王折不能不交议，均无成见，总以国事为重。""朝廷用舍，一大秉公，从谏如流固所不吝，君等固谓国家非王不治。但与外廷共议之，合疏请复任王，我听许焉可也。"她们好像什么事儿也没发生一样，和颜悦色地说什么"恐误正事"了，"均无成见"了，"一大秉公"了，"非王不治"了。最后甚至指明下一步应如何办："合疏请复任王，我听许焉可也。"就是说，你们共同上疏请求重新任用奕訢，我照办就是。

听完文祥传达的懿旨后，户部侍郎吴廷栋当即发言，认为文祥传达的懿旨不实，倭仁也持这种看法。

两宫太后，实则是慈禧，对军机大臣文祥等三大臣和对大学士倭仁等八大臣所口述的懿旨两相歧异，大相径庭，双方皆以自己听到的懿旨为是，争执不下。

怎么办呢？大家在争论后不约而同地把目光转向了锺郡王。

但是，锺王却出语惊人："你们所口述的懿旨都没错，这两次召见我听到的正是这些话。"这是怎么回事？大家面面相觑，感到无所适从，议论纷纷，拿不出个成形的意见，只好推迟到十四日再议。

慈禧两次召见大臣，所口述懿旨前后截然相反。这足以反映出慈禧对如何处理奕訢的矛盾的心理。她一时拿不定主意，想得到王、大臣的支持，因此一再召见。

十三日，醇郡王奕譞自东陵工程处赶回京师，来不及休息，急忙上疏为奕訢说情。

通政使王拯也上疏言容其前惩，责其后效。

御史孙翼谋也直上一疏。他恳请对奕訢"可否酌赏录用，以观后效"。

看起来，这几天大臣们不仅在思考，而且在积极地行动。

十四日，王、大臣等在内阁复会。两宫太后将醇郡王奕譞、通政使王拯和御史孙翼谋等三人的上疏发下交议。

看看火候到了，肃亲王拿出了一份拟好的疏稿。他认为奕譞、王拯、孙翼谋上疏的提法是可取的，也是可行的。

肃王的疏稿起了扭转会议方向的大作用。众人纷纷表态赞同肃王的提法。倭

仁鉴于形势,也不便固执己见,不得不修改自己的疏稿,共改了四次,形成了一个奏折:

"臣等伏思黜陟为朝廷大权,恭亲王当皇上即位之初,维持大局,懋著勤劳,叠奉恩纶,酬庸锡爵,今因不自检束,革去一切差使,恭亲王从此儆惧,深自敛抑,未必不复蒙恩眷。以后如何施恩之处,圣心自有权衡,臣等不敢置议。"

这样大学士倭仁和肃亲王的奏折取得了一致意见,都主张两宫太后对恭亲王施恩,重新录用。

军机大臣们列名于倭仁奏折。

在肃亲王奏折上署名的有礼亲王世铎及王公、宗室、大臣等70余人。

此外,都察院、宗人府也上了奏折。

内阁学士殷兆镛、潘祖荫等也单衔上疏。

这就是说,除倭仁折和肃王折之外,又有一批人也上了奏折。这就形成了吁请重新任用恭亲王奕䜣的强大的舆论力量,而且情之切切,言之凿凿。

事情到了这个地步,应该有所转圜了。慈禧摆出了虚心纳谏的姿态,于十六日以同治帝名义明发上谕:

慈禧听取了王、大臣的部分意见,重新任命奕䜣在内廷行走并管理总理各国事务衙门,但议政王和首席军机大臣衔被剥夺了。这就是说,奕䜣被排除在最高领导层之外,不得与闻枢密。

明发上谕后,慈禧并没有立即召见奕䜣。奕䜣请求召见,她们不予理睬,以示冷淡。直到二十多天后的四月十四日,她们才召见了恭王。这时的奕䜣已深知慈禧的厉害。他诚惶诚恐,不知所措,深自愧悔,伏地痛哭,做出了服从谕旨、听从裁决的姿态。慈禧也许是动了恻隐之心,也许是裁抑奕䜣的目的已经达到,也许是军机处没有更为合适的人选,便于同日发了一道上谕:"恭亲王著仍在军机大臣上行走,无庸复议政名目,以示裁抑!"

这就恢复了恭王的首席军机大臣职,但"议政王"名目却永远地削除了。

这场斗争,慈禧同慈安合作,削掉了恭王奕䜣的议政王头衔,并使奕䜣白,他是两宫太后的臣下,生杀予夺之权,均操纵在两位年龄比他小的年轻女子手中。搞得好,可以合作;搞不好,下场可悲。肃顺等八大臣及胜保等二大臣就是前车之鉴。这是慈禧对奕䜣的一次政治试探和政治较量。试探的结果,全部剥夺奕䜣权力显然时机不够成熟。较量的结果,说明慈禧确实握有至高无上的绝对权力。奕䜣再也不敢小觑慈禧,否则后果不堪设想。其他王公大臣则更是俯首帖耳、心甘情愿地拜倒在慈禧的面前了。

十 中兴之政

在奕䜣被慈禧罢黜的日子里,蒙古科尔沁亲王僧格林沁正在剿捻战场上冒险急进。四月二十四日(1865年5月18日),僧军于山东曹州以西高楼寨进入捻军包围圈,全军覆没,僧格林沁率百余骑乘夜突围时战死。消息传来,清廷辍朝三日志哀。

僧格林沁一死,无形中为慈禧贯彻自己的军事思想扫除了障碍,也得以在部署剿捻军务中贯彻以下两点方针：一、进一步倚重汉族地主武装；二、充分发挥近代武器的战斗作用。

四月二十九日（5月23日），两宫皇太后，委任曾国藩为钦差大臣，节制山东、直隶、河南三省旗、绿各营，立即北上剿捻；令李鸿章署理两江总督，为曾国藩调兵集饷；又调淮军刘铭传部数千人北上与刘长佑配合防堵捻军北进；另派崇厚带洋枪队1500人赴畿南防剿，并筹办天津防务。

一直到五月初七，八日，军机处发出的寄谕都是急如星火地催令曾国藩统兵北上，绕至北面向南逼剿，其次是指令李鸿章调拨劲旅，携带开花大炮由海路乘轮船北驶，或在胶州登岸西趋济南，或在天津登岸南趋东省。总之，慈禧着眼点是解救燃眉之急，确保京津安全。与此同时，两宫太后确定由醇郡王奕譞筹办京城防范事宜，旗、绿各营均归其节制。

清代武士服

但是，李鸿章和曾国藩对于军机处立足于"堵"的部署有不同意见。李鸿章于五月初六日提议直、东、豫各省实行"坚壁清野"，稳扎稳打。军机处认为此法"非一时所能猝办"，缓不济急，还是要求他从大局出发，立即派部队听曾国藩调遣。初九日和十三日，曾国藩两次上疏，分析僧格林沁失败的原因是"以骑制骑"，被捻所疲，提出以静制动，"坚壁清野"，配以近代装备的部队进击的新战略。具体做法是用火轮船把十营5000人的淮军潘鼎新部运到天津，另将刘铭传部运到济宁，都令其自北向南推进，扼住捻军北路；然后，他坐镇徐州向北步步进逼。慈禧看到这个方案并不违背军机处原订的"堵"的策略，而且更稳妥了，也就批准了。

二十五日，曾国藩才挥师离开南京，闰五月二十九日兵抵临淮，出示要求各乡"修圩挖濠""坚壁清野"，并甄别居民"良""莠"，发予不同执照。以图切断群众对捻军的支援。捻军在山东难以立足了。

但捻军又活跃于豫、皖、鄂等省，"万马奔驰，飚飞雷掣，虽至勇之夫，当之色变。"曾国藩筑运河长墙，防守颍河和贾鲁河，企图把捻军封锁在运河以西。但同治五年八月十六日（1866年9月24日），全部捻军突破防线再入山东。曾国藩的计划彻底失败。

十一月初一日（1866年12月7日），两宫太后批准曾国藩的辞呈，让他回南京两江总督原任养疾，让李鸿章接手剿捻。

曾国藩督师时，已用许多淮军将士。李鸿章督师后用淮军更多。湘淮军的装备情况据李鸿章说：湘军每营500人内，仅用抬枪、小枪120杆，淮军则用新式洋枪400杆，至少也用300杆以上，另外有四个炮兵营，使用英制开花大炮，总计淮军

50000多人，已使用三、四万只步枪，每逢作战，仅装运军火物资就用数十大舰。

可以认为，以李鸿章代替曾国藩督师进一步表明奕䜣等枢府人员对汉族地主武装的信任，也更加表现了对近代装备的依赖。客观上，又加深了湘淮两系的门户之见，因为这等于公开曾国藩统帅不了淮军的事实，湘淮两系各立门户，就便于中央操纵了。

不过，捻军仍然凭借其机动灵活的战术经常重创官军。

军机处接到败报，赶紧檄令曾国藩和李鸿章派得力战将鲍超和刘松山兼程援陕。正月十八日，又正式任命左宗棠为陕甘总督，委以西路剿捻军务。

左宗棠不仅重视部队近代化装备，而且还主张借洋债以平内乱。对于这两者，慈禧看出内在的联系，她感到与其日久糜费，倒不如借款速平内乱，因此批准左宗棠向上海外国洋行借债银120万两购置军火。

于是，左宗棠挥师西进，西捻军攻西安不下，向陕北运动；左宗棠再发兵三路尾追。慈禧对西线暂时放心了。

这时东捻军势力仍然很盛，曾一度逼近济南，北进烟台。

军机处奏请将李鸿章、丁宝桢以及防守不力的潘鼎新议处。

胶莱防线被捻军突破之后，清方许多人以为运河防线也不足恃。但慈禧对这个战略的支持没有改变。因为，"防河筑墙"之策虽在曾国藩督师即已采用，但当时行之无效是因湘军机动性差，马匹少，不能制捻军；现在行此法，与坚壁清野的政策及备有精良武器的机动部队相结合，就增大了胜利的可能性。这时淮军已有4900名强大的骑兵，可以牵制捻军行动了。

果然，东捻军始终未能突破运河防线，屡遭击杀。十月末，捻军首领任柱被叛徒杀害。慈禧闻报大喜，令立即按赏格给奖。

一个月后，东捻又与刘铭传部相遇，被铭军开花大炮及步枪击溃，战死20000人，被俘10000人，20000匹骡马被掳，首领赖文光仅率1000余人南遁。十二月十一日（1868年1月5日），东捻在扬州瓦窑铺战败，赖文光被俘，五天后被杀。

军机处内对于处置西捻的方略意见不同。文祥认为，近年军务皆误于各省的本位主义，以驱逐出境为了事，即使有合力会剿之旨，也从未认真遵办，偶有一二越境相助，又格于主客之势而无成功。现今捻势虽众，"然赖逆就殄，贼胆已寒，各省督抚无不情切悍卫，且京师耳目甚近，带兵者不敢欺饰，必竭力办贼。若能就直隶合力剿捕，易于蒇事。"但是多数人认为，如不驱逐出境，京师将冒太大风险。最后慈禧采纳多数人意见，仍用"逼贼出境，然后合剿"战略。二十六日，寄谕左宗棠以钦差大臣身份总统直隶境内各路清军，防堵西捻北进，并令其陈述战略意见。

左宗棠复奏，对清捻双方进行客观分析：捻军所长在于，一、灵活性强，惯于奇袭，"飘忽驰骋，避实乘虚"；二、机动性强，行动便捷，行军时不论步、骑兵一律乘马，临战时步兵下马格斗，骑兵分路包抄官军之后；三、战法多变，"遇官军坚不可撼，则望风远引，瞬息数十里，俟官军追及，则又盘折回旋，以疲我。"但清军也有自己的长处，主要是武器的近代化，但这又造成辎重多而不便行动的弊病。因此他建议放弃"追剿"战略，改用"重点防御，各军夹击"战略。具体方案是在涿州、固安各设一战略据点，目标：一是尽力逼捻过滹沱河，然后与山东、河南各省军夹击；二是如不能施行第一目标，则是捻军已跃入涿、固以北，那时再以涿、固与河间、保定、天津间各路清军夹击。

奕䜣与军机处其他大臣认为这个意见与军机处原定逼捻出境，然后合剿是一致的，不得已而实行的第二目标与文祥的主张一致，但比文祥的意见更具体也更周密一些。慈禧遂采纳。同时，谕令原僧格林沁部将陈国瑞另募一军为特别部队，明令以恭亲王奕䜣节制左、李及各省督抚，统一调度，协调行动。

这样一番部署之后，清军增强了战斗力，而捻军开始在直隶省接连失败。

三月，西捻军离直入鲁。十四日，军机处命令李鸿章总统山东各路清军防堵捻军。

四月初，西捻军再次自山东北进至天津附近的静海，稍直口，京津再次震动。军机处紧急寄谕左宗棠严防直晋交界，李鸿章严防直鲁交界。这时文祥重申他的"就地剿灭"主张。但奕䜣担心清军腐败无用，在一份奏折中他说："逆骑数月以来，迭扰直、东、豫三省，奔突数千里，往来自如。军官十余万人，不能遏其窜越，各将领彼此观望，粉饰战功，并有纵勇扰民，致百姓戕杀弁兵之事"。他更担心迁延日久，会使更多的农民揭竿而起，或因夏日青纱帐起更便于捻军隐藏。所以他修正文祥的意见为：限期一月，三面围蹙，就地歼除。所谓三面，是北、西、南，因东面为大海。

他的意见再次被慈禧采纳作为上谕颁行，同时他寄谕曾国藩派上海捕盗轮船来津备用。另一项部署是采纳鸿胪寺少卿朱学勤建议，重新起用淮军大将刘铭传。刘铭传自消灭东捻后就告病回籍了，现在军机处频催他速归本军，率队出战，因为他的部队是淮军中装备最好，战斗力最强的。

这一番部署后，西捻军扑灭津不能得手，重返山东。

四月二十四日，鲁抚丁宝桢与皖抚英翰议定两省军分守运河。二十九日两省军会合淮军武装抢筑运河堤墙。同日，左宗棠、李鸿章在山东德州会商剿捻大计，按"三面围蹙，就地歼除"的战略指示，定"长围"方针。

闰四月二十四日，慈禧以期限已到，捻军未平，请将左、李议处。其实这只是一种姿态，对左、李的依赖仍然不减。同日授满人都兴阿为钦差大臣，列名于左、李之上；委任崇厚为副大臣，管理神机营事务，统张曜诸军。捻军虽然未平，但败局已定，奕䜣急忙指示将轮船调给崇厚，又指示都兴阿、崇厚等投入战斗，正是让这些满人在未来的胜利中分得一些战功。他也许是接受了教训，两年前被罢黜时不是就有人指责他信用汉人吗？

直隶部分的长墙于闰四月上旬筑完，山东部分的长墙于五月上旬完成。捻军被封锁于山东北部的包围圈里了。偏偏天气又与捻军作对，六月(7月)，西捻军游弋于临邑、博平一带，时值大雨，徒骇河水盛涨。捻军因以骑兵为主，在泥泞中难于运动了。

这时，淮军却极大地发挥了近代武器的优势。郭松林部堵截于前，潘鼎新部抄袭于后，"枪子如雨"，捻军彻底溃败。主要领导人张仲禹中弹而逃。六月二十八日(8月16日)，最后一股捻军被歼灭，张仲禹跳水不知所终。

捻军被剿灭，清皇朝十余年来的心腹大患平复了。这一次，奕䜣在忙于庆功嘉奖的时候，格外注意到安抚满洲贵族的情绪。

七月初十(8月27日)，慈禧发表由奕䜣等人拟定的上谕：赏还李鸿章双眼花翎、骑都尉世职及黄马褂，解除以前处分，另加赏太子太保衔，以湖广总督兼任协办大学士；解除以往对左宗棠的处分，加赏太子太保衔，按一等军功议叙；赏山东巡抚丁宝桢和安徽巡抚英翰（满）太子少保衔，按一等军功议叙；赏河南巡抚李鹤年顶戴花翎，按一等军功议叙；赏三口通商大臣崇厚（满）太子少保衔，戴双眼花翎。同时加恩赏还直隶总督官文（满）的太子太保衔及双眼花翎，取消一切处分；令曾国藩署理直隶总督兼任大学士。

慈禧在巧褫奕䜣的议政王职之后，将皇权进一步地集中在她手中。但在执行国策上，她仍然是重用奕䜣的。奕䜣虽然不兼任议政王了，但仍然握有很大的实权，仍然是两宫太后及同治帝下之第一人。慈禧对奕䜣所主张和实行的洋务政策是支持的。

奕䜣一生对中国近代历史发展所起的最大作用，是他在清廷统治集团中最早形成洋务思想并提出和制定了洋务运动的方针，是洋务运动的积极倡导者和领导者，没有奕䜣在上登高疾呼，中国近代的洋务运动是很难在那样长的时间和那么大的规模上开展起来的。

奕䜣不仅为洋务运动提出了自强御侮的总方针，还为洋务运动的各项具体活动制定了具体方针。这些具体方针最明显特点是"权不外假"，即极力维护清政府封建国家的主权。

在练兵方面。奕䜣对聘用洋人作教官，"深恐终有弊端"，认为"洋人教我练兵，弊不在于演习之时，弊实在于临敌指挥即为此军之将。倘易我国之人为将，又以素未谙习其法，难以得手。必至兵将相习，自不得不暂用其人，洋人之骄蹇日形，实为势所必至"。为了避免这一弊端，奕䜣提出"练兵必先练将"的方针，并视为"此中紧要关键"。

在创办新式海军方面。1861 年清政府决定向英国购买船炮，奕䜣与赫德商定雇用少量外国人教练枪炮和驾驶轮船。在船炮未到中国之前，奕䜣为防止这支舰队被侵略者"据为保护口岸之计，不受中国调度"奏请饬令曾国藩尽速提前为船队配备将弁水手。但李泰国违背清政府的旨意，擅自与阿思本签订合同十三条，规定由阿思本担任舰队的总司令。阿思本率舰抵达中国后，对五条章程大为不满，同李泰国一起要求清政府接受他们订立的十三条合同，遭到了奕䜣的拒绝。曾国藩、李鸿章也坚决反对阿思本把持中国舰队的阴谋。最后奕䜣终于奏请解散了这支舰队。阿思本舰队的解散，反映了清政府与英国侵略者在海军指挥权上控制与反控制的斗争。在这场斗争中，奕䜣坚持"兵权操自中国，不授人以柄"、舰队"一切调动事宜、事权悉由中国主持"的方针。这种维护国家主权的立场是正确的。后来清政府建立北洋海军，也基本遵循这个方针，防止侵略者控制北洋舰队。

在设厂制械方面。奕䜣认为事当创始，"不能不于洋人中之熟习机营者暂为雇觅数人，令中国人从事学习"。不过学习的人员一定要选"心灵手敏"的官兵，要能"劳身苦思，究其精微，久之即可自为制作，在我可收临阵无穷之用，在彼不致有临时挟制之虞"。"总期力求实效，尽得西人之妙，庶取求由我，彼族不能擅其长，操纵有资，外侮莫由肆其焰"。总之，奕䜣创办军事工业，立足于"中国将来能于自造，则洋人不得据为独得之奇"。

军事工业是这样，民用工业也是这样。奕䜣在回答英使阿礼国的提问，讲中国政府何以迟迟不修铁路的原因时说:"中国人非不知电报、铁路、轮船、开矿之利,怕华人不能自主,则与华人无益,故与其有,不若无也"。而一旦兴办民用企业时,奕诉即奏请开挖句容、乐平和鸡笼三处煤矿。他提出,要由通商大臣查看该处情形后,自行派员试办,如雇用洋人帮工,煤矿一切事宜"仍由中国做主,洋人不得干预"。

在兴学育人方面。奕诉十分重视西方科学技术,强调采西学、制洋器同为自学之道。而制洋器与采西学即学习西方科学技术相比,采西学则是"将来制造轮船、机器之本"。

但是,奕诉倡导的洋务运动和提出的上述各项方针却受到了顽固派的坚决反对,这些争论,比较激烈的主要有三次。在这三次大的论争中,最后都是由于慈禧支持了洋务派,才使洋务运动得以继续开展下去的。

首先,第一次大的争论,是同文馆增设天文算学馆,招收正途人员学习自然科学引起的,也就是有关教育问题的大争论。

奕诉于同治五年十一月初五日(1866年12月11日)上一奏折,请在原同治元年设立的同文馆内添设一馆,专门学习天文、算学,即自然科学知识。慈禧在见到奏折后认为可以办,便以同治帝名义批示:"依议,钦此。"

既然慈禧批准了,奕诉便考虑设馆招生的具体细节问题了。经缜密考虑,奕诉等于同治五年十二月二十三日(1867年1月28日)又联衔上一奏折,进一步阐明设立天文算学馆的道理,并对各种反对设馆的谬论给以批驳。这道奏折又得到了慈禧的批准。

同治六年正月二十一日(1867年2月25日)奕诉又上一片,推荐原太仆寺卿徐继畬为总管同文馆事务大臣。太仆寺卿为从三品。以徐继畬为总管同文馆事务大臣,这就提高了同文馆的地位,使人们不敢轻视它。

当天,慈禧便明发一道上谕给内阁:"太仆寺卿徐继畬,老成望重,足为士林矜式。著仍在总理各国事务衙门行走,充总管同文馆事务大臣。惟寺务恐难兼顾,著开太仆寺卿缺,以专责成,而资表率。钦此。"慈禧当天便予以批复,不仅同意奕诉的推荐,而且指示他仍在总理各国事务衙门行走,可见对洋务派的支持。

正月二十三日(2月27日)慈安、慈禧发布懿旨,奖叙了奕诉等洋务派官员。这道懿旨肯定并表扬了从中央到地方的全部洋务派高级官员,无形中长了他们的志气。

事情本来在正常进行中,不料监察御史张盛藻跳了出来,于正月二十九日,即上谕发下八天之后上了一道奏折,反对招收正途科甲人员学习天文算学。他认为自强之道不在制造轮船、洋枪,而在气节。有了气节,"以之御灾而灾可平,以之御寇而寇可灭",关键是"读孔、孟之书,学尧、舜之道","何必令其习为机巧"?

慈禧对这道奏折没有客气,当天便发下上谕,予以申斥。

但是此时京城内外谣言四起,诋毁奕诉。

与此相呼应,二月十五日(3月20日)大学士倭仁上一奏折,支持张盛藻的意见,反对设立天文算学馆。

倭仁是名于时的理学大师,又是同治帝的师傅,位高权重,在意识形态上是很有发言权的。他的奏折不能小看,必须慎重对待。因此,慈禧和慈安便于当天在养

·擅权乱政·

图文珍藏版

心殿东暖阁召见了倭仁、徐桐和翁同龢，询问了设立天文算学馆事。慈禧问他为什么不能设立此馆，"倭相对未能悉畅"，说不出个所以然来。慈禧很不满意。

但谣言并没有停止，而是越刮越凶。

面对谣言，奕䜣毫不退缩。他针对倭仁的攻讦，予以坚决的反击。他于三月初二日上一奏折。他说，洋人制胜之道，专以轮船、火器为先，而制造巧法，必由算学入手。这不是他个人的异想天开，而是他同曾国藩、李鸿章、左宗棠、英桂、郭嵩焘等往返函商的结果。他最后指问倭仁："该大学士既以此举为窒碍，自必别有良图。如果实有妙策可以制外国而不为外国所制，臣等自当追随该大学士之后，竭其楛昧，悉心商办，用示和衷共济，上慰宸廑。如别无良策，仅以忠信为甲胄，礼义为干橹等词，谓可折冲樽俎，足以制敌之命，臣等实未敢信。"

第二天，即三月初三日慈禧便命军机大臣文祥、汪元方到懋勤殿口传谕旨："总理衙门折一件、片二件，并摘抄曾国藩等折件信函，著倭仁阅看。"慈禧想以此改变倭仁的立场。

不料，倭仁的态度很顽固。他于三月初八日又上一折，认为办天文算学馆是"上亏国体，下失人心"，是"多此一举"，"不如不如是"。

三月十三日慈禧召见军机大臣，把倭仁的密折交给他们，让他们讨论后上奏。奕䜣于三月十九日复奏，指出倭仁反对设馆以来，京师谣言四起，煽惑人心，投考者寥寥，形势很严峻。但是，他们决心继续招生，不为浮言所动。同一日，奕䜣又上一折片，寓谐于庄地提出，既然倭仁提出精于天文、算学的"何必夷人"？那么，"倭仁耳目中竟有其人，不胜欣幸！相应请旨饬下倭仁，酌保数员，各即请择地另设一馆，由倭仁督饬，以观厥成"。并郑重其事地说："倭仁公忠体国，自必实心保举。"

就在同一天，慈禧给内阁明发一道上谕："总理各国事务衙门奏，遵议大学士倭仁奏同文馆招考天文算学馆请罢前议一折。同文馆招考天文算学，既经左宗棠等历次陈奏，该管王大臣悉心计议，意见相同，不可不再涉游移。即著就现在投考人员，认真考试，送馆攻习。至倭仁原奏内称'天下之大不患无才，如以天文算学必须讲习，博采旁求，必有精其术者。'该大学士自必确有所知，著即酌保数员，另行择地设馆，由倭仁督饬讲求，与同文馆招考各员互相砥砺，共收实效。该管王大臣并该大学士，均当实心经理，志在必成，不可视为具文。钦此！"又"命大学士倭仁在总理各国事务衙门行走"。这是慈禧体会奕䜣的意图，故意装聋作哑，给老夫子倭仁出个难题。

不过此法很灵验。三月二十一日倭仁上一折，老实承认："今同文馆既经特设不能中止，则奴才前奏已无足论，应请不必另行设馆，由奴才督饬办理；况奴才意中并无精于天文算学之人，不敢妄保。"并且提出辞呈，表示不做总理衙门大臣。同一天，慈禧针对倭仁的奏折发一上谕，让他"仍著随时留心，一俟咨访有人，即行保奏"，对他的辞呈没有批准。

三月二十四日，倭仁又提出辞呈。慈禧发一上谕，内称："本日复据倭仁奏，素性迂拘，恐致贻误，仍请无庸在总理各国事务衙门行走等语。总理各国事务衙门公务关系紧要，倭仁身为大臣，当此时事多艰，正宜竭尽心力，以副委仁，岂可稍涉推诿。倭仁所奏，著毋庸议。"

二十五日，倭仁请求慈禧召见。慈禧召见了他，恭王奕䜣带领晋见。倭仁当面承认没有合适人选,并请求批准他的辞呈。奕䜣"以语挤之",拙于口才的倭仁无理可讲,只好受命而出。但在给同治帝讲课时,感到十分委屈,不觉暗自落泪,同治小皇帝不知何故,骇愕不怡良久。

在这中间,通政使于凌于三月二十七日上一奏折,反对设立天文算学馆。四月十三日崇实上一奏折,建议"不必朝廷为之设馆授餐"。

这时,内阁侍读学士锺佩贤奏亢旱日久,请直言极谏以资修省,内有"夏同善谏止临幸亲王府,则援旧章以折之;倭仁谏止同文馆,则令别设一馆以难之"等语。慈禧便下一道谕旨,征求意见,同时也驳斥了锺佩贤的话。这时有一个遇缺即选直隶州知州杨廷熙便借机于五月二十二日上了一道巨幅奏章,认为同文馆之设有十不可解。他开篇便说:"请旨撤销同文馆,以弭天变而顺人心,杜乱萌而端风教。"接着说,"历代之言天文者中国最精,言数学者中国为最,言方技艺术者中国为备",何必"舍中国而师夷狄"? 又说:"西人或怀私挟诈施以蛊毒,饮以迷药,遂终身依附于彼昏瞆不醒。"还说,学习西方语言文字、算法、画法,"疆臣行之则可,皇上行之则不可"。最后请求两宫皇太后收回成命,以杜乱萌。

他的奏折集中地表达了反对设立天文算学馆的顽固守旧派的意见。这是继倭仁之后的又一次明目张胆的反扑。这道奏折是五月二十九日(6月30日)由都察院左都御史灵桂代递的。

慈禧看到这个奏折后十分气恼,命军机处起草驳斥杨廷熙的上谕。

这道措辞极其严厉的明发上谕实质是慈禧对此次大辩论的一个总结。她态度鲜明地站在奕䜣等洋务派一方,痛低了倭仁等顽固派。自此,这场大辩论划了个句号。

六月十二日(7月13日)慈禧又发一上谕:

> "倭仁奏病未痊愈,请开缺调理一折。倭仁不必给假,一俟气体可支,即以大学士在弘德殿行走。其余一切差使均著无庸管理。"

总算饶了这个老夫子,不让他到他最讨厌的总理衙门同洋鬼子打交道了。

这场大辩论洋务派在慈禧的支持下取得了胜利,天文算学馆开设了。但因浮言四起,正途出身的投考者很少。一省只有一二人愿意报考的,一旦报考,"遂为同乡、同列所不齿"。两个多月,正途与监生杂项人员共报名98人,五月二十日考试实到者72人,尚有26人未到,考取30人。九月十五日最后确定31人,正式开学了。

洋务派与顽固派之间关于修筑铁路问题的争论,是持续时间最长、斗争最为激烈的一次。

1874年,日本派兵侵略我国台湾,清朝统治集团感到防务空虚,沿海各省岌岌可危,海防之议于是兴起。李鸿章又乘机提出开采煤铁及修筑铁路的建议。这年冬天,他奉召前往北京,见恭亲王奕䜣时,极力陈述修筑铁路的好处,并请求试造清江浦至北京的铁路,以便南北之间的运输。奕䜣同意此项意见,但认为"无人敢主持"。李鸿章又请他"乘间为两宫言之",他答以"两宫亦不能定此大计"。李鸿章对此感到十分懊丧。由于各方面的阻力太大,洋务派修筑铁路的计划一时还不可能付诸实现。他们对顽固派表示了强烈的不满情绪,如郭嵩焘曾致函李鸿章说:"中国人心有万不可能索解者:西洋为害之烈,莫甚于鸦片烟,……中国士大夫甘心陷溺,恬不为悔,数十年国家之耻,耗竭财力,毒害生民,无一人引为疚心;……一闻修造铁路、电报,痛心疾首,群起阻难,至有一见洋人机器为公愤者。"这些话描绘了那些昏庸愚昧的封建顽固分子的脸谱。

1880 年,清政府向沙俄索还伊犁的谈判陷入僵局,两国关系极为紧张。沙俄以武力相恫吓,派遣舰队到中国海面游弋示威。淮系将领刘铭传应召进京,就防务问题提供意见。他到北京后,向清政府正式提出了修筑铁路的建议。

刘铭传的奏折递上后,慈禧命令北洋通商大臣李鸿章和南洋通商大臣刘坤一妥议具奏。李鸿章呈递了一篇长达四千余字的奏折,详细说明修筑铁路乃大势所趋,不可禁阻。

刘铭传、李鸿章等要求修筑铁路的建议传出后,顽固派官僚立即群起反对。他们隐约地意识到,铁路一旦筑成,他们所赖以生存的自给自足的封建经济基础和传统的社会秩序必将受到震撼,因此千方百计地寻找种种"理由"作为反对修筑铁路的借口。翰林院侍读学士张家骧于 1880 年 12 月 22 日上折说:"闻直隶前任提督刘铭传来京后,有开造清江浦至京铁路之请,臣知朝廷权衡轻重决不轻意施行。惟献策者张皇喜事,既以为有利可图,恐参议者附和随声,即以为是谋足用,一言偾事,关系匪轻。"

接着,顺天府府丞王家璧、翰林院侍读周德润、通政使司参议刘锡鸿等纷纷上折,要求停止讨论修筑铁路问题,并对李鸿章、刘铭传等大肆进行攻击。

80 年代初,不仅反对修筑铁路的封建顽固势力还很嚣张,而且在洋务派内部,意见也不完全一致。南洋通商大臣刘坤一在复奏中采取了模棱两可的态度。他一方面认为,"铁路火车之有裨益,别项虽未深知,至于征调、运输两端,可期神速,实为智愚所共晓",表示赞成刘铭传、李鸿章的主张,先筑清江浦至北京的铁路,"从易入难,自近及远,行之以渐,期底于成";但另一方面,他又担心铁路筑成后,将使旧式交通运输业工人失业,并减少厘金收入,从而产生严重的后果。他要求清廷饬令刘铭传将修筑该路的利弊仔细推敲,"由总理衙门核明造路行车有无格碍,收税还款有无把握",然后做出决定。刘坤一是个很圆滑的洋务派官僚,他的这件奏折是精心炮制出来的,故意闪烁其词,两面讨好,实际上是不愿意承担修筑铁路的责任,躲避顽固派攻击的锋芒。

由于顽固派的坚决反对和洋务派内部的意见分歧,1880 年至 1881 年间关于修筑清江浦至北京铁路的争论,以洋务派的失败而暂告结束。1881 年 2 月 14 日,慈禧发布"上谕"说:"叠据廷臣陈奏,佥以铁路断不宜开,不为无见。刘铭传所奏,著毋庸议。"

洋务派并没有放弃修筑铁路的计划,他们等待时机,希望有朝一日能够冲破顽固派设置的重重障碍,赢得清朝最高统治者的支持。1883 年李鸿章致函醇亲王奕譞说:"火车铁路利益甚大,东西洋均已盛行。中国阻于浮议,至今未能试办,将来欲求富强制敌之策,舍此莫由。"他希望奕譞出面"主持大计"。1885 年中法战争结束后,清廷诏令各臣工妥筹善后办法,修筑铁路之议再度兴起。左宗棠在遗疏中力陈修筑铁路的益处,指出:铁路筑成后,"民因而富,国因而强,人物因而倍盛。"他重新提出刘铭传所主张的修筑清江浦至北京铁路的建议,但为了减少顽固派的阻力起见,他主张将该路的终点由北京改为通州。这年冬天,李鸿章又建议修筑陶城埠至临清的铁路,作为南北干线的枢纽,以便转运漕粮。由于顽固派的作梗,上述计划都没有实现。

李鸿章创办的开平矿务局为便于运煤起见,于1881年修筑了自唐山至胥各庄的铁路,1886年展至芦台附近之阎庄,全长约八十五里。同年,奕譞巡视北洋海口,与李鸿章商订将该路展至大沽和天津。1887年春,由奕譞出面奏准动工兴建。于是,成立了中国铁路公司,由沈保靖、周馥任督办,开始招募商股。但是,应招入股者不甚踊跃,经多方劝说,仅募得商股银十万八千五百两,不得已动用官款十六万两,并向英商怡和洋行借银六十三万七千余两,德商华泰银行借银四十三万九千余两,共用银约一百三十万两,于1886年10月筑成。11月,奕譞等又奏请修筑天津至通州的铁路,获得了清廷的批准。

奕譞是慈禧的亲信、光绪皇帝的生父,在满洲贵族中居于十分显赫的地位。李鸿章利用奕譞的权势,把开平矿务局运煤的铁路延长到了天津,确实是煞费苦心的。但是,当李鸿章等企图将津沽铁路进一步展至通州时,立即遭到了顽固派的拼命抵制。原来当唐胥铁路展至大沽之际,顽固派便曾经群起反对,纷纷上折弹劾。洋务派有奕譞撑腰,所以不甘示弱,同顽固派展开了激烈的争论。

顽固派在反对修筑铁路时,所依据的理论是十分荒唐可笑的。他们从封建思想武库中撷拾一些破烂不堪的武器,用来抵挡新事物的输入。他们喋喋不休地说:铁路"干天地之和,戕生灵之命";"开辟所未有,祖宗所未创";"轮车所过之处,声闻数十里,雷轰电骇,震厉殊常,于地脉不无损伤";"货物流通,取携皆便,人心必增奢侈,财产日以虚糜";"铁路一行,则四通八达皆可任彼遨游,愚妇村民不难尽被煽惑,冠裳化为鳞介,礼义必至消亡,是有害于风俗";"尽撤藩篱,洞启门户","自失其险以延敌";"奈何以中国礼仪之邦而同外夷之罔利乎","直欲破列祖列宗之成法以乱天下也",等等。

针对顽固派的上述陈腐论调,洋务派根据自己的认识和观点做了回答。他们强调,随着社会的发展变化,人们不能墨守成规,停滞不前,否则必将落在时代的后面,国家任人宰割,无以自存。他们写道:"人事随天道为变迁,今之人既非上古先朝之人,今之政岂犹是上古先朝之政? 使事事绳以成例,则井田之制自古称良,弧矢之威本朝所尚,试行之于今日,庸有济乎。"

他们还认为:"经商"与"爱民"是一致的,二者没有任何矛盾,中国只有发展商务,才能化贫为富,变弱为强。他们申辩说:"言者又谓外洋以商务为国本,自强在经商,中国以民生为国本,自强在爱民。不知商即民也,商务即民业也,经商即爱民之实政也。……中国生齿日繁,有田可耕者无几,谋生乏术,缓急堪虞,故欲自强必致富,欲致富必先经商。"他们所说的"经商",实质上包括经营近代工业和交通运输业在内。他们把商与民统一起来,提高商的地位,改变了封建社会中"重农轻商""重本抑末"的传统经济思想。同时,他们把自强与致富结合在一起,进一步阐明了富与强的关系。他们还质问顽固派说:"西洋兴办铁路,……国富兵强而官民交便。就五大洲言之,宜于西洋,宜于东洋,岂其独不宜于中国?"上述言论,对顽固派的封建主义正统思想是一个有力的批判,反映了洋务派本身具有资本主义的倾向性。

洋务派与顽固派各执一端,争论愈演愈烈,清政府感到难以做出抉择。慈禧乃于 1889 年 2 月 14 日发布"懿旨",令沿海和沿江各省督抚就修筑津通铁路问题"各抒所见,迅速复奏,用备采择"。当时洋务派在督抚中只占少数,结果是可以预料到的:多数督抚持反对态度,有的则作了含糊其词的答复或干脆不表态,虽有两三位督抚同意修筑铁路,但对具体路线有不同意见。两广总督张之洞在复奏中,首先肯定修筑铁路是刻不容缓的一项重要措施,既有利于民,又有利于国。接着,他阐明修筑铁路必须抱有"经营全局"的观点,仔细权衡各条路线的利弊得失,精心选择有利的地理位置。他认为,与其修筑津通铁路,不如修筑芦汉铁路,即由卢沟桥经河南直达湖北汉口的铁路,因为该路是"铁路之枢纽,干路之始基,而中国大利之所萃也。"他还提出了修筑芦汉铁路的具体计划,拟将全线划为四段,分段修筑,八年竣工,并且自行开采铁矿,杜绝利源外溢,等等。慈禧想扶持张之洞以压抑李鸿章,对他的方案表示好感,奕譞也同意缓办津通铁路而先修芦汉铁路的主张,因为该方案既可以缓和顽固派的反对意见,又不至于完全违背洋务派兴造铁路的意愿,是他们双方都可以勉强接受的,有助于平息一场持续已久的争论。李鸿章虽然认为"通州、芦沟(桥)同一近畿,未必通州则谣琢纷来,芦沟(桥)则浮言不起",多少流露出一些不满情绪,但他鉴于修筑津通铁路的阻力太大,承认"香涛(张之洞)之意不过调停言路",芦汉铁路"由远而近,妙在推移",所以也不得不表示同意。

于是,慈禧乃于同年九月用光绪名义发布上谕:"朕钦奉……皇太后懿旨:总理海军事务衙门奏遵议通筹铁路全局一折,据称拟照张之洞条陈,由卢沟桥直达汉口,现在先从两头试办,南由汉口、至信阳州,北由芦沟至正定府,其余再行次第接办,并胪陈筹款购地各节,所奏颇为赅备,业据一再筹议,规划周详,即可定计兴办。著李鸿章、张之洞会同海军衙门,将一切应行事宜,妥筹开办;并派直隶按察使周馥、清河道潘骏德随同办理,以资熟手。此事造端闳远,实为自强要途。惟创始之际,难免群疑,著直隶、湖北、河南各督抚剀切出示,晓喻绅民,毋得阻挠滋事,总期内外一心,官商合力,以蒇全功,而裨至计。余均照所请行。将此谕令知之。钦此!"不久,张之洞由两广调湖广总督,开始着手筹建芦汉铁路事宜。洋务、顽固两派长达 10 年关于修筑铁路的论争,还是以洋务派获胜而告结束。很显然,慈禧最后一道懿旨,还是接受和支持了洋务派的意见,而且自此以后,顽固派反对修筑铁路的种种谬论,再没有了市场,全国各条铁路干线,次第兴修,逐步奠定了旧中国近代铁路的基础。

慈禧作为晚清洋务运动中的最高领导,她的主要职责应是决策和用人。如果说在上述洋务、顽固两派三次大论争中,慈禧基本上支持了洋务运动和洋务派,是对洋务运动起了决策作用的话;那么,在用人方面,她同样着重任用了洋务派人物。奕䜣是洋务运动的倡导者和执行者,又是洋务派的首领,当然也是慈禧赖以上台的功臣。慈禧开始对他恩礼有加,尊崇备至,言听计从,内政外交大权,全部付托。后来为了防他夺权,虽曾一度罢黜,旋即复职,继续任用他长达 20 年之久。直到洋务运动已全面推行,"同光中兴"局面已趋稳定之际,才下决心赶他下台。对曾国藩、左宗棠、李鸿章等洋务派地方实力派,慈禧虽仍怀有满汉成见,暗中有所防范和控制,但基本上还是放手任用的。其中对李鸿章依信更深,从 70 年代初,李调任直隶总督兼北洋大臣后,除中途因丁忧一度暂离外,直到中日甲午战败才罢官,任期长达20余年,任用之专,得未曾有。对湘淮系洋务派中坚人物沈葆桢、曾国荃、刘坤一、张树声、郭嵩焘、丁日昌、曾纪泽、丁宝桢、刘铭传等等,都曾一一加以重用。丁日昌遭受顽固派那样恶毒的攻击,慈禧仍用之担任江苏、福建等省巡抚,并未加以罢黜。从清流派转化为洋务派后起之秀的张之洞,更是慈禧一手提拔起来的。当然,慈禧同样用了不少顽固派人物,如顽固派首领倭仁、恩承、徐桐等,利用他们牵制奕䜣等洋务派,但这些人大都有高头衔而无实权。后来慈禧虽曾重用了倾向顽固保守的醇亲王奕譞,以之代替奕䜣的首揆位置,但奕譞执行的仍然是洋务运动政策,在筹建海军、海防和修筑铁路等方面,同李鸿章合作得较好。因此可以说,慈禧在用人方面,也是基本上支持了洋务派,有利于推行洋务运动的。

于是洋务运动在慈禧太后的赞同乃至支持下,终于开展起来了,使神州大地从19世纪60年代开始,陆续出现了一批属于近代意义的新生事物。如果开列起来,主要有:

1861年第一座军火工厂安庆内军械所成立。

1862年第一支近代陆军在天津编练。

1862年第一所翻译学校北京同文馆设立。

1863年第一次购买外国军舰,旋又遣散。

1865年第一座大型综合兵工厂江南制造总局成立。

1866年第一座造船厂福州船政局创办。

1866年第一个政府考察团游历欧洲十余国。

1867年第一所近代海军学校福州船政学堂成立。

1868年第一个巡回大使团出国。

1870年第一支近代海军北洋海军开始筹建。

1876年第一条铁路吴淞铁路建成,不久又被拆毁。

1877年第一届赴欧海军留学生出洋。

1877年第一座煤矿台湾基隆煤矿成立。

1879年第一条电报线北塘至天津40英里的电报线架设成功。

……

这些新生事物的出现,使古老的中国封建社会内部,有了新的先进的生产力,有了资本主义的生产关系,整个社会的经济结构开始渐渐发生变化。而且问题还不止于此,随着经济结构的变化,社会的其他各个方面,必然也要随之慢慢发生变化。尽管这个变化是一个长期的、缓慢的、艰难的过程,但变化毕竟是开始了。中国近代资本主义的序幕在慈禧的赞同下由洋务派揭开了。

十一　最后的皇子

同治是在中国皇宫中出生的最后一位皇帝。皇帝出生在皇宫里,历朝历代都是再正常不过的事,本无必要详述。但是,同治帝的出生,却为这个在中国已经绵延了两千多年的正常现象画上了一个句号。

当历史进入十九世纪中叶,大清王朝江河日下,中国封建王朝国祚将绝,同治成为中国皇宫中诞生的最后一位皇帝。阴险贪权的叶赫那拉氏执掌了权柄。在慈禧的干涉下，同治帝婚后不能过正常的夫妻生活，以至于绝嗣而亡。而慈禧精心挑选的光绪、宣统两位皇帝，竟皆未生一子一女，大清皇室断子绝孙。因此，同治以后，皇帝都是从宫外抱入的。

皇帝是中国封建社会的最高统治者。他富有四海，居临四方。

但是，六岁即位的同治小皇帝，对帝王的尊荣却毫无体会。相反，他竟有一个令人惊讶的见识：当皇帝就是"当差"，而且是一种"苦差。"———一次，他对崇敬的老师翁同龢就发了一通这样的感叹：

"唉，我这个差事真苦啊，天天都要去太后那儿问安侍膳，太后召见大臣时又得跟着上朝，然后还得到弘德殿读书。这可真是个苦差！"

做皇帝与"当差"，可谓风马牛不相及。而同治小皇帝为什么会发出这样的感叹呢？

同治帝

原来，同治当的并不是真正的皇帝，只不过是太后垂帘前的一个小摆设，一个由他生母操纵的小木偶，他像一个演员手上的线傀儡，在舞台上忙碌地上下、进出，何得而不苦，何得而不叹！

同治帝没有一个欢乐、轻松的童年，他被关在紫禁城那厚重高大的红墙里。

小皇帝还要承担着很多礼仪性的国事活动。

作为名义上的国家元首，小皇帝要参加的仪式很多、很多。行不完的礼，叩不完的头，天天如此，年年如此。这不能不使天性活泼好动的小皇帝产生厌倦之情。尤其令他难以忍受的是，在所有的仪式上，都要求他像个帝王的样子，摆出帝王的仪式。想哭不能哭，想笑不敢笑，只能是经常板着一副毫无表情的铁面孔。一次，曾国藩在平定太平天国后，由两江总督调任直隶总督，被恩准入朝觐见。接见后，他在日记中记载他对小皇帝的印象是："皇上冲默，亦无从测之。"像曾国藩这样谙于世故的权臣，都看不出小皇帝的喜怒哀乐，可见他装皇帝样子的功夫真是到家了。当然，要达到这个地步，小皇帝是做出了巨大的牺牲的。他因而童心泯灭，未老先衰，成了一个小老头。

同治元年春节，慈禧太后在政变后迅速稳定了政局，实现了垂帘听政，因而心情特别好，对小皇帝格外开恩，小皇帝和太监们游玩嬉戏，甚是欢快。转眼已到二月二，两宫太后见年也过了，该让小皇帝上学读书了。于是，特下懿旨，让钦天监挑择入学吉日。钦天监官员回话,二月十二日是个好日子,入学时间就定下了。

然后是给小皇帝选择师傅。除了原先的师傅李鸿藻外,又增选了几位师傅。他们是:礼部尚书、前大学士祁俊藻;管理工部事务大臣、前大学士翁心存;工部尚书倭仁。他们都是当时耆年硕望、品学端方、最有名望的老臣。除了这些教汉学的老先生外,还命礼部尚书倭付珲布为总谙达,礼部左侍郎伊精阿和兵部尚书爱仁为谙达,专门给皇帝讲授满文。这样,共给皇帝配备了四个师傅、三个谙达。

为了督导小皇帝好好读书,又命辈分最高、小皇帝爷爷辈的惠亲王绵愉常驻弘德殿,专门照料小皇帝读书。又派惠亲王的儿子奕详(小皇帝叔叔)在弘德殿伴读。

对于皇帝典学,两宫太后和近支亲贵无不给予高度重视。因为大清皇祚,已是一脉单传。皇朝兴衰,都寄托在这位不满七岁的小皇帝身上。如典学有成,堪当大任,则大清中兴有望。因此,特派位极人臣的议政王奕慈充任弘德殿总稽查,全权负责皇帝读书的课程设置和典学的一切事务。

同治元年二月十二日(1862 年 3 月 13 日),小皇帝正式入学。开学仪式非常隆重,一大早,惠亲王、师傅、谙达、御前大臣、内务府大臣等朝廷要员们簇拥着小皇帝,到圣人堂拈香,向至圣先师孔子像行礼。然后到乾清宫略做休息。各位师傅、谙达们早已在弘德殿门外,按顺序站好,恭候自己高贵的学生——小皇帝的圣驾。不一会儿,小皇帝来到弘德殿。

载淳这次入学的身份,已大大不同于在热河行宫了。那时他还是一位小皇子,而现在则是当今皇上,因而拜师礼与上次迥然有别。

在行拜师礼之前,老师们要先向自己的学生行君臣之礼。各位师傅和谙达们依次排列,给在座上的小皇帝行三跪九叩首的大礼。行完礼后,才进入书房。进书房后,师傅们先跪在地下,而小皇帝则站着,给跪在地上的师傅们一个一个地作揖,边做边叫一声师傅,这就完成了"拜师"之礼。

讲课时,小皇帝面向东坐,师傅面向西坐,伴读的奕详坐在西墙下,待讲的师傅则坐在殿门旁。

先由祁俊藻讲《大学》,他把书翻开,一遍又一遍地教小皇帝读书,直到读熟两节,方才合书。然后由谙达讲授满语。下课后,又由御前大臣教小皇帝练了一会竹弓。这半天的功课就算结束了。放学了,小皇帝从座位上站起来,师傅谙达们恭敬地在殿门外依次站好,送小皇帝回宫。

在同治帝的老师中,他最喜欢的有两个人,一个是他的启蒙老师——李鸿藻,另一个是翁同龢。

翁同龢,字声甫,号叔平,又号瓶生。道光十年四月二十七日(1830 年 5 月 19日)生于北京城内石附马街罗圈胡同。他的父亲翁心存,道光进士,曾任礼、户、工三部尚书,曾是恭亲王、醇郡王、惠郡王、钟郡王的老师,晚年奉命在弘德殿行走,任同治帝的师傅。翁同龢承继父业,刻苦攻读,在咸丰六年(1856 年)考中状元,年仅26 岁。

同治四年(1865 年),李鸿藻被升为军机大臣,入值军机处。虽仍兼弘德殿行走之职,但军机事务繁忙,无暇照料皇帝的功课。为不耽误小皇帝的学习,两宫太后决定添派师傅,结果翁同龢被选中。

他得知此讯,喜不自胜。在他看来,人臣高贵,无如帝师。如能造就一位贤君

·擅权乱政·

图文珍藏版

圣主,乃千古不磨的大业。乃父翁心存几度充任上书房总师傅,肃顺被诛后重被起用,任弘德殿行走。如今他继承父亲遗作,父子双双启沃一帝,更是一则佳话,自觉脸上无限风光。消息传出后,早有士林朋友纷至沓来,贺喜不迭。

同治四年十一月十二日(1865年12月29日),两太后召见翁同龢。昨天晚上,由于过度兴奋,他半夜十二点匆匆起床,整肃衣冠,做好准备。后半夜两点多,东华门刚开,他就急忙乘车进宫。早上四点,把谢恩的折子递给内奏事处。然后在九卿朝房,坐等召见。

早上九点,终于轮到召见的时候了。醇郡王领他进入养心殿东暖阁。小皇帝这几天有病,十几天没上朝了。因今天朝见师傅,才特地让他进来参加召见。翁同龢跪下叩头行礼,然后是慈禧问话。慈禧说:

"现在派你在弘德殿行走,你要尽心教导。李鸿藻在军机上很忙,皇帝的功课照料不过来,就靠你多费心了。"

这番温谕,使翁同龢非常感激,忙免冠叩头:

"臣才识浅陋,蒙两位太后格外提拔,深知责任重大,惶恐不安。唯有尽心竭力,启沃圣心,上报二位皇太后恩典。"

"只要尽心尽力,没有做不好的。"慈禧说到这,喊了一声:

"皇帝!"

坐在御案前的小皇帝,连忙应了一声从御座上滑下来,侍立在旁。

"你要听师傅的话,别淘气。"慈禧提高了声音问:"听清没有?"

"听清了!"小皇帝回答。

他们都露出了满意的笑脸。

十二月初十日(1866年1月26日),翁同龢第一次进殿授读。这天清晨,外面十分寒冷,下着细细的雪花。他早晨五点就起床了,六点多进宫,先被引入养心殿跪安,八点多到了弘德殿,随班进入南角门,在南墙下站班,迎候小皇帝大驾。

不一会,小皇帝驾到,师傅与谙达们忙叩见皇帝。因今天是翁同龢第一次入值,小皇帝向他做了一个揖,算是行过了拜师之礼。然后是各自归座。先是上满语课,教汉书的师傅们退到弘德殿西小屋坐候。一刻钟后,满语课结束。该上汉书课了。于是翁同龢等三人就来到书房。先由倭仁进讲,徐桐与翁同龢二人在门旁坐候。

倭仁,字艮峰,乌齐格里氏,蒙古正红旗人,道光九年的进士出身。早年是理学家唐鉴的弟子,素以理学大师闻名,在弘德殿属首座。平日授读,自称力崇正学,必以程朱为指归。今天他讲的是《尚书》中的《召诰》一节。只见他摇头宣讲,小皇帝在下面无精打采,愁眉苦脸地听着,像是在活受罪。不用说小皇帝,就连翁状元听了也颇费解。

然后是徐桐讲。徐桐字豫如,号荫轩。道光三十年进士出身。祖上本是汉人,后来隶籍满洲,编入汉军正蓝旗,算半个满人。他是同治四年二月才被授以弘德殿行走的。

今天,徐桐讲的是《孟子》和《大学》。先背熟书,后授生书。他讲得比倭仁还差,小皇帝仍无兴趣,就这样昏昏地上了一上午课。坐在旁边的翁同龢心想,如果靠这两人把小皇帝培养成一代圣主,那真是白日做梦。

等徐桐讲完，小皇帝已经饿得挺不住了。于是立即传膳。膳后，轮到翁同龢授读。

翁师傅捧书就座后，小皇帝立时来了精神。他对翁师傅的这门课很感兴趣，这门课叫《帝鉴图说》，是明代大政治家张居正编写的一本教材。张居正为了辅导幼年的明神宗，在明朝隆庆六年（1572年）把自尧舜以来历朝帝王的事编成一个个小故事，其中包括八十一件可以学习的好事，还有三十六件引作教训的坏事。每个故事都加上标题，配上一幅工笔图画。由于图文并茂，趣味盎然，比较适合儿童特点，同治小皇帝非常喜欢。翁同龢对这本书非常熟悉，几乎每个故事都能倒背如流，娓娓道来。小皇帝听得津津有味，很感兴趣。

下面是翁同龢在同治五年二月十六日（1866年4月11日）所讲的一堂课。

在连续几个阴天之后，这天北京的上空一片晴朗，明媚的阳光给京城带来一片暖融融的春意。小皇帝的心情很好，显得格外精神。午膳后，该轮到翁师傅讲课了。他老早就睁着两只大眼睛，静静地坐在座位上等着上课。翁同龢把书翻开，说道：

"臣今天讲'碎七宝器'这一段。"

小皇帝随着翁师傅的话翻到那段，只见图上画着一个魁梧的帝王，拿着一把玉斧，正在砸一件东西。

"这是什么东西？"小皇帝指着图问。

所谓的"七宝器"，是一种便器，也即尿壶。但当着皇上的面怎好直说这不雅之物。他考虑一下，回答道："等臣讲完，皇上就明白了。"

于是，翁同龢就讲了宋太祖平蜀的故事。

那不雅之物在讲述中，自然而然地说明白了。小皇帝听后马上就理解了这个故事的含义，对故事情节留下了很深的印象。

翁师傅的课讲得好，早就在宫里传开了。两宫太后自然要问，翁师傅怎样讲课？小皇帝照实讲了书房的事，并把那个"碎七宝器"的故事绘声绘色地讲了一遍，太后听了十分高兴。有一天，慈禧太后面谕李鸿藻："闻翁同龢讲《帝鉴图说》甚明白，上颇乐闻。"

翁同龢讲课不仅生动，而且深入浅出，把道理融进每个小故事中。一次，翁同龢讲唐宪宗拒受贡品一节，边讲边阐发做帝王的道理，同治帝听了大为感慨，说：

"贡献皆取之于民，我亲政后，定效法宪宗，不受贡物。"

翁师傅听了大为赞许，连连夸皇上讲得好。说：

"皇上能这样，真是天下臣民的福分。"

翁同龢之所以得到小皇帝的爱戴，有多方面的原因。小皇帝的师傅，原来都是些五六十岁的老者，而翁同龢仅有35岁，正当盛年，精力充沛，自然一扫以前老师傅们的暮气，这正是小皇帝最缺少的，也最想得到的东西。

翁师傅不仅年富力强，而且娴习经史，学问精湛。因而他讲技娴熟，颇得其法。

更重要的一点是他有很强的责任心。每天他寅时入值（早上四点），申时（下午四时）回家。一年四季除生病外，几乎天天如此。有时甚至抱病当班，不肯缺课。

他备课极其认真，对所讲的内容往往一日温习数遍，直至熟记为止。他为了弄懂一些问题，跑遍北京大小书铺，遍访名儒大师，直至彻底搞清楚为止。

在教育方法上，他十分注意灵活性和实际效果。当他看到小皇帝精神疲倦时，就停止宣讲，让皇帝到宫院中散散步。同治帝感到作论太难，他提议不妨由师傅先编几条有关用语，供皇上选择使用，很受皇上欢迎，对提高他的作文水平起了不小的作用。

翁同龢把小皇帝的典学看得比什么都重要，凡是影响皇帝学习的事，他都挺身出来管，因此他不惜得罪同僚，有时对太后的一些做法也敢于直言相谏。同治七年（1868年），两宫太后常领着小皇帝巡幸王府。因此而打乱了教学计划，影响了书房功课。他认为这样不利于圣学。便会同李鸿藻联合上折，奏请停止皇上巡幸，以重圣学。此折虽被"留中"，没有公开答复和处理，但表明了师傅们的责任心。

到了同治九年（1870年），一向不甚关心同治帝学业的慈禧皇太后，突然对皇上的学习感起兴趣来。她常常把同治帝召来，进行一番严厉的"面试"，遇同治帝答得不理想，就小题大做，大发雷霆。几次之后，同治一见慈禧，心里就打忧，就连平日背得很流利的书，一到慈禧考问的时候，就脑中空空如也，一个字也背不出来，理所当然又要遭受慈禧的一番冷嘲热讽。

同治帝的师傅们也跟着遭殃了。慈禧太后三天两头就召见师傅、谙达们，一再的指责他们督责不严。同治九年三月三十日（1870年4月30日），慈禧太后在面见军机大臣时，对满洲谙达提出严厉的批评，说他们对满语都不太精通，尤其是伊精阿年老误事，没把皇上的满语教好，她最后竟说了这样一句十分苛刻的话：

"今天你们这样糊弄人，知不知道自己是干吗吃的？"

众师傅和谙达听了，无不心惊胆战。退下后，师傅和谙达们互相埋怨起来，这个说管得太死了，那个说管教不严。随即，谙达和师傅开始互相争夺授课时间，尽量延长自己这门课的时数，以免遭慈禧的斥责。这样一来，教学秩序被搞乱了，教学效果就更差了。慈禧干预的结果，不是促进了同治的学业，而是妨碍了同治帝的正常学习生活。

这样一来，同治帝真的厌学起来。

这下慈禧又有斥责人的机会了。二月二十七日（4月16日），慈禧对李鸿藻又一次大发其怒，说同治帝"见书就怕"，"认字不清"，上书房"不过磨工夫。"让他传谕众师傅谙达："以后须字字斟酌"，"看折奏要紧。"吓得师傅、谙达们"不胜惶悚"。

五月二十七日（7月14日），慈禧太后又一次斥责李鸿藻等人："书房功课耽误，书即不熟，论多别字，曾面试一两次，说话不清。著尔等三人设法劝讲，不但教书，并说话亦宜教，不可再耽误！"

事隔不久，六月初三日（7月20日），慈禧在召见军机大臣时，让李鸿藻传谕翁同龢及徐桐：皇上今年已经十六岁，离亲政不远了，学到的东西怎么这么少呢？

受到这么多责难，各位师傅真是有满腔的苦涩。同治帝在幼童时学业尚进展顺利，何以在十五六岁时突然退步了呢？原先聪明伶俐的小皇帝怎么变成木讷口吃的笨学生了呢？师傅们真是百思不得其解。

其实，这其中的奥秘，只有慈禧太后本人知道。因为按照清朝的惯例，幼年即位的皇帝一般在十四岁左右就须结婚亲政。但慈禧是个嗜权如命的女人，在她漫长的守寡生涯中，唯一能填充她那躁动不安的内心世界，就是永无止境的权力欲。因此，她厚着脸皮赖在帝后的宝座上，死活不肯把朝政交给同治。

但总这样下去也不是办法,她总得找个借口吧!于是乎,她就对同治帝的学业感兴趣了。这兴趣非同一般,她的兴趣专放在同治帝学习的缺点上,在他的"典学无成"上大做文章。

想当初垂帘听政时,慈禧明明内心欢喜,连睡觉也要露出一丝笑意,而表面上偏偏装出万不得已,被逼无奈的样子,假惺惺地声称:

"垂帘之举,本非意所乐为,唯以时事多艰,该王、大臣等不能无所禀承,是以姑允所请,……一俟皇帝典学有成,即行归政。"

既然当时明言撤帘的条件是"皇帝典学有成",那么以皇帝"典学无成"作为迟不归政的借口,就万无一失了。因此,慈禧就不惜在自己儿子的学业问题上大做文章了。

一般来说,皇子或皇帝的学业,虽然关系到一国的兴亡,但属皇室家事,由皇帝、皇后或宗室亲王在内廷管教。慈禧则不然,在这件事上她突然采取了少见的"公开办事"方针。在召见军机大臣时,大谈特谈皇帝"典学无成",而且加以无限渲染夸大,竟说一个已读了十来年书的孩子"认字不清""读不成句"。把一个皇帝贬成如此低能,而且出于生母之口,可谓史所罕见。俗话说"家丑不可外扬",慈禧之所以这么令人惊讶的"开明",并不像她自己标榜的那样,是为了天下之大公,而是想让天下的人都明白——皇帝虽然已经十六岁了,但还不能担当起管理国家的重任,必须由我这个精明过人的太后继续掌权。

事实上,同治帝虽因受到慈禧太后的精神压迫和折磨,学习兴趣大减,学业进步不大,但绝不至于像慈禧太后所夸张的那样,一点进步也没有。同治帝随着年龄的增长,逐渐产生了自我意识,在许多事情上已经能够独自思考、有自己的主见。在学业上,他对背书、念书这样机械记忆的课程已不感兴趣,而较偏爱作诗论文等能发挥创造性的课程。下面略举几件书房中的小事,可窥见一斑。

同治九年八月初七日(1870 年 9 月 2 日),同治帝早晨在书房中表现很不好,晨读时哼哼唧唧,一看就没用心念。师傅一再督促,让他念得清楚点,他这才打起精神来读书,一气读了一个半小时。下午时,由徐桐讲"朋党论"。同治帝对这个古板无味的道学师傅本来就不太喜欢,这天他却借讲课时论起政来。当他讲到"君子所惜者名节"一句时,啰啰唆唆地反复阐释,其用意是攻击以奕䜣为首的"清议派",说他们空谈名节,无益于国家。同治听了,觉得他说得很没道理。他对奕䜣等标榜风节,敢于纠弹时政,违背慈禧太后旨意的一批"清议"官员早有所闻,并怀有钦佩之意。今天听徐桐在讲课时影射"清议派",心中不以为然,便在书房中与徐桐辩论起来,反对徐桐的这种说法。

还有一次,翁同龢给同治帝讲"三习一弊"疏,当讲到君子和小人在才和德方面的差异时,同治帝很感兴趣,一连提出好几个问题,让师傅解答。最后,他得出了自己的见解:

"那只有德而没有才的人,不足以算作君子。"

翁师傅看出来了,同治帝说这句话是"意有所在"。

当然,同治帝的见解不一定正确。同治九年十一月初二日(1870 年 12 月 23

·擅权乱政·

图文珍藏版

日），翁同龢给同治帝讲《明史》中的"洪武定内官官制"一节,这节主要是讲明太祖怎样管束宦官的事儿。当讲到"当今畏法,无使立功"一句时,同治帝提出了反对意见。他联想到自己在设计智除安德海那个最令他得意的壮举中,多得身边太监出谋划策,立有大功。因此,他认为"当今畏法"是对的,而"无使立功"则错了。他反问翁师傅:"人家太监想效忠皇上,为皇上立功,这有什么错?"翁师傅为了说服同治帝,累得他唇干舌燥,反复陈述使用太监的利害,但最终还是没有说服同治帝。同治帝仍在为不让太监立功这句话而愤愤不平。翁同龢回到家中后,还为这件事烦恼,令他担忧的是,如果皇上真的有使用太监这种想法,那么阉人干政之害必将隐伏其中了。一想到这,他不禁发出一声沉重的叹息:

"嘻,可虑哉!"

从学习情况来看,同治帝在书房中表现时好时坏,并非天天都那么懒散厌学。

作诗一般能体现出一个人的文化涵养。同治帝在十五六岁时,在诗歌创作方面确有进步。同治十年三月初八(1871 年 4 月 27 日),翁同龢出了一首诗题:"以祈甘雨"。同治帝对祈雨十分熟悉,他一年说不上要参加多少次祈雨的活动,因而这首诗写得颇有意境。

翁师傅对他这首诗感到很满意,就帮助他进一步推敲和锤炼诗句。正当两人专心致志地切磋诗句时,外面忽然喜降甘雨,为这首诗增添了一份意境,皇上不禁欢呼起来。

过了几天,同治帝又以"池花春映月"为题作了一首诗,这诗描写得相当细腻,其中"风吹香暗度,日映影频移"一句尤为妙笔。翁同龢称赞说:

"从这句诗,可见皇上诗笔大有进步。"

慈禧太后对自己亲生儿子的这些进步,不能一点也不知道,但她却对此视而不见,专门找同治帝的缺点,在众大臣面前一再羞辱和糟蹋这个傀儡皇帝的名声,其用心何其险恶!

慈禧对同治帝的责难,不仅大多言过其实,有些实际上是故意吹毛求疵。翁同龢曾就慈禧所谓同治帝"说话不清""语言謇吃"一事,有过这样的辩白记录:

一次,慈禧在面见军机大臣时,当场让同治帝询问各大臣的年龄,同治帝应声询问,问得明明白白、十分清楚,根本没有"说话不清"的问题。

至于说同治帝说话口吃、举止畏缩、没有帝王之相,这些恰是慈禧太后亲手造成的。翁同龢一针见血地指出:"盖督责过严,故诸事拘泥,其实不至如是也。"

慈禧称同治帝"诗无成诵者""认字不清",更是无稽之谈。有一次,同治帝曾万分委屈地向师傅们解释了所谓"认字不清"之真相。原来,那天慈禧偶然指着贴在高处的字问他念什么,因他实在看不清楚,因而回答不上来,结果得到了"认字不清"的训斥。

慈禧太后就是通过这种卑鄙的手段,在牺牲自己亲生儿子的基础上,来保持自己垂帘听政的权力。

同治帝的悲惨命运,就这样被注定了。

同治帝的性格很像他的父亲咸丰皇帝,重情感而少理智。

在这一点上,他与生母慈禧的禀性格格不入。慈禧喜欢权势,在争权斗争中,能保持高度的理智和镇静,采取果断阴狠的手段,置政敌于死地。而同治帝则不然,他注重人与人之间的感情交流。因此,在他的生母慈禧和嫡母慈安之间,他更喜欢温柔贤淑型的慈安,而不喜欢冷峻理智型的慈禧。在他的几个师傅中,他较喜欢重情感的李鸿藻和翁同龢,而不喜欢整天板着一副"道学"面孔的倭仁和徐桐。在他所学的各门课程中,他偏爱能抒发情感、显露文采的作诗、属对等课,而不喜欢《四书》《五经》等阐发义理的课程。

讲作诗、属对的老师,正是颇有文彩又通情达理的翁同龢。翁是个很讲感情的人。

由于这对师生性格相近,因而能心气相通,教学效果自然胜于其他科目。

至于在武功方面,同治帝据说也可以。同治五年秋季,到了九月初二日(10月6日)那一天,上书房正式给皇上开射箭的课。以前只是练拉弓,现在皇上已十四岁了,可以习射了。太监早已在院中安置好靶子,皇上面向西站好,距靶子有十来步远。先由御前大臣奕山领射,教皇上怎样放矢,怎样瞄准,然后让皇上射。他多年练习拉弓,着实有些臂力。只见他轻松把弓拉开,连射三箭,除了一箭没中外,其余二箭正中靶上。第一次习射就取得这样好的成绩,群臣一片欢呼。这说明,同治帝武功的功力还是蛮不错的。

十二　婚姻悲剧

到了同治十一年(1872年),同治帝已经由一个少年出落成一名相貌魁伟的青年。这位青年皇帝年已十七,正当青春盛年。慈安太后一再向慈禧提出尽快为同治帝操办大婚的意见。

慈禧何以不愿意早已当个受人尊敬的"婆婆"呢?为什么偏偏和自己的儿子过不去,不让他早日成婚呢?理由很简单,按中国的习俗,"成家"与"立业"是合二而一的事,孩子一旦结婚,就正式被当作成年人看待。同治结婚后,慈禧撤帘归政就势在必行了,而这正是她心里一百个不愿意的事。

但这事已经实在拖不下去了。慈禧太后万般无奈,只好同意在同治十一年为同治帝筹办大婚。但她在这件事上又耍开了小心眼儿,想在皇后的人选上做点文章。

于是,内务府乃遍召满蒙大臣的女儿,入宫备选。经过一层层过筛子式的严格挑选,最后只剩下十名候选人。在这十名秀女中,慈禧

同治大婚壁挂

看中了一个长相、性格与自己非常相似的富察氏。慈禧想,如果立她为皇后,一定易于受自己摆布,那么她这个皇太后仍能操纵朝政。

慈安太后却另有看法。她看中的是蒙古状元崇绮的女儿阿鲁特氏。阿鲁特出身于书香门第,自幼受到良好教育,容貌虽不如其他几位秀女漂亮,但长了一幅雍

容端雅、气度不凡的尊贵相,一看便是大家闺秀,让人望而起敬。

这样一来,两宫便暗中较量,各自召同治帝密议立后之事,都想让同治帝选自己中意的秀女。同治帝从内心来讲,非常敬重慈安太后而且他也赞同慈安的意见。

这年的阴历二月初二,最后一锤定音的关键时刻到了。经过复选,只剩下最后四名秀女了。这四名秀女何者为后,何者为妃,何者为嫔,就看皇帝手中那把玉如意递到谁的手中为定。

同治帝拿起玉如意,面色凝重地走下宝座。他面对这四名国色天香的八旗名媛,一时不知如何是好。他回头看了一眼慈安,见她投以鼓励的目光。再一看坐在旁边的慈禧,只见她那透人胸肺的锐利目光正在望着自己,分明是在警告他要听自己的话。同治帝越发感到紧张了,一时感到口干舌燥,呼吸局促。他为了恢复镇静,就传呼献茶,太监马上把茶送来。他拿起茶杯,若有所思地啜了一口。忽然,他猛地想起了一个主意,一下子把茶水泼在地上。然后,他让凤秀之女和崇绮之女从泼了茶水的地上走过。

凤秀之女是个爱美、爱干净的女孩,只见她提起自己那件漂亮精美的皮袍,低着头看着地上的水,小心翼翼地从茶水上走过去。

崇绮之女则不然,在今天这种场合,有两宫皇太后及皇帝在跟前,无论如何不能失仪。只见她仍像平常那样,迈着端庄稳重的步子,缓缓地从茶水上从容走过,根本不在乎地上的茶水。

同治帝见她们俩都走过去了,就对两宫皇太后说:

"提衣服的爱衣,不提衣服的知礼。选后取德,选妃取色。儿愿立崇绮之女为后。"

说着,他把那柄玉如意就交到崇绮之女手中,后宫主位就这样定下来。

这时,慈禧太后气得脸色铁青,恨不得上前把那柄玉如意抢回来,亲自交给凤秀之女富察氏。但同治帝说的都在理上,也怪那富察氏太不争气,在关键时刻还顾惜自己的衣服,以至因小失大。

慈安太后见慈禧生气了,便有些不好意思,忙把选妃的荷包抓在手里,让同治帝送到富察氏手里,封她为仅次于皇后的皇妃。

当天就发布了皇后及妃嫔们挑选的结果:

第一道谕旨:"兹选得翰林院侍讲崇绮之女阿鲁特氏,淑慎端庄,著立为皇后。特谕。"

第二道谕旨:"皇帝大婚典礼,著钦天监诹吉,于本年九月举行。所有纳采、大征及一切事宜,著派恭亲王奕䜣、户部尚书宝鋆,会同各该衙门详核典章,敬谨办理。"

第三道谕旨:"员外郎凤秀之女富察氏,著封为慧妃。知府崇龄之女赫舍里氏,著封为瑜嫔。前任副都统赛尚阿之女阿鲁特氏,著封为珣嫔。"

同治帝按自己的心愿选定了一后一妃二嫔,内心十分高兴。对未来的生活充满了美好的憧憬,就盼着九月份的大婚典礼了。

他哪里会想到,违背慈禧太后的意志会给自己未来的婚姻生活带来多么严重的后果。后来的事实证明,他的这一选择,不但给自己,也给那位贤淑的皇后带来了巨大的人生悲剧。

八月十七日（9月19日），是"大征"的日子。所谓"大征"，就是下聘礼，特派礼部尚书灵桂为正使，总管内务府大臣桂清为副使，持节至后邸行大征礼。聘礼由内务府预备，除了赐给皇后家大量文马、金银器皿、缎匹外，还有甲胄、弓矢等带有满族特点的聘礼。

这时，皇后已在宫女随侍下来到太厅受诏。宣读完后，就公布聘礼单子，然后依次一一亲授。

九月十三日（10月14日），开始举行册立皇后、皇妃的仪式，同治帝派官员告祭天地、太庙后殿和奉先殿。九月十四日凌晨四点，同治帝早已穿上礼服，来到太和殿，亲自阅视一遍那篇拗牙难读的"皇后玉册"和"皇后之宝"。这玉册上的字全用纯金铸成，缀在玉版上，由工部承制，共花用黄金千两。而"皇后之宝"亦用赤金铸成，四寸四分高，一寸二分见方，交龙纽，满汉文，由礼部承制，亦报销黄金千两。然后是任命册封的使臣，正使是威望最高的惇亲王奕誴，副使是贝勒奕匡。

当庞大的册封队伍来到皇后家时，崇绮全家早已是灯火辉煌，皇后的全副仪仗，一直排出两面胡同口。在鼓乐喧阗声中，供奉玉册金宝的龙亭缓缓停在崇绮家门前，正副使一个捧册，一个捧宝，徒步走进大门。崇绮全家早已在门口跪接，在大厅安放好册、宝，方请皇后出堂，正中面北跪下，听宣册文。然后是接受册、宝，这册立大典就算完成了。与此同时，又派大学士文祥为正使，礼部尚书灵桂为副使，持节斋册印，前往册封富察氏为慧妃。

下午四点，慈安、慈禧两太后在慈宁宫升座，同治帝前往行礼，然后又来到太和殿，接受百官朝贺。贺毕，派惇亲王奕誴为正使，贝子载容为副使，持节至皇后邸行奉迎礼，也就是民间的迎亲礼。在民间，一般是新郎亲自前往迎亲，但皇帝以九五之尊，不能屈尊亲驾，因而用一柄龙形玉如意，上面由皇帝亲书一个"龙"字，放在迎亲凤舆中，就算是皇帝亲临奉迎皇后。

迎亲的队伍以册、宝为前导，凤舆居中，抬凤舆的校尉都穿绛红绣服，随后是一眼望不到尾的仪仗。旌旗、宫扇，上面都绣着鸾凤图案。队伍前后有宫灯三百对，灯罩是由景德镇御窑厂特意为婚典制造的。内务府给该厂拿了一只乾隆年间的样品，质地洁白透光，中含花纹，美妙绝伦，远胜玻璃。样品拿来后，该厂竟无一人能造出这样精美的灯罩，只好派人各处寻访，最后终于找到一位八十多岁的老工匠，他家藏有烧制这种灯罩的秘方，但秘不示人。官府用重金赂之，方肯献出。按照这个秘方，终于烧出了与样品一模一样的灯罩。

这天晚上普天同庆，全国百姓都要张灯结彩。整个京城更是万家灯火，色彩斑斓。尤其是从午门至皇后家的御道上，排列着数百盏宫灯，恰似一条白色的银链，把沿途照耀得如同白昼。这天，同治帝和皇后都身着红色的龙凤同和袍，宫中执事及命妇都戴上了大红罩袖，宫殿全部悬挂红色彩绸，地上铺着大红地毡，……以红色为基调的衣着和装饰，把喜庆气氛渲染到了极点。

子夜零点，大婚典礼的高潮到了。皇后的凤舆开始起驾进宫，一时鼓乐齐奏，仪仗、车辆一字排开，其后是无数的宫灯和喜灯，闪出令人目眩的异彩。在这长蛇阵般送亲的队伍中，簇拥着皇后乘坐的黄缎盘金绣凤肩舆，由十六名校尉抬着，缓缓地在通往乾清门的御道上行进。沿途挤满了观看的百姓，御道两旁排着一队队太监，当皇后的凤舆走来时，宫监们立即拍手相应，掌声此起彼伏，沿途不断。

这时,同治帝早已等在乾清宫了。当他听到午门楼上钟鼓齐鸣,知道母仪天下的皇后已由大清门进宫了。皇上立即起驾,前往坤宁宫,准备在那里与皇后拜天地。

皇后凤舆入乾清门,皇后下轿,一手拿着一个苹果。随侍女官把苹果接住,福晋、命妇立即捧上宝瓶,内藏特铸的"同治通宝"、金银线、小金银锭、金玉小如意、红宝石以及杂粮五谷,一瓶虽小,却盛着人间富贵,是名副其实的"宝瓶"。皇后手拿宝瓶,缓缓进入交泰殿。在入殿门时,在门槛上设一双朱漆马鞍,鞍下放两颗苹果,皇后跨过去后,就可以"平平安安"。这时,皇帝也驾至交泰殿,在一片鼓乐声中,皇帝、皇后一起下拜,成为"结发"夫妻。

然后是拜寿星、拜灶君,行合卺礼,……繁文缛节,从半夜一直折腾到天明。

这次同治大婚,共用银一千一百万两,比光绪大婚用银五百五十万两多一倍。由此可见皇家婚礼之奢华和排场。

按理说,同治帝的婚姻生活应该很美满。他对自己的皇后阿鲁特氏十分中意。他爱她端庄娴淑,爱她知书达礼,爱她雍容不俗。因此,小俩口在婚后可谓互敬互重、相亲相爱。犹如鸳鸯戏水,甚为相洽相得。

据说,在大婚之夜的洞房花烛下,同治帝想试一下这名状元小姐的文才,便要新娘子吟诗助兴。皇后不愧状元之女,竟一气吟了杜甫的"秋兴"八首。她那清柔的嗓音恰如莺歌燕啼,娇脆宛转,喜得同治帝心花怒放,倍加怜爱,度过了一个无限缠绵的蜜月良宵。

大婚之后,同治帝和皇后如胶似漆,耳鬓厮磨,好不惬意。

看见这对新人感情这样好,极力促成此事的慈安太后感到由衷的高兴,她为他们婚后的幸福生活而感到欣慰。每当皇后到她那里侍膳时,她总是让皇后早点回宫,好多有时间陪皇上。

慈禧太后则恰恰相反。同治帝去看她的次数本来就不多。婚后又沉浸在幸福的新婚生活中,去看她的次数就更少了。慈禧由此生出无限的怨恨。她恨儿子娶了媳妇忘了娘,更恨把儿子对自己少得可怜的一点爱也全部夺走了的儿媳。当然,这其中也含有一丝对新人甜蜜幸福的嫉恨。当她自己孤寂地独守深宫时,一想到依偎欢爱的儿子、儿媳,慈禧的嫉妒之心便油然而生。

令慈禧最不能忍受的是,同治帝大婚后专宠皇后,对色冠后宫的瑜嫔也不错,而偏偏冷落了慈禧中意的慧妃,因此,她决定出面干预了。

她先是给皇后使脸子。每次皇后入见她都拉下那张原来就透着一股阴冷的老脸,说话时不冷不热,阴阳怪气,挟风带刺。这样一来,搞得皇后惶恐不安,不知自己在什么地方得罪了婆婆,天天提心吊胆,手足无措,这给她新婚的甜蜜生活蒙上了一层阴影。

这还不算,慈禧又把政界上用熟了的挑拨离间手腕用于处理家事,常在同治帝面前贬低皇后,赞扬慧妃。皇后体态较为丰满,走路四平八稳,慈禧便常指使她自己拿这拿那,故意让她来回奔走,稍慢了点儿,便责她动作笨拙,礼节不周,皇后面容端凝,平日不苟言笑,只是在见到皇帝时,才露出一丝让人回味无穷的微笑。正因为这笑千金难买,所以同治帝尤为珍爱。而慈禧最嫉恨的也是皇后那动人魂魄、倾国倾城的微笑,常骂皇后是"狐猸子",让皇帝不要被她迷惑。

这对新人刚刚度完蜜月，慈禧便向同治帝摊牌了。一天，她把同治帝叫去冷嘲热讽地责备他婚后冷淡了自己，并把责任推给皇后的狐媚。最后她终于露出了自己的真意：

"慧妃非常贤明，你应该多加眷顾，好好待她。皇后年少，不懂礼节，皇帝不要总到她宫中去，妨碍了政务。"

同治帝听了心中十分气愤。这分明是无中生有，不让自己和皇后在一起。同治帝虽然心里愤愤不平，但这些话怎敢向施惯了淫威的慈禧说。虽然嘴上诺诺答应了，但回去后仍然我行我素，和皇后的关系越发亲密。

慈禧一看自己的话没起作用，便采取了切实的干预措施。她常常派太监查看同治帝与后妃同房的记录。这些记录由敬事房太监掌管，按大清宫中制度，皇帝和皇后同房，由敬事房太监按日记录手册，以备推算受孕的日期。但皇帝和妃嫔同房则不然，一般是在每天晚膳时，太监把写有妃嫔的绿头牌（又称膳牌）装在一个大银盘中，跪奉给皇帝，皇帝如果无意和妃嫔同房，便说一声"去"。如果有意于某妃嫔，便把那张膳牌翻过去，太监下去，把该妃嫔的名字登记在"承幸簿"上，然后把该簿呈给皇后，由皇后钤印，方可召幸。晚上，那将被召幸的妃嫔先在自己宫中梳洗打扮，然后由太监用红毯裸体抬到皇帝寝宫，妃嫔赤身从皇帝脚下掀开被子，爬进皇帝的被窝。敬事房太监则退出寝宫，静候于窗下。如果等的时间长了，太监便高唱一声："是时候了！"皇帝不应，再唱一声，唱过三遍，皇帝须让太监进来，把蒙幸妃嫔从皇帝脚下拖出，仍用红毯包裹起来，送回妃嫔自己的宫中。去后，太监须跪下请旨："留不留"？皇帝如果说"不留"，太监便在妃嫔后股穴位上稍微一按，龙精便流出来了。皇帝如果说"留"，太监就在"承幸簿"上记下来"某月某日某时，皇帝幸某妃。"也是用来推算受孕日期。

这样一来，慈禧太后便对同治帝与后妃同房的情况摸得一清二楚。同治帝与妃嫔们同房时，慈禧便平安无事。一遇同治帝与皇后同房，第二天慈禧一定要找碴训斥皇帝或皇后一顿。皇后为了皇帝少挨几顿训，便有意对同治帝冷落起来。一天，在同治帝的一再追问下，善良的皇后才哭诉了其中的缘由。同治帝听了大怒，索性独住乾清宫，既不去皇后寝宫，也不召幸妃嫔了。

慈禧见同治帝很少与皇后同房了，自以为得计，暗中高兴。但听太监报告，说同治帝连妃嫔也不召幸了，就有些着急了。一天，她竟替皇帝做主，命敬事房太监把慧妃抬入同治帝寝宫，想让皇帝以后专宠慧妃。同治帝再也忍不下去了，他责问太监：

"朕没揭膳牌，谁让你把慧妃抬来！"

太监吞吞吐吐地说："太后怕万岁爷独居寂寞，让慧妃陪万岁爷说话。"

同治帝听了大怒，喝道："朕连召幸妃嫔也要别人做主吗？就是老祖宗来，也休想管朕的事！"

太监碰了一鼻子灰，讪讪退下，把慧妃送回宫去。

原来一对幸福的鸳鸯，被专横的慈禧强行拆散了。皇帝和皇后虽近在咫尺，却丝毫不得亲近，慈禧在他们中间硬是画上了条不可逾越的"天河"。同治帝美满的婚姻生活，就这样断送在自己的亲生母亲手里。

十三　同治亲政

同治帝大婚后,亲政问题已迫切地提到议事日程。按理说,同治大婚当年,即当亲政。但慈禧对权柄爱不释手,仍然装聋作哑,不提亲政之事。

慈禧垂帘十余年,把持朝政,笼络了一批朝臣,他们与慈禧早已结成依附关系。因此,这批臣子对慈禧撤帘归政也有不安之感。同治十一年(1872年),慈禧因日夜操劳,在选后问题上痛遭挫折,自己中意的人选竟被慈安选中的人所代替,憋了一肚子火。眼看皇帝大婚后就要亲政,她更感焦虑不安。这样一来,她的情绪不佳,郁结生病,常常"圣体违和",不能临朝听政。一些"忠臣"为此甚为忧心,一名叫李宏谟的御史,竟迫不及待地上奏,吁恳慈禧早已临朝"召对"。同治帝见了,大不高兴,明发一道上谕,予以谴责。

慈安太后正好相反。她虽位居东宫正位,地位高于慈禧,但对玩弄权术一向不感兴趣。当初垂帘之举,只不过是受慈禧利用,不得不应付一下。名义上两宫听政,实际上事权都让给慈禧,每次听政仅是陪坐而已。

垂帘听政本非慈安乐为之事,因而当同治帝大婚后,就想立即撤帘归政。但她也深知慈禧嗜权如命的个性,因而不能自作主张,免不了要向慈禧做一番"思想工作",讲明归政后颐养天年的好处。慈禧虽然心中很不愿意,但慈安的倡议很有道理,再厚着老脸不归政,怎么也说不过去了。万不得已,勉强同意明年撤帘归政。慈禧认为,同治帝尽管对自己不那么亲近,但毕竟是自己的亲生儿子,朝中大事,会找自己商量的,这样大权还在自己手里。

一看慈禧太后答应归政,同治帝和大臣们不能不表示酬劳安慰之意。于是,借着大婚的喜庆气氛,在同治帝十一年十月(1872年11月),举行隆重盛典,给慈安、慈禧两太后敬上徽号,慈安徽号为"端裕",慈禧徽号为"端佑"。

同治十二年正月二十五日(1873年2月22日),两宫太后正式宣布撤帘。

二十六日,年轻英俊的同治帝御临太和殿,接受王以下文武大臣官员的朝贺。从此以后,他成为大清朝名副其实的最高统治者。为了彻底摆脱垂帘的阴影,他把办公地点从养心殿移到乾清宫,常在那里单独召见臣工,独自裁决军国大事。这一天,各口岸的中国船只有史以来第一次挂起龙旗,以示庆贺。

同治帝操政柄后,确有一股奋发有为的热情。他在亲政的第三天,就下令整顿财政,严禁内务府动支户部款项。谕令各省督抚举荐人才,以备任用。下令各地整顿厘金,严禁官吏侵渔百姓。让言官踊跃进谏,广开言路,以备采择。……他一改过去懒散的习惯,召对大臣,细览章奏,兢兢业业,井然有序,就连御史考试,他也亲自与他的师傅徐桐商量试题。徐桐深感欣慰,说同治帝"天语昭然,于是非贤奸,辩之甚晰。"

同治帝满以为自己这样勤于政事,一定能得到慈禧太后的赞许,不辜负两宫太后归政时的谆谆教诲和殷殷期望。但他这回却彻底地错了。

慈禧太后在归政时发布的懿旨中说了一大通冠冕堂皇的漂亮话,都是做做样子的违心之言。可怜同治帝年轻幼稚,竟信以为真。慈禧之本意并没放在同治帝能否"励精图治"上,而是希望他亲政后,仍然像以前那样,"只承家法","夕惕朝乾"，小心谨慎地侍候她，事事向她请示，向她汇报，听她的指教。

同治帝亲政后，当然不会忘记太后归政之恩。他在亲政不久，就又一次举办大典，给两宫太后恭上徽号，慈安太后加的是"康庆"二字，慈禧加的是"康颐"二字。而且还主动增加了拨给两宫太后的"交进银"，从原来的每年银十万两增至十八万两。

但慈禧并不满足于此，她孜孜以求的，仍是能握有朝廷大权。而同治帝在这一点上却毫无表示。他天天独自处理朝政，从不请示汇报。没多久，慈禧就忍不下去了。把同治帝召来大加训斥。同治帝性格刚强，非常执拗。她要干预政事，同治帝偏置之不理。这样一来，母子俩的矛盾越来越深，慈禧越发不给同治帝好脸子。同治帝为此非常伤心，终于认清了自己生母的真面目。一想自己无论怎么努力，也是白费力气。因而刚亲政时的热情一下子被贪权的母后给浇灭了。

同治帝亲政后，生母慈禧太后仍然时时干预政事，就像一个摆脱不掉的阴影那样笼罩着他，让他时时有一种被束缚、被窒息的感觉。他已是十八岁的青年，正是血气方刚的时候，他喜欢自主，对慈禧"无微不至"的管束实在难以忍受，因而绞尽脑汁地想怎样才能把慈禧的注意从"权"上转移开。很快，他从太监那里得知慈禧太后对重修圆明园很感兴趣，不由得心生一计——重修圆明园。这一来既可讨慈禧的欢心，让她少对自己使脸子，又可公开表明自己对太后的孝心，戳穿慈禧向人散布自己"不孝"的流言，三来可让慈禧太后离开紫禁城，在圆明园的美景中消磨时光，无暇过问政事。当然，也不排除自己在政事闲余，也有一个散心的好去处。有了这些个理由，他就决定重修圆明园。

他向两宫太后提出修园的想法后，慈禧太后立即表示赞同，博得她少有的夸奖。其实，慈禧早已动过修园的念头。

慈安太后也知道修园之举不得人心，但替同治帝一想，要不用这个法子，确实无法摆脱热心干政的慈禧，这实在是没有办法的办法了。只能默许了这件事。

同治帝见两宫太后同意自己的主意，就在同治十二年九月二十八日发布一道上谕：

> "朕念两宫皇太后垂帘听政十一年来，朝乾夕惕，倍极勤劳。……自本年正月二十六日朕亲理朝政以来，无日不以感戴慈恩为念，朕尝观养心殿书籍之中，有世宗宪皇帝御制圆明园四十景诗集一部，因念及圆明园本为列祖列宗临事驻跸听政之地，自御极以来，未奉两宫皇太后在园居住，于心实有不安。固以回复旧制为念。现当库款支绌之时，若遽照旧修理，动用部储之款，诚恐不敷。朕再四思维，唯有将安佑宫供奉列圣圣容之所及两宫皇太后所居之殿，并朕驻跸听政之处，择要兴修。其余游观之处，概不兴修。……庶可上娱两宫皇太后之圣心，下可尽朕之微忱也。"

这道上谕一发布，内务府官员及一些当权太监不禁万分欢喜。他们正愁没有贪污搜刮的名目，修圆明园是一个大兴土木的工程，正可借机大肆侵吞公款，收取贿赂。内务府官员早就通过太监鼓动太后及皇帝兴修圆明园，同治帝的这一决定，也有他们的一份怂恿之功。他们终于如愿以偿，乐颠颠地忙着做开工的准备去了。

但这一举动立即遭到多数朝臣的反对。在上谕颁布的第三天,就有一名叫沈淮的御史上书直言,以目前西北回乱未平,南北均有旱涝为由,劝皇上此时不宜大兴土木,否则引起百姓议论,"有累圣德"。

同治帝闻奏大怒,立即召见沈淮,从"大孝养志"之义立言,把沈淮狠狠地斥责了一顿。

但又有一个名叫游百川的御史,竟殚思竭虑地想出了另外一条劝阻皇上修园的理由,那就是想用"洋人"吓一吓同治帝。他上奏说:

> "圆明园经变之后,岁久失修。山水景物,今昔悬殊,且并无城垣。虽有宿卫之森罗,而门禁不能如内城之严密。臣闻近年西山一带时有外国人游骑其间。万一因我皇上驻跸所在,亦生瞻就之心,于圆明园附近处所修盖庐舍,听之不可,阻之不能,体制既非所宣,防闲亦恐未备,以臣愚悃,不无过虑。"

同治帝本来就烦洋人,一看游百川的奏折,不由得火冒三丈。立即把他召来,痛加训斥。他厉声责问游百川:"你也有父母,哪有父母想要,而你偏不给的道理!"但游百川不同于沈淮,是个刚直不阿、能言善辩之士。他在皇帝训话之余,仍面不改色,谔谔数百言,声震殿瓦。尽管如此,还是没能说动年轻气盛的同治皇帝。同治帝怒不可遏,下朝后连夜精心炮制一篇笔锋犀制的上谕,想给劝谏修园的人一个下马威。

从此以后,有相当长一段时间没人再敢出面谏阻同治帝兴修园工之事。于是,圆明园修复工程便紧锣密鼓地开工了。慈禧太后兴致尤高,她以太后之尊,不惜躬亲画样,详订款式。同治帝也数次巡幸圆明园遗址,亲自实地踏查。这母子二人,一时彼此心照不宣,甚为相洽相得。

但修园之举,毕竟不得人心。那些在西北舍生忘死、拼杀疆场的将士们,听说皇帝和皇太后不顾国库空虚,将要大兴圆明园修复工程,无不感到万分忧虑。

京官们渐知皇帝修园的心情,知道已无法劝谏,只好对此事保持沉默。但京外官员仍不时有劝阻的奏言,其中有个名叫谢维藩的,是个山西学政,他的谏阻之言写得入情入理,让人看了无可辩驳。他在奏折中首先肯定了同治帝修园的动机是高尚的,是由于对两宫太后至诚的"孝心"。接着,他便在怎样才能尽孝上做开了文章。他说:今日的圆明园,是个令人怵目伤心的地方,并非赏心悦目去处。想起庚申年英法联军火烧圆明园的事,真是令人不堪回首。近日臣经过那里,只见一片林莽荒翳,不禁嘘唏泪下。现在大仇未报一旦修葺其地,皇太后、皇上每年住在那里,看见昔日的一台一榭已非旧貌,就会想起当年咸丰皇帝所遭受的苦难,皇太后一定非常悲伤,一天也住不下去了。皇上本想以此取悦两宫太后,反而会使她们触景伤情。这样一来,娱目转致怆心,承欢适以增戚。同时,谢维藩又提出经营西苑的建议,认为西苑景致很多,地近宫禁,往返方便。同治帝虽然不以为然,尤其是西苑地近宫禁一层,更是与他修园的初衷背道而驰,他巴不得把慈禧支得越远越好,怎肯费了很大工程,让慈禧仍住在皇宫附近的西苑呢?但这话又不便对外明说,其他理由又找不到,只好装聋作哑,把谢维藩的折子"留中"不发了事。

就这样,同治帝和慈禧太后不顾群臣反对,力排众议,开始了规模浩大的修园工程。

重修圆明园,说起来容易,做起来就难了。首先遇到的一个难题是"钱"。圆明园是康熙、雍正、乾隆三大盛世动用全国物力兴修起来的,同治帝虽然声称只是部分修缮,但其费用仍然十分庞大,据预算至少需银一千万两。在多年战乱之后,国库银两大多消耗于军费,早已是入不敷出,哪里有钱用于修园。内务府的人常常跑来要钱,搞得同治帝一筹莫展。万般无奈,只好发起了一次募捐活动——下谕让众大臣为重修圆明园报效园工银两。

此令一下,在官员中立时引起一片不小的骚动。惜财如命的大臣们见皇帝把手伸到自己腰包里来,不免有些心痛。但圣命难违,只好怏怏地勉强拿出一些银两,以应付皇帝的号召。

第一个带头报效银两的是恭亲王奕䜣。同治十二年十月初四日(1873 年 11 月 23 日),他率先派人把二万两纹银交到内务府,并声称受恩深重,不敢仰邀嘉奖。

在他的带动下,内务府官员明善和贵宝也自告奋勇地分别捐银二万两和一万五千两。他们是鼓动修园最积极的人,他们这样慷慨大方,是有所企图的,这叫"欲先取之,必先与之。"皇上见他们捐款积极,定可把主持修园肥差交给自己,那时就能中饱私囊、一本万利。

其他大臣虽然各怀心腹事,但也都不得不有所表示。内务府大臣崇伦捐了一万两。同治帝的老师、以"清官"著称的户部右侍郎桂清也捐了两千两。此后,各大臣陆陆续续地前来捐银,但捐得并不像同治帝和内务府大臣所预期的那样踊跃,捐万两以上的极少,大多是二三千两。后来,有些亲王、大臣竟声称从自己的薪俸中扣几百两银子,就算是略表"报效之忱"。

同治帝见状,万分焦急。心想大臣们捐银不踊跃,可能与奖赏没及时兑现有关系。开捐之时,因为恭亲王给定了"不敢仰邀议叙"的调子,别人也跟着谦虚一番。其实,哪有白白往出掏钱,自己毫无所求的大臣,只是嘴上说点漂亮话,实际上无不希望能因此捞些好处。同治帝年轻单纯,开始并没悟出其中奥秘,因而只在报效的折子上批写"知道了,钦此。"几个字。经内务府大臣婉转点拨,同治帝才恍然大悟。同治十二年十一月十三日(1874 年 1 月 1 日)乃谕恭亲王:"著总管内务府大臣核给奖叙。"

听说皇上要给奖赏,这些大臣也就不客气了,纷纷根据自己捐银数目,请给奖赏。但就是这样,到第二年的八月,捐款总数也不过四十万五千五百二十两,对于庞大修园工程来说,可谓杯水车薪。

同治十三年是个不吉祥的年头,叫"太岁冲犯"。按照迷信说法,这年凡是南北向的房屋,都不宜开工。因此,同治帝令圆明园工程务必在同治十二年年底前开工,以避开明年"太岁冲犯"之忌。同治十二年十月初七日,内务府官员进驻圆明园,第二天在安佑宫、天地一家春、清夏堂、正大光明殿等处举行了开工仪式,一班人夫开始冒着寒风清理废墟。

不久,钦天监又选定阴历十二月十六日辰时为供梁吉期,届时将正式举行上梁仪式。时间是选好了,但各宫上梁急需大批上好的木料,一时没有着落,急得内务府大臣团团转。后来想出个应急的办法,把圆明园藏舟坞的四座船坞拆除,把大柁改作正梁。这还不够，就又将近春、清漪、静明、静宜诸园坍塌殿宇上的梁木拆下来，凑合着使用。

正当同治帝为修园木料奇缺发愁的时候，在京城突然冒出一个名叫李光昭的人。李光昭是广东省嘉应州人氏，年已52岁。同治元年他在安徽省捐了个知府衔，但并未得到部照，实际上仍是个靠做买卖为生的投机商人。他到京后，听说同治帝修圆明园急需木材，不禁又动了行骗的主意。他四处钻营，终于和内务府的诚明、贵宝、成麟等直接办理园工的官员套上了关系。他鼓动三寸不烂之舌，向诚明等人吹嘘自己家道如何殷富，对皇上如何忠心，最后抛出了令内务府官员怦然心动的诱饵——说他在各省采购了价值十余万两的楠、樟、椿、杉、梓、松等巨木，声称愿把这些木料全部砍伐运京，报效园工。诚明等人听了喜出望外，这真是雪中送炭，立即把李光昭奉为上宾，酒肉相待。同时把这件事奏报皇上。同治帝闻讯，也喜不自禁，想不到自己竟有这样的忠臣，欣然允准，令成麟与李光昭同行，去各省伐运木料。并谕令各省督抚予以保护，所运木料免税放行。

李光昭如同奉了尚方宝剑，打起了"奉旨采办"的旗号，私刻"奉旨采运圆明园木植李衔"的印章，在四川、湖北等地大肆招摇撞骗。四川总督吴棠觉得此人的来路有些蹊跷，便派人暗中打探。经明察暗访，很快就揭开了李光昭的真面目。吴棠立即上奏朝廷，说四川省从未有姓李的客商购存木料，更没有李光昭其人采办木材之事，李光昭所言纯属骗局。同治帝得知此事后，因求木心切，也没当回事儿。

李光昭行骗受到地方官员的抵制，没捞到多少油水，便打起了骗洋人的主意，他匆匆奔赴香港，住进豪华客栈，包了两间高级客房，在门上贴出"钦派圆明园工程监督李寓"的长笺，雇了一个跟班的，一口一个"钦差大人"地称呼。每天乘坐一顶绿呢大轿，穿着华丽的公服，真是无比的气派，十二分的威风。

香港商界早已知道大清皇帝正大兴土木、重修圆明园。今见果有钦差来采买木料，便信而不疑。不久就有一个名叫庵忌的法国商人，首先投入李光昭的圈套，与李签了一份购木合同。谁知事有不巧，庵忌竟在木料运来之前因醉酒跌入海中淹死了，合同因此而作废。李光昭又找到一名法国商人，名叫博威利，与他商洽购买洋木三万五千英尺，讲好这批木材每尺的价格是一元五角五分，其中包括运费，总价五万四千二百五十元，计划一个月之内这批木材即可运抵天津。

李光昭在香港摆了一阵"钦差"的谱，这时已是囊中羞涩，这时叫真儿让他付款买木，一时有些犹豫，但随他而来的成麟急于想在这件事上立功，好为自己在内务府补个实缺，就不顾一切地怂恿他签订了这份购木合同。

办好手续，李光昭携带合同和木样，乘海轮北上。到天津后，他一面禀呈直隶总督兼北洋大臣李鸿章，请求海关免税放行；一面向内务府呈报，说已将一船洋木运至天津大沽港，船中装有洋木1050根，木板550块，合计洋尺五万五千五百余尺，价值三十万两，明明是价值五万余两的木材，他竟谎报三十万两，他自以为京中官员不懂英尺大小，也不晓得洋木价格，故而索性漫天报价。为了保险，他竟无耻地贿赂美国领事馆，求美国人替他隐瞒木价。

内务府的官员们接到李光昭禀文后，立即呈报给皇上，请皇上饬令直隶总督把这批木材迅速验明查收，免税放行，转运京城。同治帝自然万分高兴，"奉旨依议"。

同治帝哪知天津已闹出了乱子。李光昭做的是骗人的买卖，洋商把货运到天津后,他哪里有钱去付款提货。于是便要开了无赖,一会说款子未齐,一会又说木料尺寸与原议不合,不肯收货。这样,一拖就是一个多月。洋商眼见船货积压,万分焦急,便告到法国领事馆,由法国领事馆出面照会天津海关和天津道,控告李光昭废弃合同,有意诓骗,要求清政府拘留李光昭,令其付给木价,赔偿法商损失。这样,就引发了一场中外交涉事件。

李鸿章一看事情闹大了,就连忙上奏同治帝,把李光昭行骗的内幕及其所引起的纠纷捅了出来。同治帝闻奏,如同被人当头打了一棒,一下子醒悟过来,大为震怒,立即下谕,把李光昭革职,交李鸿章审讯,按律严办。

李鸿章奉命后,对李光昭严加审讯,得知此人不但虚报木价、欺骗皇上,而且竟假冒"圆明园监督李代大清皇帝"的名义和洋商订约,致使一件商务纠纷案件变成一件外国人与大清皇帝之间的诉讼,成了一件严重的中外交涉案,给大清皇帝的国际声望造成巨大损害。根据这些罪行,李鸿章以"诈称内使近臣"和"诈传诏旨"之罪,判处李光昭斩监候,秋后处决。

堂堂大清皇帝竟被一个小小的奸商所骗,在中外造成很坏的影响,同治帝越想越气,他恼羞成怒,批准了恭亲王奕䜣等人的建议,下令把代为李光昭奏请报效一事的内务府大臣工部尚书崇伦、工部左侍郎明善、前任内务府大臣镶黄旗汉军都统春佑三员大臣一律革职。几天后觉得处罚得太重,便下谕将上述三员大臣"革职留任"。不久,又把与此事有牵连的内务府大臣贵宝、文锡及笔贴式成麟等一并革职。这些人本想借李光昭报效的光升官发财,不想反被这个大骗子拉下了水,只好自认倒霉。

随着李光昭人头落地,同治帝才出了这口被骗的恶气。

同治帝对李光昭万分痛恨还有一个更重要的原因。由于这件骗案的败露,引发了朝官及大臣们反对重修圆明园的更大风潮。上次劝谏的大多是名不见经传的小官,而这次则不同了。恭亲王、醇亲王、文祥、徐桐、广寿等一班御前大臣、军机大臣和帝师们都纷纷上书,要求停止修园。同治帝感到这股风潮迅猛异常,自己很难抵挡。尤其在李光昭案披露后,自己有把柄被大臣们握在手里,使同治帝不免有些心虚。但他年轻气盛,不肯善罢甘休,仍咬着牙硬挺着。于是,同治朝最激烈的一场政争拉开了帷幕。

自从张罗重修圆明园以来,园工一事成了同治帝的头等大事,他隔三岔五地就往圆明园跑,说是视察工程进展。有时在那里竟盘桓终日,夜不归宫。更为严重的是,他亲政以后,未改私游旧习,仍常借视察园工为名,流连于市井之间,有几次竟被大臣撞见,引起了一片议论。

恭亲王原本就反对园工,只是碍于这事有慈禧做后台,他对同治四年差点被慈禧革职还心存余悸,因而不但没有公开表示反对,还装出赞许皇上"孝心"的姿态,先后两次带头为园工捐款。当李光昭案一曝光,同治帝私游之事也闹得满城风雨时,恭亲王觉得劝阻园工的机会来了。他采取了迂回战略,把停园工一事同"戒微行、远宦寺、绝小人、警宴朝、开言路、惩夷患、去玩好"等七件事混在一起,这样就避开了慈禧太后,直把矛头集中对准毫无政治经验的同治帝身上。

同治十三年七月十六日(1874年8月27日),奕䜣发动惇亲王、醇亲王、科尔沁亲王伯彦讷谟祜,额附景寿、郡王衔贝勒奕劻、军机大臣文祥、宝鋆、沈桂芬、李鸿藻等十重臣联衔上奏，就停园工等八事进行劝谏。这十人分别是五御前、五军机，不是同治帝的叔伯、长亲，便是宰辅命臣，可谓阵容强大，来势凶猛。

这份十重臣策划多日的奏折呈上去后，本想会立即引起皇上震动。但想不到这个折子如同泥牛入海，杳无音信。当天没见皇帝批示，等了一天也没见有什么动静，到第三天，奕䜣等十重臣再也坐不住了，就一齐"递牌子"，请皇上召见。

同治帝早已听说奕䜣等大臣正在策划劝阻园工。这些日子已有李鸿藻、李文田、李宗义、袁保恒、李瀚章、王家璧、邓铁香、宝廷、醇亲王、徐桐等十多人先后上折、轮番轰炸。现在见奕䜣亲自出马了，憋在肚里的气鼓得都要爆炸了。一见十重臣的折子，不用看就知道其中的内容了。他索性把它扔到一边，采取了不予理睬的态度。他接到奕䜣等人递的求见牌子，知道他们要面谏园工，便不许觐见。奕䜣等也来了蛮劲儿，一再坚持非要皇上召见不可。同治帝见他们步步紧逼，实在没有退路了，便负气地允许他们的进见。

这次召见一开始就带着浓烈的火药味儿，空气紧张得令人窒息。十重臣个个面色凝重，同治帝也铁着一张脸。

同治帝这时才把那份折子拆开，刚看了几行，便不耐烦地说：

"我停工怎么样？你们还有好啰唆的？"

恭亲王听出同治帝说的是气话，内心并未接受劝谏。便回答：

"臣等所奏还有别的，不止停工一事，容臣宣诵。"

说着，奕䜣从靴中拿出折底，一条一条地宣读起来，有的地方还像给小学生上课一样，反复举例讲解。这些话恭亲王憋在心里好久了，今天有机会面陈，便想一吐为快。这时他忘了君主进言要字斟句酌，不觉话越说越重，言辞越来越激烈，颇有叔叔教训侄子的味道了。当他说得正起劲的时候，猛听得"啪"的一声击案声。众臣大吃一惊，只见同治帝脸色已气得铁青：

"这个位子让给你，怎么样！"同治帝怒气冲冲地喝道。

众大臣见天威震怒，说出这么重的话来，紧张的气氛一下达到极点。大学士文祥这几天正在患病，身体极度虚弱，他见君臣之间已经僵到这份上，不禁悲痛欲绝，一声长号，竟喘不上气来，昏厥过去。

同治帝见状，也大感意外，便令人把他先扶出去。

接着，醇亲王继续对同治帝进行劝谏。他没像恭亲王那样坦直净言，而是采取以情感人的办法，说到伤心处，已是声泪俱下。但当说到"微行"一事时，同治帝听不下去了。他觉得在众臣面前揭自己的老底，面子上实在挂不住，不禁勃然大怒，大声喝道：

"那是谣言，你说，是从哪里听来的？"

醇亲王知道此事关涉皇帝天威，不好点破，便支吾不言。

这时，同治帝反而认为醇亲王对自己私游之事并没有确凿证据，是捕风捉影的传闻，竟和醇亲王叫上了真儿：

"你给我说说，我何时何地私游，有谁见到了，不然你就是造谣！"

这真把醇亲王给逼到绝路上了，不说就犯了欺君大罪，他怎能担当得起。于是，便把同治帝哪天在宣德楼小酌，哪天在龙源楼午膳，哪天去过八大胡同，哪天在琉璃厂买"闲书"，都一一提出时间、地点，甚至在饭馆要了什么菜，花了几两银子都说得准确无误。

同治帝听了,不禁目瞪口呆,就像在大街上被人剥光了衣服一样,羞得无地自容。他万分恼怒,但自己有把柄在人家手里,一时竟无话可说,经过一阵可怕的沉寂后,只听同治帝言不由衷地说:

"别的都好说,只是园工一事,是为了讨太后欢喜,我不能说停就停,得奏请太后决定。"

能得到同治帝这句话,就已很不容易了。十重臣只好退下。一场经历两个多小时的廷争,总算平息下来了。但这只是风雨欲来之前的暂时平静,一场更大的政潮正在酝酿,即将涌起更狂更猛的波澜。

同治帝回宫后,反复思忖,自己与太监微服私游之事,醇亲王怎么会知道得这么详细,是谁监视自己?是谁告的密?一定要搞个水落石出。

二十七日,同治帝召见醇亲王,想从他那里问清楚有关自己微服私游消息的来源。但事不凑巧,正赶上醇亲王去南苑验炮。于是,他便改召恭亲王。恭亲王一开始还吞吞吐吐,不肯说出真相。但在同治帝一再追问下,他最后不得不交出老底说:

"是臣的儿子载澄告诉我的。"

同治帝一听这话,便一下子明白了。心想,怪不得他们把我的底细摸得这么清楚,原来是自己身边出了个奸细。

那载澄是何许人也?他是恭亲王之子,因恭亲王的关系,他经常出入皇宫,后来又当同治帝的伴读。两小无忌,常在一起说笑,很是随便。同治帝把他视为知己朋友,什么事都不避着他。尤其微服私游之事,多由载澄怂恿和陪伴。同治帝听说这件事是载澄捅出去的,在心里恨恨地说:

"这父子二人太可恶,一个在朝上欺负我,一个阳奉阴违,背后败坏我名声。一定得给他们点颜色。"

这些天,恭亲王等十重臣为迫使同治帝就范,四下积极活动,做了许多努力。他们联衔上奏两宫皇太后,想先说服太后,然后让太后来压同治帝。同时,他们发动大臣纷纷上书,请求严惩办修园、代李光昭奏请"报效"的内务府大臣。慈禧太后以自己丰富的政治经验,觉得停止园工乃大势所趋,无法阻拦。与其继续冒天下之大不韪,硬顶着,不如索性抢先来个高姿态,把责任推给儿子,自己反倒落个"圣明"的声名。于是,她假惺惺地同意了恭亲王等人的建议,把同治帝叫来,训斥他没把事情办好。

这样一来,同治帝处于上压下挤,进退维谷的艰难境地。慈禧本来是怂恿他兴修园工的后台,现在暗中撤了梯子,反把修园所引起的一切过失都推给了他。同治帝如同哑巴吃黄连,有苦说不出,憋在心中的火如同七月燥热的暑气一样,烤得他难以忍受,恨不得一下子发泄出去。

七月二十九日,骄阳似火,热气扑人。最后摊牌的时刻到了。这天上午,同治帝召见了十重臣。先进去的是恭亲王,因为已有慈禧在后面撑腰,他这次颇有些理直气壮的感觉,在同治帝面前毫不收敛。据野史记载,奕訢一见同治帝就开宗明义地提出停止园工的请求,并再次洋洋洒洒地讲了一大篇同治帝早已听腻了的大道理。同治帝对恭亲王在太后那告他一状,通过慈禧来压服他的事正在气头上,见他又来啰唆这件事,心中顿生反感。他沉默了好一会儿,竟置亲叔叔于不顾,躺在宝座上,来表示他的不耐烦。见到同治帝这样蔑视自己,恭亲王也动了气,上前责备同治帝不应违背祖制,并引用历代先帝的祖训,实际上是借祖宗的口,谴责同治帝。

同治帝听着听着,不禁动了肝火,恶声恶气地说:"你对祖训可真熟啊,对朕的事还有什么可说的,你就尽管说吧!"

恭亲王听着他揶揄的口气,怒气冲冲地指着他身上穿着衣服说:

"皇上穿的这件衣服就不合祖制!"

同治帝一听,把脸一翻,怒声反问:

"朕今天穿的这身衣服,和你儿子载澄穿的是一样色的。你管不好自己的儿子,却在我面前指手画脚。你先退下吧,我随后就有旨意。"

恭亲王退下后,同治帝便宣军机大臣文祥殿接旨。文祥进来,见同治帝端坐殿中,面带怒色。同治帝把亲自拟好的谕旨交给文祥,叮嘱道:

"我这个谕旨先不要打开看,你下去与军机大臣同阅,快点去办。"

文祥吓得胆战心惊,一出殿门,就急忙把圣谕打开。不看则已,一看大吃一惊,原来谕旨上写着"杀恭亲王"几个字。

这段野史所记有很多传闻的成分。所谓杀王之诏并无其事。其实,诏书中写的是取消恭亲王世袭罔替称号,降为不入八分辅国公,也就是把奕䜣的爵位连降十等。这还不算,又撤去他军机大臣职务,开除一切差使,交宗人府严议。谕旨中还免去载澄的贝勒郡王衔和御前大臣行走之职。

这时十重臣都来了,他们见同治帝处理这件事如此草率,不免十分焦急,便一齐进见,劝同治帝收回成命。尤其是惇、醇两位亲王,极言对日、台湾交涉已处于紧急状态,除了恭亲王外,没人能担此重任。最后,同治帝被迫勉强收回成命,恢复了恭亲王军机大臣的职务。由于这样一折腾,本来须见分晓的停园工一事竟无人提及。

恭亲王见同治帝收回成命,觉得这个年少皇帝不能把自己怎样。上有慈禧做后盾,下有朝臣拥戴,看你能奈我何!因此,当中午同治帝召见御前、军机十重臣和帝师翁同龢时,便决定对停止园工一事发起最后一次谏争,非迫使同治帝下停工令不可。

同治帝这时已处于孤立无援的境地。就连平日看不上恭亲王的惇、醇二亲王,也都鲜明站到恭亲王一边,其他御前大臣、军机大臣无不跟着恭亲王转,看来硬顶是不行了,修园工程只好取消。一想到自己张罗了将近一年的"大事"竟被大臣们给否了,自己想摆脱慈禧太后的如意算盘也落空了,真是咽不下这口气。因此,他一见恭亲王他们,就气不打一处来。他愤怒地责问恭亲王:

"当初,我提修园,你不也赞同吗?你还带头捐输银两,现在怎么出尔反尔,非要迫使我停工!"

恭亲王听了此话,像是被人刺痛了伤口,脸上红一阵、白一阵。当时他是怕触怒慈禧,为明哲保身,不惜违心做出支持的姿态。但这话当着同治帝的面怎好意思说出口。他不愧是政坛老手,很快就恢复平静,答道:

"臣以为皇上天姿聪明,必以为事不可为,有下诏停工之一日,那时天下定可盛赞皇上圣明。"

同治帝一下子就听出他这是狡辩之词。心想，你既早已明知这事儿办不成，却还表示支持，以至弄成自己现在这样的尴尬处境，这不是存心看我的热闹吗？

"你为我想得太周到了。"他冷笑着说道。突然，他把话锋一转，怒声呵道："你这不是当面一套，背后一套吗！你们为什么到太后那里告我的状？是何居心，这不是挑拨我们母子关系吗！"

"今天的事，须有个结果。请皇上先做出决定，好让臣下承旨！"

同治帝这时已是口干舌燥、欲辩无辞。只好听从师傅的话，同意停止园工。但他仍气呼呼地讨价还价道：

"现在说时机不宜，那等十年、二十年之后，四海平定，国库充裕了，你们许不许我重兴园工？"

十重臣见皇帝已答应停园工，立即附和道：

"当然，当然！"恭亲王更是积极表态："如天之福，那时一定兴修！"

大家都心照不宣，这只是一张空头支票，谁知十年、二十年后是什么样子。

同治帝心里也明白，因而立即又提出了第二个更实际的要求："娱养两宫太后怎么解决？"

恭亲王早已预料到同治帝会来这一招，因而胸有成竹地说：

"三海（即今北海和中南海）离皇宫很近，房子也大多完好，稍加修理，即可作为娱养太后之用。皇上闲暇时，也有个涵养性情的去处。"

同治帝只得收场，悻悻然地说：

"就这么办吧，跪安。"

十一位重臣退下时，都已汗流浃背。惇亲王长舒一口气，说："费了九牛二虎之力，总算让皇帝答应下来。"

平时沉默寡言的御前大臣景寿，这时突然冒出一句话："这叫'九牛二虎顶一龙'"。大家一想，都说这是句妙语。一算，五御前、五军机，再加上一位帝师，正合"九牛二虎"之数。

同治帝虽然被"九牛二虎"给顶了下来，但心里并不服气。尤其是对恭亲王，更是耿耿于怀。通过这件事儿，他看出自己仍是个徒有其名、说了不算的皇帝，实权仍操纵在恭亲王手里，众臣都追随他，自己反被架空了。因此，应该效法康熙大帝除掉辅政大臣鳌拜集团的榜样，给恭亲王奕䜣点颜色看看。因此，他嘴上虽然同意了恭亲王的请求，内心却盘算着怎样惩治恭亲王。

当天下午三点，"九牛二虎"们正在为同治帝答应停止园工而自以为得意，兴高采烈地商量怎样拟定停工谕旨时，突然见太监送来一个密封的上谕。奇怪的是，太监有意避开恭亲王，让其余四位军机大臣接旨。文祥、宝鋆、沈桂芳、李鸿藻等人预感到有些不妙，打开一看，果然是一份惩罚恭亲王的谕旨。

自从上次惩罚恭亲王的谕旨在众臣反对下被迫取消后，同治帝这次颇用了点心思。他想，现在最紧要的是剥夺他枢廷领袖的地位，别的再从长计议。因此，这份谕旨措辞比较缓和，不再用"离间母子"的罪名，而是仿照他亲娘同治四年的故伎，给恭亲王加上了召对时："语言之间、诸多失仪"的罪名。上次是爵位连降十级，这次只降三级，革其亲王爵位，降为郡王，而且仍允许他任军机大臣之职，同时仍革去载澄贝勒郡王衔。

同治帝满以为这样就不会招致众臣反对，轻而易举地剥夺恭亲王之权。他想得太简单了。军机大臣们早已与恭亲王联为一体，尤其在谏停园工这件事上，十重臣采取了空前一致的行动。恭亲王受处罚，诸臣不能不有兔死狐悲之感。因此，文祥等马上要求同治帝召见，请同治帝收回成命。

但同治帝这次已下定了决心，因而立即给了个十分干脆的答复："不见！"

四军机急了，赶紧拟了一通奏折，请皇上更改成命。同治帝又一次回绝了。这时已是下午四点半，同治帝让太监传话，说时间已晚，不再议事。他为了缓和诸臣的反对情绪，他立即把十一位大臣拟定有关停止园工的上谕签发了。

四军机晚上邀惇、醇两亲王到恭亲王家中商议对策。大家想了好多主意，有的主张面谏皇上，请求收回成命；有的主张再次搬动太后，让太后压服皇上，但觉得这些办法都不妥。最后，大家决定采取"阴干"的办法，即把这事搁置起来，不予理睬。

第二天（七月三十日），同治帝召见御前大臣和军机大臣，见恭亲王就像什么事也没发生一样，照常入值。而其他各重臣，对昨天的上谕只字不提，仍像平时那样，向同治帝一一面奏军国大事。

同治帝下朝后，心里就别提有多窝火了。凭自己的九五之尊，郑重其事地拟了一道谕旨，竟连一丝风也没刮起来。十重臣分明是欺自己年幼，眼中没有我这个皇帝。他一气之下，竟不顾一切，亲拟了一道谕旨，以"朋比为奸，谋为不轨"的罪名，将十重臣统统革职。同时派太监传旨，准备在明天召集六部尚书、侍郎、左都御史、内阁等在京大员，当众宣布将十重臣免职的上谕。他这是仿照慈禧太后在祺祥政变中的招法，发动一次宫廷政变，以清除妨碍自己皇权的十重臣。

这时，早已有探事的太监把这件事密告慈禧太后，一直在坐山观虎斗的慈禧，认为自己出面的火候到了。该自己出面，力挽狂澜，收拾残局了。

第二天，同治帝正准备实施他的"政变"计划，太监突然通报两宫太后驾到，同治帝听报大吃一惊，这时两宫太后已亲临弘德殿，并传懿旨召见御前、军机十重臣。

在弘德殿中，出现了这样一幕场景：两宫太后高高坐在上面，同治帝在旁侍立。十重臣在下面跪听。慈禧在这个关键时刻，又一次淋漓尽致地发挥了她的玩权艺术。只见她一把鼻涕一把泪地数说恭亲王的功劳，对皇帝把事情弄到这个地步，感到痛心疾首。最后，由慈禧太后一语定乾坤：

"十几年来，没有恭亲王怎会有今天的太平。皇上年少不懂事，昨天的上谕立即取消！"

随后，军机大臣们按慈禧的意思，拟了一道上谕，以同治帝的名义发布。

同治帝本来设想，今天将是自己大兴龙威、重振帝纲的日子。没承想两宫太后出面干预，不但威风没抖出来，反而落个受训的遭遇。内心虽然十分恼火，但面子上又不能表现出来，还得装出洗耳恭听的样子。慈禧说到动情处，有话问他时，他还得跪下启奏谢罪。经这么一折腾，他那原来就很薄的一层帝王尊严被慈禧剥得一丝不剩。

围绕重修圆明园而兴起的一场轩然大波，就这样归于风平浪静了。争斗的双方——皇帝和以恭亲王为首的十重臣，斗了个你死我活，结果是两败俱伤。皇帝通过此事被证明为"少不省事"，威信大大降低。而恭亲王险些丢了乌纱帽，被吓得胆战心惊，从此更加小心谨慎。唯一的胜利者，是那个怂恿同治帝修园，又成了制止皇帝修园的英雄——慈禧太后。她利用这件事把同治帝的政治声望狠狠地糟蹋了一回，又借这位青年皇帝的手对权倾朝野的恭亲王大大地整治了一番，让他以后"益加勤慎"，当个俯首帖耳的"乖亲王"。最令她得意的是，通过自己导演的这幕惊心动魄的闹剧，又一次显示了自己的政治才能，提高了自己的威望，博得了朝野一片"皇太后圣明"的赞誉，这为她以后再度垂帘做好了铺叙。

当然，慈禧得到这些丰厚的"渔翁之利"，主要是建立在自己亲生儿子的失落和痛苦之上的。同治帝自亲政以来，事事被掣肘，时时受钳制，尤其在这次政争中一再受挫，想做最后的反抗，竟被母亲硬压了下来。以至九重天子威令不行，自己还算个真皇帝吗？从此以后，他不得不承认自己的傀儡地位，对从母后及恭亲王手中接管政权丧失信心。他心灰意冷，自惭形秽，自甘堕落，竟破罐子破摔，和他父亲咸丰皇帝一样，走上了一条自己糟蹋自己的绝路。

十四　母子之仇

同治帝亲政后，在政治上郁郁不得志，在婚姻生活上横遭母后干预，一名青春旺盛的十八岁皇帝，竟被迫独寝乾清宫，不能和自己心爱的皇后在一起，这是多么巨大的痛苦啊！他整天闷闷不乐地呆在宫中，既懒得过问政事，也不同任何后妃往来。在同治帝百无聊赖、百般苦闷之际，有两个人闯进了他的生活。一个是恭亲王的儿子载澄，一个是翰林院检讨王庆祺，正是这两个人把同治帝引向了邪道。

先说载澄。他是出了名的浪荡公子，他自恃父亲是权倾朝野的议政王，便恣意妄为，荒淫无度。

尽管载澄人品恶劣，但因经常出没于市井声色之地，见多识广，知道很多同治帝未曾见识过的奇闻异趣，再加上载澄和他父亲一样长了副伶牙俐齿，把宫外的事讲得绘声绘色，给苦闷中的同治帝带来了无穷乐趣，成了皇上无话不谈的好朋友。同治帝为了能常见到他，特意让他充任自己的伴读，还给了他一个"御前行走"的差使。从此，他成了同治帝微服私游的伙伴。

再说那王庆祺，是个进士出身的翰林院检讨。他是京师人士，长得一表人才，又是天生一副唱曲的好嗓子，常在酒楼茶馆即兴高唱一曲，引来无数的行人驻足欣赏。

一天，王庆祺和另外一名叫张英麟的翰林在京师很有名气的宣德楼饭庄小酌。王翰林善唱二簧，张翰林长于昆曲，二人饮得兴起，便操起胡琴对板，当场献技，只听王翰林咬字运腔，歌喉刚健，颇得余音绕梁之韵。又有张翰林那把胡琴曲尽其妙，更把王翰林的唱技烘托得淋漓尽致。一曲既终，隔坐一名年轻听客，非常高兴地走上前去，与王、张二翰林亲热地攀谈起来。知音相遇，分外亲热。那听客细问二翰林的姓名、官阶后，便让二位再献一曲。王翰林见这青年衣着华丽，气度轩昂，言语间透出一股尊贵和威严，知他来历不凡，便不敢疏忽，更卖力气地再唱一曲。

当他唱得正起劲的时候，忽见门帘外出现两个仆人打扮的俊少年，他们正在向里张望，一见青年听客，立即拱手肃立于门外，不一会儿，只听得宣德楼外面车马喧阗，有人传呼恭亲王驾到。二位翰林吃了一惊，连忙停住歌声，向窗外望去。只见楼外已有数十辆车马簇拥着一辆高大华丽的朱轮马车停在楼下。恭亲王从容走下车来,进楼后与青年听客耳语了一会,那青年才怏怏跟他出了楼,当青年上车时,恭亲王为他扶鞍跨辕,然后这大队车马呼啸而去。一看这阵势,二翰林心惊不已,猜想刚才这位青年听客必是当今皇上。事后,他二人不免喜忧参半。喜的是皇上十分欣赏自己的演技,说不定会给自己带来好运气。忧的是身为翰林儒臣,在饭馆里随意唱曲,有失身份,会不会遭到皇上处罚。

事实证明,二翰林的担心是多余的。他们的时运好得让他们自己都不敢相信。同治十二年十一月十一日(1873年12月30日),同治帝竟明发一道上谕:

"翰林院编修张英麟、检讨王庆祺,着在弘德殿行走。钦此。"

从普通翰林一下子成了帝师,实乃一步登天之喜。张翰林平素谨慎,觉得这天大的好事来得太便宜了,颇有惴惴不安之感。而王庆祺机敏过人,野心不小,从此下定决心,一定投皇上之所好,极力奉迎巴结,前途自然不可估量。

于是,王庆祺四处搜罗民间西皮二簧剧本,托太监进奉给皇上。上课时也常讲些宫外奇闻趣事,逗皇上开心。他听太监说同治帝天天独宿乾清宫,十分清冷寂寞,便到琉璃厂书摊上买些描写风花雪月的小说,在授课之余呈给皇上,让皇上消愁解闷。有一次,王庆祺送给皇上一本名叫《品花宝鉴》的淫书,同治帝翻了几页,不禁被那诱人的描写搞得脸红心跳,不一会儿,便读得入了神,一看就是一宿,以致第二天起不了床,误了书房。

十八岁的同治帝毕竟情窦已开,情欲正旺。虽因母后干预,不能过正常的夫妻生活,但压抑在体内的欲望并未因此而消失,反而日积月累,越抑越盛,一经近侍佞臣的撩拨勾引,便像火山一样勃然喷发,成了中国历史上罕见的荒淫天子。

少年时的同治帝,虽也经常微服私游,但只是逛逛街景,看看热闹,品品小吃。这时同治帝私游,却专以渔色猎味,纵淫取乐为目的。所去之处,多是藏污纳垢的烟花柳巷。同治帝一到这些地方,果然只见一个个婷婷弱女,妖艳温柔,眉目传情,卖弄风骚,灯红酒绿,玉软香柔。与枯燥乏味、压抑拘束的宫中生活比起来,真是别有一番天地。只有在那里,同治帝才能忘却宫中的苦恼,寄托那颗空虚无依的心灵。

从天安门往南,过前门以外的城区,称为南城,其中包括大栅栏、珠市口、琉璃厂、天桥等繁华区域。那里的酒馆林立,妓寮密集,声色甚盛。南城妓馆,分为三等,头等为清音小班,二等为茶室,三等为下处。清音小班集中在著名的"八大胡同",家家妓馆都花灯辉煌,内部装修典雅,光顾者多是王公显宦,也有富商巨贾。二等茶室位于大森里、燕家胡同、青风巷等较偏僻街巷,房屋院落较狭小,陈设远不如清音小班,但其中也名妓不少,而且供应茶水小吃,跑堂应酬周到,方便实惠,是京城中小官宦及普通商绅出没之处。三等下处,俗称下三烂,是京中下人狎游之地,既无茶烟供应,也无点曲伴唱,摆设简陋,污秽不堪,只是费用便宜。

同治帝狎游,一般不去清音小班,怕在那里被认识自己的王公大臣撞见,惹来朝臣们的非议。因此,他经常浪迹之处,多是背街茶室小馆。有时为了猎奇,竟不惜染身于下三烂的暗娼小屋。这些地方王公大臣是不屑一顾的,却成了同治帝狎游的小天地。

后来,同治帝竟搞上了同性恋。有一名叫杜之锡的太监,长得像少女那样俊美,同治帝常和他在一起鬼混。杜之锡有个姐姐,是金鱼池一带有名的妓女,生得如花似玉，相貌出众。一天，杜之锡把姐姐介绍给同治帝，同治帝见了非常中意，从此便常和这姐弟俩在一起淫乱取乐。

同治帝逛窑子，一开始还十分谨慎，很少有人知道。但不久他的色胆越来越大，有时竟整天泡在温柔乡里，把一切都置之脑后。一天晚上，他在一家妓馆里与群花聚欢，彻夜不息，直到天亮还不肯离去。恰巧这天按例须召见军机大臣，恭亲王及众大臣早已上朝等候召见，但直到太阳高悬，也没见皇帝露面。向太监打听，都说不知，王公大臣感到十分诧异。很快，他寻花问柳的风流韵事便在京城传开了，有些大臣甚至曾亲眼看见皇上在是非之地出没。

以九五之尊，临幸污秽之地，群臣无不感到震惊，朝野为之舆论大哗。恭亲王、醇亲王、李鸿藻、徐桐等一班王公大臣，纷纷上书劝谏，委婉地劝皇上珍重帝德。内务府有一名叫桂庆的大臣，平素为人耿介，这时不顾个人福祸安危，毫不隐讳地犯颜直谏。

桂庆为了阻止皇上的艳游，便同时上书慈禧太后，想让慈禧管一管同治帝，以保护圣躬，毋令沉溺。其实，慈禧太后在宫中耳目甚多，同治帝的一举一动岂能逃过她的眼睛？她见儿子不理朝政，颓唐放浪，纵淫自戕，不以为忧，反而窃喜。这样一来，自己正可独揽朝纲，管他什么帝德受污、圣躬受损。因此，她对桂庆的诤言不予理睬。同治帝见了那通谏折，更是觉得刺眼，十分恼怒，下谕严谴。桂庆见自己诚挚剀切的谏言太后不理，皇帝不容，十分悲伤，便辞职回家了。

同治帝微服私游时所流连的地方，大多是一些普通妓馆，光顾的嫖客种类繁多，人物极滥，妓女接客也是毫无选择，兼收并蓄，因而最易于传染性病。同治帝不知深浅，纵淫无度，在这潭脏水里游来泡去，乐而忘忧，不知不觉，便染上了性病。

同治十三年九月的一天，太监在给同治帝洗澡时，发现他肩背等处，有许多玫瑰样的斑疹。同治帝立即传来太医来看，太医李德立诊视一会，眉头不禁一皱，问道："皇上，身上痒不痒？"

同治帝答道："没感到痒。"

李德立一听坏了，但嘴上却说："不要紧。"

根据李德立的经验，这斑疹十有八九是梅毒疹。但说皇上得淫病，事关帝德清名，这可是要掉脑袋的事，他无论如何，也不敢说出来。于是，他就草草地给皇上开了副清热解毒的药，同治帝喝了后，果然红斑渐退，大家便以为万事大吉了。

但是，不久之后，同治帝便知道自己是患了梅毒。据说，一天晚上，他在一家妓馆和一个妓女鬼混时，那个妓女竟拒绝了同治帝。她悄声告诉同治帝："大爷，您怕是得那个病了，还是好好治一治再来吧！"

同治帝听了一惊，忙问："什么？我得的是什么病？"妓女诡秘地一笑："风流病呗！"

这年秋天，署理伊犁将军荣全为讨好皇上，献上了一匹西域良驹。这匹骏马皮毛漆黑发亮，其间对称地点缀着几点白花，实乃世所罕见的良骥。同治帝平素喜欢骑马，得此良驹，龙心大悦，谕令内阁，赐马名"铁龙驹"，赏荣全大卷江绣二卷、小刀一把、大荷包一对、小荷包一对。他雅兴大发，带着这匹心爱的骏马到南苑行秋围。他本想骑着马多溜几天，但一天下来，那怪病折磨得他坐卧不宁，第二天便匆匆宣布撤围，回皇宫养病去了。

这是同治帝已失去往日风采,让这些大臣们感到无限忧虑。他们中许多人都不知内情,还以为他是"大政亲裁,日乾夕惕"而累病的呢?哪里知道同治帝纵欲自戕的内情?

同治帝患淫病后,身体素质很差,抵抗力大大降低。但他这时仍不自爱,还带病寻欢作乐,各种病毒乘虚而入。

同治十三年十月二十一日(1874年11月29日),同治帝在去西苑之后,突然得了感冒,从此一病不起,原先预备召见的都取消了。三十日,他突然头眩目涨,浑身发冷,胸痛烦闷,脸上出现了红疹。下午,急传太医院院判李德全和御医庄守和前来诊脉。

两宫太后听说后也着了慌,急忙赶到养心殿。只见同治帝两颊潮红,瘦如骷髅,令人心酸欲泪。

两名御医在龙床前轮流给同治帝切脉,但两人忙乎了半天,也没有诊出同治帝所患到底是何病症。他们知道同治患有梅毒,但何以发病这般凶猛?毒气如此之盛?让他们感到茫然,两人切完脉后,低语商量了一会儿,也没有拿定主意。

这时,性急的慈禧有些不耐烦了,问道:"皇上到底患了什么病?"

李德立惶恐地回禀:"皇上脉息浮数而细,系风瘟闭索,阴气不足,不能外透之症"。

慈禧听了他这一大套专业辞汇,更是丈二和尚摸不着头脑了。她是个喜欢干脆利落、当断即断的女人。于是,她便根据自己知道的一点医药常识,试探着做了个判断:"我看像是出天花?!"

听了慈禧这句话,两位太医未置可否,立即写下了脉案,并开了一副益阳清解的方剂,让皇上避风调理。当然,在脉案中并未明定病症为天花,只是含糊地写下了"发热头眩""皮肤发出疹形未透,有时气堵作绝"等病症,这既可看作天花,更可以看作是麻疹,反正是没有做出最后的诊断。

同治帝在吃了由小生地、元参、牛蒡子、葛根、荆芥、麦冬、金银花、连翘、枳壳、甘草、川郁金等十一味药配伍,以芦根五把作药引子的益阳清解饮后,第二天果然全身发出了花疹,尤其在头部和脖子上生出密密麻麻的紫色疮疹。下午四点多,两位御医终于做出诊断,在脉案中明确诊定同治的病症"系天花二朝之喜"。

按中医理论,出痘有"逆""顺"两种病症。如果颗痘一开始出得齐,痘内浆汁饱满,并由嫩红变为淡黄者,属于顺症,少有生命危险。如果痘颗出得不齐,灌浆顶平或塌陷,色呈现紫晦者,便是逆症。

同治帝圣体内百毒积蓄,湿热毒汁过盛,毒气先在头面和颈部爆发出来,痘粒出奇地密集,痘内颜色紫滞,同时伴有咽痛作呕,身颤口干,便溺赤等内症。这些病症用中医的话来说,便是"蒙头盖面,锁项咽关",是一种非常危险的症状。御医诊断为"由气血为毒滞锢所致,症界于险",是一种逆症天花。

十一月初二日(12月10日),清廷正式发布皇上遇有"天花之喜"的消息,让大臣们身着蟒袍补褂,上朝贺喜。这天,翁同龢等大臣入宫后,立即托近侍给皇上请安,送天喜,易花衣,都在胸前挂了一小条红绢。从这天起,群臣递折子皆用黄面花里,上朝穿花衣补褂,家家供痘母娘娘,向皇上递如意贺喜。一时满朝上下,就像遇到婚寿喜庆那样,一派色彩缤纷的景象。

但同治帝本人却仍然遭受病痛的折磨。稠密连络的痘颗虽然陆续表出，但病情也在恶化，除原有病症外，又感到腰疼胸堵，大便四日未行，觉得满腔浓臭，似乎内脏都化作脓汁了，直想呕吐，但咽喉疼痛难忍，怎么也吐不出来。御医们诊断为"此由毒滞熏蒸肺胃，阴分不足所致"。于是，他们在上午十一点给同治帝服了一剂"利咽化滞汤"。服药后经过一个时辰，下午一点多，皇上便"形色渐润，胃口渐开"。到下午三点多，四天未行的大便终于通行，闯过了"重险"大关。

在此后的五天里，经御医精心调治，皇上病症逐渐减轻。十一月初三那天痘颗渐长，紫滞稍化，胸堵烦吐的症状消退。初四日诸症皆退，眠膳皆安。初五日痘颗顶陷渐起，已有放白的势头，御医们诊断已有"由险渐化为平之象"。

正当同治帝病情好转之际，他那狠毒的母亲却迫不及待地开始策划一起罪恶的夺权阴谋。慈禧乘皇帝患病之际，导演了一出使自己重新出山垂帘训政的丑剧。

同治帝患天花后，曾谕令军机大臣兼帝师李鸿藻代自己批答奏章。李鸿藻并不擅越，只批"知道了""交该部议"等字样，实际朝政仍归恭亲王奕䜣掌管。十一月初五日，由恭亲王奕䜣领衔的王公大臣会奏，请除汉文批件仍由李鸿藻代笔外，满文折件由奕䜣代为批阅，这样，奕䜣的权力空前加强。

慈禧太后对权力暂时落入奕䜣手中十分不快，积极谋划把权力重新揽在自己手里。十一月初八这天，她精心安排了一次召见活动。

这天，她特意允许军机大臣、御前大臣及帝师们前往养心殿东暖阁探望同治帝。上午十点，当诸臣进入东暖阁时，只见两宫皇太后手持蜡烛，坐在龙床上，她们见诸臣进来了，便令他们上前瞻仰，皇上把手臂从被窝中伸了出来，让诸臣观看，他用微弱的声音问：

"是谁来此伏见？"

诸臣连忙给皇上叩头请安。抬头细看，只见同治帝面容憔悴，原先俊秀的面庞上长满了拥挤在一起的痘粒，已经面目全非，就连眼睛也难以睁开了，只是勉强地露出一线微光。诸臣看过后，说了几句安慰的话，便退下了。

不一会，慈禧又宣诸臣入殿。这次，只见慈禧面朝南端坐在御座上。她说，几天来心情焦虑，各项奏折的披览，政事的裁决，皇帝都不能躬亲进行。然后，她向诸臣亮出了底牌：

"你们赶快想个办法，应该有个公论！"

诸臣这时明白了慈禧的意图。她让他们看皇上，是想让他们知道皇上病症很重，难以再理政事。而不提皇帝已令李鸿藻和奕䜣代阅奏章之事，非要他们拿出"公论"，那不就是想要让她出来训政吗？

慈禧为了进一步证明皇上没有能力治理国家，压一压诸臣的气势，便当场追究起同治帝患病的责任来。慈禧首先直言不讳地宣称同治帝患病是由于在外寻欢作乐造成，并责问诸臣为何对此毫无议论？惇亲王等觉得十分委屈，便上前和慈禧理论起来，说话之间，不勉道出婆媳不和、帝后分居等宫闱秘事。慈禧一听把责任推给自己，不禁恼羞成怒，对惇亲王和诸臣大加呵责，诸臣只得叩头谢罪。慈禧一见把诸臣"镇"住了，就又玩起了她惯用的另一手，竟一把鼻涕一把泪地痛哭起来，边哭边向群臣诉说自己几天来怎样日夜操劳照料皇上，怎样为皇上的病忧心如焚，絮絮叨叨地说了数百句，表白只有自己才堪任皇帝的监护人，才能代替皇上批阅奏章。

奕䜣等人已吃过几次与慈禧争权失利的苦头，这时更不敢硬顶下去，便当场提出"请两宫皇太后权时训谕"。这次历经一个小时的争权斗争，方告结束。

当奕䜣等人在下面拟折子时，慈禧觉得同治帝毕竟不是小孩了，他现在名义上仍是大清的最高统治者，如果没有皇帝的明谕，她训政之举就不合法。因此，她又第三次把诸臣召入宫中，对他们说："此事重大，你们应该先奏明皇帝，不可直接奏请我们！"

于是，她的训政之举，由自己的谋取，变成了群臣请她出山。

当天晚上，她又对同治帝做了一番"工作"，她向同治帝提起了恭亲王劝阻园工之事，挑拨他切不可过于信任恭亲王他们。同治帝对恭亲王本来就耿耿于怀，一提起那件往事更令他万分伤感。因此，第二天恭亲王等把那份奏请太后训政的折子一递上去，同治帝当即批准了，然后他又召见诸重臣，面谕恭亲王：

"我说话不能太多，天下的事不可一日松懈。我拟请太后代阅奏折。等过了百日之喜，我再出来照常办事。"他话锋一转，以严厉的口气训诫恭亲王："你要敬事如一，不得再踏去年故习！"

这时坐在龙床上的慈禧发话了："昨天你们上折子，我因此事重大，不便答应，才让你们奏明皇帝。"她转脸又对同治帝解释说："昨天的召见，是出于诸臣之请，我怕你心烦，所以才没告诉你"。"你不要焦虑，我已同意诸臣的请求了。"经她这么一番"精彩"的表演，训政一事反而成了臣工和皇帝有求于她。让人家把权力给他，还得让人从心里感激她肯为人分忧。

十一月初十日，同治帝正式发布上谕，布告全国臣民，以后内外陈奏事件，均由皇太后披览裁定。并表示："仰荷慈怀曲体，俯允权宜办理，朕心实深感幸"。从此，慈禧又一次堂而皇之地公然执掌了大清的权柄，为她再度垂帘奠定了基础。

二十九日，浑身溃烂的同治帝竟硬挺着召见了军机、御前、内务府及弘德殿等大臣。诸臣上午八点进入东暖阁，只见同治帝由一名太监扶着坐在龙床上，两宫太后也坐在上面。诸臣一一上前，只见皇上面容萎顿，但目光仍然炯炯有神，痘痂已经掉了一大半。同治帝先问："今天是什么日子？"听到回答后，他便开始交代腊月应办的各项事宜。大臣们听了十分感动，纷纷表示皇上不必操心，一定把诸事办好。帝师翁同龢上前启奏：皇上"圣心宜静"，并问皇上的病情。同治帝说："我觉得胸中像火烧一样的灼热。"然后，诸臣便退到明间。太后也随着走了出来，流着泪问诸臣有没有什么好办法，翁同龢答道：

"最好挑个好医生。"

荣禄说："有个叫祁仲的，年已89岁，治外症很有效，可以传他来给皇上诊视一下。"

太后点头同意了。

不一会儿，又传诸臣入殿。只见皇上侧身躺着，御医正在开膏药往出挤脓，已挤了半盅多。只见皇上腰以上漫肿一片，皮肤都变成了紫色，看了让人感到十分可怕。然后，群臣和太后又退到明间，太后悲切地流着泪，群臣也悲哀地垂头不语。

上午十一点，祁仲被接入皇宫，诸臣也随他进殿。祁仲与李德立等御医进去给皇上诊视了半个多时辰，出来后两宫太后立即宣他到东暖阁问话。祁仲说：

"皇上的痘痈来势虽凶,但幸亏不是发在肾俞穴,而是在肾俞穴之下,还有希望治好。"

随即,他便给开了一副十全大补汤。

但他的诊断和药方并未被采纳。慈禧命御臣李德立再次进去给皇上清脉,得出的结论截然相反,认为溃处的确是发在肾俞穴,所以主张仍用滋阴化毒法,开了一副用青膏、地骨、竹茹、花粉、银花等配伍的凉药。

三十日,同治帝的病情进一步恶化。病毒在下身肆虐一番后,竟又一路向上攻来。下身的脓水略有减少,但越来越粘稠难闻,上面则出现了牙浮面肿的新症状。十二月初一日,同治帝一昼夜大便二十一次,便下的东西都是白腻腻的脓状物,小便则是红色的脓血,这表明同治帝体内已全面溃烂。初二这天,同治帝的牙跟已烂成黑色,从嘴里喷出一股股臭气。上嘴唇和左腮肿成一个紫黑色硬块,嘴唇外翻,样子十分可怕。到初三,同治帝面部肿块胀得发亮,似乎马上就要流出脓来。第二天,当御医在肿块上敷药时,面皮一揭便破,但里面流出来的不是脓,而是血水。腮部都快烂透了,牙龈烂得糜黑一片,口中臭气令人作呕。

至此,同治帝已是无处不溃、无处不烂,即使请来神仙,也是回天乏术了。十二月初五(1875 年 1 月 12 日),全身腐烂的同治帝已是神气衰微、精神恍惚,失去知觉,奄奄一息。下午五点,饱经病痛折磨的同治帝终于六脉断绝,牙关紧闭,瞑目而逝,结束了他那十九年短暂而痛苦的人生之旅。

十五 二次垂帘

同治帝病逝后 1 个多小时,两宫太后便驾临养心殿西暖阁。宣布了大行皇帝同治帝的遗诏。接着又颁布了两宫太后的懿旨:"皇帝龙驭上宾,未有储贰。不得已以醇亲王奕譞之子载湉承继文宗显皇帝为子,入承大统为嗣皇帝。俟嗣皇帝生有皇子,即承继大行皇帝为嗣。特谕。"这就是说,因为同治帝没有皇子,只好把载湉过继给咸丰帝为子,作为嗣皇帝继承咸丰帝的皇位。等到将来载湉有了皇子,再继承已死的同治帝的皇位。言外之意,慈禧皇太后仍然是皇太后,因为载湉是咸丰帝的嗣皇帝,而不是同治帝的嗣皇帝。这样,最高的皇权就仍然牢牢掌握在慈禧的手中。同治帝死后,紧紧盯住皇权的慈禧终于毫不费力地达到了死死控制皇权的目的。

慈禧为什么坚持立载湉为咸丰帝的嗣皇帝呢?一是载湉为道光帝第七子醇亲王奕譞的儿子,与同治帝是同辈兄弟。奕譞的福晋又是慈禧的亲妹妹。这样,慈禧既是载湉的伯母,又是载湉的姨妈,具有双重血统关系。现在继咸丰帝的宝位,慈禧就名正言顺地当上了皇太后了。如果立"溥"字辈的,慈禧就得当无权无势的太皇太后了。二是载湉年仅 4 岁,慈禧仍可垂帘多年。而载湉年幼,易于管教,便于驾驭。三是奕譞比奕䜣容易控制,而其亲妹妹在辛酉政变中居间传语,立了很大功劳,也是完全可以信赖的人。因此,慈禧选择了载湉。

当夜,4 岁的载湉便被请进了清宫,继承了皇位。改元光绪,"意谓缵道光之绪也",就是继承道光帝传下来的皇位。

同治帝死后,慈禧为收买人心,宽免了因进言获罪的官员,吴可读因此得以重返京师。他的忠君之心，并未因差点被同治帝杀头而改变，反为慈禧的专横而不满，更为无人替同治帝说一句公道话而气愤，这位68岁的老臣决定拼了老命，也要为绝嗣的同治帝抗争一番。

光绪五年三月二十六日（1879年4月17日），同治帝和皇后的遗体归葬惠陵。吴可读主动要求随同护送帝后灵柩，平庸的官员们都以为他是为了挣十余金的车马费，并没有感到什么异常。

闰三月初五日（4月25日），在蓟州马神桥一座供奉刘备、关羽、张飞像的三义庙里，参加同治帝后安葬归来的吴可读满怀悲愤，挑灯写下了洋洋二千言的遗书，并在庙墙上题写了一首绝命诗。

题完绝命诗，他便义无反顾地穿戴整齐，服毒自杀了。他死前还托付庙内老道，把自己的遗体安葬在同治帝惠陵附近。

吴可读的尸谏壮举，很快便在京师传开了，一时在士人中引起强烈轰动。当时京师流行着这样一种奇异的传说，吴可读"尸谏"那天中午，人们正在做午饭，北京晴空万里，阳光明媚。突然，天上竟飘飘忽忽下起雪花来，人们十分惊奇，都说这是上天被吴可读的拳拳忠心所感动，才突然降雪，以彰其节。于是，有人集资为他建立祠堂，在文昌馆设祭招魂，颇有些文人墨客慷慨激昂，纷纷撰书挽联。其中有个叫黄贻楫的太史，所撰一联，最为洒脱：

> "天意悯孤忠，三月长安忽飞雪。
> 臣心完凤愿，五更萧寺尚吟诗。"

慈禧太后一看众怒难犯，不能置之不理，便把吴可读原折交给满朝大臣讨论，并授意几个有影响的大臣为她的错误做法辩解，经过一番理论和舆论上的反击之后，她才假惺惺地重申将来光绪帝生有皇子，就过继给同治帝为后的谕旨，承认吴可读"孤忠可悯"，决定照五品官的规格抚恤他的子孙，以平息人们的不满。

年仅四岁的小载湉入承大统，在慈禧太后垂帘听政下当了十二年的小皇帝。同治皇帝病重期间，慈禧太后已有垂帘听政的心机，同治病死后，慈禧太后召见诸臣，便称，"此后垂帘如何？"就已亮出"垂帘听政"的打算。次日（六日）载湉被抱入紫禁城入承帝位。当日礼亲王世铎等当即上奏："伏思嗣皇帝尚在冲龄，一切应办事宜，惟赖皇太后亲加裁决，庶臣下有禀承，俟奉有谕旨，再将垂帘章程悉心妥议具奏。"要求慈禧太后再度"垂帘听政"。世铎等人的奏疏，正合慈禧太后的心怀，她马上以两宫名义于十二月初七日下"懿旨"。

同时，慈禧太后又以世事不省的小皇帝名义发出"上谕"。

正式向全国挂出了两宫太后再度"垂帘听政"的牌子。第二次"垂帘章程"其名文内容不载于文献，无从考究有何新的含义。然而，慈禧太后亮出再度垂帘听政旗号以后，似乎希图要在皇位转递之际，对清王朝的统治政策做一番改弦更张的革新，以巩固和发展"同治中兴。"据文献所载，其时两宫太后发布了一系列的"懿旨"，颇有弃旧图新之势，综其旨要，大致有这样几个方面：

一曰："广开言路，谏议时闻"。

二曰："敦崇节俭，力祛浮华"。

三曰：“勤求间阎疾苦，加意抚恤”。

四曰：“各省营伍，整顿训练，以备不虞。”

五曰：澄清吏治，“各省督抚秉公考核，随时认真整饬以挽颓风。”“留心选举，任用贤能，”不得以粉饰塞责，致负委任。

以上五条根本没有涉及封建政治、经济、文化制度方面的改革，因而也不是治理清朝腐败的根本措施。但是，如果这些治标措施能够付诸实施，当然也可以使即将就墓的清王朝得以一定程度的回光返照，尚能做出一时的“中兴”姿态。然而，对于热衷于权力的慈禧太后来说，这些只不过是旧店新开、装饰门面的官样文章而已，实际上却毫无影踪，成为一纸空文。

慈禧太后再次垂帘听政初期，面临的主要问题是重新调整她的亲疏关系，排斥异己势力。早在“祺祥”政变的时候已经形成了她的亲信集团，可是至今已有十三年了，其集团中各成员的势力消长是不平衡的，而西方列强在华力量的发展也是不平衡的，他们各自在清朝统治集团中都有其利益的代表人物。清朝统治集团中的官僚重臣，他们以列强为后盾，争权于朝廷，尤其在这次同治皇帝去世，由谁来“入承大统”的关键时刻，满洲贵族集团内部的矛盾已露端倪，形成权力重新分配的趋向。慈禧太后再度垂帘听政的闹剧虽然在众大臣的歌功颂德声中缓缓落下帐幕，可是异己势力的亮相使她深感不安，因而亲疏关系的重新调整是慈禧太后加强统治权力的首要大事。

宗室内部的异己势力使她感到是最危险的隐患。慈禧太后十三年的苦心经营，虽权力倾世，然“垂帘听政”在清朝两百多年的统治史上，既无先例可稽，也无典章可托，连她自己也不理直气壮，再三声称“垂帘听政之举，本属一时权宜”，“一俟嗣皇帝典学有成，即行归政”。这种不合“祖宗家法”的“创举”随时有被否定的可能，而这种可能性必然来自宗室内部，其首要角色就是那位掌握相当权力的恭亲王奕䜣。

慈禧自从利用蔡寿祺的奏折，罢了奕䜣议政王之后，此后双方矛盾仍在继续发展。慈禧则一面继续任用奕䜣；一面物色对象以取代奕䜣的地位。新的对象当然要从满洲贵族中找，而最恰当的人选就是醇亲王奕譞和礼亲王世铎。慈禧于是采用了一个极高明的办法，用他俩去瓜分奕䜣的权力，这样既可使他俩死心塌地为自己效力，又可以让他俩与奕譞互相制约遏制奕䜣。

这时的奕譞，不仅与慈禧有特殊关系，还有一个奕䜣难以相比的重要条件，就是皇帝生身父亲，因此可凭“黄带子”中的优越地位，完全能与奕䜣抗衡。而慈禧为加强奕譞的权力，又先后赐食亲王双俸，授命参与军机处决策，总理海军事务，借以钳制和分割奕䜣的军政权力。

礼亲王世铎，虽不是宗室直支，但也是“黄带子”身份，同治年间授内廷大臣，宗人府右宗正，是满洲贵族集团后起之秀。他为人又灵活圆滑，善观气候，载顺入承大统，他第一个奏请太后再度垂帘，故而深得慈禧的欢心与器重，从此地位日趋显要。

威胁太后专权的力量除宗室奕䜣之外，在宫内慈安太后，也有非常直接的制约作用，于是慈禧则遏制、并寻找时机罢黜奕䜣之外，同时也把矛头逐渐指向了慈安太后。

慈禧与慈安的不和,同治帝即已存在,并且与同治帝直接有关。原来同治降生后,按照清朝宫规,由身居六宫之首的皇后奉养,所以同治与慈安自幼接触最多。除吃食穿衣外,当他懂得"额娘"的意思时,就先知道慈安是"皇额娘"。慈安自身无子,对这个唯一的皇子十分爱护,关照备至,视同亲生。而慈禧却因为同治是亲生儿子,母以子贵,有居功自傲之感。而且对同治的要求比慈安也严厉得多。因此,在同治脑海里早就留下了"皇额娘"比"额娘"好多了的印象。每遇大事同治总爱去找皇额娘,尤其是在额娘那里受了训斥,受了委屈,他便要到皇额娘处倾诉一番。皇额娘的温言细语一次次打动他那颗幼小单纯的心灵。日久天长,同治倒觉得他与皇额娘慈安是真正的母子关系。

慈禧对同治越来越看不惯。是出于同治的不争气——不爱学习、专爱游玩,没有个皇帝的样子;还是出于他太亲近慈安,竟然比亲生母子关系还好;或者是随着同治年龄的增长渐渐认识到了作为一位皇帝,他应该是天下之主,应该亲裁大政,而慈禧却在那里指手画脚,朱笔在握,因而两人在"权"字问题上产生了分歧;或者是因为他与皇后恩爱,而冷落了慧妃,慈禧气愤了,屡次指斥,二人不和。

当然也不排除各种因素的综合作用。这一切使同治与慈禧的关系日趋破裂。同时也影响到慈安与慈禧的关系。现在载湉入宫,慈禧唯恐他像同治帝那样亲近慈安,不能不预先防备,所以自然也把慈安作为防范和打击目标。

但慈安太后不久就意外暴卒了。

十六　少年光绪

同治十年(公元1871年)六月二十八日夜。

浓云翻滚,天空漆黑,狂风大作,大雨倾盆。巍峨壮丽的醇亲王府邸在这可怕的雨夜中竟显得那样孤寒渺小。黑暗几乎淹没了府邸所的烛光。

身材高大、面容清瘦的醇亲王奕譞坐在书案前,独守着漫漫长夜。

今夜,他的福晋就要生产了,他的心中自然充满希望和憧憬,但与此同时,不知为什么心头却不时掠过点点莫名的恐惧。在亲生骨肉出生之前,他不禁又想起了自己的特殊身世,并思虑着未来的处境。

说起这位奕譞,在当时

少年光绪

的清廷中确实大有来头,有着特殊的地位。奕譞是显赫的天潢贵胄,他是道光皇帝的第七子,咸丰皇帝是他的四兄,而当今的同治帝载淳则是他的皇侄。在咸丰帝统治期间,奕譞除了按清廷宗室的惯例被封为属于二等爵位的醇郡王之外,据溥仪所说,在那时他并没有再得到过其他特殊的"恩典"。但是,到咸丰十年(公元1860年),奕譞"奉旨"与受到咸丰帝宠爱的懿贵妃(即后来的西太后)之妹——就是即将生产的福晋结婚后,情况又发生了重大变化。这不仅影响了他自己的政治地位,更决定了他子孙的未来命运。当然,对于后者,他并未能做出正确的估计。

今夜,醇亲王特地独坐守候着福晋生产的消息,而不知道所生的究竟是一位哥儿,还是一位格格——女孩儿。他自然希望生一个男孩儿,将来好承继他的"世袭罔替"的家业,并希望孩儿能一生安然无虞,永享尊荣,而不被宫廷的狂风恶浪所吞噬。他甚至宁愿孩儿沦落为平民百姓,也不愿他遭此厄运。

醇亲王默默地祈祷着,同时留心地看着红烛上的烛煤,想要以此得出一个预兆,以定将生孩儿的命运。

现在,醇亲王亲自小心翼翼地夹下了两段烛煤,分别放在两个水碗里。第一段烛煤一下水便立即沉没了,水面上不曾留下丝毫痕迹,这明显不是吉兆,醇亲王哀叹了一声。幸好,第二段烛煤沉得并不那么快,他高兴地全神贯注地看着。突然,碗里爆出一缕黑烟,醇亲王不禁为之一震。再看那黑烟消散之后,那烛煤本身也在水里渐渐涨大,忽而又在水面上炸开了,分成无数的黑色小点,布满了一碗,然后慢慢地沉了下去。醇亲王瞪着惊奇的眼睛,张着嘴,怔怔地盯着水碗,紧张地思索着,却断不出这第三段烛煤的预兆是吉还是凶。

窗外的风雨之声一阵比一阵更大,但醇亲王似乎浑然不知,他的目光离开水碗之后又长久地停留在蜡烛那红红的火苗上,渐渐地合上了眼皮进入睡乡。但那烛火并未离开他的幻觉,他看到那火焰正在慢慢变大,直到面前出现一片通红的漫天大火。大火愈燃愈旺,突然,又响起一阵巨大的爆裂声。醇亲王大吃一惊,不禁叫出声来,猛然从睡梦中醒来。一阵紧急的脚步声自外而入。

"恭喜王爷!王爷大喜!福晋给您生了一位大爷,真是大喜呀!"来人异口同声地祝贺道。

闻听此信,奕譞立即兴奋地跳下炕来,情不自禁地自语道:"我又有儿子啦!我又有儿子啦!……"要不是身为王爷,需要保持一点矜重,他快要大声呼喊起来。

奕譞所以说"又有儿子",显然是说这新生儿并非他的长子。

奕譞来到产房,看到福晋安详地躺在床上,总算放下了一颗放不下的心。他走到福晋面前,轻轻握住了福晋的手,用一种温柔体贴的声调说道:"我们真是叨天之福,这个造化可算是大极了!"

"是啊,王爷,想不到我们果然有了一个男孩儿,我真有说不出的高兴!"福晋的身子虽然虚弱,但憔悴的脸上仍然显露着十分兴奋的神情。

醇亲王用手轻轻地在福晋的额上抚摸着,一边以祈祷式的口气说道:"但愿我们的儿子将来能够成为一个高贵而又伟大的人物,而不要冤枉我们家的门楣。"

"是啊,我希望他能像父亲一样杰出,长得威武雄壮,能够骑马打猎,还能做出一手好诗,以给我们争气。"

醇亲王在满怀欢欣与希望的同时,心中也藏着疑虑。刚才烛煤爆裂的情景和梦中所见的场面,总使他感到这是不吉之兆,但他又不愿把它告诉福晋。

就在醇亲王与福晋絮絮而语的时候,收生婆小心翼翼地捧着一个丝绵包裹走了过来。她略略地将手臂放低一些,一个新生儿便展现在醇亲王面前。

·擅权乱政·

图文珍藏版

醇亲王低下头非常仔细地望着儿子，小家伙的眼睛还紧紧地合着，长着茸毛的皮肤显得很松弛，身子十分瘦小孱弱，给人一种可怜巴巴的印象。这更加重了醇亲王心中的阴影。

"快，赶快去找两个命相家来！"醇亲王吩咐下人。虽然小孩儿出生后看命相已成惯例，许多人并不完全相信，但今天醇亲王态度却十分认真，郑重其事。

天才亮，两个命相家便急急赶到了醇王府：一个绰号"张瞎子"，一个绰号"刘铁口"。醇亲王犹豫了一下，终于把烛煤之兆和梦中情景以及心中的疑虑说了出来。

"王爷，依小的看来，这可不是吉兆，恐怕小王爷成长很难顺利，要多磨难哪！"刘铁口坦率地说出了自己的看法。听了这话醇亲王的脸色显得十分难看。

此时，张瞎子正在瞪着一双瞎眼，扳着粗黑的手指算着，嘴里不住地嘟嘟囔囔。突然，他颤抖着朝醇亲王走了过来，凑到亲王耳边小声说道："我的王爷啊，小王爷将来是要做皇帝的呀，就是大清帝国的皇帝！"

醇亲王闻听此言，大惊失色，他绝未想到命相家竟做出如此的预测。

"大胆！真是胡说八道！我哥哥的儿子同治帝现在不是很好地坐在龙廷上吗！"醇亲王虽然说话声音不大，但语气很严厉。

"但这是命里注定的呀！"张瞎子固执己见。

"不，不，不可能，这孩子与同治帝是同辈啊！"醇亲王提出疑问。

"那就走着瞧吧！"张瞎子仍然坚信自己的判断。

清朝入关以后，传下了一个牢不可破的规矩：严禁帝位兄终弟及。老皇死后，必须是小一辈的人继位，同辈人绝对不可染指。所以醇亲王不敢相信张瞎子的推断。更何况，同治帝现在正在童龄，健康活泼，整日耍枪弄箭，还根本谈不到皇位继承问题。

"命里注定的事，是无论如何也挡不住的，王爷您别不信，王爷不要忘记，您也是天潢贵胄啊！……"

"休再胡说！"醇亲王厉声打断了张瞎子的话，令下人付给张瞎子和刘铁口赏银，将他们立即打发出了亲王府。

"皇帝……命里注定……？"醇亲王自言自语着将信将疑。

载湉自同治十年降生以至同治十三年被迎入宫，他一直生活在醇王府，在亲生父母跟前生活了四个年头。这四个年头里，他还只是个不懂事的孩子，他不知道他过"三日"时是如何的隆重，只是后来在他继位之后，他的随身太监向他叙述过当时的情况："万岁爷那时还小，当然不曾记得，奴才当时正在醇王府当差，啊呀，那可真是热闹非凡啊！"

就是从这些快嘴的太监嘴里，载湉才了解到了他不满周岁的生活，那就是三日——三朝、开眼、满月、双满月等等。过了周岁以后，又有什么两周岁、三周岁。四周岁是在皇宫里度过的，从此再没有和自己的亲生父母一起度过他的生日。

同治十三年十二月初五日，同治帝一病不起，呜呼哀哉。慈禧太后会见了军机大臣，内阁，六部、九卿等官，决定迎载湉入皇宫嗣大统，他的生父醇亲王当场昏厥于地，不省人事，被人抬回了家，生母那拉氏听到此消息后，眼泪夺眶而出。难道他们不愿自己的儿子成为大清朝最高的统治者吗？不是的，他们对当今掌实权的慈禧太后早有领教。

自朝中颁发立嗣诏书后，迎立大典便开始准备了。慈禧这个人虽然很善独断，但吩咐什么事情，像迎立大典之类的事情，她还是先让钦天监选定吉日，再是迎立日期。钦天监的官员们接奉懿旨后急忙按程序推算。经他们推算的结果是：新君必须午夜进宫。慈禧尊重了他们的意见，决定午夜迎立新皇帝登极。时近午夜，醇王府热闹非凡。醇亲王夫妇不知是高兴还是悲伤，微笑的脸上挂满了泪珠，下人们忙着送驾，随身乳母忙着唤醒尚在沉睡的载湉。钦天监推算的迎立吉日把年仅四岁的载湉折腾得不轻。近午夜时分，被唤醒的载湉满脸的不高兴，不时地用愤怒的眼睛瞪着这些不经过他的同意就把他拽起来，不管三七二十一就穿衣服的人。但是，他没有喊叫，更没有哭泣。当醇王府一切准备工作就绪之际，宫中迎驾的大队也来到了王府门前。

午夜的钟声响了，小载湉被几个太监挟进了殿，他有些惊恐不安，但又不敢大喊大叫，因为父亲在旁劝他听话，他只好不吱声了。他很快被挟上了殿正中的座位上，经过一番整理，他才端端正正地坐在那里。一切准备就绪，仪式便开始了。乐声四起，只见一班一班老头在他的座位前跪下叩头，而且嘴里还说着什么，其中竟然有自己的亲生父亲。但很快地他们便下去了，接着又来了一批，一批，做的动作同第一批一样。他耐心地看了下去，眼睛瞪得大大的，一动没有动。就这样他坚持了一个多小时。

仪式终于结束了，这位小载湉刚刚四岁，竟在御座上坐了一个半小时而一动不动，而且是那样的神气，使得那些参拜大臣们为之惊讶。真是一位神童啊！载湉成为大清入关后第九代皇帝，因他的年号改为光绪，所以人们称之为光绪皇帝。

慈禧在二次垂帘后，可能是接受了对儿子同治教育失败以致母子反目俨然仇敌的教训，不再仅仅把眼光盯在近处。她知道四岁的玩童对她的权力不会形成任何威胁，但是将来呢？随着斗转星移，光绪也会长大成人，慢慢地就懂得权力的重要。而且煌煌诏书上写得很清楚，一旦皇帝典学有成，就要撤帘归政。百思之后，慈禧找到了一条路，那就是把光绪培养成为一个奴才，一个惟太后之命是从的人。为此慈禧还真的下了不小功夫，设了不少圈套。这个计划的实施从光绪入宫起就开始了。不过她改变过去对同治一概严厉的做法，而是温严结合。

光绪生来身体就弱，进宫以后情况也是如此。慈禧太后对她的侍人们经常谈到入宫时光绪的情况："那个时候，他的身子真是脆弱极了。长成得也不足，看上去哪里像是四岁的样子？……他的脸上既没有血色，身上也不见得有半些肉彩，尤其是他那一对又圆又大的眸子，充分表现着一种饥饿的神气。啊，这个孩子当没有进宫之前，真可以说是从没有好好吃饱过。我倒不懂奕譞和我那不懂事的妹妹，究竟为什么这样寒酸？他们家中也不该少什么吃用啊？他们偏把他饿得那个样子。"

慈禧对光绪的吃食还是很关心的，她经常去看光绪吃饭。从几次的观察中，她知道光绪爱吃那些菜，就传旨让御膳房特别注意做那些菜，足足地给光绪送上去，以使这个缺少营养的皇帝增加食欲，增加营养。

当然，慈禧不只是关心光绪的饮食，她更关心对光绪的培养。

本来光绪进宫以后，他应该称慈禧为嗣母，按满洲人的习惯称之为"额娘"，但是慈禧却改变了这一宫制，而另外要出了新的花样。如派人将光绪召到宫中后，对

国学经典文库

后妃宦官大传

·擅权乱政·

图文珍藏版

他昨夜的表现夸奖了一番,然后就对光绪说道:"记住,从今以后你就叫我亲爸爸,听见了吗?"光绪机械地点点头,慈禧接着又命令道:"现在你就叫!"

光绪听到命令,他知道这种口吻是必须得照着做的。因为,在家里的时候,额娘也常用这种口吻指使他,而每当这个时候,他又必须遵照指使去做。不然,额娘肯定会生气,甚至训斥他的。于是,他凭着直观感觉,也就屈意顺从了,不情愿地叫了一声"亲爸爸"。

慈禧在光绪一进宫就立即召见,并且让光绪喊她为"亲爸爸",这是她早已计议在心的。她身为女子,为什么反而让光绪以男子的称呼叫她呢?而且又为什么不按满洲习惯称之为"阿玛",而偏偏称之为"爸爸",并且强调一个"亲"字呢?

自同治病逝之时起,慈禧在立嗣问题上花费了不少心血。当她决定召醇亲王之子载湉入宫之后,便考虑到如何把这个四岁玩童训练成为她的一个非常听话的孩子。按照常理,召载湉入宫承嗣咸丰,她就成了载湉的嗣母,嗣母当然比不上亲生母。她是同治帝的亲生母,而同治竟然和她作对,直到临终还留下什么遗诏,简直想置之于死地。她真恨透了同治,既然亲生儿子能害其母亲,那么这个嗣子对嗣母就可想而知了。从同治的身上,她似乎感到作为皇帝的亲生母亲的畏惧感。况且,她再也不愿从光绪身上看到同治的影子,于是她决定不做光绪的嗣母,而作他的父亲;再者,慈禧对中国的传统,特别是女子不为帝的传统很愤恨。从孔子的"唯女子与小人难养也"开始,中国轻视女子的思想一直传袭,女子只能作为男子的附庸。因此,吕后当权遭到非议,武则天称帝传为耻史,而她,不知怎么错投了胎,也生了个女子之身。女人为什么就不能像男人一样治理天下,称帝建业呢?她对此早有不满,因此她常说:"我把大清帝国统治得非常出色,决不逊于任何一个男性统治者。"虽然错投女身,但不能不争口气,她早就想让别人把她以男子相称。当然,这个别人最好是被天下视为至高无上的皇帝。因为封建社会的中国造就了一个传统的习惯,"皇帝的话是金口玉牙,皇帝说了是算数的。"那么,就让这位皇帝在众人面前,在文武百官面前称她为"亲爸爸",这样使天下人通晓慈禧是个天经地义的男性统治者,是不能随意非议和推翻的统治者。在宫廷中,而且上至皇帝后妃,下至太监宫女,之所以"率以父称太后",其原因就在于"盖以太后极愿为男,故命人亦以男呼之";当然,在中国传统的"宗法制""家长制"下,人们对男子的权力是尊崇的,而女子被看作毫无权力可言。要不怎么能父死子继,又怎么能在父死之后,母亲必须听从长子之言呢?男子的权力在一家一户中是如此,在一个国家中也是如此。因此,让皇帝从进宫的第一天起,就向天下臣民用"亲爸爸"三个字来表明她的权力,也在光绪那幼小的心灵上打下必须服从慈禧这个权力者的深刻烙印。至于不按满洲习俗称"阿玛"而称"爸爸",这就是汉化的结果。慈禧不是花岗岩,她也在汉化着。

按照清廷宫制,太子、皇子,也包括未亲政的皇帝,六岁就要读书了。光绪当然也不能例外,自六岁那年起,就开始读书了。他的师傅就是鼎鼎大名的翁同龢。自光绪正式成为弘德殿的学生之后,慈禧给予了高度重视。她的希望是把光绪按她的要求培养成一个完全承懿旨行事的皇帝。为此,她也做了不少努力。

且说光绪三年六月二十八日,这可是光绪的大喜日子,因为至今天,他已整整七岁了。为此慈禧格外地费了些心,关照万寿诸事。并且借此还发表了一篇颇有深意的训词。在光绪向慈禧行礼之时,她意味深长地说:"今天你已是长成到七岁了,已经比去年这个时候足足增加了一岁。在你的一年中,这一个日子是很重要很重要的!从今天以后起,你必须立定主意,比以前格外用心读书。要知道做了皇帝之后,天下的百姓就得交给你去掌管了。若是你再不用心读书,你的学识和智能是一定不够的,那又怎么能使百姓们一心一意的来敬重你呢?便是你坐在朝上的时候,无论你说一句话,或是写一个字,总要十二万分的谨慎,千万不要做出愚蠢而惹人发笑的事来。"

光绪像听经书一样地听着,他似乎懂得这些话的意思,但又不十分懂,但当慈禧讲完之后,他照例说道:"亲爸爸,孩儿谨遵懿旨。"

从慈禧那里出来,光绪还要升殿接受文武百官的早朝,一排排的文武官员像背诵台词一样地说着他们对皇帝生辰的祝贺。早朝完毕,又有一批人前来祝贺,这批人就是宫中太监和宫女们,一批一批,又延续了好长时间。

总算朝拜完了,光绪从御座上下来以后长长地舒了一口气,那么这一天的另一些时间便是较为自由的了。因为今天是皇帝的生日,宫中照例是演戏、设宴。今天的宴席有些特别,因为皇帝只是七岁的小皇帝,所以慈禧特地为他安排了一桌小酒席,赴宴的客人全是一些小孩子。这些被召陪席的小孩子是当朝权贵之子,在皇帝生日的前几日他们就得到消息了,慈禧特别要传他们进宫,在皇帝生日那天陪皇帝吃饭看戏。

"今天,朕许你们和我一起吃饭,你们可以吃了。"听到光绪这句话,这些孩子方敢伸手拿筷子,去夹那些他们见都未见过的山珍海味。起初孩子们还有些顾虑,不敢放开吃,吃了一会儿,见无人管束,于是便放开了胆子吃了起来,有时几支筷子插到一起,可笑极了。正当孩子们生龙活虎地吃喝说笑之时,慈禧也兴致勃勃地凑了过来,在她的身后还有一长串人组成的"参观团"。慈禧见那一个个吃得嘴里嘴外都是菜,桌子上堆得到处都是饭菜,而且有时候四只筷子夹在一起,互不相让,她不觉大笑起来。她生平第一次见到这样的御宴。那些低头吃饭的小孩们见太后领着一班人走来,都垂下了头,筷子扔到桌子上。只有一个人,还在大大方方、慢条斯理地吃着,他就是当今皇帝——光绪。

慈禧不是随意来参观的,她是在此以前早就做过核计的。她这一次过来是要替光绪选个伙伴,以使他不至于孤独,也使他们有个互相促进。因为孩子们在一起争荣求胜之心会强一些,这样他可以在学习上用功夫。况且,她今天还要选一个女的,这是为日后作打算的。

宴会刚一结束,慈禧就把光绪召到面前说道:"孩子,我已经给你挑下两个小朋友了,他们将从明天或是大后天起,留在这里伴你玩耍了。一个是恭亲王的儿子,还有一个是女孩子。"说着慈禧用手指了指还在那里伸长脖子看戏的女孩子,接着又说道:"她就是你舅舅家的表妹。"

光绪随着慈禧的手指看去,只见一个面庞长得美丽,看上去文雅大方的女孩子正在看戏呢!不知是生性不对,还是什么别的原因,光绪看那女孩子的第一眼就觉得他很不喜欢她。但是他又知道太后的决定是任何人都不能推翻的,他总不愿就这样顺从,于是就委婉地向慈禧表示不满。"但是,亲爸爸!孔夫子不是说过吗?'男女七岁不同席'。今天一过,我是七岁了。"

·擅权乱政·

图文珍藏版

慈禧万没有想到这位七岁的小孩子竟然将孔夫子的话用得如此得体适时,她内心里暗暗地吃了一惊。但是,她深思熟虑的决定,怎么能因为光绪不同意而改变呢?于是她并没有回答光绪提出的问题,而是重复了她的决定:"从今以后,你有两个小伙伴,那就是恭亲王的儿子和静芬!"光绪知道已无可挽救了,这已经向他下了绝对服从的命令了,于是他只好忍气吞声,就这样静芬进宫了。

光绪确实不喜欢他的表妹,他不但有所言,而且有所行。他从不愿跟静芬多说一句话,除去必须他说而别人不能代替的话。他更不愿跟静芬在一起玩,宁肯自己寻找乐处。对这一切慈禧有所察觉,为了使他们多联络,以加深他们之间的感情,慈禧也费了不少的心。

光绪的学习生活是同一般普通孩子不同的,因为他是一位皇帝。读书的内容除去一般孩子所读的四书五经外,还有治国平天下之道以及历朝祖训等。其中最重要的,不同于别的孩子的内容还不是这些,而是孝道。

这个内容,不是翁同龢私自加上的,而是慈禧太后特地关照的。因为光绪不是她的亲儿子,这个皇帝长大后能否孝顺她这个"亲爸爸"还很难说,特别是年长之后,若对她有什么不轨行为那就更糟了。因此,她特地召见翁同龢并且多次传谕,要他格外侧重于孝的教育,除掉把启蒙时所谓的"二十四孝"不断地继续讲解之外,《孝经》应特别注意。她命令翁同龢非使光绪读得烂熟不可。甚至她自已还要随时考试,假使考得不好,连翁同龢也得受责。

应该说,慈禧对光绪的学业还是非常关心的。她为此而经常召见光绪,经常把当日所学内容,令他熟读或者背诵,如果达不到要求时,她会用严厉的目光盯着光绪。每当这个时候光绪就会胆战心惊。如果慈禧训斥的时候,他又是那样的驯服。

慈禧不仅注意光绪的功课,就是他的一切日常生活以及身体方面,她都非常的关注,虽然光绪身边有太监侍奉着,但慈禧总是放心不下,因此,经常派她身边的太监去跟随光绪,这也许是慈禧的特殊关照吧!慈禧之所以这么做,主要有两个原因。一个是她接受了儿子同治的教训。同治本来也是一个很聪明的孩子,可惜他没有走正道,而是在载澂及太监的引导下到处冶游,寻花问柳,以致染病身亡。这一次,她再不会让光绪重蹈同治的覆辙,她怕光绪身边的太监引导坏了他,于是便经常派自己身边的太监去了解光绪的情况。这是慈禧的深刻用意之一;其用意之二是:光绪并非慈禧亲生子,她最怕光绪长大成人后疏远她。因此,在对光绪进行特殊教育的同时,她也要给他以温暖与关心,为此她除了经常召见光绪问寒问暖外,还时常派太监前往转达她对光绪的关怀等等,这一切都围绕着一个中心:变光绪为一个非常贴己、完全服从的皇帝。

"人生如梦,转眼就是百年。"这话一点不假,慈禧深有体会。在垂帘听政的余暇,当她放眼光绪时,猛然发现光绪已经长大了。掐指算来,光绪入宫已经十多个春秋了。回首往事,慈禧对光绪的培养目标是明确的,那就是使他成为一个奴才皇帝。如今看来,这个目标基本上达到了。惟慈禧太后之命是从,已经变成了光绪皇帝的行为准则。

十七　光绪大婚

慈禧对光绪的婚姻问题，早在 10 年前就已经考虑过，不过因为当时光绪年龄小，尚非当务之急。如今，光绪已成大人了，到该完婚的年龄了。因此，慈禧决定在光绪十八岁这一年为他完婚，否则，也说不过去。为了"征求"一下光绪的意见，慈禧把光绪召到了便殿，然后对他说道："孩子啊，咱们瞧你真是很好的！自从你做了万岁爷之后，什么事情都做得不错，真是使咱们很喜欢的！咱们是永远宝贝你的，一定要使你时常快乐。"

这一席话是慈禧的开场白，一出戏剧总是要有个序幕，这大概就是今天这一出剧的序幕吧！从入宫以来的多次事件的体会，加之太监，甚至师傅翁同龢的从旁开导，他懂得了慈禧的话是不得随意不听的，她老人家的决定必须绝对服从。因此，至今为止，他与慈禧之间没有明显的或表面的冲突。这正是慈禧所云"什么事情都做得不错"的缘故吧！

此时光绪尚未明白慈禧的真正用意，只是隐约地感到今日所言非同寻常的闲谈，她肯定有什么大事商谈，他沉思了一会儿便说了一些感激之语："亲爸爸，孩儿是都知道的，孩儿心上对于你老人家是永远感激的，绝不敢有一天忘记。"

光绪大婚图

慈禧一边笑着一边点头，她此刻对光绪的话感到满意：这可是个懂事的孩子，也不枉一片苦心啊！接着慈禧提出了今日召见的主题："我们今天有一件重要的事情要给你说，你应该知道，人生最大的事无过于婚姻问题，不论男女都是如此，而像你已经做了皇帝的人，这件事更不能草率。以前的老祖宗，为了郑重起见都是老早就把妻子聘定的，所以咱们也想凑早给你聘定一个妻子。"

光绪听到慈禧要给他聘妻之事，不由得心中一怔，是酸是甜，他自己也不清楚，他不知如何答复慈禧的话。于是，他默然无声地静候。就在这时慈禧又接着说道："做皇帝的人，虽说第一是应该懂得治理国家，但这倒还不愁没有人去代替，我们尽可拣一两个有才干又可靠的大臣，把朝政授给他们去担当。其最重要，而又不能教人去代替的，乃是皇嗣的问题哩！所以万岁爷第一个责任，实际上就是结婚；结婚之后，生了儿女出来，那么咱们的皇位才不愁没有人承继下去。"

在谈完道理之后，就要讲清所选之人了，慈禧心中是有数的，但当光绪还蒙在鼓里，他急切想知道太后为他选定了一个什么样的妻子。慈禧在进行一番说教后终于全盘托出："现在，我不妨告诉你，当你四、五岁的时候，咱们已经在给你留心着

·擅权乱政·

图文珍藏版

了,所以咱们的选择是非常仔细的,差不多打听过好几十家,凡是门第比较高贵的人家的女孩子,只要年岁和你相当的,咱们都托人去采问过了。此刻咱们就要凭这许多报告来做一个决定。咱们已经给你选定了一个最好的妻子,可是这位姑娘容貌并不怎么样超特的美丽,这原是没有什么出入的,你也曾读过几年书了,想必还记得古圣人早说过'美人如祸水'的话吧?一个做皇后的女子是不讲究色的,只要她贤德就行了。咱们现在已经给你挑选定当了。在那些门第适当的人家的许多姑娘中,据我们探听的结果,长得更漂亮的也有,读书读得更聪明的也有,可是最合咱们心意而且配做皇后的,却只有一个,她就是静芬。"

一听到这里,只见光绪猛地抬起了头。他没有想到慈禧为他聘定的妻子竟是静芬。

看到光绪这一刹那间的变化,慈禧心里明白了,她知道光绪并不喜欢静芬,但这怎么能行呢?因为静芬是她的侄女,她是要以亲连亲,使她与光绪的关系近上加近;并且静芬这孩子是个听话的孩子,自从入宫那天起就非常讨她的喜欢,会说话,懂礼节,将来要是再立她为皇后,这不对自己十分有利吗?使静芬成为光绪皇后,还有一个重要的原因。那就是"其意重在为己心腹,以监察皇帝之行为,而报告之"。也就是在光绪身边安插了一个心腹密探。以便加强对光绪的控制。基于这些思考,她决定立静芬为皇后,而这第一步是必须让光绪同意娶她。慈禧今日就是向光绪宣布这一决定的,没想到光绪那么惊讶,似有不满之意,这怎么能行呢?于是,她再次以十分坚定的口气重复了她的决定。该到光绪表态的时候了,光绪默默不语,慈禧追问道:"怎么啦?你怎么不表态啊?"

光绪听到问话,知道这是最后通牒,不表态是不行的,表示相反的意思更不行,多少年的经验告诉他:必须服从太后的决定。于是他违心地说道:"亲爸爸!像你老人家这样的圣明,确定的主意哪里还会错呢?"光绪一边说着,两眼充满了泪水,几乎要掉了出来,但他终于忍住滚动的泪水继续说道:"以前的事情,也都是您老人家给孩儿做主的,每次都是使孩儿快活。这次给孩儿定的主意,当然也是对孩儿有益的;如亲爸爸一定要教孩儿说句话,那么孩儿总是应该要让你老人家欢喜的,要说就只有敬尊懿旨这一句话。"

慈禧很高兴地听完了光绪的回复语,虽然她知道光绪内心可能不是这样想的,但说出来的话还是令她高兴的。还好,多少年的心血没白花费。

光绪的婚姻就这样决定了。婚姻既定,就得通知各方做准备,皇帝的大婚可不是马马虎虎的。于是,自决定之日起,宫中为此而忙活起来。

光绪十四年十二月,慈禧首先令户部拨款 500 万两为光绪大婚之用,然后就做大婚的各项准备工作。

光绪十五年正月二十五日,慈禧起得比往常都早些,她虽然不能亲自布置今日迎亲的工作,但她总是要坐镇指挥,应该说真正的总指挥就是她。大婚准备工作都还顺利,特别是今日——光绪大婚之日,她总算要了却一桩心事了。她怎么能不高兴呢?慈禧令身边的太监到宫中各处查看一下,是不是都很合适,也顺便到皇帝那里去看一看,他是不是起来了,等等。她总是想把事情办得越细致,越完全越好。

其实,慈禧的担心是多余的。今日之事,内务府是尽心尽力的,宫中各有关人员也是全力以赴地忙活着。与宫中忙活的同时,静芬一家也在忙活,他们的任务是送亲。

　　静芬今日经过一番打扮以后漂亮多了。她浑身的袍服一律用杏黄色的贡缎制成，上下前后用金线绣着凤凰。在她的袍子的边角上钉着无数的珠子，大小不一，多达数千颗。同时她的颈项里还一排围着三个珠圈，这些珠子比袍子边角上的珠子大多了。

　　静芬家中刚收拾停当，迎亲大队就浩浩荡荡地开过来了。来到门前，音乐声起。新娘子在声乐中被送到了銮舆之中，不久，这个迎亲大队便原路返回。

　　进入太和殿后二人同行大礼。大礼有三：第一，行三跪九叩礼拜谢天地；第二，再行三跪九叩礼拜谢列祖列宗。第三礼是拜他们的主婚人。当光绪和静芬进行前两拜之时，慈禧已悄悄走上殿来，在西隅的一张盘龙椅上坐了下来。两拜完毕后，光绪和静芬便来向慈禧叩头谢恩。慈禧坐在椅子上，看着他们向她叩头，心里高兴极了。她坐在龙椅上，身子直直的，头抬得高高的，那高傲的姿态是平时少见的。叩谢结束后，随之又是光绪与静芬的夫妻双拜，正式确定了夫妻名分。慈禧看着这两个人终成夫妻，她不由地为自己的精心安排感到由衷的高兴。但当她转身走开之际，又不免掠过一丝阴影，因为"归政"问题又萦绕在脑海中。她又思虑着下一步棋该怎么走。

　　就这样，光绪和静芬终于成了夫妻，他们是在慈禧太后的压力之下勉强地结合在一起的。起初他们尚能互相迁就，以免太后不悦。但是婚后不久，两人便势同水火。自此以后，这一对夫妇便渐渐地成为水火难容的对头。慈禧太后出于她自身利益的考虑，终于造就了一对冤家对头。这桩婚事，对光绪的压力太大了。他为此伤透了心，为此痛哭过。太后的旨意是不能违背的，于是自光绪十五年起到光绪三十四年止，这位大清国的皇帝一直为此而不悦，而愤懑，这种愤懑与不悦大都深深地藏在那心灵深处。

十八　假归政真专权

　　随着日月星辰的轮换，时间在向前推进。离举行亲政大典的日期越来越近了。慈禧的心情日渐沉重，滋味不是那么好受。虽然礼亲王世铎已尽了不少努力，在礼仪上做了多方修缮，力求博得她的欢心，但这毕竟是皇帝亲政。慈禧是不甘心把权交出去的。因为她对"权"有相当深厚的感情，她怎么能轻易让出去呢？不过，表面上总得应付应付吧！既然归政是她主动提出来的，现在礼仪议定了，还能说什么呢？只有在归政后牢牢地控制住整个朝廷的局面，让它来个无听政之名，行听政之实。

　　慈禧的这一招，特别是如此迅速地归政，真是出乎一般人的预料之外，从慈禧的一贯行为和态度来看，这似乎不可能。是不是等到将近归政之日又会耍出什么花样来呢？于是臣僚们又猜测着未来，观察风向，以便确定自己升官发财的方案。且说有一山西道监察御史，名叫屠守仁，他对此事非常关注，见到懿旨、圣旨不断颁发，他捧读之后，反复考虑，觉得这只不过是欺人之谈，慈禧决不会就此放权于光绪，而使她处于一种无权的地位。因为从慈禧入宫至今的经历说明她是一个始终追逐权力的人，既得之权怎么能拱手送人呢？肯定届时另有打算，于是急忙上了一道奏折请求太后保住实权。但是,这位屠守仁想错了,他的思维太简单了!他只想拍马屁求升官,而没有想到慈禧此时正需要一个牺牲品而扩大她的声誉呢!因此,这位马屁御史竟拍到马腿上,他被慈禧狠狠地训斥了一番。结果,这位御史得到的酬谢是:"著即革职,永不叙用。"

慈禧这一手确实厉害,很多人认为这回太后真有归政之意。但是,就在人们交口称赞之时,慈禧又在进行她的周密安排。这一切活动的中心是:笼络人心,拉自己的势力。在亲政前的一个月里,慈禧连传懿旨,对诸王要臣们加官晋级。她首先以"醇亲王奕譞志虑忠纯,经猷闳远,自垂帘听政以来,深宫宵旰焦劳,勤求上理,王以一心一德,宏济艰难,凡可以利国家安社稷者,罔不综揽大纲,竭诚匡助"为理由,对奕譞予以奖赏。"醇亲王奕譞著赏给金桃皮鞘成服刀一柄和御书懋德嘉绩匾额一方。"对醇亲王的加恩,显而易见,是使这位有地位的宗亲知恩图报。与此同时,慈禧又对当朝要员普施恩惠。礼亲王世铎不仅得到慈禧赏得御书匾额,而且还得到宗人府的"从优议叙"。大学士额勒和布、张之万,兵部尚书许庚身、刑部尚书孙毓汶等均受到从优议叙的优待。然后慈禧还对各要害部门的官员如军机处章京、六部侍郎、员外郎甚至主事以及各省总督、巡抚、道员、将军,甚至知府、提督等人赏俸晋级。

一道道诏书,把慈禧的奖赏遍布了朝廷内外,内地边陲。这些受奖赏之人,捧读诏书,无不感激涕零。他们十分感激慈禧太后的知遇之恩,竟然在归政之前还想到了他们。

在光绪帝大婚后不到十天的1889年3月4日(光绪十五年二月初三日),按照慈禧既定的路数,在太和殿举行了所谓光绪帝正式"亲政"的典礼。大典之后,光绪与朝廷要员们又到慈宁宫,给已经等在那里的慈禧上了一个尊号。在皇太后前面又加上那么几个带有美意的字。自此以后,慈禧的全称就成了"慈禧端佑康熙昭豫庄诚寿恭皇太后"。

慈禧自归政以后,并未真正放权养身,度其晚年,而是积极活动,继续揽权主政。正如时人所言:"皇上亲政后,遇除授尚书、侍郎、将军、督抚各缺,仍恭请皇太后懿旨简用,盖由圣德谦冲,于用人行政诸大端犹复禀承慈训,以示不敢独断。"可见,慈禧把用人的大权牢牢地抓在手里。

光绪亲政以后,知道宫廷内外均是皇太后的势力,欲成就大事很难,所以凡事必先征求慈禧意见,然后才能明发上谕。然而即使如此,慈禧对他还是不放心,因此,密布了亲信,随时搜集情报,对光绪的监督极严,甚至竟把心腹派到了光绪身边。

慈禧身边的太监,派去监视光绪的多能执行命令,监督光绪的一举一动。但其中有一个太监却对此不满,结果遭杀身之祸,这个太监便是寇连材。

寇连材,直隶昌平州人。年15岁入宫为慈禧的梳头房太监,因手巧心灵,甚得慈禧欢心,慈禧令其掌会计工作。随着年龄的增长,他对慈禧揽权独断感到不满。他置个人生死于不顾,违犯宫规(太监不得干政)向慈禧请愿,恳求她将权力放还光绪,使之成为一个真正的皇帝。

奏折上呈后,慈禧看罢大怒,立即令身边太监传旨去召寇连材。不一会儿,寇连材来到慈禧面前。慈禧怒气未消,出口大骂:"真是大胆的奴才,违例上书且不言之,满嘴胡言,是诚何心?"

寇连材对慈禧的淫威早有所闻见,他已抱定死志,故对此并不畏惧,反而很爽朗地回答了慈禧的问话:"奴才诚心之为国家,而非仅为老佛爷一人。"

"那么,我来问你,你的这个奏折,是你自己写的呢,还是受何人指使?"慈禧不相信寇连材如此手笔,故提出了她的疑问。

"此折诚奴才所自作,非受他人指使。"寇连材坚定地回答。

"那好,你将此折内容背诵一遍。"慈禧要考试了。

听到命令,寇连材略一思索,立即背了一遍:"一,请太后勿揽政权……"寇连材所诵与原折无异,足见其真。慈禧不再追究指使人了,而是转移了话题:"本朝成例,内监有言事者斩! 你该明白吧?!"寇连材从容自若地答道:"奴才明白,奴才若怕死,则不上奏折了。"

慈禧点了点头,她没有想到在她的手下竟有如此大胆的太监,而且今日抗旨不遵者正是昨日受宠之人。于是,她决定按祖制发落。她命刑部审讯定案。不久,刑部便按慈禧的意思定案为"处斩"。次日,即光绪二十二年二月十六日,寇连材被送往菜市处斩了。

寇连材之死,并没有唤起群臣们对慈禧的规劝之心,而是慑于淫威,开始对慈禧的"归政"大唱赞歌。这样实际上就形成了台前慈禧归政光绪,台后光绪归政慈禧的局面。慈禧在颐和园这个世外桃源里,仍然主持大政,统治天下。

但是,光绪帝不是个毫无主见之辈。他不甘心于他的傀儡地位。他的近臣也认为慈禧太后的干政是不正常的。为此,在他的周围便逐渐形成了一股政治势力,便是帝党。

帝党的核心人物为翁同龢。翁同龢为大学士翁心存之子,咸丰时一甲一名进士。任同治帝师傅,在弘德殿行走。后任光绪帝师傅,在毓庆宫行走。曾任军机大臣,后被罢职。以后再授军机大臣,并为总署大臣、户部尚书、协办大学士。翁同龢原来深得慈禧信任,"恩眷甚笃"。翁同龢在被慈禧太后和光绪帝召见时,曾对光绪帝说:"亲政后第一不可改章程。"光绪帝毫不犹豫地回答:"断不改。"慈禧对他们的一问一答是非常满意的。因为这是政治上的表态,说明他们对慈禧所实行的路线和政策是完全赞同的。

然而,翁同龢后来却渐渐倾向于光绪帝。翁同龢非常忠于光绪帝。

当时清廷上层早已分为"南北派"。南派有翁同龢、潘祖荫、沈文定、王文勤等;北派有李鸿藻、文祥、徐桐等。翁同龢、潘祖荫为南派之领袖;李鸿藻、徐桐为北派之领袖。"盖太后祖北派,而皇帝祖南派也。当时之人,皆称李党翁党,其后则竟名为后党帝党。后党又诨名老母班,帝党又诨名小孩班"。

帝党成员骨干是清流派的一些人物,多为词馆清显、台谏要角。他们自视甚高,却无权无势,不是后党的对手。

后党的成员则为京内的王公大臣、文武百官和京外的督抚藩臬,阵营整齐,实力强大。

帝党与后党是分别以光绪皇帝和慈禧太后为核心而形成的两股对立的政治力量。这两股政治力量的矛盾斗争的表面化则表现于 1894 年的中日甲午战争。真专权的不满情绪逐渐表面化了。他试图打破慈禧在清廷一手遮天的局面,除了进一步信任和重用翁同龢以外，又着手培植自己的亲信力量。可是，正当光绪皇帝开始采取一些实际步骤试向慈禧争权时，日本军国主义者便加紧了制造侵华战争的步伐，在我国的东方迅速地卷起了深沉的战争乌云，并终于爆发了中日甲午战争。

中日甲午战争这一年，正值慈禧六十大寿。早在战争爆发之前，中日关于朝鲜问题的交涉发生后，慈禧即主张从速和解了事，以免耽误她大举庆寿，广受贡献。为此，慈禧指令李鸿章请求英、俄两国干涉调停，幻想"以夷制夷"，制止日本侵略。但沙俄的调停遭到日本的婉辞拒绝，英国的调停也归于失败。日本在外交上有恃无恐，终于无端地发动了对中国的进攻。战争爆发后，慈禧虽然被迫于8月1日对日本宣战，但在军事上采取消极应战的方针，在外交上却仍然积极进行求和活动，并在平壤、黄海大战之前，就已开始酝酿求和。

在误国方面，慈禧与李鸿章总是互为里表的。慈禧无视国家和民族的利益还在醉心于无度的享乐之中，对外无所事事。李鸿章从一开始也照样毫"无作战之气"，抱定妥协的宗旨，对步步紧逼的日本侵略者"一味因循玩误，辄借口于衅端不自我开"，把自己置于被动挨打的地位。由于慈禧、李鸿章的妥协误国行径，不仅使中国遭到侵略战争的威胁日益加重；也给中国的备战抗敌投下了阴影。

甲午中日战争，对光绪皇帝来说，是自从他"亲政"以来所遇到的一次最为严重的事件。但是，这时的光绪帝，内受以慈禧为首的权势派的压抑；外临强敌的紧逼。在这种尖锐复杂的现实面前，光绪皇帝做出怎样的选择，无疑是对他的一次严峻考验。

在中日关系紧张之前，年轻的光绪帝为了改变自己受制于人的地位，曾试图与慈禧争衡，表明他在那时的基本思想倾向，还是集中在他们统治集团内部的权势之争上。但是，到1894年六、七月（光绪二十年五、六月）间，光绪帝和一些帝党官员对日本军国主义者制造的战争威胁，都引起了越发深切的关注，他们唯恐日本大举侵入，将使"我中国从此无安枕之日"，对他们的统治地位和国家的前途产生了忧虑。于是"事机危急"的心情，在他们的胸中迅速地占据了突出的地位。恰恰是在这种情况下，光绪皇帝开始跳出了在内部争夺权力的小圈子，决然做出了自己的选择，公开站出来"一力主战"，积极支持一些官员要求备战抗敌的正义呼声；不断发出电谕责令李鸿章加紧"预筹战备"，全力筹划御敌抗战事宜。事实说明，这时的光绪帝已毫不含糊地站在了反侵略的立场上。

光绪皇帝，在清王朝统治集团中虽然处于不操实权的地位，然而他毕竟还是一朝之主。鉴于外侮紧逼，他公开站出来号召御敌抗战，这在清王朝统治阶级当中的确产生了巨大的影响。

在清廷内部，由于光绪帝鲜明地表示主战卫国，首先使一些也有抵御外侮要求的帝党和其他一些官员得到了鼓舞，如侍郎志锐和御史安维峻等人接连上奏，大力言战，并公开抨击后党官僚和李鸿章等人"因循"误国的丑态，直接支持光绪帝的抗战主张。时到此刻，就是久经宦海、世故颇深、平时对"老佛爷"慈禧"栗栗恐惧"的翁同龢，在枢臣会议上也敢于陈述己见，与光绪帝紧相呼应。与此同时，一些原来与帝、后之争没有多大关系的一般官员和士大夫，他们出自"忧国"等激愤心情，也纷纷言战，与光绪帝上下配合。于是，在战云滚滚的险境中，由于光绪皇帝公开主战，使在慈禧控制下犹如一潭死水的清廷内部，顿时激起了一股卫国抗敌的主战波澜,并又迅速地向四周荡漾。

当光绪帝命各地积极准备战守的上谕发布之后,许多地方官也先后上奏表示遵行;有些人还主动为准备抗击日寇献计献策;有人大声疾呼,"朝鲜近在肘腋,……唇亡齿寒,……不能不举国争之。"后来,湖南巡抚吴大澂,还"电奏请统率湘军赴朝督战",要以实际行动抗击日本侵略者。

在当时已具有了相当的地方实力,后起的洋务派显要官僚张之洞、刘坤一,他们的思想十分复杂。尤其这两个人对帝、后的纠纷都怀有戒心不愿介入,因此,在甲午中日战前他们的公开态度是较为含混的。但当张之洞得知"上(光绪帝)主战"的消息以后,他的态度也逐渐转向主战。光绪帝命令沿海要地督抚"不动声色,豫为筹备(战防),勿稍大意"。他便向其属下传达"朝廷甚注意江防",在他的主持下,于长江一带作了一些较认真的防务事宜。当时的刘坤一,也在逐渐向抗战方面靠近。随着战局的演变和民族矛盾的不断激化,在以光绪帝为首的清廷主战派的影响下,张之洞和刘坤一的态度又有了进一步的变化。

在外敌当头的紧要时刻,光绪帝挺身而出公开主战,积极筹划备战御敌之策,显然是顺应了广大军民不甘屈服于侵略者的正义要求。同时,在具有一定的民族情感、忧虑国危的官员士大夫阶层,也有相当大的号召力。可以认为,与慈禧、李鸿章等实权派的对外态度相反,光绪帝不顾个人的得失决然站在了御敌主战的一边,这就等于在昏暗的清廷当中树起了一面招展夺目的旗帜。它以一种特有的吸引力,使一切不甘被外敌蹂躏的人们纷纷聚集在它的周围。从而,促进了清朝统治阶级的分化,有利于反侵略力量的聚结,对推动抗战显然是有益的。

甲午中日战争,是在十分复杂的国际条件下发生的。在战争以前,英、俄等帝国主义列强为争夺中国已经在进行着激烈的角逐。当中、日关系日趋紧张时,除了美国为坐收渔利继续公开支持日本军国主义者之外,英、俄的心理错综复杂。

英国,出自它的需要,也曾扬言愿为中日进行"调处"。但是日、英之间通过一系列的外交活动,他们遂即达成了一项日本以不影响英国在华的侵略权益为条件的秘密谅解;并且英国又有意利用日本军国主义势力来抵制沙俄的扩张。所以英帝国主义者更"不会以武力干涉来制止战争"。在实际上,英国也逐渐扮演了支持和纵容日本军国主义者发动侵华战争的帮凶角色。

慈禧及顽固派官僚的昏庸、愚昧性和李鸿章的屈辱性格汇集成一个共同的对外心理,那就是由惧外到媚外。在中、日开战前夕,慈禧也曾表示过赞成"主战"的意向,但平壤、黄海之战失败之后,慈禧更加倾向求和,准备命李鸿章再次同俄国公使喀西尼接头,请俄国出面斡旋谋和,根本没有准备抗击日本侵略者的决心。

站在第一线上的李鸿章,从一开始就对俄、英声称的"调处"和所做的虚伪诺言"深信无疑",并对此视为摆脱困境的法宝,把国家和民族的利益完全押在了这些伪善者的身上,与俄、英等驻华使馆频繁接触,一再乞求这些披着伪装的列强侵略者出面调停。甚至妄想让他们进行武装干涉,为此他自欺欺人地对清廷统治集团宣扬什么对日本"俄必有办法";或英国"肯发兵助我伐倭"等等,极力散布迷信外力的幻想。做着依靠外国"调处"梦幻的李鸿章,更是"一味因循玩误","希图敷衍了事",继续兜售他那早已破了产的所谓"以夷制夷"的消极政策,拒不进行战守准备,把自己置于束手待毙的地位。

光绪帝和以他为首的抵抗派官员,为了积极地推行备战抗敌的方针,对慈禧和李鸿章迷信外力,希图避战求和的行径进行了坚决地抵制和斗争,而这场斗争,又成为甲午中日战争期间,在清廷统治集团中抵抗与妥协这两大势力之间所展开的首次激烈较量。

光绪帝在表明主战的同时,就特别重视依靠本国的力量(当然不是依靠广大人民群众的力量),加强战备部署。因此,他为了集中国力筹备战守,竟敢冒犯慈禧的旨意,"请停颐和园工程以充军费"。光绪皇帝对慈禧的不满情绪已有多年,可是公开违抗慈禧的旨意,这却是自从他登上皇帝宝座以来的第一次。

修建颐和园,是西太后准备在"万寿"庆典时大摆威风、夸耀其"圣德"的主要项目之一。现在光绪帝让她就此罢手停工,当然犹如触动了她的肝胆而勃然"大怒"。不过,慈禧鉴于内外形势的压力,后来才不得不发出懿旨,无可奈何地表示,在"兴师"之时,"不能过为矫情,特允皇帝之请",对"万寿"庆典的准备活动可以做一些简化。她在嘴上这样说,但在心里却不是这么想的,她曾对人扬言,谁叫我一时不痛快,我就叫他一辈子不痛快。所以,这件事却使慈禧怀恨在心,加深了她对光绪帝的疑忌。在这期间,以光绪帝为首的抵抗派,抵制清廷妥协势力的斗争,更直接、更主要的是集中于站在前场的李鸿章身上。

早在1894年6月5日(光绪二十年五月初二日),清政府应朝鲜政府之请,派兵协助朝鲜统治者镇压农民起义时,由于日本也插手其中进行活动,光绪皇帝就意识到事态的复杂性,所以"上(光绪帝)虑兵力不足,因谕……宜图万全,尚须增调续发,以期必胜。"强调了预防意外的必要性。

随后,日本军国主义者趁机借口"保护侨民"加紧向朝鲜增兵,并无理纠缠拒不撤退,极欲借此挑起侵华战争。对于日本侵略者的嚣张气焰,李鸿章竟一味消极退让,幻想依靠俄、英的"调停",散布依赖外力解除危局的层层迷雾。

针对这种情况,在6月25日(五月二十二日),光绪皇帝特意降谕给李鸿章。

在这个专给李鸿章的上谕当中,光绪帝在实际上既斥责了李鸿章面对来势汹汹的外敌"不欲多派兵队"的怯懦态度;又强调指出了俄国可能怀有"别谋"的私自企图。在此,光绪帝已十分明确地揭示了当时中国所面临的两个极为尖锐的严峻问题:(一)应看到日本要挑起侵略战争的严重现实,决不能停于口舌之争,必须进行紧急的御敌准备;(二)要警惕俄国声称进行"调停"活动的阴谋,不能麻痹上当,实为告诫李鸿章不要把希望寄托在外国"调停"上面。总起来说,光绪皇帝在这里强调了一个中心问题,那就是在战争威胁面前,要立足于自身的力量之上,积极地预筹战备。

手握外交、用兵大权的李鸿章,对于光绪帝的这些至关紧要的谕示,居然采取了阳奉阴违的态度继续加以搪塞。于是,在7月1日(五月二十八日)形势更加紧张时,光绪帝又通过军机处向李鸿章发出了一个措辞比较严厉的上谕说。

在这个上谕里,光绪帝对李鸿章敷衍塞责的行径给予了更加严厉的训斥,对日本军国主义者的侵略阴谋揭露的尤为清楚。特别是他又一针见血地指出,"他国劝阻亦徒托之空言"绝不可信。从而对于筹备战守做了比较全面、周密的部署。

接着在7月4日(六月初二日),光绪帝就李鸿章擅自乞求英国领事转请英国政府派舰队赴日"勒令撤兵"一事,再次向他发出谕旨,斩钉截铁地申明,对于日本的肇衅"中朝自应大张挞伐,不宜借助他邦,致异日别生枝节。"在此光绪帝又断然指出,对于这种乞求外力、"示弱于人"的事,今后"毋庸议。"到此,光绪帝反对一味依赖外力的态度,更加鲜明而坚定。

与此同时,给事中褚成博也上奏指出,"日本觊觎朝鲜,意甚叵测",对李鸿章"欲依(俄、英"调停"——引者注)以集事"的懦弱言行,给予了义正词严的揭露。他写道,沙俄进行的"调停"活动,"实欲坐收渔人之利";英国表示的"助我",同样是"阴遂要求之计"。从而他认为,绝不能被"彼族所愚弄",强调中国"唯有决意主战",才是唯一正确的选择。

相形之下,手握清廷实权、一朝之大的慈禧,在当时除了有时使人传递一下她的懿旨;或在枢臣会上照照面,发几句不着边际的空论而外,终日依旧在颐和园沉醉于纵欲享乐之中。慈禧不仅对外敌的战争威胁根本没有放在心上,反而对光绪帝的疑忌之心却是有增无减。这时,她虽然很少出面,但仍在幕后操纵局面,并通过其心腹官僚,对以光绪帝为首的主战派的备战御敌活动加以百般地阻挠和干扰。她的亲信官僚、军机大臣孙毓汶,就仰承其旨意,并"迎合北洋(李鸿章)",对光绪帝筹划的御敌之策,无不"阴抑之"。

与慈禧及其心腹官僚脉脉相承的李鸿章,在他那天津的总督官邸,却显得相当忙碌,时而会见俄、英等使节;时而主持上呈下达的文电;并不断地向俄京彼得堡和日都东京等地的驻外公使发电探风传令。然而这一切,还是为了推行他的"以夷制夷"的方针,死抱着妥协的宗旨不放,对像雪片一样飞来的驻朝将领的请援、请战的电报,他不是随意顶回,便是将其搁置一边。

至于从朝廷发来的那些敦促认清危局、加紧备战的谕旨,始终未引起李鸿章的重视。他深悉清廷的内幕和慈禧的心意,所以不操实权的光绪皇帝,发给他的这种电谕越急、越多,李鸿章的抵制活动也越公开、越强烈了。

首先,要准备抗击日本预谋的侵略战争吗?秉承慈禧意旨的李鸿章,执定把希望完全寄托在列强的"调停"之上。7月1日、7月4日光绪帝接连发出两道上谕,明确指出形势危急"将有决裂之势",外国的"调停"纯系"徒托之空言",一再强调让他立即进行全面战备,以免"贻误事机"。可是,在此后的第三天,即7月6日(六月初四日),他仍然电令已陷入被包围之中的中国驻朝守军:"现俄英正议和,暂宜驻牙静守,切毋多事。"照样把他的赌注压在俄、英身上。直到7月20日(六月十八日),日本军国主义侵略者已在朝鲜集结重兵,摆好随时即可下手的阵势,李鸿章仍然无视中国驻朝守军将领要求准备自卫的呼声,继续抗拒光绪帝的严正旨令,电示驻朝守将叶志超"日虽竭力预备战守,我不先与开仗,彼谅不动手。……切记勿忘,汝勿性急。"对气焰嚣张的侵略者好一派"宽宏"的架势。在战争中,出自斗争策略的需要不开头一枪,这在中外战争史中当然不无其例。然而李鸿章坚持主张的"不先与开仗",却是把自己国家的命运完全寄托在其他列强身上的妥协逻辑。

7月23日(六月二十一日),日本侵略者已开始动手了,派兵冲进朝鲜皇宫,扶植傀儡政权,向中国守军进行武装挑衅,揭开了中日战争的序幕。就在这硝烟已经弥漫朝鲜京城的当天,李鸿章在给清政府发来的两份电报中,居然借日本驻朝公使大鸟圭介之口,说什么"中国若添兵即以杀倭人论"。在他看来,日本军国主义者可以霍霍磨刀,中国绝对不能准备自卫。同时他还煞有介事地说,"俄有十船可调

图文珍藏版

仁川(事实上这是他的虚构——引者),我海军可会办",继续制造依靠沙俄的幻想,抗拒光绪帝的备战旨令。李鸿章在7月下旬租用英国轮船向朝鲜运送援军,实际是他精心设计的一起与光绪帝的主战方针"对着干"的丑事。所以,当日本侵略者采取了赤裸裸的战争行动,偷袭船队,击沉英轮"高升"号,中国一千多名官兵壮烈牺牲的严重事件发生后,李鸿章却以按捺不住的侥幸心情得意扬扬地向光绪帝等报告:日本击毁悬挂英旗的船只,"英国必不答应"。这时,他为给自己装扮一点要起来抗战的样子,应付一下来自朝野的主战呼声,派海军提督丁汝昌率领几只战船出洋巡逻。就此区区小事,李鸿章也大做文章,他在给清廷的电报中大言不惭地说,"已饬海军提督丁汝昌统带铁快各船,驰赴朝鲜洋面,相机迎击。"可是他在给丁汝昌的密令中,却指示要"相机进退,能以保全坚船为妥"。可见事到此时,李鸿章还在玩弄手法,对光绪帝等在硬顶之余又施展骗术。

再者,要"豫筹战备"吗?那就得拿钱来。早在中日关系日趋紧张,光绪帝明示要他预防战事时,李鸿章就"两次陈奏,均以筹款为先"进行要挟。到7月4日(六月初二日),当李鸿章刚刚接到令其加紧进行战备的上谕后,他又具折陈词,"臣久在军中,备尝艰险,深知远征必以近防为本,行军尤以筹饷为先。"声张北洋海军"战舰过少",兵勇不足,要筹战备,还需要二三百万两的饷银。意思就是说,只有"先筹二三百万两的饷,方可战"。在此,李鸿章便公然提出了备战的先决条件。

当然,备战兴师需要款项。但李鸿章从主建北洋海军那一天起,就"以备缓急之用"相标榜,并曾宣扬战事切免"临渴掘井",要"预防未然",到这时,仅仅用于北洋海军方面的费用,就已"糜帑千数百万"了。当时有人说,"现在北洋兵力军储甲于天下"并非夸张。但到真要用兵时,李鸿章却大叫"战舰过少",兵勇不足,竟然要"临渴掘井"了。李鸿章本来很清楚,清政府的国库已"万分支绌","遽筹巨款,亦属不易",可是现在他竟然一伸手就要二三百万两,无非是向以光绪帝为首的抵抗派施加压力,进行要挟;也是为他自己坚持妥协方针、一味敷衍误国寻找借口。

面对这些来自内外的诱惑、抵制和压力,光绪帝的主战态度依然毫不动摇。

对外,他坚持反对依赖外国的"调停"和许诺,决心立足本国,积极备战设防,倾国力以御外敌。到7月23日,当光绪帝看到李鸿章继续鼓吹要与俄国舰队"会办"的电报后,顿时"盛怒",立即下令"拟电旨致北洋(李鸿章)","命不得倚仗俄人"。接着,牙山守军告急,日军偷袭运兵船和进而袭击中国守军等消息接连传来,光绪帝尤为愤慨,连续向李鸿章发出电谕,指出:你原来固守"衅不自我开"而观望敷衍,然而现在已"衅开自彼",理应"立即整军奋击,不可坐失机宜"了。接着于7月24日(六月二十二日),光绪帝又通过军机处寄谕给李鸿章,以极为愤怒的言辞发出了严正的警告。

然而这一切,并未在李鸿章等人身上发生任何效果,中国军队在朝鲜的不利地位毫无扭转,甚至中国抗战失利似有江河日下之势。鉴于这种严峻的现实,光绪帝为了扭转不利的战局,推进抗战,对文廷式等人要求对某些军政弊端进行改革的建议引起了重视,逐渐产生了"欲开言路"等思想主张,向群臣疆吏发出了一些要求他们"筹议"战事的谕旨;对一些要求启用善战人才等建议他也准予采纳。这样终于形成了主战舆论,并于光绪二十年七月一日(1894年8月1日)发布对日宣战上谕,庄严布告中外,正式向日本侵略者宣战。宣战上谕发布后,迅速传遍神州大地,极大地激发了人们奋起抗敌的热情。所以在清政府对日宣战之后,在整个的统治阶级当中,在广大清军的官兵里,要求奋力抗敌的呼声迅速高涨,向清廷献策、请战的电、疏接连不断,使中国的抗战出现了可喜的征兆。

但是,控制清王朝军、政实权的慈禧、后党官僚和李鸿章等人,他们却有另一副心肝。这些人,对国内出现的这种大好局面"怏怏不乐",既恐惧,又仇视,极尽干扰和破坏之能事。

在清廷内部,当宣战上谕发布后,后党官僚、军机大臣孙毓汶和徐用仪以及李鸿章等"互相因应",凡是"皇上之所是,则腹非之;皇上之所急,则故缓之"。据说,他们为了阻挠、干扰光绪帝掌握外情和筹划战事,竟然擅自"删节章奏,隐匿电报",简直是不择手段。

在甲午中日战争中,无论是陆战还是海战,都涌现出如左宝贵、邓世昌等许多坚贞不屈的爱国将士,有的与阵地共存亡;有的与战船相始终,为了捍卫祖国而英勇捐躯。

然而,由于清政府主持这场战事的决策权,始终操在妥协势力的手中,广大爱国战士的英勇奋战,也照样不能扭转中国被动不利的战局。继牙山失利,平壤失守,海战受挫,到了当年10月,日本侵略军的铁蹄便践踏了我国的锦绣山河,中国的抗战形势愈加严峻。随后旅大危机,锦、山告急,京津震动,失守、沦陷的噩耗不断传来,中国的抗战陷入严重的危机之中。

中国抗战的失利,对西太后和李鸿章等人来说,按着他们的逻辑,只有投降一途了。于是慈禧、后党官僚和李鸿章,他们不拍即合,极欲不惜断送中国的抗战和国家的权益,要对日寇屈辱求和了。

平壤失守和大东沟海战后,慈禧原来的侥幸心理逐渐破灭,她可能觉得已经到了公开出场收拾局面的时候了。9月27日(八月二十八日),慈禧以一种特殊的积极性出来召集枢臣会议研究战事,可是她在这次会议上表示的主要意向却是什么"俄人喀希尼前有三条同保朝鲜语,今喀使(希尼)将回津,李某(李鸿章)能设法否?"为此,她当即指派翁同龢到天津向李鸿章传达她的这个旨意。显然,慈禧采取这一举动,是想公开表示同意俄国一直在策划、光绪帝始终在反对的所谓"调停"了,并明示李鸿章可以依靠俄国与日本进行"议和"活动了。光绪帝的主战半途而废,慈禧太后的依赖调停,向日本求和主张又占了上风。

针对慈禧和李鸿章等人的议和求降活动,以光绪帝为首的主战派,为了把反侵略战争进行下去,他们要求惩办战败的将领和官吏,并将主持军国大计的军机大臣和对战争实际负有领导责任的北洋大臣交部议处,严加惩罚。理由是:"诚使枢译诸臣数月以前肯略分欺蔽君上之心以揣量敌情,损防抑言路之功以绸缪战事,何遽败坏至此!"

于是,以光绪帝为首的帝党便逐渐酝酿和产生了这样一种想法和计划:那就是只有把军事指挥大权从"玩法营私""诪张舞弊"的孙毓汶、徐用仪等慈禧亲信人物的手中夺过来,重新起用与慈禧素有"旧憾"的恭亲王奕䜣,令其主持军机处,才能使这种反侵略战争出现新的转机。9月20日,翁同龢在病中写信给张謇,即提出"将不易,帅不易,何论其他?"次日翁奉旨"力疾入朝",商量对日战争,退朝后张謇、丁立钧等人即赶来探视，并有所商议。接着六天之后，帝党骨干便奔走串联，酝酿联名奏请起用奕䜣。其实，早在战争刚刚开始之际，帝党人物长麟即曾上折，"请起用恭亲王"，以作试探，但未引起任何反响。八月底，前线败讯频传，军机处成为众矢之的，李鸿章被拔去三眼花翎、褫夺黄马褂之后，帝党人物认为起用恭亲王的条件已经具备，便开始加紧活动，并由李文田、陆宝忠、张自熙等于八月二十八日(9月27日)正式联衔上奏，要求起用恭亲王奕䜣。

这道奏折起草人是周彦升，发起串联者则为陆宝忠。陆宝忠之父陆懋棠曾任南书房行走，是个老教书先生，曾被恭亲王奕䜣赞许为"忠厚长者"。因此之故，当光绪二年陆宝忠会试和复试中试后，曾颇得奕䜣的青睐。基于上述关系，陆宝忠在帝党酝酿起用奕䜣的过程中，便积极扮演发起串联的角色。

上述记载披露出一个重要史实，那就是陆宝忠因发起串联起用奕䜣，受到光绪帝的单独召见。光绪帝所以在此时单独召见陆宝忠，还有一个重要原因，即李文田等人上折的当天，翁同龢、李鸿藻两人也紧密配合，上折请将恭王量予任用。随后在太后、光绪帝召见时，翁、李二人又当面"合词吁请派恭亲王差使"。但慈禧因对奕䜣旧恨未消，当即予以拒绝，其神态"虽不甚怒，而词气决绝，凡数十言，皆如水沃石"，毫无起用奕䜣、借助其力之意。光绪帝对此毫无办法，只好另外单独召见陆宝忠，对他积极发起串联吁请起用奕䜣的行动表示赞赏和支持，并"掬心"勉励陆"好自为之"。陆宝忠心里有了这个底之后，便更加大肆活动，不仅拜访鼓动徐桐上折，而且发动翰林科道继续上折，而光绪帝对南、上两书房未列名者又加以诘责，令其补递。此外文廷式、张謇等人在光绪帝的布置下也四出奔走，连已经乞休的盛昱也参与谋划。于是便形成了一个颇为强大的舆论，迫使慈禧不得不同意起用奕䜣。

而从慈禧太后方面来说，鉴于奕䜣长期主持总理各国事务衙门工作，是西方列强比较"喜欢"的一个重要人物，重新起用奕䜣，对于议和求降来说，或许不无益处，因此也就顺水推舟，同意了李文田等人的请求。

九月一日(9月29日)，慈禧召见了奕䜣，授命"管理总理各国衙门事务，并添派总理海军事务，会同办理军务。"同日又发布懿旨："恭亲王奕䜣，著在内廷行走。"

在家整整赋闲十年的恭亲王奕䜣，由于常年心绪不佳，已经疾病缠身。慈禧于次日又借口奕䜣身体不好，"步履未能如常"，"以示体恤"为名，"加恩免其常川入直"，实则把奕䜣置于可有可无的位置上，并未赋予什么实际权力。只是过了一月，慈禧见奕䜣复出后，当年的锐气已消失殆尽，不再有什么大作为，庆王奕劻又"力陈恭亲王宜令办军务"，才允其所请，于11月2日发布上谕："派恭亲王督办军务，所有各路统兵大员，均归节制。如有不遵号令者，即以军法从事。"又过一月，即12月8日，复命恭亲王奕䜣为军机大臣。奕䜣从前所担任的各项主要职务，至此基本上得到了恢复。

但复出后的奕䜣，并未像光绪帝所期望的那样，违背慈禧的求和意图，把反侵略战争打下去，相反，倒是加紧了同日本的议和活动。

就在李文田等人上折请求起用奕䜣的当天，慈禧即已决定派翁同龢去天津，向李鸿章传达清廷请俄国公使喀西尼调停，向日本求和的意图，命李鸿章在喀西尼假满回任途经天津时，对此做一试探。翁同龢恐参与和局遭举世唾骂，拒不受命，慈禧遂改以令翁"责李鸿章何以贻误至此"的名义赴津,限往返不得超过七日。9月30日,当翁、李二人在天津北洋大臣衙门晤谈时,慈禧又发出廷寄,要李向喀西尼面商,将详情告知翁某,回京复奏。但喀西尼因病延缓了自烟台出发至天津的日期,在翁同龢返京前,李、喀未能见面。10月4日翁同龢向慈禧复命时也就无可奉告,仅"力言喀事恐不足恃"。

复出后的奕䜣,禀承慈禧上述旨意,在翁同龢返京复命的当天,密函李鸿章:"刻下战守皆不可恃,喀使……到津,望阁下即与密议,如何妥筹善策,总以无伤国体,暂止兵争,及此敌未入境之先,速筹停战之法"等等,根本无意按照光绪帝的愿望,继续同日本作战,而是卖力贯彻慈禧太后的议和求降主张。

十九　丧权辱国

慈禧太后的求和态度日益明显,尤其是重新起用恭亲王奕䜣,以便设法与日本议和之后,这时,善于看着慈禧太后的颜色行事的后党官僚孙毓汶,也在内廷大肆鼓噪各国调处事。据说,徐用仪竟"嗾使其同乡联名上书,意主求和而罢战"。就此,慈禧及其同党便在清廷统治集团的核心里,加紧了策划对日求和的活动。至于李鸿章,早就"有欲和之意",只是由于在这之前因"奉旨(光绪帝的主战谕旨——引者)严切,未敢公然出口"罢了。其实从中日关系紧张以来,李鸿章始终保持着与俄、英等国公使和海关总税务司赫德等人的联系,他在战争中的一切行动,都给日后对日求和留有余地,从来即"无战志"。以光绪帝为首的抵抗派要求抗击日寇的呼声越高,李鸿章的求和之心也愈切,尤其当慈禧公开表示了主和的意向后,他的求和精神更为之一振。就这样,在战争过程中随着对中国不利的局面日益显著,与以光绪帝为首的抵抗派竭力组织抗战、力挽危局的同时,在清廷统治集团的内部又不时地吹来阵阵求和的阴风。从而,是整顿军政坚持抗敌,还是对日本侵略者屈辱求和? 越发突出地摆在了人们的面前。

以光绪帝为首的抵抗派及一些忧虑国家前途命运的廷臣疆吏,对慈禧、后党官僚和李鸿章等人力图对日求和的屈辱行径,都引起了强烈的不安和不可抑制的愤慨。

在中国与日本侵略者之间的矛盾急剧尖锐的激发下,在以光绪帝为首的抵抗派坚持抗战的推动下,就连颇有点"老成持重"气味的洋务派官僚刘坤一的态度也发生了进一步的演变,已明显地站在了抵抗派的一边。后来光绪帝所以召他"入觐",并于1895年初(光绪二十年十二月)命其为钦差大臣,督统"关内外防剿各军",把京东一线的防务委托在他身上是事出有因的。由于刘坤一在抵抗日本侵略的这一基点上态度日趋明朗,因此他又强调指出,"如果抚局(议和)将成,所有现议各条,似不可稍有迁就,"表明他对酝酿中的议和活动,也持着强硬的态度。

在清廷中枢,这期间虽然由于西太后又竭力揽权操纵,但在实际上也是不平静的。9月27日(八月二十八日),当慈禧让翁同龢赴津向李鸿章传达她的倚俄求和的意向时,在慈禧的面前,光绪帝未明确表态,但翁同龢却趁便表示,"不敢以和局为举世唾骂也",对慈禧的求和企图进行了当面的抵制。慈禧为了自我圆场,又假惺惺地说:"吾非欲议和也,欲暂缓兵耳。"于是翁同龢便来了个将计就计,当他到天津向李鸿章传达了慈禧的旨意后，又对李鸿章说，"出京时，曾会慈（西太后）谕，现在断不讲和，亦无可讲和"，又给李鸿章安了一个暗钉子。

10月12日，俄国公使喀西尼路过天津，当李鸿章与其会面时，无论李鸿章如何请求怂恿俄国出面干预中日战争，喀西尼却始终态度冷漠，无意改变沙俄在中日战争爆发初所决定的观望态度，只是表示此事须待回北京与各国使节会商后，方能决定。

与此同时，慈禧又决定再请英国调停。10月5日赫德致函金登干，嘱其转告英国外交部：有关各国如能保证朝鲜的独立和中立，而不必中国政府自行出面求和，中国政府可以放弃宗主权。请英国政府尽快按这一条件出面斡旋，以免日本侵入中国，加重困难。赫德的这一做法使慈禧大为高兴，立即命奕䜣于10月7日召见赫德，"面谕一切"。

爱吸水烟的慈禧

次日，慈禧又召见奕䜣，就赫德的建议进行会商。

不过对清政府来说不幸的是，英国首相洛兹柏立伯爵认为，只有放弃朝鲜宗主权一个条件，必不能使日本满足，中国还需付一笔赔款，或者以割让台湾代替赔款，方有可能结束战争。于是英国外交部训令其驻日公使特廉奇，以朝鲜独立和中国赔款两个条件探询日本的态度，同时邀请德、法、美、俄四国按上述两条联合调停。

11月21日（十月二十四日），在日本侵略者按其预定的侵略计划攻陷旅顺军港的当天，便提出了停战议和条件。与此相应，美国驻华公使田贝也向总理衙门表示，愿为中日议和充当"调停"者。次日，奕䜣、奕劻即向慈禧和光绪帝传达了田贝的意图。事实上，在此之前田贝通过各种途径，已经与奕䜣、李鸿章等人进行了秘密的接触，慈禧、奕䜣、李鸿章当然也从中了解到日本方面的新动向。现在奕䜣、奕劻的如此举动，一是为了试探一下光绪帝的态度；另是为他们决定对日求和寻找托词。在此决定去向的紧要时刻，光绪帝便打破了沉默，断然指出："冬三月倭人畏寒，正我兵可进之时，而云停战，得毋以计误我耶？"表明了他反对罢战求和的态度。由于光绪帝在求和问题上始终坚持己见，不与慈禧等人苟同，所以此后对于策划求和一事，慈禧及其心腹们便索性背着光绪帝进行单独的秘密活动了。

许多抵抗派官员提出惩处孙毓汶、李鸿章的要求，可以说，既反映了所有坚持抗击侵略的广大爱国官兵的愿望；也表达了光绪帝的心声。但是，孙毓汶、李鸿章是慈禧的两大支柱，作为光绪皇帝要采纳此议，那是谈何容易！虽然如此，在这个重大问题上，光绪帝还终于表现出了一定的毅力。在11月24日（十月二十七日）旅顺失守后，光绪帝即颁谕申明"临事而惧，古有明训，切勿掉以轻心，致他日言行不相顾",遂"以旅顺失守,责李鸿章调度乖方,褫职留任",给予了"革留摘顶"处分。

给李鸿章以"革留摘顶"的处分,看起来似乎是微不足道的。但是,在慈禧正依靠她的两大砥柱之一李鸿章进行求和活动时,并且李鸿章的三眼花翎顶戴又是慈禧在本年初赐给他的,在这种情况下,光绪帝处分李鸿章,不管多么轻微,但却很有分量,这等于给慈禧的求和活动泼了冷水,当然这也是对妥协求和势力的一种迎头回击。

在战、和的问题上,光绪帝又毅然拒绝与慈禧合污同流,坚持抗战卫国的严正立场。他的这种态度虽然还不能改变慈禧乞和的决心,但却成了她公开推行投降方针的一个不可轻视的障碍。奸诈阴险的慈禧,也很快觉察到这一点,于是她越发按捺不住对光绪帝的不满和怨恨了。

就在光绪帝下谕处分李鸿章的第三天,11月26日(十月二十九日),慈禧亲自出面召集枢臣会议,当即宣示懿旨,指责瑾妃、珍妃"近来习尚浮华,屡有乞请之事",因以"干预朝政"的罪名,将瑾妃、珍妃"降为贵人,以示薄惩,而肃内政"。

慈禧在惩罚瑾、珍二妃之后,紧接着又下令,把坚决支持光绪帝抗战、拒和的志锐发往边远的乌里雅苏台;同时又声称要撤除满汉书房。慈禧在此刻采取的这种行动,无疑是对光绪帝处分李鸿章、抵制求和活动所表现出来的怒气。

这时的瑾妃、珍妃以及志锐,他们不仅与光绪帝有着个人的亲情,而且在思想、政见方面也有着密切的联系。志锐是光绪帝主战的积极支持者;尤其是珍妃,在光绪帝和一些抵抗派官员之间起着一种桥梁作用。至于光绪帝的书房,在当时又成了他与翁同龢等亲近官员商讨军、政大计的主要场所。慈禧采取上述的一系列举动,显然还有更为险恶的含意,她不仅企图以此来震慑一下光绪皇帝及其支持者,而且还想以此来削弱以光绪帝为首的抵抗派力量,强化其专权地位,为其对日求和扫清道路。同时也是在新的形势下,慈禧为继续制造清廷统治集团内部的派系斗争,所采取的一些重大步骤。由于慈禧的这些行动,既再次挑起了他们内部的纠纷;又使围绕着战、和问题的斗争进一步激化了。

对于慈禧的这种盛气凌人的反扑,光绪帝和一些抵抗派官员是有所觉察的。可是翁同龢认为,在"军务倥偬"之时,"朝局嚣凌,宜以静摄之,毋为所动。"当然在外敌当头的严重时刻,翁同龢力图避免内部纷争激化的主张是可取的。由此可以进一步证明,以光绪帝为首的抵抗派和以慈禧为首的后党之间,他们固然在阶级的根本利益上是一致的,但对待民族敌人的态度却有着明显的区别。与慈禧等人不同,光绪帝、翁同龢为顾及对外战事,对他们的内部纷争宁愿忍让;但对有关战、和的重大问题,却又不甘轻易退却。翁同龢在慈禧下令要撤除书房的会议上,面对慈禧及其心腹官僚即"争之力",只因势孤(光绪帝未在场)"无人和"而作罢。

当光绪帝得知这一消息后,他立即让奕䜣转告慈禧,表示"书房不欲撤"。并且从此之后,光绪帝更加频繁地召翁同龢到书房议事,以实际行动加以抵制。很清楚,在当时如果撤掉书房,就是拔除了光绪帝与其信臣筹议战事的据点,除掉了光绪帝仅有的一个自行活动的场所。因此,他对这件事毫不让步。另外,在一些抵抗派官员当中,对慈禧的这种蛮横行动,也做出了强烈的反应。如御史高燮曾,在知道慈禧采取了这些行动之后,当即上奏"指斥前日懿旨"(即惩处瑾、珍二妃,发遣志锐,撤书房等),并指责一些枢臣"惟阿取容",迎合慈禧助纣为虐。进而他又抨击这些事件是"挟私朋比,淆乱国是"的祸国行为。这种揭露和谴责可谓是一针见血,切中要害。

表现尤为激烈的是御史安维峻,他在 12 月 28 日(十二月二日)上呈的奏折中,首先尖锐地指出李鸿章"不但误国,而且卖国",恨不得"欲食李鸿章之肉"以解天下臣民的弥天大恨。随后,他又以满腔的怒火揭露传说中的"和议出自皇太后,太监李莲英实左右之"的丑闻。在此安维峻大胆尖锐地质问,"皇太后既归政皇上,若仍遇事牵制,将何以上对祖宗,下对天下臣民!"他的这些话可谓是爱憎分明、义正词严的抗议,触及了清王朝内部主战、主和及帝后两党矛盾斗争的关节。

从甲午中日交涉和开战以来,以光绪帝为首的抵抗派,已把他们的主要精力放在筹划备战、抗敌卫国的斗争中了。在此之前,虽然也有人要求光绪帝收揽兵权、整顿内政,但其用意却是为了推进备战抗敌。如果说在这期间明确提出让慈禧真正归政,那就是安维峻的这份奏折。安维峻在此时提出的这种要求,一方面是在慈禧置国家和民族的利益于不顾,继续排除异己,打击主战力量,极力强化其专权地位的逼迫下做出的反应;另方面,也是为了阻止慈禧屈辱求和而进行的反击。在从甲午战争以来的这段惊涛骇浪之中,可以清楚地看到,光绪帝的阶级地位虽无改变,但他在侵略者面前,却一直站在了国家、民族的立场上,坚决主战,反对屈辱求和,成为清王朝统治阶级当中当之无愧的抵抗派首领。与此相反,慈禧却成了彻头彻尾的妥协势力的总代表。在这种情况下,为了坚持抗战维护国家和民族的尊严,作为一个清政府的官员安维峻,直截了当地提出让慈禧真的归政,这是无可非议的正义声音。可是这在慈禧看来,安维峻的这个奏折,似如一把锐利的尖刀刺到了她的最痛处,她岂能容忍!于是,在慈禧的逼迫下,他违心地由他出名发布上谕,以"肆口妄言"的罪名,将安维峻革职发遣。

在反侵略战争的紧要关头,慈禧居然采取这一系列的残暴措施,打击和迫害主战力量,扮演了可耻的投降派的元凶角色。这些倒行逆施的行动所以得逞,既充分暴露了慈禧对内如狼、对外似羊的丑恶嘴脸;也表露了光绪皇帝无权和软弱的窘况。

就这样,慈禧通过对以光绪帝为首的抵抗派施以种种的震慑措施之后,到了1895 年 1 月(光绪二十年十二月),她便撕开什么"缓兵"等伪装,加快对日求和活动。尤其日军侵入清朝"龙兴之地"东三省之后,慈禧太后的求和心情更为迫切。

张、景二人与李鸿章协商时,李鸿章认为,直接派员赴日较请各国调停更为便捷迅速,且与总署请各国调停之举又并行不悖;同时提出:"若遽由我特派大员前往,转虑为彼轻视。……唯有择洋员之忠实可靠者前往,既易得彼中情伪,又无形迹之疑",并具体建议派天津海关税务司德璀琳前往。

李鸿章的这一主张得到慈禧的批准,由奕䜣电告李予以实行。于是德璀琳携带李鸿章致日本首相伊藤博文的求和信,悄然前往日本。但日本政府借口德璀琳不是中国政府的钦派大员,又未奉有正式国书,拒绝接待,未能开议。

尽管慈禧不顾人民反对,一意向日本妥协求和,但张、邵二人 1895 年 1 月 31日到达议和地点广岛之日,正是日军大举进攻北洋海军基地威海卫之时。日本旨在全歼北洋海军,根本不愿在此时同清政府代表议和,因而故意就张、邵的全权证书问题进行挑剔,指为全权不足,不能开议。伊藤并表示,必须恭亲王或李鸿章亲自赴日,方能作为谈判对手。为了破坏谈判,日本不惜违背国际间的外交公例,肆意侮辱清政府代表,直至借口广岛为军事重地,将张、邵二人送往长崎,2月12日又野蛮地将张、邵一行驱逐出境。

到了1895年2月中旬,日本侵略者攻陷威海卫,全歼北洋海军,认为条件成熟,便又通过美国驻华公使田贝向清政府放出风声,如果"改派从前能办大事,位望甚尊,声名素著之员",并有"让地之权者"来日,可以正式进行"议和"谈判。实际这是让清政府派出既有权势又善于屈辱妥协的李鸿章之类的高官作为全权代表,方可进行议和"谈判"。在此,日本侵略者居然提出了"谈判"的先决条件来压中国。

在此形势下,慈禧与其亲信孙毓汶、徐用仪、奕訢等人经过再次密商,遂决意按照日本侵略者的要求罢战求和。据了解内情的翁同龢记述,2月12日(正月十八日),光绪帝又召见群臣"询昨日定议否?"他还蒙在鼓中。事实上慈禧在当日便单独召见枢臣,明确指出"田贝信所指自是李某(即李鸿章——引者)",并且她当众决定"即著伊(李鸿章)去,一切开复,即令来京请训。"这时,恭亲王奕訢传言"上(光绪帝)意不令(李鸿章)来京,如此恐与早间所奉谕旨不符。"听到此话,慈禧大发肝火,声称"我自面商;既请旨,我可作一半主张也。"就这样,慈禧又次强行决定,按照日本军国主义者的无理要求,派李鸿章为"议和"的全权代表,遂即授意孙毓汶拟谕旨发给李鸿章。

2月13日(光绪二十一年正月十九日),由孙毓汶草拟的这份上谕颁布了。在这个上谕里完全体现了慈禧以及日本侵略者的意图,公然颠倒黑白地吹捧李鸿章"勋绩久著,熟悉中外交涉,为外洋各国所共倾服。"还说什么"全权之任,亦更无出该大臣之右者。"正式宣布任命李鸿章"为头等全权大臣,与日本商议和约。"同时宣告对在此之前由光绪帝颁谕给李鸿章的处分一概撤销,"赏还翎顶,开复革留处分,并赏还黄马褂。"

李鸿章赴日前,日本政府通过美国驻华公使田贝,向清政府提出议和先决条件:(一)赔偿军费;(二)朝鲜独立;(三)割让土地。2月22日,光绪帝召见重臣商讨对策,翁同龢等人反对割让土地,主张"但得办到不割地,则多偿"。奕訢、奕劻及军机大臣孙毓汶、徐用仪则认为,"不割地恐难成了局"。李鸿章知道割地必遭全国反对,故意表示"割地一说,不敢承担",唯一办法仍请各国干涉。美国公使田贝断然拒绝,要李"彻底抛弃想获得干涉的念头","背向欧洲列强、面向日本"。德国公使则称,"若不迁都,势必割地"。其他各国态度也大致相同。

光绪帝因此时慈禧有病,意欲待其病愈禀商后再定,但慈禧明知"非割地不能开议",当奕訢、李鸿章奏陈割地之说时,却摆出"大不谓然"的样子,向光绪帝声称:"任汝为之,毋启予也"。以后又借口臂疼腹泄,拒绝召见军机、总署大臣,传命"一切听上旨可也",把责任全部推给了光绪。她自己则声称"肝气作疼,左体不舒",装起病来躲入深宫。慈禧企图利用这种手法来逼迫光绪帝投入由她设下的陷阱,把卖国的罪名强加在光绪帝身上。

果然不错,在2月22日(正月二十八日)李鸿章应召来京后,坚持要与李鸿章进行"面商"的慈禧,却继续装病,让她的心腹太监李莲英传话"不能见,一切遵上

（光绪帝）旨可也。"把此事一股脑儿地推给了光绪皇帝。已是进退两难的光绪帝无可奈何，为了圆场只得出面召见李鸿章，并连续举行了枢臣会议，具体商讨对日"议和"的方针问题。由于那些主降派官僚的心里都十分清楚，在将要举行的"议和"谈判中，日本"注意尤在割地"。因此在会上李鸿章首先摆出一副正人君子的面孔，说什么"割地之说不敢担承，假如占地索银，亦殊难措"，把自己装扮成一个似乎不同意割地赔款的样子。事实上他说这些话的真实用意，是摆一下他面临的"苦衷"，为下一步向光绪帝要价作伏线。这时，翁同龢的态度明确，认为"但得办到不割地，则多偿（赔款——引者）当努力。"主张宁可多赔款也不割地。对此，后党官僚孙毓汶、徐用仪又披挂上阵"必欲以割地为了局"，他们露骨地叫嚣"不应割地，便不能开办"。这伙人为了取得个人的苟安，居然无耻地主张不惜出卖国家的神圣领土来满足日本的侵略欲望。就这样，围绕在即将举行的中、日"议和"谈判中应否对日割地的问题，在清廷统治集团中又展开了一场短兵相接的激烈的争论。

在这场争论中，由于光绪帝既不敢与慈禧闹翻，又不甘承担出卖领土的历史罪名。因此他在公众场面只表示要"深维至计"，让众臣议论，他自己没有明确表态。不过翁同龢却已公开表示坚决反对割地。直到 3 月 2 日（二月初六日），李鸿章在赴日前夕谈到可能议及割让台湾的问题时，翁同龢还断然表明："台湾万无议及之理。"在此期间，光绪帝与翁同龢依旧日夕接触议事，可以说，这时翁同龢的言论，也在很大的程度上表达了光绪帝欲言而不便言的心意。所以在这场争论的过程中，虽然慈禧躲在幕后没有公开出场，光绪帝曾经出面但也未明确表态，然而在实际上他们都通过自己的亲信表明了各自的观点和立场。

久经清王朝官场生涯和了解一些侵略者动向的李鸿章，清楚地知道"关系之重"的割地问题，是他参加中日"议和"谈判的最大难关。因而，他为给日后可能遭到国内人们反对时找到托词，坚持"请训"，硬要光绪帝的"面谕"，非要从光绪帝口中得到明确的"让地"授权不可。为此，他在北京赖着不走：一方面，与孙毓汶、徐用仪等人终日密谋和与外使勾串；另方面，大肆制造舆论给光绪帝施加压力。后来李鸿章便急不可待，不得不抛开伪装直接跳出来上奏光绪帝，说什么如果他没有"让地"权就"不能开议"。甚至他还公然鼓吹"割让疆土之事"古已有之，如不割地，"议和"不成，日本将"照旧进兵，直犯近畿，又当如何处置！"与此同时，一些后党官僚也联名上奏声称："惟让地一节，若驳斥不允，则都城之危，即在指顾。"这些人还编造了一个所谓的"宗社为重，边徼为轻"的谬论，妄图为他们对日投降提供"理论"根据。他们在大造速降舆论的同时，又连声鼓噪"促鸿章行"。当时的英、俄等列强，为了维护它们各自的侵华利益，也"对中国施以压力，强迫中国接受"日本军国主义者的某些侵略要求，力图促使这场战争尽快结束。

来自内外的压力，一齐落在了光绪皇帝的头上。在万般无奈之下，最后光绪帝被迫做出了有保留的妥协，命恭亲王奕䜣代传他的"面谕"，表示可以授予李鸿章"以商让土地之权"，"令其斟酌重轻，与倭磋磨定议"。已是进退维谷的光绪帝，企图以此间接、含糊的授权，来暂且解除他面对的巨大压力，也为自己留有余地。其实，当时慈禧已在暗中通过恭亲王奕䜣向李鸿章交了底。于是，在 1895 年 3 月 5 日（光绪二十一年二月初九日），李鸿章出京去天津赴日谈判去了。

在中、日"议和"谈判的过程中，光绪皇帝依然处于被"劫持"的状态不得自主。

中、日之间的"议和"谈判，在清王朝中央还是由军机大臣孙毓汶、徐用仪主之。身为军机大臣的翁同龢以及李鸿藻（他也对日投降签约持有疑义），虽然也参与其中，但在主降势力的包围之下"亦不敢尽其辞"。而且孙毓汶始终把持着向李鸿章"秉笔"电文的特权，通过他的手频频向李鸿章传达慈禧和他们这些主降官僚的意图，并继续鼓吹"陪都（沈阳）重地，密迩京师，孰重孰轻，何待再计"的速降谬论。

谈判中日方提出割让辽南、台湾、澎湖时，李鸿章对此心中早有盘算，他以为奉天是清朝"发祥之地"，如同意割让，既有碍清政府的脸面，又威胁京师，不能不争；至于台湾、澎湖则可不必在意。因而在给日方答复中，论到割地，只提奉天，不提台、澎。给总理衙门的报告，亦称"若欲和议速成，赔费恐须过一万万，让地恐不止台、澎"。言下之意，台、澎的割让已势所难免。

接到李鸿章的报告后，清廷内部发生了激烈的争论，争论的中心就是台湾问题，因为台湾是当时日本尚未占领之地。在光绪帝召开的御前会议上，翁同龢"力陈台不可弃"，并为此与"同官争论"起来，"与邸（案指奕劻）语不洽"。会后翁同龢又与奕劻、世铎及全体军机大臣至恭王府，企图说服在家养病的奕䜣，不要放弃台湾，但奕䜣只是"唯唯"而已。次日御前会上，再次发生同样的争论，会后翁同龢又再次赴恭王府，将答复李鸿章的上谕稿交奕䜣审阅，奕䜣仍"无所可否"，且颇嫌翁某"讦直"。至于慈禧，虽发布懿旨称奉天、台澎"两地皆不可弃，即撤使再战亦不恤"云云，看似态度强硬，实则对日本的要挟，也"竟无办法"。

在这种万般无奈的形势下，光绪帝终于在4月14日批准了李鸿章的方案。17日，李鸿章即与日本政府代表伊藤博文正式签订了中日《马关条约》。

顽固坚持卖国立场的李鸿章，在草签了奇耻大辱的《马关条约》之后，便以极快的速度派出专人将条约文本于4月21日（三月二十七日）送到北京。接着，后党骨干、军机大臣孙毓汶紧相呼应，于次日便"捧约逼上（光绪帝）批准，海盐（徐用仪）和之"，对光绪帝展开了逼攻。这些主降官僚甘心充当日本侵略者的内应，恨不得立即让光绪帝批准《马关条约》"了局"。

在这期间，光绪皇帝迫于各种压力，对投降势力曾有过屈从的表现。但是，他对日本侵略者的得逞却一直是不甘心的，尤其是对于割地等条款更是极为抵触。因此，光绪帝对这次孙毓汶、徐用仪的逼签活动，在翁同龢以及李鸿藻的配合下，由"迟疑"到坚决"不允"，拒绝了签署用宝，表明对于有关国家命运的大事，光绪帝还是不含糊的。

当《马关条约》的具体内容和光绪帝拒绝批约的事传开以后，顿时轰动朝野。

在清廷统治集团中，围绕废约还是批约所展开的这场尖锐斗争，迅速地集中在这样一个焦点问题上，那就是，应否迁都采取"持久"战略。

如前所述，在清政府对日宣战之后，刘坤一曾提出中国应"坚忍持之"，主张采取"持久"战略来对付日本侵略者。到日军侵入辽东，攻陷旅顺，中国的战局越发危机，这种"持久"战略的思想主张便引起更多人的重视。到这时，或者又受到了"公车上书"的影响，有些主战者又从中外战史中来探索"持久以敝敌之法"。如文廷式等人还从"不顾恋京师，则倭人无所挟持"的考虑出发，把"持久"与迁都联系起来了。后来，在清朝统治阶级中要求废约再战的人们，又进一步把废约、迁都和开展"持久"战这三者结合在一起：以迁都、开展"持久"战作为达到废约目的的手

·擅权乱政·

图文珍藏版

段，形成了一个比较系统、具有完整战略意义的思想主张，这集中体现在翁同龢代表南北学肄业生曾炳熿的奏折之中。翁同龢在政治方面的思想见解，也是往往与光绪帝相通的。而且事实说明，在此期间，光绪帝对《马关条约》所以由"迟疑"到"废约颇决"，随后也主张"废约""西迁"，起码说明光绪帝是接受了翁同龢等人的思想影响。

当然，这种"持久"战略，并不是建筑在发动和依靠广大人民群众力量之上的人民战争战略（实际上他们也不可能提出这样的思想主张），显然这种"持久"战也是缺乏牢固基础的。然而，当民族矛盾上升为社会的主要矛盾，在国内各阶层人们当中形成同仇敌忾、一致对敌的情况下，光绪帝企图在一定程度上利用"人心"所向，发挥中国地域辽阔的优势，在"离海岸深入"的广大内陆地区里开展"持久"战，确是一个反击日寇的"要著"。

到这时，在实际上日本侵略者也"精疲力竭，它的财源以及军事物质（资）的供应已相当枯竭"。对此，清政府通过驻日公使王之春也探知。"倭财竭疲甚，必难久，冀我固守"，事实说明，当时的日本军国主义者已是强弩之末。并且日本侵略者在这时除了要集中力量侵占我国台湾之外，已无力继续扩大侵华战争了。在这种情况下，中国如在内陆开展"持久"战，在客观上也是有可能的。

毫无疑问，在《马关条约》尚未正式批准之前，迁都、开展"持久"战给日本侵略者以反击，这既是全国的人心所向，也是废除《马关条约》、扭转危局、捍卫国家的领土和主权的唯一良策。光绪帝决心采纳此议，显然是一明断。

在国家处于十字路口的危难关头，独揽清王朝大权的慈禧，仍无视国家和民族的根本利益，在内部继续拨弄权术。表面上，她还是以"病"为名，一般不公开露面。在4月25日（四月初一日）宣布"一切请皇帝旨办理"；并表示"外论如此，只可废约议战"。但当光绪帝准备顺水推舟"宣示"她的这个"废约议战之懿旨"时，慈禧亲信、庆亲王奕劻却出来反驳，说什么光绪帝是在发"诳语"，给予顶回。同时孙毓汶也与奕劻"相和"，哭哭咧咧地叫喊，"战万无把握，而和则确有把握"。本来光绪帝在传达慈禧的懿旨，竟又引起一场风波，"请皇帝旨办理"云云，还只不过是一种伎俩而已。

当迁都再战之议遭到奕劻、孙毓汶等后党官僚竭力抵制而难以议决时，到4月27日（四月初三日），焦急万分的光绪帝亲自到颐和园向慈禧"又敷陈西迁之议"，力求做出最大的努力，请求慈禧采纳这个唯一可行的挽救之策。但是，降心已定的慈禧听罢，却冷冷地说"可不必"，并遂即由她个人做出决定，"和战之局汝主之，此（指迁都）则我主之"，竟如此轻率地把浸透着多少人爱国血诚的这一救国良策压置起来。

从光绪帝和绝大多数强烈要求废约的人来说，都认为如不把清中央政府从敌军易于攻破的北京迁出，"持久"战也就无从谈起；不进行"持久"战给日寇以重创，也就达不到废约的目的。从而，迁都便成为废约的关键。现在，慈禧把迁都之议予以扼杀，在实际上就是表明，她所谓的"议战"是假，力求批准《马关条约》，对日彻底投降才是其真意。而且通过这件事，慈禧便进一步把光绪帝的行动紧紧地逼向只有批约、投降的死胡同里了。光绪皇帝陷入万分"为难"之境而"天颜憔悴"。

慈禧在内部扑灭光绪帝的一线希望之后，她的同党们也都纷纷出洞大肆活动于外,施伎俩、造舆论,向光绪帝加大压力。在这时,除了孙毓汶、徐用仪之外,后党老官僚王文韶(时任北洋大臣)以及影子人物李莲英也都出来里外跳窜。当时身为宦官的李莲英竟与徐用仪一起大叫,"中国甚大,台湾乃一点地,去之何妨?"真可谓是丧心病狂。

在这种情况下,处于无权地位的光绪皇帝真是到了山穷水尽的地步,在他的面前已没有选择的余地了。

到了1895年5月2日(光绪二十一年四月初八日),以慈禧为代表的主降派看到条件具备,便决定进行最后的逼签活动了。

《马关条约》得到批准,对于投降派来说似乎是使他们松了一口气。可是要使这个条约生效还需要履行最后一道程序——换约。因而,当那些投降派官僚出面逼迫光绪帝批约之后,又迫不及待地促使按照日本侵略者的要求及时换约。为了达到这一可耻的目的,李鸿章密派伍廷芳请日本驻津领事"速电东京,促我换约";孙毓汶又在北京与日本新任驻华公使林董暗中串通以示"换约益急"。至此,更充分地暴露了李鸿章、孙毓汶之流甘当日本侵略者内应的丑恶嘴脸。正是在这种情况下,中日《马关条约》,终于在日本坚持的原定时间1895年5月8日(光绪二十一年四月十四日),由中、日双方代表于烟台完成了换约手续。至此,《马关条约》正式生效。

二十　百日维新

《马关条约》的签订,严重地损害了中国人民的利益。当光绪皇帝接到条约奏本时痛哭失声。这哭声有他自入宫以来的辛酸苦辣,有身为一国之君却仅像木偶一样地只在台上听人指使,有为当朝文武百官之不为国思虑而只为自身打算,也为清朝军队的腐败不堪而痛心。痛苦之余,深感中国之腐败,他怎能不思考着找一条出路呢!

在对内方面,光绪所面对的是一个满是疮痍、国将不国的大清王朝。由于慈禧的挟制,他处于一个傀儡地位,未能展其抱负,为此,他悔恨交加。他对"亲爸爸"不满,更对慈禧爪牙李莲英切齿。

光绪二十年,恰逢慈禧六旬大典。人生六十为重要的关节,所以对此特别注重,以便隆重地庆祝其六旬万寿节。

慈禧这一次要隆重庆祝寿典,有一个愿望,即自颐和园至西苑按段分设点景。这并非其独撰的招数,而是有所本的。乾隆年间,乾隆为他的母亲办六十大寿时就是这么做的。

慈禧只知本乾隆之所为,但她没有看到今日之状况,岂能与昔日乾隆朝相比?虽欲为之,但牵制太多,尤其是中日战争方酣,败报频传,迫使她不得不放弃原来的打算而装出忧国忧民的样子,把她的内币未用于祝寿,而拨与前线参战将士。从这一点来看,慈禧的手段还是高明的。光绪二十年九月,慈禧通过光绪传谕天下臣民:

所有庆辰典礼,著仍在宫中举行,其颐和园受贺事宜即行停办。

既然不到颐和园,当然大排场也就用不上了,但小排场还是必须讲究的。就拿礼仪——群臣百官、后宫太监、宫女、后妃等的朝贺可大有讲究,必须事先演习好。于是光绪便率文武百官操演礼仪。

在光绪寻求改变国家与他本人现状之时,维新变法之风在中国大地上吹起,这给了光绪以有利的时机。

当《马关条约》的内容传至中华大地时,凡为华夏儿女,无不痛心疾首,凡我炎黄子孙,无不义愤填膺。人们纷纷起而反对签订条约,更抗议批准和执行这个丧权辱国的条约。

《马关条约》在士大夫

光绪百日维新

中的影响更大。其中最突出的事件就是康有为发动的"公车上书。"

康有为,原名祖诒,字广厦,号长素,广东南海区人。此人出身官僚地主阶级家庭,注重经世致用之学。自中法战争中国不败而败后,他目睹了清政府的腐败无能,强烈希望以变法来挽救国家危亡。

由于光绪帝在甲午战后越发沉痛地意识到"国势艰难"而"殷忧危亡",于是,他便急切地要求"上下一心,图自强而弭祸患",产生了奋起"图强"的迫切感。

从光绪帝要求"图强"的立足点来说,当然与那些感到"时势所迫""急求雪耻之方"的清廷一般官员是完全一致的,同时也与资产阶级维新派的心情有着相同之点。正因如此,当光绪在 1895 年 7 月间(光绪二十一年闰五月),首次得到康有为激励他"赫然愤发,扫除更张,"以"雪仇耻而扬天威"的上书"览而喜之,"引起了他的共鸣。在这期间,胡燏棻等人也纷纷上奏,力促振作图强。与此同时,在光绪帝身边的翁同龢,又反复以康有为的一些变法主张和"万国之故,西法之良,启沃皇上"。这些来自内外要求图强的呼声,对光绪帝的思想变化又给予了巨大的推动,使他的"雪耻""图强"之念进一步坚定起来。

在康有为和光绪皇帝之间牵线搭桥,居间传介的是翁同龢。康有为历次上书,因顽固派的阻挠,均未至光绪手中。但经翁同龢的引荐,光绪已开始关注康有为的活动,特别是见到康有为的第五次上书之后,表示要接见康有为,亲自听听他关于变法的见解。但奕䜣以"本朝成例",皇帝不能接见为例,光绪只好改变方式,命总理衙门大臣向康有为"问话",以询问变法有关事宜。

"问话"是在总理衙门西花厅里进行。主持"问话"者有总理大臣李鸿章、翁同龢、荣禄、廖寿恒和张荫桓五人,恭亲王奕䜣、庆亲王奕劻没有到场。

这次"问话"实际上是一场变法与反变法的辩论,五大员中顽固派占了优势,但由翁同龢在场,光绪帝就能及时听到康有为关于变法的见解。

荣禄先发制人曰："祖宗之法不能变"。

康有为即以尖刻的言辞对之曰："祖宗之法以治祖宗之地也,今祖宗之地不能守,何有祖宗之法乎?即如此为外交之署,亦非祖宗之所有也,因时制宜,诚非得已。"康有为反唇相讥这些口口声声"守祖宗成法"的不肖满洲子孙,丢了祖宗之地,还有何脸可谈"守祖宗成法"呢?顽固派头子荣禄被猛击一闷棍之后,哑口无言,呆若木鸡。

接着是廖寿恒问："宜何变法?"

康有为胸有成竹地对曰："宜变法律、官制为先"。把政治体制的改革放在变法的首位,深深地刺痛了顽固派的要害,如此变法,依仗慈禧太后势力的一帮子顽固派大官僚当首先被新政所废汰。

另一位顽固派主将李鸿章气急败坏地质问康有为说:"然则六部尽撤,则例尽弃乎?"则例乃是封建王朝的宪章,"尽弃则例"就是推翻清朝封建专制统治制度,这顶帽子可谓大矣,维新派真是罪该万死!

康有为针锋相对,寸步不让地反驳说:"今为列国并立之时,非复一统之世,今之法律官制,皆一统之法,弱亡中国皆此物也,诚宜尽撤。即一时不能尽去,亦当斟酌改定,新政乃可推行。康有为认为旧法弊端种种,不弃旧法,何行新政。李鸿章被驳得无话可再问了。

翁同龢对变法颇感兴趣,但他关心的是变法必须解决清政府枯竭的财政状况,所以他提出的是实际问题,发问曰:"筹款之法如何?"

康有为答曰:"日本之银行纸币,法国印花,印度田税,以中国之大,若制度既变,可比今十倍。"意思是只要改革赋税制度,必能广开财源。

最后,康有为把酝酿已久的变法方案向总理事务大臣全面阐述,亮出了维新派对于政治、经济、文化、军事进行变法的系列意见。

这次"问话"是维新派人士直接向朝廷陈述政见的好机会,康有为满怀新政,侃侃而谈,表现出维新派人士的胆略和才识,顽固派在他面前现出了一副庸臣守旧的蠢相,相形之下说明维新派代表的是一股充满生机的社会思潮。

"问话"的第二天,翁同龢马上把问话情形向光绪帝做了详细的报告,并把自己对康有为才识的钦佩向光绪帝推荐说:"康有为之才过臣百倍,请皇上举国以听。"这次"问话"不久,光绪帝见到了康有为《上清帝第五书》的正文疏折,"书上,上嘉纳之。"由于帝师翁同龢在光绪帝面前对康有为才识的称颂,光绪帝对维新派人士产生了信任感,表示要向他们随时"询问天下大计,变法之宜,并令如有所见及有著述论政治者,由总理各国事务衙门进呈。"康有为便将他的近著《日本变政考》《俄皇大彼得变政考》等书,通过总理衙门,进呈给光绪皇帝。

通过这次"问话",开通了光绪帝同维新派人士的联络渠道,使光绪帝的维新意识得到长进,从此不断地接受维新派介绍西方国家的治国富民之术,采纳维新变法的要求,为日后推出变法项目提供了丰富的内容和养料。同时,这次"问话"也为维新派人士步入政坛开启了门户。总之,这次"问话"以及康有为《上清帝第五书》,无论对于光绪帝还是对于维新派都是一件大事情,它加速了维新变法的进程。

必须指出的是,据可靠的记载,这次接见是依据慈禧的懿旨进行的。光绪帝本有此意,但如没有懿旨,他是不敢做此安排的。退一步讲,即使他单独发下这个上谕,五大臣也不会俯首帖耳地照办的。别人不说,守旧派荣禄就不会听命。

如果没有懿旨,就不会有这次"虚心下问"的接见。这是显而易见的。

光绪帝读了《日本变政考》和《俄皇大彼得变政考》,越发感到必须立即着手变法,否则社稷难保。但他却没有真正的皇权,处处受制于慈禧,寸步难行。不得已,他找到了庆亲王奕劻说:"太后若仍不给我事权,我愿退让此位,不甘作亡国之君。"奕劻把这话转呈慈禧。慈禧一听便大怒道:"他不愿坐此位,我早已不愿他坐之。"奕劻耐心劝说,慈禧才说:"由他去办,候办不出模样再说。"奕劻把慈禧的意思转告光绪帝。光绪帝心中有了底,便到颐和园面见慈禧,慈禧对光绪帝说:"凡所施行之新政,但不违背祖宗大法,无损满洲权势,即不阻止。"

慈禧答应光绪帝在"不违背祖宗大法"的前提下可以实行变法。这是政治改革方面的重大许诺。

但与此同时,慈禧同荣禄密谋胁迫光绪帝于二十七日连发四道谕旨。

第一道谕旨是罢免翁同龢。

第二道谕旨是重申收回二品以上大臣的任命权。

第三道谕旨是慈禧准备秋天到天津阅操。慈禧让光绪帝陪着她到天津检阅在全国最有战斗力的北洋诸军,其目的就是向军内外传播一个重要信息,即兵权掌握在我慈禧的手里,全国的军队都必须听我慈禧一人指挥。这道谕旨,通过光绪帝的口告知朝廷内外,虽然已归政光绪帝,但兵权却仍然操纵在我慈禧手中。

第四道谕旨是任命荣禄。

荣禄(1843—1903年),字仲华,别号略园,瓜尔佳氏,满洲正白旗人。咸丰二年(1852年)初任主事,后升工部员外郎。同治元年(1862年),醇亲王奕譞调他任神机营翼长。后因镇压人民起义有功,升任副都统、总兵、内务府大臣。

荣禄很会察言观色,并懂得兵权的重要。慈禧罢免了翁同龢,很想让荣禄入军机处。但荣禄极力推辞,他冠冕堂皇地说,"去一汉员,仍宜补一汉员"。而荣禄的真实用意却是"揽握兵柄",因此,他"自求北洋大臣"。

在这之前,荣禄已商请慈禧垂帘听政。这很得慈禧好感。这次得到任命,在出北京之前,他又再三恳请慈禧垂帘。

慈禧心有顾忌地说:"非图安逸,恐又招揽权之讥。"

荣禄谄媚讨好地答:"揽权者,臣下之谓也,非所论于太后。明事人,断无是言;不明事者,何足重轻。"荣禄曾遍邀王公大臣联衔恳请慈禧垂帘训政。其目的是造成一个声势煊赫的吁请慈禧垂帘的运动,以便上下勾结,夺取光绪帝的皇权。但当时慈禧与光绪帝的矛盾并没有达到水火不相容的地步,慈禧感到没有必要直接垂帘,还是退居幕后指挥的好。然而,由于荣禄这些示忠的举动,使慈禧更加宠信他了。

这四道谕旨是在四月二十七日(6月15日),即光绪帝决定召见康有为的前一天公布的。这四道谕旨体现的是慈禧的意图,而且是针对光绪帝的。

与此同时,西太后又重新揽去对重要官员的赏赐和授任权,从而限制了光绪帝任用新人推行变法新政的活动余地;慈禧对其班底做了调整,以填补翁同龢的空缺,把顽固官僚王文韶调入清廷中枢,加强了她在清中央的实力地位;将其嫡系亲信荣禄安插在显要的直隶总督位置上,并以他来统辖警卫京津的北洋三军,以便进一步控制兵权;提前放出准备于当年秋让光绪帝"陪"她到荣禄的辖区天津阅兵的空气,又是设下的一大陷阱。

对于来自慈禧的这些咄咄逼人的阴谋活动,光绪帝已"有所闻"。但决意进行变法维新的光绪帝,并没有在慈禧的暗算和威胁面前而动摇,他在颁诏宣布推行变法新政之后,又准备召见康有为。

召见康有为,使光绪帝与维新派建立起直接的联系,是这场变法运动能不能沿着资产阶级维新派的指向展开的又一个必不可少的重要环节。早在1897年末,已趋向支持变法的光绪帝就想召见康有为,但由于受到当时恭亲王奕䜣等人的阻挠,未能实现。时至此刻,由于内外形势的变化,光绪帝的这个意愿终于在颁布《明定国是》诏之后的第六天,即6月16日(四月二十八日)实现了。

封建顽固势力的总代表慈禧,允许光绪帝变法改革从来就"非其诚意",她在起初给光绪帝变法定下以不违背所谓的"祖制"为限,就是设下的一大埋伏。在她的心目中,封建专制体统那是"尽善尽美"的,绝不允许他人更动,至于其权势地位更是"神圣不可侵犯"的了。所以,在光绪帝推行变法新政期间,慈禧除了利用其心腹出面加以左拦右挡之外,又时时刻刻在密切地注视着光绪帝的一举一动。她一直在等待时机,准备借口"收拾局面"再来重新公开操政。到9月上旬(七月中、下旬)以来,慈禧等待的时机终于到来了。

光绪帝在前阶段进行的改革,虽然已引起了封建顽固势力的强烈抵触,但从总的形势来说,在慈禧看来似乎尚可容忍,因为还没有直接触动到她的统治基础。但到8月末,在光绪帝裁撤一些衙门和冗员的时候,即使"朝野震骇",那些丢了官的"失职"者无不惊惶失措。进入9月,当光绪帝进而罢掉礼部六堂官,把斗争矛头集中指向慈禧的班底,并又任用维新人士、极力鼓励天下臣民上书言事、迈开"大行改革"的步伐时,更使"守旧大臣,人人危惧",慈禧也就坐不住了,感到她的统治地位受到严重的威胁,似乎光绪帝的行动已经越轨。

慈禧责备光绪帝说:"九列重臣,非有大故,不可弃;今以远间亲,新间旧,徇一人而乱家法,祖宗其谓我何?"

光绪帝痛哭流涕地谏道:"祖宗而在今日,其法必不若是;儿宁忍坏祖宗之法,不忍弃祖宗之民,失祖宗之地,为天下后世笑也。"

光绪帝的不屈服的态度益发引起刚愎自用的慈禧的憎恨。慈禧本来想通过自己的劝阻,使光绪帝有所收敛。但是,此时的光绪帝在执行自己的政治路线上表现得异常坚决,不想轻易地听命慈禧。在慈禧的眼里,光绪帝简直是一意孤行。

慈禧感到只是口头上的劝阻已不能使光绪帝就范,她要付诸行动。于是,她密派内务府大臣怀塔布、立山等七人前往天津拜谒荣禄,密商对策。怀塔布、立山是慈禧的亲信。他们是以慈禧特派代表的身份,亲奉"太后的密谕",同荣禄商讨如何对付光绪帝。

七月二十二日(9月7日)后,慈禧进入了政变的准备阶段。在这之前,慈禧是在冷静地默观光绪帝的变法。

那么,在此之后,又是什么原因促使慈禧决心发动政变的呢?

主要是三件大事。

第一件是立山的造谣。

光绪帝先罢礼部怀塔布等六位大员，后又免去李鸿章、敬信的总署大臣之职，引起守旧大臣一片惊恐，"旧臣惶骇"。

内务府大臣立山此时却向慈禧造谣说："上派太监往各使馆，请去西后。"慈禧最担心的是外国列强迫使她下台。听到这个消息，她是不能容忍的，"西后大怒"，于是，她产生了发动政变的决心。

第二件是光绪帝召见伊藤博文。

伊藤博文（1841—1909年）自光绪十一年起，四任日本首相。十四年起三任枢密院院长。被世人目为"明治国家权力的象征"。伊藤来华后的一举一动都在慈禧的掌握之中。光绪帝下令于八月初五日召见伊藤，这使慈禧十分紧张，所以八月初四日慈禧于酉刻（下午5时至7时）匆忙还宫，目的是想监视光绪帝召见伊藤。果然，当初五日光绪帝于勤政殿召见伊藤时，慈禧坐在屏风后监听，光绪帝不能畅所欲言，仅能照例寒暄数语，未能谈及任何实质问题。

在光绪帝与伊藤博文的对话中，光绪帝说的大部分内容都是寒暄之词。如说其要者只有两点：一是要求伊藤博文对中国的维新改革提出意见以备参考；二是表示希望发展中、日两国友谊。从当时光绪帝的状况来看，如前所述，一方面他已看到西太后等就要对这场维新改革下毒手了，个人以及维新人士都陷于险境；另方面他对变法维新的志向并未动摇。由此可以认为，光绪帝接见伊藤博文，是基于对维新改革仍怀着坚定信念和对伊藤博文产生幻想的结果。这是由于伊藤博文参与过日本明治维新，他到中国后，确也以"维新名臣"自居，到处对维新改革发表评论，他还表示，对中国正在进行的改革"甚为欣幸"，把自己装扮成"支持"和"同情"中国变法改革的模样。自从他进入中国以来，有些清政府的官员因而受其迷惑，纷纷"奏请皇上留伊藤在北京用为顾问官，优以礼貌，厚其饩廪"。甚至有的人还在奏折中提出，"我即效彼图自强，不妨消释前嫌，共保同种。"这种情形的出现，既体现了当时一些人希望学习外国的急迫心情，也反映了他们在认识上的历史局限。

当时，已处于山穷水尽状态中的光绪皇帝和康有为等维新派人士，对伊藤博文也产生了一线希望。就在伊藤博文到北京后的第三天（9月16日），康有为即到日本公使馆访见，请他劝说西太后"回心转意"，企图求伊藤博文来帮助挽救变法危局。紧接于次日（9月17日）夜，张荫桓通过在其宅邸宴请伊藤博文，又定于9月20日（八月初五日）"入觐"光绪帝。显然，张荫桓出面与伊藤博文做出这一决定，是由光绪帝授命的。

光绪与康有为的上述活动，全在慈禧的监视与掌握之中，因此，尽管光绪的接见是短促的，但却引起了慈禧的警觉。这促使慈禧下决心发动政变。

第三件是对慈禧到天津阅兵的误解。

史学界流行的说法是，光绪帝于四月二十七日发的四道谕旨之一是说本年秋间慈禧到天津阅兵，其目的是借阅兵之机废掉光绪帝。

实际上到天津阅兵是荣禄为了迎合慈禧喜欢游玩的心理而上的奏折。当时北京的大臣们听说太后、皇帝"竟欲冒险以坐火车"，纷纷上言，认为"大非帝王尊贵之道"，且"相顾惊骇"，然而"太后则甚以为乐"，并"谓己从未坐过火车，今初次乘坐，视为有趣之事"。

但是，随着百日维新的深化，帝后两党矛盾的加剧，到天津阅兵之举却逐渐变得复杂化了。

先是后党官僚有意放风,说到天津阅兵之时对光绪帝如何如何。帝党的一些年轻的维新派们听到信号,十分惊惶,便千方百计为光绪帝出谋划策,以摆脱迥境。

幼稚的维新派落入了老辣的守旧派设置的圈套。

直到此时,维新派们才感到有抓军权的必要。康有为"虑九月天津阅兵即行废立,夙夜虑此"。为此,他连上奏折,提出四条建议:

第一条,设参谋部。他建议仿效日本设立最高军事领导机关参谋本部,由皇帝亲自掌握。"选天下虎罴之士、不二心之臣于左右,上亲擐甲胄而统之"。

第二条,改变年号。建议把光绪二十四年改为维新元年,"以新天下耳目"。

第三条,变更服制。"请变衣服而易旧党心志"。

第四条,迁都上海。"借行幸以定之,但率通才数十人从办事,百官留守,即以弃旧京矣"。北京暮气太沉,只有迁都上海,才能有利于变法。

对康有为的四条建议,光绪帝都表赞同。但是,很明显,这四条建议基本属乌托邦性质,在当时的条件下,是不能够实行的。远水解不了近渴。

于是,他们把目光移向了袁世凯。他们认为,袁世凯曾经率兵远驻朝鲜,了解外国情形。同时,又积极参与强学会的活动,不同于武夫董福祥和聂士成,是个有头脑的人。他们的结论:"拥兵权,可救上者,只此一人。"但是,他们又担心袁世凯与荣禄关系密切,怕袁世凯不听从光绪帝的指挥,所以,派人进行试探。

这个人就是康有为的亲信弟子徐仁禄。徐仁禄试探袁世凯,袁世凯十分机警地夸赞康有为是"悲天悯人之心,经天纬地之才"。

徐仁禄用话激他,试探他对荣禄的态度:"我与卓如(梁启超)、芝栋(宋伯鲁)、复生(谭嗣同)屡奏荐于上,上言荣禄谓袁世凯跋扈不可大用。不知公何为与荣不洽?"

袁世凯深知此话的用意,便好像恍然大悟似的答道:"昔常熟(翁同龢)欲增我兵,荣禄谓汉人不能任握大兵权。常熟曰:'曾、左亦汉人,何尝不能任大兵?'然荣禄足不肯增也。"

书生气十足的康有为们根本不是老于世故的袁世凯的对手。徐仁禄把对话情形告之康有为们,认为"袁为我所动",决定向光绪帝推荐。先由徐致靖上奏推荐,又由谭嗣同递密折,请光绪帝召见加官优奖,以备不测。光绪帝即于七月二十六日(9月11日)发出上谕:

> "电寄荣禄,著传知袁世凯,即行来京陛见。"

这是一道明发上谕。是经慈禧的亲信荣禄单独传见握有兵权的袁世凯。袁世凯正在天津东南 70 里的小站练兵。平地一声雷,袁世凯的被传见引起了慈禧及后党的警觉。慈禧们在密切注视着事态的发展。

光绪帝此举不算明智,但舍此,他又有什么办法呢?

以上三件事,尤其外人干涉、召见伊藤和天津废立的误解是引起慈禧极大不满,促使其决定发动政变的主要诱因。但真正将其付诸实施,她还要等待时机,寻找更充足而又恰当的理由之后,才能动手。

另一方面,以康有为为首的维新派,面对慈禧废立阴谋和政变威胁,他们也并未引颈待戮,甘为其俎上之肉,而是积极策划反政变活动,其核心就是去掉慈禧太后。为此,杨深秀曾向人透露:此时如果有人带兵八千人,即可围颐和园,逼迫皇太后交权。维新派手中没有兵权,他们的计划是拉拢袁世凯诛杀慈禧死党荣禄,进而领兵包围颐和园捕杀西太后。

康有为一方面派他的弟子徐仁禄到天津小站,去说服手中掌握新式陆军的袁世凯,起兵勤王;另一方面密秘奏请光绪帝,赏给袁世凯特恩,企图笼络他感恩图报。光绪帝于二十四年八月初一日(公元 1898 年 9 月 16 日)在颐和园毓兰堂召见袁世凯,破格重赏侍郎候补,并暗示他说:"人人都说你练的兵、办的学堂甚好,此后可与荣禄各办各事。"有把袁世凯视为心腹不必听命荣禄的意思。

维新派拉拢袁世凯,主要是企图利用他的新建陆军,在慈禧太后策划的天津阅兵谋废光绪帝另立新君时,反戈一击,杀死荣禄,以清君侧,而整肃宫廷,推翻慈禧太后控制皇帝、把持清政府的地位。

维新派的如意算盘是,企望袁世凯在京畿外围牵制住北洋另外两支部队:董福祥的甘军和聂士成的武毅军,诛杀慈禧死党荣禄。

与此同时,维新派积极物色捕杀西太后的人选,此人就是湖南会党首领毕永年。他们还电催唐才常招集湖南好将多人,星夜入京,参加捕杀西太后的行动。

老奸巨猾的袁世凯,一方面假凤虚凰地敷衍康有为的拉拢;一方面观察倒向哪一边对他更为有利。凭着他多年投机政治斗争的经验,看准了维新派虽然风靡一时,而并没有对付慈禧太后为首的顽固势力的力量,所以他决定把赌注压在慈禧太后一边,要用维新志士的鲜血染红自己的顶子。转身以康有为"谋围颐和园",向荣禄告密。

慈禧太后在得到袁世凯的密报后,立即深夜从颐和园还宫。光绪帝以其突然而至,慌忙出迎,慈禧见他神色惊慌,益信光绪帝招外兵威胁她,一下乘舆就指着光绪帝大骂道:"汝以旁支,吾特授以大统,自四岁入宫,调护教诲,耗尽心力,尔始得成婚亲政。试问何负尔?尔竟欲囚我颐和园,尔真禽兽不若矣!"光绪帝根本不知道康有为等人的计划,还一片天真地解释说:"我无此意。"慈禧又问道:"变乱祖法,臣下犯者,汝知何罪?试问汝祖宗重,康有为重?背祖宗而行康法,何昏愦至此?"光绪帝战栗着回答说:"是固自己糊涂,洋人逼迫太急,欲保存国脉,通融试用西法,并不敢听信康有为之法也。"慈禧越听越气,厉声断喝道:"难道祖宗不如西法,鬼子反重于祖宗乎?康有为叛逆,图谋于我,汝不知乎?尚敢回护也!"还真有点你死我活的味道。光绪帝吓得魂飞齿震,竟不知所对。慈禧又厉声问道:"汝知之乎?抑同谋乎?"光绪帝慌乱中答曰:"知道。"慈禧说:"既知道还不正法,反要放走?"光绪帝只好说:"拿杀。"此即密拿康有为,抄南海会馆上谕的来历。

二十一 扼杀维新

七月二十六日(9 月 11 日)发生了两件非同寻常的事,一是光绪帝明发上谕召见袁世凯,二是日本首相伊藤博文抵达天津。这两件事荣禄都是当事者。前者荣禄是负责转达谕令,后者是荣禄曾宴请伊藤。荣禄为慈禧的亲信。他把所掌握的有关情报完全电告慈禧。从这一天起,慈禧态度大变。

光绪帝在这两份密谕里表露了他与慈禧在政见上的主要分歧,也道出了他的苦衷和焦急心情,但从语气和提出的要求来看,两者却截然不同。给康有为的密谕说得急切,主要是命康有为等"妥速密筹,设法相救",发出了紧急求救的呼号。在给杨锐的密诏里,口气就较为缓和,发出的要求也只是让杨锐等人"筹商"既坚持变法又不违背西太后意图的良策,没有提出求救的要求。而且光绪帝又指出,杨锐等筹议的对策仍按通常的办法由军机大臣代递封奏,从机密性来说,两者也显然有异。所以出现这种区别,可能与当时杨锐的表现已引起光绪帝的疑虑有关。据说,在光绪帝召见杨锐,向他述说情由时,杨锐竟推脱说,"此陛下家事,当谋之宗室贵近,小臣惧操刀而自割也",流露出畏惧的神情。于是光绪帝以斥责的口吻对之曰,"尔胡然",遂拿出手谕命其出。事实上也正是这样,杨锐带出密诏后,由于"震恐,不知所为",迷迷糊糊地犹豫了五天多才转给康有为。

颐和园

而此时后党干将荣禄却十分清醒。荣禄见袁世凯被召,马上调兵遣将预为防备。

而陷于束手无策的光绪皇帝,在事态紧急的情况下又采纳了康有为、谭嗣同原先的建议,在召见杨锐送密谕之后,又于当日传旨命袁世凯进京准备召见。

9月16日(八月初一日),光绪皇帝在颐和园的毓兰堂接见了袁世凯。在这首次接见中,光绪帝仅是对他作了一些试探性的询问,没谈什么实质性问题。可是袁世凯却趁机奏云:"九月有巡幸大典,督臣荣禄饬臣督率修理操场,并先期商演阵图,亟须回津料理,倘无垂询事件,即请训。"光绪帝与天津"阅兵"和对荣禄的态度,袁世凯不能一无所知,他说这些话,既有向光绪帝透露顽固派的动向以便从中讨好的意思;也有要以此来激发光绪帝的用心。这时的光绪帝可能认为还不便表露自己的意图,只想先给他一种礼遇作为试探,因此,在接见后,光绪皇帝就颁谕宣布,以"袁世凯,办事勤奋,校练认真"的名义,授予侍郎候补衔,命其"专办练兵事务,所有应办事宜,著随时具奏"。实际上,光绪帝这是按照康有为等的建议,采取的一种饥不择食的办法,企图把手握兵权的袁世凯拉到自己一边来。袁世凯的嗅觉亦称灵敏,他很快就洞察了光绪帝的用意,所以在他被召见和受到封赏之后,即对前来祝贺的人说,"以无寸功,受重赏,决不为福",意识到可能要承担风险。于是袁世凯又马不停蹄地走访了后党的核心人物刚毅、王文韶、裕禄等人,力图和这些权贵们拉关系。对于袁世凯的这些心怀鬼胎的活动,光绪帝尚不了解,则于次日(9月17日),再次以"谢恩"的方式召见了他。在第二次召见时,光绪帝就进一步对他说,"人人都说你练的兵、办的学堂甚好,此后可与荣禄各办各事"。言下之意,就是让袁世凯在今后可以不受荣禄的节制,自行其事了,从而光绪帝便点出了召见、重用袁世凯的意图。当然袁世凯更是心领神会,他既不愿为光绪帝铤而走险;更不会为变法而卖力。所以袁世凯在向光绪帝"谢恩"之后,又一头扎进了西太后的砥柱之一、庆亲王奕劻的官邸。

　　光绪帝虽然对袁世凯寄予了如此之大的重托,可是直到这时他连一点儿明确的、口头上的支持表示也没有得到,他似乎有点不托底了。相形之下,西太后一伙策划"变政"的活动已成路人皆知的事实,连日来,在天津荣禄的督署府和在北京颐和园门前,一些负有特殊使命的人川流不息。特别是有些顽固派官员又联名上疏,要求光绪帝出面"请太后训政"。在这种情况下,光绪帝遂"知事局已败",不得不把希望寄托于未来。另外自七月二十八日给杨锐一密诏,至今日已是第五天了,但迟迟都没见到回音。光绪帝焦急异常。他担心康有为的安危,又无法与他取得联系,于是在第二次召见袁世凯的当天只得冒险明发上谕:

　　这是用明发上谕的方法,告诉康有为迅速离京,否则凶多吉少。

　　一个明诏、一个密谕,说的是一件事。但前者是一派官样文章,看来也是说给他人听的;后者可谓语重心长,既对康有为个人表露了深切的关怀,又对他寄予了无限的期望。如对任命康有为督办官报一事,在明诏中说的是理应如此,但在密谕里却谈"实有不得已之苦衷",表露的心情截然不同。种种情况表明,在密谕里说的确是光绪帝的心里话。光绪皇帝为了使康有为迅速地离开北京,所以既送给密谕又发出这样的明诏,其用意显然是给康有为的离京造成正常赴任的样子,避免引起顽固派的怀疑,有利于他的行动。

　　但是当天康有为没有见到密诏,只于晚间回家时看到了明谕。他们这帮文人不是积极想办法,而是在宋伯鲁家饮酒唱曲,曲终哀动,谈事变之急,相与忧叹,束手无策。

　　八月初三日(9月18日)早林旭持密诏来,康有为跪诵后才感到事态极其严重。林旭不仅带来了促康出京之密诏,还带来了在杨锐手中搁了五天的密诏,也交给了康有为。康有为急找来谭嗣同一起读研密诏,"跪读痛哭"。他们从密诏中分明清晰地听到了光绪帝垂危的呼救声。于是,急找来梁启超、康广仁等商量对策。大家想到了袁世凯,决定由谭嗣同抵其寓所,说袁勤王。

　　当日晚,袁世凯接到荣禄电报,说有英兵船多只游弋大沽海口,传令袁世凯迅速回津听候调遣。荣禄在注视着袁世凯的举动。

　　夜色已深,谭嗣同突然来访。

　　周旋之后,针对袁告以现有英船游弋海上,要尽快回津的话,谭云:"外侮不足忧,大可忧者,内患耳。"

袁急询其故。

谭云："公受此破格特恩，必将有以图报，上方有大难，非公莫能救。"

袁谓："予世受国恩，本应力图报称，况己身又受不次之赏，敢不肝脑涂地，图报天恩，但不知难在何处？"

谭嗣同被袁世凯信誓旦旦的花言巧语所欺骗，起来作了个揖，并赞扬袁世凯为"奇男子"，然后告退。

袁世凯静夜独坐，反复筹思，如痴如病，冀得良方。他深知自己已临深渊，稍一不慎，便会摔个粉身碎骨。经认真比较，思路愈益清晰。很明显，优势在慈禧及后党一方，光绪帝及帝党只不过是慈禧的掌上玩物而已。他决定把宝押在慈禧身上。就这样，维新派人士经过苦心筹划而拿出来的这一最后"绝招"，也只是得到了袁世凯模棱两可的口头许诺。当谭嗣同归来将情况告诉梁启超等人之后，他们也已意识到"袁不能举兵"。在这无情的事实面前，这些维新之士便完全陷入了无能为力的困境，康有为不得不准备尽快出京了。

当维新派为营救光绪帝和挽救变法新政已走进死胡同的时候，以慈禧为首的顽固派，却凭借着封建政权的力量，把绞杀变法改革的链条拉紧了。

到9月17日（八月初二日），荣禄在做好了发动政变的军事部署之后，便"嗾杨崇她，请太后复出听政"。已"揣知太后意"的杨崇她，为了壮声势又串通老资格的后党骨干人物庆亲王奕劻，将"请太后再临朝"的密疏"转达颐和园"。在此之际，连善于看着西太后的颜色行事的权宦李莲英，也出来"跪请西太后训政"。就这样，慈禧的亲信、爪牙们，又在为她重新出来"训政"作舆论等方面的准备了。恰在这时，荣禄对光绪帝召见和封赏袁世凯又引起戒心。因此，还不摸底细的荣禄为牵制袁世凯并为发动政变制造烟幕，于9月18日（八月初三日），在继续放出各国兵舰开到大沽海口的紧张空气的同时，又通过电报和派出专人赴京敦促袁世凯迅速"回防"。袁世凯在当时因有自己的打算，故借口等待"请训奉旨"，未能及时回津。封建顽固派在加紧推进政变进程的紧急时刻，由于荣禄等做贼心虚，又围绕袁世凯加入了这么一个小小的插曲。但总的来说，到这时慈禧发动政变的准备已基本就绪，她可以随时动手了。

几天来，光绪帝或为掌握慈禧的动向，到颐和园"问安"的次数也较前频繁了。在9月18日光绪帝从颐和园返回紫禁城之前，慈禧已告诉他预定在9月21日（八月初六日）回宫，所以光绪帝回到清宫后便"代传懿旨"，准备到时迎接慈禧。就在光绪帝离开颐和园之后，慈禧得到了光绪帝在9月20日（八月初五日）接见伊藤博文的消息，从而她大生其疑，认为光绪帝要"勾外国谋我"。于是，慈禧为了"明日监视皇上见伊藤"，以图抓住把柄当机立断，便提前于9月19日（八月初四日）返回清宫。慈禧回到清宫时，荣禄也"于同日化装潜回北京"。荣禄也在这时突然来京，显然不是与慈禧还宫的巧合。伴随荣禄的到来，又是十营聂士成的武毅军开进京城。

慈禧临时改变原定计划匆忙回到清宫意味着什么，光绪帝的心里是有数的。所以他在这时对枢臣说，"朕不自惜，死生听天，汝等肯激发天良，顾全祖宗基业，保全新政，朕死无憾。"光绪帝说这一席话时的心境很明显，这就是，一方面，他意识到自己已处于绝境；另方面，又想尽一切可能争取变法新政能得以保存。

慈禧回到清宫以后，光绪帝的行动便被直接置于慈禧的监视之下了。不过，这时的光绪皇帝尚未失去人身自由，并且维新变法也没有被公开取缔，在表面上还维持着常态，当时的形势可以说是处于狂涛恶浪来临之前夕。

既然处于这种状态，光绪帝还有预定接见伊藤博文和最后一次召见袁世凯的两项安排仍要按计划进行了。

光绪帝在接见伊藤博文的当天（9月20日），又按预先的决定第三次召见了袁世凯。因为在这次召见时，新、旧势力的斗争已趋明朗，所以在已经看出政局趋向的袁世凯说了些离间光绪帝和维新派的话，以及"古今各国变法非易，非有内忧，即有外患，请忍耐待时，步步经理，如操之太急，必生流弊。"光绪帝一言没发。只是授予袁世凯一道"于天津阅兵时，倘有他变，命以兵卫圣躬"的密谕，即令其退下。

就在光绪帝接见伊藤博文和袁世凯的时候，随着大批武毅军的到来，已使京城轰动，人心惶惶，政变的乌云已经覆盖了北京城。在这种情况下，康有为为了营救光绪帝，又走访了李提摩太，想通过他能得到英、美驻华使节的支援。但在当时，这些侵略者均"各怀二心"，都已先后离开了北京，使康有为所做的最后努力又化为泡影。鉴于大势已去，康有为就在这一天（9月20日），怀着沉重的心情离京出走了。

时到此刻，阴险狡猾的袁世凯，既看透了新旧势力斗争的结局，又摸到了维新派的底细，这在他看来似乎又到了"立功"的绝好时机。于是，袁世凯在这次被召见之后，便于当日立即乘火车赶回天津，接着他就把在北京得到的"详细情形备述"给荣禄，荣禄又把光绪帝给袁世凯的密谕和谭嗣同要围颐和园等情况迅速地转告给慈禧。

荣禄密告的情况，到这时无论从哪方面来说，对慈禧都已构不成威胁了，但这种情报，却是慈禧迫切需要的。慈禧正是以此为口实，于9月21日（八月初六日）晨，趁光绪帝到中和殿阅祭文的时候，一群侍卫太监和一队"荣禄之兵"闯进殿中，然后召光绪帝愤怒地斥责道："我抚养汝二十余年，乃听小人之言谋我乎？"光绪帝吓得浑身战栗，说不出话来，良久嗫嚅道："我无此意。"慈禧高声地骂道："痴儿，今日无我，明日安有汝乎？"

这一天，即八月初六日，慈禧御便殿召庆王奕劻、端王载漪、军机大臣、御前大臣，这些王公大臣跪于案右。光绪帝跪于案左。同时设竹杖于座前。

慈禧疾声厉色地讯问光绪帝：

"天下者，祖宗之天下也，汝何敢任意妄为！诸臣者，皆我多年历选，留以辅汝，汝何敢任意不用！乃竟敢听信叛逆蛊惑，变乱典型。何物康有为，能胜于我选用之人？康有为之法，能胜于祖宗所立之法？汝何昏愦，不肖乃尔！"

皇帝战栗不已，不知所对。

慈禧把如剑的目光转向跪在地上的王公大臣们。看着这一群老迈昏愦的亲信，她气不打一处来，怒气冲冲地训斥道：

"皇帝无知，汝等何不力谏！以为我真不管，听他亡国败家乎？我早已知他不足以承大业，不过时事多艰，不易轻举妄动，只得留心稽查管束。我虽人在颐和园，而心时时在朝中也。我唯恐有奸人蛊惑，所以常嘱汝等不可因他不肖，便不肯尽心国事。现幸我还康健，必不负汝等也。今春奕劻再四说，皇上既肯励精图治，谓我亦可省心。我因想外臣不知其详,并有不学无术之人,反以为我把持,不许他放手办事。今日可知其不行矣。他是我拥立者。他若亡国,其罪在我,我能不问乎?汝等不力诤,是汝等罪也。"

王公大臣们匍匐在地,默默承受,不敢应对。

慈禧又把犀利的目光移向了皇帝,恶狠狠地质问道:

"变乱祖法,臣下犯者,汝知何罪?试问汝祖宗重,康有为重,背祖宗而行康法,何昏愦至此?"

一言不发的皇帝觉得应该做点申辩,便战战兢兢地说:

"是固自己糊涂,洋人逼迫太急,欲保存国脉,通用西法,并不敢听信康有为之法也。"

竟敢申辩,嚣张已极!慈禧益发愤怒,声音更加冷厉地说:

"难道祖宗不如西法,鬼子反重于祖宗乎?康有为叛逆,图谋于我,汝不知乎?尚敢回护也!"

皇帝吓得魂飞天外,只顾战抖,不知如何应对。

慈禧穷追不舍,厉声问道:

"汝知之乎?抑同谋乎?"

皇帝听不太清,又不敢问,又不能不答,便胡乱地答道:

"知道。"

慈禧不依不饶:"既知道还不正法,反要放走?"

皇帝随口应道:

"拿杀。"

这其实是一场不准辩白的审判。法官是慈禧,罪犯是光绪帝。

当天,以光绪帝名义发布谕旨,昭示朝廷内外,慈禧实行"训政"。

同日,又发谕旨,捉拿康有为和康广仁。

八月初七日,慈禧又单独审问皇帝一次。

八月初八日,光绪帝率百官在勤政殿恭贺慈禧训政。慈禧又把勤政殿变成了审判庭。这一次,慈禧变了招数,让群臣质讯皇帝。皇帝成了名副其实的被告,威风扫地。慈禧将从皇帝书房中及康有为寓所中查抄的奏章、说帖等件,命群臣质询,逐条审讯。其中有杨锐、林旭依据皇帝的旨意催促康有为迅速出京的信函,慈禧大怒,追问皇帝。皇帝不敢承认,推托说这是杨锐的主意,与己无涉。慈禧又追问围园弑母之谋,皇帝推到了康有为、谭嗣同身上。慈禧极为愤恨,当即下旨,捉拿维新党人。

同时禁皇帝于瀛台。瀛台,位于北京三海,即北海、中海、南海之一的南海。四面环水,北架一桥以通往来。瀛台多树,主体建筑涵元殿位于瀛台的中心。瀛台本是皇室避暑和游览的胜地,但自此以后却变成了囚禁光绪帝的图圄。光绪帝除了每天被拉去早朝外,便不得自由出入了。慈禧把原来皇帝身边的太监一律撤走看押,另派其心腹太监20余名监视皇帝。皇帝成了被软禁的囚徒。

慈禧以训政之名,行亲政之实。形式上太后与皇帝并排坐着,像二位君主。但奏对时,皇帝不许说话。有时太后示意皇帝说话,他才勉强说上一二句。光绪帝成了真正的木偶。这次第二次训政,实则是慈禧太后的第三次垂帘。

光绪二十四年八月十三日(1898年9月28日)慈禧下令杀害了杨深秀、杨锐、林旭、谭嗣同、刘光第、康广仁。史称"六君子"。次日,慈禧以光绪帝的名义发布上谕:

这个上谕指责康有为谋围颐和园、劫制皇太后。康有为一再否认此事。但究其实际,康有为确实曾谋划围颐和园去掉西太后。

慈禧太后把刚刚兴起的戊戌维新运动扼杀在摇篮之中。守旧派进行了血腥的反攻倒算,对维新派或降、或关、或流、或杀。"六君子"的殷红的鲜血撒在了菜市口的粗蛮的硬土上。已在实行的或未及实行的变法谕令几乎一风吹。维新派噤若寒蝉,守旧派弹冠相庆,偌大的中国又重新陷入了黑暗、麻木及愚昧之中。

二十二　谋废光绪

9月21日凌晨,光绪往中和殿批阅礼部所拟"把社稷坛祭文",刚一出门,荣禄的一队卫兵和几个太监蜂拥而来,将光绪团团围住。连推带搡,光绪被兵士带到了中南海的瀛台。不一会儿,慈禧在李莲英等的陪同下,气势汹汹地赶来了。接受一顿训斥之后,光绪帝被关在了瀛台,来往的板桥全被拆掉。光绪帝只能在这个孤岛上望天长叹。随后,步军统领衙门和护军营调兵遣将,守住紫禁城及颐和园等京城要害部门。顿时,京都大乱,人人谣言不一。

这些谣言当中,说得最多的是光绪帝身染重病。

这些谣言和传闻,实际上都是慈禧太后为迫害光绪、也为镇压维新派,特别是为加害康有为服务的。

这时的慈禧,为了迫害光绪帝和排除异己更加不择手段,在政变后的几天之内,就把过去侍奉光绪帝的太监"或处死,或发往军台,无一存者"。与此同时,慈禧又对与光绪帝最为亲近的珍妃大下毒手,施以刑杖,撤去簪珥,也将其囚于偏僻的钟粹宫后北三所,并给她立下了一个条规,再不许觐见光绪帝。这样一来,珍妃也如同一个犯人,由西太后派出两个宫女进行监视,"门自外锁,饭食自槛下送进",每天还得忍气吞声地跪着听从西太后爪牙的"数罪",备受凄寒凌辱。

慈禧囚禁光绪帝,其实并不是她的原意,在发动政变时,慈禧等人就想把光绪帝一举废掉。因此,在他们将光绪帝控制起来的同时,又令太医捏造脉案,制造光绪帝"患病"的假象。并把这个伪造的情况通报给驻京的外国使馆及密电各督抚,企图利用这种手法为其废掉光绪帝制造借口和以此来观察外界的反映。但政变发生后,随着"训政"上谕的颁发,光绪帝在政界的活动骤然消失之后,立即使那些对变法维新寄予希望的人们大为震惊,从而西太后之流耍的阴谋也就很快被人识破,国内舆论为之大哗。

当光绪帝有"病"的消息传开后,工商人士经元善等立刻与一些在上海的华侨联名致电西太后,直截了当地提出"请保护圣躬"的要求,实际这是对西太后蓄谋废帝的一种公开挑战。

可是,慈禧囚禁光绪帝,又在帝国主义列强当中引起了强烈的反响。早在变法维新期间,如英、美、日等国在华的一些人,曾在光绪帝、原帝党官员和资产阶级维新派身上做过一些打算,但从这些国家的政府来说,尚未对中国的变法维新形成确定的方针。当变法维新运动被绞杀，随之而来的是顽固派的全面复旧活动。到这时，一些帝国主义侵略者才越发深切地感到，西太后的复旧有可能使中国"回复到四十年前排斥外国人的时代"的危险。对比之下，他们认为还不如支持光绪皇帝出来建立一个较为开明的清政府，似乎对其更为有利。于是，一些帝国主义者才对光绪帝及维新派特别是对康有为、梁启超等人产生了特别的"兴趣"。

为此，他们首先设法营救了即将遭到杀身之祸的康、梁二人。

政变发生后，慈禧太后首先要抓捕杀害的就是康有为。政变当天，就调兵三千，关闭京师九城门，停运京津铁路，下令逮捕康有为、康广仁兄弟。

当天中午，步军统领崇礼率缇骑300人包围了南海会馆，康广仁当场被捕。从康广仁那里获悉康有为已经出走天津后，荣禄下令大搜天津和塘沽一带的客栈，后来才知道康有为已于这天上午乘英商"重庆号"轮船去上海。

慈禧太后得到康有为已逃出北京的消息后，气得咬牙切齿，火冒三丈。她一面发布密旨，捏造康有为进毒药丸谋害光绪帝，命令烟台和上海的地方官拿获康有为时"就地正法"；一面又派"飞鹰号"快艇从天津出发，飞速前往追捕。"飞鹰号"快艇新从德国买来，时速为三十海里，其航速超过商船"重庆号"一倍。如果开足马力，定可很快追及。但航行至中途时，管带（艇长）刘冠雄声称煤进而折回天津。当清廷捕杀康有为的密电传到烟台时，凑巧登莱道李希杰因事离开烟台到胶州去，带走了电报密码，留守的官员一时无法译出电旨内容。这时康有为还蒙在鼓里，不知大祸之将临。所以当"重庆号"停靠烟台码头时，康有为还登岸游览，买了六篓烟台苹果，沿着海滩拾了一袋彩色石头回到船上，平安无事地经过了烟台这一关。

但是，上海的情况就不同了。政变的当天，消息已传播得风声鹤唳、满城风雨了。9月22日晚上一点钟，上海道蔡钧不仅接到了捕杀康有为的密电，而且购买了康有为的许多照片，分交缉捕人员，派上海县黄某于黎明时手持康有为的照片，至招商局金利源账房坐待，一面又通知法租界巡捕房派出通班捕探，至码头守候。至下午3点钟，"新济号"抵达，令泊浦江，不准靠岸，上船严缉，至5点钟，搜查无着。这时巡捕们又杀气腾腾地等着"重庆号"一靠码头，就拿着照片上船抓人。为了保险起见，蔡钧又商请税务司洋员乘轮预先守候在吴淞口，带着认识康有为相貌的堂兄同往指拿。蔡钧不露声色，暗自得意，以为纵然康有为插上翅膀，也难逃他布下的天罗地网！

9月23日，上海道蔡钧照会英国驻上海代理总领事白利南，声称他奉命捉拿毒死皇帝的要犯康有为，要求准许他派人搜查自天津开来的所有英国轮船。白利南仅答应自派两名巡捕上船查缉，拒绝中国派员登轮搜捕。于是，蔡钧又派人将康有为的照片送给白利南，好按图索骥，并宣布抓住康有为后，将送上酬金2000元。两江总督刘坤一也悬赏3000元捉拿康有为。重赏之下，必有勇夫，中国的侦探和巡捕，在探知"重庆号"将于9月24日抵沪时，都张牙舞爪，磨刀霍霍，要用康有为的头颅换取肮脏的赏银。

白利南事先得到李提摩太请求援救康有为的电报，在征得英国政府的同意后，于24日清晨，派上海工部局职员濮兰德乘驳船往吴淞口外去截住"重庆号"。借着蔡钧送来的照片，在旅客中顺利地找到了康有为，濮兰德对着康有为相觑片刻，即引入英人餐厅，问道：

"您是康有为吗?"并且拿出一张照片问他:"这是您的照片吗?"

康有为答曰:"是。"

濮兰德又问道:"您在北京曾杀人否?"

康有为惊讶地笑着说:"吾安得为杀人事,你问之奇也?"

濮兰德立即拿出上海道蔡钧一道抄录的电旨,只见上面写着,"康有为进丸毒弑大行皇帝,着即行就地正法。钦此。"康有为览毕失声痛哭。

濮兰德急问道:"您有进丸弑上事否?"

康有为边哭边诉说:"我受特达之知,赞变新法,天下皆知,愧不能报,安有弑理?"并口述光绪帝给他的密谕,证明自己忠于光绪皇帝,绝不可能干此蠢事。

濮兰德告诉他:"我英人濮兰德也,嚮旂事固知君是忠臣,必无此事,且向知汝之联英恶俄,特令我以兵船救君,可速随我下轮,事不可迟,恐上海道即来搜船。"

康有为强忍悲伤,跟濮兰德上了驳轮,才免于被捕被杀的厄运。

而政变发生时的梁启超,正在南海会馆和谭嗣同对坐在床上,高谈阔论,策划袁世凯杀荣禄后他们将如何行动。不料传来了清军查抄南海会馆和康广仁被捕的消息(康有为已于9月20日出逃)。接着火车停开,侦探密布,他们知道大势不好。谭嗣同从容不迫,对梁启超说:"昔欲救皇上,既无可救,今欲救先生,亦无可救,吾已无事可办,惟待死期耳!"梁启超劝他逃走,谭坚决不肯,梁在谭嗣同的劝告下,逃往日本使馆。

梁启超逃到日本使馆后,心情极度紧张。他不懂日语,只能和林权助等人笔谈。这时的北京街头,一片混乱,捕人的叫喊声令人毛骨悚然。日本大使馆周围更是人声嘈杂,梁启超心惊肉跳,不知何时能逃出虎口。为了离开北京这个是非之地,9月22日晚,梁启超剪掉辫子,着上西装,进行了一番巧妙的化装,在日本友人的保护下,逃到了日本驻天津领事馆。郑永昌领事迅速将梁启超隐藏起来。

天津是直隶总督兼北洋大臣荣禄的地盘,戒备森严。梁启超一下火车,就被盯梢的暗探发现。只因他们行动迅速,才没落入敌手。一连数天,日本驻天津领事馆前暗探密布,梁启超无法脱身。9月25日晚9点,乘暗探不备,梁启超等4人化装成猎人,偷偷潜出,钻进海河上的一艘日本船内,急向塘沽驶去,准备上商船玄海丸,逃往日本。1小时后,忽听岸上马蹄声响,20多名清廷巡警气势汹汹赶来,不让该船行进。原来,清廷暗探还是发现了梁启超的行踪,并误认梁是康有为。巡警以船上藏有康有为为名,逼迫该船回驶,日人则拒不听命,双方展开激烈地争辩。这些巡警惧怕惹出中外交涉等麻烦,两小时后,决定分一半回津向荣禄请示;一半随船监视日人的行动。不料日人迅速开航,26日晨7点即抵达塘沽,恰巧旁边停有一艘日本军舰。日人挥帽联络,梁启超等人迅速逃入军舰。清廷巡警一不敢和日军舰发生冲突,二也没有接到上司的命令,干瞪双眼,让梁逃之夭夭。9点半,直隶提督聂士成、亲兵营总教习王得胜、天津县知事吕宗祥30余人,飞奔塘沽车站。当得知逃犯已躲于日本军舰后,聂士成暴跳如雷,一定要上舰抓人。王、吕二位苦苦相劝,以防引起中日冲突。不得已,聂士成方息怒而归。随后,荣禄又派人往日舰交涉,要求放人,被日方一口拒绝。26日午后,日军舰启航,梁启超才脱离险境,同逃的还有维新志士王照。

对于康有为、梁启超,英、日等国尚且如此"关照",对光绪帝的命运,他们岂能不格外"关心"！因此，当光绪病重谣传出现时，英、法两国便首先出面干涉了。两国大使一同来到总理衙门，要求推荐法国医生给光绪帝看病。总理衙门大臣上奏慈禧，慈禧不准；又奏请，又不准。此时英、法两国大使干脆把他们的意图挑明，说："荐医者非为治病吃药，只是因为贵国此番举动离奇，颇骇听闻，各国共同商定验看大皇帝病症，为释群疑。现已奉本国之电，不能不看。"

于是，庆亲王奕劻出面又奏请慈禧，直接说明荐医的原委，慈禧不服，对军机大臣不屑地说："皇上有病，外国岂能干预。且外国医生，也不配看皇上病。"话虽然如此说，但她终不敢得罪外国，只得同意外国医生为光绪帝治病。

光绪二十四年九月初四日（1898年10月18日），法国驻京使馆医官多德福，在慈禧特派的端郡王载漪、庆亲王奕劻及军机大臣的共同监视下，自带翻译，来到瀛台为光绪帝诊病。

通过给光绪帝诊病，英、法等列强得到第一手资料，即：一是光绪帝还健在，二是光绪帝虽然体弱多病，但患的不是绝症。因此，慈禧欲因光绪帝患病而废黜他的阴谋便受到外国的干涉。光绪帝没有被废黜，同列强的出面直接干预是紧密相关的。

正是在这种内外形势的压力下，慈禧等人把光绪帝囚禁起来后，在一年多的期间里，再未敢大力策划废帝活动了。

但是变法维新的"魔影"，却始终困扰着慈禧的心神。在慈禧的心坎上，康有为、梁启超固然是对她存在的两个最大的威胁，但他们毕竟远在天涯，而光绪皇帝却在她身旁，似乎是她的直接隐患。在慈禧看来，光绪帝一日不去，她就时刻不宁。到1899年（光绪二十五年）冬，当她看到外界的反响有所平息，废帝之念又重新涌上心头。在这样的情况下，以前曾两次想"承大统"而未得手的端郡王载漪、"久废在私第"但又野心勃勃的承恩公崇绮、"觊政地綦切"的大学士徐桐以及另一个别有用心之徒启秀等人，摸透了"太后之意"，都想利用废掉光绪帝重立新皇上的机会，以便捞取更大的权势和尊荣。正是基于这种缘故，这些人便勾结在一起极力策划废立活动。当然，他们的这种活动是正中慈禧下怀的。但是对于这种事，慈禧向来都是自己不首先出面，而是利用他人之口说出自己的心意时再出面定局。

当载漪、崇绮、徐桐等人谋定，由崇绮、徐桐拟就请求废立的奏疏以后，他们为了壮大声势，又拉最受慈禧宠信的实权派官僚荣禄署名，准备让他领头搞联名奏请，于是，"换皇上"的风声，又轰动了宫廷。

荣禄本是一个废帝的主谋者之一，不过此人更为奸猾，他对内外的反应一直有所顾忌，尤其是唯恐惹怒列强以致不好收拾。因此，他不愿在废光绪帝的事上搞得过分露骨，对崇绮、徐桐的再三鼓动没有明确表态。

恰在此时，李鸿章奉谕旨任两广总督。在上任前，他向荣禄辞行，见荣禄面带忧色，问道：

"何忧之深也？"

荣禄忧心忡忡地答道：

"南海虽边远，实一大都会。得君往，朝廷无南顾之忧。君行将高举远引，跳出是非圈外，福诚无量。而我受恩至渥，责备亦最严。近数日来，求生不能，求死不得，将何以教我？"

接着，荣禄把慈禧欲废黜光绪帝的谋划和盘托出，告诉李鸿章。李鸿章还没听完，便急切地高声说道：

"此何等事，讵可行之今日？试问君有几许头颅，敢于尝试此事？若果举行，危险万状。各国驻京使臣，首先抗议。各省疆臣，更有仗义声讨者。无端动天下之兵，为害曷可胜言。东朝圣明更事最久，母子天伦，岂无转圜之望。是在君造膝之际，秀曲密陈，成败利钝，言尽于此。"

荣禄闻听此言，怅然若失，感到非同小可。此时，承恩公崇绮、大学士徐桐、尚书启秀等谋废立，都想请荣禄拿主意。

荣禄有鉴于此，请求单独召见。

荣禄问："传闻将有废立事，信乎？"

慈禧答："无有也，事果可行乎？"

荣禄说："太后行之，谁敢谓其不可者？顾上罪不明，外国公使将起而干涉。此不可不慎也。"

慈禧谓："事且露，奈何？"

荣禄说："无妨也。上春秋已盛，无皇子。不如择宗室近支子，建为大阿哥，为上嗣。兼祧穆宗，育之宫中，徐篡大统，则此举为有名矣。"

慈禧沉吟良久，答道：

"汝言是也。"

在此之前，荣禄事先探听了外人及疆臣的意见。外人反对。电询刘坤一，刘覆电称："君臣之分已定，中外之口宜防。扶危定倾，责在公等。"明确表示反对废黜光绪帝。

废立之事遂不成。于是，荣禄提出为光绪帝建储，策立大阿哥。阿哥，在清代宫廷一般指皇子。大阿哥是指皇长子，即有继皇位权的皇子。

就这样，他们便秘密议定了以立皇储的办法，来逐步替代光绪帝的主意。西太后、荣禄满以为这是一个无大惊动的万全之计。原来，在清代前期康熙皇帝在位时，曾在宗室内因争皇储互相倾轧几乎演成彼此火并，因此雍正帝为避免重演纷争，作为"家法"颁立了"永不建储之谕"。可是到了此时，这个把"祖制""家法"视为命根子的慈禧，为了自己的需要也居然要把他们的"家法"扔掉了。

慈禧经反复考虑，选中了端郡王载漪之子溥儁为"大阿哥"。本来慈禧很厌恶载漪。但其父惇亲王奕誴在辛酉政变中"有隐德于太后"，且载漪兄弟在戊戌政变中又"告密于太后"，故"太后尤德之，使掌虎神营"。同时，载漪的福晋是承恩公桂祥的女儿，是慈禧的侄女。她聪明伶俐，"雅善词令"，且颇能迎合慈禧的意旨，日侍左右。慈禧决定后，便召亲近支王公贝勒、御前大臣等，并命军机大臣按己意草诏。慈禧在慈宁宫，召光绪帝入，以诏示之，盛气凌人地问道："汝意若何？"

光绪帝畏缩地磕着头说："此素愿也。"

慈禧紧追不舍："汝既愿之，可缮此发布。"

说罢，命内侍捧来朱笔，让其照录一通。第二天，便发下此上谕：

时间是光绪二十五年十二月二十四日（1900年1月24日）。从此，溥儁被尊为大阿哥。

既然溥儁被立为同治帝的皇子，那么，与其同辈的光绪帝便成为多余的了。光绪帝处于岌岌可危的随时可能被黜的地位。

　　溥儁被立为实际上的皇帝,当然其父载漪也就因之而身价百倍;同时为此卖过力的崇绮被任命为溥儁的师傅,徐桐受命照料弘德殿事宜,都受到了慈禧的特殊封赏。

　　其实,慈禧和荣禄的如意算盘又打错了。当立大阿哥的上谕公布后,"都中人心大为震动",上海、湖北等地的广大绅商士庶也都"人心沸腾",纷纷起来揭露慈禧的这种行径是"名为立嗣,实则废立"的阴谋。人们不约而同地发出"我皇上二十五年励精图治,深入人心",甘愿与君共"存亡"的怒吼声。当时,上海各界一千二百多人"合词电奏"强烈反对;湖北官绅五十多人亲赴北京"拼命力争"。甚至南洋各埠和美国旧金山等地的华侨,闻讯之后亦均"异常哗愤",接连电达总理衙门"谏阻此事"。与此同时,英、日、美等国的驻华公使,也纷纷表示要出面"干预",各国兵船先后自上海北驶。从而,在国内外又激起了一场轩然大波。随后,当清廷举行立大阿哥的典礼时,一些国家的公使又拒不致贺,不断向西太后施加压力。这样她虽然立起了大阿哥,但却迟迟不敢进而废掉光绪帝。

　　慈禧的废立阴谋,由于内外一致反对,尤其受列强的干涉而不能实现,内心早已大为不悦。

　　慈禧下令搜捕康有为,康有为在英国人的庇护下隐藏在英国管辖下的香港。慈禧悬赏十万金欲购康之首级,英兵防卫森严,杀手们无从下手。慈禧闻听此种情况,对英国恨之已极,咬牙切齿地发誓道:"此仇必报!"当时她正在用餐,顺手把美丽的玉壶摔得粉碎,且挥舞着拳头高声说:"所以志也。"

　　策立溥儁为大阿哥遭到各国公使的抵制。载漪派人遍约各国公使参加册封仪式,但公使们无一赴约。慈禧也约请各国公使夫人赴宴,趁玩得高兴的时候,提出了欲立溥儁为大阿哥的想法。但公使及公使夫人对此不表赞同,且"有违言"。这使太后及载漪很尴尬,十分恼怒,"日夜谋所以报"。

　　恰在此时,以"扶清灭洋"为口号的义和团运动的烈火由山东燃向了京畿一带。

二十三　招抚义和团

　　义和团运动首先在山东兴起,这不是偶然的。

　　长期在山东、直隶、河南、江苏和安徽等省区流传的白莲教支派,其教门林立,名目繁多,见于记载的就有八卦教、无为教、一炷香教、混元教、收园教、大乘教、先天教、园顿教、金丹教、天理教、清水教、清茶门教、红阳教、白阳教、好话教、天门真教、青莲教、武圣教、黄洋教等等,教门名目不下数十种。其中,有不少的教门以"反清复明"为号召,曾发动多次反抗清朝统治和压迫的武装起义。因此,历来被清政府视为十恶不赦的"邪教"而严加取缔。清朝律例规定:"凡传习白阳、白莲、八卦等邪教,习念荒诞不经咒语,拜师传徒惑众者,为首拟绞立决"。有清一代教门首领被杀者甚多。嘉庆年间白莲教大起义失败后,各派教门受到毁灭性的打击,教徒四散,不得不长期处于极端秘密活动的状态。他们的内部组织很严密,以"夜聚晓散"为其主要活动方式。教徒之间患难与共、信守誓言的观念很深,具有强烈的反抗精神。

义和团

秘密教门出于反抗封建压迫和教徒自卫的实际需要,大都十分注意练拳习武,教授拳棒技艺,而且还建立武术团体作为它们的外围组织。事实上,许多教首本身就是著名的拳师。他们以传习拳棒为掩护,广收徒众,使教门获得较广阔的发展机会。

道光年间,离卦教不但"倡立文武二教","并借封神演义小说内人名称",自称是哪吒、姜子牙、土行孙等"转世","前生均有来历,不入劫数",先天教教首曹顺也"捏说教中的人都有来历",是海瑞、徐庶、魏延等"转世"传习拳棒,声称"有法术,能避火器"。这些忠勇的名臣义士或戏曲小说中的人物,都变成了他们的保护神。这种宣传和信条,很受文化低下的劳动群众的欢迎,在民间富有很强的生命力。这些组织形式和信仰,普遍被正在兴起的义和团运动所吸收,成为义和团的源流。

更直接成为义和团源流,则是义和拳。义和拳原是一个古老的拳种和拳会,其武术技艺渊源于康熙年间创立的梅花拳。传至乾隆、嘉庆年间,曾被秘密教门清水教、八卦教吸收和利用,赋予宗教的神秘色彩,在山东、直隶一些地区流传。

此外,还有许多种类的刀会、拳会活跃在民间。御史黄桂鋆奏称:"盖刀会、拳会与团练相表里,犯法则为匪,安分则为民。近闻联庄会逐渐推广,江苏、安徽、河南、直隶各省境内,亦多有之,义愤所激,万众同心"。这里所说的团练、连庄会,均属民间传统的自卫团体,"保卫身家、防御盗贼、守望相助"为宗旨。凡由士绅控制、并造册报官批准者为"官团";凡不报官批准而私自成立者为"私团"或"黑团",屡被官府"劝散"或取缔。但在教会为恶太甚,人民"控诉无门,保全无术,不得已自为团练,借以自卫身家"的情况下,团练(私团)与各种拳会、刀会同时并起,成为"仇洋灭教"的群众自卫团体。自卫需练习武艺,故有"拳脚第一"之说。可见,这种团练与拳会、刀会等武术团体很少区别,而是"互为表里","各就村落,练习拳棒",进而村村自卫、守望相助,形成联庄会。19世纪末期,山东、直隶毗连各州县出现"地方拳民、民团(即团练)众势颇团结"的局面,说明拳会、刀会与团练(私团)已合而为一。

而义和团在山东兴起的具体过程,有一首民歌,讲得很生动:"义和团,起山东,不到三月遍地红。孩童个个拿起刀,保国逞英雄"。这首流传久远的民谣,生动地反映了义和团在山东兴起的一些情况。

1898年10月,山东冠县义和拳首举义旗,揭开义和团运动的序幕。冠县与直隶交界的威县等地,是义和拳、梅花拳、红拳活跃的地区,也是民教矛盾激烈的地方。1886年,德国传教士至冠县城北梨园屯村传教,强行拆毁村北玉皇庙,"改建教堂,村人大哗,群起抗拒,文生王世昌、武生阎德胜纠合绅民联名控至县署,继而府、道、抚院。官府畏外人势力,皆为左袒,遂致所有庙基未能收回,村民愈愤"。村民阎书勤,出身贫苦,素习红拳,与本村贫民高元祥等十多个反洋教斗争的骨干,"绰号十八魁",挺身而出,"号召民众,联络党徒,拟诉之武力,拆毁教堂",斗争相持长达九年之久。其间出现几次较大的斗争。例如,1892年春,教民在玉皇庙基兴建教堂,恐村民拦阻,竟采取"恶人先告状"的伎俩,向冠县投递信函诬控梅花拳队"阻工谋叛",村民受辱,群情激愤,前往教堂抗议;教民见村民人多势众,闭门不纳,并抛砖石和开放洋枪袭击村民,进一步激起众怒,群起相攻,互有受伤。

1895年,官府派兵弹压村民,强行拆毁玉皇庙,十八魁立即率众武力抗拒;官府却派一队清军驻村保护教堂、镇压武装护庙的群众。十八魁请求威县著名的梅花拳首领赵三多前来支援,以壮声威。

1898年二、三月间,新任巡抚张汝梅迫于外国传教士的压力,派员拆除梨园屯玉皇庙,再次激起村民、拳众的反抗。赵三多为了避免因参与反洋教起事而牵连威县等地的梅花拳,便"不用梅花拳名义,改名义和拳"。从此,赵三多率领的梅花拳、梨园屯地区的红拳、大刀会和其他拳种,大都改称"义和拳",并广招徒众,练拳习武,积极准备反侵略的武装起义。这年十月,赵三多、阎书勤等以冠县十八村为骨干,率众在蒋家庄祭旗起义,举起"助清灭洋"的旗帜,"自诩得有神助,能避炮火,有红灯照、蓝灯照等法术,煽惑愚氓,举赵三多为统领,啸聚数千人,蔓延十余县,声势大振,风鹤频惊。"至1899年秋,已蔓延数十州县。赵义队伍同前来镇压的清军多次搏斗,随后赵、阎为避开清军的凶锋,将起义队伍分成两支分头活动:赵三多率领一支在直隶中、南部活动;阎书勤率另一支继续在冠县一带打击教会势力,不久被捕牺牲。

1898年10月,义和拳以冠县梨园屯为基地,在赵三多的领导下,首倡"扶清灭洋"旗帜揭竿而起之后,义和团运动从鲁西北蔓延到鲁中和直隶,锋芒所向直指列强侵华的洋教势力,清政府对义和团则采取了剿抚兼施,以抚为主的政策。

清政府之所以对义和团采取剿抚兼施,以抚为主的政策是有原因的。它既是甲午战后帝国主义侵略不断加深、民族危机空前严重的产物,又是清政府以西太后为首的顽固派在废帝立储问题上与帝国主义发生矛盾的反映,也是义和团在斗争中不断发展壮大,逼使清政府让步的结果。

1898年春,冠县义和拳声势大振,已在周围地区发展成为一支相当强大的力量。当时,继李秉衡为山东巡抚的张汝梅也认识到洋教势力"凌轹乡党,欺侮平民",害怕"民气遏抑太久","其患有不可胜言者",乃主张持平办理民教纠纷,遇事"亟宜设法维持,不可徒恃兵力"。1898年6月,张汝梅又同意所属官员毓贤等人提出的"化私会为公举,改拳勇为民团"的意见,命令把义和团"列诸乡团之内,听其自卫身家,守望相助";他还说这是"既顺舆情亦易钤束"的好办法。显然,张汝梅和毓贤等人的目的,是想把义和团加以解散或并入地主民团,从根本上来改变义和团的性质。

清政府眼见义和拳反洋教斗争声势日趋扩大,恨不得一举消灭之。然而,1898年夏秋之际,戊戌变法运动正在高潮,清廷内部的帝后两党为争掌实权矛盾重重,斗争激烈。他们既无暇他顾,又害怕义和团继续发展,有"祸起肘腋"之忧,乃同意了张汝梅剿抚兼施,以抚为主,亦即"改拳勇为民团"的方针,并命令张汝梅等对于起义者"预为之防,毋任煽动"。当时,张汝梅便根据这个方针试行于冠县义和团。他一面陈兵冠县四周,佯作进攻之势;一面派遣署任知县曹倜亲往梨园屯与赵三多谈判。结果,赵三多被曹倜说服,同意解散拳民,各路拳民相继撤离梨园屯,赵三多也返原籍。对于少数不服解散的拳民,曹倜乃请兵镇压,在直隶威县沙柳寨打了一仗。张汝梅的阴谋与赵三多的妥协,给义和拳的发展带来了损失,而清政府的剿抚兼施,以抚为主的方针却初见成效。清政府的镇压和拳民首领阎书勤等人的敦促,使一度动摇的赵三多有所醒悟,乃重返冠县,于1898年10月树"扶清灭洋"旗帜起义。当时,义和团由赵三多为统领,啸聚数千人,蔓延十余县,声威大振,风鹤濒惊。赵三多的再次起义,使清政府着了忙。但是,它仍然不改剿抚兼施,以抚为主的政策,于1898年11月,谕令张汝梅"密饬地方文武加意弹压,随时防范,以弭衅端"。1899年4月,谕令张汝梅并继任山东巡抚的毓贤,对教案"应一律持平办理,毋得稍涉歧视,以期消患无形"。同时,清廷中令毓贤"督饬地方官,随时多方开导,务令民教相安。"

清政府的这种态度,直接影响了毓贤。毓贤在山东为官二十多年,在德占胶州湾以后,他目睹洋人横行霸道,越来越感到列强的侵略对清朝统治者的威胁,从而在思想感情上日渐"恶教民"和"仇外洋",对洋教势力"肆虐太甚","甚至挟制官长,动辄欺人"愈感不满,对人民被逼,"与教民为难"的反抗斗争日益同情。于是,这个曾是屠杀大刀会的刽子手,在新的形势下,表示遵照朝廷的指令,沿袭张汝梅的方针,出示"改拳为团",承认义和团为民间团练。此后,山东义和团取得了合法地位,改义和拳为义和团,树起了"毓"字大旗和"奉旨灭洋"旗帜。

当时,慈禧看到英、美、日等国或明或暗地支持光绪帝,反对废帝立储,乃至扬言要西太后归政,心中的不满情绪从此滋生。他们认为列强的"势焰不可长",群"思驱洋人而复旧制"以图挽回爱新觉罗王朝的权力和尊严。正是基于这种原因,西太后及其党羽和列强之间的矛盾日趋尖锐,利用义和团抵制一下洋人的愿望从此产生。不难看出,到了1899年冬,由于形势的发展,剿抚兼施,以抚为主的政策,成为清政府对待义和团的基本方针。

清政府对待义和团的这种态度,一方面增强了义和团对清政府的幻想,"扶清"的意愿进一步明确;另一方面,在客观上有利于义和团的发展,迎来了反帝爱国运动的大好形势。

但是,帝国主义却对此十分不满,并把这一切归罪于毓贤对义和团的支持。在美国和法国公使的要挟下,清政府被迫于1899年12月撤掉毓贤的山东巡抚官职,而以他们推荐的袁世凯继任。然而毓贤虽已罢官,但清政府对待义和团的态度却未改变,而袁世凯也不敢不遵从朝廷的旨意,仍然执行剿抚兼施,以抚为主的方针。

在袁世凯接任的当天，慈禧就谕令他"遇有民教之案，持平办理，不可徒恃兵力，转致民心惶惑。"仅隔两天，即1899年12月29日，慈禧又电谕袁世凯说：处理义和团的"目前办法，总以弹压解散为第一要义。如果寻击官兵，始终抗拒，不得已而示以兵威，亦应详察案情，分别办理，不可一意剿击，致令铤而走险，激成大祸"；告诫袁世凯要"慎之又慎"，"毋轻信谣传，任令营员贪功喜事"。甚至警告袁世凯："倘办理不善，以致腹地骚动，惟袁世凯是问。"1900年1月3日，慈禧再次电谕袁世凯，对于义和团万万不可"一味操切，以致激成巨祸，有负委任。"袁世凯接任九天，慈禧三次电令，对他放心不下，生怕他孟浪，破坏以抚为主的方针。而清廷于1900年1月11日给各督抚的上谕，承认义和团是"守望相助"的合法的团体，不加取缔和镇压，可见，这时清王朝对于义和团采取以抚为主的方针更明确了。

袁世凯面对这种情况，既害怕违旨丢官，又对鲁籍京官的攻击不能掉以轻心，再加上他刚到山东，脚跟未稳，对迅猛高涨的义和团运动亦心怀恐惧。于是，一意主剿的袁世凯此时也不敢操之过急，只好遵从清廷谕旨，并"训诫各营员，总先以晓谕解散为主，毋轻用兵。"还一再表示自己"受恩深重，自当悉心设法，断不敢操切激变，以负高厚"。

袁世凯剿抚兼施，以抚为主的方针，起到了瓦解的作用，义和团在山东的发展因此有所停滞。

如上所述，在义和团运动的第一阶段，不论是朝廷还是地方官员，对于义和团都是采取剿抚兼施以抚为主的方针。

1900年5月下旬到6月下旬，义和团运动进入高潮，斗争矛头由反对洋教发展到抗拒八国联军。清政府对待义和团的政策由剿抚兼施，以抚为主发展到全面招抚。这主要是慈禧及其党羽为了达到废帝立储的目的利用人民群众反帝意愿的结果。

5月31日，后党的赵舒翘与何乃莹联名提出招抚义和团的上奏。他们说："拳会蔓延，诛不胜诛，不如抚而用之，统以将帅，编入行伍，因其仇教之心，用作果敢之气，化私愤而为公义，缓急可恃，似亦因势利导之一法"。这个奏议为西太后所认可。紧接着，西太后于6月上旬先后派遣赵舒翘、何乃莹和刚毅等到涿州一带探听情况。

1900年四、五月间，义和团运动在冀中一带得到迅猛发展。5月下旬，义和团在涞水县石亭镇一举击毙清将杨福同，随后，又乘胜进据涿州县城，进一步推动了直隶境内义和团运动的高涨。

义和团占据涿州城，在封建统治者看来，既构成了对他们的直接威胁，也是造成芦保铁路不得通畅的主要根源。因此他们认为，只要全力以赴地将涿州义和团剿除，迅速拔去这一"祸根"，那么一切问题也就可迎刃而解了。无奈力不从心，名震一时的聂士成各部，在与芦保、京津铁路沿线义和团的多次较量中，竟至连连败北。涿州义和团这一"祸根"非但没有拔去，反有更趋壮大之势，在这种形势下，究竟对义和团采取什么政策最为有利？统治集团内部对此意见分歧，莫衷一是，"议抚议剿，皆不能决"，连西太后这时也"方寸已乱"。为了迅速寻求一条摆脱危机的新途径，西太后于1900年6月4日和6日先后派遣刑部尚书兼顺天府府尹赵舒翘、顺天府府尹何乃莹和军机大臣兼兵部尚书刚毅前往良乡、涿州一带，他们"名为

·擅权乱政·

图文珍藏版

宣旨解散,实隐察其情势",以作为最后决策的依据。

刚毅是西太后的宠臣之一。他顽固守旧,反对一切新政。在戊戌变法中,由于维新派曾得到洋人的支持,使他对洋人深恶痛绝。义和团兴起后,他因义和团的"扶清灭洋"宗旨正符合其仇洋排外心理,于是积极主张对义和团采取"招抚"政策。当他得知西太后决定派遣赵舒翘、何乃莹前往良乡、涿州一带对义和团进行"劝散"工作时,深恐他们"或戾己意",不能完成"宣抚"任务,于是自告奋勇,赶了前去。刚毅认为,涿州"为京师门户,各团拳民麇集之区,必须此处解散,他处方能得手",因此决定将"劝散"之举的重点,放在涿州。

刚毅等一路上通过对义和团情况的视察和与义和团首领的接触,既看到了对义和团利用的必要性,也看到了利用的可能性。

6月16日,刚毅回京向西太后禀报沿途视察义和团和涿州"宣抚"的结果。他明确地向西太后指出:义和团实在已"诛不胜诛",因此,朝廷对其"断无轻于用剿之理也";况且,"拳民志在抗敌,非叛逆可比。今已俯首受约,不如因而用之"。刚毅的意见得到西太后的认可。于是,清廷决定对义和团"因势利导",正式采取"招抚"政策,以达到"徐图消灭"的最后目的。

6月9日,西太后召集亲信密谋,对义和团基本上决定了招抚的政策,并调遣董福祥甘军进驻北京城。随着刚毅等人先后回奏,义和团"无处无之","诛不胜诛","断无轻于用剿之理",他们"力言团民忠勇有神术,若倚以灭夷,夷必无幸"。这就坚定了西太后的主张。于是,在西太后的认可下,义和团就由刚毅等人引入了北京。6月16日,清廷任命刚毅、董福祥把义和团"招募成军"。至此,招抚局面正式出现。

在慈禧主抚思想影响下,和主抚派的默许和召引,义和团从6月中旬开始,便不分昼夜陆续结队入京。至20日宣战前夕已不下数万了。

这样义和团便由"拳匪"变而成为"拳民",并且在1900年6月6日(光绪二十六年8月初十日)的上谕中明确称义和团为"国家赤子",慈禧太后就是想用这些"赤子"去对付洋人。

慈禧对义和团态度的这一转变,洋人是十分敏感的,反映也是极为强烈的。同上海各国驻沪领事关系密切的盛宣怀,当时就向荣禄密报说:"各国皆以8月初十日谕旨主抚不主剿,指为袒护拳民实据,乃动各国之兵,必思所以泄愤,故初十后之情形与前大不相同"。

一场民族灾难就这样降临了。

二十四 "宣战"骗局

数万义和团进入北京,有了他们做"国家赤子",慈禧便准备和洋人宣战,为此,她先后召集四次御前会议,以便做出决定。

第一次御前会议是五月二十日(6月16日)午刻召开的。是日,慈禧及光绪帝在仪鸾殿东室召见王大臣六部九卿,约百余人,室中跪满,后至者跪于槛外。

光绪帝一反往日默不作声的惯例,首先发话。他"诘责诸臣,不能弹压乱民,色甚厉"。侍读学士刘永亨膝行而前,抖胆奏道:"臣顷见董福祥,欲请上旨,令其驱逐乱民。"话没说完,端王载漪指点着厉声高叫道:"好!此即失人心第一法!"刘永亨吓了一跳,不敢再吱声。慈禧默默地观察着,先不表态。太常寺卿袁昶在槛外高声呼叫道:"臣袁昶有话上奏!"光绪帝命其进殿,袁昶忧心忡忡地说道:"衅不可开,纵容乱民,稍至不可收拾。他日内讧外患,相随而至,国何以堪?"接着又说:"拳实乱民,万不可恃。就令有邪术,自古及今,断无仗此成事者。"慷慨欷歔,声震殿瓦。慈禧太后恶狠狠地瞪着他,质问道:"法术不足恃,岂人心亦不足恃乎?今日中国积弱已极,所仗者人心耳,若并人心而失之,何以立国?"说罢面向众臣,提高腔调道:"今京城扰乱,洋人有调兵之说。将何以处之?尔等有何见识?各摅所见,从速奏来。"

群臣纷纷奏对,有说应该剿杀的,有说应该招抚的,有说应该速止洋兵的,有说应该调兵保护的。众说纷纭,莫衷一是。

侍读学士朱祖谋冒死直问太后:"皇太后信乱民敌西洋,不知欲传何人办此大事?"慈禧气愤地答道:"我恃董福祥。"朱祖谋急切地应道:"董福祥第一不可恃。"竟敢如此顶撞,慈禧当即大怒,变了声调地问道:"汝何姓名?"朱祖谋答:"臣为翰林院侍读学士朱祖谋。"碰着这样不怕死的家伙,慈禧也无可奈何。

从以上的一问一答中,我们可以体味出当时殿廷辩论的激烈。第一次御前会议只是摆出了问题,但没有解决。

第二次御前会议是五月二十一日(6月17日)召开的。

这时她已经得到罗嘉杰的密报。一部分王公大臣会前也听到了关于归政的消息。在这次会上,慈禧激昂慷慨地说了一番话,然后假惺惺地说道:"皇帝意在和,不欲用兵,余心乱矣。今日廷论,可尽为上言。"兵部尚书徐用仪不赞成用兵:"用兵非中国之利,且衅不可自我先。"又辩论了一会儿,看着时机已届成熟,慈禧亮出底牌道:"顷得洋人照会四条:一、指明一地,令中国皇帝居住;二、代收各省钱粮;三、代掌天下兵权。……今日衅开自彼,国亡在目前,若竟敢手让之,我死无面目见列圣。等亡也,一战而亡,不犹愈乎?"群臣纷纷磕头说:"臣等愿效死力。"慈禧见此情景,又预留地步地高声说道:"今日之事,诸大臣均闻之矣。我为江山社稷,不得已而宣战,顾事未可知。有如战之后,江山社稷仍不保,诸公今日皆在此,当知我苦心,勿归咎予一人,谓皇太后送祖宗三百年天下。"群臣又磕头说道:"臣等同心报国。"

就这样,群臣屈服于慈禧的淫威,通过了向洋人宣战一事。退下殿来,有人问荣禄,照会四条,为何宣布三条?荣禄答道,另一条是勒令皇太后归政,"太后讳言之"。众臣大悟。但照会是从哪个渠道交来的,人们仍心存疑虑。问总理衙门,他们不知怎么回事。问北洋督臣裕禄,答复无此事。后来才知道是江苏粮道罗嘉杰得到的消息,密告荣禄,荣禄密报慈禧。慈禧极为愤恨,决意开战。其实,照会是假的,它的炮制者就是端王载漪。

第三次御前会议一开始,主战派就以压倒优势摆出了一副非战不可的架势,并不顾国际惯例首先"请攻使馆"。以荣禄、袁昶、许景澄为代表的主和派,强调"攻杀使臣,中外皆无成案",群起反对。总理衙门大臣联元更进而提醒说:如攻打使馆必危及公使安全,日后联军进城"鸡犬皆尽矣",从而苦劝西太后"三思"而行。这些话激怒了主战派,他们当即给联元加上"通夷"的罪名,请杀联元以退洋兵;有的甚至哭倒殿前，"皆主端邸之说。"这时的西太后，面对双方相持不下、气氛骤然紧张的僵局，尽管心里对主和派火冒三丈，但对他们攻打使馆定会激化与列强矛盾的意见却不能无所顾忌，于是命令王文韶、立山和许景澄三人前往使馆，以劝阻联军勿犯北京为条件，清廷暂缓宣战与攻打使馆。

可是，立山等人的奔波毫无结果。英国公使窦纳乐代表各驻华公使一口拒绝了他们所提出的"各国援军应留在黄村"的建议，并蛮横地要挟清政府约束清军，说什么如果中国军队也被发现参与迎击联军的战斗，严重的后果将由中国政府承担。

列强的骄横进一步助长了西太后的怒气，这时恰又传来了大沽沦陷的消息，她当即召开第四次御前会议，强行决定对外宣战并攻打使馆。会后，西太后命令许景澄给各使馆送去同文照会，声称各国海军已在大沽向中国"宣战"，限于 24 小时内离开北京，由政府派兵护送到天津。这些照会的日期仔细注明为 6 月 19 日 4 时，以表明启程的时间在何时截止。很显然，清政府是想让各国公使措手不及。这个最后通牒确实曾使各国公使大吃一惊，用他们的话来说，即"没有人认识到这个可能性"，于是，他们召开紧急会议讨论对策，一致拒绝这么仓促地离去，并要求于次日早晨 9 时同庆亲王及大臣们会晤。然而，清政府坚持原议，拒绝会晤。德国公使克林德为此前往总理衙门理论，妄图迫使清政府改变决定。可当他愤愤行经东单时，恰遇神机营章京恩海率队巡街。骄横不可一世的克林德，先在轿中开手枪，恩海让过敌弹，即发一枪，将克林德击毙。公使们把克林德的死亡归咎于清政府的指使和怂恿，亦进一步增加了对离京去津安全的忧虑，决心固守待援，拒绝出京。当时，总理衙门也深为克林德的死亡感到震惊和恐慌，曾致函各国公使撤回最后通牒，表示不反对延长（离京）期限。但对载漪为首的主战派在西太后的支持下，却不顾总理衙门的坚决反对，强令军机大臣、武卫军统帅荣禄担任围攻使馆的总指挥，仍于 6 月 20 日下午 4 点钟准时组织清军和义和团进攻使馆区，一手挑起了围攻使馆事件。

义和团包围使馆后，不到四个小时，比、奥、荷、意四国使馆就被焚毁，迫使侵略军退守台基厂第二道防线。形势急剧地演变，也急剧地把慈禧推上前台去亮相。义和团很可能就在极短的时间内攻下全部使馆，那么使臣被戕的罪过就将直接落在慈禧头上。更何况义和团一旦打下使馆，很可能会回过头来面向紫禁城，矛头直指慈禧。怎么办？支持义和团打洋人嘛，慈禧是绝不会干的。公开地打击义和团嘛，肘腋之间，会马上引来杀身之祸，她当然更加不敢，可是，眼前的现实却是残酷无情的，使馆被攻下之刻，便是她慈禧要遭洋主子问罪宰杀之时，左思右想，真是万难处理。

慈禧不愧是玩弄政治权术的老手。她在绝处找到了"绝招"。20 日下午，大队的武卫军就在荣禄的指挥下开到东交民巷，说是要用洋枪大炮攻打，让义和团暂退第二线。21 日，慈禧发布了慷慨激昂的"宣战"上谕："朕今涕泣以告先庙，慷慨以誓师徒"，要"大张挞伐，一决雌雄"，要"翦彼凶焰，张我国威"。

很有趣味的是，这道宣战诏书没有指出向哪国宣战，也根本没有送达任何国家，只是内部传达。以致闹了这样的笑话：6 月 28 日，盛京将军增祺请示朝廷："此次中外开衅，究系何国失和？传闻未得其详"。他恳请朝廷明示，"以便相机应敌。"堂堂将军,接宣战谕旨,诵读再三,竟不悉敌方国名,不得朝廷要领。不知增祺是在诚心叩问,还是有意戳穿药葫芦。

"宣战"的奥妙之处就在于,荣禄的武卫军开上去,把义和团与使馆隔开,枪炮齐鸣而炮无实弹头,枪是朝天打。只要拳民冲上前去,武卫军就回手枪杀义和团。这就是慈禧的"宣战",宣而不战。

交民巷东口、台基厂一带,民房与使馆建筑犬牙交错。在这里义和团很容易找到突破点。可是,偏偏荣禄的军队驻守此地,不允义和团染指。租界北边御河桥一带,左有翰林院,右有肃王府,深院高墙,易守难攻,便于帝国主义军队阻击义和团。甘军驻扎在这里。甘军在一定程度上同情和支持义和团,因而义和团的力量也就被吸引到这里,他们宝贵的生命也就在帝国主义的机枪和迫击炮前,断送到这个地方。无数义和拳民血染御河,尸陈桥畔。

可以清楚地看出,"宣战"是慈禧玩弄的一个政治大骗局,她导演出一场"宣战"的闹剧,欺骗义和团,为的是把义和团群众的反帝斗争的情绪和精力白白地发泄掉。

6月26日,慈禧在寄各省督抚的电旨中说:"此次义和团民之起,数月之间,京城蔓延已遍,其众不下十数万。……剿之,则即刻祸起肘腋,生灵涂炭。只可因而用之,徐图挽救。……此乃天时人事相激相迫,遂成不能不战之势"。这道谕旨就把慈禧"宣战"的真实内在暴露无遗了。

围攻使馆可分为三个阶段:从6月20日到24日为第一阶段,西太后支持载漪等主战派真心围攻使馆,以实现他们废帝立储的心愿;从6月25日到7月13日为第二阶段,西太后转而支持荣禄等主和派对使馆明攻暗保,作为他们向列强求和的媒介及讨价还价的筹码;从7月14日到8月14日为第三阶段,西太后支持荣禄等主和派在力保使馆的同时,又通过和使馆的外交接触向侵略者乞和。

在第一阶段中,西太后及其一伙的阴谋得逞,然而未能如愿。围攻使馆的团民和部分清军经过几天的激烈战斗,只攻占了比利时、奥地利、荷兰、意大利等四国使馆和华俄道胜银行,英、俄、美、法、德等国使馆仍坚守如故。其中原因,主要应归咎于围攻使馆的总指挥荣禄的从中作梗。这一狡猾官僚,此时已看穿西太后围攻使馆的用心和自己担任这一角色的风险,宣战后一改在御前会议上虽主和反战而不敢力争的矛盾态度,明确站到了主和派一边。他在呼请西太后转战为和的同时,一面密嘱部将"不可力攻"使馆,以"作将来转圜地步";一面又怂恿和支持武卫中军对英勇进攻使馆的义和团"猛烈开火",从背后插上一刀,从而大帮了侵略者的忙。否则,就像被围困在使馆区的中国总税务司赫德所说:"假使在我们周围的军队真的彻底而决心地攻击的话,我们支持不了一个星期,或许连一天都支持不了"。

6月25日,随着西太后转战为和,围攻使馆的战斗也就发生了根本转折。这一天,西太后下令停止攻击,并命荣禄前往使馆商议和局。荣禄虽因情况不明未敢前往,但却于下午4时派人在御河桥端悬挂白旗,并插立写有"奉旨停战、保护使馆"的大木牌。如果说,荣禄在这之前是违命暗护使馆,那么从今以后他便直接秉承西太后的旨意,对使馆正式采取明攻暗保的方式。围攻使馆从此打打停停,进入了第二阶段。

在第二阶段中,明攻使馆是假象,暗保使馆为真情。荣禄在西太后的支持下,极力控制和阻挠围攻使馆,不断以前方军情紧急、须赴津沽助战为名,将义和团调离北京。因此在 25 日以后,义和团留下来围攻使馆的已经寥寥无几。与此同时,荣禄又多方约束列阵于使馆西北两面的董福祥甘军,或不给弹药,或以震动皇宫为由不许放炮,千方百计阻挠攻打使馆。此外,荣禄还从列阵使馆区东南两面的武卫中军中抽调部分兵力,派至使馆周围巡逻,以利控制全局。他甚至支持武卫中军向上空施放空枪空炮,或用木屑等物充当炮弹。这样,炮声虽然不断,却未能损害使馆分毫。这种虚张声势的假象,既暂时掩盖了他们准备求和的阴谋,又蒙蔽了日夜冲锋在攻打使馆第一线的甘军和团民,还可因此而对公使们施加一些压力,作为他们向八国联军讨价还价的筹码。关于这一点,连英国公使窦纳乐也看出来了。他断言:"西太后现在正带着幸灾乐祸的神情注视着被围困的各国公使,如同在观看一场猫捉老鼠的游戏。西太后一定是要等到这只小老鼠受够了折磨和恐吓,才会出来把猫吓跑,以便让遍体鳞伤的小老鼠感谢和报答她的救命之恩。"不难看出,西太后及荣禄等人此时对使馆明攻也好,暗保也好,都是用来欺骗舆论,保存自己,寻求谅解,并为他们选择求和时机服务的一种手段。

载漪等人,出于极端排外的心理,加上望子成龙心切,并不完全理解,也很不满意西太后和荣禄的作为,曾扬言要杀荣禄以谢天下,但亦不敢也无力来触犯西太后的禁令,只能利用他们某些力所能及的权限,指使董福祥攻打使馆,对西太后作点牵制。但这种进攻又时时受到荣禄等人的阻挠,并无力从根本上改变对使馆明攻暗保的局面。

到 7 月中上旬,围攻使馆事件进入了第三阶段。这期间,随着联军逼近天津、局势愈益恶化,西太后急于乞求列强谅解,便从暗保使馆改为力保使馆,并多方设法与公使们取得联系,恢复自围攻使馆开始就已中断的外交往来。而被围困的各国公使,在这期间也日益感到武卫中军和甘军对他们的态度"具有值得注意的差异",亦越来越明白了对使馆这种忽而杀声震天,忽而悄然无声的奥妙。一位英国外交官当时就指出:中国人"在能杀之时而掣其刃,非其力之不能也",乃是"当时中国之政府意见不一,其主持和平者,当事势决裂之后,犹暗中竭力挽回,以拖延之政策,减轻其事之结果,而使凶暴者自败。"这种情况在很大程度上给各国公使以可乘之机,他们在拼命对抗中国军民围攻的同时,亦竭力想利用清政府内部矛盾,在外交上争取主动,固守待援。正是在这种思想的指导下,当他们在 7 月 14 日收到自围攻以来荣禄等人用总理衙门名义给各公使的第一封信后,便立即与清政府恢复了对话。

双方接触后的第一件大事,就是如何保证公使安全的争论。荣禄等人在 7 月 14 日给各国公使的信中,再三说明使馆现在的不利处境,请求各公使及其随员离开使馆,"暂寓总署";在遭到拒绝之后又于 19 日请求各公使"暂避天津",并答应派大军护送,"务保万全"。前面提到,让公使们离京去津,这本是宣战前夕最后通牒上的建议,但那时是清政府与之决裂的表示,如今重新建议却完全是出于要保证他们安全的一片至诚。清政府这时已感到围攻使馆责任重大,又对甘军的攻击使馆产生后怕,唯恐控制不善发生意外,给求和增加新的阻难,因此不惜派遣大军护送公使们出京,送往已被八国联军占领的天津。

在当时情况下,各国公使也认为清政府的这个建议"是有某些道理的",但仍拒绝启程,一是认为在目前清政府已有求和愿望的情况下,留守待援可能比离京赴津更保险;二是断定赴津本身将帮助清政府在政治上摆脱责任,不利于日后向清政府进行高价勒索。然而,他们并不直截了当地回答清政府,而是用"既不接受也不拒绝"的态度虚与周旋,以不明途中情况和担忧护送措施为借口,一再要求清政府做出补充说明。清政府没有看穿各国公使的心计,一而再、再而三地把保证安全措施补充了又补充。结果,就围绕保证安全的措施,一方故意挑剔,一方不断"完善",一直拖到北京沦陷迄未达成协议。清政府先失一局。

双方接触后的第二件大事,是清政府促请公使们出面斡旋局势。荣禄等人在各国公使延宕离京的情况下,为了寻求列强的谅解,不断把政府保护使馆和侨民的上谕抄件,请求和谈的国书和反映中国政府态度的京报送往使馆,并请他们转告各国政府。到了联军逼近北京的前夕,惊恐万状的清政府甚至哀求各公使向他们的政府用明文电码发出"平安无事"的电报,以求各国停止进军。为请各国公使斡旋局势,清政府还把围攻使馆的责任完全推给了义和团。说什么"人民中间的仇恨是这么强烈和难于压抑,以致除了消灭各国使馆之外,没有其他办法可以满足他们"。与此同时,清政府又把使馆未破的实底告诉各公使,还通过给使馆送去面粉、蔬菜、冰和瓜果之类的夏季生活品来进一步表示自己求和的诚意,希望以此来感动各国公使,并通过他们来扫除求和的障碍。

然而,清政府的频频秋波却没有得到各国公使的青睐,反充分暴露了自己急于求和的心理和力量的虚弱,也使各国公使敏感到联军正逼近北京,解围即在目前,报复清政府的日子越来越近了。于是,他们虽不完全拒绝清政府的"好意",却并不理睬清政府的恳求。

双方接触后的第三件事,是清政府为讨好各公使,曾支持荣禄两次正式休战。第一次休战是从7月18日到20日,第二次休战是8月3日到8月14日。在公使们看来,这两次休战都表明主和派已在清政府中重新起主导作用。于是,他们在抓紧休整和喘息的同时,在不过分刺激主战派的前提下,不断感谢主和派这种"友好的善意";称赞主和派的"远见",夸奖主和派的"聪明"。一句话,就是要让清政府明白,只有继续依靠主和派才有求得转机的希望。问题很清楚,各国公使是想以此来"加强那些反对采取过激手段的人们的力量",并通过他们来遏制甘军及主战派"攻击的劲头",增进他们坚持到底的机会。可见,两次休战不仅未能换取各公使的信任,而都被他们加以利用,清政府在外交接触中完全失败。

慈禧对各使馆秋波频送,但也顾虑到义和团可能不再听信她的谎骗之言了。为此她先后于7月29日和8月11日,分两批把吏部侍郎许景澄、太常寺卿袁昶以及兵部尚书徐用仪、户部尚书立山、内阁大学士联元,绑赴刑场斩首。罪名或曰:"私通洋夷",或曰:"动辄离间(帝后)"。当然,其中如许景澄与袁昶,曾经赞助过戊戌变法,杀他们也有剪除政敌的作用。而立山则以屡任"肥缺",颇受朝臣显贵之嫉,这包含有狗咬狗的矛盾。但是,实际上主要是这五个大臣都在御前会议上发言反对义和团,慈禧正是借五大臣的头,以表示自己是坚决支持义和团的。至于当时有人认为杀五大臣,系由于"载漪力主外攘,累攻战,不得逞,欲多诛戮大臣,以示威而逼上。"乃是一种庸俗肤浅之见,不足凭信。

从天津开来的八国联军,距离北京越来越近,而慈禧对义和团也越发难以控制。义和团用自己配制的炸药,挖地道爆破了西什库北堂的一所建筑物。慈禧正在忧虑,思索对策。恰巧这时李秉衡入朝。1897 年李曾任山东巡抚,因"教案"帝国主义强迫清政府把他免职,这倒使得他在人民群众中享有一定声誉。慈禧召见时,他说"必能战而后能和",于是慈禧派他率领武卫先锋左右翼等二万乌合之众,开赴前线去抵挡八国联军;义和团也派出精锐拳民三千人随同出征。这支武卫军根本不听李秉衡的调遣,刚与八国联军遭遇,即告溃散。李秉衡在通州张家湾服毒自杀。

慈禧之派李秉衡"出征",表面看来至为荒唐。但是请注意,就在李秉衡受命视师的同一天,慈禧发出一道谕旨:"着授李鸿章为全权大臣,即日电商各国外交部,先行停战"。明乎此,当可懂得李秉衡之师溃将折,这却是慈禧早已料到的事。主要起到的作用,是再次"安抚"一下辇毂之下的义和团,更何况李秉衡还吸引了三千精锐拳民离开了慈禧的身畔呢!老狐狸之狡诈无耻,可谓登峰造极了!

八国联军越过通州,逼近北京。荣禄的嫡系部队武卫中军已先期撤离,北京城的"九门启闭、防守,委之拳民",配合留下来的董福祥部甘军,共同从事守城的工作。荣禄既逃,因此,东交民巷周围乃出现了自开战以来从未有过的激烈战斗,前后持续六到十点钟之久,其中停歇之时极少。

8 月 12 日,也就是北京城陷前的两天,慈禧派遣总理衙门章京舒文持照会到使馆求和;"舒文至,董福祥欲杀之,称有诏,乃免"。乞降未成,反被董福祥识破。为了弥缝这件事,慈禧在当天即传谕,对董福祥"从优破格奖赏",紫禁城内得乘肩舆,并赏穿黄马褂。

慈禧的"宣战"就是这样一场大骗局,用她自己的话讲,则是"矢在弦上,不得不发"。但义和团由于政治上的幼稚,受骗上当了。他们把假戏当作真戏演出,以致牺牲了无数宝贵的生命和鲜血。

二十五　仓皇西逃

当八国联军逼近北京,隆隆的炮声震动宫廷时,慈禧被炮声惊醒。此时天色未明,载澜急匆匆驰入宫中,向慈禧报告:"夷兵已攻东华门!"

慈禧知事已急,穿衣后走出寝宫,载澜不解其意,只听慈禧茫然自语地说道:"事已至此,留此老命何用,不如赴水了却一生。"

慈禧一边说一边走,载澜闻言知不对劲,立即扯住了慈禧的衣襟,上前劝解道:"不如且避之,徐为后计。"

于是她下令急备车驾出城。正在大家备车准备出走之际,李莲英突然走到慈禧身边问道:"奴才把所有随驾的人全安排好了,现在就剩下珍妃一个人,不知究竟该怎么样? 老佛爷。"慈禧没有吱声,只听李莲英又说:"我们现在多带一个人,就多一些麻烦。"慈禧心绪乱极了,她在想着赶快逃出北京,要不然联军入京,那可就想走也走不成了。而李莲英此时只想着一个问题,那就是在出京之前处死珍妃,也发泄一下他对光绪的愤恨。他见慈禧未表态,又进言道:"老佛爷,那个珍妃应该怎么办呢? 她虽是个女流,但心肠怪狠毒的,把她留在京里似乎也不妥当吧?"

听到李莲英的谗言,站在一旁的光绪出了一身冷汗。自他失位以后,唯一能使他感到快慰的就是见到珍妃。珍妃不时劝他忍耐,经常给他以活下去的力量。因此,即使他被软禁了瀛台之后,他还是通过王商等心腹太监,常常夜会珍妃,这是他失位后的最大快乐!这一次八国联军入京,他本来想慌乱之际,慈禧出逃,也就放过珍妃,她会得到自由的。但没有想到李莲英不忘旧恨,一有时机,便进谗言,他在临别京师之前还要害死珍妃。光绪现在只有一个念头,一定要救一救珍妃。他不顾一切地扑到慈禧面前,双膝跪地说道:"亲爸爸,请你开恩吧!好在咱们一路总得备车,决不会就多她一个人。"

光绪与珍妃旧照

慈禧对光绪求情根本不理,却转身对李莲英说道:"把她带过来!"不一会,珍妃被带到慈禧面前。她现在被折腾得不像人样了,乱蓬蓬的脏发里夹杂着一张惨白的瘦脸,浑身衣服又破又脏,像个叫花子。慈禧见到珍妃,火气更大了,把近日的沉怨旧恨全集中到她一个人身上。她怒斥道:"这个天下,是你给我们搅坏了,现在洋兵已经杀来,咱倒要问问你,可有什么主见没有?"

珍妃没有听出慈禧话中刺意,还认为她应该陈述己见。于是说道:"老佛爷,这是不妨事的,只要找几个熟悉洋务的人出来,教他们去跟外国人讲和。照孩子看来,这回事一定马上可以和平解决的。"

"好得很,你要我们找熟习洋务的人,还是依旧请你举荐的康有为、梁启超一班人出来吧!"慈禧怒气十足,真不知用什么语言挖苦珍妃了。

站在一旁的李莲英见时机成熟,于是上前说道:"老佛爷,咱们的时候可也短得很呢,这一回炮声越来越紧,再不起驾,恐怕就要误事了。"随即李莲英又向前凑了凑,低声耳语:"这个珍贵人的事,交给奴才去办吧!奴才是早就想得一个很好的办法了。"

看到慈禧与李莲英耳语,光绪知道不妙,于是哀求道:"亲爸爸,亲爸爸!可怜可怜她吧!她实在一些没有罪过的,如果您老人家真不愿把她带着逃走的话,还是放了她,让她自己去逃……命吧!"

"放屁!她是宫里的人,谁能轻易放她出宫!"说着,慈禧向李莲英使了个眼色,李莲英会意,只见他手一挥,两个太监上来把珍妃的双手绑了起来,随即又把珍妃推入一口枯井中,她那"救命啊,救命啊!救……命啊!"的声音在宫中回荡着。

光绪眼看着自己心爱的人被夺去了生命,自己的一线希望也没有了。他疯狂地奔向了枯井,大叫着:"快把她抓回来!"

可是,在文武百官、太监宫女面前,这位大清国皇帝的话竟无一人理睬。

处死珍妃之后,慈禧才发出了出京的懿旨,于是大队人马浩浩荡荡地逃出了北京。逃跑时的状况可谓狼狈之极。光绪乘伦贝子之车,由溥伦跨车外。隆裕及宫眷等分乘各王公大臣之车。慈禧衣蓝布大褂,挽"旗头座"式发髻(平常在宫中召见王公大臣时亦曾做此种打扮)。彼年已六十有余,因善保养,容色犹好,如四十许人。

光绪着青洋绉大褂,手携一赤金水烟袋,神色沮丧,盖国运隆替,自身安危,复不可测;兼之爱妃甫遭毒手,计时遗体尚温;光绪能克制至此,已属不易。

两宫上车后,各王公大臣或骑马,或徒步,跻跻跄跄,随后扈从,形成一色彩纷呈之凌乱纵队,约千余人,尚肃静,经由景山西街出地安门西行。上午八时许,至西直门,忽下细雨,从者均未携雨具,悉被淋透,踯躅道中,厥状萧索凄苦。忆当年慈禧乘亮轿或暖轿出入此门时,黄土垫道,銮仪整肃,对对提炉中御香缥缈,檀气氤氲之情形,宛如隔世矣。

出西直门折而北,经通颐和园之御道至高亮桥,慈禧、光绪等下车,入桥头倚虹堂小息。此处小桥流水,曲槛红墙,槐柳成荫,景色宜人,原派有太监看守管理,随时准备慈禧临幸颐和园时在此打尖;南岸有船坞,北岸有码头,慈禧如欲泛舟入颐和园时,即在此处下船。

上午十一时左右,到达颐和园,两宫下车入仁寿殿打尖。慈禧每年在此居住时日,较住大内时犹多,故派有总管太监,一切供应,自甚周至。各王公大臣旋入殿叩头问安。慈禧见庆亲王奕劻、端郡王载漪等时怫然说:'都是你们闹的!'言时声色俱厉。各王顿首,叩地有声,但慈禧亦未再开言。移时,出园,向西北行进。

此时由京先后赶来随銮西行者,有庄亲王载勋、蒙古亲王那彦图,辅国公载澜、载泽、志均、定昌,大学士刚毅、赵舒翘,侍郎溥兴等人,另有兵勇数千护驾。大队过青龙桥、红山口、望儿山、西北旺等地,于下午七时,到达离京七十里之贯市,即在此驻跸宿夜。

贯市为京西北大镇,与羊坊毗连,甚富庶。居民奉伊斯兰教,多李姓,相传为康熙时著名镖师神弹子李五之后,当时在京城前门外仍设有东光裕镖局,如插该局旗号,大江南北无敢劫车者。李姓族长闻御驾至,急戴缨帽出村跪接,迎两宫登清真礼拜寺大殿,甚清洁,立设盛席供上用,同时赶制全新红绸被褥进奉。此外,复连夜预备驼轿三乘,围以黄布,供两宫及皇后乘坐,以免轿车颠簸晃荡之苦。此项雪中送炭之举,竟使慈禧为之色喜,对之赏赉有加:李姓族长被赏予四品顶戴,以五品顶戴赏于精壮之回民驼轿把式。

是夜,慈禧宿礼拜寺大殿,光绪及后妃宿东、西房。桂祥总管一切,侍卫把守寺门,并在四周巡逻放哨。王公大臣亦由李姓族长招待饮食,分宿于民房中;其他人则多露宿。

七月二十二日(8月16日),天明即起驾。出发前,李姓族长将昨晚为两宫特备之被褥分放于驼轿中，又在每轿内放进大银锭十只，每只重五十两，一为孝敬，二为压轿，以免行走时摇晃。又在各轿内放点心一大漆盒，供奉不可谓不极尽所能矣。

中午抵南口，稍息打尖。此地因受败兵散勇之骚扰、抢掠，居民多逃入深山，经侍卫、太监等到处寻觅，始获得少量小米及鸡蛋，聊供两宫及后妃熬粥充饥。其他随从人员只得向庄稼地中讨生活。盖庚子年直隶各地丰收，銮驾所经之地，多尚未收割，遍地杂粮红、瓜菜熟，以是员兵粮食，骡马刍秣，咸无代价取给于是，不付钱，付钱亦无人收。随行者均谓'得天之助，命不该绝'。

二十三日（17日）黎明即起，向西续进。经康庄，略事休息，吃小米粥。天又下雨，道路泥泞，跋涉维艰。午后，怀来县在望，但城东有河，值山洪下泄，河水泛滥，复无桥梁可渡。驼轿把式谓"无妨"，可徒涉，由士兵多名于驼轿两侧扶持，激流托轿底，几被冲走。至怀来县东门外，知县吴永率多人郊迎，夹道跪接（为出京以来初见），迎两宫等至县衙休息。吴永年三十许，外表文弱，斜肩，但甚精干。以一边塞小县，而能肆筵设席，供应自如，颇非易事。此外，并预做布置，不准散兵游勇入城，故城内秩序安堵；随员及卫队入城后食住亦均有所安置。

吴永见慈禧、隆裕均未带御寒衣物，即以其眷属较好棉、夹衣贡奉。慈禧而服汉人衣裳，恐尚系破天荒第一次。

当晚，慈禧召见吴永，温语嘉慰；又询其出身、履历，知为浙江人，系曾国藩孙婿。慈禧对曾印象甚好，爱屋及乌，益加器重，即派吴往西路各州开办传驿，赴前站预备皇差，征调粮食供应，总揽行营一切事务。越数日，又降旨以知府留于原省候补，并先换顶戴。回銮后复升任广东道台。

怀来县有四人抬小轿两乘，吴永命连夜用黄布围饰，以备于次日供两宫乘用，较乘驼轿尤胜一筹也。

桂祥有阿芙蓉癖，瘾奇大，随銮离京，事出仓促，未做准备，三日来肩担重任，疲于奔命，竟忘此吞云吐雾之举。至怀来县后，稍获喘息，从者忽忆此事，偶一问询，竟触桂突发烟瘾，立即全身瘫软，神智昏迷，吸后始瘥，可发一噱。

二十四日（18日）晨，起驾出怀来城，继续循大道西进。慈禧已传旨径赴宣化府。行十余里，前方忽闪出一彪人马，经查明为甘肃藩台岑春煊前来接驾。岑军称威远军，服黑衣，又号黑衣军，共五营，约二千余人。兵勇多倒背枪，军容不甚整肃。岑广西人，时年约四十余，蓄小胡，觐见时，气势颇为剽悍。慈禧见有生力军到，当即召见，命岑注意整顿军风纪，加强治安，兼办前路粮台，而以吴永副之。自此沿途地方官始得机会有所准备，供应及时。然岑对吴永颇轻视，不仅不与合作，且常发生摩擦。

岑春煊奉慈禧懿旨整肃军纪，游兵散勇之打家劫舍者，杀不赦。见太监有骑驴者，杀之，因驴为民间物甚明。此种擅杀内官之行为，前此尚属少见，故引起都总管太监李莲英之不满，认为欺君罔上，但慈禧亦未曾置意。武卫军、毅军之散兵游勇横行恣肆，甚于匪盗。有步兵而骑马者，岑辄杀之。一时虽觉其嚣张跋扈，王公大臣为之侧目，而各地秩序则赖是扭转。是日，过沙城，宿保安州。

二十五日（19日）宿鸡鸣驿。自此供应日见充裕，因有岑、吴驰驱前站，地方官不得不悉力报效也。

二十六日（20日）抵宣化府，总兵、知府、知县等率大小官员数十人异大轿郊迎。慈禧、光绪舍吴永之小轿，改乘四人抬大轿，进南门，驻跸镇台衙门。沿途未净街，居民但遥遥观看而已。在此整休三日，编成亲军小队，各赏戴金顶，发饷银二两。

慈禧派庆亲王奕劻回京交涉与各国议和，并派北洋大臣、直隶总督李鸿章为钦差全权大臣便宜行事，办理议订和约事宜。惟各国对清室王公不信任，交涉迄无头绪，至闰八月李鸿章自南方到京后始开始谈判。李抵京后住贤良寺，外军派兵为之守卫。

二十九日（23日）自宣化起驾，继续西行。总兵与知府将所乘大轿献出，围以黄缎，改用八人抬轿，加以侍卫及亲军等前呼后拥，虽不若在京时銮驾之烜赫整齐，究比前数日仓皇、杂乱情形改善多多矣。过大洋河，越枳儿岭（直隶、山西交界处），至天镇县住宿，此县已备有行辕及供王公大臣住宿之公馆。沿途村镇，均有士绅迎接供奉。

八月初一（8月25日），过阳高县。初三（27日）到大同府。总兵以下大小官员出城至五十里铺恭迎。入城后，两宫住官衙，供应丰盛，官员随从生活均大有改善。城郊已无散兵游勇踪迹。时江苏巡抚鹿传霖募兵入卫。在此休息二日。慈禧传旨前往山西省城太原府。

八月初五（29日），自大同府出发，折而南行，过怀仁县、张庄、广武，入雁门关，驻跸代州；又经原平、崞县，于八月十四日（9月7日）到达忻州。因次日为中秋节，在此休息一日。十六日（9月9日）续进，宿阳曲湾；十七日（9月10日）到达太原府。

山西巡抚毓贤率领省城文武官吏数百人，至城北二十里之黄土寨跪迎，打尖后，当晚入城，驻跸巡抚衙门。太原仓库中尚存有乾隆南游及西巡太原时所用仪仗銮舆，乃取出应用，并新制龙旗二十四面，以壮观瞻。地方大小官吏，无不尽力报效，金银财帛，衣食服用，应有尽有，几又恢复大内排场。侍卫队伍，渐有秩序，余不再任警卫矣。

闰八月十九日（10月12日），两宫在太原喘息休养一月之后，重上征途。此次随行人员较前又有增加，军队除八旗兵士外，沿途又有陕军、甘军、川军等肃立道旁，全力警卫。大队日行七、八十里，经徐沟县、祁县、平遥县、介休县、灵石县（过韩信岭时，上山、下山八十里，坡度三十至四十，历时一天，人困马乏，载货均卸下）、霍州、赵城、洪洞县、平阳府、侯马镇、闻喜县、蒲州府，至风陵渡，改乘长五丈、宽丈余之未油饰旧木船渡河。时值九秋，天高气爽，风平浪静，经过甚为顺利。登黄河南岸后，即过潼关入陕，经华阴县、临潼县，于九月初四日（10月26日）到达西安府。全程历时半月。

西安有南院、北院。南院为陕西巡抚衙门，但房屋不若北院之原陕甘总督衙门之宽大华美，后者有房数百间。两宫同住北院，由董福祥部管带五人轮流值班护卫。每日上朝之王公大臣逐渐增至近百。江苏学政瞿鸿机任满来西安，命在军机大臣上学习行走。由京来陕之太监续到不少，均由北路来，据谓较南路安全云。

过蒲州府时，忽降谕旨，着革去庄亲王载勋爵位；至西安后，又于辛丑正月初三日（1901年2月21日）降旨赐帛。盖李鸿章在京议和，条约十二款之第二款第一项即为惩办伤害诸国国家及人民之祸首诸臣,载勋亦单上有名,特赐帛令自尽也。嗣后又降旨革去端郡王载漪之王爵、辅国公载澜之公爵,发往新疆充军,永远监禁,永不减免;又降旨革去协办大学士吏部尚书刚毅、刑部尚书赵舒翘之职,除刚毅已在途中病故外,赵舒翘着岑春煊监视自尽。

在北京方面,大学士徐桐已病故不问外,礼部尚书启秀、刑部左侍郎徐永煜均革职正法。闻当辛丑正月初八日(1月26日)执行时,外人因中国处决大臣,多赴刑场参观行刑经过,并摄影。

慈禧携光绪至长安后,自觉距敌已远,内顾无忧,已至安全地带,一方面谕令李鸿章等不惜任何代价,力求早日缔成和约;一方面不顾各省天灾频仍,兵祸连结,只求继续偏安陕中,养尊处优,令将南漕之米,改以半数折价,交纳现银;半数在徐州附近起岸,由陆路运送西安。两宫在陕驻跸年余,每日自晨迄晚,长安东郊道上,车辚辚、马萧萧,但见运粮、运银大车络绎不绝。关中丰收一年,可以食用三年,但自己亥以还,大旱三载,民多菜色,长安市上,饿莩载道(桂祥家雇一女仆,自谓家中有地两顷,仅为求食而来,不计工资),两宫身处宫禁,耳不聪、目不明,自不关心民命,而王公大臣视而不见,听而不闻,实情无可原,唯知日以慈禧喜闻乐见之事谎告取宠。内官李莲英入陕后更承慈禧之欢,权势日大,卖官鬻爵,多经其手。各省地方官进奉慈禧之贡品,照例另赠李莲英一份,否则则多方刁难。回銮时,用黄色绳带抬运之箱笼为慈禧财物,而用红色绳带者即为李阉之财物,李之所有竟逾慈禧之半,亦足惊人矣。

慈禧穷奢极欲,由来已久。在西安经年,未计国亡无日,民不堪扰,一味敲骨吮髓,满足一己之享受。两湖总督张之洞供应稍差,慈禧立派吴永前往坐索压挤。就饮食一项而言,即由总管大臣继禄管理,精益求精,俨然大内作风。行宫规模,远不若北京后宫之恢宏,然御膳房之规模,仍分为荤局、素局、菜局、饭局、粥局、茶局、酪局、点心局等。

上述纪实,对慈禧出逃时的颠沛之苦及到西安后的肆意挥霍享乐记录颇详。其实,此时慈禧更重要的政治活动,则是出卖和镇压义和团。

9月20日她发布上谕,恶狠狠地说道:"此次事变,实由拳匪借端肇衅,以致激成巨祸。现在顺直各属,拳匪聚集处所,尚有十三余州县之多,亟宜严行惩办,庶足以清乱源。即着认真剿办,毋稍姑息,以绝祸根。"至此,慈禧终于撕下了伪装,暴露出她凶狠的本来面目。

另一方面,则是为自己洗刷罪责。为此她逃到西安后,1901年2月14日特下一道谕旨。

这道谕旨不仅想把庚子年的战争责任完全推给"首祸诸人",并企图永远篡改历史欺骗后人。

"议和"告成后,慈禧开始忙于择日回京,而跟随慈禧来到西安的,以是自京流亡西安者,无论王公大臣、官吏兵卒,无不欢欣若狂,奔走相告;忙于置办行装,选购土特产。

饮食供应办法,按官阶高低而定。例如王公大臣,为每人"上八八"一席,有海味及鸡鸭鱼肉菜品等八碗八碟;"下六六"一桌或数桌,供随员及卫士等食用。中、下级官吏每人"中八八"一桌,有鸡鸭肉菜等。如此办席一次,常达数百桌,故每过一州县,支应局所搭临时厨房即占半条街。

宿所方面,各公馆张灯结彩,供应周全;但至次晨离去之时,不仅所陈铜香炉、锡蜡台常不翼而飞,连彩绸亦被席卷而去。此种贪污盗窃行为,虽为下人所作,在上者亦熟视无睹,故作痴聋。地方官唯有含怒忍痛,转而嫁祸于小民而已。

两宫分乘八人抬亮轿,舆夫所穿红绸驾衣,系仿照北京銮仪卫之款式裁制。轿前有御前大臣及侍卫并辔而行,再前为大群武装部队,而以二十四面黄龙旗开路。大道上均垫黄土,两旁有护驾军队之士兵站道,计有属陕西巡抚升允之陕军,有属甘肃提督邓增之甘军,有属四川提督夏毓秀之川军,亦有属直隶提督马玉昆(已八十余岁)之毅军。

第一日,出长安东门,仅行进四十里,止于临潼县,为两宫去华清池温泉休沐也。次日起,按站前进,至华阴县,驻跸华阴庙,两宫赴华山山麓之玉泉院降香,停留一日。然后东出潼关,入河南省境,过函谷关,宿陕州。

在洛阳县驻跸三日。两宫赴龙门山、千佛岩游览,在香山庙降香,道经关羽墓,亦下轿盘桓。回洛阳时,路旁遍跪男女老幼,瞻仰"御容";亦有年老居民在门前摆设桌椅,供陈果点者,经慈禧问明情由,命将供品收下,由御前大臣给予赏赐。

慈福为收揽人心,在洛阳订造大批银牌。牌长四寸,宽寸许,作葫芦形,带黄色丝缒,重一两,上镌《卿赏耆民》四字,不知做何解释。御前大臣及侍卫等人各带银牌若干,待慈禧向道旁某人一指,即赏给一块,而获赏者多为老人。此举直至在保定府上车时始止,共赏发银牌为数不少。

离洛阳后,第一日宿虎牢关,第二日起经偃师县、巩县、荥阳县、郑州及中牟县,于第五日至河南省城开封府,驻跸半月,因十月中为两宫万寿(光绪十月初生,慈禧则在月中),开封地方较大,便于进行庆祝活动也。万寿之日,排场甚大,一如在北京宫中,地方官吏竭力报效,所费不赀。在此期间,两宫曾游览宋室宫院旧龙亭。

两宫过万寿后即启程北上。开封距黄河仅二十里左右,因人多,车马杂沓,分在柳园口、黑岗口两处渡河。时汛期已过,河面宽度不及十里,所用渡船,为求平稳、安全与壮观,系用大船五艘联结而成,饰有龙头、龙尾,船身内外油漆彩绘。

是时已为十一月中旬,天气日见寒冷,故自此每日按站前进,不再游山逛景,以便早日到京。过卫辉府(今汲县)、彰德府(今安阳县)至磁州,自陕护送御驾之各省官员与军队,即将所负任务移交由直隶总督袁世凯及其他军队,各返本省。张勋自此与两宫开始接近,并渐获得宠信。张好交游,善花钱,人缘甚好。慈禧返京后住颐和园时,亦由张带队驻园保护。

离磁州后,经顺德府(今邢台县),到达正定府,驻跸三日。两宫到大佛寺降香,并为铜菩萨悬匾一方,闻至今犹存。此寺系唐代名将尉迟恭所建,铜佛高三丈余,殿顶已毁,佛顶露天,慈禧传旨拨款重修。寺占地甚广,房屋可驻军一师,民国以后,在军阀内战中又被破坏过半云。

由正定改乘火车北上。花车内部系用黄缎障壁,铺黄龙图案之地毯,极尽金碧辉煌之概(后曾用此车迎接班禅)。不到一日,即达北京附近丰台镇迤北之京汉铁路起点站马家堡车站。此时火车尚不准入城,马家堡距永定门十五里,有电车可通,义和团入京后轨道被拆除,车辆亦多被毁。

专车于下午三时开入马家堡车站。京中王公大臣暨文武大小官吏,均到车站跪接"圣驾"。各国男女,为欲一见垂帘听政有年之中国皇太后及政权旁落、一如监犯之中国大皇帝,咸麇集车站;见两宫出站,即蜂拥向前,秩序紊乱,毫无礼貌可言。且有持摄影机照相者,此举在当时可谓为"大不敬"。慈禧亦无如之何,可见当时清廷之威信及外人对中国元首之藐视矣。

自马家堡车站至天安门,沿途禁跸,黄土垫道,由穿马褂、挎腰刀之八旗兵站岗保护。銮仪卫出动全副銮驾,以八人抬暖轿迎两宫回宫。

就这样,慈禧又回到北京,回到了宫中。

二十六　重返紫禁城

慈禧回到北京,免不了要接见外国公使或公使夫人,她此时就像压根儿没发生过庚子事变一样,表情十分镇静。同时,她也最恨有人向她提起义和团的事,对此,可以说她是讳莫如深。

然而也有例外。为她画像的美国画师密司卡尔完成画像离宫回国后,慈禧倒主动向随侍她的德龄谈起义和团来。

话题是这样开始的:

"她曾向你问起过1900年拳民的事吗?"

慈禧由于密司卡尔在宫中时间很长,又与德龄成了好朋友,因此特意这样问德龄。

德龄对此回答得很巧妙。说庚子年我正随父亲在巴黎,所以对于这件事我自己也不很清楚,当然也没有什么可以跟她说,而且她也并没有向我问起。于是慈禧太后说:

"我最恨那一年的事,所以也不希望有外国人向我们问起这些事。你知道吗?我常常自己以为是世界上最聪明的人,谁也不能和我相比,虽然我曾看过中译的关于维多利亚皇后的许多事迹和生活,我仍然觉得她的生活趣味和事业还不及我的一半呢。我的事业一向是很顺利的,但都做梦也没有想到庚子年拳民的事会给中国带来这样严重的后果。我一生中就只做错了这一件事。我本可以下谕停止拳民的活动,但是端王、澜公二人极力担保说:他们是天上派下来的,可以解决中国的一切不如意的问题,驱逐洋人。当然他说的大半是指传教的事。你是知道的,我很恨耶稣教,所以我也不说什么,且看后事如何,我也很知他们做得太过分了。一天端王带领拳民头儿到颐和园,在大殿的院子里召集了全体的太监,说要检查他们的额上有没有一个十字,他说:'有些十字常人是看不出的,只有我才能看出。'他到我宫里来说拳民头正在宫门口,他已查出了太监中有两个人是信耶稣教的,该怎么办。我当时大怒说:我没有命令,他没有权力任意把义和团引到宫里来。但是他说这头目的法力极大,可以杀尽洋人,不畏枪炮,有诸神一直保护着。端王说他已亲自试验过,有一个拳民用枪打另一个,子弹打中了他却并没有受一些伤。端王代我出主意,说最好还是把拳民头儿认为是基督徒的两人,交给他去办,听他自由处置,后来我听说这两个太监,就在园子近旁被他们杀了。第二天这拳民头又由端王、澜公带着进宫叫太监烧香,表示自己不吃洋教。端王又出主意说,最好每天让拳民头儿进宫教太监们各种法术。他说在北京的人差不多都是拳民了,第三天太监们都换了拳民的装束，使我大吃一惊，他们穿着红马甲、红包巾、黄裤子。我看见我的侍从们，也都脱下了宫衣，换上这种奇异的装束，心中很愤恨，澜公又送我一套拳民的衣服。那时候荣禄做军机大臣，因病请假一个月，我天天派太监去探望他。这天太监回来说，荣禄病已好了，第二天就要进宫，当时他还有十五天的假期，忽然就想来见我，我知道他有话要跟我说，我也急于要同他商量拳民的事。荣禄听到了宫中的事，很是忧虑，说这些拳民都是不中用的，他们都是革命者和煽动者，他们鼓动人民杀洋人，他很恐怕这会替国家招来祸患，我当时就说他的话也许是对的，问他应该怎么办？荣禄说他愿意去跟端王说。第二天端王见我，说他昨天跟荣禄关于拳民的事大争，他说现在北京已成了义和团的世界，我们要跟他们反抗，他们就杀尽北京人，连宫中也不能免。他们已定好日子杀尽外国的代表，董福祥这一个保守的将军，已和一个拳民商量好，答应帮助攻打使馆。我听见这话大惊，知道事情坏了，立刻差人叫荣禄来，又留住端王，荣禄面色憔悴。我告诉他端王的话，他更忧虑，请我立刻下谕：说拳民是一种秘密组织，百姓不可轻从，饬九门提督，立即清除京内的拳民。端王听见这话大怒：说这道谕一下，拳民立刻杀进宫来，一个也不能幸免，我当时听了这话，心想一切由他一个人去办吧！端王离宫后，荣禄就说端王丧心病狂，必定闯出乱子来，又说端王此去，必定帮助拳民攻打使馆。荣禄又肯定地说一个洋人可以毫不费力地杀死一百个拳民。他请求我立刻命令聂将军带领部队防守使馆，我立刻答应了，聂将军后来就被拳民们杀死。我当时又叫他告诉端王、澜公，说事态严重，不可妄动，最好还是依从荣禄的意见。可是情形愈来愈糟。只有荣禄一个人反对拳民，但他一个人又怎么敌得住这许多呢？一天端王和澜公进宫，叫我立刻下谕，叫义和团先杀使馆里的洋人，再杀剩下来的洋人，我听了大怒，立刻拒绝。商谈了半天，端王说事情不能再耽搁了，义和团已准备明天攻使馆，我愈发愤怒，叫太监把他逐出。当他离宫的时候，对我说：不管你愿意不愿意，我总是要代你做的。以后的事你也知道了，他私自发了命令，害了无数生灵，后来他见计划不能成行，又听说外国兵已离北京不远了，便叫我们一同离开京城。"太后说完了，不觉痛哭起来，我对她说我也觉得很痛心。她说：

"你不必为我过去的事痛心，但是我的声名却完全毁了，你应当为我的声名可惜，这是我一生中唯一的错误。"

承认自己办了一件错事，成了终生的污点，为此而懊丧不止，——这些尽管不无自我表白的成分，但也多少反映了慈禧的真实心态。

另一方面，她对外国传教士也始终不能释然，尤其对庚子西狩时一些人竟背离她而耿耿于怀。她向容龄回忆此事说：

"光绪庚子年美国人在宫中的行为我很感激。不过总不能叫我相信他们的宗教。李莲英说外国教士有一种药，给中国人吃了，中国人就会自愿信他们的教。于是他们再假意叫中国人仔细想想，说他们是不愿意强迫人家违反自己意思而信教的。教士还要拐走中国的小孩，把他们的眼睛挖出来做药。"容龄告诉她这是有人造谣，许多教士，他们心肠都很慈悲，愿意做各种事情来帮助受苦的中国人。又告诉她，他们怎样救济孤儿——给他们住所、衣服、食物。有时候这些教士到内地去，看到有些盲童和残废的孩子被他们的父母所弃，就领他们回来扶养他们成长，还告诉她，他们怎样办学堂，怎样帮助穷人。

"当然我是相信你的话的，"太后笑道，"不过这些教士，为什么不在自己国里帮着自己的百姓呢？"

"他们帮助中国人解除困难，这一点是好的，就像我们如来佛，他还挖了自己的肉去喂饥饿的鸟呢。不过他们要是不劝中国人信他们的教，让我们信自己的教，这样我就赞成了。你知道义和团是怎么起来的吗？这就要怪中国的洋教徒了，他们待义和团里这批人非常苛刻，自然义和团就要报仇了。不过没有知识的人就有这种缺点，他们总是做得太过火，并且想趁此机会发发财，于是在京里到处放火抢劫，不管是谁的屋子，只要他们能抢到钱，就要放火烧，中国的洋教徒是最坏的人。他们在乡里横行不法，搜刮穷苦的乡下人。教士还要偏护他们，为的是自己可以沾些光，中国的洋教徒若犯了法被带到衙门里，他们跪都不肯跪下，不肯守中国法律，还要对长官无礼。这些教士就完全听了犯人的话，替他们辩护，不管他们是对是错，一定要放了他们才罢休。太后说到这里，向周围看看，轻轻地说：康有为想叫皇帝入教，我活着一天，他们就休想。我也承认在有些地方，像海陆军和机器，是外国的比我们强，要说到文明程度，我们中国就是第一等。我知道有许多人说政府和义和团是串通的，其实并不。我们一知道乱事发生，马上派兵镇压，可是已经来不及了。我那时候决心不离开宫。我已经是一个老妇人了，死活早不放在心上，但是端王和澜公劝我马上就走。他们还要叫我假扮了别人出去，我大怒，坚决拒绝了他们。

再说到义和团乱的时候，我是多么苦啊，宫里的人没有一个愿意跟我走。有些在我还没有决定走的时候，就逃得无影无踪了，有的虽然不走，却不做事情，站在旁边冷眼看着。我下了决心问问有多少人愿意跟我走，我说：

你们愿意同去的就跟我去，不愿意同去的就离开我好了。出我意料之外，来听我说话的人极少，只有十七个太监两个老妈子和一个宫女，那就是小珠。只有这些人说，不管怎样他们总跟着我。我一共有三千个太监，可是他们都跑了，我要查点都来不及。有些还要当面对我无礼，把我贵重的花瓶跌在石板上打碎了。他们知道我没有时间去责罚他们，因为情况非常紧急，我们马上就要动身了。我大骂，祷告祖宗在天之灵保佑我。每个人都和我一同跪下祷告，和我同走的唯一的亲属就是皇后。有一个近亲平时我待她极好，她要求什么，我总答应她，这次居然也不愿意和我一同出走。我知道她为什么不肯同去，她想一定有外国兵进来把我们一齐捉住杀掉。

有一天我们正住在一所乡下人家的小屋里，她和她的好丈夫赶来了，哭着说她如何的想念我，时时刻刻担忧着我是否平安。我不愿意听她的话，老实对她说，我一个字都不相信她。以后她就不再来了。那个时期我们真困苦：早晨太阳没有出来就坐轿子，天黑了就得找个村落歇夜，我相信你听了一定很同情我的，年纪这样大了，还要受这些苦。

皇帝和皇后都乘骡车，我一路上祷告，求祖宗保佑，皇帝却口都不开。有一天，忽然下起大雨来，几个轿夫逃了，有几匹骡子死了。五个小太监还不识趣，去和县官闹着要这样那样的。县官跪在地上向他们恳求，说一切都照办。我听到了大怒，我们在这种情形之下，自该知足，怎么可以苛求。于是我责罚了那几个太监，他们竟跑了。

大约费了一个多月光景，我们到了西安。我不能形容那时候的苦楚，一面还担

后妃宦官大传

·擅权乱政·

图文珍藏版

忧着,所以我一连病了三个月。我这一生中永远不会忘记。

在光绪二十八年初,我们回到北京,当我看到宫中这一番景况,又是一番伤心,一切都变了!许多名贵的器皿不是偷了便是毁了。西苑里的宝物完全一扫而空。我那天天礼拜的白玉观音也不知被谁砍断了手指。有些外国人还坐在我宝座上照了相。在西安的时候,我们好像是充军去的;虽然巡抚衙门里替我们预备好住所,可是那房子又旧又潮湿,对于身体极不相宜。皇帝也生起病了。这次事情,若要细细讲来,也不是一时就讲得完的。总之,一切苦我们都尝够了。可是还有那最后一次最厉害的苦头,等我有空的时候再仔细告诉你吧,我要确确实实知道这事情的真相。"

慈禧念念不忘的是她西苑宝物的失落和她西狩时落的难,而历史记下的却是她庚子祸国给民族造成的空前灾难!

二十七　慈禧新政

自戊戌宫廷政变以后,光绪被迫颁布了吁恳慈禧训政的诏书,慈禧再度垂帘,而他却成了瀛台的囚徒。

光绪所居的瀛台,是政变以后慈禧特地为他选择的一块幽身之地。

瀛台

瀛台是个易于监视的好地方,白天有慈禧耳目太监监视,他们住在翔鸾阁,夜间板桥一撤,光绪插翅难飞。所以光绪囚在此地,不仅每一举止尽收慈禧眼底,而且易于控制。

被囚在瀛台的光绪,除去必须他去装样子坐一坐御座外,其余时间都是在瀛台渡过的。他常常深有感触地哀叹:"我还不如汉献帝!"即使如此,慈禧对光绪还是一百个不放心。她最担心这位瀛台囚徒会东山再起,所以对光绪的监视很严密。慈禧不但派她身边的太监驻扎瀛台,而且还令光绪身边的太监也来做这一工作。光绪在慈禧的严密控制下,艰难地在瀛台生活着。

慈禧虽然控制了光绪,但却无法控制日益走向衰亡的大清朝局势。她牢牢地掌握了大清朝最高统治权,但却无法掌握日益兴起的反抗运动。随着年龄的增长,使他烦心的事越来越多。

慈禧最为伤心的事真是一重又一重，一起又一起。外侮层出，内事不济。本是为了绝光绪复辟之心，她将端王载漪的儿子溥儁立为大阿哥（皇太子）。可是这位大阿哥自入宫之后，尽干一些给她脸上抹黑的事情。

自废掉大阿哥之后，慈禧心上的负担加重了许多，因为她立大阿哥又不得不废的事实是自己打自己耳光。

自庚子事变以后，全国又出现了许多新的问题，洋人步步逼近，不断攫取利权；士民要求变革旧制，推行新政之风日长；南方孙中山革命党人正在积极谋求推翻清朝的统治。在这种情况下，慈禧才"恍然于中国致弱之原，不得不改变政策，以图补救。……至此太后始知旧法之弊，为国家衰弱之原也。"慈禧终于在"殷望中国得在世界列强之中，占一优胜之位置"的愿望下，提出了"中国今当自醒，以力行政事"的主张。于是推行新政的诏书明发天下，历史进入了慈禧新政时代。绪二十六年十二月初十日（1901年1月30日），以光绪帝名义，发布上谕。

这就是慈禧以光绪帝名义颁发的变法诏书。诏书开篇着重说明变法的必要性，即"无一成不变之治法"，变法的目的是"强国利民"。接着为自己镇压戊戌变法进行辩解，斥责康有为之谈新法，"乃乱法也，非变法也"。戊戌政变"实则剪除叛逆"，"何尝不许更新"？表示"母子一心"，"壹意振兴"。又进一步分析了中国软弱的原因，强调学西方不要仅学"西艺之皮毛"，而要学"西政之本源"。谕令王公大臣等，"参酌中西政要，举凡朝章国政，吏治民生，学校科举，军政财政"等方面，"各举新知，各抒所见"，并限期两月，条议上奏。

从上谕看，慈禧似乎决心很大。但是，朝廷内外臣工反应却极为冷淡。原因很简单，此时的当务之急不是变法，而是议和。慈禧在西安行在，联军仍侵占北京。议和尚无头绪，此时诏谕变法，臣工们都以为这是慈禧故作姿态，并非真心。

十二月二十五日（1901年2月13日），慈禧以光绪帝名义，颁"自责之诏"。进一步强调初十日变法谕旨，为"国脉之转机"，要求内外臣工妥速议奏，实力奉行。在这个诏谕中，慈禧提出了臭名昭著的口号："量中国之物力，结与国之欢心。"把好端端的中国置于任人宰割的羔羊的位置上。

中外臣工对这道上谕仍保持沉默。尤其是作为清廷支柱的封疆大吏及信息灵通的驻外使节，则更是一言不发。

慈禧针对这种情况，于光绪二十七年三月初三日（1901年4月21日）下令成立督办政务处，以便推动变法。

慈禧所讲的变法，不过是封建专制制度的修修补补。在1901年1月29日的变法上谕中即声称："不易者三纲五常"，"而可变者令甲令乙"。"康逆之讲新法，乃乱法也，非变法也"。这就把她的变法与康有为以实行君主立宪为目的的变法彻底划清了界限，为变法定下了基调。督办政务处的《开办条规》规定，变法大纲一为规复好的旧章，二为参用西法。并进一步申述："维新之极而有康逆之乱，守旧之极而有拳匪之乱"，均在屏除之列。标示其变法路线在维新派与守旧派之间，说穿了，就是洋务派的"中体西用"路线。这一路线正是慈禧变法基调的具体体现。

由于慈禧斥责载漪等人误国，顽固守旧派或自杀，或被戮，或监禁，在朝中的势力大减，不敢多置一喙，"人人欲避顽固之名"，维新成了时髦的名词，各大员条陈时政无人再敢坚持"祖宗成法"。

官员的条陈大致分为三类。

第一类是推行洋务派的主张,代表人物为鲁抚袁世凯、鄂督张之洞和江督刘坤一。

第二类主张实行君主立宪。最早提出的为出使日本国大臣李盛铎。

第三类介于前二类之间,这就是两广总督陶模奏请设立议院。

从光绪二十七年三月(1901 年 4 月)成立督办政务处起,到光绪三十一年十一月(1905 年 12 月)成立学部止,5 年间慈禧发布了一系列除旧布新之政令。重要的大约有 25 项。

上述这些改革举措都是在慈禧旨意下进行的。这里包括行政制度的改革、军事制度的改革、教育制度的改革和法律制度的改革。

行政制度的改革。清朝在官场实行一种"捐纳"制度,实际上是公开的卖官鬻爵。这种做法造成了大量的贪污腐化。官府胥吏没有固定薪金,他们靠收取贿赂维持生计,百姓深受其害。此外,有些衙门有名无实。因此,上谕决定取消书吏,废除捐纳。撤销河东河道总督,也撤销云南、湖北和广东的巡抚。詹事府被并入翰林院。这些衙署都是多余的。与此同时,慈禧又下令创设了一些新的官署。首先是将总理衙门改组为外务部。总理衙门是在 1861 年作为军机处的一个机构成立的。总署内有多达十人以上的兼任大臣。因为总理衙门是非正式的,西方列强感到与他谈判很不方便。新成立的外务部是一个常设的正式机构,内设一名大臣、两名会办大臣及两名侍郎。这便开始瓦解了自隋唐沿袭下来的传统的六部建置。新的外务部成了第七部,而且比其他六部的品级要高——这确实是个巨大的变化。以后又设立了商部、巡警部和学部。

军事制度的改革。慈禧深深感到军制必须改革,改革的目的就是整编腐朽的旧式军队并建立一支强大的新式军队。慈禧谕旨取消旧式武举,命各省创办武备学堂。同时,决定取消百分之二十或三十的绿营和半正规的防务。决定在北京设立练兵处,作为中央军事领导机关,控制各省的新军。

教育制度的改革。教育改革包括改革科举制,创办新学堂和鼓励留学生几个方面。1904 年《学堂章程》的颁布,说明这一改革有了整体规模。这个章程规定中国的学堂以日本学堂为模式,正规教育实行初、中、高三级。初等小学堂收 7 至 12 虚岁的学生,高等小学堂收 12 至 16 虚岁的学生。中等学堂收 16 至 21 虚岁的学生。高等学堂收 21 至 24 虚岁的学生。分科大学收 24 至 28 虚岁的学生。最高一级为通儒院。通儒院或分科大学的毕业生被授予进士功名;高等学堂毕业生被授予举人功名;中学堂和高等小学堂的毕业生则取得生员(秀才)的功名。这就使新式学堂的毕业生有了正规官员候补者的资格。1905 年 12 月建立了学部,作为中央的教育行政机构。

法律制度的改革。清代的中国没有与西方近代相似的民法和商法。而发展工商业,对民法和商法的需要增加了。为此,制订了《商会简明章程》《大清商律》和《公司注册章程》等。同时,按照西方的模式修订《大清律例》。

这些"新政"有些是洋务派早已提出的,有些是在戊戌维新期间推行的,"新政"其实不新。

对于慈禧的新政时人加以猛烈抨击。《中外日报》载文揭露道:"既内恐舆论之反侧,又外惧强邻之责言,乃取戊己两年初举之而复废之之政,陆续施行,以表明国家实有维新之意。"黄遵宪痛斥曰:"今回銮将一年,所用之人,所治之事,所搜括之款,所娱乐之具,所敷衍之策,比前又甚焉,辗转迁延,卒归于绝望,然后乃知变法之诏,第为避祸全生,徒以之媚外人而骗吾民也。"

有识之士逐渐意识到,只行新政不变国体,是治标不治本,国家无以富强。因此,变更国体的议论便发生了,进而导致筹备立宪。

大力宣传君主立宪思想的首先要推梁启超、康有为和留学日本的杨度等人,以及国内的张謇等立宪派人物。与此同时,从光绪二十九年末开始,一些有远见、识外情的封疆大吏和驻外使臣便陆续进言慈禧应预备立宪。这年十二月四日(1904年1月20日),云贵总督丁振铎、云南巡抚林绍年,电请清廷从速变法,以挽危局。三十年二月七日(1904年3月23日)出使法、俄、英、比大臣孙宝琦、胡惟德、张德彝、杨兆鋆,奏请变法,以激励人心,植立国本。三十一年五月三十日(1905年7月2日),直隶总督袁世凯、湖广总督张之洞、署两江总督周馥,联衔奏请立宪,要求先派遣亲贵出洋考察各国政治,于12年后实行立宪政体。

正是在这些人的奏请呼吁下,慈禧遂决定派遣大臣出洋考察各国政治,并于三十一年六月十四日(1905年7月16日),以光绪帝名义颁发上谕:

这便是镇国公载泽、户部侍郎戴鸿慈、兵部侍郎徐世昌、湖南巡抚端方,以及后来旨派的商部右丞绍英等五大臣出洋考察政治之谕。

上谕颁发后,袁世凯奏请派遣官绅游历日本,开启民智,为将来实行自治打下基础。御史顾瑗、刑部侍郎沈家本和出使朝鲜大臣曾广铨又奏请实行地方自治。政务处议复可行,1905年8月,朝廷令奉天和直隶试办。

接着,周馥、袁世凯和转为御史的赵炳麟又奏请立宪。另一些官员要求把立宪政体确定下来。故至9月,政府对立宪业已定议,只是宣布仍要俟考察政治大臣回国以后。

为了节约时间和经费,政府确定分途进行考察,载泽、徐世昌、绍英(8月14日加派)一行前往日本、英国、法国、比利时,戴鸿慈与端方前往美国、德国、意大利、奥地利、俄国。9月18日,朝廷谕令出使各国大臣会同考察政治大臣悉心考求,以便取得较好效果。

9月24日上午,考察政治五大臣率领参赞、随员同时由京启程,京师各学堂师生、绅商界人士、大小官员以及驻京各国公使均前往送行,正阳门车站冠盖纷纭,锣鼓喧天,歌声震荡,观者如潮,煞是热闹。11点钟,五大臣登上专车,列车正拟开动,忽然霹雳一声巨响,震天动地,人喊马嘶,纷纷奔逃。待惊魂稍定,始知炸弹爆炸,载泽额角微受轻伤,绍英受伤稍重,此外死伤10余人。五大臣当即商定,改期缓行。此次暗杀系革命党人吴樾所为,他没有炸毙五大臣,自己却当场牺牲了。

次早,戴鸿慈等将情况面奏慈禧和光绪,慈禧"慨然于办事之难,凄然泪下"。当即谕令有关部门缉拿"正凶"。

吴樾的炸弹震惊了清廷,但并未能阻止住出洋考察政治,恰恰相反,倒是促使当权者越发感到立宪的必要与紧迫了。端方在致上海报界电中说:"炸药爆发,奸徒反对宪政,意甚险恶,然益证立宪之不可缓也。"一些督抚、将军和出使大臣致电政府说:"此事必是革命党中人所为,盖恐政府力行新政,实行变法立宪,则彼革命伎俩渐渐暗消,所以行此狂悖之举,以为阻止之计。当此更宜考求各国政治,实行变法立宪,不可为之阻止。"

10月8日,为了预防革命党人破坏,清廷设立巡警部,任命徐世昌为尚书,徐一时难得脱身;绍英创伤未愈,不便让其远涉重洋。

10月26日改派山东布政使尚其亨、顺天府丞李盛铎会同戴泽、戴鸿慈、端方前往各国考察政治。

五大臣分两路,路线上有分有合。戴鸿慈、端方为一路,载泽、尚其亨、李盛铎为一路。

戴、端一行自十一月二十三日(12月19日)从上海赴美起,到光绪三十二年闰四月十六日(1906年6月7日)自意大利返国止,在半年时间里,先后共考察了美国、英国、法国、德国、丹麦、瑞典、挪威、奥地利、俄国、荷兰、瑞士、意大利等10多个国家。

载、尚、李一行于十一月二十日(12月16日)自上海赴日起,到光绪三十二年五月二十一日(7月12日)返抵上海,在七个月的时间里,先后共考察了日本、美国、英国、法国、比利时等5国。

五大臣出访为时半年左右,周游14个国家。他们考察调查的范围很广,概括起来,活动有四个方面。一是参观,如议院、行政机关、学校、警察、监狱、工厂、农场、银行、商会、邮局,乃至博物馆、戏院、浴池、教会、动植物园等等,几乎无所不包。二是请政治家、学者讲解宪政原理。三是调查各项制度。四是搜集翻译各类图书和参考资料。回国以后,载泽等派人编辑书籍67种,并将其中30种分别撰写提要,进呈慈禧和光绪阅览,另将400余种外文书籍送交了考察政治馆。

五大臣之中,只有李盛铎思想比较先进。其余均未出国门一步,对资本主义国家缺乏感性认识,因而不论将资本主义制度说得如何优越,他们思想上也不会完全接受。端方尽管赞成变法,日俄开战后"未尝不叹立宪、专制之不同,其收效为大异也",然而得悉留日学生要求归政、立宪时,却电出使日本大臣"密加防范,勿为所惑",直到受命出洋考察政治始明确赞成立宪,其是否真正赞成不能不令人怀疑。

此次考察使载泽等开始走向世界、认识世界,思想发生明显的变化。他们亲眼看见了资本主义国家的物质文明和政治制度的优越性,眼界为之大开,每出访一个国家,都从内心发出赞叹,觉得别国的经验有许多可取之处。载泽、尚其亨访日后写道:"大抵日本立国之方,公议共之臣民,政柄操之君上,民无不通之隐,君有独尊之权。其民俗有聪强勤朴之风,其治体有划一整齐之象"。"以三岛之地,经营二三十年,遂至抗衡列强,实亦未可轻量。"他们非常推崇英国的议会政治和地方自治,说:"一事之兴,必经众人之讨论,无虑耳目之不周";"其一国精神之所在,虽在海军之强盛,商业之经营,而其特色实在地方自治之完密。"对于共和制的法国,他们也认为"可以甄采之处,良亦非鲜"。小国比利时在他们眼里同样不简单:"其立国治民,亦复井然有法"。

五大臣在每一个国家逗留的时间都不很长，远不能说考察得周详，了解得透彻。但事实胜于雄辩，在这为时不多的日子里，他们受到的教育之大，获得的新知识之多，却是前此无法比拟的。经此一番洗涤，他们长期禁锢的头脑为之开化，认识空前提高。

在五大臣出访期间，又有一些官员奏请速定立宪大计。清政府因需等考察政治大臣归来方决定大政方针，故政治上未有大的举动，唯在教育方面进行了初步改革。1905年9月2日，袁世凯、赵尔巽、张之洞、周馥、岑春煊、端方会奏立停科举，推广学校，得到批准，著自明年开始，所有乡会试、岁科试一律停止。同年12月6日设立学部，1906年4月25日又裁撤学政，改设提学使，逐步健全教育行政体制。

载泽在出访英国时就极愿归国有所建白，但他在政府中没有职务，"深虑阻力之大"，"所言终归无用"，故归国后竭力消除慈禧的疑虑。1906年7月24日召见时，他详细回答了慈禧的询问。次日又蒙召见，并上折奏请立宪。载泽身为懿亲，对君权比较注意，特向伊藤博文详细请教，故不主张采用英国的虚君共和制，而主张师法日本。

戴鸿慈、端方出国不久分别晋升为礼部尚书和闽浙总督。返京后连续被召见，面奏出访情况，"详言立宪利国利民，可造国祚之灵长，无损君上之权柄，及立宪预备必以厘定官制为入手"。同时上折陈明欧美各国大势，强调指出谋国必须有"真实为国为民之心"，希望朝廷把中国与外国加以比较，确定方略。其后又上《请定国是以安大计折》，这是他们设计的正式立宪之前政治改革的总体方案。他们说，中国贫弱的根本原因在专制，若想富强，只有"采用立宪政体"。但今天还非颁布宪法的时候，因为中国的制度与立宪制度相去太远，贸然仿行，国事更加混乱。只有仿照日本，预定立宪之年，先下定国是之诏，使官员和人民预为准备。

戴鸿慈、端方7月抵上海后，曾致电各省督抚征求对立宪的意见。朝廷亦以此事关系至大，电令各督抚、将军条陈应否立宪及期限长短。原先主张仿效明治维新的丁振铎表现最差，说此次考察的不是各国当年变法时的政治，不能仿行，今日所急在于养成国民之公心。张之洞认为民智未开，教育未普及，反对宣布立宪。袁世凯、周馥和奉天将军赵尔巽均同意宣布立宪。岑春煊主张预备立宪以10年为期。

无论是朝内还是朝外，反对立宪的势力都很强大，立宪能否确立在不少人心目中尚是一个疑问，如任反对派肆意鼓簧，淆乱观听，必然动摇朝廷的决断。载泽目睹此情，异常愤怒，8月23日毅然单衔上奏，力挽狂澜。奏折首先针对反对派散布的无耻谰言，揭露了他们的肮脏灵魂，指出："宪法之行，利于国，利于民，而最不利于官"。

慈禧对立宪无太深的成见，她最关心的只有四件事："一曰君权不可侵损，二曰服制不可更改，三曰辫发不准薙，四曰典礼不可废。"现在看到载泽奏折，大为感动。

8月27日，慈禧召见袁世凯，袁面奏先组织内阁，从改革官制入手。戴鸿慈、端方奏请设立编制局，制定官制。

28日，受命阅看考察政治大臣折件的诸大臣讨论是否实行立宪。奕劻首先发言说：立宪有利无弊，符合民意，应从速宣布。孙家鼐认为变动太大，容易引起骚乱，应徐图变更。徐世昌说：唯有大变，才能振起全国人民精神。孙家鼐再言：人民知道立宪的极少,实行非但无益,反而有害。张百熙指出:国民程度的高低全在政府劝导,如坐等提高,永远不能立宪,只有先事预备立宪,诱导提高国民程度。讨论结果最后,多数同意改为立宪政体,从改革官制入手,预备立宪。

29日,慈禧召见会议宪政大臣,询问立宪之事。诸大臣皆回答应行立宪,实行立宪就此决定。

1906年9月1日,朝廷发布了仿行立宪的上谕。

这道上谕确立了实行立宪的基本国策,国家由此进入预备立宪时期,即由封建专制政治向资产阶级民主政治过渡的新时期。

二十八　光绪猝死

光绪,是一个多灾多难的皇帝,一生身处逆境,经历坎坷。这一切虽然与大清帝国的衰落有关,但更为不幸的是,光绪虽然身居帝位,名义上是天下的君主,而实际上,他只不过是慈禧太后手中的玩物而已。虽然每逢重要活动,光绪端坐在宝座上接受朝贺,遇有重要的军国大政,他似乎也在那里倾听臣子们的议论,但是,他不能以皇帝的身份发号施令,也不能以君主的权力裁决那些本该属于他职权范围的军国大政。这一切都是因为大清国有个慈禧太后。

或许是中国人同情弱者心理的驱使,也或许是正义感的支配,当然也不否认传统的帝王观和历史研究工作者所特有的评价历史人物标准的作用,人们对光绪给予同情,慨叹和很高的评价。对于光绪的猝死,人们也同样给予了较多的关注。当耳闻目睹得知光绪和慈禧在不到二十四小时内先后去世时,人们又会自问:为什么这么巧合? 三十八岁的皇帝怎能与七十四岁的太后同日(指二十四小时内)而崩? 为了弄清这些疑问,我们不得不翻开史册看看史家们留下的文字记载。

对于光绪的死,目前尚未发现故宫档案中有直接的文字记载。所以被人们认为第一手的资料就只好缺录。那么《清德宗实录》是怎么记载的呢? 我们看一看光绪三十四年(1908)十月关于光绪帝由病至死的记载。

光绪死后不久,即颁布了他留下的遗诏。诏文是:"朕躬气血素弱,自去年秋间不豫,医治至今,而胸满胃逆,腰疼骹软,气壅咳喘诸证(症),环生迭起,日以增剧,阴阳俱亏,以致弥留不起,岂非天乎! 顾念神器至重,亟宜传付得人,兹钦奉慈禧端佑康颐昭豫庄诚寿恭钦献崇熙皇太后懿旨,摄政王载沣之子入承大统为嗣皇帝。"

《清德宗实录》的记载可谓详细,从光绪病重弥留直至死亡都记载得很清楚,而且又通过光绪皇帝的谕旨、遗诏又向天下臣民宣布了他致病的原因、病情的发展、恶化以及自知将就黄泉所做的后事安排,看上去似乎无可置疑。

德龄是曾在慈禧身边随侍达二年之久而且曾得到慈禧宠信的女官,她在《瀛台泣血记》中这样写了光绪的死:

　　万恶的李莲英,眼看太后的寿命已经不久,自己的靠山快要发生问题了。便暗自着急起来。他想与其待光绪掌了权来和自己算账,不如还让自己先下手的好。经过几度的筹思,他的毒计便决定了。

那么李莲英的毒计究竟是什么？德龄在书中并未详细交代。然当我们翻阅她著的另一部书《慈禧恋爱纪实》时，答案甚明。其书中专门写了一章，题为《光绪是怎样死的》，她这样写道：

> 光绪的死，外面曾有许多种不同的说法，我现在就打算把真相告诉读者。……光绪关在瀛台的时候，曾经开始写一本日记。将他每日所做的事以及他内心的思想都实录下来。不幸其中有一部分不知怎么传了出去，而引起了李莲英的注意。这一部分日记的大意可以归纳成为以下的一段："我现在病得很重，但是我心里觉得老佛爷必定会在我以前死。若果如此，我必下令斩杀袁世凯与李莲英。"杀死袁世凯与否，当然不是李莲英所关心的。但他的名字也列在该死的人里面，现在老佛爷的春秋已高，随时都有大行的可能，不由得使李莲英有点儿惊慌。……李莲英听得光绪的日记里有这样的文字之后，立即就去报告给老佛爷听。她听了虽然没有发雷霆之怒，却满面浮起了不快的颜色。狡猾的李莲英向太后进谗言道："皇上似乎在想要死在老佛爷之后哩，真想不透他所以这么想的理由！过去他跟袁世凯设计要害老佛爷性命的事，我们还没有忘记哩！""李莲英"，太后问，"你以为这是他想谋取我性命的另一次企图吗？"李莲英奸诈之极，只在脸上掠过一层悲伤的表情，"你的意见如何？"太后问。"若是皇上在老佛爷以前死，那么各方面就都容易办了。"这些著名的太监向来是不主张向皇上或皇后奏得明明白白的，他们所奏谏的往往都是含糊其词，适可而止。听了李莲英的这番话之后，老佛爷便下旨道："皇上病得很厉害。他过去一直病着，以后他的病也一定不会好。我心里想他的病之所以迟迟不愈，大约是一般侍奉汤药的人不尽职所致。此后还是你去看看吧！"李莲英也用不着再问其他的话了。他立刻就将光绪一切饮食医药的事一把都揽了过来。不久以后，光绪就卧床不起。李莲英服侍他之后似乎没有减轻反而加重了他的病了。光绪明知道他是逐渐地中毒，可是他却无能为力。……李莲英一直留在光绪的房里，名义上是照顾他，事实上却像个追命鬼，滞留着要抓人……光绪在万分痛楚中死去。

看了德龄关于光绪之死的记载，人们又感到毒死说可信。于是此说在野史轶闻中得到广泛的传播。燕北老人易霙的《满清十三朝宫闱秘史》、苏海岩的《皇宫五千年》《清朝野史大观》等都采"毒死说"。

由于史籍记载的歧异，必然为后世研究者带来困难。出于各自的识见不同，所以学术界也有两种观点的对立。以病死说的人数为多，文章也居多数。其中以朱金甫、李秉新为代表。

对于在光绪猝死问题上的不同说法，我个人认为孙孝恩的"两存说"可取，"进一步探究"的建议更是十分中肯，而"病死说"虽然也列出了不少论据，而且有些看来也是很有说服力的，但仍觉欠缺之处甚多，回答不了光绪猝死引起的歧疑，更难说解开猝死之谜。经过对史料的综合分析,我认为"毒死说"更为可信。这主要从以下几个方面认识:即一是当事人为我们提供了可靠的证据;二是从慈禧、光绪、李莲英、袁世凯的复杂关系为我们提供了下毒的可能。我们先看一下当事人提供的证据。

1.末代皇帝揭疑案

中国历史上伴随着封建制度的结束和大清帝国的衰亡而上台的末代皇帝溥仪,是慈禧太后一手扶上皇帝宝座的。当这位不满三岁的幼儿被抱上御座登极即位时,他的前任皇帝光绪死去仅有数日。这位末代皇帝生长在宫中耳闻了宫中太监们对光绪之死的所见所闻。故此在他所著的《我的前半生》中记录了光绪之死的情况:

> 我还听见一个叫李长安的老太监说起光绪之死的疑案。照他说,光绪在死的前一天还是好好的,只是因为用了一剂药就坏了,后来才知道这剂药是袁世凯使人送来的。按照常例,皇帝得病,每天太医开的药方都要分抄给内务府大臣们每人一份,如果是重病,还要抄给每位军机大臣一份。据内务府某大臣的一位后人告诉我,光绪死前不过是一般的感冒,他看过那些药方,脉案很平常,加之有人前一天还看到过他像好人一样,站在屋里说话,所以当人们听到光绪病重的消息时都很惊异。更奇怪的是,病重消息传出不过两个时辰,就听说已经"晏驾"了。总之,光绪是死得很可疑的。还有一种传说,是西太后自知病将不起,她不甘心死在光绪前面,所以下了毒手。这也是可能的。但是,我更相信的是,她在宣布我为嗣皇帝的那天,还不认为自己会一病不起。光绪死后两个小时,她还授命监国摄政王:"所有军国政事,悉秉承予之训示裁度施行。"到次日才说"现予病势危笃,恐将不起,嗣后军国政事,均由摄政王裁定,遇有重大事件,有必须请皇太后(指光绪的皇后,她的侄女那拉氏)懿旨者,由摄政王随时面请施行。"她之所以在发现了来自袁世凯那里的危险之后,或者她在确定了光绪的最后命运之后,从宗室中单单挑选了这样的一个摄政王和这样一个嗣皇帝,也正是由于当时她还不认为自己会死得这么快。

从溥仪这段叙述来看,他虽然未直接否认慈禧直接下毒手的说法并且认为有可能性,但他下文的叙述中,又让人觉得他在否定这一说法,这说明他相信的是下毒的说法。这一叙述中引用了两个人的见证:一个是老太监李长安的亲眼看见。因为这个太监是光绪时期留下的太监,又是不时出没于光绪身边的人,所以他的说法给人一种信任感。另一个是内务府大臣的后代。虽然说这仅仅是后代的转述,但他亲眼见过的药方,所说"脉案极为平常",又不能不使我们视为可贵的资料,可信的说法。如此说来,末代皇帝溥仪的"毒死说"倒是很有说服力的。

2.治病名医话疑案

在光绪有"病"期间,曾征全国名医赴京会诊。这些会诊的名医们可以为我们解开疑案提供有力的证据。

屈桂庭作为名医,曾为光绪治过病,而且在光绪临终之际亲眼看见了光绪病情的变化。在光绪三十四年(1908)十月十一日,即光绪驾崩前十天,屈桂庭观察到光绪"病情"急转直下,"面黑舌黄黑",他将此次的病状与前次相比,得出了"此系与前病绝少关系"的结论。那么既然此次病是新添的与以前无关的病,造成此病的原因肯定是另有其因。是屈桂庭不愿说还是不敢说,反正他没有直接说出有人加害,但这其中流露出来的深意是耐人寻味的。

吕用宾是清末名医,受地方督抚推荐进入北京为光绪帝治病,后来在慈禧的授意下,将进京的六名外地名医分为三班,吕用宾和杜钟骏分在第三班,直至光绪死时他仍在宫中诊病。那么他提供的证据可信无疑。申君在《清末民初云烟录》中记下了吕用宾关于光绪之死的说法:

> 清末湖北名医吕用宾曾追述一件有关的事。据吕谈,当时太后视光绪皇帝为眼中钉,而又难以下手,遂以皇帝有病为名,想借医生之手,用误药致帝于死,然后嫁祸于人。但太医善于规避责任,一向用药和平,积习成风,所开药方既不能治好病,也不会治死人,使其无隙可乘。因而,太后就责令各省督抚推荐医生,指望对帝杂以虎狼之药。吕被湖北省保举进京,入宫仔细诊察光绪皇帝并无大病,不过饮食劳伤,拟用轻药调治,而太后不准,说过去太医所开轻药不中用,非开重药不可。在严威之下,吕震恐失次,竟然因此得了咽膈病。

吕用宾的话,明确地指出了慈禧太后是凶手这一点。恐怕用误药致光绪于死地的说法,非无稽之谈,这与德龄的记载可以相互印证。前面我们引过德龄《瀛台泣血记》与《慈禧恋爱纪实》的资料,是说李莲英下毒手置毒药于药、食中,这怎么能与吕用宾误用药相互印证呢?在这里需要指出的是:两个人(吕、德)在慈禧主谋这一点上已得到了印证。慈禧不愿死在光绪之前,所以千方百计想置光绪于死地。当然要干这样的事情,并不像卡尔所说的那样"夫以太后权力之大,将何事不可为者,鸩死光绪帝,正易事耳。"因为慈禧再丧心病狂,也不至于明目张胆地去毒死一位皇帝,她总不能不顾及天下舆论。如果是那么赤裸裸的话,慈禧早就身穿黄袍登上皇位成为中国历史上第二个女皇了。她之所以没有称帝而只是在帘后掌权,这本身就说明她需要有一层帘子遮住真面目。在对付光绪上也是如此,她本想借医生之手致死光绪,但由于医生们没有那么大的胆量,所以尽管慈禧多方暗示,她的阴谋仍是没有得逞。这就迫使她不得不派出心腹太监李莲英去干,若此,则吕氏之言不就与德龄的记载相互印证了吗?!

杜钟骏,字子良,浙江候补知县。他也是被推荐入京为光绪治病的名医。他给后世留下了《德宗请脉记》一书,使我们得以从该书中了解光绪患病期间的一些情况。从杜钟骏留下的记载中,我们得到如下的认识:第一,自七月十六日至十月二十日的三个月中,没有见到病情恶化的征象。而且从杜钟骏的记载中,得到的是光绪有好转的迹象。在《德宗请脉记》中有这么一段记录:"一日,予方入值,于院中遇内监,向予竖一大指曰:'你的脉理很好'。予曰:'汝何以知之?'渠曰:'我听万岁爷说的。你的脉案开得好。我告声你，太医院开的药，万岁爷往往不吃，你的方子吃过三剂。'言讫如飞而去。"由此可见，光绪对杜钟骏很器重，是因为他能对症下药，也是由于病情好转；自十月十六日到二十一日，病情突然恶化，并一病不起，很快死去。十七日这一天是个比较关键的日子，因为据杜钟骏的记载，十六日光绪"犹召见臣工"，这说明他的病并没有发生什么恶性变化。但是到了十七日夜却忽然传来了"皇上病重"的消息。而且飞骑不断自宫中飞出传信催医。时过二日，光绪便晏驾归天。我以为光绪病情的急剧转化，并非自然发展的结果，恐有人从中作祟，若再对照德龄《慈禧恋爱纪实》上所言是否此时李莲英已开始下毒，虽难一言断之，但不能不令人深思。

第二，在光绪患病期间，慈禧的所作所为值得怀疑。换句话说，慈禧加害光绪毋庸置疑。这主要表现在：一是不顾医学常识，排挤对症下药之医生。当她得知杜钟骏甚得光绪欢心，且治病见效时，又接受了继禄的建议将六位来京名医分为3班，每班2个月，而杜钟骏被分在第三班，这样拖上半年，等他去为光绪治病时，光绪病早就无救了。这类事例说明：慈禧确有害光绪之心。

第三，慈禧有借医谋害之嫌。这主要从杜钟骏立医案的事例中可以反映出来。七月十六日，当杜钟骏当着两宫的面讲了光绪的病状及治疗方案后，光绪当即叮咛："汝言极是，即照此开方，不必更动。"从当时的情况来看，杜钟骏的方案得到皇帝的赞许，无须再强调，为臣者就自知如何办理。而光绪却偏又强调"不必更动。"恐有难言之隐不便明言。更为可奇的是，在杜钟骏写医案时，光绪又派他的心腹内监前去叮咛了"勿改动"三字。这本来就已经够了。可是未料一会儿又来了一个内监传了口谕："万岁爷说你在上面说怎样，即怎样开方，切勿改动。"这充分说明光绪害怕医生在他跟前说一样，而在暗地里写医案时又迫于某种压力而另写一样。那么这个压力只有来自大清帝国的掌权者慈禧太后。这样暗地使名医御医们不能对症下药，或者按照她的旨意杂以虎狼之药（如吕用宾所言），怎能不害死光绪？！

总之，从杜钟骏《德宗清脉记》的字里行间，我们可以找出慈禧加害光绪的蛛丝马迹。虽然在这里杜钟骏没有直接的文字记述，但倾向性甚明。若将其作为病死说的重要证据，则适得其反了。

光绪之死是诸多关系变化，尤其是光绪与慈禧、李莲英关系恶化的结果，换言之，慈禧与李莲英是毒死光绪的凶手。

慈禧是一个权力欲极强的女人，她的行为原则是：无论是谁，只要想从我手中分取权力，那就必然没有好下场。在这个原则下，恭亲王奕䜣被罢免了议政王，同治皇帝在病危之时被断医断药，慈安太后食毒暴薨。光绪步他们的后尘，当然下场也必然相同。

光绪本来是慈禧在宗室中最亲的一个，所以在选择同治的下一代嗣君时，慈禧就置同辈不能继承的大清祖训于不顾，力排众议，将光绪接进了宫，扶上了皇帝的宝座。戊戌变法是慈禧与光绪关系恶化的重要条件。光绪支持康有为、梁启超实行变法，有富国强兵改变中国任人宰割的局面的一面，也有改变自己傀儡地位的一面。而慈禧虽然名义上归政到颐和园休养，但实际上却死死抓住权力不放，把光绪的变法看成是"变着法儿夺我手中的权。"利害冲突，导致二人关系极为紧张。此时袁世凯的倒戈叛卖,并添油加醋地编造瞎话,更使慈禧怒不可遏,致使政变突起,光绪帝被囚入瀛台,慈禧再次垂帘听政。此后光绪虽然作了改善同慈禧关系的多方努力,但已将袁世凯的谎言信以为真的慈禧已对光绪恨之入骨,必置之死地而后快。所以在这种情况下,只要谁说光绪的坏话,哪怕是编造出来的,慈禧都会相信,都会为之而高兴。这也是袁世凯、李莲英得宠的一个原因。

正是由于慈禧对光绪的愤恨,所以当有人谗言光绪帝闻她有病而高兴时,她发出了"我不能先尔而死"的吼叫。慈禧是说到做到心狠手辣之人,所以,在她下决心后必然使之付诸实施。综合诸家史书的记载,得知慈禧说这句话时是在"病泻已数日"后,也就是十月十六日前后(因为据《德宗请脉记》慈禧对张之洞说她"颇不适"是在十月十一日前后)。这个时候,慈禧一是身份不同,居皇太后之位不便亲自去干,二是泻过数日身体虚弱,不可能带病走瀛台。所以她只有依靠自己的心腹去实施她的毒计,当时能称得上心腹的就是袁世凯和李莲英,他们成了慈禧弑君计划的执行者。

对于袁世凯加害光绪之事,许多史书都有记载,尤其是康有为对此多有披露,康有为的《讨袁檄文》中说道:"近者太后春秋已高,袁世凯毒谋已急,密行重贿,累唵御医。……冬来,后病奄碟,人命危浅。宫车宴杂,不日不时,袁世凯遂铤而走险。力荐学西医者速发毒谋,西药性烈,微剂分进,遂于太后升遐之际,能操旦夕绝命之权,天地惨黯,山陵崩坏,风雨号泣,海水怒立,于是我舍身救国之圣主,遂毒弑于逆贼袁世凯之手矣。"但是,实际上袁世凯的阴谋并未得逞,因为他贿买的两位医生并未按他的嘱托去做。程家柽逃往日本后揭露了袁世凯的阴谋,而梁铁君因不按袁世凯的计谋行事而被毒死于天津。

李莲英以大内总管与慈禧代理人的特殊地位,不仅可以指配皇帝身边的太监,给治病的医生们安排日程,而且还可以直接接近皇帝,这是袁世凯无法企及的。他不仅可以为皇帝传膳,而且还能监督熬药。这就为他执行慈禧的计划,提供了便利条件。那么李莲英为什么敢参与弑君并敢于亲自去干呢,这还得从他与光绪的关系谈起。

自同治年间,慈安与同治合谋处斩了慈禧的得宠太监安德海后,慈禧身边又来了一个得宠太监,他就是清朝历史上最有名的太监李莲英。

李莲英,直隶河间府人,外号"皮硝李"。何以得此名,据说他自幼为一无赖之徒,不务正业,曾私贩硝磺,被捕入县狱中,后来出狱,不再贩硝磺,而是改业为皮匠,故人称之为"皮硝李"。

鞋匠当时亦被视为下贱之业,而且收入微薄,李莲英不甘如此了却一生,整日在困苦中度日,于是思虑出路,终于下决心净身入宫为太监。在同乡沈兰玉的介绍下,李莲英入宫到梳头房当了一个专伺太后梳头的太监。由于他心灵手巧,善体人意,所以很快取得了慈禧的欢心,日渐得宠。后来竟升为总管太监。

慈禧对李莲英之宠可谓至极,一般按清代之制,太监的顶戴到四品为极限,无敢越者。安德海"在咸同之际,蒙两宫特殊待遇,亦不过蓝翎四品御前监而已"。而慈禧要打破这个惯例,赏李莲英为二品顶戴。为此,她召恭亲王奕䜣、礼亲王世铎及庆王奕劻商议此事,慈禧提出了她的意见:"太监赏顶戴,本以四品为限,但此仅对常辈而言,太监李莲英自入宫以来,事事称旨,尽心服侍,宫内寂然有序,我欲赏其二品顶戴,不知诸王意下如何?"恭亲王奕䜣很委婉地表示了他的意见:"赏太监二品顶戴,前无此例,故臣等以为不可随意赏之。不过,若出自特恩,当然也无不可,臣等望太后三思而行。"奕䜣给了慈禧一个模棱两可的回答,也给了她一个不宜轻易破例的暗示,但慈禧还是宣诏赏了李莲英以二品顶戴,这在"有清一代,内侍殆无第二人"。

李莲英恃宠而骄。特别是自慈安去世,慈禧一手遮天后,他更是肆无忌惮,其权势显赫一时,当朝权贵们也得敬让三分。

李莲英受宠之后,身为亲王、帝父的醇亲王奕譞竟也慑其淫威而为违心之事,足见其权势过人。在经济方面,李莲英受赏赐、收贿赂、再加勒索,其财产得与百万富翁试比高。"李莲英在原籍河北省大城县置地三十六顷。到他临死时,除给隆裕太后贡献珠宝玉器八方盘(三尺宽,四尺五寸长)外,他的四个继子,每人就分了珠宝玉器一大口袋,至于银钱那就更多了,就是他的两个继女,每人也分银十七万两。"

李莲英财富甲天下,权势倾朝廷,这对光绪来说是十分看不惯的。他不理解为什么慈禧太后如此宠幸此人。由于对他的厌恶与日俱增,随之冲突也就不断发生。

李莲英是个唱戏的能手,他"雅善音律,工演山门、伏虎、别母、惨覩等齣。演京剧亦佳,能串鬚生、老旦、黑头,而黑头戏尤擅胜场。"所以,宫中演戏大都离不开李莲英其人。

一天,李莲英出演京戏《黄金台》,该戏演的是战国时齐国发生的事,其中有这么一节——田单出巡,夜遇太子,飞脚踢灭太子灯笼。当戏演到此时,李莲英飞起一脚,那灯笼离开戏台,飞到观众席上,正好打中了光绪的头。光绪顿时怒从心起,就对身边的人命令说:"简直是胡闹,给我拖下来!"李莲英被从戏台上拖到了光绪眼前,光绪本来就对李莲英看不顺眼,今天恰是报复之机,于是他下令:"来呀,笞杖四十,以示惩罚。"

李莲英跪在光绪前,几乎爬到了光绪的脚下。这个太监知道今天闯了祸,非委曲求全不可,否则,万一激怒光绪,把他处以重刑也得受着,所以他哀告说:"还望万岁爷开恩,奴才该死,奴才该死。"说着用手打着自己的嘴巴。

光绪看到他那一副可怜相,激起了慈悲之心,想放过他。但当想到其平日之所作所为,又觉实在太可恨了,于是又下了决心惩罚他。他怒气冲冲地对着李莲英,从鼻子里发出了声音:"哼!死罪饶你,活罪难逃,笞杖四十还是轻的。"

李莲英见光绪如此不讲情面,知道再求也无用了,于是他爬在地上瞪着一对贼溜溜的眼找一个能救他的人——慈禧。他找到了,他从腋下见慈禧笑嘻嘻地在一边坐山观虎斗。李莲英慢慢地掉了下身子,把头转到了光绪和慈禧中间,然后说道:"求万岁爷与老佛爷开恩,奴才实在是无意啊!"听到这句话,慈禧知道李莲英向她搬救兵了,于是笑嘻嘻地对光绪说道:"皇帝就饶了他吧,说来也是,实在是失误啊!"慈禧刚对光绪说完,还未等光绪表态,就转向李莲英说道:"还不向万岁爷叩谢不罚之恩!"

光绪到此时也无可奈何了,他知道慈禧的话是不得违背的,也只得表示认可。

李莲英听罢急忙给光绪叩头："谢万岁爷爷不罚之恩,奴才感激涕零。"

光绪不愿看到他那些伪善的动作,于是不等李莲英说完,便把手一挥,令其退下了。这件事情对光绪来说不几年便忘得一干二净了,而对李莲英来说却是铭刻心中,永志不忘,这是他恨光绪的起点。

李莲英有一个妹妹长得很漂亮,她同哥哥一样很会揣摩别人心理。李莲英将她带进宫后,由于她很会看慈禧眼色行事,甚得慈禧欢心。慈禧称之为"大姑娘"。吃饭时经常召大姑娘陪食,且赐座,这对宫中其他女人来讲,真是破例。

李莲英把他的妹妹引进宫是有其目的的,即他想将其妹进给光绪。但是,他的目的未达到,因为当他的妹妹入宫之后,光绪不但不愿接近,而且有意规避。李莲英的一片苦心化为泡影。由此,加深了对光绪的愤恨。

光绪与李莲英这样的冲突随着时间的推移而日益增加。每一次冲突之后,又几乎无一例外地在慈禧的庇护下李莲英取胜。光绪虽贵为天子,但没有权力,他不能奈何这个李莲英以消愤恨,只有叹息而已。不过光绪把惩治李莲英铭记在心,他在他的师傅翁同龢面前立下了如此誓言:"你们瞧着,总有一天,我一定要把这个骄横无礼的奴才痛痛快快地处罚一场的!因为不管他有多大权势,毕竟还是我们手下的一个奴才。此刻尽管让他放肆下去,到得有一天,不再有人可以站在我和他中间做解劝人的时候,我就可以看见他的末日到了。"

然而,光绪的这个誓言并没有实现,他在慈禧统治的时期,始终没有掌握生杀予夺大权,因而,"那一天"始终没有来到。

李莲英与光绪的敌对已到了不共戴天的程度,对这一点两人都很清楚。步入光绪三十四年十月之后,眼见得靠山慈禧年老染病,李莲英焦心如焚。他知道如果慈禧死在光绪前,他的日子就一定不好过。光绪复辟之后是不会放过他的。恰在此时,光绪日记中关于立志杀死袁世凯、李莲英的内容泄露,李莲英惊恐万分。他不能不先下手。因此在得到慈禧的同意后,他在光绪的食物中下了毒,致使光绪先慈禧一步升天。所以说德龄之言可信,光绪确实是中毒而死。

二十九　溥仪入宫

光绪三十四年十月初十日(1908 年 11 月 3 日)慈禧在皇宫内庆贺她的 74 岁大寿。她自认为莺歌燕舞,海内升平,很是志得意满。

在这之前,慈禧已患慢性腹泻之病。这几日,又吃了些不易消化的乳酪果饼,腹泻又加剧了。据《内起居注》记载,自十月十六至十九日,慈禧没有政务活动。这说明慈禧病情加重了。这时,她感到光绪帝病情已露危象,应该考虑立嗣问题了。

据说,在此期间,慈禧曾秘密召见军机大臣世续和张之洞,征询为光绪帝立嗣问题。

其实慈禧早已心中有数,她不过是做做样子罢了。慈禧询问为光绪帝立嗣谁更合适。世续、张之洞心中暗道,如果再立一个小孩子,又会造成另一个皇太后垂帘,于国不利。

　　于是，合词奏道："国有长君，社稷之福，不如径立载沣。"他们推荐醇亲王奕譞之子，时年25岁的载沣。载沣已被任命为军机大臣。

　　慈禧悲悲切切地答道："卿言诚是。然不为穆宗立后，终无以对死者。今立溥仪，仍令载沣主持国政，是公义私情两无所憾也。"慈禧综合了他们的建白，合盘端出了自己的看法。即立载沣之子为嗣，由载沣主政。

　　张之洞反应敏锐，知道慈禧定下的事是不能轻易改变的，不如顺着好："然则宜正其名。"名不正则言不顺，应该先给载沣一个名分。

　　慈禧虚心求教："占有之乎？"

　　张之洞毕竟胸中有数，顺利答道："前明有监国之号，国初有摄政王之名，皆可援以为例。"

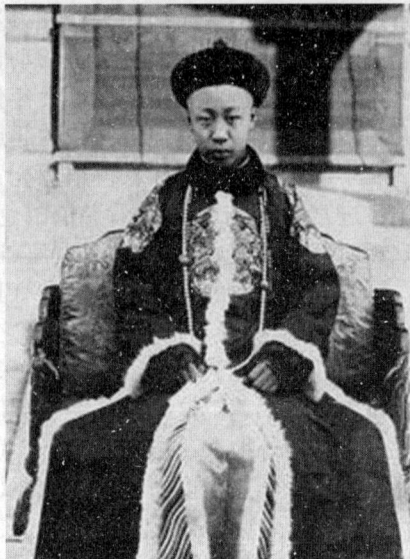

溥仪

　　慈禧很快做出决策，果断地说："善，可两用之。"即载沣可任命为监国摄政王。

　　张之洞看看火候到了，急忙进一言："皇帝临御三十余载，不可使无后。古有兼祧之制，似可仿行。"兼祧，即一个皇帝同时兼做两个皇帝的继承人。即溥仪既是同治帝载淳的继承人，又是光绪帝载湉的继承人。吴可读尸谏就是为此。

　　慈禧极为明敏，她完全洞悉张之洞谏言的本意。这时她不忙于回答，而是默不作声，反复思索。过了好一会，她紧盯着张之洞说："凡事不必泥古。此事姑从所请，可即拟旨以进。"慈禧同意了张之洞的建议。

　　在这之前，慈禧派庆亲王奕劻到东陵恭送佛像，因达赖说佛像放在东陵可以驱邪，为太后治病。同时，庆王亦可顺道视察东陵工程进展情况，因此，庆王没有能够参与为光绪帝立嗣的谋划。等他回京后，这已经成为事实了。庆王只得顺水推舟表示同意了。

　　慈禧当机立断，于十月二十日（11月13日）连发三道上谕。

　　事情发展迅速。第二天光绪帝便死去了：

　　"上疾大渐，酉刻，崩于瀛台之涵元殿。"

　　慈禧又连发三道懿旨。

　　这三道懿旨，既宣布溥仪继位，又宣布溥仪兼祧同治帝，同时宣布载沣为监国摄政王。而这里最重要的一句话是"所有军国政事，悉秉承予之训示，裁度施行"。说明此时的慈禧仍然坚信自己会像从前一样大权独揽、隐握朝纲的。她完全没有想到自己会很快地撒手人寰。基于此，她没有必要害死光绪帝。

　　以上日记应是真实可信的，即慈禧立嗣是在两天之内完成并宣诏于全部军机大臣的。

　　慈禧为什么要选择溥仪为嗣皇帝呢？这和溥仪的出身是密不可分的。溥仪的祖父醇亲王奕𫍽,是咸丰皇帝的七弟,父亲载沣是奕譞的第五子。奕譞有四位福晋,生了七子三女,第一子和第三、四子早殇,第二子载湉当了光绪皇帝,因此载沣就承继了醇亲王位。溥仪是载沣的长子。从血统上看。他是道光皇帝的曾孙,是奕譞的嫡孙,光绪帝的亲侄儿。

溥仪的亲生母亲瓜尔佳氏,是荣禄的女儿。从小就在宫里,慈禧很宠爱她。载沣和她的婚事,是慈禧钦定的。

溥仪是慈禧太后亲妹夫奕譞的孙子,又是他最宠任的军机大臣荣禄的外孙。关系如此密切,慈禧选择他为继承人就不足为怪了。

溥仪在光绪三十四年十月二十日(1908年11月13日)被隆重迎入宫内,成了中国的末代皇帝。

三十　悲郁而逝

溥仪是在光绪三十四年十月二十日(1908年11月13日)被隆重迎入宫的。

慈禧平时患有肠胃之病,但身体素质很好,不影响她的政务活动。

但是自光绪三十四年六月以后,慈禧的身体突然不适。到了九月,即增加了腹泻症。以后腹泻病久治不愈,且愈发严重。自十月初六日(10月30日)起,太医院院使张仲元为慈禧主治。当日的脉案是:"十月初六日,张仲元、李德源、戴家瑜请得皇太后脉息左关弦缓,右寸关较前稍平。肠胃未和,寅卯辰连水泻三次,身肢力软。总由肺不制节,水走肠间,脾运迟慢,是以食后餍杂等症未减。""身肢力软",说明慈禧身体消耗很大,已十分衰弱。

十月初十日(11月3日)是慈禧的74岁寿辰。连续庆贺六天,慈禧必亲自到场。这对慈禧的病情影响更大。

十月十四日(11月7日),慈禧的病情明显加剧。由名医吕用宾入诊,其脉案云:"皇太后六脉均见数象,寸口微浮。头痛目倦,心中餍辣难受,烦躁不安,口渴舌干,咳嗽,时而恶寒发热。种种病情,皆由胃气不降,表感不清,湿热蕴结所致。"

十月二十一日(11月14日)酉刻,光绪帝崩逝。而此时,慈禧的病情也发生很大变化,显然更加严重了。张仲元、戴家瑜的脉案云:"皇太后脉息左寸关至数不匀,右部仍躁。肝气冲遂,胃燥不清,以致时作咳嗽,顿引胸胁窜痛。口渴舌干,精神异常萎顿,小关防多,胃纳太少。"

慈禧墓内旧照

十月二十二日(11月15日),张仲元、戴家瑜做出最后诊断:"请得皇太后六脉已绝,于未正三刻升遐。"

光绪三十四年十月二十二日(1908年11月15日)未刻(午后1时至3时),慈

禧太后宾天了,终年74岁。

她是死于老与病。

在此之前,即十月二十二日晨,慈禧自觉不好,感到要不久于人世。为此,她连发两道懿旨,以安排后事。

第一道:

给予了摄政王载沣以监国的名义。

第二道:

懿旨表明,慈禧把国家政事的最高决策权全部交给了载沣。但同时又留了个尾巴,遇有重大事件仍必须请示隆裕皇太后裁定。不管怎么说,慈禧已意识到自己到了生命的最后一刻,应该交出政权了。

载沣是慈禧的侄儿兼外甥,隆裕是慈禧的侄女。溥仪既有爱新觉罗的血统,又有叶赫那拉的血统。皇权没有落到其他姓氏的手中。这也许是慈禧的一种自以为是的神机妙算。

慈禧又命起草遗嘱。遗嘱得到她的首肯。她在安详中死去。

这个遗诏是慈禧在神智完全清醒的状态下命军机大臣草拟的。拟后进呈,慈禧阅后,命改定数处,又加入数句。加上的是遗诏中的不得不再行训政之语。慈禧说:"我几次垂帘,不知内情的人,有的认为是我贪图权势。实际情况是形势迫使我不得不这样做。"这种说法明眼人一看便知是言不由衷的。

慈禧临死之前的最后一句话,真是完全出人意料。她说:"以后勿再使妇人预闻国政。此与本朝家法有违,须严加限制。尤须严防,不得令太监擅权。明末之事,可为殷鉴。"

慈禧在同治十二年(1873年)就为自己选定了一块墓地,即河北省遵化市西60里的菩陀峪。这个工程浩大、极尽奢华的陵墓,直到慈禧死后才完工,用了35年的时间。

第三部分　风流皇后

乱国毒后　魂断金城——贾南风

人物档案

　　贾南风:西晋晋惠帝司马衷的皇后,史称惠贾皇后。历史上鼎鼎有名的丑女人:据史书上记载,惠贾皇后身材矮小(约1米4左右),面目黑青,鼻孔朝天,嘴唇保地,眉后还有一大块胎记。贾南风是西晋的开国元勋贾充的三女,继室郭槐的长女。由于乱政与陷害他人的事迹,贾南风一直被视为后宫乱政的典型负面人物,其为人凶妒暴虐,手段往往残忍而极端。后被赵王司马伦以金屑酒毒杀死,死时只有四十五岁。

　　生卒时间:公元前257年~公元前300年5月13日。

　　安葬之地:山西太原,碑文在太原的大赧显。

　　性格特点:样貌丑陋,心狠毒辣,暴戾妒忌,权欲熏心。

　　历史功过:贾南风的干政,终于导致了"八王之乱"的发生,更使西晋"宗室日衰",大一统的中国,从此陷入了三百多年的分裂割据局面。其中贾南风本人罪责是难逃的。

　　名家评点:蔡东藩评价说:"贾后凶暴未足,继以淫黩,中冓丑声,播闻中外,古今有如是之浊秽,而不至乱且亡者,未之闻也。"

一　家世门风

　　在中国历史上,后妃们的历史永远是诱人的话题。她们千姿百态,各俱千秋。有的貌美倾城;有的机智干练;有的德才贤淑,而本书的主人公,西晋惠帝司马衷的皇后——贾南风,却以奇丑悍妒,凶残狡诈而闻名。

贾皇后，名南风，平阳襄陵（今山西襄汾）人。父贾充，字公闾，乃西晋的勋臣，他为司马氏得天下立下了汗马功劳。在西晋初，社会上曾流行一句话，"贾、裴、王，乱纪纲。王、裴、贾，济天下。"王指王沈，裴指裴秀，贾即指贾充。王沈、裴秀、贾充灭亡了曹魏的基业，成就了司马氏的天下，是西晋的元勋。尤其是贾充，更是令晋武帝不能忘怀。贾充出身于世族大家，从入仕之日起，他便投在司马氏门下。到司马昭为大将军时，贾充为中护军，是司马昭的心腹爪牙。此时的曹魏政权已名存实亡，司马昭已掌握全面政权，小皇帝曹髦只是傀儡而已。作为心腹，贾充更是积极地为司马昭创造机遇，使其主子成为九五至尊。

甘露五年（260年）四月，有人报告说，宁陵井中出现黄龙，满朝文武大臣以为是吉兆，纷纷上表向皇帝道贺。小皇帝曹髦面无喜色，长叹道："这哪里是什么祥瑞啊！龙者，象征着君主，它上不在天，下不在田，而屈居在井中，这是被幽困的征兆啊！"

曹髦感慨万分，看看自己的处境，真如龙困井中一般，他奋笔疾书，写下一首《潜龙诗》。

贾充闻听此事，便奔向大将军府，向司马昭报告。司马昭在府中正考虑要伐蜀之事，刚要派人去叫贾充来商量此事，见贾充急忙而来，高兴地说道："我正要派人去找你。中护军，你看我现在伐蜀如何？"

贾充连摇头带摆手地说道："主公，您千万不能带兵西伐，现在天子正在怀疑您，您如果轻率出征，京都内必出大乱。"

遂把刚才所听一切一五一十地告诉了司马昭。最后，他还挑拨道："主公，天子所做的《潜龙诗》，诗中之意，明明不是对着主公您吗，望主公三思啊！"

司马昭听罢，勃然大怒说："这人是自找死路。我若不早点除掉他，他一定会害我的。"

贾充随声附和道："愿主公早做打算，我愿随时为主公效力，早早除掉他。"

次日，司马昭身带宝剑，气势汹汹地上朝。曹髦一见，赶紧站起身来，满脸赔笑地迎了上去，把司马昭让到座位上。这时，司马昭的心腹爪牙们跪奏说："大将军功德无量，应为晋公，加九锡。"

曹髦闻听，心想，这下一步不就是当皇帝了吗？便低头默不作声。司马昭见状，厉声怒吼道："我父子兄弟三人有大功于魏，今升为晋公，难道不应该吗？"

曹髦急忙说："我怎么能不同意呢。"

司马昭站起来，走到曹髦面前，大声说道："听说你作了一首《潜龙诗》，把我比作鳅鳝，这是什么礼法？"

曹髦吓得脸色苍白，支吾着不能回答。司马昭冷笑一声，头也不回地下殿而去。众官员吓得呆若木鸡，木然地散去。

魏主曹髦一看事已至此，与其坐以待毙，不如铤而走险，还有一线希望，灭掉司马氏，掌握朝政。曹髦回到后宫，立即召见侍中王沈、尚书王经、散骑常侍王业三人，入内商量对策。

曹髦泪流满面，哭泣着对三人说道："司马昭怀篡逆之心，人所共知！朕不能坐等他废黜污辱，众爱卿可得帮助朕讨伐司马昭啊！"

三个人听完这番话,不觉大吃一惊。这可不是儿戏,弄不好不仅要杀头,还要灭族的。沉默片刻,尚书王经站起来,跪到曹髦面前,哀求道:"陛下,这千万不可。现在,朝权都已归司马氏久矣,内外公卿、文武百官不顾顺逆之理,阿附于司马氏,唯司马氏颜色是瞻,而陛下的护卫势力单薄,没有可担此重任的将帅。陛下若不忍下这口气,后果将不堪设想。望陛下三思,从长计议,不可造次啊!"

曹髦愤然而起,怒吼道:"是可忍,孰不可忍也!朕意已决,死又何惧!"

说罢,拂袖直入永宁宫,向太后报告去了。

剩下的三个大臣急得团团乱转,不知如何是好。王沈对王经说:"事出意外,棘手难办,我们去对付司马昭,无异于自取灭亡。我们应快去报告司马公,才能免于一死。"

王经大怒,愤愤地说:"主忧臣辱,主辱臣死,怎么能心怀二志呢?"

王业赞同王沈的观点,二人急忙向司马昭告密去了。

司马昭得到消息,急令中护军贾充召集队伍,准备迎战。过了片刻,魏主曹髦从宫内出来,命令护卫焦伯,招集殿中宿卫侍从等三百多人,大喊大叫地从宫内杀出来。曹髦手拿宝剑,坐着龙辇,指挥着这支杂牌军队直出南宫门。这时,尚书王经跪在辇前,大哭而谏曰:"陛下这不是驱羊而入虎口吗?徒死无益,望陛下快快返回。臣并不是怕死,实在是这事行不通啊!"

曹髦大声道:"爱卿就不要阻拦了,大不了和他拼个鱼死网破。"

说罢,直奔司马府。

行至云龙门,只见贾充身穿战服,骑着战马,左边是成倅,右边是成济,带领数千名铁甲禁兵,呐喊着,杀将过来。曹髦高举宝剑,大声喝道:"胆大的狂徒,我乃天子,你们冲进宫廷,难道想弑君,犯上作乱吗?"

众官兵一见天子在此,都吓得不敢动,贾充对成济大喝道:"司马公养你不就正为今日之事吗!"

成济手执大戟直奔曹髦杀去,边跑边回头问贾充:"是杀了他,还是生擒活捉?"

贾充高声喊道:"司马公有令,只要死的,不要活的。"

成济来到辇前,曹髦大喝道:"胆大的匹夫,怎敢对天子无礼!"

话还没说完,被成济一戟刺中前胸,曹髦的灵魂便奔向西南大路了。皇帝一死,宫廷卫队便一哄而散,各自逃命去了。

司马昭听说皇帝已死,心中十分高兴,可脸上却装出痛不欲生的样子。文武百官心如明镜,但畏惧司马昭的权势,也都敢怒而不敢言。只有尚书仆射陈泰不惧他,披麻戴孝在灵前痛哭着。司马昭问陈泰道:"你看今天的事,应该如何处理是好?"

陈泰愤然道:"只有杀了贾充,才能对天下多少有个交代。"

司马昭沉吟良久,小声说道:"要杀就杀个小点儿的吧!"

陈泰大声喊道:"只有再大点儿的,不是再小点儿的。"

司马昭无奈,只好装聋作哑,不做回答了。

为了收服人心,司马昭决定丢卒保车,杀成济以谢天下。他下令说,成济大逆不道,弑君犯上,应处以剐刑,灭其三族。成济大骂司马昭道:"杀皇帝,这不是我的罪过,是贾充传达你的命令,让我这么干的,岂能怪罪于我!"

司马昭一听,恼羞成怒,下令先割下成济舌头,然后处死,尽灭三族。

贾充为司马昭除去曹髦后,劝司马昭取代曹氏,即天子位,司马昭认为时机还不成熟,便对贾充说道:"昔周文王有三分之二的天下,还服侍殷商,故圣人称其至德。魏武帝曹操不肯受禅于汉,就如我不能受禅于魏一样。"

贾充听罢,心里便明白了,原来司马昭是想让儿子做皇帝,也就不再劝了,但却把这话深记在心中了。

曹髦死后,司马昭另立傀儡——小皇帝曹奂,司马昭为晋王。司马昭有二子,即司马炎和司马攸,因司马师无子,将司马攸过继给司马师为子。司马昭升为晋王,立谁为世子,来完成自己未竟的事业呢?

司马昭常说:"天下者,乃吾兄之天下也。"

所以,他有意立司马攸为世子。贾充劝谏说:"长子司马炎聪明神武,有一副天子相,应立为世子,只有他才能完成您的心愿。"

司马昭遂立长子司马炎为世子,贾充为司马炎争来了王位继承权,为其通向皇位铺平了道路。

不幸的是,正当此时,司马昭中风病危,临死前,拉着司马炎的手说:"知我者,贾公闾也。"

不久,司马昭就故去了。司马昭死后,司马炎即晋王位,封贾充为晋国卫将军、仪同三司、给事中,改封临颍侯。司马炎一登王位,便立即向皇位伸下手去。他匆忙安葬了司马昭,将贾充、裴秀召入宫内,问道:"曹操曾说:'若天命在我,我将做周文王',果真有此事吗?"

贾充一听,马上领会了新主子的意图,遂说:"曹操世代享受汉家厚禄,恐怕别人说他篡逆,故说出这番话,这是明教他儿子曹丕为天子啊!"

司马炎闻听,喜上眉梢,站起身来,大声说道:"曹丕能继承汉统,难道我就不能继承魏统吗?"

贾充、裴秀二人闻言,马上跪拜,说:"殿下正应该效法曹丕继汉的故事,登基皇位,建立伟业。"

司马炎闻听贾充、裴秀之言,心中大喜,认为时机已成熟,决定马上动手。

第二天,司马炎身佩宝剑直闯后宫。当时,曹奂有病躺在床上,已有几日不能上朝了,这几天,他总是心神恍惚,举止失措,眼皮也不停乱颤,不知道要有何祸事降临。忽然,他见司马炎带着宝剑闯进来,吓得慌慌张张地下了龙床,满脸赔笑地迎了上去,让司马炎坐在上座。司马炎满脸严肃,郑重地问曹奂:"你说说,魏家的天下是靠谁的力量才得到的?"

曹奂不知道发生了什么事,急忙答道:"那当然都是晋王您的祖、父所赐的了。"

司马炎仰天大笑,朗声说道:"我看陛下乃是个庸才,为什么不让位于有才德的人呢?"

曹奂大惊失色,不知如何是好。

这时,旁边站立的黄门侍郎张节说了话:"晋王,您说这话就不对了! 昔日魏武皇帝南征北战，东征西讨，才得此天下，难道容易吗？况且，现今天子有德而无罪，为什么要让位给别人呢？您要是那么做，您就是篡国之贼！"

司马炎怒吼道："我这是给汉家报仇，有何不可！哪里有你多嘴，来人啊，给我乱棍打死！"

一群武士蜂拥而上，一顿乱棍，将张节打死在殿下。曹奂一见，吓得号啕大哭，跪在司马炎面前苦苦地哀求，希望司马炎能够回心转意。司马炎大怒，转身拂袖而去。

曹奂急忙唤贾充、裴秀进殿商议，真是慌不择路。他问二人道："事已至此，你们说如何是好？"

贾充说："魏室天数已尽，陛下还是顺从天意，禅位于晋王吧！这样，上合天意，下顺民心，陛下您也可高枕无忧，逍遥度日了，这不是两全其美吗？"

曹奂被逼无奈，只好同意让位。他令贾充建受禅坛，于咸熙二年（265年）十二月甲子日，正式让位于司马炎。

这样，司马炎在贾充等一班大臣的扶持拥护下，终于登上了皇帝的宝座，建立了晋朝。司马炎当上皇帝，他并没有忘记贾充的功绩，封他为鲁郡公，拜车骑将军、散骑常侍、尚书仆射、权倾朝野，令众大臣侧目。

二 丑女入宫

贾充的为人善于谄媚，能言善辩，深得武帝的喜欢。武帝以之为心腹，无论军国大事还是朝廷机密，都要找贾充、王沈及荀勖等商量，一时权倾朝野。一些大臣为了向上爬，纷纷投到他的门下，成为他的党羽。当时，贾充与太尉、行太子太傅荀顗、侍中、中书监荀勖、越骑校尉安平冯䢷结为党友，朋比为奸，他们党同伐异，大有垄断朝政之势，引起其他大臣的不满。

一天，武帝召侍中裴楷入宫，询问自己为政之得失。

裴楷见皇帝如此问他，便仗着胆直言道："承蒙陛下厚爱，为臣就斗胆直言了。自从陛下登基以来，四海承宁，天下太平。可是，有一件事，为臣不得不提醒陛下，不应该让像贾充那样的奸佞小人横行朝野，陛下应亲贤臣，远小人，广集天下贤材，辅佐朝政，不应重用贾充之徒，示天下以私心啊！"

武帝听罢，脸色阴沉，默不作声。裴楷一见，自己触及皇帝的心肺了，皇帝有些不快，便识趣地退下去了。

在朝中，一些刚直不阿，不肯屈服于贾充的大臣，如侍中任恺、中书令庾纯等，看到贾充权势日益加重，恐怕他危及朝政，都想伺机损抑他，减少他的权限。贾充对他们的所作所为，看在眼里，记在心上，也伺机报复他们。

一次，皇帝要为太子选一少傅，辅佐东宫。贾充一见，这正是把任恺从皇帝身边挤走的好机会，便趁机对武帝说："陛下，侍中任恺对朝廷忠心耿耿，为人也正直，富有才华，正堪做太子少傅，来辅佐太子。"

太子少傅是个闲职，职位虽高，却没有实权，而侍中则是实权之职。贾充希望武帝能解除任恺的侍中之职，改授太子少傅。可是武帝非比常人，一眼便看透了贾充的用心。他想,不能让贾充如此专权,让任恺继续任侍中,牵制贾充。想到这里,便对贾充说:"贾爱卿所言极是,任恺正直忠贞,非常适合为太子少傅,朕任其为太子少傅,但侍中如故。"

贾充一听,心里凉了半截,只好快快地说:"陛下圣明,任人得当,社稷之福也。"

正当双方明争暗斗之时,发生了一件意外事件,这一偶然事件,一定程度上改变了西晋王朝的命运,加速了西晋王朝的灭亡。那就是秃发鲜卑树机能的起义。

武帝泰始六年(270年),凉州的鲜卑族秃发树机能起兵造反。实际上,秃发与拓跋,只是同音异义而已,秃发鲜卑不过是拓跋鲜卑的一支。到了树机能时期,部众数万,居住在雍州、凉州(今甘肃境内)。邓艾灭蜀时,树机能归降,邓艾将他们与汉人杂居在凉雍等州。晋武帝怕杂居易乱,便将他们从凉、雍二州分离出来,另置于秦州(今甘肃),以胡烈为雍州刺史,牵弘为凉州刺史,来防御鲜卑的反抗。

大司马陈骞强烈反对用此二人抚边,对武帝说:"胡烈、牵弘皆勇而无谋,刚愎自用,如用此二人抚边,一定会给朝廷带来灾难和耻辱。"

武帝淡然一笑,没有接纳。因为陈骞与牵弘素不相善,武帝以为陈骞是有意诋毁牵弘,故不采纳他的建议。谁知二人到任不到一年,不但没有安抚好众胡族,反而由于他的高压政策,引起了众胡族的反抗。树机能率众揭竿而起。胡烈率领军队,前往镇压,双方在万斛堆相遇,进行了一场大战。

胡烈的军队乱成一团,死伤过半,胡烈也身受重伤,最后被树机能当胸一枪,挑下马来,死在山上。

战报传到朝廷,武帝大为震惊。扶风王司马亮负责都督雍凉军事,急忙派将军刘旗前往凉州。刘旗听到胡烈兵败战死的消息,吓得不敢前往,在中途停留不前。雍凉地区的民变日甚一日,急报屡屡传来,武帝大为恼怒,罢免了司马亮的官职,另派尚书石鉴为安西将军,前去讨伐。石鉴几次作战,都被树机能打败,日久无功。到了泰始七年(271年),树机能发动雍凉地区所有胡族,联合围攻金城(今甘肃兰州),杀死凉州刺史牵弘,声势日益壮大。

消息传来,武帝深感不安,他决定另派大将,前往镇压。派谁前去更为合适呢?这时侍中任恺看透了皇帝的心思,一想这正是排挤贾充的好机会,便对武帝说:"陛下,雍凉边患日益严重,臣以为应派一名有威望、有智谋的重臣前去镇抚,才可解除边患。"

武帝忙问道:"任爱卿,你看谁可担当此任呢?"

任恺假装思考了一会儿,说:"以臣之见,鲁郡公贾大人智勇双全,威镇朝野,担当此任比较合适。"

站在一旁的中书令庾纯闻听任恺之言,心里明白任恺之意,也向武帝说:"贾尚书位极人臣,善于安民,深得人心,若派其前往抚边,那些不法之徒将不攻自破。"

武帝听完二人的荐举,知道二人的意图,他也想借此机会来挫挫贾充的锐气,遂同意了二人的意见,下诏命贾充为都督秦、凉二州诸军事,仍为侍中、车骑将军,立刻准备兵马粮草,出征秦、凉叛民。

诏书一下,如同一声惊雷,把贾充吓得目瞪口呆。领兵打仗实在是强其所难,在他的大半生中,他之所以能取悦于皇上,一是因为为司马氏杀了曹髦皇帝,二是为当今圣上争得世子之位,并助其登上帝位。再加上他善于谄媚,投机专营,巧言善辩,才得到今天的位置,他哪里有什么韬略,也从来没有带过兵,打过仗。现在西北边患如此严重,派他前往,这不是让他去送死吗?贾充茫然不知所措。是谁出此坏主意?皇上是何意图同意这种意见了呢?他思谋良久,也想不出个头绪。他派人四处打探消息,是谁想借机陷害他。后来,一个家人打听到,这是侍中任恺和中书令庾纯所荐。贾充一听,简直要气炸了肺,对二人恨之入骨,恨不得食其肉,寝其皮。但皇上既然采纳了二人意见,一定是对自己有些看法,看来只好硬着头皮去做了。

贾充以招募军队为名,一天天拖延着,不肯离京启行,一直到冬季,天已寒冷,粮草兵马已经准备完毕,从皇帝诏书下来至今,已数月过去,此时又正是出兵作战的好季节,只好上朝,向皇上辞行。

临行前,文武百官都到夕阳亭为贾充钱行,贾充大摆酒席,招待前来送行的文武群臣。大家都说着希望鲁公早日得胜还朝的吉利话,而贾充则默默不语,眉头紧锁,仿佛这不是去打仗,而是生离死别一样。酒过三巡,菜过五味,贾充起身离座去上厕所,只见荀勖也赶紧起身跟去,满脸神秘地说:"我想,事情可能有一线转机的希望。"

贾充一听有希望,眼睛马上闪出亮光,急问道:"有何希望?"

荀勖说:"最近从宫中传出消息,陛下要为太子纳妃。鲁公您不是还有两个女儿待字闺阁吗,若能将一个嫁与太子,这样您不用推辞,陛下也会将您留下的。"

贾充听说是这个消息,马上像泄了气的皮球,瘪了。

贾充共有四个女儿,长女名荃,嫁与齐王攸为妃,次女名濬,亦嫁名门,这两女为前妻李氏所生。三女名南风,长得奇丑无比,又矮又胖,脸色青黑,眉不清,目不秀,年已十四,尚无人来提亲。小女名午,长得还有几分姿色,年方十一,长得又瘦又小。这两个待嫁之女哪个能嫁给太子呢。

故此,贾充苦苦一笑,说道:"我恐怕今生无此厚福了。"

荀勖明白贾充的苦处,说道:"鲁公您不要泄气,事在人为嘛!"

说完,便凑到贾充耳边,说我们就这么这么办,贾充听罢,脸上露出笑容,赶紧向荀勖施礼道谢,恨不得跪下给荀勖磕几个响头。

两个人又嘀嘀咕咕地商量一会儿,便手拉手地一同回到宴席上。此时的贾充如同换了个人,满脸笑容,神采飞扬,频频举杯痛饮,心情好得无法形容。宴会一直进行到半夜,众官才酒足饭饱地告别,贾充也是酩酊大醉,回房做美梦去了。

过了两天,贾充将家中事情安排好,便领兵上路了。一路上,他率领军队每天只走几里路,停停走走,磨磨蹭蹭地等待家中的消息。

贾充一走,家中可忙乱了套,他们兵分两路,向皇帝进攻。贾充的妻子广城君郭槐做梦都想把女儿嫁给太子,将来好做皇帝的丈母娘。她一见自己的丈夫陷入困境,而只有嫁女于太子才能替丈夫解围,她便使出浑身的解数,四处活动。她知道武帝很宠爱杨皇后,而杨皇后又是太子的母亲,对选妃有很大的权力,她决定走妇人外交,借枕边风来使武帝同意娶自己的女儿。她不惜金钱及金银首饰,贿赂杨皇后身边的宫女及太监,又向那些能够入宫与杨皇后说上话的命妇们行贿,让她们也替自己的女儿吹捧。这些人围着杨皇后不停地提起贾家之女,杨皇后耳朵较软,见众人都说贾家之女人好,便也动了心,想娶为儿媳妇。

另一方面,荀勖为保住贾充这个后台,也四处活动。他首先劝太子太傅荀颉和越骑校尉冯紞,他说:"贾公率军远征了,若要成行,我们就没有靠山可依了,我们就会失宠,前途莫测。现在陛下正欲为太子纳妃,我们为什么不说服陛下娶贾公之女,如若成功,我们就无后顾之忧了。"

荀颉和冯紞听完荀勖一番话,觉得很有道理。

一天,武帝罢朝回宫,与杨皇后座谈。武帝说:"衷儿年已十二了,应给他选一妃子了。"

杨皇后一看时机已到,便轻启樱唇,柔声说道:"妾身听说贾充的女儿比较贤惠,有才德,又是勋门之女,纳为太子妃比较合适。"

武帝说:"我想聘卫瓘女为太子妃,不愿聘贾充之女为太子妃。"

杨皇后听罢,忙说:"那为什么?"

武帝说:"卫家为名门世族,闺风醇正,卫家妇女都比较贤淑,而且长得端庄秀美,身材高而苗条,皮肤白而细腻,生殖力强,多子多孙。而贾家则不然,世代妒忌成性,个个长得相貌丑陋,又矮又胖,皮肤又黑又粗,简直无法与卫家相比。而且,贾家人丁不旺,子孙稀少。如此优劣不同,难道我们能舍好而取坏,舍美而取丑吗?"

杨皇后不死心,向武帝撒着娇说:"反正我喜欢贾家的女儿,陛下不应以貌取人,坐失佳妇。不信,你明天问问群臣,看他们怎么说?"

武帝点点头,同意了杨皇后的意见。

第二天,武帝设宴招待群臣。酒至半酣,武帝说:"今天宴请大家,有一件事想征求大家的意见,那就是为太子纳妃的问题,众爱卿看看,哪位大臣之女才堪入选。"

荀勖正好在座,一听武帝询问,忙说:"陛下,为臣觉得贾公之女端庄贤淑,德才并举,正堪匹配太子。"

荀勖话音刚落,荀瓘、冯紞先后说话,极力称赞贾充之女,说得天花乱坠,娓娓动听。那个时代,大家闺秀都是大门不出,二门不迈,贾充之女究竟长得如何,连武帝在内,谁也不大清楚,武帝所知情况也都是道听途说,以及根据父母情况进行的猜测。现在,杨皇后所说在先,众臣所说在后,都说贾充之女如何如何好,不觉有些动心。便问:"贾充共有几个女儿?"

荀勖答道:"贾公前妻李氏生二女,已经出嫁,后妻生二女,尚未订亲。"

武帝又问:"没有出嫁的两个女儿多大年纪?"

荀勖说:"臣听说他家最小的女儿貌若天仙,年方 11 岁,正好入配太子。"

武帝说:"11 岁太小了,恐怕不太懂事。"

荀勖忙说:"贾家三女儿,已经 14 岁,才德过人,貌虽不及小女,但为太子娶妃应尚德不尚色,将来能更好辅佐太子,望陛下圣裁!"

武帝见众臣如此之说,便说道:"既然大家这么说,那么就聘贾氏三女,入配太子。"

荀勖听罢,急忙起身离座,向武帝祝贺,群臣也纷纷向武帝道喜,武帝也十分高兴,一个相貌奇丑又悍妒无比的贾南风就这样被纳入后宫。从此这个黑旋风把后宫搅得天翻地覆,没有片刻安宁。这一偶然之事,改写了西晋王朝后期的历史。

荀勖等宴席撤散,便欢天喜地跑往贾府,向刚刚返回京城的贾充报喜祝贺去了。

贾充带兵西征,怎么这么快就返京了呢? 原来,贾充与荀勖商量好计策之后,就慢腾腾地西行,偏天公作美,未行几日,大雪连降几日,封住了道路,连鸟都难飞,何况是行军呢。贾充正好不愿走,就此停下扎营,派人回京报信,说大雪封路,无法前行,只好等待天晴再起程。武帝得信后,也知道贾充不愿去,如此拖延,还不如令其返京,便下令贾充返回京城。贾充闻讯,也忘了大雪封道,昼夜兼程,快马加鞭地赶回京城。刚刚回府,便见荀勖来报喜,贾府上下一片欢呼,贾充真如所愿,将自己丑女嫁给了太子,不久的将来,自己就成国丈了。

三　恶父悍母

泰始八年(272 年)二月,是太子与贾南风的佳期。婚期临近,贾府上下一片忙乱。大臣们也两边忙碌着,既要两边贺喜,又要两边送礼。满朝上下足足忙了一个月,才算忙完此事。

新婚之夜,太子揭下新娘盖头,把本来就有些痴呆的太子吓了一跳,这哪里是新娘,真如同青面獠牙的母夜叉,他急忙躲在一边,不敢与新娘亲昵。新娘贾南风见此,又气又恼,走到太子身边,又是哄,又是吓,把这位年仅 13 岁的太子拉上床,过完了洞房花烛之夜。

第二天早晨,新婚夫妇拜见公婆。武帝看见儿媳容貌如此丑陋,心中又气又恨,再看看自己的傻儿子,重重地叹了口气,也就罢了。

相貌丑陋的贾南风继承了父母的所有短处,她像她父亲一样能言善辩,善弄权术,阴险狡诈,又继承了她母亲的凶悍奇妒的本性。贾充虽然权倾朝野,但在这位河东狮吼面前,也得俯首帖耳,唯妇命是从,比皇帝的圣旨还敬从。

贾充的原配夫人是曹魏中书令李丰的女儿,出自名门,端庄贤淑,与贾充恩恩爱爱,感情甚笃。二人生有两个女儿,长女名荃,嫁与齐王司马攸为妃,长得如花似玉,深受恩宠。次女名濬,长得也是眉清目秀,也已嫁与名门,生活得很美满,男恩女爱,如胶似漆。夫妻二人见女儿如此幸福,也就心满意足了。不想晴天霹雳,一次偶然事件拆散了这对恩爱的鸳鸯。

嘉平六年(254 年),魏帝曹芳年轻气盛,不甘忍受大将军司马师的专横,决定奋起反击。一天退朝后,他将中书令李丰、太常夏侯玄、光禄大夫张缉召到密室,商量对付司马师的对策。李丰说:"陛下,您不必过分担忧,为臣虽不才,但愿为陛下肝脑涂地。您下个诏书,我去为您召集四方豪杰,共同兴兵,来剿灭这个乱臣贼子。"

夏侯玄说:"我身为国家的皇亲国戚,实在不忍心看司马氏兴风作浪,所以愿奉诏讨贼。"

贾南风画像

曹芳又犹犹豫豫地说:"恐怕这事不行吧!"

三位大臣见皇帝犹豫不决,便跪倒在皇帝面前,痛哭流涕地说:"陛下,您就下决心吧,臣等誓死剿灭此贼,否则绝不生还。"

大臣的情绪感染了这位勇而无谋的年青皇帝,他脱下自己身上的龙凤汗衫,咬破手指,慷慨地写下血诏。他双手捧着鲜红的血诏,交给张缉,语重心长地说:"爱卿,朕可把性命交与你们了,你们可千万要谨慎行事,不能出半点差错。"

李丰说:"陛下怎能说如此不吉利的话,臣等不是董承,况且司马师怎能与武皇帝相比,陛下您就放宽心,静候佳音吧!"

三人拿着曹芳的密诏,辞别了皇帝,刚走到东华门的左侧,迎面看见司马师身佩宝剑,带着数百名全副武装的士兵奔皇宫而来。李丰三人站在路旁,行礼让路。司马师走到三人面前,见三人神色慌张,脸有泪痕,觉得其中有事,便厉声问道:"你们三人为何这么晚才退朝?"

三人一见司马师问及此事,有些惊慌失措,面面相觑。李丰还比较沉稳,答道:"我们陪皇帝在御书房看书,才退朝晚了。"

司马师大吼道:"你们还想抵赖,看看你们的眼睛,个个哭得红红的,还想欺骗本大将军? 来人啊,给我搜!"

一群士兵七手八脚地上来搜身,在张缉身上搜出一件龙凤汗衫,上面写着密诏,诏书上写:"司马师弟兄,专持朝政,横行霸道,将要篡夺天下。先前所下诏书,都不是朕的意图。希望各部官兵将士,看此诏书,能忠心报国,兴兵灭贼,匡扶社稷,成功之日,朕一定重重有赏。"

司马师看完密诏,勃然大怒,指着三人说:"好啊,你们竟胆敢谋害我们兄弟。

来人啊,把他们给我斩了!"

武士们将李丰三人当即腰斩处死。司马师还下令灭其三族,并将曹芳废掉,立曹髦为帝。

李氏作为李丰之女本应处死,但由于她是贾充之妻,贾充又是司马师的心腹宠臣,贾充苦苦哀求于司马师,司马师才下令赦免,但免去死刑,却要发配边疆。

消息传来,夫妻二人抱头痛哭。临别前夕,夫妻俩信誓旦旦,缠绵悱恻。

第二天,李氏在武士的押护下,孤单一人上路了。贾充身单影孤,独守空房,寂寞难耐,没有几日,便支持不住。这时,有人将城阳太守郭配的女儿郭槐介绍与他,他忘记了与李氏的誓言,便匆匆地与这位身材矮胖,长相一般的姑娘成了亲。再婚的欢愉使贾充早把李氏抛到九霄云外去了,夫妻二人缱绻缠绵,彻夜交欢,快乐无比。甘露元年(256年),郭氏生下了女儿贾南风。夫妻俩视女儿若掌上明珠,娇宠溺惯,将女儿惯成一个骄横霸道,任性刁蛮的小公主。

郭槐自从嫁给贾充,见贾充对自己十分宠爱,便越来越放纵骄横起来。自己又为贾充生了女儿,就更一手遮天了。这个性格泼辣的女人非常善妒,她恨一切长得比自己漂亮的女人,不许贾充和任何女人来往,生怕失去这位权高望重的郎君,所以看起贾充来,比看贼还严。贾充无可奈何,做什么都小心翼翼,生怕惹怒这头母狮子,把家搅得天翻地覆。天长日久,贾充便作成惧内之病,不敢对郭氏有一丝一毫的反抗。

武帝司马炎登基后,大赦天下,贾充前妻李氏被赦,回到娘家,这回麻烦事可就来了。一天散朝后,武帝把贾充召到身边,拉着贾充的手说:"贾爱卿,朕能有今天,全是你的功劳,朕深表感激。但有一件事我觉得有些歉疚,那就是先父将你的前妻李氏流放,拆散了你们结发夫妻之事。现在,朕已赦免了李氏,爱卿你就将李氏接回家,与郭氏为左右夫人,成全朕的心意,这不是两全其美的好事吗?"

贾充听完此话,又喜又怕,喜的是若能将李氏接回,重叙旧情,也不枉曾夫妻一场,在良心上也能得到些安慰。怕的是妻子郭槐能让吗?若是她不同意,此事就难办了。他思前想后,犹犹豫豫地对武帝说:"多谢陛下美意,此事让臣子考虑考虑。"

第二天上朝,武帝又问起贾充这件事来,武帝问道:"贾爱卿,昨天朕与你说的事考虑得如何了,何时迎回李氏?"

贾充见武帝又问起这件事,满脸通红,笑了笑说:"多谢陛下的美意,臣有何功德能受起设左右夫人之宠?况臣子精力有限,实在无法享受此礼,望陛下原谅为臣没有完成您的命令。"

武帝听罢,以为贾充在谦虚,便说:"贾爱卿不必谦虚推辞,李氏原本就是你的夫人,只需举行个简单仪式,接回便是,有何难办的呢?"

贾充支支吾吾,叹口气说:"陛下,一个郭氏就已够为臣消受的了,实在不敢娶第二个了。"

武帝一听,哈哈大笑,他明白了怎么回事,也理解了贾充的苦处,便不再追问了,说道:"既然贾爱卿无意迎回李氏,这也就罢了,这是你家的私事,朕也就不管了。"

贾充听武帝如此说,如释重负,急忙退下了。

不料，这件事被李氏的长女贾荃听到。贾荃嫁与武帝的亲弟弟齐王司马攸，是武帝的弟媳妇，身为齐王妃，见到自己的母亲流放返回后，仍独对青灯，寂寞孤独地打发着时光，非常痛苦，她知道继母悍妒刁钻，父亲惧内成病，无法劝说父亲。现在听说皇帝下令，让父亲迎回母亲，心里十分高兴。第二天，便坐轿前往贾府，去替母亲说情。

一进贾府，贾荃就觉得气氛不对头，继母郭槐铁青着脸，一声不吱，父亲也耷拉着脑袋不冷不热，贾荃觉得非常尴尬，不知出了什么事。原来，郭槐一听齐王妃要回府，心里就明白是怎么回事，她威胁贾充说："你要是答应她，我就和她拼命。"

贾充一见郭槐怒吼，只好息事宁人地说："罢了，罢了，我谁都不答应。"

所以郭槐就摆好架势来对付贾荃。

贾荃见此，觉得事情难办，想到自己饱经风霜的母亲，眼泪掉了下来。她轻轻地走到父亲面前，双膝跪下，拉着贾充的手，哽咽着说："父亲，我母亲能活到今天，就盼着能有朝一日与您团聚，幸福地走完人生的旅程。为了这一天，她孤单一人在边疆苦苦挣扎，受尽了折磨，无怨无悔。现在，圣上赦免了。父亲，不管我母亲是否有过错，您看在以往你们夫妻一场的情面上，看在您女儿的面子上，您就把我母亲接回来吧，女儿给您叩头了。"

说罢，趴在地上磕起头来。贾充听完女儿的一番话，心里很不是滋味，抬头望望郭槐，见郭槐横眉冷对的样子，也不敢说什么，急忙搀起女儿，嘴里支支吾吾地应付着说：

"快起来，女儿，容父亲想想。"

这时，坐在一边的郭槐说了话："王妃如此，我们家可不敢当。至于接你母亲回府，我觉得不大妥当，堂堂一个宰相府，怎能随便让有罪的人出入呢，这不让别人说闲话吗？"

贾荃一听，便明白为什么父亲不答应接回母亲了，看到父亲怯懦的样子，再看看骄横跋扈的继母，觉得事情没有希望了，便悲哀地坐轿回府了。

贾充因惧怕悍妻郭槐而抛弃了结发之妻李氏，内心觉得有些惭愧。为了减轻良心上的歉疚，又不惹怒母夜叉，他想了一个折中的办法，在洛阳永年里为李氏建筑一幢房子，派下人将李氏接到那里居住。李氏自从与丈夫分手后，十多年来，朝思暮想，盼望有一天能破镜重圆，再续前缘。皇上特赦回到洛阳后，她住在娘家，朝也盼，暮也盼，盼望自己的郎君能快点来接自己。每次女儿们回来看她，她总是不停地问贾充的情况和什么时候能来接她。女儿们就用各种借口搪塞她，不忍心打破母亲心中的美梦。

一天，她见女儿贾荃满脸泪痕、脸色苍白地回来，不知什么原因，还以为小夫妻俩吵架了呢，便问："女儿，你怎么了？什么事这么伤心？"

贾荃一听母亲问起，再也忍不住了，便一头扑在母亲的怀里痛哭起来。李氏一边擦着女儿脸上的泪，一边安慰着说："别哭了，有什么委屈跟妈妈说说，说出来就好了。"

贾荃好不容易忍住哭声，哽咽着跟母亲学说了今天去贾府，如何劝说父亲来接您，如何跪求父亲，以及郭槐的态度。贾荃还在说着，只见母亲突然昏厥过去，不省人事。贾荃连哭带喊,又是呼又是唤,半天才把李氏唤醒。李氏脸色死灰,慢慢睁开眼睛,静静地看着女儿,一言不发。贾荃劝道:"妈妈,您不要太伤心,对如此负心之人,伤心是没用的。您还有女儿,我将来会好好照顾您的。"

无论女儿怎样劝说,李氏只是欲哭无泪,满脸哀伤地坐着,一句话也不说。贾荃见母亲这样,心里十分难过,决定再去贾府一趟,恳求父亲来见见母亲。

贾荃第二次来到贾府,跪在地上苦苦哀求贾充能去看看母亲,可贾充不为女儿的哀求所动,不去探望李氏。

这时,贾充为李氏所建的房屋落成,贾充派手下人去接李氏。李氏已心灰意冷,但不能永远地住在娘家,便搬到了新宅。贾荃看母亲一天天憔悴下去,心里很着急,她决定和妹妹贾堭一起去求父亲。

正巧,皇上派贾充西征树机能,贾荃姐妹俩以为父亲送行的名义来到了贾府。她们俩走到贾充面前跪下,贾荃说道:"父亲,听说您要带兵西征了,女儿前来为您送行。不过,临行之前,女儿恳求您能去看看我母亲。我母亲盼您已盼十多年了,为了这一天,她望穿双眼,苦熬苦等着。您不能做得太绝情,既然您不想把我母亲接回府,您就应该亲自去一次,给我母亲做个交代,也不枉夫妻一场。况且,我母亲现在已无意再回到您的府上,只是她的身体越来越弱,做女儿的很心痛,求父亲看在昔日情分上去一次吧!"

贾堭附和着说:"父亲,今天您若不答应,女儿就不起来。"

说完,姐妹俩跪在地上给父亲叩头,一直叩得前额出血,贾充也没有应允。姐妹俩伤心极了,痛哭着离开了贾府。

贾荃几次三番地来贾府求情,郭槐大为恼怒,但碍于贾荃的王妃身份,也只好恼在心里,无法发作,只能说些风凉尖酸的话,发泄发泄心中的不满。她见贾荃不仅人长得美,而且嫁给齐王为妃,又体面,又有地位,内心很忌妒,盼望有朝一日,能将自己的女儿也嫁入皇宫,来光耀门楣,抬高自己的身份地位。皇天不负有心人,郭槐和贾充机关算尽,贿赂行到,终于将自己的丑姑娘嫁给了太子。

姑娘嫁给太子,自己就成了皇亲国戚,太子的岳母,皇帝的亲家母,郭槐别提有多么高兴,如今自己变得高贵体面,无人能比,她高兴得不知如何炫耀。她觉得自己的女儿贾南风现今地位远远高于贾荃,自己应该会会李氏,让她死了对贾充的心,也给她点威风看看。

第二天,郭槐刻意地进行打扮,披金戴银,穿红挂绿,四十多岁半老徐娘,满身粉脂妖冶之气,俗不可耐。为了显示自己的威风,令左右备了全副仪仗,带着佣人和丫鬟,坐着华丽的凤舆,前呼后拥,众星捧月般地向李氏的住处开去。

到了李氏新宅,郭槐刚刚下轿,门内走出一位中年妇女,瘦弱的身材有些弱不禁风,但端庄大方,不慌不忙地迎了出来。只见那李氏身穿便服,白净的脸庞没进行任何修饰,发如漆墨,随意地挽着,看上去是那么自然娴静。李氏轻启朱唇,轻柔地说道:"不知夫人驾到,有失远迎,望夫人恕罪。"

郭槐见此,慌了手脚,急忙屈膝下拜,说道:"贱妾拜见姐姐。"

不知为什么,见到李氏如此端庄贤淑,文静尔雅之态,郭槐的高傲之气荡然无存,从内心深处油然而生敬意和畏惧,感到自己的容貌和气质与李氏实在相差甚远,如隔云泥。

李氏搀起郭槐,从容答礼,并将郭槐请到正厅,让于上座。郭槐满身不自在,如坐针毡,而李氏则落落大方地与之谈话,言语不卑不亢,毫无自卑之感。郭槐来时的如意算盘落空了,甚觉尴尬,勉强坐了片刻,便起身告辞。

回府后,郭槐越想越不是滋味,眼前总出现李氏的形象。李氏虽已四十多岁,但风韵犹存,十多年的流放生活虽使她脸上增添了几条皱纹,却另有一番成熟之美。她心里产生一种恐惧感,心想:男人都如馋嘴的猫,李氏长得如此之美,怎能保证贾充不会去与她幽会,金屋藏娇呢? 若是那样,时间一长,他就会嫌弃我,抛弃我。不行,我必须牢牢地看住他,不让他有任何机会去幽会。

她急忙叫来一个既机灵又忠心的仆人,对他说道:“从今以后,家中的活计就不用你干了,你只做好一件事就行,那就是照顾好老爷。老爷的行踪必须如实地告诉我,不得有半点儿隐瞒。如果做得好,我会重重赏你,你若是和老爷一心欺骗我,看我怎么收拾你。”

仆人忙说:“夫人,您放心,这事我一定办好。”

从此以后,无论贾充走到哪里,那个仆人都形影不离地跟着,所以贾充也只好有色心无色胆了。

贾充不肯接李氏回府,他的母亲一气之下,病卧床榻。贾充的母亲柳氏很富有同情心和正义感。

一天,柳氏将贾充唤到床前,对贾充说:“充儿,我恐怕不行了,娘没有别的心愿,只想在临死前见李氏一面,你去把李氏给我接回来,让我看看她,我死也就瞑目了。”

贾充支支吾吾,不做回答,母亲柳氏见此,伤心得掉下泪来,气愤地说:“你真是个绝情寡义的人,我白生养你一回。我和李氏婆媳一场,相处得很好,我不行了,要见她一面,你都不肯,你还算是我的儿子吗?”

说完,把脸转向墙壁,闭上了眼睛。

柳氏病情日重一日,临终前,贾充问母亲道:“母亲,您还有什么要说的吗?”

柳氏慢慢睁开眼睛,长叹道:“既然你不肯接回李氏,你还有何脸面来问我?唉,罢了,罢了。”

不久,便带着遗憾离开了人间。

李氏闻知婆母去世,非常伤心,她派人去贾府,请求贾府允许她前去吊唁,贾充回绝了李氏的请求,二人从此恩断情绝,形同路人了。贾充一直到死,都未见李氏一面,李氏亦独对青灯,在寂寞孤独中了却残生。

再说贾充长女贾荃,为父母能破镜重圆,费尽心机,几经周折,亦未成功,心里非常难过。父亲少情寡义,不肯回头,母亲哀绝心死,无意回去,自己已无能为力。她长期郁郁寡欢,染上疾病,也带着遗憾离开了人世。

四　贾妃酷虐

常言道:有其父必有其子,有其母必有其女。这是说,父母是儿女的师表,是儿女效法的楷模。在女人的一生中,对她影响最大的莫过于她的母亲,母女连心,母亲的言传与身教,是一个女人的人生观与世界观形成的重要因素,其影响是无法估量的。贾南风的性格与其母酷似,这是与她的家庭环境分不开的。在贾南风的心灵深处,母亲那近乎变态的忌妒与酷虐打下深深的烙印。在她的家庭中,阴盛阳衰,母亲是"司令",父亲处于绝对服从的地位。当年母亲为父亲的前妻李氏之事大吵大闹,获得独尊独爱的地位,深深印在她的脑海之中,她从母亲那里学会制服男人的"法宝"。贾南风生于名门大族,身为长女,受到父母的宠爱,自幼便任性妄为,不守礼法。她不仅学到了母亲的妒性,更学会了母亲的残酷无情。贾南风与太子结婚后,真是"青出于蓝而胜于蓝",忌妒和残酷与其母相比,有过之而无不及。

贾南风虽然长得丑陋,但却工于心计,机敏奸诈,精于权术。自从选为太子妃,没有几个回合,便把太子司马衷牢牢地控制在手里,任意玩弄。贾南风作为东宫之主,只想独享快乐,绝不允许其他宫女染指太子,在东宫之中,稍有姿色的宫女都是她忌妒的对象,她让长得漂亮的宫女干些杂役粗活,让那些年老又丑的宫女服侍太子起居。她对宫女动辄打骂虐待,宫女们也只能敢怒不敢言。但"满园春色关不住,一枝红杏出墙来"。太子有时趁贾南风不备,也偶有犯戒,与一些宫女发生关系,但事情一旦泄露,宫女们将得到极其悲惨的下场。

贾南风与太子一连生了四个女儿,但就是不能生出一个儿子。贾南风很担心,怕太子与别的宫女一旦生了儿子,自己的地位将受到威胁,将来做皇后的美梦就要破碎,所以对太子司马衷的防范更严密,但百密终有一疏,皇宫毕竟不比贾府,到处是美女,美女如云,防不胜防。在她忌妒之心的唆使下,在东宫演了一场人间悲剧。

一天,贾南风在宫女的陪伴下,到后花园赏花。初夏时节,百花争艳,姹紫嫣红,甚是喜人。贾南风正在兴致勃勃地看着,忽然,她看见有一宫女的身影在前边亭阁前一闪而没,她觉得很奇怪。什么人敢私自到后花园?为何躲躲闪闪的?这里一定有情况。想到这里,花也不赏了,对众宫女说:"前面是何人躲躲闪闪的?你们去给我找来,给我带到东宫,我要问问。"

说罢,众宫女便向前寻找去了,贾南风带着几个贴身宫女回宫去等待了。

众宫女在亭阁的拐角处找到一个宫女,大腹便便,战战兢兢地躲在那里。那宫女见众宫女找来,"扑通"一声跪在宫女们面前,哭泣着说:"众位姐姐们,求你们救救我吧,千万不要带我去见贾妃娘娘,我给你们叩头了。"

说罢,挺着肚子给众宫女们叩起头来。

宫女们你看看我,我看看你,无人敢做主。因为她们知道这件事关系重大,也知道贾妃娘娘的残酷无情,这是关系到众人生命的大事,怎能答应她呢?这时,一个年龄稍大的宫女走到已怀孕的宫女面前,把她搀扶起来,叹口气说:"唉,我们也不忍心把你交给贾妃娘娘,我们很同情你。但娘娘之命难违,如果放了你,我们众姐妹恐怕都没命了。你还是跟我们走吧!"

那个宫女没有办法,只好跟着众宫女去见贾妃娘娘了。

到了东宫,贾妃高高地坐在大厅之上,众侍卫手拿枪戟两厢站立,一片威严,如同刑场。众宫女押着那个宫女来到堂上,报说:"娘娘,那个宫女已带到。"

贾妃抬头一看,那个宫女穿着宽袍大袖的衣服,但仍遮掩不住那高高隆起的肚

后妃宫官大传

·风流皇后·

图文珍藏版

子,满腔怒火登时燃烧起来。她歇斯底里地喊道:"胆大的奴才,快说,你怀的是谁的野种?"

那个宫女跪在那里,吓得面如死灰,一面叩头,一面结结巴巴地说:"回娘娘的话,小人怀的是、是太子的骨肉。"

贾妃不听则已,一听此话,便炸了锅,她"腾"地从座位上站起来,几步走到宫女面前,怒吼道:"什么?太子的骨肉?你别血口喷人,到处乱咬,到底是怎么回事?从头招来。"

那个宫女战战兢兢地说:"启禀娘娘,小人怀的确实是太子的骨肉,小人绝不敢乱说。奴婢是后花园负责采花的宫女,年初时节,太子到后花园散步,与奴婢巧遇,太子一时性起,在后花园里临幸了奴婢。万不曾想,竟暗结瓜蒂,实在不是奴婢有意所为。"

"好啊,小贱人,你勾引太子还不承认,竟胆敢把责任都推到太子身上,说是太子骨肉,说不定是哪里的野种。你以为是太子的骨肉我就奈何不得你,做美梦,今天我非让你尝尝我的厉害。"

说罢,贾妃走到侍卫身边,从侍卫手中夺过大戟,狠狠向宫女刺去。第一戟将宫女刺倒,宫女腹大难动,仰面躺倒在地,贾妃抬手又是一戟,刺到宫女小山一样的肚子上,随着血花飞溅,一个正在蠕动的孩子掉在地上,宫女惨叫一声,命丧黄泉。情景之惨,令人目不忍睹。宫女们和侍卫们都吓得闭上眼睛。

贾妃把长戟从宫女身上拔下,狠狠地扔在地上,转身走到座位上,说:"把这个贱人和杂种给我拖出去埋了。"

众侍卫七手八脚地把这位可怜的宫女给埋了,又两个冤魂到阴曹地府那里报到去了。

埋掉宫女后,贾妃仍不解气,她将所有宫女都召集到大厅上,恶狠狠地说:"你们这些废物,难道你们这么多人就看不住太子一人吗?竟让一个如此下贱之人玷污太子的龙体,你们干什么去了?"

众宫女一听,都吓得掉了魂,急忙跪下叩头求饶:"娘娘息怒,奴婢罪该万死,望娘娘饶命。"

贾妃黑着脸说:"饶过你们,你们能知道我的厉害吗?来人啊,给我都拉出去,每人重打三十大板。"

外面传来阵阵板子声和宫女的哀号声。三十大板过后,宫女们个个遍体鳞伤,鲜血直流,几个身体瘦弱的宫女已经昏死过去。贾妃看看众宫女狼狈之相,"嘿嘿"冷笑两声,说道:"哼,这次轻罚你们,如果再有下次,我把你们统统送去见阎王。"

说罢,转身走了。

武帝司马炎听说此事,勃然大怒。自从贾南风进宫以来,所作所为早就为武帝所不满,这个长相丑陋的母夜叉竟会做出如此残忍之事,令人无法容忍。遂下诏修建金墉城冷宫,打算把贾妃废掉,打入冷宫。

消息传开,贾南风万分恐慌,自己千方百计才成为太子妃,这不将要毁于一旦吗?不,绝不能就这样结束。她在东宫如同一只困兽,转来转去,想着计策。她忽然喊道:"来人啊,备轿,我要回贾府。"

一行人匆匆地直奔贾府。

贾南风一进府,便号啕大哭,连声喊着:"父亲,母亲,快救救孩儿吧,要不然,我就不活了。"

贾充夫妇不知何事,急忙安抚说:"孩子,别哭,快说是怎么了。"

贾南风一面抽泣着,一面学她如何杀宫女,武帝恼怒,要废掉她,为太子另选妃等等。说完,跪在贾充面前,哭着说:"父亲,您快为女儿想个办法吧!否则,我不仅做不成太子妃,恐怕连命都保不住了。"

贾充夫妇闻听,吓得慌了手脚,事出仓促,不知如何是好。贾充想了一会儿,急忙派人去请荀勖、冯紞,来府商量计策。荀勖、冯紞急急忙忙赶来,问贾充发生了何事,贾充满脸愁容,向二人述说了贾南风的事。

荀勖、冯紞二人听罢,知道事态的严重和贾充的言外之意。贾南风若真被废,势必牵连自己,前途将不堪设想。看样子三人必须同心合力,共解危难。荀勖道:"以我之见,现在必须求助于能与皇上说上话,而皇上又能听进去的人。在朝廷大臣中,最得宠的莫过于杨珧,后宫受宠莫过于杨皇后和充华赵粲,我们分头行动,多方求援,事情还会有转机。"

贾充说:"二位尽管放手去做,所有费用都出在老夫身上,事成之后,二位恩公的恩情,老夫没齿不忘。"

三人分头活动去了,贾南风回到东宫,整日提心吊胆,坐卧不安。她派人给充华赵粲送去贵重的首饰,并亲自到赵充华那里去求情。她跪在赵粲面前,痛哭流涕地说:"娘娘救命,贱妾知道错了,望娘娘能替贱人与皇后通融,共同向陛下求情,娘娘再生之恩,贱妾永生不忘。"

她舌生莲花,巧语如珠,苦苦地请赵粲帮忙。荀勖、冯紞也给赵粲送去厚礼,代为求情。此时赵粲正为武帝所宠,也乐得做顺水人情,便答应了贾南风的要求。赵粲先说服杨皇后,此杨皇后乃杨艳皇后之妹杨芷,杨艳皇后死后,武帝立其妹杨芷为后。杨芷是个知书识礼,贤惠善良的女性,见充华求情,也就答应帮忙。

一天,赵充华正在后宫与杨皇后闲谈,武帝罢朝回宫,见二个心爱之人都在此,便坐下来谈起废太子妃之事。武帝叹口气说道:"唉,这件事想起来真后悔。当年我要为太子选卫瓘女为妃,你姐姐死活不同意,结果选这个又丑又妒的贾氏为妃,不想她如此残忍,太子怎能驾驭得她,将来一定要祸乱后宫。"

赵充华见武帝谈及此事,忙说:"陛下,您不要为此小事而烦恼。忌妒本妇人之情,贾妃年少,忌妒难免,等她长大后,自然会改正。望陛下原谅她一次,给她一个悔过的机会。"

杨皇后在一旁帮忙说:"陛下,不看僧面看佛面,贾妃乃贾公闾之女,贾公对于司马家之社稷,有无可限量的功德,不能因一件小事就伤害人家。况且,贾妃年幼无知,妒忌难免,也是妾身教育无方,望陛下能宽容于她,以后妾身对她严加管教,令其改正,这既不伤害贾公的面子,又能免去另选太子妃的麻烦,这不是两全其美的办法吗?"

武帝听罢,有些动容,便说:"等明天上朝,朕再与大臣们商量商量。"

武帝哪里知道，贾充在朝臣中早已活动好，已设好圈套，就等他往里钻呢。

第二天上朝，武帝与大臣议完政事，将杨珧等大臣留下，询问道："众位爱卿，朕有件家事要征求大家的意见，望你们能仗义执言，不必隐讳。太子妃贾南风性妒，手杀宫人，酷虐凶残，朕想将她废黜，打入冷宫，为太子另选贤妃，不知你们意下如何？"

大臣们互相观望一阵，只见杨珧上前，说："陛下，这名义上虽为陛下家庭私事，但关系到朝廷未来的安危。妒忌乃妇女之本性，贾妃虽有些过分，但她身出名门，善辅太子，办事干练稳妥，是未来太子的帮手。况贾公闾有功于晋室江山，难道陛下忘了吗？"

荀勖亦进言道："贾妃年轻，有时难免任性，一时之错不能掩其所有功绩，望陛下不要轻易废弃。"

冯紞接着说："另选太子妃，怕误选其人，莫若多对贾妃进行劝导，年长即好，不也省去诸多麻烦吗？"

武帝见众臣如此之说，也就气消了。在内外夹攻之下，终于放弃了废除贾妃的打算。

风波平息后，杨皇后觉得自己有责任和义务对贾妃进行教育。一天，她将贾妃唤入后宫，声色严厉地说："你身为太子妃，不恪守妇道，辅佐太子，反而悍妒酷虐，任性杀戮，作为女人，怎会如此残忍不德？此次念你年幼无知，免你不死，今后要遵守妇德，仁厚贤惠，如若再犯，决不宽恕。"

贾妃默默不语，心中却怨气冲天。她不知杨后为其求情，以为是杨后在皇上面前说自己的坏话，致使自己险些被废。但她毕竟是皇后，自己无可奈何于她，只好表面应付道："儿媳请母后放心，今后一定痛改前非，重新做人。"

然而，她却把仇恨深深地埋在内心深处，盼望有朝一日，自己当上皇后，一定要置杨芷于死地。

五 嫁予太子

贾南风在东宫横行霸道，为所欲为，为何太子对此不闻不问，听之任之呢？原来，太子司马衷是个弱智、白痴。他不辨是非，对任何事情只有本能的感受，见到贾南风的凶相就有些惧怕，唯贾南风之命是听。但由于异性心理的作用，对贾南风还很宠爱，所以就任她胡作非为。作为西晋开国皇帝，精明强悍的司马炎为何要立一痴傻之人为太子呢？这其中有许多隐情。

司马衷是皇后杨艳所生，排行第二。杨皇后初生一子，取名曰轨，二岁就夭折，次子即司马衷，遂成为长子。司马衷自幼天赋较差，反应迟钝。再加上生长于深宫，饭来张口，衣来伸手，自理能力非常差。都已七八岁，还不认识几个字。武帝与杨皇后都非常着急，请来天下最好的老师来教他，可他边学边忘，丝毫不见长进，只知玩乐。

泰始二年（266年），晋武帝已即位两年，建立皇储的问题已提到议程。立哪个儿子为太子呢？

按照封建传统的继承法，立嫡以长，司马衷具备做太子的自然条件，但武帝见司马衷天资太差，怕不能担此重任，有些犹豫不决，所以立嗣之事一直拖延着。

司马衷的母亲杨皇后非常疼爱这个傻儿子，并一心想让他成为皇太子，将来继承皇位。杨皇后名艳，字琼芝，弘农华阴（今河南灵宝）人。父亲杨文宗，是四世三公的赫赫大家族、东汉太尉杨震的后代，杨姓自东汉以来，一直是北方一流大姓。母亲是天水人赵氏，亦出名门。在杨艳幼时，母亲去世，她由舅母抚养，舅母善良仁爱，让别人代乳其子，自己亲自哺养杨艳，待之甚于己出。杨艳渐渐长大后，舅母亦去世，她就由后母段氏抚养。段氏也很仁厚，非常疼爱她。

杨艳自幼聪明伶俐，富有心机，善解人意，加上人长得天生丽质，姿容秀美，娴雅端庄，成为远近闻名的美人。有相士为她相面，说她相骨极贵，后必大富大贵，母仪天下，从此更是芳名远播，求婚之人络绎不绝。

司马昭当时为曹魏大将军，正有取而代之之心，听说杨家有此美女，就替儿子司马炎聘娶过来，做世子妃。杨艳知书达理，贤淑孝顺，深得婆母与宫人的喜欢，司马炎对她也非常宠爱。司马炎篡魏建晋后，她被册封为皇后。

杨艳与司马炎共生三男三女，即毗陵悼王司马轨、司马衷、秦献王司马柬和平阳公主、新丰公主、阳平公主。长子司

晋惠帝司马衷

马轨早夭，杨皇后最疼爱司马衷，决心努力争取，使之为皇太子。

杨艳被封为皇后，她没有忘记舅父一家的恩德，她恳请武帝敕封舅父舅母，并将另一舅父赵虞一同授官，将表妹赵粲接入宫中。赵粲长得颇有姿色，杨艳有意撮合她与武帝，玉成人美，遂劝武帝纳为嫔嫱，赐号夫人。武帝以为杨后大度，毫不妒忌，深表感激。实际上，杨皇后另有打算，她想让表妹做帮手，扩大宫中势力，立足后宫。

十二月的一天，时值隆冬，一个少有的寒冷之夜，大雪纷飞。瞬间，洛阳城便成了冰雕玉琢的世界。在皇宫的暖阁里，酒宴正酣。酒后看美人，别有一番风韵。杨皇后和赵夫人一左一右，坐在武帝身旁，频频举杯敬酒，两人也桃腮带红，微有醉意。武帝更是心情舒畅，快乐无比。他用双手轻轻搂抚着两位美人，一边饮酒，一边欣赏舞女们的轻歌曼舞。杨皇后和赵夫人见武帝如此高兴，觉得时机已到，便互相使个眼色，开始行动了。

赵粲挣开武帝的手，亲自为武帝斟满一杯酒，说道："良宵美景，陛下多饮几杯也不妨，来，陛下，干一杯，祝陛下福寿齐天，万世兴盛。"

杨皇后随即站起来，朱唇轻启，柔声地对武帝说："贱妾也敬陛下一杯，祝陛下多子多孙，江山永固。"

二人甜言蜜语，你一杯，我一杯，一会就把武帝灌得心神恍惚，摇摇欲坠了。姐妹俩见时机成熟，便转入正题。赵夫人一边搂着武帝的脖子，一边撒娇地说："陛下，听说您要立太子了，您想立谁为太子呀？"

武帝醉眼朦胧地说："我还没想好呢。美人儿，你看哪个儿子比较合适啊？"

"陛下，以贱人之见，立长子衷儿最合适。他身居为长，又是皇后姐姐所生，合乎礼制祖规，不是很好吗？"

武帝听罢，微微叹口气，说道："唉，我也想立衷儿为太子，可我又觉得他有些闇弱不慧，恐其不堪承继大统，不知如何是好，爱妻，你说呢？"

说罢，双眼多情地望着皇后，盼望皇后给他出个主意。这正中杨皇后的下怀，她微微一笑，甜甜地说道："立太子是国事，也是家事，衷儿是我的亲生骨肉，按理我不该多言。但贱妾以为，自古立嗣立嫡以长不以贤，千年古训，不应改变。为此，贱妾盼望陛下能按礼制去办，立衷儿为嗣。"

赵夫人在一旁帮忙说："都说衷儿不慧，其实则不然，只不过是少言寡语，表达能力不强罢了。他年纪尚幼，童心未化，顽皮贪玩，情理之中的事。若给他找些忠心老诚的大臣进行辅佐教化，一定能大器晚成，何愁不能承继大统呢？陛下您已登基两载，尚未立君储，这关系到朝廷稳定的大事，望陛下速做出决定，以稳国基。"

一妻一妾，一边给武帝灌着迷魂汤，一边向武帝推销着她们的主意，武帝见爱妻美妾如此一说，英雄难过美人关，就答应道："好吧，既然爱妻说衷儿适合，那么朕就立衷儿为皇储。"

二人一见武帝决定立司马衷为太子，高兴得像小鸟一样，欢呼雀跃，重新斟酒庆祝，一直欢庆到深夜，才罢宴休息。

泰始三年（267年）正月，武帝下诏立司马衷为太子，时年9岁。

泰始八年（272年），武帝听杨皇后的意见，纳贾充之女贾南风为太子妃，东宫之内，白痴配丑妇，联合成双，也算是天赐良缘，无独有偶了。以白痴为君储，以悍妇御后宫，为西晋王朝埋下了灭亡的祸根。

杨皇后凭借武帝之宠，坐镇中宫，她是太子司马衷的忠实保护神。时刻捍卫着儿子的太子地位。

杨皇后宠冠中宫，三千宠爱集于一身。后宫的美人不敢争艳，常"败衣瘁貌以避之"，苟且偷生。六宫政令，悉由后出，武帝从未过问。从武帝即位，至泰始八年（272年），后宫中除旧有宫妾外，只选一个左家女，拜为修仪。

左家女名芬，临淄（今山东淄博市）人。是当时著名文学家、左芬亦慧质灵心，才华横溢，下笔千言，是位有名女才子。武帝慕其才华，聘入后宫，可惜她才高八斗，相貌却极为平常，武帝虽时常召幸，却终嫌不足。

天下承平已久，武帝想广选绝色女子，充补后宫，遂下诏选名门淑女，令公卿以下子女，一律应选，如有隐匿不报，以不敬论。那些豪门贵族，哪里敢怠慢，诏令一下，便将亲生女儿，盛饰艳妆，送入皇宫。

选美那天，皇宫内热闹非凡，盛况空前，一行行花轿，花团锦簇，浩浩荡荡地驶入皇宫。在大殿门前，一排排如花似玉的大家闺秀们等候着皇帝的临选。武帝带着杨皇后，驾轩来到殿门前，大选开始了。

虽然是为武帝选美,但必须由杨皇后把关,杨皇后表面上积极为武帝选美,内心里却充满了妒意,只要有她在,她决不允许别的女人来与她争宠。所以,见到相貌出众者,她就说此女妖冶不经,不能入选。她选美的标准是身材高大,端庄稳重,面貌洁白。武帝无可奈何,只好由她选择。

正当二人挑选左也不行,右也不行时,一位貌似天仙的窈窕淑女闯入了武帝的眼帘,但见那女子长得:凤稍侵鬓,层波细剪明阵,蝉翼垂肩,腻粉圆搓素颈。芙蓉面,似一片美玉笼霞;蕙兰心,如数朵寒梅映雪。立若海棠着雨,行同杨柳迎风。

这位仙女勾走了武帝的魂,他直勾勾地盯着姑娘看着,呆呆地站在那里。杨皇后心里这个气呀,连喊两声道:"陛下,陛下,向前走啊!"

武帝好不容易收回神来,对杨皇后说:"爱妻,你看,那位姑娘长得太美了,那是谁家的女儿?"

杨皇后语气轻淡地说:"那是卞家之女。唉,卞家三世为曹魏后族,今若选此女入宫,怎能屈以卑位? 于理不合,于情不忍,陛下还是忍痛割爱吧!"

武帝听出皇后的意图,不忍让皇后伤心,只好罢了。

这时又进来一位高个姑娘,乃镇军大将军胡奋之女,名胡芳。也许是遗传的缘故,她身上除有女性柔弱婀娜之外,还有些阳刚之气。在美女群中,另有一番英姿,令人为之一爽。武帝选中,杨皇后也同意了,遂令宫女用绛纱系臂,领入后宫。胡芳一见自己被选中,从此再也难以见到父亲,悲从心来,失声痛哭起来。左右宫人急忙摇手道:"别哭! 别哭! 这不是好事吗? 应高兴才对。千万别哭了,要是让陛下听到,那就麻烦了。"

胡芳没有停止哭泣,反而高声说道:"我死都不怕,还怕什么陛下? 让他听到好了。"

众人忙把她拉入后宫。武帝见此女如此刚烈,从内心就喜欢上她。

当天又选了司徒李胤女,廷尉诸葛冲女,太仆臧权女,侍中冯荪女等数十人,充入后宫。当天夜里,武帝便来到胡芳房间,二人共赴高唐。一夜春风,恩周四体,次日清晨,武帝便传旨封胡芳为贵嫔,倍受宠爱。

泰始十年(274年),杨皇后身染重病,卧床不起。玉容一天天地消损,憔悴不堪,一朵美丽之花就这样枯萎凋谢了。初秋时节,凉风乍起,杨皇后的病也一天天加重。武帝对皇后恩宠不绝,每天都来看她,为她请天下名医治病,有时亲自尝药。杨皇后知道自己恐怕不行了,她躺在病床上想着后事。人间的荣华与富贵自己都享受到了,不枉来到人世一回,可唯一无法放心的是太子司马衷,他天资不聪,有多少人对他不满,想废他另立太子。这些年有自己的保护,才保住太子之位,如今自己要先走了,何人能保护他呢? 她思前想后,决定求皇上将自己叔父杨骏的女儿杨芷召入后宫,代替自己来保护太子。

七月的一天,秋雨绵绵,淅沥沥的小雨和着秋风,不停地下着,整个世界仿佛在抽泣。在皇宫光明殿里,杨皇后躺在病床上奄奄一息,宫女和嫔妃们都在默默地流着泪水,充满悲哀的气氛。武帝坐在床边,拉着杨皇后的手,泪眼蒙眬地看着。也许是回光返照吧,杨皇后忽然睁开眼睛,挣扎着起来,把头枕在武帝的膝上,握着武帝的手,悲泣地说:"陛下,妾身恐怕再也不能服侍您了。这些年来,妾身是多么幸福，多么的快乐啊！得宠多年，情深义重，女子最大的荣幸，莫过于此。可惜，现在妾身要先走了，不能陪陛下了，陛下应保重龙体，不必悲伤。只是妾身临走之前，有一事相求，不知陛下能否应允？"

武帝已是泪流满面，他一面用手轻轻抚摸着皇后的脸，一面哽咽着说："爱妻，你有何话尽管说来，朕一定满足你的要求。"

杨皇后多情地望着武帝，轻声说道："妾身唯一的遗憾就是不能陪伴陛下走完人生的旅程，中途离您而去，把寂寞与孤独留给您。为了弥补这一遗憾，妾身叔父杨骏有一女儿，名芷，字季兰，小名叫男胤，年方二九，德性婉顺，貌美人乖，愿陛下选入六宫，代妾侍奉陛下，妾身死亦瞑目了。"

武帝听罢，知道杨皇后的意图，是杨皇后看自己宠幸胡夫人，怕她死后扶胡夫人为正，危及太子，故此以妹来代替。但夫妻恩爱一场，临终的心愿怎能违背，遂道："爱妻，你就放心吧，我会照你的意见办的。"

杨皇后见武帝答应了自己的请求，脸上露出笑容，嘴里喃喃说道："陛下多保重，要照顾好太子，妾身走了。"

说完，含笑闭上了眼睛。时年37岁。

杨皇后去了，她死在光明殿，死在武帝的膝上，赢得皇帝的眼泪，这在中国帝制的历史上也是唯一的一人，真是死得其所。她带着微笑和惬意离开了人间，但她却把遗憾留给了历史。她出于私心，只重儿女情长，而不顾国家与朝廷的命运，利用武帝的宠爱，将智能低弱的白痴推向帝位；她不问黑白，只重门第与贿赂，将凶狠权诈的贾南风纳入东宫，为未来埋下了祸根，为未来埋葬西晋王朝挖下第一锹土。

杨皇后死后，武帝颁发诏书，对杨皇后大为称颂，并谥授其母赵氏为县君、继母段氏为乡君。左贵嫔为表示自己的哀思，表现自己的才华，写了一篇长哀诔，追溯皇后的恩德。写得悲悲戚戚，荡气回肠，武帝看后，又不禁洒下一掬哀伤的眼泪。

六　东宫风波

光阴似箭，斗转星移，随着时光的流逝，太子司马衷也渐渐长大成人，但他仍顽愚不化，憨傻如旧，不见任何长进。不时做出一些蠢事，引起一些大臣们的议论和忧虑。

一天，太子在一班太监和宫女的陪护下，去华林园游玩。

这座华林园乃东汉时所建，原名芳林园，三国魏齐王曹芳正始初年，因避讳改名为华林园，故址在今洛阳市东洛阳故城内，有瑶华宫、景阳山、天渊池等名胜，后来因战乱被毁。

司马氏继魏建晋，成为华林园的主人，帝王后妃们经常到园里游玩，赏花设宴，寻常百姓是不能进入的。

司马衷一到这里，高兴得如同小鸟归林，又蹦又跳，东跑跑，西逛逛，比在书房里死背书本强多了。他无忧无虑地在园中玩耍着，太监和宫女们在后面小心翼翼地跟着，生怕他有点闪失。

他们来到一片池塘旁边，池塘内，五颜六色的荷花竞相开放，宛如仙子，亭亭玉立。鱼儿在清澈的水中游来游去,嬉戏玩耍。太子望情地欣赏着。忽然传来"呱、呱、呱"的叫声,司马衷听了,觉得很奇怪,从来没听过这种叫声,就问侍从道:"这是什么叫声?"

侍从回答说:"是蛤蟆叫。"

"蛤蟆?什么是蛤蟆?"

司马衷追问道。

侍从说:"蛤蟆是生活在水边,四条腿,会叫的一种小动物。"

司马衷想了想,嘴里嘀咕着:"小动物,小动物。"然后一本正经地问:"这些蛤蟆是官蛤蟆,还是私蛤蟆?"

众人一听,都感到莫名其妙,太子怎会提出如此稀奇古怪的问题呢?大家你看看我,我看看你,实在跟不上太子如此跳跃性的思维,不知如何回答是好。

看来,要想回答好这个问题,确实有一定难度,既要分清"官"和"私",又要浅显易懂,因为太子懂得实在太少,说深了,他会听不懂。

这时,一个非常机灵的太监走到司马衷面前,说:"回禀太子殿下,在官地里的蛤蟆是官蛤蟆,在私地里的蛤蟆是私蛤蟆。这华林园是官家的,所以,这里的蛤蟆应该是官蛤蟆。"

这位太监想,太子如此提问,一定是近日上朝,听大臣们讨论"官"与"私"的问题了,要不怎么提出如此奇怪的问题呢?所以灵机一动,就把"官蛤蟆"与"私蛤蟆"给区别开了。这回答确实很巧妙,但不完全对。这华林园虽说是官家的,实质上应是司马氏私家的,所以蛤蟆应是私蛤蟆。

司马衷听太监如此回答,哈哈大笑,然后一本正经地说:"太好了。既然是官蛤蟆,就应该给它们发薪俸,去,先给它们发些粮米。"

众人一听,都忍不住地笑了,没想到太子如此"官私分明"。既然太子有令,侍从们只好马上去办,打开官仓,给那些"官蛤蟆"发粮米。

此事在宫里、宫外传开了,真是有人欢喜有人忧。那些诌媚奸佞之徒想到,未来皇帝如此痴傻,会有机可乘,遂拍马说,这是太子仁德,施爱与万物,是"官私分明";而那些正直善良的老臣确为司马家的天下感到忧愁,以一个如此愚蠢之人为帝王,朝廷能长久吗?他们开始想方设法,让武帝另立君储。

杨皇后在时,她是太子的保护神,无人敢对太子说些什么,皇后一死,大臣们开始提出非议。

武帝自杨皇后死,有过一段伤感的日子,不久便淡忘了。杨皇后的死,武帝也感到了一种解脱,获得了自由,那就是可以召幸后宫任何一个妃嫔媵嫱,无人阻拦。从此后,武帝夜夜迎新人,宫中数百个娇娥遍临雨露。几次之后,武帝觉得毫无快意,如同嚼蜡。遂于咸宁元年(275 年)下诏,暂时禁断天下婚嫁,令中官到各州郡,为他觅寻娇娃。无论何家女子,一经中官相中,只好拜别爹娘,哭哭啼啼,硬性纳入宫中。这次共纳天下五千多名娇娃入宫。有了新欢,武帝便朝朝搂艳,夜夜采芳,把那全副的龙马精神,都投向娇娃身上。人的精力毕竟有限,天子是人不是神,一年下来,由于性欲过度,把原来身强体壮的武帝搞得形容憔悴,筋骨衰颓。到了咸宁二年(276 年)正月,竟病倒龙床,无法上朝。接连数日不能起床,对外只说偶伤

·风流皇后·

图文珍藏版

风寒所致。

武帝病倒，朝野上下一片汹汹。有的大臣以为武帝难愈，见太子司马衷愚顽呆傻，便提出立武帝的弟弟齐王攸为君储。

一天，河南尹夏侯和退朝时，将贾充拉到一旁，小声对贾充说："贾公，齐王攸和太子都是您的女婿，亲疏相等，立谁为储君，对于您来说都一样，何不立位贤德聪慧的为储君呢？现在正是好时机，为了朝廷着想，您应当机立断，不要错过好机遇啊！"

贾充笑了笑，淡淡地说："立储君乃陛下私家之事，臣子无权干涉。你我还是别操这份心为好。"

说罢，便急急忙忙离去。

见有人提出要废太子，另立齐王攸，贾充感到事情不妙。虽说二人都是自己的女婿，但齐王攸因自己拒绝接回李氏之事而使女儿抑郁而死，早已心怀不满，况翁婿二人素来性情不合，很少往来。而如今太子虽说痴傻，但东宫之内完全由自己的女儿贾南风做主，这对自己非常有利，所以必须阻止这件事。他马上找来荀勖与冯紞，让他们出面，向皇上禀明此事。

武帝得到良医的治疗，病渐渐地好了，没几日便可上朝了。荀勖、冯紞二人善于阿谀奉承，素为齐王攸所恶，水火不容，荀、冯二人决定乘此时机，除掉司马攸，解除后顾之忧。

一天退朝，荀勖、冯紞乘机留下，荀勖对武帝说：

"陛下洪福齐天，龙体康复，可喜可贺。但是，今日为陛下贺，他日尚为陛下忧啊！"武帝听荀勖话中有话，便问："爱卿，朕有何事可忧？"

荀勖吞吞吐吐地说："陛下前立太子，是按礼制所立，恐怕将来要起事端，所以可忧。"

武帝见事出有因，便问道："要发生什么事端？"

荀勖见自己的话奏效，便添枝加叶地说："前些日子陛下不愈，以夏侯和为首的一些大臣要迎立齐王攸为储君。现在齐王攸在朝廷中很有威信，内外群僚都归心于他。陛下试想，陛下万岁千秋之后，太子还能得立吗？"

武帝觉得事情严重，便沉吟不语。冯紞一看武帝心动，便乘机说："陛下，臣有一策，不知当讲不当讲。"

武帝说："冯爱卿，有话但讲无妨。"

冯紞说："陛下，先封诸侯之国，而各诸侯至今仍在京都，莫若使齐王等归藩，这样便免除后患。"武帝听罢，觉得此计甚好，便点头采纳了。

在他们的母亲王太后临崩前，亦担心将来他们兄弟不睦，流着泪说："娘不行了，可临走之前最令我放心不下的是你们兄弟俩，弟弟桃符性子急躁，而你做哥哥的心胸也不宽宏，恐怕你们兄弟俩不能相容。现在我把你弟弟交给你，你要好好保护他，千万不要骨肉相残啊！"

武帝答应母亲道："娘您放心，我会照顾好弟弟的。"

司马攸也答应道："娘，您就放心吧，我会听兄长的话，尽心尽力地辅佐兄长管好大晋江山的。"

王太后听罢，满意地离开了人间。

西晋初创，司马攸总统军事，抚宁内外，甚有功绩。他才华横溢，善于政事，深得人心，威望日益增高。武帝也感到了威胁，所以决定采纳荀勖、冯紞的意见，命攸为大司马，都督青州军事，到封地齐国就任。

诏令一下，朝野哗然，尚书左仆射王浑首先反对说："齐王攸是陛下的亲兄弟，应留京都参理朝政，不应出就外藩。"

光禄大夫李憙、中护军羊祜、侍中王济、甄德等，都上书劝谏，劝武帝收回成命，留齐王于京都。武帝决意除去齐王攸，所以拒不接受谏言。

王济、甄德是武帝姻亲，王济之妻常山公主，乃武帝之女，甄德之妻乃武帝之妹京兆长公主，两人因谏阻无效，决定走夫人外交的路线，派两位公主进宫求情。

武帝正在为大臣们替齐王攸求情而恼怒，忽然见常山公主和京兆长公主入宫，心知她们的来意，心里更加气愤。只见两位公主走到武帝面前，双双跪下。常山公主说："陛下，女儿向您求个情，叔父德高才重，您就留在身边，替您操劳国事，不是很好吗？为何非让他就藩呢？"

京兆长公主亦言："陛下，您不要听信谗言，齐王攸一心辅佐朝政，绝无非分之想。我们乃亲骨肉，可不能自相残杀呀！"

武帝听罢，心里那个气呀，满脸怒容道："你们这些妇道之人，怎能知道国事呢？不必在此纠缠，赶快回府去！"

两位公主见武帝不答应，跪在地上施起眼泪战术，武帝不为所动，气得拂袖而去。两位公主无奈，只好回府了。

武帝气恼地来到别殿，正值侍中王戎值日，便对王戎说："都是亲兄弟，今出攸为齐王，乃朕家私事，甄德、王济不知轻重，横加干涉，竟遣公主入宫，向朕哭泣，朕又没死，何劳她们哭泣？齐王也没死，更何劳她们哭泣？真多此一举。"

众朝臣又纷纷上书，恳请武帝留下齐王，武帝拒不纳谏，祭酒曹志慨叹道："亲莫过齐王，才莫过齐王，陛下不留齐王在京治理朝政，反要远徙海隅，晋室恐怕不能久盛了。"

武帝对此大为恼怒，黜免了一些执意上书的大臣，从此无人敢言了。

齐王攸也不愿到边远的藩镇去，便上表自陈，被武帝驳回。攸见荀勖、冯紞构谗自己，而武帝心里存私，偏听偏信，满腔孤愤，无处申诉，整日郁郁寡欢，竟身染重病。武帝听说齐王攸患病，觉得可能是不愿到藩而装病，遂派御医去诊视。

御医知道武帝的意图，到齐王府装模作样地看了看，回禀武帝说："启禀陛下，齐王面色红润，容光焕发，举止如旧，无甚疾病。"

武帝心里充满怨恨，遂接连下诏，催促齐王攸上路。齐王攸见武帝如此残忍无情，便收整行装，准备上路。临行前，上朝与武帝辞行。武帝见齐王攸穿戴整齐，举止洒脱，谈笑如旧，更觉得他无病，便准其明天起程。

当天晚上，齐王攸便吐血而死。一个宗室贤王，朝廷的栋梁，就这样含冤被逼而死，年仅 36 岁。

噩耗传入宫中，武帝觉得意外，但毕竟骨肉一场，免不了恸哭一番。冯紞在旁边劝武帝道：

"陛下,请保重龙体,节哀顺变。唉,人死不应妄评,但齐王名过其实,妄欺天下,使天下人归心于他。现在自己因病薨陨,除去朝廷未来之祸患,实乃社稷之福也,陛下何必如此悲哀呢?"

武帝听罢,觉得言之有理,便收泪而止。

齐王司马攸虽然死了,但一些正直忠诚的大臣,仍以不同方式,或明或暗地请求武帝,另立太子。司空卫瓘、中书令和峤就是其中的两位。

卫瓘(220—291 年),字伯玉,河东安邑(今山西夏县)人。仕曹魏,为侍中,廷尉卿。曾以智平定钟会和邓艾的叛乱。归晋,拜尚书令,迁司空。卫瓘为政清廉,善于政事,御下以法。他博学多才,尤善词讼,深得朝野爱戴。卫瓘见太子顽愚不化,恐怕大晋的江山社稷毁于他手,便思谋密谏武帝,废黜太子,另立新人。他几次入见武帝,每次都欲言又止,觉得时机不甚成熟,始终未敢直陈其言。

适值武帝游幸凌云台,在凌云台大摆酒筵,宴请文武大臣。

酒过三巡,菜过五味,大臣们个个都满面红光,兴高采烈。卫瓘看时机差不多了,便假装醉眼蒙眬,东倒西歪地走到武帝面前,"扑通"一声,跪在武帝座前,眼睛望着武帝说:"陛下,臣有话要禀告陛下。"

武帝笑着说:"卫爱卿,你想要说什么? 尽管直言说来。"

卫瓘欲言又止,不说又不忍心,吞吞吐吐地说:"陛下,太,太……"

武帝一听,惊问道:"卫爱卿,太什么?"

卫瓘将要说的话又咽了回去,他惋惜地用手抚摸着武帝的座位,叹口气说:"唉,此座可惜呀!"

武帝一下子明白了卫瓘的用意,但又不想让卫瓘讲出来,就顺水推舟地说:"卫司空公,你真是喝醉了。"

卫瓘见武帝不想让自己说下去,也借此台阶下台,便说:"陛下,臣真的醉了,冒犯了,望陛下恕罪。"

众臣听罢,面面相觑,无言以对,便亦草草了事,散了酒席。

武帝不愿接受太子弱智这个事实,想方设法堵大臣们的嘴,然仍有大臣为国家社稷着想,向武帝敲响警钟。武帝以醉酒为名,不纳卫瓘之谏,中书令和峤又再提此事。

和峤,字长舆,汝南西平(今属河南)人。曾为颍川太守,为政清简,甚得百姓欢心,盛名闻于时世。太傅从事中郎庾颙说:"和峤森森如千丈松,虽有疤节,但用于建造大厦,有栋梁之用。"

和峤为人耿直,不与贾充、荀勖为伍。因平吴有功,迁为侍中,深得武帝器重。他见太子弱智低能,难以管理朝政,大晋江山将毁于一旦,便决定向武帝劝谏。

一次,和峤、荀颙、荀勖与武帝议事,事毕,几人便与武帝闲谈,和峤想乘机劝谏。便委婉地对武帝说:"陛下,臣有句话不知当讲不当讲?"

武帝说:"这并无杂人,有话但讲无妨。"

和峤说:"最近朝野关于太子的议论很多,臣子也有些忧虑,皇太子憨厚诚实,确有醇古之风,但是,时事变迁,如今的世道险恶多诈,而太子太诚实纯朴,恐怕难以应付,难以管好陛下家事。"

武帝听罢，表情有些尴尬，他沉默片刻，对和峤说："太子过去是有些不机敏，那是由于年纪太小，贪玩顽皮，没有开化的缘故。现与从前大不相同，近日太子入朝，言谈举止有所长进。和爱卿，你如若不信，不妨与侍中荀颛一起到东宫去看看。"

和峤见武帝如此之说，便站起身来，说："陛下，那么臣就遵命到东宫看望太子了。"说罢，与荀颛一起到东宫去了。

和峤和荀颛到东宫时，太子正在和一群宫女、太监们追赶玩耍，和峤和荀颛走到近前，拱手施礼道："老臣拜见太子殿下。"

太子正玩在兴头上，见和峤、荀颛走来打扰，满脸不高兴地说："快走开，别捣乱，我还没玩够呢。"

和峤和荀颛讨了一脸没趣，二人只好灰溜溜地出来了。

武帝见二人回来，就微笑着问荀颛："荀爱卿，你看太子如何？是否大有长进？"

荀颛点头哈腰，满脸堆笑地说："回陛下，正如陛下所言，太子现在德更进茂，明识弘雅，的确不同从前。"

武帝问道："和爱卿，你看如何呢？"

和峤见武帝问到自己，决定据实直说，便道："回禀陛下，老臣不敢隐瞒，臣以为太子资质如初，未见有何变化。"

武帝听完，龙颜不悦。和峤见武帝龙颜色变，便急忙告辞退下。

这件事传到太子妃贾南风的耳朵里，贾南风对和峤充满怨恨之情，等待有朝一日，进行报复。

太子司马衷即位后，拜峤为太子少傅，加散骑常侍、光禄大夫。已为皇后的贾南风还没有忘记这件事。

一次，和峤随惠帝朝见西宫，贾南风对惠帝说："皇上，当年和峤向先帝说你不适合做太子，不能管理好司马氏的家事。现陛下已贵为天子，国泰民安，陛下为何不问问和峤？"

惠帝司马衷听从贾后之意，便问和峤说："和爱卿，先帝在时，听说你曾对先帝说朕不能君临四海，不能管理好司马氏家事，你看朕现在如何？"

和峤见皇帝翻起陈年旧账，从容地说："陛下，臣当年事奉先帝时，确实说过那些话，如果所说的话不能实现，那将是国家的福分，臣怎敢抵赖，推脱罪责呢？"

和峤所说并没错，和峤死后没有几年，司马衷就管不了司马氏的家事，而内战连绵，骨肉相残了。

武帝以帝王之尊，压制大臣，不断抵挡来自各方面的压力，坚决要司马衷继承皇位。太子一点威信都树立不起来，等自己百年之后，谁会尊重他？谁又会真心实意地辅佐他、听他的号令呢？那样，天下将会是怎样一个局面呢？武帝思前想后，终于想出一个为太子树立威信、表明司马衷确实有进步的办法。

其实，太子究竟如何，武帝心里也没底，一是父子的亲情，武帝觉得太子大大不同以往，基本上还可以。二是太子这些年在东宫大臣的教诲下，随年岁的增长，多少有些改变。三是父子之间很少交往，又不生活在一起，武帝对太子根本不了解。大臣们对太子的议论武帝觉得很难办，只好想一办法试试，看看太子究竟怎样，也好堵住大臣们的嘴。

一天，武帝在大殿上，设宴款待卫瓘等东宫僚属，太子身边大小官员都到大殿赴宴，东宫内只留太子、太子妃及太监、奴婢等。宴会上，武帝说："近日，大臣中有些人对太子有些微词，今天朕将东宫僚属都云集于此，朕想出个题目考考太子，看看太子究竟如何？"

大臣们互相观望，无人敢言。大家都不知道皇帝的葫芦里卖的究竟是什么药。武帝看看大臣们，说："来人啊，将这几个奏折送给太子，令太子迅速判决。"

武帝将尚书上奏的几个奏折封好，遣内侍送到东宫。

太子正在书房看书，见一个太监急忙进来，太子说："你来得正好，我正觉得无聊，想找个人玩玩。今天也不知道为什么，这里的人怎么都不见了？"

太监对太子说："太子，大事不好了。圣上把这里的僚属都召集到大殿上赴宴去了，并给殿下送来几个奏折，让殿下您迅速判决。"

"什么，奏折？快拿来看看。"

太子打开奏折一看，急得汗都流下来。他大字不识几个，哪里能看懂什么奏折，喊道："来人啊，快来人！"

太监、宫女们不知道太子发生了什么事，听到喊声，纷纷跑来。太子见跑来的太监、宫女，说："你们都来干什么？我想叫那些大臣。"

一个太监说："殿下，大臣都去赴宴了。"

太子急得把这件事忘了，现在可如何是好？他问太监、宫女们："你们可有人能裁答奏折？若能裁答，定有重赏。"

这些太监、宫女面面相觑，无人回答。这些太监、宫女自幼长在深宫，从未读过书，怎么裁答奏折呢？

这时，一个机灵的小太监说："殿下，何不拿奏折问问贾妃去呢？"

经小太监一提醒，太子才想起自己的床头母夜叉，他急急忙忙地向贾妃住处奔去。

贾妃贾南风正在和宫女们聊天，见太子满脸是汗，惊慌失措地跑进来，忙站起身问道：

"殿下，何事这等慌张？"

太子气喘吁吁地说："娘子，大事不好，圣上给我送来几个奏折，要我马上批复，你看如何是好？"

贾妃一听，觉得事态严重，这明明是皇上考太子殿下，如若答复不好，将关系到太子即位问题。她看着奏折，也不知该如何是好。自己虽然读过好几年诗书，略通些文墨，但答批奏折，实在力不从心。而那些能为太子代笔的东宫大臣又都不在，怎么办呢？她急得如热锅上的蚂蚁，在地上不停地踱来踱去。

忽然，她问进来送奏折的太监："今日圣上宴请的都是哪些大臣？"

太监说：

"都是东宫的僚属，没有别的大臣。"

贾妃脸露笑容，说道：

"这就好办了。"

她唤来贴身侍婢，把奏折交给她，说："快，你赶紧走小门，把奏折送到我家父手上，让他老人家快找外朝大臣代为答复。"

侍婢一路小跑地走了，贾南风和太子在焦急地等待着。大约半个多时辰，侍婢满头大汗地跑回来，将已答复好的稿子交给贾妃。贾妃恐忙中出错，露了马脚，便让给事张泓过目一遍。张泓有些学问，他草草地看了一遍，对贾妃说："娘娘，陛下知道太子读书不好，这份答诏旁征博引，古义繁多，陛下一定能看出是请旁人代答的。或圣上恼怒，查究下来，一旦水落石出，不仅代答之人受到处罚，恐怕太子的宝位也难保啊！"

贾妃闻言大惊，忙道："张公公，这将如何是好？"

张泓说："不如不用这份答复，另外再写一篇，不要用华丽文辞，只要就事论事，简单写出处理意见就行，这样，就不会引起圣上的怀疑。"

贾妃忙问："张公公，你看何人能为太子代答？"

张泓说："奴才不才，愿为太子效力。"

贾妃转惊为喜，含笑对张泓说："那就烦请公公代劳，要好好答复，他日一定保你荣华富贵。"

张泓草草地为太子代答一遍，对太子说："殿下，烦请您抄述一遍，这样就天衣无缝了。"

太子照葫芦画瓢，勉勉强强地将答复抄完，张泓又看了一遍，觉得没有什么漏洞，便交给内侍，送给武帝。

武帝和大臣们一边喝酒，一边等待太子批复奏折。时间一分一秒地过去了，酒已喝得差不多了，太子的批文还没送回，武帝有些焦急，不停地向东宫方向张望。这时，送奏折的内侍手拿奏折返回，递给武帝。武帝打开批文，见太子所批奏折虽文辞不华丽，但道理讲得还很清楚，语句通畅，条理也比较清晰，武帝那颗悬起的心放下，脸上露出了笑容。武帝看后，把奏折递给卫瓘，说："卫爱卿，你看看太子自己批的奏折，再提提意见。"

卫瓘接过奏折，草草地看了几行，他知道武帝的意图，也明白这奏折绝非太子所批，他身为太子少傅，太子究竟什么样，他心里很清楚，太子是绝对写不出这样批文的。既然圣上不愿接受这个事实，自己又何必非要揭露事情的真相呢。

想到这里，卫离座，跪在武帝面前，谢罪道："陛下圣明，臣有眼不识泰山，信口雌黄，望陛下恕罪。"

武帝见卫瓘承认错误，给那些大臣们做了个表率，心里很满意，用手搀起卫瓘，说道："爱卿，快请起，忠于朕而敢于谏言，何罪之有？"

卫瓘慢慢起来，退下了。

大臣们见此，知道卫瓘有毁言于太子。一些谄媚阿谀之徒纷纷盛赞武帝圣明，不受蒙蔽，不纳谗言，说得武帝心花怒放，非常高兴，从此后，对太子更是放心了。

这件事传到贾充的耳朵里，他素恨卫瓘，见卫瓘竟敢毁言太子，便将此事派人告诉女儿贾南风。他告诉贾妃说："卫瓘这个老奴才，差点儿坏了你的大事，今后要小心提防。"

贾妃知道这件事是由卫瓘引起的，便在她那狭隘的心灵之上又播下了一颗仇恨的种子，她不停地设计报复。但武帝毕竟还算贤明之主，他知道卫瓘忠诚，善于直言,故虽有过错,也加以重用。拜卫瓘为司空,遇有军国大事,就召卫瓘商量。贾妃见此,一时无法入手,只好暂时容忍过去,等有机会,一定除掉卫瓘。

七 淫乱宫闱

武帝平吴后,结束了东汉末年以来九十多年的三国分立,消除了相互混战的"战国之苦",出现了四海平一,天下康宁的局面,史称"太康盛世"。

作为一国之君的司马炎,天下未统一之前,还能够励精图治,恭俭持家,清心寡欲。平吴之后,政权稳定,天下太平,可以高枕无忧了,便开始卖官鬻爵,贪钱爱财起来。

武帝带头贪财如命,上行下效,满朝大臣大都悭吝贪鄙。

不仅皇帝和贵戚奢侈,就是一般的官僚也奢靡得惊人。

豪门权贵的贪婪、豪侈和残暴引起较为正直大臣的担忧,他们从那些令人发指的奢侈腐败的盛风中,预感到有亡国的危险,遂给武帝敲响警钟。车骑司马上书武帝道:"当今奢侈之费,甚于天灾。"

而武帝听之任之,任这些蠹虫蛀蚀国之大厦,使其慢慢成为空壳而倒塌。

晋武帝司马炎不仅对权臣们奢靡不加节制,自己也变得日益骄奢淫逸。他认为天下已太平无事,可以刀枪入库,马放南山了。

大量裁减武备,使朝廷内外军备松弛,毫无自卫与防御的能力。当时,身为交州牧的陶璜感到如此大规模裁军,将为国家召来内忧外患,便上书说:"州兵不宜减损,自示空虚。"

武帝已为胜利冲昏了头脑,一心只想粉饰太平,哪里还听得进去别人的意见。老臣右仆射山涛,已因病告假,听说武帝下诏罢兵,认为这将是后患,便带病入朝,力谏武帝不宜去州郡武备。武帝有点动心,但认为:"天下已平,不必过虑,既已颁诏四方,也不便朝令夕改,因此将错就错,错就错去了。"

武帝这种麻痹大意的思想导致西晋王朝军事软弱,当周边少数民族入侵时,毫无抵抗能力,致使北方再次陷入战乱。

俗语说得好:"饱暖思淫欲。"他听说东吴孙皓的宫女,格外美丽鲜妍,趁此天下无事,正好选一批南国美女充入后宫,以便朝夕享乐。

正巧东吴嫔妃,半数以上都被平吴将士掠归,他们见吴女长得娇小妩媚,便争抢想娶吴女为妻妾。武帝怎能让将士们抢先尝鲜,便下一道诏令,让将士所掠归的吴女都送入后宫。

送入后宫的吴女差不多有五千之众,武帝逐个欣赏,见这些美女煞是可人,不觉龙心大喜,一齐收纳,分派到各宫居住。至此,武帝后宫新旧宫女加起来,已不下万余人。

如此众多美女给武帝出了个难题,个个如此娇美喜人,先临幸哪一个? 宠幸哪一个? 武帝思来想去,想出一个好办法。每天退朝后,武帝改坐羊车,让拉车之羊为其选临幸何处。武帝坐在羊车上,游历宫苑,既没有一定去处,也没有固定的住处,任凭羊车拉到哪里停下,便有众多美女迎上来谒驾。武帝走下羊车,端详那些迎驾美女，见有可意的美人儿，便一同设宴赏花。前后左右，都是姝丽，千姿百态，有的为武帝按摩，有的为武帝斟酒，极尽媚态。武帝酒下欢肠，淫兴大发，便顺手牵几名美女，同入罗帏，颠鸾倒凤，共赴高唐。这些后宫美女长年独守空房，情欲难耐，盼不得有此幸遇，挨个进行，承受云雨。

武帝今天到这里，明天去哪里，如似花间蝴蝶，在姹紫嫣红的百花中穿梭，飞到东，飞到西，任情徘徊。武帝善于此道，淫乐得不顾疲劳。然而，美女上万，惟望一宠，纵使武帝有龙马精神，也难以处处顾及。只有少数承受到皇帝的雨露滋润，大多数宫女也只好向隅而泣，独寝寒衾了。

晋武帝司马炎

一些宫女为能得到皇帝的一夜之欢，绞尽脑汁，想出一个办法。她们了解羊的特点所好，在羊身上做文章。她们知道羊愿吃竹叶和盐，便用竹叶插在自己的门上，把盐水洒在窗前，引逗拉车的羊。羊见到竹叶便奔过去吃，嗅到盐水味就停下来舔，羊车也就停了下来。宫女们见时机已到，便花枝招展地迎出来，把武帝迎进屋里，供献一宿。武帝见宫女们弱质纤纤，也愿意顺应随缘，随意临幸一番了事。

等到宫女户户插竹，家家撒盐，羊也就不以为然了，此招失灵。羊拉着武帝随便行止，不受摆布。宫女无计可施，只好听天由命，自怨没有福分了。

武帝整日淫乐，逐渐失精丧魂，每天都昏昏沉沉，无心料理朝政，政权逐渐落到后党杨骏等人手中。

杨艳皇后临终前，向武帝请求纳其叔父之女杨芷为后。武帝看在昔日情分上，答应了杨皇后之请，纳杨芷为继后。杨芷，字季兰，小名叫男胤，年方二九，颇有姿色，温柔贤惠，能尽妇道。自从被立为后，与武帝感情很好，与姐姐和武帝的感情不相上下，宠冠后宫。其父杨骏（？—291），字文长，曾为镇军将军，因女儿为国母，至是进任车骑将军，封临晋侯。其弟珧为卫将军，弟济为太子太傅。一人得道，鸡犬升天，杨氏兄弟三人依仗为皇亲国戚，"并在大位"，"势倾天下"，被称为"杨氏三公"，有"三杨"之号。尤其是杨骏，自恃身为国丈，武帝的宠爱，骄奢强横，独断专行。

由于武帝沉于酒色，无心政事，杨骏便渐渐独揽朝纲，横行朝野，引起大臣们的恐慌。尚书郭奕等上书武帝道："杨骏器量狭小，不可以任社稷之重。"

当封杨骏为临晋王时，有识之士就说："朝廷分封诸侯，是用以保卫王室的。设后妃，是用来弘扬内廷教育的。皇后之父被封以临晋为侯，这可是个乱兆啊！"

镇军将军胡奋，见杨骏日益骄侈，就直言规劝杨骏说："公依靠女儿获得富贵，怎么能如此豪侈呢？历观前朝豪族，与天子结为姻亲，有多少招致灭门之祸，公应引以为戒，如果再骄侈下去，那只是早晚之事啊！"

杨骏听罢，为胡奋在妒忌自己，回敬道："胡君的女儿不也嫁给天子了吗？何必责备于我呢？"

胡奋微笑着说："我女儿虽然进入后宫，但只配给您的女儿作奴婢，怎么能与杨公女儿相比？女儿对我家无关损益，不如公门，一门二后（杨艳、杨芷），显赫无比，令人侧目，此后还请公三思！"

杨骏哪里听得进去，依旧横行霸道，朝中所有的佐命功臣，多被疏斥。尚书右仆射山涛（205~283年）见此，屡次上谏武帝，武帝赞赏他的忠贞与正直，但情欲难耐，一看到美人站在眼前，早把老臣的忠告抛到脑后去了，哪管什么兴衰成败呢？

武帝只顾寻欢作乐，不理朝政，外戚"三杨"乘机擅权，而西晋开国时的佐命老臣此时也相继逝世，朝中只剩下司空卫瓘是建国老臣。

八　篡改遗诏

太康末年，老臣相继谢世，朝政被杨骏所把持，朝臣中能与杨骏相抗衡的只有卫瓘与汝南王司马亮。

机会终于来了，杨骏找到了敲山震虎的好办法。他见在卫瓘身上无隙可乘，便在卫瓘的儿子身上，找到了打击卫瓘的机会。

卫瓘的第四个儿子宣，娶武帝女儿繁昌公主，卫瓘与武帝结成儿女亲家。卫宣与繁昌公主感情不睦，夫妻间时常发生纠纷。卫宣不求进取，每日吃喝玩乐，寻花问柳，依仗身为驸马，父亲又是朝中重臣，胡作非为，横行霸道，引起很多人的不满。繁昌公主身为金枝玉叶，难免有些小姐脾气，所以，夫妻俩打打闹闹，朝野皆知。杨骏闻知此事，心中大喜，暗想：如果能说服武帝，夺回繁昌公主，使卫宣与繁昌公主离婚，卫瓘还有何面目在朝中为官呢？势必提出告老逊位，这不就除去自己心腹之患了吗？派谁说服皇帝陛下而又不引起陛下的怀疑呢？

杨骏思来想去，觉得只有武帝身边的太监，才有机会与皇帝谈及皇帝的家事，而皇帝又不会想到其中的玄机。于是，他在太监中找到一个机灵又会办事，并在皇帝身边能说得上话的太监，对他说道："公公，听说卫宣虐待繁昌公主，公主受尽苦楚，您是皇帝身边红人，应说服皇帝接公主回宫。公公您知道，本官与卫司空有过节，不便向皇帝提及此事，以防别人说我有私心。可我又实在不忍心看公主受苦受难，所以烦劳公公有机会向皇上说说，早点儿将公主解救出来，将来本官和公主是不会亏待公公的。"

太监急忙接过话说："杨公说得是哪里话，区区小事，何足挂齿，下官一定会办好，请杨公放心。"

事情非常凑巧，一天，繁昌公主哭哭啼啼地回宫了，哭闹着对武帝说："父皇，快替女儿做主啊！驸马他整日酒气熏天，又常到妓院留宿，女儿说他，他就和女儿又吵又闹，女儿实在受不了了，望父皇替女儿出口气，好好治治卫宣。"

武帝非常生气，遂对女儿说："女儿不要哭了，你先回去，明天父皇一定重重惩治这个臭小子。"

公主听武帝一说，破涕为笑，对武帝说："多谢父皇，不过，不要惩罚太重，教育教育即可。"

公主告了驸马一状，乐颠颠地回府了。武帝被公主闹得六神无主，正在左右为难时，那个聪明的太监见时机已到，便对武帝说："陛下，公主总这样也不行啊，小的听说，驸马爷常与一些狐朋狗友聚众喝酒闹事，出入花街柳巷，不学无术，不思进取，让公主与这样没出息的人生活一辈子，岂不空误公主的青春和幸福吗？"

武帝点点头，说："朕也觉得这样下去不行，但碍于卫司空的面子上，也不好深管。"

太监说："陛下，公主的终身幸福事大，再说卫司空已年近古稀，不能因打不开情面而贻误公主的终身。小的认为，陛下不如将公主接回宫居住，暂时离婚，借此教训教训驸马爷，他如若改正，便将公主送还，如若不改，也可将公主另嫁他门，这是驸马爷自己所作所为而至，与卫司空有何关系？"

武帝有些犹豫不决，说："这样能行吗？公主能愿意吗？"

太监见武帝有些动心，趁热打铁地说："陛下，公主年轻，不知事情轻重，驸马几句好话，公主便没有主意了，陛下身为父母，应为女儿长远着想，替孩子做主啊！"

武帝觉得这太监说得有道理，遂下诏将公主接回宫中居住，令其与卫宣离婚。

消息传到卫府，犹如晴天霹雳，卫瓘觉得又惭愧，又恐惧，知道那不争气的儿子给自己丢了脸，惹了祸。他也知道，这事情的背后一定有鬼，这是冲自己而来。罢了，罢了，看来只有告老还乡了，否则会招来杀身之祸。

第二天上朝，卫瓘出班，跪奏武帝道："陛下，臣教子无方，愧对圣上对臣一片恩情，望陛下恕罪。再则，臣已老迈，昏聩无能，乞望陛下恩准老臣告老还乡，让位与贤，帮助陛下治理朝政。"

事已至此，武帝便准其所奏，让卫瓘告老还乡了。

事情并未就此结束，杨骏为彻底除去卫瓘，让心腹官员上奏皇帝，弹劾卫宣所行不法，应付廷尉治罪，打入牢狱，并免除卫瓘的爵位。武帝念与卫宣翁婿一场，而卫瓘又忠心耿耿地为司马家服务一辈子，没有接纳此建议。

繁昌公主住在宫中，独守空房，引起对卫宣的旧情。每天闷闷不乐，郁郁寡欢。渐渐地变得形消体瘦，弱不禁风了。武帝看在眼里，急在心上，后又闻知这事情里另有阴谋，也有些后悔，一气之下，杀死那个太监，打算把公主送回卫府。然而，这已成为他终身的憾事。卫宣因与公主离婚，父亲被迫逊位离职，有司又要治罪于他，情急之下，抱病身亡。缘分已断，不能再续，一对夫妻成为政治阴谋的牺牲品，甚是可叹。

杨骏除去卫瓘，又把注意力转移到能与之抗衡的宗室王身上

一次早朝，杨骏出班跪奏道："启禀陛下，昔日陛下分封宗室为王，目的是环卫朝廷。如今天下太平已久，宗室王及其子弟们都久住京都，为官理政，而藩镇已形

同虚设,臣想,这不符合当初陛下之意。以臣之见,不若早令藩王就镇,加强藩政,以防不测,这才没有后顾之忧啊!"

杨骏的心腹们也不停地附和着,不断向武帝耳边吹风,武帝想起曹魏亡国之象,遂采纳了杨骏等人的建议,下诏,命汝南王亮为大司马,出督豫州诸军事,使镇许昌。又徙封皇子南阳王为秦王,使出督关中,始平王玮为楚王,使出督荆州,濮阳王允为淮南王,使出督扬江二州军事。更立诸子乂为长沙王,颖为成都王,晏为吴王,炽为豫章王,演为代王,皇孙遹为广陵王。

此时的朝廷已为杨氏所专有。外庭,杨骏兄弟横行朝野,无人能与之抗衡,内庭,杨皇后独御六宫,并不断参与朝政。

到了太熙元年(290年)五月,武帝病重,不能上朝理政,索性将杨骏留在禁中,替武帝草拟诏令,一切诏令,悉出杨骏之手。杨骏趁此时机,党同伐异,树立私党,顺我者昌,逆我者非亡即贬,朝政混乱,无人敢谏。

一时朝野,天空阴云密布,狂风大作,乌云翻滚,一场暴风雨即将来临。皇宫含章殿内一片死寂。武帝躺在病榻之上,已是几日不省人事,昏迷不醒了。杨皇后坐在病榻旁,轻轻地拉着武帝那枯瘦的手,慢慢地抚摸着。望着武帝那张蜡黄瘦削的脸,昔日的英姿已荡然无存了。双眼深陷,面无血色,奄奄一息地躺在那里,没有一丝生的希望了。杨骏在房中轻轻地踱着碎步,一会看看武帝,一会看看自己的女儿杨皇后,心里在不停地盘算着,打着未来的如意算盘。

忽然,"咔嚓"一声巨响,一个震耳欲聋的响雷响彻天空,仿佛要劈天裂地一般。随之,一场瓢泼大雨倾盆而下。躺在病榻上的武帝不知是被雷震醒,还是回光返照,竟然睁开了眼睛,他慢慢地转移着视线,看看身边的爱妻杨皇后和在地上踱步的岳丈杨骏,缓缓地说:"来,扶我起来,我要坐坐。"

杨后见武帝醒来,甚是惊喜,急忙将武帝慢慢扶起,用自己的身体轻轻地依住武帝。武帝依在杨皇后怀中坐着,问道:"爱妻,朕是不是已昏睡几日了?"

杨皇后说:"陛下不用担心,陛下偶得小恙,休息几天即能康复。"

武帝说:"爱妻,不用安慰朕了,朕恐怕无几日活头了,趁朕清醒之时,朕要处理处理后事。爱卿,近几日朝中可有大事,把几日的案牍拿给朕看看。"

一听武帝要看案牍,杨骏心中一惊,面露惊慌,忙说:"陛下,御体为重,过段时间再看不迟,快些躺下休息吧!"

武帝坚持说:"朕所剩时间不多了,还是快点把案牍递给朕吧!"

杨骏无奈,只好硬着头皮把近几日自己代武帝所下诏书及各部奏文等交给武帝。武帝慢慢翻阅着,见诏书之中,选用很多新人,都是些才华平庸之辈,而朝中有才之士很多被罢黜,武帝面露不悦,双眉紧锁,看着看着,怒问道:"杨爱卿,你怎可随意任用和罢黜朝中之臣呢?"

杨骏见此,慌忙跪下,谢罪道:"臣不才,所用非人,望陛下恕罪。"

杨皇后在旁代父求情说:"陛下息怒,妾父近日忙于照料陛下贵体,衣不解带,已数日夜,政事上有所疏失,在所难免,望陛下看在妾身面上,原谅妾父吧!"

武帝无可奈何,重重地叹了口气,便不再追究此事了。

过了一会儿,武帝问道:"汝南王亮前往许昌就镇,启程了吗?"

杨骏答道:"回陛下,汝南王尚未启程。"

武帝听罢,脸上有些笑意,说:"那太好了,快下令中书起草诏书,不让他出镇藩镇,留他在朝,辅佐朝政。"

杨骏大吃一惊,没想到武帝临死前会改变主意,下此诏书。杨骏不得已,只好传命中书处,起草诏书。武帝又断断续续地说了些朝廷中有名望的青年官僚数人,让他们与汝南王、杨骏一起"夹辅王室",并让王佑为北军中侯,掌握中央禁军等。说完,武帝又躺在床上,昏睡过去。

原来,武帝虽病卧床榻,心里却不停地想着后事。他知道自己儿子司马衷做皇帝不能胜任,既对贾妃的酷虐有所顾虑,又见杨氏势力如此之强,遂有如此安排。

杨骏见武帝又昏睡过去,不顾大雨倾盆,急急忙忙冒雨赶到中书处,对中书监华廙说:

"陛下欲亲阅诏书,令本官前来拿取,不知诏书起草完否?"

华廙双手将诏书递与杨骏,说道:"陛下如若阅完,望将军速派人送回,下官好尽快去汝南王府宣诏。"

杨骏将诏书索回,匆匆忙忙地返回含章殿,见武帝还在昏睡,便放下心来。他决不能让此诏落入他人之手,更不能让汝南王亮知道。自己费了多少心机才将汝南王亮挤走,怎能在关键时刻功亏一篑呢?他迅速将诏书藏了起来。

第二天上午,中书监华廙见杨骏一夜未将诏书送还,甚是焦急,便亲自入叩宫门,向杨骏乞还原稿。杨骏在宫中听说华廙求见,急忙将华廙迎到偏僻之处,对华廙说:"华大人,圣上已收回原诏,准备另下诏令。此事华大人就不要再问,再追究下去,对任何人都不要说及此事。唉,圣上恐怕不行了,我身为皇后之父,太子之外公,将来怎会亏待华大人呢?"

华廙早已听出杨骏弦外之音,自己无力与杨氏抗衡,乐得顺水推舟,遂说道:"杨将军请放心,下官不知任何事情。"杨骏遂放心地回到武帝身边去了。

到了傍晚,武帝病危,杨皇后宣中书监华廙与中书令何劭入宫,由杨皇后口宣帝旨,草拟遗诏。华廙与何劭岂敢怠慢,当即草就。遗诏曰:

"昔伊望作佐,勋垂不朽;周霍拜命,名冠往代。侍中、车骑
将军、行太子太保,领前将军杨骏,经德履喆,鉴识明远,毗翼
二宫,忠肃茂著,宜正位上台,拟迹阿衡。其以骏为太尉、太子
太傅、假节、都督中外诸军事,侍中、录尚书、领前将军如故。置
参军六人、步兵三千人、骑千人,移止前卫将军珧故府,若止宿
殿中宜有翼卫,共差左右卫三部司马各二十人、殿中都尉司马
十人给骏,令得持兵仗出入。"

华廙与何劭将草就遗诏交给杨皇后,杨皇后草草地看了一遍,为了表示此诏出于武帝之意,杨皇后故意将二人领到含章殿武帝病榻前,对二人说:"华、邵二位大人,此诏乃出于陛下之意,诏书起草完毕,应交与陛下亲阅为是。"

华廙将诏书交给杨皇后,杨皇后将奄奄一息的武帝扶起,亲手拿着诏书让武帝观看。此时的武帝已是只有出气,没有进气了,茫然地看了许久,一句话也没说,便闭上了眼睛。

华廙与何助已明其意,急忙告辞出宫。忽然,武帝再次睁开双眼,问道:"汝南王来了吗?朕要见见他。"

杨皇后忙说:"陛下,汝南王还未到,陛下先休息,汝南王马上就到。"

武帝听说汝南王未到,重重地叹了口气,脑袋一沉,便带着遗憾,永远地闭上了眼睛。在位二十五年,享寿五十五岁。

杨骏在女儿杨皇后的帮助下,篡改了遗诏,终于获得独自辅政的大权。

九　智除杨氏

武帝崩后,杨骏入居太极殿,开始主持国政。他将太子司马衷从东宫迎到武帝灵柩前,宣读武帝遗诏,司马衷即帝位,史称晋惠帝。尊皇后杨氏为皇太后,立贾妃南风为皇后,杨骏为太尉,兼太子太傅,都督中外诸军事,录尚书事。杨骏以皇帝的外祖父的身份,"握大权,辅弱主"。由于这个"弱主"不仅弱,而且还痴,所以一切政令悉出于杨氏之手。

杨骏掌政后,首要之务是从京都将差点儿与自己共分政权的汝南王亮赶到许昌去。武帝灵柩出殡那天,六宫后妃嫔媵身穿重孝,为武帝送行。而身为辅政大臣的杨骏却高居太极殿,拒不出殿送行,为防备发生意外,他用百余名武艺高强的虎贲把守殿门。他下令汝南王即日启程赴镇,不许汝南王为武帝送葬。汝南王接到诏命后,心里非常难过,然而,汝南王一向胆小,他不敢违抗杨骏之命,只好站在自己府门之外,泪流满面地为武帝举哀送葬。他上表杨骏,恳求杨骏开情,允许他为武帝送葬山陵,然后启程。

杨骏接到奏表,大为恼怒。他拿着奏表去见杨太后,说:"太后,汝南王亮迟迟不肯赴镇,恐怕这其中有诈。应尽早将其除掉。"

太后说:"这恐怕不行。汝南王在朝中甚有众望,一向忠于朝廷,现先帝刚刚驾崩,就对他下手,恐怕引起朝臣的不满,还是将其赶走为妙。"

杨骏说:"太后多虑了,我们父女握有朝政,何人敢违抗命令?"

杨太后见父亲坚持要那么做,便说:"你去找皇上说去吧!"

杨骏见太后默许,便来到惠帝宫中,对惠帝说:"启禀陛下,今天百官皆为先帝送葬,而身为大司马、皇室宗亲的汝南王却不去送行,恐怕这里有阴谋。听说汝南王不想到藩镇,在府中招养死士,图谋不轨,陛下应早些动手防范,否则会招来大祸。"

惠帝见杨骏如此之说,便对杨骏说:"爱卿,你看怎么办才好?"

杨骏说:"陛下应速下诏书,遣兵讨伐汝南王,防患于未然。"

惠帝只好下诏,声讨汝南王。

这事情被大司空石鉴闻知,他感到事情不妙,急急忙忙赶到宫中,对杨骏说:"汝南王跟随先帝南征北战,忠心耿耿,这是朝野皆知的事,现说其要谋反,无人能信。况且,现在朝廷正处于不稳状态,若大举兴兵,恐怕招来不测。再说,各宗室王握有重兵,把守要害,今若讨伐汝南王,他们势必兴兵进京,这将招致天下大乱。望太傅三思啊!"

杨骏觉得石鉴所说有道理,自己也只是想挤走汝南王而已,便将兴兵讨伐之事搁下了。

汝南王亮听到消息,惊恐万分。

当天深夜,汝南王匆匆收拾些行装,带着家眷兵丁,连夜离开京城,逃奔许昌,一场灾难才算躲过。

杨骏挤走汝南王,引起朝臣们的议论。

杨骏自知自己在朝臣心中没有威望,为了笼络人心,大慷朝廷之慨,效法魏明帝即位的故事,大开封赏。他令惠帝下诏,凡中外群臣,皆增位一等,凡参与丧事之官,增位二等,二千石以上,统统封为关内侯,复租调一年。诏令一下,朝野哗然。左军将军傅只对杨骏说:"自古以来,从未听说过帝王始崩,臣下就论功行赏,违礼背义,万万行不通。"

散骑侍郎何攀也说:"颁赏行爵,已超过开国功臣及平吴诸将帅,将来矛盾百出,如何处理?望太傅收回成命。"

杨骏对众人意见未加理会,仍大肆封赏,取悦众心。

杨骏挤走汝南王亮,独断朝纲,恣意横行,然而,他仍有顾虑。外朝大臣都不在话下,唯一令他放心不下的是现今的皇后贾南风。惠帝虽是蠢顽无知,是杨骏手上的玩偶,而贾皇后却非等闲之辈,绝不可掉以轻心。

贾南风自泰始八年(272年)被选为太子妃入宫至今,即永熙元年(290年),已近二十个春秋了,昔日十四五岁的少女已成为成熟的中年少妇了。二十年宫廷的风风雨雨,使她更加成熟,更富有心机与经验。自己虽为太子妃,而太子憨愚,无力保护自己,要想在血雨腥风,明争暗斗的后宫之中生存下去,就要学会权术。她自知相貌不佳,无法胜过宫中其他美女,她就与宫女们斗智、斗法、斗狠,也许是相貌丑陋而造就了贾皇后的畸形性格,她不仅残忍酷忌,而且阴险狡诈。所以,杨骏深以为忌,时时防备。

为控制惠帝,防止贾皇后干政,令其外甥段广,为近侍之职,寸步不离惠帝,执掌机密。昔日武帝为控制杨氏势力,临终前命王佑为北军中侯,掌握中央禁军,此时已被杨骏撤离,出为河东太守,令自己心腹张邵为中护军,掌管禁军。所有诏书,杨骏起草完毕,拿与惠帝观看,看后由段广交与杨太后,令贾皇后无隙可乘,而惠帝与杨皇后则唯唯诺诺,从未有一句反对之言,听命于杨骏而已。

惠帝即位后,贾南风由太子妃变为皇后,成为六宫的主宰,为天下之母。她不想沉醉于后宫之中,她有极强的权力欲,她要干预朝政,为所欲为。然而,此时的贾皇后虽身为皇后,上面还有掌政的杨太后,外朝有太后之父杨骏,牢牢地把握着朝政,令她无隙可乘。想当年,自己为太子妃时,受尽了杨皇后的责骂,自己无法反抗,今日自己已为六宫之主,岂能再受太后的窝囊气?她处心积虑,日思夜想,决定伺机给杨氏以致命一击。当她见杨骏擅权,引起"公室怨恨,天下愤然"时,她决定利用宗室诸王对杨骏不满之情,对杨氏发动反击。她在物色着人选,终于找到适于内外联络之人,殿中中郎将孟观与李肇,一场大规模的夺权斗争开始了。

杨骏独断独行,引起宗室诸王与中外臣僚的不满,贾皇后更是咬牙切齿,寻机推翻杨氏统治,夺取政权。贾皇后悉心观察着内外动静,准备伺机发动政变。

无巧不成书,贾皇后的心腹,太监董猛为人奸诈,善用计谋,得知皇后心意后,对皇后说:"皇后娘娘,下官有两个知心朋友有要事禀奏皇后。"

贾后明白其意,但有些担心走漏风声,问道:"此二人身为何职,人可靠吗?"

"娘娘放心。二人一个叫孟观,一个叫李肇,为殿中中郎将,他们屡遭杨骏的辱骂,抑郁而不得志,对杨氏恨之人骨,恨不能食其肉,寝其皮,但苦于没有机会。他们时常向臣抱怨,发泄心中不满。下官以为,杨氏封锁外朝,娘娘无处插手,而下官为中宫之人,亦不便与外庭联络,若能使孟观、李肇二人为娘娘效劳,娘娘的出头之日则为之不远矣。"

董猛信心十足地对贾后说着。

贾后听罢,青黑的脸露出一丝笑容,说道:"董猛,用心去办此事,不过得千万小心,不能走漏半点风声。"

那是一个漆黑的夜晚,伸手不见五指,后宫之内,一片寂静。董猛将孟观、李肇假扮成太监,悄悄地来到贾后的住处。

董猛三人来到后宫,与贾后见过礼后,贾后满脸严肃地说:"杨骏身为太傅,不与朝臣共同辅政,却夹持皇上,号令天下,篡夺之心已经昭然,司马家之天下不久将要改姓杨了。诸位,是可忍,孰不可忍,我们不能坐视不管。但我一妇道人家,久居深宫,不便外出,烦请各位鼎力相助。事若成功,本娘娘定不会忘记诸位之功劳。"

孟观急忙说:"娘娘不必多言,下官知道事情的轻重,但为皇后娘娘效力,即使肝脑涂地,亦在所不惜。"

董猛与李肇也随声附和着。贾后见二人可用,便说:"以本宫与你们的力量,不足以扳倒杨氏,禁军都握在杨氏手中,无法利用。现唯一可以依赖的力量是握有兵权的各宗室王,他们对杨氏早已不满,是我们联合的最好对象。但众多宗室王,先与哪位联系最好呢?"

董猛说:"那当然是汝南王最好。"

贾后说:"事情恐怕不那么简单,汝南王虽与杨骏有深仇大恨,但汝南王胆小怕事,恐怕难以说服他起兵讨杨。以我之见,不如说服楚王玮,楚王玮性情暴躁,有勇无谋,年少气盛,定能起兵。"

李肇说:"楚王玮虽能起兵讨杨,但事后恐难以驾驭,会对皇后不利。不若先说服汝南王,如果不成,再说服楚王。"

贾后觉得有道理,点头说道:"此话言之有理。那么,派谁前往呢?"

李肇与孟观说:"臣愿效力。不过,单凭下官三寸不烂之舌,难以取信于诸王,娘娘应写封密信,让臣带着,这样就更有说服力。"

贾后说:"好吧,不过事关机密,你们二人要多加小心。如若走漏消息,你们将身首异处,祸灭九族,万万不能掉以轻心。"

孟观、李肇带着贾后的密信,快马加鞭,星夜赶往许昌。孟观、李肇见过汝南王后,对京都形势与杨氏跋扈进行大肆渲染。

汝南王说:"唉,吾已老矣,心有余而力不足了,现在吾已无心于政治了。"

原来,汝南王亮上次逃离京城,累累如丧家之犬,已被杨氏吓破了胆,一朝被蛇咬,十年怕井绳,龟缩在许昌,不敢做任何反击。所以,任你孟观、李肇口生莲花,他都毫不动心。孟观、李肇无奈,只好打马启程,奔往荆州,去说服楚王玮。

楚王玮乃武帝之子,惠帝的亲弟弟,他性情暴戾,勇有余而智不足。孟观、李肇添枝加叶地说了朝廷情形,他暴跳如雷,拍几吼道:"岂有此理,怎能任杨骏小儿如此猖獗下去!"

孟观、李肇见楚王已经上钩,便掏出贾后的密信,对楚王说:"皇后娘娘非常信任大王,愿与您通力合作,铲除杨氏。"

楚王玮虽无太大智谋,但野心却非常大,他知道当今皇上痴呆弱智,无力御国,如果自己以清君侧、除奸佞为名,发动政变,推翻杨氏,那么,大晋政权便会成为自己的囊中之物。所以,他爽快地答应了李肇、孟观的请求,决定进京,与贾后共除杨氏。

孟观、李肇回京复命去了,楚王玮上表朝廷,要求入朝进京。此时的杨骏正在春风得意,见到楚王玮的奏表,哪知其中原委,心中大喜。原来,杨骏知道司马玮勇悍难制,恐其在荆州势力过强,将来会危及朝廷,遂想将其调到京城,便于自己控制。没想到司马玮会自动申请入京,他怎能不高兴,所以急忙批复,准其入朝。司马玮得到批奏后,又联系淮南王允,共同入朝。

永平元年(291 年)三月,楚王玮与淮南王允昼夜兼程,直奔京城,去圆他权力的美梦。楚王进京后,没有入朝觐见皇帝陛下,而是直接找孟观、李肇,孟观、李肇见楚王玮如此神速地赶来,大喜过望,李肇对楚王玮说:"现在已万事俱备,只差楚王您这东风了。"

楚王对二人说:"你们速去通知皇后,最好今晚行动。"

孟观说:"今晚行动,是否有些仓促?"

楚王说:"不,我今日才到,杨骏不会防范太严,这正是行动的好机会。"

孟观、李肇急忙找到太监董猛,叫其通知皇后,楚王玮已经入朝,预计今晚行动。董猛来到后宫,告之贾后此事,贾后听罢,喜上眉梢,说道:"报仇的日子终于到了。"

董猛问道:"娘娘,我们将如何行动?"

贾后将董猛拉到近前,低声在耳边嘀咕一阵,董猛一边听着,一边点头称赞说:"娘娘高明,小的这就去准备。"

当天夜里,后宫内风平浪静,没有一丝动静。惠帝也如同往常一样,到贾后宫内就寝。贾后格外殷勤,一改常态。惠帝受宠若惊,在皇后的温柔乡里,很快就酣然入睡了,而贾后却在辗转反侧,焦急地等待动静。

夜深了,寂静的夜晚不时传来打更声。忽然,贾后听到一阵急促的脚步声直奔她的寝房而来,继而传来急促的敲门声。贾后翻身下床,直奔房门。开门后,只见董猛站在门外,悄声地对她说:"准备好了,开始吧!"

贾后返身回到床边,连拉带拽地将惠帝唤醒,急声说道:"陛下,快醒醒,殿中中郎将孟观、李肇有急事禀报。"

惠帝睡得蒙头转向,一听有急事禀报,吓得登时醒了过来,忙说:"快传他们进来!"

董猛带着孟观、李肇三步并作两步直奔进来,"扑通"地跪在地上,上气不接下气地说："陛下,大事不好了,太傅杨骏正在聚集兵马,要杀进宫来,自立为帝呢。"

惠帝一听,吓得脸色苍白,瘫坐在那里,不知如何是好。贾后在一旁说："陛下,快下诏啊,否则就来不及了。"

惠帝哪里辨得真假,一听皇后让他下诏,他便急忙写份手书,罢黜杨骏官职,令其回府听候处理。孟观与李肇接过诏书,草草地看了一遍,又偷偷瞧瞧贾后,见贾后双眉紧锁,不停地摇头,二人心领神会,继续跪奏道："陛下,杨骏现已箭在弦上,随时都会发射,怎会听陛下的命令,若不发兵镇压,恐怕难以平息。"

贾后亦随和道："陛下,杨骏目无圣上,竟胆敢兴兵犯上,这种人留之何用,定要斩草除根,才能解除后患。"

惠帝见贾后如此之说,便另写诏书,下令东安公司马繇率殿中兵四百人,去围杨骏宅第。李肇、孟观带着惠帝的诏书出宫去了。

事情虽然进行得很秘密,然而仍被杨骏的心腹散骑常侍段广所闻知。段广白天寸步不离惠帝,无奈晚上只好让给贾后,所以贾后选择深夜行动。段广闻信后,急忙入见惠帝,他跪在惠帝面前,泪流满面,哽咽着对惠帝说:"陛下,千万不要听信谣言。杨骏身受先帝之恩,竭忠辅政,绝无半丝邪念,况且,杨骏年老无子,怎么能谋反呢?望陛下三思而后行。"

惠帝看看段广,又看看身边的贾后,茫然不知所措,贾后却厉声道:"你这杨骏的走狗,竟敢替反贼辩护,还不快给我滚出去!"

段广见说服惠帝没有希望了,便急忙奔向杨骏府中,给杨骏报信去了。

杨骏已得知消息,急得团团乱转。他召集众官,商量对策。主簿朱振献计说:"如今宫廷突发政变,一定是贾后与太监所为,意在除掉太傅。太傅当务之急应率领府上家丁,去烧云龙门,冲入东宫,带皇太子及外营兵冲入后宫,捉杀奸人。圣上震惧,一定能交出首犯。否则不能免祸了。"

杨骏听罢,连连摇头说:"这不是谋反吗?万万使不得。"

杨骏平日骄横跋扈,到了关键时刻,却变得优柔寡断,毫无主见了。侍中傅祗知道杨骏难成大事,在劫难逃,便站起身,对众官说道:"我先进宫观察观察事态,一会儿就回来。"说罢,向外走去。走到门口,回头说:"宫中不能没人,白白在此商议,亦属无益。"

众官当然领会傅祗之意,也都不愿引火烧身,都起身离去。只有尚书武茂,还端坐在那里。傅祗怒问道:"难道你不是朝廷大臣吗?现在内外断绝音讯,不知天子是否安全,你怎能在此安坐?"

武茂听罢,急忙站起身来,与傅祗走了。此时的杨骏,真是众叛亲离,成了孤家寡人了。

东安公司马繇率兵包围了杨骏府第,楚王玮率兵驻扎在司马门,将杨骏团团围住。杨骏同党左军将军刘豫,陈兵在万春门,准备营救杨骏。恰遇右军将军裴颁,裴颁是贾南风的表弟,贾后之死党。刘豫问裴颁:"右军将军,是否知道太傅在哪里?"

裴颁随机应变,顺口设诳道:"刚才我在西掖门遇见太傅,看他乘着素车,带着二人,向西出走了。"刘豫闻言,大惊失色,叹口气说道:"唉,大势去矣,我可怎么办呢?"

裴颜乘势劝道:"将军现应前往廷尉处自首,尚有生望。"刘豫听从裴颜的劝告,匆匆离去。再也无人救护杨骏了。

贾后知太傅府被围,担心杨太后救杨骏,便派心腹太宰将太后宫严密监视起来。太后得知父亲被围,急得团团乱转,无计可施。她欲派人出去搬救兵,宫门已被围住,无法出去,难道就眼睁睁地看着父亲被杀吗? 情急之下,她想出一个办法,她唤宫女拿来一块白布,太后拿起笔墨,亲手在白布上写下"救太傅有赏"六个大字。她令太监用弓箭将此白布射到城外,如果幸运,或许可救父亲一命。

不料,上天并不想救杨骏,此白布被贾后的人拾到,并将它送给贾后。贾后看罢,嘿嘿一阵冷笑,青魆魆的脸上露出狰狞,说道:"好啊,天堂有路你不走,地狱无门你自来投。有此把柄在我手中,看你如何活命。"

遂传言宫廷内外,说:"太后与杨骏一同谋反,百官不得妄从!"遂派人将太后围在宫中。

东安公繇率兵围住杨骏宅第后,灯笼火把,照亮半个天空。他下令一部分兵丁放火烧骏宅,一部分兵丁登到楼阁上,环射大门,不准杨骏及其家属逃去。杨骏被围困在府里,如同一只困兽,发出一阵阵哀号。外面灯火通明,喊杀震天,看样自己死期到了。这时,东安公繇已率兵丁冲进府来,他们见人就杀,院内鬼哭狼嚎,惨不忍睹。杨骏不愿自尽,他急忙忙地藏起来,想躲过这场灾难,以图日后再起。东安公繇和士兵们四面搜寻,所有楼阁都找遍,所有人都死了,唯独不见杨骏。司马繇下令道:"给我细细地搜,绝不能让杨骏跑掉。"

这时,一伙士兵到马厩里去搜寻,他们东翻西找,逐个马槽检查。忽然,在墙角的马槽下,有一黑影蜷屈在那里,在不停地蠕动,兵丁们大声喊道:"那里是谁,快出来!"

无论兵丁们怎么喊,那黑影都不出来,众人手拿长戟,一齐向黑影刺去。只听得一声惨叫,一股股鲜血喷溅而出,此人再也不动了。兵丁们将死尸拖出一看,此人不是别人,正是极盛一时,赫赫有名的杨太傅!

孟观、李肇见杨骏已死,便乘胜追击,将杨骏的死党杨珧、杨济、张劭、李斌、段广、刘豫、武茂,及散骑常侍杨邈,中书令蒋骏,东夷校尉文鸯等统统抓获,一同处斩,并夷三族,共死千余人。一时间,京城成了地狱,血流成河,尸首遍地。杨骏的尸首无人敢替他盛殓,还是他的一个舍人叫阎纂,不忘旧情,挺身而出,将杨骏埋殓,也无人怪罪。

杨氏后党失败了,贾后取得了第一次宫廷政变的胜利,向权力的宝座迈近了一步,从此后,长达十六年之久的"八王之乱"开始了。

杨骏及其私党被诛后,贾后仍不放心杨太后,遂假传圣旨,令后将军荀悝将杨太后迁至永宁宫,软禁起来,并赦太后之母庞氏死刑,许其与太后同居。是贾后动了恻隐之心,不肯杀庞氏吧? 不,这绝不可能。贾后她醉翁之意不在酒,是为彻底解决杨太后做准备。

废立太后乃是朝廷大事,不是轻而易举的事,单凭贾后一个人的力量难以实现。贾后便利用杨太后落于自己手中的把柄,四处煽风点火,唆使群臣纠缠太后。

此时的贾后已锋芒毕露，无人敢于抵抗，众臣亦都趋炎附势，讨贾后的欢心，遂联衔上奏皇上道："皇太后阴险奸诈，图危社稷，飞箭系书，要募将士，同恶相济，自绝于天下。鲁侯绝文姜，《春秋》所许，盖以奉承祖宗，任至公于天下，陛下虽怀无已之情，臣下不敢奉诏，可宣赦王公于朝堂，会议进止。"

惠帝下诏答曰："事关重大，当妥议后行。"

贾后哪里肯甘心，再次唆使死党上奏。下邳王司马晃与左仆射荀恺等联名上奏，定要贬太后尊号，囚禁金墉城。惠帝知道此乃贾后之意，因畏惧贾后，只好乖乖下诏废太后为庶人，出锢金墉城。

贾后心狠如蛇蝎，将太后废为庶人不是她最后的目的，她要耍尽威风，将太后慢慢折磨至死。

杨太后比贾南风小两岁，她根本不把这个年轻的婆婆放在眼里，"不肯以妇道事皇太后"。昔日贾南风为太子妃时，因其酷虐，武帝欲废掉她，将她囚禁于金墉城。多亏杨太后从中调停，才免遭此难。贾南风不知太后暗中保护，见杨太后屡次斥责她，以为杨太后搬弄是非，才使自己险些被废，所以忌恨在心，发誓将来自己登上后座，一定要杨太后尝尝被囚金墉城的滋味。现在，她如愿以偿，但她并不满足，她要一不做，二不休，致杨太后于死地而后快。如今杨芷已不是太后了，她便无所顾忌，首先从太后的母亲庞氏下手。

贾后唆使她的狐群狗党上奏皇上，要求将庞氏送到刑部。奏曰："杨骏造乱，家属应诛，诏原其妻庞命，以慰太后之心。今太后废为庶人，请以庞付廷尉行刑。"

惠帝有些不忍心，下诏曰："听庞与庶人相随。"

贾后哪肯罢休，再令有司上奏，坚决要求处死庞氏，惠帝无奈，只好答应了。

元康元年（291年）三月，春回大地，万象更新，春机盎然，到处是一片勃勃生机，欣欣向荣的景象。而在永宁宫外，却是一片凄风苦雨，惨绝人寰的景象。一群身材魁梧、面目凶恶的刽子手，手拿钢刀，威严地站在永宁宫门外两旁，两名凶神恶煞般的刽子手将老态龙钟的庞老太君从永宁宫中拖出来。杨芷披头散发，哭喊着死死地抱着母亲，不肯放手。两名刽子手用脚将杨芷踢开，硬将庞氏拖出宫去。

杨芷从地上爬起来，不顾身上的污泥与血渍，跪行到行刑官近前，痛哭流涕地哀求道："行刑官大人开恩，请稍等一会儿再开刑，容妾身恳请皇后开恩。"

杨太后完全丧失了昔日母仪天下时的风采，她肝肠欲断，痛不欲生，为了自己的生身老母，苦苦地向行刑官哀求着。行刑官亦为其真情所感动，说道："好吧，我可以暂缓一会儿行刑，不过，你可得快办。"

杨芷连连称谢。她急忙给贾后写奏书，为给老母求情，她这个做婆母的不惜向儿媳称贱妾，表示愿以身替母。为了表示她的真诚，她拿起剪刀，剪下一缕乌黑的头发，连同奏书，一齐派人交给贾后。她跪在地上，不停地磕着头，额头已是血肉模糊了，想用此来感动贾后。杨芷的行动将那些铁石心肠的刽子手们都感动了，他们也不忍心见此悲惨的场面，希望贾后能改变初衷，放庞氏母女一条生路。

奏书送到贾后手中，贾后看了看，随手将奏书扔到地上，冷笑着说道："贱人。妄想！给我立即行刑！"

传书之人回来，下达了贾后的命令，杨芷绝望了，大叫一声昏死过去。刽子手们手起刀落,庞氏便身首异处。人们奉贾后之命,将昏死过去的杨芷送到金墉城,禁锢起来。

杨芷醒来时,发现自己躺在陌生之地,身边有十几名侍女服侍着,她慢慢地坐起身来,问道:"这是什么地方?"

一个侍女答道:"金墉城。"

侍女回答的声音很轻,但对于杨芷来说,如同晴天霹雳,她呆呆地坐在那里,眼睛直勾勾地盯着侍女们,那神态令人胆战心寒。忽然,她狂笑不止,嘴里不停地喊着:"报应,这真是报应啊!"

从此后,杨芷就被她的儿媳囚禁在金墉城里,每天侍女们送些粗茶淡饭,在孤独中打发着寂寞的时光。

元康二年(292年),全国灾象险生,大臣上奏,预言将有女祸。贾后非常害怕,担心灾祸应在自己身上,她昼思夜想,设计摆脱困境。忽然,她想起禁锢在金墉城内的废太后,心想,是不是时间长了,放松了对那个贱人的警惕,她又在搞什么阴谋? 不行,得尽快想办法将她除掉,以免祸患。她不想让杨芷痛快地死掉,她要采取最恶毒的手段,将自己的婆母活活饿死。

贾后将金墉城内所有侍女都撤回后宫,然后将城内所有能用以充饥之物统统拿走,令侍卫将城门锁上,整个金墉城变成一座人间地狱。

在侍女被撤走的第八天,天竟下起鹅毛大雪。飒飒寒风吹来,令人感到透骨的寒冷。杨芷在寒风吹拂下,在饥饿和痛苦中离开了这个世界。她死不瞑目,两只无神的大眼睛瞪着,嘴也大大地张着,仿佛在控诉着自己的冤屈和贾后的罪恶。

一代母后就这样香消玉殒了,她死在她曾屡次救护的儿媳手中,她享尽人间之福,最后竟被儿媳活活饿死,真是一场荒唐的人间悲剧,令人心寒,值得后人的深思与借鉴。

十 一箭双雕

汝南王亮见杨氏已除,胆子大了起来,再次入朝,摘一个胜利之果品尝品尝,他被授命为太宰,与老臣太保卫瓘并录尚书事,执掌朝中大权。晋秦王柬为大将军,东平王楙为抚军大将军,楚王玮为卫将军,下邳王晃为尚书令,东安公繇为尚书左仆射,并进爵为王。贾后党羽董猛为武安侯,李肇为积弩将军,孟观亦被授爵。贾后之堂兄贾模被封平阳乡侯,舅父郭彰为散骑常侍,封冠军县侯。宗室王、外戚、老臣共处一朝,皇上软弱无能,无力驾驭各派势力,贾后强悍,阴险狡诈,不断干预朝政,使得朝中剑拔弩张,形势危机。

首起发难者是东安王司马繇,司马繇为琅邪王司马觐的第三子,字思玄。初封为东安公。性格刚毅,有威望,博学多才,是宗室王中较有才华的一个。诛杀杨氏,司马繇是主力,杨氏铲除后,被封东安王,迁尚书右仆射。繇见贾后势力日益强大,将必为宗室之害,便与徒党密谋,欲尽早废除贾后,以免后患。事情正在谋划时,不意祸起萧墙,这起废除贾后的政变流产了。

原来,司马繇的哥哥东武公司马澹素与繇不和,他忌恨繇之才学与荣宠,二人有不共戴天之势。为了扳倒弟弟，他屡次到太宰汝王亮处进谗，诽谤司马繇。一次偶然事件，终于使他如愿以偿。东夷校尉文俶的父亲文钦被司马繇的外祖父诸葛诞所杀，司马繇怕文俶到舅舅家寻仇报复，依仗自己的权势，私自非法地将文俶处死。这就授司马炎以把柄，他将此事告诉汝南王亮，说他专行诛赏、想独擅朝政。汝南王信以为真，并也想借此机会，除去东平王的势力，便上奏皇上，免除东安王的官职。

司马繇的计划被破坏了，失官在家，心中非常苦闷，为排解忧愁，他常到东平王司马楙府上，与司马楙闲谈，聊以解忧。他心中对汝南王充满怨恨，言语之间也就不自觉地流露出来。不料，事情传到汝南王的耳朵里，他恐东安王司马繇对他不利，便以诽谤朝廷大臣之名，上奏惠帝，要求将其谪徙边远地区。贾后也乐得借此机会除去一个强敌，便令惠帝准奏。惠帝下诏，将东安王司马繇发配到带方。一个有才华和威望的宗室王就这样被清除了。

汝南王亮入宰朝政后，不思前车之鉴，重蹈杨骏之覆辙，开始专擅朝政，刚愎自用。已升为御史中丞的傅咸不忍见其毁灭，便直言对汝南王说："前人乃后人之师，昔日杨骏专横跋扈，独擅朝纲，权势过人，致使灭门。树大招风，木秀于林，风必摧之，权势过高，势必招致忌恨与灾祸。太宰您位极人臣，一人之下，万人之上，如不急流勇退，后果将不堪设想。"

汝南王正在春风得意，哪里能听得进如此忠言，抵挡不住权力的诱惑，终于葬身在贾后的手中。

汝南王亮对日益强盛的贾氏后党未加注意，认为他们暂时还成不了大气候，不足为患，而将注意力转移到握有兵权，刚愎好杀的楚王玮身上。楚王玮自恃诛杀杨氏有功，专横跋扈，干预朝政，对汝南王的权势构成威胁，汝南王决定拿他开刀。

一次朝议，汝南王上奏惠帝说："如今杨氏已除，天下太平，诸王环列于朝，而藩镇边关空虚。为防不测，应速令诸王回镇，镇守要害，保卫朝廷。"

太保卫瓘亦恐楚王势力太大，将危及朝廷，所以同意太宰司马亮的主张，说："太宰所言极是。边镇要害应派诸王镇守，这样才能确保朝廷之安宁。"

楚王玮听后，恨得咬牙切齿，这分明是冲自己而来，便愤然抗议道："陛下明鉴，如将宗室诸王遣还藩镇，势必造成朝廷空虚，难保没有势利小人乘机乱政，司马家江山自应由司马家人来保护，岂能让他人染指？况朝中之兵权，关系到朝廷之安危，若用人不当，后果将不堪设想。"

汝南王说："楚王尽可放心。诸王归镇后，可令裴楷为北军中侯，管理禁军。裴家世代忠于朝廷，大晋能有今天，也有裴家一份功劳。忠臣之后，勿庸多疑。"

当时临海侯裴楷亦在场，他见自己被太宰推到前端，将成为两种势力斗争的牺牲品，很是惊慌。他知道楚王玮凶狠好杀，弄不好会引火烧身，思虑再三，决定退避，便上奏道："陛下，臣才薄学浅，不谙军事，实无能力担此重任，望陛下另选高明。"

朝议还在进行着，大臣们争议不休，莫衷一是，各派势力互不相让，最后不欢而散，汝南王与卫瓘的计谋没有实现

楚王玮满怀气愤回到府中，无缘无故地大发脾气，众仆人吓得战战兢兢，大气

都不敢出，生怕一时不甚，丢了性命。楚王府中长史公孙宏及舍人岐盛见主人如此烦躁不安，知道一定是发生了什么大事，便将楚王拉到书房，询问道："将军休要烦躁，发生何事令将军如此恼怒？"

楚王玮愤恨地说："哼，驴打江山马坐殿。我冒生死除掉杨骏，前门驱狼，后门进虎，汝南王与卫瓘这两个老儿，乘机入主朝政，他们不感激我，反而要把我赶出京城，真是岂有此理！"

岐盛坐下，慢条斯理地说："将军不要着急，听下官细细说来。以下官之见，此事不可硬拼，只能智取，必须借助圣上的力量除此二人。现在，朝廷之中，皇上唯听贾后的话，贾后与卫瓘素有矛盾，何不假借贾后之力，消除将军心头之恨呢？"

楚王玮听罢，疑惑地问道："这能行吗？贾后能干吗？"

岐盛胸有成竹地说："将军放心，事在人为，此事就包在下官身上。"

楚王这才如释重负，带领二人摆宴庆贺去了。

第二天，岐盛入宫，找到贾后的心腹太监董猛，对董猛密语道："公公，如今的朝政大权都被汝南王与卫瓘把持，皇后与楚王铲除杨氏，为朝廷除一大害，功高盖世，如今却不得志，真是天大冤案。听说汝南王与卫瓘又要挤走楚王，那么，下一步他们不就要把矛头指向皇后吗？烦公公禀告皇后，对汝南王和卫瓘要多加提防，二人随时有篡位的可能。还望公公从中周旋，恳请皇后救救楚王，楚王会永世不忘，并愿终生效命于皇后，纵使肝脑涂地，也在所不惜。"

董猛觉得此事非同一般，便急忙转告了贾后。

不料此事正中贾后下怀。贾后费尽心机才除掉压在自己头上的两座大山，即杨太后与杨骏，本想从此后就可以扬眉吐气，独揽朝政了，没想到政权竟落在汝南王与卫瓘手中，自己不能随心所欲。尤其是太保卫瓘，当年他曾劝说武帝废除太子司马衷，另立太子，险些坏我家事，此恨一直未报。况且，汝南王与卫瓘入辅朝政以来，处处抑制贾后，不许贾后随意干预朝廷政事，所以贾后怀恨在心，伺机除掉二人。但单凭自己的力量，还难以成功，现在楚王玮自动送上门来，岂不是天大好事？再说楚王玮亦是骄悍难制，将来也是朝廷一大祸患，难以驾驭，何不趁此之机，"以计相次诛之"，这不是一箭双雕的好时机吗？遂告诉董猛说："你去转告楚王玮，稍安勿躁，有皇后在，无人能把他挤走。等待时机，再图行动。"

楚王玮得到贾后的消息后，便静候佳音，做起黄粱美梦来。

岐盛不停往来于东安王府与后宫之间，引起卫瓘的警觉，他怕这无赖小人再造祸端，便想上奏皇上，诛掉岐盛。不意消息泄露，岐盛闻讯后，决定抢先下手。他没有与楚王玮商量，便直接跑到积弩将军李肇府上，对李肇说："将军，下官有急事禀报。"

李肇见岐盛急急忙忙的样子，知其必有要事，便屏退下人，对岐盛说："有何急事，但说无妨。"

岐盛故作神秘，低声在李肇耳边说："李将军，楚王说，今晚汝南王与卫太保要行废立之事，将军应速转告皇后，保护好皇上，以免发生不测。"

这等大事怎么能耽搁，李肇这条深受贾后宠爱的走狗急忙向其主子报告。贾后闻言，觉得除掉汝南王亮与卫瓘的机会到了，她急草一份密书给楚王，书中写道：

"太宰太保，欲行伊霍故事，阴谋废立，王宜宣诏调兵，分屯宫门，并免二公官爵。"

要想诛杀二人，必须得有皇帝的诏书，贾后拿着写好的密书，去见惠帝。她故弄玄虚地说："陛下，大事不好了，有人今晚要发动政变，要废掉陛下。"

惠帝听说有人要谋反，急忙问："什么人这么胆大，竟敢谋反？"

贾后说："当然是当今太宰和太保了。他们独揽朝政已非一日，早有废立之心，听楚王讲，他们想今晚行动。"

"这可如何是好？爱妻，快给朕出个主意。"惠帝急得团团乱转，恳求贾后说。

贾后见惠帝已经中计，便说："陛下先莫着急，贱妾以为宣诏楚王玮，派兵守卫宫门，免去太宰太保之职，讨除逆贼。"

惠帝哪里有什么主意，唯贾后之命是听，便欲起草诏书，贾后说："妾身已为陛下草拟了诏书，陛下照写一份即可。"

惠帝听从贾后之命，照写了一份诏书，交给贾后。贾后交给太监，令其连夜交给楚王玮，一场血腥政变开始了。

楚王玮得到诏书后，非常高兴，夺权的机会到了。他告诉太监说："你速去回禀皇后，说本王定能成功，让皇后静候佳音。"

太监走后，楚王玮找来公孙宏与岐盛，拿出密诏说："皇后已下令我们行动了，但只靠我的北军（守卫京城北部的禁军），力量恐怕不够，怎么办呢？"

公孙宏说："将军何不假借密诏，命令三十六军，共同进行呢？"

楚王犹豫说："三十六军能听命吗？"

公孙宏说："有密诏在手，再有将军之威名，何人敢不服从？"

楚王玮也觉得此计可行，便写手谕道："太宰太保，密图不轨，我受密诏，都督中外诸军，汝等皆应听我节制，助顺讨逆！"

手谕写完，速命人送往诸军。诸军将领接到手谕，都大吃一惊。他们不知发生了什么事情，但楚王既有密诏，也就不敢不从，诸军连夜行动了。

楚王玮为了减轻阻力，假传圣旨，晓喻汝南王与卫瓘的属官道："太宰太保，图谋不轨，尔等应速散归，概不连坐；若不奉诏，将军法从事。"

一切准备就绪后，便开始行动了。他令积弩将军李肇与公孙宏率兵攻打汝南王府，令其格杀勿论。派弟弟侍中清河王司马遐带人逮捕卫瓘。

那是元康元年（291）六月的一天深夜，酷热的夜晚令人难以入眠。汝南王在庭院品茶乘凉，毫无睡意。忽然，传来一阵急促敲门声，帐下督李龙惊慌失色，踉踉跄跄地跑了过来。司马亮不知发生何事，忙迎过去问道："何事这等惊慌？"

李龙气喘吁吁地说："属下听说，楚王奉皇上密诏，派兵要杀太宰，已经行动了。"

汝南王听罢，哈哈大笑道："谣传，纯属谣传。这是绝对不可能的事。"

汝南王的话音刚落，王府墙外传来喧噪声，李肇与公孙宏率军已冲了上来。他们迅速将汝南王府团团围住，兵丁们开始翻越宅墙，冲入王府。汝南王返身进屋，正碰上长史刘淮，刘淮愤然说道："这一定是中宫贾后的阴谋，公府内高手如林，可暂时抵挡一阵，等天亮入宫，向圣上辩明是非。"

汝南王仰首长叹道："圣上听命于贾后，辩白也无用，看样子吾命休矣。"

说罢,痛苦地闭上眼睛,泪水顺着饱经沧桑的脸缓缓地淌了下来。

不一会儿,李肇率兵闯进屋内,汝南王乖乖就擒。

无论汝南王如何慨叹,都丝毫不能打动李肇等人的心。李肇将汝南王五花大绑,把他拴在车下。可怜汝南王,年已老迈,身体肥胖,在这闷热的夜晚,被拴在车下,喘不过气来,汗水湿透了衣衫,蚊叮虫咬,却无法动一动。有几个守卫的守军见之不忍,便主动上前,为其驱赶蚊虫,替他扇风送凉。李肇在一旁看见,气得暴跳如雷,怒骂守军,并下令道:"有人斩司马亮,本将军赏布千匹!"

重赏之下,必有勇夫,那些唯利是图的乱军见有重赏,蜂拥而上,乱刀齐下,有的割鼻子,有的剜眼睛,有的割耳朵,有的砍手足,刹那间,这位效命西晋王朝几十年的老臣,当今圣上的叔祖父,就这样暴亡在乱军手中。死得如此之惨,令人惨不忍睹。李肇见之,却开怀大笑,说道:"看你还横行不横行了。来人啊,给我把这老贼的尸首扔到北门外,把他喂野狼!"

乱军们将汝南王尸体扔到北门外。李肇将汝南王家眷,不分长幼,一律处斩。只有最小的儿子羕,尚在襁褓之中,一个丫鬟不忍汝南王绝后,抱在怀里,乘乱逃出汝南王府,藏到临海侯裴楷家中。

裴楷的长子舆娶汝南王亮女为妻,二人为儿女亲家。汝南王府的丫鬟抱着孩子闯进府来,裴楷忙问道:"发生什么事了?"

丫鬟答道:"太宰被楚王派人杀了,并满门抄斩,只有我们俩人逃出来了。大人,看在昔日与汝南王的情面上,求您救我家少爷一条性命,为太宰留下一脉香火。"

裴楷闻言,知宫内有变,楚王既害死太宰,也不会放过自己。昔日为中侯之职,已得罪于楚王,楚王定会乘此机会对自己下手。看样子,自己府里是不能住了,他吩咐手下人备车,并对汝南王府丫鬟说:"快,抱好少爷,跟我走。"

裴楷驾着单车,带着汝南王的小少爷直奔城里,藏到岳父王浑家。一晚转换八个藏身之处,直到楚王玮被诛,才得脱险。

再说清河王遐带兵来到卫府,将卫府围住,清河王带人进入府内,向卫瓘宣读皇帝密诏。

卫瓘一生,光明磊落,从容走出房门,跪接诏书,准备就擒。正在卫瓘刚要站起身时,从清河王身后忽然窜出一人,拔出钢刀,手起刀落,将卫瓘砍成两段。这人是谁呢?此人正是卫瓘从前的帐下督荣晦。

荣晦曾在太保府中为帐下督,因行为不轨,屡犯王法,被卫瓘驱逐出府。他投于楚王门下,对卫瓘恨之入骨,所以,乘此之机,发泄私欲,报仇雪恨。他杀死卫瓘后,觉得尚不解恨,便将卫瓘的三个儿子卫恒、卫岳、卫裔及孙子九人一并杀死。只有卫瓘的二个儿子卫璪、卫玠,因病到外就医,才免遭此劫难。

卫瓘自武帝以来,兢兢业业,忠心耿耿,最后惨死在贾后的阴谋之下,实令人惋惜。这场政变,离贾后除掉杨氏只有三个月,贾后再除两大政敌,向独揽朝廷大权又迈近一步。下一个心腹之患就是楚王玮了。

清河王遐、荣晦灭了卫瓘满门后,到楚王玮府复命,公孙宏、李肇等也将汝南王满门抄斩,前来复命。楚王玮与众将官非常高兴,公孙宏等不断向楚王玮称喜祝贺。这时岐盛将楚王玮拉到一边，低声对楚王玮说道："将军，先别忙着庆贺，司马亮与卫瓘虽然被诛，但贾后更可怕。贾谧、郭彰是贾后的重要支柱，我们何不趁热打铁，将他们一网打尽，这样将军才能稳立朝中，号令天下，到那时再庆祝，未为晚也。"

楚王玮听罢，犹犹豫豫地说："这……这事恐怕不可再行了吧……"

岐盛再劝道："这有何不行，将军今晚若不除他们，将来必败在贾后手中，到时悔之晚矣。"

楚王玮连连摇头说："不行，不行，怎能对皇后不忠呢。再说我重兵在握，何人敢对我不恭！"

岐盛见此，什么话也没说，叹息着退了出去。

正如岐盛所言，贾后使的是一箭双雕之计，当她闻知司马亮与卫瓘被除后，就开始谋划除去楚王玮之计。

天已经亮了，一夜的暴风骤雨渐渐地平息了，大臣们怀着惴惴不安的心情上朝，相互交头接耳地议论昨晚发生的事，互相打探询问着。太子少傅张华找到贾后心腹太监董猛，对他说道："烦公公代劳，转问皇后，楚王杀了汝南王与卫瓘，权威在手，皇后将如何处理？何不下诏，责其擅杀大臣，摒除后患！"

董猛将张华的话转告贾后，贾后听罢，非常高兴，说道："我正在考虑此事。张爱卿与我同见，今日若不除掉楚王，朝廷将永无宁日。你快去转告张公，事在速行。"

董猛急忙出宫，对张华说："张公，皇后同意公之所言，皇后令您立即行动。"

张华入殿，启告惠帝道："昨夜楚王玮谋乱，假传圣旨，枉杀太宰汝南王亮、太保卫瓘及大量无辜，罪在不赦。事出仓促，将士以为朝廷之意，故随从之，实无罪过。今可持驺虞幡（晋制，朝堂置白虎幡、驺虞幡两帜。白虎幡绣白虎，国有大事时，用此幡表示进战。驺虞幡绣驺虞，用此幡表示休战。）令众军速退，方可解朝廷之危。"

惠帝听贾后之命，哪有不允之理，张华便立即派殿中将军王宫持驺虞幡，直奔楚王府。楚王与众将还在庆祝，王宫挥舞驺虞幡对众将道："楚王假传圣旨，枉杀大臣与无辜，你们怎能盲从呢？今圣上谅你们不明真相，赦你们无罪，速速解散回府。"

众将见驺虞幡已到，无人敢违抗，便惊骇地逃走。楚王玮身边已空无一人，他觉得事情不妙，急忙赶着牛车，要到秦王司马柬府去避难。正在楚王慌忙逃跑时，一群朝廷卫士追来，楚王死命打牛，但还是被卫士们追上，将其拉下牛车，捆绑着押交廷尉。

贾后见楚王被捕获，心中的一块大石头落了地，自己的一箭双雕之计成功了。她命惠帝下诏，处楚王以死刑。

随后又诛公孙宏、岐盛，皆夷三族，一股冤气，冲上九霄。强横一时的楚王成了贾后计谋的牺牲品，一道冤魂到黄泉与汝南王、卫瓘做伴去了。

贾后一箭双雕，杀掉司马亮、卫瓘、司马玮之后，便篡夺了朝廷全部大权，实行她"专制天下，威服内外"的"女主专政"。贾后虽阴险毒辣，对于政治却有些章法。在新一轮职权分配上，任族兄贾模为散骑常侍，兼加侍中，侄儿贾谧为散骑常侍，并领后军将军。贾后知道,这些人可以依为心腹,但无法担任治理国家的大任,必须选用有才华的大臣主持朝政,政权才能长治久安。贾谧为贾后出谋道:"张华是出于庶姓寒门(封建时代地主阶级内部分为不同等级,显贵之家称为"高门",卑庶之家称为"寒门"。尤其魏、晋南北朝时期,士庶之别,如隔云泥。),儒雅有筹略,进无逼上之嫌,退为众望所依,宜以朝政相委,访以政事。"

贾后有些犹豫不决,转问裴頠,裴頠一向敬重张华的学识与人品,遂赞成道:"张华才识过人,品行方正,宜委以重任。"

贾后便任命张华为侍中,兼中书监,裴頠为侍中,裴楷为中书令,加侍中,王戎为左仆射,共同执掌机要。

张华(232~300年),字茂先,范阳方城(今河北固安)人。少孤贫,曾以牧羊为业。博闻多识,才华横溢,为武帝所重。累官至散骑常侍。他力排众议,劝说武帝定灭吴之计。平吴后,封为广武县侯,名重一世,众所推服。《晋史》及当时朝廷仪礼宪章等,都出于张华之手,名声日大,引起荀勖、冯紞等人的忌恨。荀勖伺机离间诽谤,想将张华挤出京城。适武帝欲出齐王攸归藩镇,以保太子司马衷日后之平安。武帝征询张华,试探着问道:"爱卿,朕百年之后,谁可托寄后事?"

张华直言道:"无论是才德还是亲情,没有比齐王攸更适合。"

武帝大为不悦,遂信荀勖的谗言,出华为持节、都督幽州诸军事、领护乌桓校尉、安北将军。至武帝终朝,张华一直未被重用。

惠帝即位,以华为太子少傅,因德望过人,复为杨骏所忌,没有参与朝政。贾后执政,赏识张华的才能,遂委以重任。

由于张华、裴頠等人的鼎力合作,元康年间,朝野安静,是"八王之乱"中的小康时期。

张华为抑制贾后干政,亲手写下《女史箴》,讽谏贾后。贾后虽凶险毒辣,但对张华很敬重,明知张华之意,也不责怪。后进封张华壮武郡公,司空公,位极人臣。

裴頠字逸民,河东闻喜(今属山西)人。晋初大臣裴秀之子,也为高门大族。裴秀正是晋初流行民谣"贾、裴、王,乱纪纲,裴、王、贾,济天下"中的裴氏,他帮助武帝司马炎篡夺曹魏天下,位居高官。裴頠不仅出身高贵,而且"弘雅有远识,博学稽古,自少知名"。贾后之母乃裴頠从母,裴頠也是贾后的外戚,素为贾后所重,迁为侍中,掌典机要。

裴楷字叔则,河东闻喜(今属山西)人。裴頠之从叔。为人方正,与贾充之徒不睦,要将贾充挤出朝廷,贾充用计嫁女贾南风入宫,乃止。(见《设诡计巧嫁丑女》)贾后执政后,重其才华,不计前嫌,令其代楚王玮为北军中侯,加散骑常侍。楚王为乱,密派人前往裴府诛杀之,裴楷与汝南王亮小儿子"一夜八徙",才免此难。迁中书令,加侍中,参与朝政。

王戎(234~305年),字濬冲,琅邪临沂(今属山东)人。

戎好清谈,为西晋"竹林七贤"之一,为政平庸,无甚功绩。性贪鄙,广积钱财,为时人所讥。裴頠为王戎之婿,与贾后亦有姻戚关系,遂居朝重位。

贾后在这些有才识大臣辅佐下,朝政相对安宁一段时间。但所有注意力都集中在防止内讧之上,而周边少数民族却日益强大起来,并不断内徙中原,外患逐渐加强，成为灭亡西晋王朝的重要力量。

十一　姊妹偷情

贾后独揽朝政后，重用亲党，尤其是侄儿贾谧，更是以为心腹。贾谧名义上是贾后的侄儿，实际上是贾后的外甥，贾后之妹贾午之子。为何改姓贾呢？这里另有一番情由。

谧本姓韩，字长深。母贾午，是贾充小女儿，贾后亲妹妹，父韩寿，字德真，南阳堵阳(今属河南)人。贾午与韩寿曾有过一段风流千古的恋爱史。

当年贾充将长女贾南风嫁与太子司马衷为妃，贾充进位为司空、尚书令。当时有一个风流少年，才如曹子建(即曹植)，貌似郑子都，风度翩翩，文采过人，为时人所赞叹。这个年轻人叫韩寿，是曹魏司徒韩暨的曾孙，出于名门。他想投谒贾充门下，贾充召见了他。贾充见韩寿举止潇洒得当，心里非常喜欢。又考察他的才学，更是对答如流，见解独到，贾充大加叹赏，便令他为司空掾。从此后，他便经常出入相府，相府所有文牍，都出于韩寿之手。贾充见此年轻人如此才华横溢，便大加重用，也格外信任。每当贾充宴请宾客时，他都让韩寿作陪。

刚入贾充相府时，韩寿还有些拘束，时间一长，见贾充如此喜欢他，便逐渐放肆起来。每次陪伴客人，借酒鸣才，吟诗作赋，雄言诡辩，侃侃而谈，令人侧目。贾府上下，一片赞誉之声，尤其是那些奴婢丫鬟们更是以一睹韩寿丰采为荣。丫鬟们常三五个在一起，议论纷纷，品头品足。

贾午在闺房里不知侍女们在议论什么，议论得那么眉飞色舞，兴高采烈，便问贴身侍女道："你们这些丫头们在偷偷地说什么呢？"

侍女答道："回小姐，最近府上来一美少年，风流倜傥，俊美无比，并且才高八斗，学富五车，府内上下都议论他呢。"

贾午一听，不觉芳心一动，贾午正值青春多梦时期，哪能不思春怀春呢？

《女史箴图》(局部)

一天，贾充又大宴宾朋，再令韩寿陪客。贾午的侍女得信后，来到贾午绣楼，对贾午说："小姐，老爷又大摆筵席，宴请宾客，我说的那位公子又来陪客来了，不知小姐有无兴致前去看看。"

贾午心里十分想去看看，但碍于面子，却说："胆大的奴才，胡说什么呀，我这么大个姑娘，怎能在陌生人前抛头露面呢？"

侍女一听,知道小姐已动心,劝说道:"小姐,奴婢早已想好办法。厅堂后有一屏风,奴婢带小姐从后门进去,藏在屏风后面,这样,既能看见堂上之人,又不会被外人发现,这不是个好办法吗?"

贾午说:"你这鬼丫头,既然你把那公子说得那么神,我今天看看去,要你言过其辞,看我回来怎么收拾你!头前带路。"

侍女带着贾午,从后门偷偷溜进厅堂,藏在屏风后面。此时宴会已经开始,韩寿所坐的位置正面对屏风,贾午看得十分清楚。酒至半酣,雅兴大发,韩寿海阔天空,无所不谈,鸿鸿大论,令在坐宾客赞慕,都盛赞他有旷世奇才。贾午站在屏风后,目不转睛地盯着韩寿,低声问侍女道:"你所说的少年郎是说话的那位吗?"

侍女回答说:"小姐,正是。"

贾午又追问道:"这是谁家的公子,叫什么名字?"

侍女道:"听说是魏司徒韩暨之孙,出自名门,叫韩寿。"

贾午听罢,轻轻地点了点头。她忘情地看着眼前这位英俊潇洒的青年公子。一朵红云升上脸际,侍女看在眼里,明白了小姐的心思。

那韩寿一边饮酒,一边高谈阔论。抬头之际,见迎面的屏风无风而动,在半明半暗的屏风后,隐约看见两个娇娃,以为又是相府的婢女们在偷看自己,也就没太留神。谁知求凰无意,引凤有心,贾午被韩寿的丰采丽服所迷住,一片芳魂早已被他勾去。

酒席散了,客人们纷纷起身告辞了,韩寿也已离座而去,贾午还在那里痴痴呆呆地站着。侍女拉了贾午一下,低声唤道:"小姐,该回房了!"

连唤几声,贾午才转过神来,不禁脸飞红晕,跟着侍女,急忙回房去了。

贾午回房后,心神不安,韩寿的形象不断出现在她的眼前。如何才能向公子一吐衷心?她暗暗焦急,而这种事情又无法向父母启齿,渐渐地害上了相思病,每日躺在床上,长吁短叹,茶不思,饭不想,郁郁寡欢。人渐渐憔悴消瘦下去,一副病恹恹的样子。

贾充和郭槐哪里能知道,他们见女儿日益憔悴消瘦,以为她身体不适,问贾午,贾午总是应付道:"没有什么,只不过感冒而已。"

贾南风嫁为太子妃,难得回府一次,贾充与郭槐身边只有贾午这么一个宝贝女儿,都下的王公子孙上门求亲者络绎不绝,贾充都不想将女儿嫁出,想留宝贝女儿在身边,多陪老俩口几年。情窦初开的贾午难耐闺房的寂寞,私窥韩寿而害相思病,这可急坏了贾充和郭槐。

贾午的那个贴身侍女对此事来龙去脉一清二楚,心里为小姐着急,她很想做个红娘,为小姐搭起鹊桥,让二人共结百年之好,但怕小姐怯懦,不敢与韩公子私会,另外也不知韩公子是否知道小姐的此番情义。见小姐被相思折磨得如此憔悴,侍女决定为小姐冒险一试。

一天,侍女见闺房内无人,便轻轻唤醒贾午,问她道:"小姐,现无旁人,奴婢斗胆试问一句,小姐是否想见韩公子一面?"

贾午见侍女说到自己的心里,红云飞上脸颊,满脸羞涩地嗔斥道:"该死的丫头,胡说什么,看我不掌你的嘴。"

侍女笑了笑,说道:"小姐休要难为情,这事瞒得了别人,难道还能瞒得了我吗?小姐您要同意,奴婢一定让小姐实现心愿。"

贾午轻轻叹口气说道:"唉,难啊!父母不会同意,再说庭院深深,我这么个女儿身,如何能出去?"

侍女说:"小姐莫急,奴婢自有办法。"

贾午又摇摇头道:"不行,不行。韩公子不知此事,我这个大家闺秀如此主动传情,岂不被他耻笑?他能接纳我吗?"

侍女安慰道:"小姐放心。小姐看上韩公子,是他的福分,他高兴还来不及呢,怎能不同意呢?只要小姐同意,一切都由奴婢去办,小姐自管养好娇躯,别事勿用担心。"

贾午见侍女如此一说,喜上心头,身体也为之一爽,遂说道:"事关我的名誉,你可得千万小心,不要走漏半点儿风声,更不能让我父母知道。"

侍女保证道:"小姐放心,若出纰漏,唯奴婢是问。"

侍女见贾午同意,便寻找个机会去韩府,求见韩寿。韩寿见贾府奴婢求见,觉得来意蹊跷,便悄悄地将侍女引到密室,问道:"姐姐,不知为何事来找小生?"

侍女探问道:"韩公子,奴婢敢问公子成亲否?"

韩寿答道:"小生尚未成婚,不知姐姐为何问及此事?"

侍女说:"韩公子,恭喜你了。"

韩寿忙问:"何喜之有啊?"

侍女说:"韩公子一表人才,深得我家小姐的赏识,我家小姐有意与公子永结秦晋之好,不知公子可否愿意。"

韩寿听此,心里一惊,他知道当今太子妃贾南风以奇丑擅妒而闻名,她的妹妹是不是也那样呢?便支支吾吾道:"多谢小姐一片心意,只是婚姻大事应由父母做主,小生不敢私自应允。"

韩寿的神态被聪明的侍女所看破,她知道韩寿心里想的是什么,便说:"我家小姐温柔贤顺,而且貌美无比,琴棋书画样样精通,是天上难找,地下难寻的美人,公子可不要一时糊涂而错过大好姻缘哟。"

韩寿一听贾府小姐貌若天仙,不禁心动,便犹犹豫豫地说:"这事若让司空公知道,将如何是好?"

侍女见韩寿已经动心,便说道:"韩公子,奴婢据实相告,我家小姐为公子而害相思,现已病卧床榻一个多月了,茶不思,饭不想,日夜呼唤公子的名字,难道公子就忍心让我家小姐香消玉殒吗?再说与小姐结为连理,公子的前程是不可估量的。"

韩寿思前想后,觉得此事可行,便问:"姐姐,小生是请媒人到贵府提亲,还是先与小姐见面?"

侍女道:"韩公子,万万不要请媒人。京都王公贵族、高门大户的子孙到贾府提亲者络绎不绝,我家老爷都不同意,被一一回绝。公子功名未就,贸然前去提亲,老爷定不会答应,那样,岂不害了我家小姐?不若先见过我家小姐,生米做成熟饭,老爷不答应也不行,到时候,公子不就成了贾府的乘龙快婿吗?"

韩寿点头道:"姐姐言之有理,只是贵府高门大院,小生如何得见小姐?"

侍女说:"公子尽可放心,此事由奴婢安排。只是公子先写一封书信,聊慰我家小姐相思之苦,我再与小姐商议见面之事。"

韩寿正值青春年少,能得到贾府小姐的芳心,岂不欣喜若狂,听罢侍女的话,拿起笔墨,洋洋洒洒地写了封情意绵绵的情书,交给侍女,并向侍女深鞠一躬道:"多谢姐姐成全,事成之后,小生定有重谢!"

侍女拿着韩寿的书信回府了。她秘密交给贾午,并把事情经过简单地说了一遍。贾午急忙打开书信,见信写得缠绵悱恻,芳心大悦,满脸愁容顿失,变得红润羞涩起来。看完情书,将情书叠好后,小心翼翼地珍藏起来,对侍女说:"你速去约公子今晚相见。并将这块手帕交给公子。事成之后,本小姐定有重谢。"

侍女逗趣道:"小姐用何谢奴婢呢?"

贾午笑着说道:"你就放心吧,到时收你做小,岂不是最好的酬谢吗?"

侍女满脸通红,故作怒容道:"小姐若再拿奴婢取笑,奴婢就不给你做红娘了,让你相思去吧!"

说完,笑着跑了。

侍女拿着小姐的定情之物,一块香手帕来到韩府,韩公子一见侍女如此迅速返回,以为事情有差,急忙问:

"姐姐,为何这么快便返回?小姐意下如何?"

侍女见韩寿如此着急,便从袖中拿出手帕,递给韩寿,说道:"这是我家小姐赠予公子的定情之物,并约公子今夜闺房相见。"

韩寿听罢,欣喜若狂,他接过小姐赠送的手帕,轻轻打开,手帕散发着浓郁香味,令人陶醉。只见那手帕上,绣着一对鸳鸯在水上亲昵地嬉戏,并在一角,工工整整地绣着小姐的芳名,足见小姐的一片真情。韩寿看了又看,闻了又闻,忍不住亲了几下,才恋恋不舍地放了起来。他抬起头来,见侍女正在看他,有些难为情,拉着侍女的手求道:"好姐姐,今夜一定要成全小生与小姐之美事,姐姐的恩情,小生没齿不忘。不知姐姐有何妙计,能让小生进得小姐闺房?"

侍女说:"公子莫急,要想见我家小姐,就要委屈你这谦谦君子了。贾府后花园的东北角墙比较矮,今夜二更天,公子可自墙上而入,到时奴婢前去迎接公子,不知公子可否敢去?"

韩寿情欲正烈,别说是跳墙,就是上刀山,下火海,恐怕也会在所不辞,他急忙答道:"这有何不敢。姐姐到时可要接小生去啊!"

侍女回府后,将事情禀明贾午,贾午高兴得从床上坐起来,忘记了身体的憔弱,下床开始梳妆打扮起来。一下午,贾午都非常紧张,心神不宁,坐卧不安,好容易挨到入夜。一更刚过,她便催促侍女道:"快去迎接韩公子吧,他若早来,岂不在外空等吗?"

侍女非常理解小姐此刻心情,便起身到后花园等候韩郎去了。

侍女打开后角门,悄悄地来到后花园的东北角,静静地在那里等候。忽听得一声异响,有一条黑影自墙而下,侍女迎上去,仔细一看,正是韩寿,侍女说道:"韩公子真好功夫。"

韩寿笑道："让姐姐久等了。区区矮墙，一跃可入，我若无此伎俩，也不敢前来赴约了。"

说罢，便拉着侍女的手，跟着侍女向贾午的闺房走去。

贾午自从侍女走后，更是心神不宁，坐也不是，站也不是。正在望眼欲穿之际，侍女推门而入，身后跟进的正是日夜盼望的韩郎。贾午毕竟青春年少，初涉情场，忽见情郎，不知如何对付才相宜，她呆呆地站在那里，眼睛一眨不眨地盯着如意郎君，好像要把他吞进肚里一般。韩寿已走到贾午身边，贾午才回过神来，急忙敛衣施礼道："小女拜见公子。"

韩寿急忙上前施礼回答，并将贾午双手握住，仔细端详这位小情人。韩寿从头看到脚，又从脚看到头，看在眼里，爱在心上，恨不得马上把小姐抱在怀里，一亲芳泽。侍女见此，急忙退出屋去，屋内只剩下这对情投意合的青年男女，一个情火欲烧，一个柔情似水，欲火难耐，不免宽衣解带，你推我挽，并入欢帏，共渡爱河。这一宵男欢女爱，缱绻缠绵，道不尽的相思，说不尽的恩爱，枕上山盟，衾里海誓，无奈欢娱嫌夜短，转眼便是鸡鸣天亮了。

临别前，韩寿问贾午道："小姐，绣房内放的是何种香料，如此长久地芬芳，沁人心脾？这绝不是普通的兰香，也不是麝香。"

贾午说："公子所言极是。这被底下放的是一种西域进贡的奇香，是皇上赐给家父的，我从父亲那要了少许，一直珍藏至今方用。"

韩寿道："此香真乃人间少有，不知小姐可否赠予小生些许，小生闻得此香，如同闻得小姐身上幽香一般。"

贾午犹豫一会儿，说道："此香甚为珍贵，一直在家父那里保存，郎君若要，明晚再来，我当赠君若干。"

二人难舍难分地告别了。贾午躺在床上，心情舒畅地酣然入睡，日上三竿，方才起床。此时已全无病态，神清气爽，满脸春色，满眼笑容。郭槐和众丫头们不知何故，以为小姐病已痊愈，合府上下一片欢庆，大家一颗悬着的心都落了下来。贾充上朝未归，贾午借看父亲为名，溜进贾充书房，偷得奇香，回绣楼休息去了。

捱至夜晚，韩寿轻车熟路地从原路入室，与贾午再续鸾交。一番云雨之后，贾午从枕底拿出白天从父亲那里偷来的奇香，放在韩寿手上说："公子，这可是我从父亲那里偷来的，你千万要藏好，万不可让别人知道。"

韩寿笑道："娘子放心，小生要像珍惜娘子一样把奇香珍藏起来，保护好。"

二人说说笑笑，千般恩爱，万般柔情，极尽风流，直至天明，才依依不舍地分手。

韩寿与贾午表面上都不露声色，想明修栈道，暗度陈仓，过一段浪漫而又富有刺激的神秘夫妻生活，不料，贾午赠给韩寿的奇香，泄露了他们的机密。

韩寿得到奇香，如获珍宝，藏在怀里回府，偷偷地藏了起来。偏偏此香一经着身，香味经月不散，韩寿身上便长久地散发着幽香。韩寿在贾府当差，同僚们闻得韩寿身上有香味，便开玩笑地查问道："韩公子，身上藏着何家小姐赠予的香囊，如此清香扑鼻？"

韩寿连忙否认道："兄台别拿小生开心，小生身上哪有什么香囊。"

同僚说："韩公子，若无香囊，为何公子身上有扑鼻香味？"

韩寿说:"断无此事,如若不信,兄台可以搜查。"

众同僚开玩笑似的搜遍韩寿全身,果真未见有香囊之类的带香之物,大家非常奇怪,议论纷纷。不料,此事传到贾充的耳中,贾充甚觉奇怪,他借口令韩寿办事,亲自闻得韩寿身上的香味。真是怪事,韩寿身上的淡淡幽香怎么与圣上赠给的西域奇香的香味相似?但此香为圣上所有,唯有自己得邀宠赏,而自己只分给妻女少许,视若奇珍,怎么会落到韩寿之手?贾充苦苦思索,不得其解。回到书房查看珍藏的奇香,果然少了,难道是韩寿入府盗走的吗?不,这绝不可能。韩寿不知老夫藏有此香,况相府门闱森严,外人难以入内,更何况是老夫的书房呢?这一定有家贼。知道老夫藏香之处只有妻子和爱女,郭槐决不会做出此事,难道女儿斗胆盗香,赠给韩寿的吗?说也奇怪,女儿病卧床榻已逾旬月,为何忽然痊愈?而且女儿满面春色,整日笑声不断,比从前无病时还有精神,这其中定有缘故,难道女儿与韩寿私通吗?这高墙大院的,女儿又未尝出外,如何得与韩寿来往呢?他左思右想,疑窦百出,决定晚上搜查一次。

贾充与往常一样,入夜便上床休息了。他躺在床上静静地听着外面的动静,直至半夜,也未听到半点异响。他决定趁此半夜,对全府进行认真搜查,遂披衣坐起来,大声喊道:"来人啊,府里有贼!"

众僮仆听到主人的喊声,睡眼朦胧地爬起来,拿起灯笼火把跑向主人房间,惊问道:"主人,贼人在哪里?"

贾充说:"刚才老夫听到声响,起来向外看时,有一黑影在窗前闪过,快,给我搜!"

众僮仆开始全府搜查,并无盗踪,一个僮仆在后花园的东北墙上发现,留有足迹,仿佛狐狸行处。众僮仆纷纷向贾充报告,未见异常。那个僮仆说:"报告主人,奴才发现后花园东北角墙上留有痕迹,像狐狸爬过似的,莫非贼人从此逃跑了?"

贾充听罢,心中一沉,这东北墙与内室相近,穿过后花园,只有一道小门,便是女儿的绣房,一定是韩寿色胆包天,从此与女儿幽会。但此事关重大,万不可张扬,便对众仆役说:"贼人逃走了,你们都下去休息吧!"

众人都退下了,贾充躺在床上辗转反侧,难以入眠,此事该如何处理呢?从何处入手才能查清真相呢?女儿不可能亲自去约韩寿,这中间一定有牵线搭桥之人,这人不会是别人,一定是女儿的贴身丫鬟,明天审问这个小奴婢,定能弄清事情真相。

第二天清晨,雄鸡刚刚报晓,天才蒙蒙亮,贾充便差人将贾午的贴身侍女唤至书房。贾充问侍女道:"圣上赐予老夫的奇香藏此书房,昨天发现被盗,有人看见前几天你曾进此书房,奇香是否被你拿走?给我从实招来。"

侍女见问此事,便遮掩道:"启禀老爷,奴婢实在不知此事,前几日来老爷书房,是小姐差奴婢来取书籍,奴婢未看到什么奇香。"

贾充拍桌吼道:"胆大的奴才,竟敢欺骗老夫,今天若从实招来,老夫免你一死,如若抵赖,老夫定将你送交官府,问罪处斩!"

侍女一听要送交官府,吓得脸色苍白,只好承认道:"老爷息怒,此香实在不是奴婢盗取。是小姐拿去了。"

贾充追问道："现在香在何处？"

侍女支支吾吾道："香，香被小姐送给韩公子了。"

贾充见事情果真如此，便说道："把事情的真相告诉老夫，若要隐瞒，定要家法伺候。"

侍女无奈，事已至此，只好把事情前前后后如实地告诉了贾充，最后恳求道："老爷饶命，奴婢不忍见小姐受磨难，才斗胆做此牵线搭桥之事，实出好意，望老爷开恩，饶奴婢一次。"

贾充听罢，气愤地挥手道："你这狗奴才，给我滚！"

气愤归气愤，但事关家风与女儿的名誉，必须尽快解决。他急忙回卧房，将正在梦中的郭槐叫醒。郭槐惊问道："老爷，发生何事如此惊慌？"

贾充道："夫人，你的宝贝女儿干得好事。"

"女儿怎么了？女儿干什么好事了？"

郭槐迫不及待地问着。贾充便将贾午如何偷情，如何盗香之事一五一十地告诉了郭槐，郭槐半信半疑，说道："这或许是奴婢造谣，我得亲自去问女儿，问明白后再想办法。"

郭槐起身来到贾午的闺房，贾午已从侍女那里得知此事，正在焦急地想办法，见母亲进来，知道母亲定为此事而来，决定与母亲摊牌。郭槐见女儿面带忧愁，脸色苍白，心里已明白。她坐在贾午身边，抚摸着女儿的头，说："好女儿，侍女所说之事是真的吗？别瞒妈妈，说实话，由妈妈做主。"

贾午听郭槐这么说，鼻子一酸，掉下泪来，她抽泣着扑到母亲的怀里，哽咽着说："妈妈，救救女儿吧！侍女所说句句是实，现女儿已是韩郎的人了，女儿生是韩家人，死是韩家鬼，终生决不再嫁别人，望母亲成全女儿，否则，女儿就死在这里。"

女儿是郭槐的心头肉，掌上明珠，她见事情已经如此，木已成舟，无法挽回，叹口气安慰贾午道："别哭了，孩子千万不能做傻事，妈妈去与你父亲商议商议，替你想个办法。"

贾午见母亲已经答应，便收住哭声，说道："妈妈，女儿知错了，但女儿此生非韩郎不嫁，求妈妈能说服父亲，成全女儿的心愿。"

郭槐不忍心责怪女儿，回房后，对贾充说："女儿已经认错，但事情已经出了，女儿说除韩寿以外，宁死不嫁。我看韩公子不仅人长得一表人才，且亦出于名门，我们不妨将错就错，索性把女儿嫁与韩寿，这样，既保住了女儿的名誉，又满足了女儿的心愿，岂不两全其美吗？"

贾充无奈，不敢违背郭槐的意见，便说："只好如此了。不过得有个条件，我们不能将女儿嫁到韩府，韩寿应入赘为婿，奉养我们老俩口。"

郭槐亦赞成此议，便找个能说会道的门下食客到韩府说媒，韩寿正求之不得，哪能不答应呢，遂选个黄道吉日，入赘相府，喜结良缘。从此花好月圆，一对露水夫妻变为长久伴侣，相亲相爱，传为佳话。而且翁婿感情甚好，贾充特上荐牍，授韩寿官散骑常侍，平步青云。

太康三年（282年），贾充病逝。贾充曾有两个儿子，都因郭槐的酷忌而夭折，（见《醋海生波几被废》），致使绝嗣。贾充死后，按封建礼法，应以同宗子弟入嗣，且贾充弟有数子，可以过继为嗣，但郭槐却想入非非，偏欲过继韩寿与贾午偷情所生之子韩谧为嗣。将韩谧过继与三岁而亡的黎民为子嗣，承继贾家之烟火，真是天下奇谈！当时郎中令韩咸与中尉曹轸反对，并面谏郭槐道："古礼大宗无后，即以小宗支子入嗣，从没有异姓为后的古例，此举决不可行！"

郭槐哪管什么礼法，说道："二位大人休言，此乃先夫之遗意，愿立韩谧为世孙，我无权更改。"

郭槐上书武帝，陈请此事，武帝糊里糊涂地下诏应允。韩谧奉诏旨，改姓为贾，入主丧务，从此便入嗣贾府。

贾后既是贾谧的姑母，又是他的姨母，对他格外宠爱。贾谧好学，有才思，继承其父之特长，善写文章，被贾后依为心腹。贾谧恃宠增奢，室宇崇伟，器服珍丽，歌僮舞女，选极一时，好延宾客，凡豪门贵戚及海内文士，皆趋附之。在他的宾客中，闻名于时者有二十四人，号称"二十四友"，即渤海人石崇、欧阳建，荥阳人潘岳，吴人陆机、陆云，兰陵人缪征，京兆人杜斌、挚虞，琅邪人诸葛诠，弘农人王粹，襄城人杜育，南阳人邹捷，齐人左思，清河人崔基，沛人刘环，汝南人和郁、周恢，平安人牵秀，颍川人陈眕、太原人郭彰，高阳人许猛，彭城人刘讷，中山人刘舆、刘琨。这些人不是豪家就是名士，经常聚在一起饮酒畅谈。他们将贾谧比作汉之贾谊，使得贾谧文名享誉天下。贾后得到贾谧等文人相助，更是如虎添翼，如果有需要文字煽惑之处，皆令贾谧等起草，真是别人怀宝剑，我有笔如刀。

贾谧等人恃宠而骄，穷奢极欲，横行朝野，其中的石崇更是富甲天下。贾谧恃才傲物，目空一切。有一次，贾谧与太子遹下棋，二人争道，不肯少让，甚至口出不逊，漫语相侵。适成都王司马颖在旁，愤感不平，怒斥贾谧道："皇太子，乃国之储君，贾谧身为人臣，怎得如此无礼？"

贾谧根本不把太子放在眼里，更何况是成都王，他摔下棋子，拂袖而去。

贾谧气闷闷地去找贾后，添枝加叶地向贾后告了成都王一状。贾后对贾谧偏听偏信，竟出成都王颖为平北将军，镇守邺城。又怕无故调动成都王太露形迹，正好梁王肜还朝，遂将河间王颙同时简放，使镇关中。从此贾谧更是为所欲为，权过人主了。

贾后在政治上重用张华、裴頠等人管理朝政，政权相对地稳定，她便不满足对权力的拥有，开始无所顾忌，淫荡起来。

晋惠帝憨傻愚钝，不谙世事。这位痴傻皇帝不仅在政治上是傀儡，而且在龙床之上也有人替其效劳，成为戴绿帽子的"驴"。

贾后虽长相丑陋，但性欲却极强。面对痴傻而不会调情的皇帝，感到寂寞孤独，旺盛的欲火无处可泄。惠帝在男女之情上，只是凭借本能，偶然地满足一下贾后的淫欲，却无法夜夜相伴。贾后需要男人的夜夜陪伴，方解其饥渴，她开始在宫中寻找可意之人，代惠帝侍寝。当时宫中有位太医令叫程据，不仅医术较好，而且长得一表人才。贾后看在眼里，喜在心上，常常借身体不适，屡召程据进宫，以慰其相思之苦。但望梅焉能止渴？贾后要亲自尝尝梅子的滋味。

一天夜里，贾后躺在床上觉得心烦意乱，周身不适，难以入眠。眼前不停出现太医那俊美的容貌和伟岸的身躯。她再也无法躺下，披衣下床，下旨道："宣太医令

·风流皇后·

图文珍藏版

程据入宫。"

太监和宫女们莫名其妙,不知深更半夜太后为何宣程据入宫,但他们畏贾后淫威,无人敢问。

程据接到懿旨后,急忙来到后宫,跪拜后问道:"皇后娘娘,贵体何处不爽?"

贾后见自己日思夜想的俏情郎来到近前,原本青黑的脸布满羞云,显得有些发紫。她故作忸怩地说道:"我心里不适,太医把脉诊断便知。"

说罢,高挽袖笼,露出半截小臂。程据轻轻将手搭在贾后的脉搏上,贾后伸出另一只手,轻轻地将太医的手握住,两眼深情脉脉地望着程据。程据吃惊地抬起头来,见贾后双眼已燃起欲望之火,心里明白了皇后为何夜半相招。他急忙低下头,说:"娘娘千岁,下官不才,不能诊治贵体,望娘娘千岁恕罪。"

贾后见程据有意推脱,便不顾母仪之尊,直言说道:"本娘娘得的是心病,只要太医陪寝一宵,便可痊愈,难道太医敢抗旨吗?"

程据急忙跪倒,叩头说道:"下官不敢,下官不敢。不过下官冒犯娘娘贵体,恐皇上知晓,降罪下来,下官要罪灭九族。"贾后亲手将程据扶起来,安慰他说道:"有本娘娘替你做主,哪个敢治你的罪,只要本娘娘喜欢,无人敢管。"

说罢,对在旁侍奉的众宫女说道:"奴才们听着,今晚之事,你们若敢走漏半点风声,本娘娘决不饶恕,都退下吧!"

众宫女纷纷退下了,寝宫中只剩下贾后和太医令程据二人。程据为保全性命,只好强露欢颜,讨得贾后的欢心。贾后见程据应允,万分高兴,有如此英俊潇洒的美男子共度良宵,也不枉活一生。她极尽床上之能事,百般调情,直至精疲力竭,方才作罢。从此后,她每隔三天五日,便令程据入宫陪寝,后竟干脆令程据住在宫中,夜夜侍寝,欢情无度,早把惠帝抛于一旁。

有了程据做固定情夫,贾后并不满足,她得陇望蜀,任那邪恶的淫欲肆意横流,广招京都中美貌少年,入宫交欢,多多益善。为了防止这些美男溜出宫去,传播她的秽事,每当玩腻之后,便将美男子就地处死,另寻新欢。每次所需人选,都是贾后心腹奴婢驾着黑色竹箱车四处搜寻,发现目标后便强行拉入宫中。至于那些美男子一个个失踪,又是去了哪里?谁也不明白,也不知道是何人干的,只知道是一辆辆神秘的黑竹箱车时而出现,洛阳城笼罩在恐慌之中。

俗话说得好,"要想人不知,除非己莫为"。此事终于在一位小吏身上泄露出来。

事情是这样的。洛阳城南住着贾后的一房远亲,家中被盗,他向衙门盗尉部报了案。衙役们四处查寻,没有任何结果。正在无头绪的时候,尉中一名小吏的着装引起了衙役们的注意。

这位小吏长得姿容秀美,宽阔脸膛白白净净,浓眉大眼,身材高大,是位极惹人喜爱的美男子。前几天,他忽然神秘地失踪了,几天后再出现在尉中时,几乎变成另外一个人。他变得十分阔绰,身上穿着非常贵重的衣服,而且这些衣服只有宫中或巨富才会有。小吏穿上华丽服装,更是一表人才,令人瞩目,人们开始议论纷纷。他的衣服从何而来?是不是偷来的呢?有人试探着问道:"兄台何处发的财?这衣服太漂亮了,兄台从何处买来的?"

小吏支支吾吾地说道："这……，唉，老兄别问了，反正不是偷来的。"

小吏的态度更令人怀疑，他的财产来历不明，他自己又说不明白，这里一定有鬼，尉中长官决定亲自审问他。

众衙役将小吏带到堂上，尉中长官问道："你的衣服从何而来？今天若能讲清，本官放你回府，如若不然，本官定以盗窃罪论处。"

小吏跪在那里，叩头求饶道："冤枉啊，大人！小人衣服绝不是偷来的，是别人赠送的。小人有誓言在先，其他事不能说，望大人明察！"

长官拍着惊堂木道："纯是一派胡言。你对何人发誓？为何别人会赠给你衣服？难道你要欺骗本官吗？"

小吏见长官动怒，只好如实地讲述了这几天他的离奇经历。

有一天傍晚，小吏从尉中回家，半路上突然被一位老婆婆拦住了去路。小吏问道："老婆婆，为何挡住小生？"老婆婆上下打量着小吏，慢慢地说："这位公子，老妇有一事相求。"

小吏问："老婆婆有何事？但说无妨。"

老婆婆说："我家主人生了重病，卧床不起。请法师诊治，法师说，要治好你主人的病，需要到城南请一个年青的男子，住几天，借其阳刚旺火，可以驱除邪魔，病人方能康复。老妇见公子文质彬彬，相貌堂堂，面善心慈，所以烦请公子与老妇到我家住几日，以救我家主人之命。"

小吏听罢老婆婆的话，有些犹豫不决。他推辞道："小生回家，告诉家人一声，再去贵府。"

老婆婆道："公子，救人要紧。你先跟我走，然后派人告诉你的家人。公子不必担心，事成之后，定当重谢。"

小吏为人憨厚，心地善良，见老婆婆如此着急救人，便说："好吧，我这就跟你去。"

于是，小吏随老婆婆而去。老婆婆带着小吏来到一辆马车前，车上用帷帐遮着，帷帐内有个黑色大竹箱，老婆婆令小吏坐进箱中，然后挡好帷帐，车夫御车而去。

竹箱里一片漆黑，小吏不知为何要把他关在箱子里，这大概是按法师的要求做的吧！车大约走了十余里，跨过六七个门槛，方停下来。有人将竹箱打开，令他下车。小吏下车后，向四周张望，这完全是个陌生的地方，楼阁高矮错致，亭转廊回，仿佛像宫殿一般。他好奇地问："老婆婆，这是何地？"

老婆婆说："此乃天上。公子勿要多言，一切听从安排，不许多问。"

小吏被带到一个房间，房间内有几个婢女，替他更衣，为他准备好香汤，为他沐浴。沐浴后，为他换上非常华丽的锦衣，并为他准备好极为丰盛的晚餐。小吏不敢多问，只是好奇地听从安排。到了天黑时，老婆婆来了，对他道："公子，走，跟老妇去见主人。"

小吏跟在老婆婆身后，来到一个非常漂亮的房间。房间里烛火通明，烛光里坐着一位年约三十五六岁的中年贵妇人，衣着华贵，但人长得却很难看，身材肥胖且矮，脸色青黑，眉后有块青疵，有些令人恐怖。小吏战战兢兢地打量着这位贵妇人，觉得这位贵妇人虽长得丑陋,但却有一种威严,令人难以抗拒。贵妇人站起身来,拉着小吏的手,一起坐在床上,当晚二人便同床共寝。几天后,那贵妇人对小吏说:"你可以走了。"

临行前,那位接他来的老婆婆拿出许多贵重衣物赠给他,并嘱咐他道:"此事切勿外泄,如果你告诉别人,必遭天谴。"

说完,将小吏又用黑箱车送回原地。

小吏望着长官,继续说道:"长官,小生说得句句是实,因答应人家不向外泄露,故小生一直不能说这些衣物从何而来。今被疑做贼,不能再沉默,只好从实说来,望大人明察。"

贾后的娘家就在城南,她的这位远亲曾见过贾后,听罢小吏讲述的这段经历,知道小吏所说的那位"眉后有疵"的贵妇人一定是贾皇后,不禁面红耳赤,遂顺水推舟地说:"长官,既然小吏的衣物不是偷盗而来,就不必再问了。"

说完,起身告辞了。那位长官也略明白了一些,对小吏道:"从今后不得乱言,否则本官以诽谤论处。"

长官窃笑着退堂了,小吏还有些莫名其妙,但不能再问,此事便不了了之。

多少美男子葬身于贾后之手,而这位小吏却能侥幸出宫,显然是贾后念他憨厚无知,惹人怜爱,动了恻隐之心,不忍将他杀害。这也是小吏命不该绝,方有此造化。

贾后荒淫凶暴,引起裴頠等大臣的忧虑,他们开始密谋废除贾后,一场围绕废除贾后的争论开始了。

侍中裴頠等,见贾后如此淫虐,忧心忡忡,就连贾后的族兄贾模也很担心,恐怕祸生不测,累及身家。二人言谈之中,流露出对贾后的不满和对朝廷的担忧。裴頠已窥透贾模之心,决定与贾模密谋,废除贾后。

一天,裴頠微服,悄悄地来到贾模私第,准备与贾模商量大计。正巧张华也在场,裴頠与张华本是莫逆之交,不必避嫌,遂三人开始论起朝政。裴頠说:"当今圣上不谙朝政,皇后身为天下之母,却荒淫无度,令人担忧。我们身为朝廷重臣,不能置朝廷安危于不顾,应竭尽全力,保卫大晋之江山。如今解救危机之途,最好莫过废除皇后,更立太子遹生母谢淑媛为后。"

贾模与张华听罢,都表示不同意,齐声说道:"此法恐怕行不通。主上并无废除皇后的意见,我等擅自行动,如果主上不同意,降罪下来,我们将如何是好?我们这么做,岂不成了犯上作乱了吗?且诸宗室王势力强大,各分党派,一旦挑起祸端,诸王群起,到时不仅我们身死家亡,恐怕国家亦难逃亡运,这样非但无益,岂不为国招灾吗?"

裴頠沉吟半晌,觉得贾模与张华说得有道理,现朝廷各宗室王环镇军事要塞,对朝廷虎视眈眈,觊觎着朝中政权。一旦朝中有些风吹草动,他们便会打起"清君侧"的旗号,挥师进军。况诸王势均力敌,一旦纷争起来,祸患将是无穷的。想到这里,裴頠说:"公等所虑亦是,但中宫(指贾后)如此昏虐,祸乱随时都会发生,我等岂能置身事外吗?"

张华接口道:"老夫有个想法。二位大人都是皇后的近亲,素为皇后所重,何不从亲族的角度进陈祸福,劝劝皇后呢?或许皇后能听谏言,改过迁善,易危为安,如能这样,天下不致大乱,我等亦可安度晚年了。"

前文已经介绍,贾模是贾后的族兄,裴頠的母亲是贾后的姨母,与贾后一家关系十分亲密,所以张华出此之计。贾模听罢,赞成地说:"张公所言极是,我等不妨一试。"

裴頠见二人如此之说,不好再固执己见,叹口气说道:"唉,只好试试看了。"

就这样,朝廷重臣谋废贾后的计划流产了,他们开始转向进谏之途。他们想方设法劝诫贾后,想使她弃恶从善,改邪归正,然而,现实给他们一记响亮的耳光。

裴頠三人商量好后,裴頠决定去找姨母郭槐,来劝诫贾后。他来到贾府,对广城君郭槐说:"姨母,皇后举止行为有失检点,朝臣议论纷纷,人心不稳,朝廷危机,一旦祸起,将国破家亡。您为皇后之母,应适当劝说皇后,专心于朝政,皇后若能改正,乃朝廷之幸事。"

郭槐说:"皇后所作所为,老妇耳有所闻,我虽为皇后之母,但毕竟是人臣,此事只能劝诫,不能强迫,听与不听,只能任凭皇后自己,老妇只能尽力而为。"

郭槐虽凶暴酷忌,但她对女儿的荒淫无度也感到忧虑,尤其是女儿对太子的刻薄,更令她忧心忡忡,因此关系处理不当,将危及朝廷的命运和贾家的兴亡,所以,郭槐答应裴頠之请,有机会劝诫女儿。

一次,郭槐进宫去见女儿,她语重心长地说:"孩子,你身为皇后,母仪天下,应以国家大事为重,垂范天下,不能任性胡为。尤其是对待太子,太子是国之君储,未来的皇帝,你应与之和睦相处,免得节外生枝,危及朝廷。"

贾后哪里听得进别人的劝告,她笑着对郭槐说:"母亲,女儿自有分寸,母亲不必操心。"

郭槐见贾后不肯改正,决定有机会还要劝诫。

过了几天,郭槐病重,贾后回府省亲。床榻上,郭槐气息奄奄,她勉强睁开眼睛,拉着贾后的手说道:"娘要走了,唯一要娘放心不下的就是你,你要自珍自重,尤其是有二件事值得注意,一是要好好照顾太子,二是防备赵粲与贾午,她们二人心计奸诈,将来必坏你的大事。"

贾后说:"母亲,您放心吧,女儿记住了。"

郭槐见女儿答应了,便带着满意的笑容离开了人世。人之将死,其言也善。然而,郭槐这番临终遗言并未被贾后所接受,她仍然为所欲为,独断专行。

贾模听从张华的建议,认为于公于私,自己都有责任向皇后进谏,向皇后指明利害。他几次三番地入宫,劝谏皇后,恳请皇后以朝廷大事为重,收敛自己的行为。贾后的荒淫习性已成,焉能是大臣的几句谏言所能改变的?郭槐是贾后的生母,向贾后进谏,贾后虽然不听,但无他恨,而贾模一再犯颜直谏,贾后大为不悦,以为贾模有异心,竟敢毁谤中宫。她知道贾模不会甘心,一定还会入宫进谏,贾后索性下令太监道:"从今后,如果贾模入宫求见,一律回绝,本宫不见。"

贾模见皇后如此固执,感到大难即将来临,他忧虑过度,一病不起,不久,便带着忧恨,撒手归西了。

贾模死后,贾后下诏,进裴頠为尚书仆射,裴頠见贾后顽固不化,觉得大乱将至,他想急流勇退,遂上表固辞道:"贾模新亡,将臣超擢,偏重外戚,未免示人不公,恳请收回成命。"

贾后执意不允。当时有人劝告裴頠说,"公为中宫亲属,可言即当尽言,言不见听,不若托病辞官。若二说不行,虽有十表,恐终未能免祸了。"

裴頠颇为感动,想辞官归田。但权力有着令人无法抗拒的魔力,裴頠无法抗拒权力的诱惑,便留下任职,最终招致灭门之灾。贾后独揽大权,任意胡为,但她也有忧虑,那就是谢淑媛与太子。

谢淑媛名玖,贫贱出身,父以屠羊为业,家境贫寒。谢玖长得姿容貌美,性格柔顺,清惠贞正,武帝时入后庭为才人(后宫的女官名)。惠帝在东宫为太子时,武帝虑太子年纪太小,不知男女帏房之事,就派谢玖前往东宫侍寝,教授司马衷行房事。

谢玖便成为司马衷结婚之前第一个与之发生性关系的女人。几番的蓝田种玉,到谢玖离开东宫时,已经身怀有孕,而太子司马衷并不知晓。

太子结婚后,太子妃贾南风凶悍酷忌,武帝为保司马氏后代,为谢玖另辟一宫,将她们母子保护起来。卜月落蒂,谢玖生了个男孩,武帝非常高兴,为其取名曰遹。司马遹自幼非常聪明,善于察言观色,而且嘴甜如蜜,成为武帝的掌上明珠。在司马遹五岁时,一天晚上,他正在武帝寝宫玩耍,忽然宫外一片嘈杂,有人在大声喊着:"失火了,快来救火呀!"

太监、宫女们惊慌失措,纷纷奔向宫外。武帝也想登楼观看,司马遹在一旁拉着武帝的衣襟,对武帝说:"朕,这万万去不得。"

武帝以为他害怕,说:"没关系,陛下只是出去看看。"

司马遹却说道:"夜色深沉,事发仓促,应防备意外,不可使火光照见主人,主人暴于明处,易生不测。"武帝不禁点头称道:"孙儿此言有理,吾孙真乃奇儿。"

火渐渐熄灭了,人渐渐散去。宫女、太监们都返回宫中,武帝指着司马遹对众人说:"朕的孙儿真是奇童,其才智酷肖宣帝(即司马懿),将来必能继承司马家的大业。"然后将司马遹所做之事向大家讲述一遍,大家纷纷夸司马遹为奇童。

武帝立司马衷为太子,引起卫瓘等大臣的非议,武帝也知道司马衷天姿较差,但他一方面碍于杨皇后之面,不忍心废除另立,另一方面则看孙子司马遹聪明过人,将来继承大统,必能将司马氏家业发扬光大,所以暂立司马衷为储君,将来由司马遹来承继父业。

太子司马衷并不知道自己已有儿子。一天,司马衷去向父皇问安,见司马遹正与弟弟们玩耍,司马衷不认识,便问武帝道:"父皇,此是何家小儿,入宫与皇弟玩耍?"武帝将司马遹唤到身边,手抚其头,对司马衷说:"这是你的儿子呀,遹儿,快去见父亲。"司马遹走向司马衷,跪下磕头道:"孩儿叩见父亲。"

司马衷莫名其妙,惊问道:"这是我的儿子?"

武帝说:"是的。这是你与谢夫人所生之子,我为其取名为遹,现已4岁。"

司马衷见真是自己的儿子,自然十分高兴,他拉着司马遹的手,左看看,右看看,爱不释手。

贾南风闻知此事,大为恼怒,决定伺机除掉司马遹。

司马衷继位后,立司马遹为太子,太子之母不能没有名分,遂拜为淑媛。贾南风被立为皇后,成为六宫的主宰,她忌恨谢淑媛母子,强令其母子分开,使淑媛静处别宫,软禁起来,并且,不允许太子去看望母亲。

裴頠等大臣见贾后荒淫无度,便生废黜之心,而在他们心目之中,适合母仪天下的莫过于太子之母谢淑媛了。所以提出废贾后,立谢淑媛的想法。贾后也感到了来自太子母子的危险,皇帝一旦驾崩,太子便成为新的皇帝,谢淑媛就可能成为皇太后,那么,哪里还有自己的位置呢? 她决定向太子母子下手,彻底铲除后患。

十二　谋废太子

元康六年(296 年)8 月,秦、雍二州(今甘肃、陕西境内)的氐族、羌族人民难以忍受西晋官员的残暴统治,推举氐族人齐万年为首领,举兵反晋。自建帝号,围攻泾阳(今甘肃平凉)。当时朝廷命梁王肜为征西将军,出镇雍梁二州。梁王肜见齐万年军队来势凶猛,飞奏朝廷,请求援军。朝廷闻报,便派安西将军夏侯骏为统帅,率领建威将军周处,振威将军卢播,一同讨伐齐万年。

乡亲们见周处说得言真意切,才欣然道谢。周处从此立志学好,步入仕途。仕吴为东观左丞,吴亡入晋,累官为御史中丞。他刚直不阿,执法如山,不避亲宠。梁王肜曾犯法胡为,周处以法绳之,故结旧怨。权贵们亦恨其耿直,遂乘此机,把周处派往前线,好使梁王借刀杀人,互泄私愤。伏波将军孙秀知道,周处此去,必死无疑,劝周处道:"卿有老母,何不以此辞去此行呢?"

周处亦知此次前往秦雍,绝无生还的希望,但他却说:"忠孝之道,安得两全! 既然已辞别母亲,报效朝廷,就别无选择。今日就是我的祭日。"

果然,梁王肜挟怨以报,派周处孤军上阵,断绝后援,周处被起义军团团围住,战死阵中。

周处战死在沙场,朝中权贵明知周处被梁王所害,却无人替其鸣冤,反而私相庆祝。朝廷的矛盾斗争带到边境前线,权贵们钩心斗角,贻误战机,都在为争权夺势而置朝廷于不顾。北方各少数民族如匈奴、氐、羌、鲜卑等纷纷起来,反抗晋朝统治,并不断内徙,进入中原腹地,成为西晋朝廷极为严重的边患。齐万年率领的各族人民大起义,直至元康九年(299 年)才被积弩将军孟观率军平息,而更大的风暴却在酝酿。

各民族起义此起彼伏,烽火连绵,朝中有识大臣忧心忡忡,太子洗马江统针对少数民族内徙,与汉族杂居,矛盾重重等问题,向朝廷献上数千言的《徙戎论》。

洋洋数千言,情真意切,指出匈奴、氐、羌、鲜卑对北边构成的威胁,而贾后却置若罔闻,而大臣们则反对徙戎。那些大地主官僚们以少数民族人民为田客、奴婢,进行经济剥削,一旦迁出,便失去了大量的剥削对象。而那些皇室诸王们,常常借助少数民族的兵力来争权夺势,并从少数民族那里招募军队,所以,朝廷上下,一致反对将少数民族迁回故地。

这些居于内地的少数民族人民与汉人杂居,在关中、并州、幽州一带,居住着大量的少数民族,他们受着汉族地主阶级和西晋政府的残酷剥削和压迫,民族矛盾十分尖锐。故匈奴刘宣曾说道:"晋为无道,奴隶御我。"

民族矛盾一触即发。

元康末年，不仅边患重重，而且，流民问题亦令当政者头疼。

齐万年起义失败后，关西大乱，居住在天水（今属甘肃）、略阳（今甘肃秦安）、扶风（今陕西泾阳）、始平（今陕西兴平）、阴平（今甘肃文县）、武都（今甘肃成县）等六郡的汉、氐、羌、叟等族的豪强和百姓数万家，十多万人被迫外出逃荒，背井离乡。这些流亡异地的人被称为"流人"、或"流民"。流民们大部分经过汉中，流入巴蜀（今四川）、益州（今四川成都）和梁州（今陕西西南部）一带。当流民进入汉中时，曾上表朝廷，要求朝廷同意他们寄食巴属，当政者们哪管百姓之死活，朝议不许，并派侍御史李苾，持节前往汉中，安抚流民。流民们千方百计贿赂李苾，李苾便上表朝廷，称流民十余万口，非汉中一郡所能安置，应从流民所请，前往巴蜀。朝廷无奈，只好准奏。于是，流民遍布蜀中各地。

蜀汉荆襄是流民集中的地区，也是社会矛盾最尖锐的地区。流民们流入这些地方，常与当地土著居民发生冲突，当双方发生冲突时，封建政府处理不当，便会激起流民的武装反抗。当时最大的一股流民潮就是賨人李特、李庠、李流兄弟率领的，他们率流民进入绵竹（今四川德阳）。这支流民队伍无法忍受西晋朝廷和地方官吏的压迫，在贾后死后第二年，便爆发了历史上著名的流民大起义。

贾后执政晚期，朝臣们钩心斗角，尔虞我诈；宗室诸王手握重兵，环镇要冲，虎视眈眈；北方的匈奴、鲜卑、羯、氐、羌少数民族厉兵秣马，横刀相向；流民遍地，起义不断，整个政权真如同坐在火山之上，随时都可能爆发、灭亡。贾后却对此置若罔闻，醉心于如何对付太子，怎样长久掌握政权之上，最后因杀太子，引爆了这座酝酿已久的火山，将西晋王朝推向灭亡。

贾后执政后，唯一令其放心不下的便是太子遹。而且，随着时间的推移，来自太子的威胁令她日夜不安，皇帝百岁后，这个非自己所生的太子将为皇帝，自己若落入他手，那将是一个极其悲惨的结局。于是，贾后开始绞尽脑汁，决心废除太子。

太子遹，字熙祖，惠帝长子。自幼聪明伶俐，深得武帝的欢心，常常跟随在武帝左右，以示宠爱。

武帝将振兴大晋的厚望寄托在司马遹身上，并煞费苦心对他进行教育和保护。以刘寔为师，孟珩为友，杨准、冯荪为文学先生，对其言传身教。当时有个阴阳先生，自称善望气，说广陵（今江苏扬州）有天子气，此言传到武帝那里，武帝便下诏，封司马遹为广陵王，封邑五万户，可见武帝对司马遹的厚爱。

惠帝即位，按武帝遗嘱，立司马遹为太子，并盛选有德望的人为太子的师傅，以何劭为太师，王戎为太傅，杨济为太保，裴楷为少师，张华为少傅，和峤为少保，这些人都是当时的名士。太子出居东宫，选太保卫瓘子庭、司空泰子略、太子太傅杨济子邃、太子少师裴楷子宪、太子少傅张华子岣、尚书令华廙子恒等名门子弟入宫，陪伴太子左右，与之游戏学习。

然而，事情并不按人们所希望的那样发展，太子长大后，并没有出息成国之栋梁，而是不务正业，只知游狎，并且对那些左师右保也不加礼敬。他整日在后宫与宦官、宫妾恣意淫乐，朝廷之事不闻不问。

贾后素忌太子，武帝在时，对太子严加保护，她无从下手。如今太子不学无术，

贾后专权

游手好闲,正中她的下怀,她密令东宫太监,让他们领太子学坏,她好借端废立。太监们得到贾后的命令,便带领太子横行霸道,为所欲为。他们劝太子道:

"殿下正值青春年少,应趁此大好时光,及时行乐,何必用各种礼教条规来约束自己呢?人生得意须尽欢嘛。"

太子深以为是。

太子被这些奸佞小人恭维得晕头转向,安辨是非善恶,对他们言听计从,进行大规模赏赐。按东宫旧制,按月请钱五十万缗作为费用。太子因月费不足,尝索取两月俸钱,供给婢宠。随手赏赐,亦是不计其数。

太子生母谢淑媛,幼时贫贱,家世业屠,而太子偏秉遗传,很有经济头脑,善做买卖。他下令在宫中设立市场,让太监宫女们杀猪买肉,他常用手掂斤揣两,几乎不差分毫。又令西园卖葵菜、篮子、鸡、面等类,他从中估本牟利。而所得之钱,却又毫不吝惜,每日收入,随手赏赐花掉。

太子不仅善于此道,而且非常讲究迷信。宫中若要修墙缮壁,泥抹小修、破土动工,总是先请阴阳先生看看,选出黄道吉日,方可动工。

太子的所作所为,引起一些朝臣的忧心。太子洗马江统见太子屡阙朝觐、奢费过度且多诸禁忌,便直言上书,上陈五事,规谏太子。一是请随时朝省;二是请尊敬师保;三是请减省杂役;四是请撤销市酤;五是请破除迷信。太子只顾吃喝享乐,江统所言,无一依从。

太子舍人杜锡,为人正直善良,他不忍心见太子一天天堕落下去,便经常劝告太子说:"殿下,您身为君储,国之希望,应多修德进善,不要让别人说三道四,影响殿下的形象。"

太子见其总是唠唠叨叨,心里非常反感,得想办法治治他,让他闭嘴。后来在太监的帮助下,想出个绝妙的好主意。

第二天,太子宣杜锡入宫觐见,杜锡不知太子何事唤他,便急匆匆地来到东宫。只见太子在客厅中端坐,满脸威严,杜锡急忙跪拜行礼,太子傲慢地说:"杜卿,免礼平身,赐座。"

太监搬来一个圆圆座椅,上面铺着一个厚厚的座毡。杜锡受宠若惊,因为太子殿下从未对他如此客气,便实实在在地坐下。忽听杜锡"啊"地大叫一声从座位上站起来,脸色苍白,不一会儿,一股鲜红的鲜血从官服中流下来。太子见状,哈哈大笑,杜锡这才明白,自己上了太子的当。原来,太子令太监在座毡上插满寸长铁针,杜锡哪里知道,一屁股坐下来,被扎得血满裤裆,真是哑巴吃黄连,有苦说不出。杜锡满脸羞红,急忙告别太子,灰溜溜地回府了。

太子养在深宫,与外界没有任何接触,而身边的宦官、宫女及仆役们对他唯命是从,渐渐形成唯我独尊、刁蛮任性、喜怒无常的孤僻性格。他争强好胜,不把任何人放在眼里,为所欲为,不计后果。

贾谧是贾后的外甥,又是贾后名誉上的侄,是贾后的心腹亲信,权倾朝野,而太子却不把他放在眼里,二人关系日益恶化。

太子成年后,贾后的母亲郭槐想将小女贾午的女儿嫁给太子为妃,以便加固贾家的地位,太子也愿意娶韩寿之女为妃,巩固自己的地位。但事出意外,贾午不同意这门亲事,而另有打算的贾后更不赞成这门亲事,此事便不了了之。贾后另为太子聘王衍之女。王衍有两个女儿,大女儿貌若天仙,娇柔妩媚,二女儿却相貌丑陋,如同东施。爱美之心,人皆有之,太子既然娶不上韩家之女,当然转向娶王衍长女为妃了。然而,贾后做伐,将王衍的长女嫁给了贾谧,却把王衍丑陋的二女儿塞给太子。太子娶了个丑妇,心里对贾后及贾谧充满了仇恨,但贾后当权,他无可奈何,只好借机拿贾谧出气。

贾谧与太子年龄相仿,并且二人名义上是中表弟兄,所以贾谧经常出入东宫,在一起嬉戏。太子对贾谧有恨,所以对贾谧的态度喜怒无常,有时与贾谧大开玩笑,互相取乐,有时恶语相向,有时让贾谧自己坐在那里,而太子自己到后庭,与妃子们嬉戏去了,将贾谧自己凉在那里。贾谧屡遭白眼,自然对太子怀恨在心。詹事裴权见此情景,劝太子道:"太子殿下,做事应从长远看,小不忍则乱大谋。贾谧为中宫(贾后)宠侄,你与他不睦,他势必经常向皇后进谗言诽谤于您,对您未来大业非常不利。殿下何不暂屈尊相待,免得滋生祸乱,到那时悔之晚矣。"

太子一听要自己"屈尊相待",想到贾谧这个势利小人夺走了自己的美人,对自己不臣服,竟然连下棋都不相让,不仅勃然大怒,他拍几吼道:"可恨!可恨!"

裴权见太子如此恼怒,不敢再言,低着头告辞走了。

贾谧见太子对他心怀怨恨,心中不安,心想,现在皇后掌政,太子奈何不了我,但若太子掌政,岂有自己的活路?遂不停地向贾后进谗言,诽谤太子。多亏贾后的母亲郭槐周旋,贾后才迟迟没有动手害太子。郭槐以为,自己的女儿没有生儿子,将来的天下是太子的天下,所以她劝贾后要爱抚太子,给自己留条后路。太子对郭槐亦很孝顺,郭槐病重期间,太子亲自伺候,端汤喂药,甚是周道,郭槐深深被感动,所以临死之前,留下遗言,要贾后保护好太子。

郭槐死后,太子少了一顶保护伞,贾谧觉得铲除太子的时机已成熟,决定游说贾后,对太子下手。

一天傍晚,贾谧气喘吁吁地跑到后宫,上气不接下气地对贾后说:"娘娘千岁,最近太子广买田业,蓄私财,结小人,这是对着我们贾家来的。臣今天听别人说,太子扬言:'皇后万岁后,吾当鱼肉之。'皇后娘娘,若宫车晏驾,太子居大位,将置娘娘于何地,他势必依杨氏(杨皇后)故事,诛杀臣等,而将皇后娘娘囚禁于金墉城,那该多么可怕啊!"

贾后听罢,脸色苍白,回想起杨皇后当年惨死在金墉城里的景象,冷汗顺着后脊梁淌了下来,她自言自语道:"不,决不能重蹈覆辙!"

贾谧见贾后动心,便趁机说:"皇后娘娘,常言道:先下手为强,后下手遭殃,我们不能坐以待毙,得想个办法啊!"贾后想了想,对贾谧说:"你快出宫,把你母亲叫来,我同她及赵充华商量商量。"

贾谧领旨,回府找他母亲去了。

贾午和赵粲来到后宫,贾后对二人说:"如今太子要对本宫下毒手,若本宫被废,你们二人恐怕也要遭殃,所以找你们两个商量个对策。"

贾午和赵粲都是贾后心腹,贾午是贾后亲妹妹,自不必言。那赵粲在武帝时,武帝想废除贾南风的太子妃地位,将其囚于金墉城,是赵粲赵充华力保,贾南风才免此劫。贾南风当上皇后后,没有忘记赵充华的恩德,对她百般照顾,并依为心腹。

贾午见贾后一副急相,笑了笑说道:"皇姐,小妹倒有一计,不知可否合适。"

贾后问道:"什么计?说来听听。"

贾午说:"小妹适生一男孩,为了姐姐,我忍痛割爱,把他送给姐姐做儿子,找个机会将太子废掉,立他为太子,这样不就没有后顾之忧了吗?"

贾后听罢,摇摇头说:"我又没怀孕,突然冒出个儿子,谁能相信,我看此计不妥。"

贾午说:"要想怀孕,那有何难,姐姐每日多往肚子上缠些布,或塞些东西,不就怀孕了吗,至于真假,何人敢问。"

贾后觉得有道理,便采纳了贾午的意见。

贾后下令将贾午的儿子偷偷地送入后宫,喂养起来,一面对外佯称自己身怀有孕,准备产房、产具,及产婆,将自己肚子塞得鼓鼓的,仿佛马上就临产一般。另一方面,她令内史、太监等不断散播谣言,说太子荒淫奢侈,不务朝政,私结小人,阴谋造反等等,一时间京城谣言四起,整个京城都知道太子不仁,图谋不轨等。而宫廷内外,大臣们都识破贾后要李代桃僵的阴谋,但无人敢言,都为太子担心。

中护军赵俊较有正义之感,他见太子危机四伏,便秘密对太子说:"太子殿下,外面谣言四起,风声很紧,看来太后要对殿下不利,殿下何不乘此时机,举兵造反,废除皇后,只有这样,才能保住您的性命和大晋的江山社稷。"

太子只知享乐,胸无大志,虽身处险境,却不思反抗,他摇头说道:"身为人子,怎能犯上作乱,这万万使不得。"

赵俊见太子如此胆小无能,叹息地说道:"大势去矣,大势去矣!"

便离开了太子。

左卫军刘卞也觉得贾后所作所为危及朝廷的命运,他乘黑夜,微服来到张华的府邸,对张华说:"张公,皇后欲废太子,已是人人皆知的阴谋,您身为国之宰相,应替国家社稷着想,设法阻止悲剧的发生。"

张华问:"以刘将军之见,我该如何去做呢?"

刘卞道:"东宫之中,俊乂如林,卫兵不下万人,公若下令,拥立太子,废黜皇后,将其徙居金墉城,只要教两个太监出力,便可办成此事。"

张华听罢,大吃一惊,急忙说道:"今天子正当壮年,太子乃是人子,我又未有辅政重任,怎胆敢与太子行此大事,若那样,我岂不成了无父无君的贼子了。即使成功了,亦难脱罪责,况且权臣贵戚满朝,威柄不一,怎能做成此等大事。罢了,罢了,任她去吧!"

刘卞见张华如此说,叹息而去,不料,过了一宵,第二天早晨,朝廷下诏,出卞为雍州刺史。刘卞怀疑有人泄谋,才有此诏,非常害怕,便服药自尽了。

贾后与太子的关系到了剑拔弩张的地步,整个朝廷大有山雨欲来风满楼之势,新一次宫廷流血政变即将开始了。

元康九年(299年)十二月,太子的长子患病、卧床不起,屡请大夫,不见起色。太子非常焦急,亲自设坛,为儿子祷祀求福。一天,他正在祈祷,来了两个后宫太监,手拿内廷密诏,对太子说:"太子殿下,皇后懿旨,圣上龙体不豫,令殿下立即入朝。"

太子接旨后,小心翼翼地问二位太监:"两位公公,父皇怎么了,怎么忽然病了?"

两位太监支吾道:"奴才不知,殿下前去探望便知。"

太子将信将疑地跟着太监来到后宫。

太子刚入后宫,宫中迎出一个宫女,对太子说:"殿下,皇后有令,让太子到别室暂时休息一会儿,等皇后下令人见,再出省见圣上。"

太子莫名其妙,不知贾后耍的是什么花招,但无奈,只好跟宫女来到一间房内,静待后命。太子坐了一会儿,忽然进来一位宫女,左手拿着一盘枣,右手拿着一壶酒,走到太子面前,面带微笑地说:

"殿下,奴婢陈舞奉皇后娘娘之命,前来陪殿下小酌几杯,殿下,请。"

太子说:"父皇有病在身,我尚不知如何,怎么能在此饮酒呢。你端走吧,本人无此雅兴。"

陈舞把脸一沉,说道:"殿下,这是皇后亲赐的御酒,殿下难道想抗旨不遵吗?"

太子见陈舞如此说,无奈,只好慢慢地喝起来。

太子酒量小,平时也不能喝酒,但皇后有命,不能不喝,只饮半壶,便醉意醺醺。他摇手对陈舞道:"我醉了,不能再饮了,我要去见父皇。"

陈舞剑眉倒立,一下把太子按在座位上,说道:"皇后有令,让殿下将酒全部饮光,方可入见圣上。皇后赐酒,殿下不肯饮尽,难道殿下故意违抗皇后的旨意,还是怀疑酒有毒吗?"太子无可奈何,见自己别无选择,只好把剩下的酒一饮而尽。喝完,便醉得趴在桌子上,不能动了。

陈舞见太子醉得差不多了,便悄悄退下。过了一会儿,又进来一个叫承福的宫女,她一手拿着纸墨,一手拿着两张写满字的纸,来到太子面前,墨、纸预备好,便大声唤太子道:"殿下快醒醒,皇上有旨。"

太子被强行拉起,他神志不清,醉眼朦胧地问道:"何事把我唤醒?"

承福拉着太子道:"圣上命殿下将此信抄录一遍。"

说罢,便将写好字迹的两张纸递过去。太子手不能自己,便说:"不,不行了,我喝多了,今天不能抄了,你去回禀父皇,我改日再抄。"

说完,又趴在桌上不动了。承福又将太子拉起,命令道:"圣上让你马上就抄,不得有误,难道你要抗旨造反吗?"

太子醉得心里糊糊涂涂的,但他仍知道不能抗旨,便抖抖索索地拿起笔,也不知原稿是什么,糊里糊涂,照葫芦画瓢地抄着,字迹歪歪斜斜,残缺不全,好容易抄完两张纸,交给承福,趴在桌上又睡着了。

承福拿着太子所写的东西去交给了贾后,几个内侍将尚未醒酒的太子抬到轿上,送回东宫。

贾后拿到太子所写的两张纸,欣喜若狂,虽说太子所写的字东倒西歪,缺笔短画,但仍能辨认出是太子的笔迹,只见第一张纸上写着:

> "陛下宜自了(自己了断):不自了,吾当入了之。中宫又宜速自了:不了,吾当手了之。"

第二张纸上写着:

> "谢妃宜刻期两发,勿疑犹豫,致后患。茹毛饮血于三辰之下,皇天许当扫除患害,立道文(司马遹的长子彪表字)为王,蒋(太子所宠爱的美人)为内主。愿成,当三牲祠北君,大赦天下。要疏如律令。"

贾后看罢,满脸绽放出笑容。继而,她又觉得有些不足,便喊道:"来人啊!"

一个贴身太监走进来,贾后说:"你快出宫,把黄门侍郎潘岳带来见我。"小太监走了,贾后拿着两张纸一边等着,一边认真地琢磨着。

潘岳,字安仁,荥阳中牟(今河南鹤壁)人,以聪颖多才而见称于世。善于诗赋,是贾谧二十四友首脑人物。谄事贾谧,每当贾谧有事外出,潘岳与石崇等"望尘而拜",亦得到贾后重用,依为心腹。是贾后一把以文杀人的刀。贾后欲废太子,想诬陷太子造反,需要仿写两封造反之信,何人合适呢?贾后反复考虑,觉得潘岳比较合适,遂令潘岳写了两封造反的信。潘岳按贾后的意图,写了两封置太子于死地的信,贾后派人将太子灌醉,令太子将两封信抄了一遍,这就是太子所抄两张纸的来历。潘岳知道这两张纸的分量,但贾后的命令,怎敢违抗,遂昧着良心写了两封信。

这天晚上,潘岳正在书房看书,忽见贾后的心腹太监来见,急忙迎出来,问道:"公公深夜来敝府,有何贵干?"

太监小声对潘岳说:"皇后令潘公与奴才马上进宫,有要事相商。"

潘岳安敢怠慢,匆忙换上官服,随太监入宫去见贾后。

潘岳来到后宫,见贾后手中拿着纸,正在那里沉思,见潘岳进来,见过礼后,对潘岳说:"潘侍郎,大功告成。今晚将你召入宫来,是让你把太子所写之信缺字短笔的地方补齐,我好面见圣上。"

潘岳道:"愿为娘娘千岁效犬马之劳。"

遂拿过笔墨,刷刷点点,模仿太子的笔迹,将太子所缺笔画补齐,然后交给贾后,贾后看罢,夸赞道:"潘侍郎真是人才出众,文笔不凡呢,日后定予重用。"

潘岳千恩万谢,告辞回府了。

贾后见潘岳所补后的太子书信,足可以假乱真,便带着贴身侍女,直奔惠帝寝宫。一进惠帝寝宫,贾后便装成惊慌失措的样子,上气不接下气地说:"陛下,不、不好了,太子要杀陛下,反了!反了!"

惠帝已安寝,见贾后深更半夜慌慌张张地闯进寝宫,不知发生何事,急忙披衣下地,听贾后说"反了!反了!"

惊问道:"爱妻,谁反了?"

贾后一边将手中信件递给惠帝,一边说:"太子要造反,要杀陛下和妾。"

惠帝吃惊地问道:"真的吗?"

贾后说:"陛下看看这两封信便知道了。"

惠帝接过两张纸认真地看着,脸色逐渐变得苍白,手也不停地抖着,看完后,怒骂道:"这个该死的畜生,竟要造反,看朕不杀了你。"

贾后见惠帝动了怒,在旁添油加醋地说:"陛下平日待太子不薄,没想到,他竟心似毒蝎,竟要杀害陛下,是可忍,孰不可忍,望陛下为了大晋江山,忍痛割爱,大义灭亲。"

惠帝一向听命于贾后,愚顽无知,他不问此书信从何而来,亦不问问如何到得贾后手中,他不辨真伪,只看到笔迹像太子笔迹,便信以为真,现听贾后如此一说,更是怒不可遏。他虽憨傻,却也知道皇帝宝座的重要,现在有人要夺它,怎么能行!他询问贾后道:"贤妻,你看这事如何处理?"

贾后道:"王子犯法,与庶民同罪,太子欲犯上作乱,命犯死罪,且平日所为,多为不法,今罪在不赦,陛下应下诏处斩。"

惠帝说:"废立太子乃国之大事,是否明天征求一下大臣们的意见?若不然,定会谣言四起,影响朝政的。"

贾后觉得惠帝言之有理,征求大臣们的意见只不过是走过场,粉饰而已,废除太子已势在必行,遂赞成地说道:"陛下言之有理,不过事情宜早不宜迟,若不然,恐生他变。"

惠帝点头道:"明天早朝,就先议此事。"

第二天早晨,天刚蒙蒙亮,大臣们便来上早朝了,惠帝在式乾殿召见王公大臣。大臣们陆续来到式乾殿,只见惠帝坐在御座上,满脸威严,透着怒容和杀气,大臣们不知道发生了什么事,面面相觑,不敢出声。

朝拜后,惠帝说:"朕今天将你们召集在式乾殿,有要事相商,来人啊,把东西拿出来。"

大臣们不知道皇上要拿出什么东西,你看看我,我看看你,心里不停地猜测着。只见太监黄门令董猛拿出两张纸,呈给惠帝,惠帝说:"拿下去,给大臣们看看。"

惠帝见大臣们传阅完毕,愤怒地说道:"这是不肖子遹所书,如此猖狂悖逆,看来只好赐死吧！你们以为如何？"

大臣们见惠帝说出自己的意见，事关重大，为了性命和乌纱帽，无人敢言。整个大殿，空气异常沉闷，仿佛就要爆炸一般。时间一分一秒地过着，张华的大脑在不停地思索，事出突然，使他有些措手不及，然而，他觉得事情蹊跷，其中定有缘故。他思前想后，觉得不应该不管，便独自走到御座前，启奏道："陛下，太子谋反，乃国家之大不幸事，只是事关国之安危，应三思而后行。从古至今，有多少朝廷因废黜正嫡，而招丧乱，今事出仓促，陛下应核实后再行处决。"

裴頠见张华出列直谏，他亦觉得事情有诈，便接着张华的话说道："陛下，张公所言极是。若东宫（太子）果有此书，那么究竟是由何人传入宫中？且安知非他人伪造，诬陷太子？恳请陛下验明真伪，再做处理。"

惠帝坐在那里，好似痴聋一般，对张华、裴頠所奏，不回一言。贾后坐在屏风后面，见张华、裴頠二人要验书信之真伪，更是万分着急，她坐立不安，用什么办法能堵住大臣们的嘴呢？

她想了一会儿，对身边的太监说："快去找太子平日所写书信送给陛下。"

太监领旨，找来平时太子所写书信札十余件，送到惠帝手中。惠帝看了看，对大臣们说："众爱卿，此乃不肖子遹平时所写书信，你们若不信，可以拿着对对。"

张华和裴頠等接过太子平日所写信札，与那两张纸认真对照，笔迹大致相符，只是一个写得认真，笔画端正，一个是急书，字迹潦草，一时辨别不出真伪，无从指驳。大臣们沉默不言，裴頠双眉紧锁，思索用何办法来解救太子。

他想了一会儿，说："陛下，单凭几张纸字迹相同，还不足以说明问题，尚不能因此而草草废黜太子。陛下试想，犯上作乱本应是件极秘密的事，太子天姿聪慧，若想造反，怎能将此重要信件落入他人之手呢？究竟是何人将此书信传于陛下的呢？何不召来追问追问？"

惠帝无言以对，一言不发地呆坐在那里。张华在旁亦言道：

"陛下，太子就在东宫，何不请来对质，真假便可分明。千万不能草率行事，以免酿成大祸。"

张华、裴頠及个别正直大臣你一言，我一语地反对此事，千方百计地阻止惠帝废除太子，而其他大臣处于两可，争论不决。那惠帝端坐在那里，如同木雕泥塑一般，任大臣们絮聒，真是你有千条妙计，我有一定之规，我就是一言不发。这可急坏了屏风后面的贾后，她万万没有想到，自己信任和重用的张华和裴頠，在此关键时刻，竟会如此坚决地反对自己，破坏她千辛万苦设好的计谋，她非常恼怒，恨不得走将出去，喝住众口，独断专行，速了此事。但又一想，在这大庭广众之下，自己若如此越礼，会被天下人耻笑，大臣也会不服，看样子只好耐着性子等下去了。

日影渐渐西斜，大臣们还在争论不休，惠帝任大臣们争论，也不做出裁决。贾后心急如焚，再这样争论下去，岂不坏了自己的大事？

她将黄门令董猛唤到身边，对董猛说："你去传言陛下，事宜速决。为何议了半天，尚未定夺？若群臣不从诏，宜以军法从事。"

董猛来到式乾殿，对惠帝及群臣说道："陛下，皇后有言，请陛下速下诏裁决，若有不从诏者，军法处置。"

张华见太监董猛口传皇后懿旨,心中万分恼怒,他怒斥董猛道:"国家大政,应由圣上主裁,你是何人?竟敢妄传内旨,淆乱圣听。"

裴颁亦喝道:"董猛休得多言,此处无你说话之地。圣上明明在殿上主政,难道我等不奉明诏,反依内旨不成?"

董猛无言以对,气得满脸通红,灰溜溜地回去报告贾后。

贾后听完董猛的话,觉得事情不能再拖下去,时间一长,恐怕其中有变,便令侍臣起草奏表,请废太子为庶人。

这天,太子正在玄圃游玩,闻听有使者至,知道昨日已闯下大祸,大难即将临头。他回宫改服接旨,然后徒步走出承华门,改乘破牛车,由前将军东武公澹带军队护送,跟太子妃王氏、三个儿子一起迁往金墉城。贾后下令,将太子所宠的美人蒋氏,以蛊惑太子的罪名,活活杖毙,并将自己怀恨已久的太子之母一并赐死。贾后出了一口恶气,终于如愿以偿。

十三 命丧金墉

太子被废后,朝野一片哗然,各种言论风云而起,异议沸腾。

第二年,改元永康(300 年)。贾后见朝臣议论纷纷,终究不妙。太子住在京都,难保不再生祸患,不如趁热打铁,将太子赶出京城,置他于死地,方可永绝后患。她找来心腹太监董猛商量计策。董猛对贾后说:"娘娘千岁,老奴倒有一计。"

贾后忙问:"董公公,是何计策?"

董猛在贾后耳边嘀咕了一阵,贾后眉开眼笑地点头说道:

"好,好计策,就按你说的去办,事成之后,定有重赏。"

董猛高高兴兴地出去了。

第二天,董猛拿着一张表文,急匆匆地来见惠帝,说:"启禀陛下,刚才金墉城的太监欲见万岁,他说有要事禀报陛下,老奴问其何事,他将此表文递与老奴,求老奴转呈圣上。老奴不敢耽搁,遂急忙求见。"

说罢,将手中的表文交给惠帝。惠帝打开一看,是金墉城的一个小太监的自首表文,文中写着废太子司马遹欲行谋逆,令小太监为其联络朝臣及兵力,重新举事。惠帝看罢,脸气得蜡白说道:

"孽子,上次朕看在大臣的面子上,没有将你处斩,你不思前过,竟敢还想造反,此次定给你点颜色看看。"

贾后在旁添油加醋说道:"陛下息怒,别伤了龙体。那司马遹囚禁在京城,就在陛下眼皮底下,有大臣们为他撑腰,再说还有原来东宫的卫士,难免他会有非分之想,为何陛下不将他迁徙到许昌宫,远离京城,他也就死了这个念头。"

惠帝点头道:"言之有理,言之有理。"

第二天早朝,惠帝下诏将小太监的自首表文给大臣们传阅,并说:"这个孽子想再行不义,但念在他是朕的儿子份上,朕不想杀他,将他囚禁许昌宫,终身不得返京。同时,不许任何大臣替其求情,也不许为其送行,明日就起程。"

大臣们无可奈何,只好听天由命了。

原来，董猛用重金买通金墉城中司马遹身边的小太监，对他说："只要你假装自首，说司马遹与你勾结，要谋反，事成之后，本公公保你无事，并另有重赏。"

这小太监见钱眼红，遂演出这场谋害司马遹之戏。然而，贾后不会让这个知道内情的人活在世上，她命董猛以谋逆罪，将这小太监处死，又一道冤魂上了西天。

在太子被废时，消息传到他的岳父王衍府里时，王衍惊慌失措。王衍身为朝廷重臣，名震天下的清谈家，整日手拿拂尘，口谈黄老，却是个无耻之徒，他见太子被废，势必连累自己，便急忙奏请贾后，请求准许女儿与太子离婚。贾后正想落井下石，哪有不批准之理。王衍的女儿王惠风倒是有情有义之人，虽然当初太子娶她时，嫌她貌丑，但结婚后，夫妻的感情却逐渐好转，倒也恩爱。她见夫君有难，不想在丈夫危难之时离开，她哭着恳请父亲收回奏表，然而，王衍的铁石心肠焉能是几滴眼泪所能感动的。诏书下来，王惠风无奈，只好恸哭一场，与太子诀别，回到娘家。

司马遹见自己再次被诬陷，有冤无处申，万分痛苦，临行前，他写信留给已离婚的妻子王惠风，说明事情原委，并请求岳父大人帮助申冤。

这封信当然是泥牛入海，不会有半点音讯，王衍躲还怕来不及，明知司马遹被贾后所诬陷，也不会替他申冤的。

太子被卫士押往许昌宫，贾后恐司马遹乱说，让惠帝下诏，不许大臣们去送行。太子洗马江统、潘滔、舍人王敦、杜蕤、鲁瑶等，犯禁前去为司马遹送行。众人来到伊水旁，痛哭流涕，互道珍重，洒泪告别。这时，司隶校尉满奋，奉贾后之命策马赶到，将江统等人一并拘捕，关进河南、洛阳两个牢狱中。众人对贾后所作所为非常不满，但也只好叹息而已，无可奈何。

贾后设计陷害太子，朝臣们都心照不宣，在贾后淫威之下，无人敢言，但一股谋废贾后的暗流，正在酝酿形成，一场更大的风暴即将来临。

右卫督司马雅，是晋室的远亲，平时在东宫，侍奉太子，得到太子的宠爱，二人关系较密。司马雅见太子无罪被废，极为不满，常想为司马遹效力，设法恢复太子之位。他找到密友从督许超、殿中郎中猗等，商量计策。

司马雅说："当初，圣上欲废太子，张华与裴頠曾力保太子，现在单凭我们几人力量，很难替太子申冤，扳倒皇后，为太子复位，何不游说张、裴二公与我们联手，共同完成此项大业呢？"

许超摇头道："将军此言差矣。张华、裴頠当时力保太子，但他们绝不会与我们联手，共复太子之位。他们为官数十载，贪恋禄位，胆小怕事，尤其是怕皇后之威，所以，不足与他们共图大事。我倒是有个人选，可以联合。"

众人忙问："将军所言何人？"

许超道："那就是右军将军赵王伦。他即是宗室王，又握有兵权，本人贪功好强，可假借他手中兵权，来行大事。"

众人以为此计可用，殿中郎士猗说："我们直接去说服赵王伦恐有不便，应找个赵王伦比较信任的人为中介，方才稳妥。"

司马雅道："我与赵王心上红人孙秀素有交情，不妨请他出面，此事定能成功。"

孙秀，琅邪（今山东胶南市琅邪台）人。曾是赵王伦舍人。此人奸诈多谋，被赵王伦依为心腹，成为他重要的谋臣。当年赵王伦为征西大将军，都督雍梁二州军事，前往雍梁二州去镇压齐万年起义时，赵王伦未谙韬略，一切权柄，被孙秀独揽，结果，贻误战机，起义烽火遍地燃起，二人无计可施，无功而返。赵王伦奉召还都，有人上书弹劾赵王伦，并请诛孙秀。张华也知道孙秀所行不法，便秘密令梁王肜立诛孙秀。不料走漏了风声，孙秀知道消息后，便重金贿赂梁王参军傅仁，替他排解，终免此难。

孙秀与赵王伦进京后，见贾后势力炙手可热，便劝赵王伦道："将军，若想在京中立于不败之地，就得与贾氏搞好关系，只有这样，才能青云直上。如今，贾谧与郭彰都是贾后身边红人，我们何不与他们交欢，讨得贾后之欢心呢？"

赵王伦问："如何才能与贾郭拉上关系呢？"

孙秀笑笑说道："有钱能使鬼推磨，此事不必将军挂心，一切交与小的去办。"

果然，钱可通神，不但贾郭与他交欢，就是贾后，对他们也另眼看待，每当赵王伦上奏，不论是非曲直，一律准奏。从此，赵王伦在朝中势力日益强大起来。难怪司马雅他们会想到利用他。

一天，司马雅对孙秀说："太子无罪被废，群臣激愤不平，我想，这恐怕对赵王和先生不利。"

孙秀不明白司马雅为何说出这话，问道："太子被废，与赵王有何关系？将军何出此言？"

司马雅淡淡地笑了笑，说道："先生试想，中宫凶妒，与贾谧等诬废太子。今国无嫡嗣，社稷垂危，大臣心怀不满，早晚会行大事，废黜悍后，迎还太子。而赵王与先生素与中宫密切，与贾郭亲善。现外人都说先生与赵王都参与了废太子的阴谋，一旦朝廷发生政变，必将累及你们。先生为何不说服赵王事先做好预防呢？"

司马雅的一席话说到了孙秀心里，孙秀也觉得形势对自己很不利，看样得先下手为强。

于是，他问司马雅道：

"将军有何妙计，能使赵王做好预防呢？"

司马雅低声道："我们何不联手，废除中宫，迎还太子，这样，既解救了国家社稷，先生等亦可永无后顾之忧，岂不一举两得？"

孙秀同意了司马雅的想法，说："将军稍等一段日子，我去说服赵王。"

赵王伦，字子彝，司马懿的第九子，惠帝之叔父。伦平庸残暴，无智策，宠信孙秀，对孙秀的话言听计从。太子被废后，他领右军将军，深得贾后的信任，正觉得春风得意。孙秀却对赵王伦说："将军现在我们身处险境，应设法脱身。"

赵王不知孙秀所言何意，惊问道："此话从何说起？我们现在正是大权在握，大展宏图的好时机，怎么说身处险境呢？"

孙秀说："将军此话差矣。中宫无罪废黜太子，朝野群情激愤，纷纷密谋废黜中宫，迎复太子。并且，朝野都说，将军参与谋废太子。将军试想，大臣们一旦举事，将军将会有什么样的下场呢？恐怕是不敢想象。所以，我说我们身处险境。"

赵王伦听罢，不觉心中一寒，孙秀的话有道理。

他征询地问道："那么，有何办法解除此难呢？"

孙秀说:"唯一的办法是将军先下手,大义灭亲,掌握主动权。"

"如何才能掌握主动权呢?"赵王问。

孙秀答道:"将军手握重兵,可与朝中忠于太子,反对皇后的人联手。举兵起事,废黜皇后,迎回太子,为国家除害,又有迎立之功,岂不永无后顾之忧了吗?"

赵王伦同意了孙秀的意见,联络通事令史张林及省事张衡、殿中侍御史段浑、右卫司马督路始为内应,准备同时举事。

事情商议妥当,准备举事时,孙秀改变了主意,他对赵王伦说:"将军,此时不是举事的好时机,应缓行一段日子。"

赵王问:"为什么?"

孙秀说:"今虽为太子建立大功,太子且未必见德,一有衅隙,仍然加罪。不若迁延缓期,等贾后害死太子,然后以为太子报仇为名,入废贾后,名正言顺,更无他患,岂不一举两得吗?"

孙秀的一番话,说得赵王伦拍手叫绝,连连说:"好计,好计! 先生真乃孔明再世也。"

为了使自己的好计早点实现,孙秀来到贾谧府中,对贾谧说:"贾公,现在朝野谣言四起,说殿中有人欲废皇后,迎回太子。我想,这绝不会是空穴来风。贾公何不劝皇后早些动手,除掉太子,杜绝众望呢?"

贾谧对朝野风言风语的议论早有耳闻,也觉得让太子活在世上一天,威胁就存在一天,现听孙秀一说,更是动心。他立刻进宫,去禀报皇后。贾皇后也听到外面谣传,正准备下手,见贾谧进来,便说:"贤侄来得正好,我正要找你进宫商量大事呢。"

贾谧问:"娘娘千岁,是何大事?"

贾后说:"听说有人想造反,想把废太子接回来,看样子,我们动手的时候到了。"

贾谧说:"臣进宫正为此事。不知娘娘有何高见?"

贾后说:"斩草除根,永绝后患。去,把程太医给我叫来。"

不一会儿,贾后的情夫程据来见贾后,贾后问:"程郎,你能否替本宫制一种毒药,令人食后,立刻死亡?"

程据道:"这雕虫小技,有何难处,不知娘娘何时要?"

贾后说:"越快越好,你立刻去办。"

程据说:"明天早晨,一定完成。"

第二天,程据入宫,将一药丸交给贾后。

贾后问:"这是何药?"

程据说:"这是小臣用巴豆杏仁做成的毒药丸,人服之后,便无法可救。"

贾后看着药丸,咬牙切齿地说道:"你的末日到了!"

贾后唤来心腹太监孙虑,对他说:"皇上命令你去趟许昌宫,将此毒药丸令太子服下,人死之后方可回来复命,不得有误。事成之后,定有重赏。"

废太子司马遹到许昌后,他知道贾后心狠手辣,绝不会善罢甘休,所以格外注意。他怕别人用毒药药死自己,所有饮食,必令宫人当面煮熟,才敢吃。孙虑到许昌后,先与监守官刘振说明,刘振便将司马遹移到一间小屋内,断绝其饮食。宫人见太子可怜,平日太子对她又很好,便想法从墙上给太子递些食物,聊以充饥。孙虑急着回宫复命,见此法不行,便手拿毒药,闯进屋内,对太子说:"此乃圣上所赐药丸,令你马上服下。"

司马遹知道是毒药,哪里肯服,他对孙虑说:"公公,我先去趟厕所,回来再服。"

说罢,转身欲往外走。孙虑恐其逃脱,自己无法复命,便将事先藏在袖中的药杵拿出来,照司马遹的后脑狠狠砸去,随着一声惨叫,司马遹倒地身亡,年仅23岁。

孙虑回京复命后,惠帝没有半点儿悲哀,要以庶人礼葬之。贾后流下几滴鳄鱼的眼泪。

贾后害死废太子司马遹,以为永无后患,可以高枕无忧了,万没想到,这正中赵王伦和孙秀的下怀。贾后的暴虐激起朝野公愤,人人欲诛之,赵王伦与孙秀趁此兴兵,废黜贾后。

司马遹被贾后杀害后,孙秀认为时机已经成熟,但又觉得势力有些孤单,便派司马雅去劝张华共举大计。司马雅来到张府,屏退下人,对张华道:"张公,小生此番前来,有要事相告。"

张华问:"将军有何要事? 不妨直说。"

司马雅低声说道:"赵王欲与公共匡社稷,为天下除害,使雅以实情告公,请公勿疑!"

张华知道孙秀等必行不义,贾后大势已去,但不想与赵王等为伍,遂摇头道:"臣已老矣,无力匡复社稷,况身为人臣,安可犯上作乱?"

司马雅见张华不肯合作,气得拂袖而去。临出门时,对张华道:"死到临头,刃将加颈,还装什么!"

说罢,头也不回地离开张府,直奔赵王伦府。

赵王伦派人秘密联络齐王冏。齐王冏,字景治,司马攸之子。司马攸被武帝逼死,司马冏继承父位。贾后当政后,拜为散骑常侍,领左军将军、翊军校尉。得知赵王伦欲起兵废黜贾后,他对司马家有杀父之仇,唯恐其不乱,现有此机,焉有不从之理?

赵王伦还派人游说梁王肜,身为尚书令的梁王肜见贾后残暴无道,也赞同赵王伦此举,答应与赵王伦共废贾后。

永康元年(300年)四月三日夜,赵王伦手拿伪造的圣旨,对驻京的三部司马说:"皇帝诏曰:中宫与贾谧等杀我太子,为此命车骑将军兼领右军将军赵王伦,入废中宫,汝等皆当从命! 事成当赐爵关内侯。如或不从,罪及三族。"

三部司马亦不满贾后暴政,接了此诏,遂派齐王冏率军入宫。

齐王冏带领军队进入后宫,天黑路生,不知何往,这时作为内应的华林令骆休赶来,带领齐王冏等直奔惠帝寝宫。惠帝已经安寝,忽见齐王冏率领卫队明火执仗地冲进来,吓得缩成一团,哆哆嗦嗦地问:

"众爱卿,你们要干什么?"

齐王说:"陛下不必惊慌,也不必多问,我们不会伤害陛下,请陛下随我们走。"

卫士们将战战兢兢的惠帝搀到东堂,齐王对惠帝说:"陛下速诏贾谧进殿。"

太监们急唤贾谧进宫,贾谧不知何故皇上半夜宣他进殿,急急忙忙赶来。一入宫,见到处是手持武器的卫士,觉得大事不好,拔脚便跑。

这时一个卫士追上来,追至背后,拔刀砍去。只听得"啊"的一声惨叫,便身首异处,命丧黄泉了。

贾后听到贾谧的呼救声,不知发生何事,披衣欲上外观看,走至门口,正与齐王冏相遇。贾后见齐王已率兵将后宫围住,知道大事不好,便惊慌地问道:"深更半夜,卿为何率兵闯入后宫?来此做什么?"

齐王冏答道:"我们奉圣上诏命,前来收捕皇后。"

贾后说:"诏当从我发出,这是何处诏旨?"

说罢,转身回房,手扶门槛大声喊道:"陛下有妇,乃使人废去,恐陛下亦将被废了。"

齐王冏道:"休得多言,跟我们走。"

贾后跟着齐王冏离开后宫,路上,她问齐王道:"此次起事,何人主谋?"

齐王道:"梁王肜和赵王伦。"

贾后听罢,深深叹口气,说道:"当初若不袒护二逆贼,哪能有今天?命该如此啊!"

贾后被迁至建始殿,齐王派兵把守,将其囚禁起来。

赵王伦派兵将参与废黜太子的贾午与赵粲连夜收捕,送入暴室。一阵棍棒过后,几声惨叫,这两个如花似玉貌美心毒的妇人,便到阴曹地府报到去了。赵王伦趁势将司空张华及仆射裴頠拿下。

张华问通事张林道:"你们以废除贾后,为太子报仇为名,发动宫廷政变,为何要杀害我等忠臣?"

张林矫诏斥责道:"卿为宰相,不能保全太子,及太子废死,又复不能死节,怎得称忠?"

张华驳斥道:"昔日式乾殿中的争议,臣尝力谏,有案可查。"

张林不等张华说完,便接口道:"既然力谏不从,何不辞职去位?"

张华听到此言,无话可说,只好俯首就刑,与裴頠一同被杀害,并至夷族。时年已69岁。裴頠死时,年仅34岁。赵王伦大兴冤狱,大杀无辜,所有与贾后关系密切及裴、张二家亲属,一并杀戮。

一夜的杀戮,彻底清除了贾后在朝中的势力,赵王伦夹持着白痴皇帝,掌握了朝廷大政。赵王伦以孙秀为耳目,孙秀说可杀即杀,说不可杀便不杀,言听计从,成了孙秀的傀儡。有多少无辜死于这奸佞小人之手。

第二天早朝,孙秀奏曰:"皇后荒淫暴虐,残害太子,秽乱中宫,丧失妇德,扰乱朝政,重用亲信,有违礼制,不宜再母仪天下,应废为庶人,迁居金墉城。"

孙秀所言,正合赵王伦之意,他焉能让自己的政敌安稳地生活在宫中?岂不太便宜了她?遂代惠帝准奏。那惠帝再次成为赵王伦手中的木偶,任其摆弄,全无主意。赵王伦派人将贾南风迁往金墉城,囚禁起来。她的死党董猛、孙虑、刘振等被处决,她的老情人程据也被处死。

赵王伦掌政后,托称诏制,大赦天下,自封为都督中外诸军事兼相国侍中,欲效法当年司马懿辅魏故事,独断朝纲。封孙秀为中书令,司马雅、张林等,皆封为侯,掌握兵权。百官从此听伦指挥。孙秀从中主政,威震朝廷,"天下皆事秀而无求于伦"朝政一片混乱。

赵王伦与孙秀所作所为,引起了宗室王淮南王允和齐王冏的不满,他们私养死士,密谋诛伦。伦乃庸俗之辈,哪能察知,只有那狡诈的孙秀瞧透三分。他对赵王伦说:"明公,如今政权尚未稳定,淮南王与齐王对明公心怀不满,明公应多加防备。"

赵王伦问:"我该如何防备?"

孙秀献计道:"单凭淮南王与齐王二人势力,还不足为患,只是怕他们勾结金墉城中的贾南风,死灰复燃,其后果就难测了。"

赵王伦问:"那该如何是好?"

孙秀道:"目前,淮南王与齐王势力尚未成气候,当务之急是彻底解决贾南风,令不法之徒无望。另外,立即册立皇太孙,令他们无机可乘,那样政权便稳定了。"

赵王伦点头称是。又问道:"该用何办法处决贾南风呢?"

孙秀笑了笑,说:"当然是以其人之道,还治其人之身了。她用什么办法害死太子,就让她尝尝这办法的滋味了。"

孙秀派尚书刘弘来到金墉城,赐贾南风一杯金屑酒,一代悍后惨死在毒酒之下,成了赵王伦一箭双雕之计的牺牲品。

执政十年,凶狠残暴,荒淫绝伦的一代悍后就这样走了。

从此后,中原大地便进入长达二百多年的分裂混战时期。少数民族纷纷在这块多灾多难的土地上建立起割据政权,不断进行相互厮杀,中原地区饱受战争之苦,中原地区经济遭到巨大破坏,洛阳及长安等都市再次化为废墟。所有这些,都与贾皇后的乱政有关,她难辞其咎,这位悍后将永远被钉在历史罪恶的耻辱柱上,她永远是历史的罪人。

风流女皇 无字丰碑——武则天

人物档案

武则天：原名武曌，一般被称为武则天，并州文水（今山西省文水县）人。唐朝至武周时期政治家，武周开国君主（690年~705年在位），中国历史上唯一的女皇帝。荆州都督武士彠次女。十四岁入后宫，为唐太宗的才人。太宗死后，入感业寺为尼。唐高宗即位后，被召回宫中，封昭仪。永徽六年（655年），在"废王立武"事件后成为皇后。上元元年（674年），加号"天后"，与高宗并成为"二圣"，参预朝政。高宗去世后，武则天以皇太后身份，在唐中宗李显、唐睿宗李旦朝临朝称制。天授元年（690年），武则天自称圣神皇帝，改国号为周，降睿宗为皇嗣，建立武周。当朝期间，贬逐老臣，任用酷吏，同时举行殿试，创武举、自举、试官等制；经济上采用取薄赋敛、息干戈、省力役等主张；军事上收复安西四镇，平定营州之乱，一度使后突厥归降。晚年逐渐豪奢专断，渐生弊政。神龙元年（705年），宰相张柬之等发动"神龙革命"，拥立中宗复辟，迫使病重的武则天退位，并为其上尊号"则天大圣皇帝"。同年十一月，武则天于上阳宫崩逝，享年八十二岁。中宗遵其遗命，改称"则天大圣皇后"，以皇后身份入葬乾陵。其后累谥为"则天顺圣皇后"。

生卒时间：公元前624年2月17日~公元前705年12月16日。

安葬之地：乾陵（陕西省咸阳市乾县县城北部6公里的梁山上，为唐高宗李治与武则天的合葬墓）。

性格特点：冷酷果断，善谋心计，心狠手辣，兼涉文史，富有才气。

历史功过：当朝期间，贬逐老臣，任用酷吏，同时举行殿试，创武举、自举、试官等制；经济上采用取薄赋敛、息干戈、省力役等主张；军事上收复安西四镇，平定营州之乱，一度使后突厥归降。其执政的半个世纪中，社会经济呈现政绩辉煌，国威大振。晚年逐渐豪奢专断，渐生弊政。

名家评点：一代伟人毛泽东评价说："武则天确实是个治国之才，她既有容人之量，又有识人之智，还有用人之术。她提拔过不少人，也杀了不少人。刚刚提拔又杀了的也不少。"

一 雏凤清声

武德七年冬天的某夜,古老的长安城人迹已疏。此时李渊的心腹故旧、工部尚书、位尊应国公的武士彟的府第里却灯火通明,丫鬟们一个个屏着声息、迈着匆匆步履往来穿梭忙碌着。年近五十的武士彟正在厅堂里走来走去,内室女人的呻吟传到他的耳鼓里,让他有点焦躁不安。过了好一会儿,他终于听到了"哇"的婴儿啼哭。

"生了,生了,恭喜大人,夫人生了位千金小姐。"一个丫鬟向尚书道喜。

"好好侍候夫人!"武士彟说话有些急促,这毛病是当年在寒冷的冬天随高祖征战的时候落下的。他吩咐了一声,忙趋进内室去看望夫人和新生儿。武士彟对小他二十多岁的后妻杨氏宠爱备至。

杨氏此时正疲惫地躺在床上,一见老爷进来,想支撑着坐起来。武士彟忙扶住夫人的肩膀,说:"快躺下,夫人,小心别冻着。"这时养娘早已把婴儿抱过来给老爷瞧。只见女儿放声啼哭,小脚丫使劲地蹬着,健康而有活力。

"夫人你看,这又高又直的鼻梁长得多像夫人啦。"武士彟喜出望外的,老年得女,心中十分畅快。杨氏没搭话,眼睛里却泛起两颗泪珠。看来她对女儿的出世并不怎么高兴,她想生个儿子。武士彟有了四个子女,前妻相里氏生三子,幼子夭亡,元庆、元爽已长大成人。相里氏病亡后,由高祖李渊做媒桂阳公主主婚娶前朝隋炀帝堂弟、曾任纳言的杨达女儿为续弦。杨氏入武家后,生有一女已四岁,就是后来被高宗所封的韩国夫人。由于武家族人轻视杨氏家道中落,丈夫前妻之子元庆、元爽不服管教,杨氏很希望给武家生个儿子,将来可以继承父爵,自己以后有个依靠。但命运偏与她过不去,这一胎又生了一个女儿,因此不喜反忧。武士彟理解夫人的心情,劝慰一番,杨氏的心情稍稍宽解。

武家的二女儿出生的时候,长安城并没有出现一点奇显异兆,只是天气比往年寒冷。次日早朝,武士彟添女的消息也并没有引起六部同僚和下属们的太大的兴趣,大家只是敷衍称贺一番,向武尚书讨汤饼喜宴。他们的注意力都放在唐室的一场要来的风暴上去了。这就是高祖几个虎儿聋子钩心斗角的事。对朝中官员们来说,这不只是皇室家事,而是关系到每个人命运的大事。因此,这方面的蛛丝马迹他们都很敏感,根本不会关心武家的柔弱女婴的诞生。如果他们有预感的话,也许就不会这样等闲视之了。

杨氏对女儿的出生不那么高兴,因此也没有给她取名,根据大女儿的称呼"大囡",就把这个女儿叫作二囡。后来她入宫,被太宗赐名"媚娘",因此才有了武媚娘的称呼。她死后被尊为"则天大圣皇帝"和"则天大圣皇后",因此史上以尊号作为她的名字,称她为武则天。另外,她还自创名字为"曌",读音为"照",取"日月悬空,普照大地"之深义,因此也叫武曌。但这一名字没有武则天这个名字那样被普遍使用。武则天出生后仅几个月,其父亲武士彟就被外调扬州任职。杨氏母女则留在长安平康坊府邸。在这里,武则天长到两岁,才随父母赴利州。

武士彟在利州任职四年,颇有政绩。武则天也在四川度过了她的四至七岁的童年。关于这段孩童时代的情况，史书、笔记中有过一些记载，但大多是后人根据官场和民间传说谣言编录的，其中包含对这位前无古人、后无来者的女皇帝在别人想象中应该会有的童年生活的揣度。在深信符命、巫术的中国古代，出了这么一位女皇帝，人们自然认为这是命运的安排，这种既定命运必定通过某些征兆向人们预示出来。

贞观五年，唐太宗下令裁并都督府，利州都督府也在被撤之列。因此又调武士彟到唐朝四大都督府之一的荆州任都督。七岁的武则天随父母、哥哥、姐姐以及在利州出生的妹妹前往荆州。

荆州是物产丰饶、人才荟萃之地，比利州的生活环境要好，这有利于武士彟的多病之身，也有利于武则天姐妹的教育。可是，武士彟由于哮喘，身体反而越来越差。

贞观九年五月，从长安传来太上皇李渊去世的消息。这一消息对非常忠于高祖的武士彟来说无异于雪上加霜。因为悲伤过度，武士彟病情加重，终于呕血而死。其时，武则天年仅十二岁。

武士彟死亡的消息传到长安，唐太宗李世民非常感伤。他认为武士彟堪称是尽忠皇上的典范。据他后来对武则天说，他在武都督病重期间，曾派宫廷名医前往诊治，因途中受阻而无法成行。太宗对臣下的功过是非是直言不讳的。对高祖旧臣，他最信赖刘文静，所以一上台就为刘文静辩诬平反。他最忌恨善于逢迎的裴寂，所以尽管裴寂位列三公，但贞观三年太宗就贬逐了他，指斥他为"武德时政刑纰缪"的祸患。而对武士彟，他既没有重用，也不加贬斥，这就是因为他了解武士彟的德行才干，稳重实干而无大才。武士彟在荆州任上呕心沥血，他曾下诏褒奖说："公比洁冬冰，方恩春日。奸吏豪右，畏威怀惠。善政所及，祥杜屡臻：白狼见于郊垌，嘉禾生于陇亩。其感应如此！"此敕稍过誉而不模糊，与对身边重臣的评价就不一样。如对魏征的死他说是失去了一面镜子，何其生动具体。这是因为武士彟毕竟是高祖旧臣，能忠心耿耿，应当不吝惜褒奖安慰。

武士彟死后哀誉既不显隆，也不卑下，就像他生前的地位和在他所忠心侍奉的皇帝心中的形象一样。他没有能陪葬献陵，但太宗赠他为礼部尚书，谥曰"定"，特命归葬文水，并委派并州大都督李勣监护丧事。"定"这个字对武士彟的人品才干可谓恰如其分。

在大唐皇室和大多数重臣心目中，武士彟就如一匹老马，他死了，大唐照样子要运转。但对武家来说就远非这么简单。对出身低微之家来讲，在朝为官者就是家庭的栋梁，他一倒，家就垮了，一家人就会由官属变成平民百姓。对幼小的子女来讲，父亲则是一棵温情的大树，树倒了，就无所庇护了。武则天姐妹中，大者尚未出嫁，小者还在童稚，父亲一死，无论从哪方面来讲都是一场大考验。元庆、元爽还可以功臣之后的名义托荫授官，但对女儿们来讲，何处是归宿呢？

背着这一家庭的大转折带来的悲伤，杨氏母女随元庆、元爽兄弟扶枢返原籍文水。从荆州到并州，有数千里之远，以马车和马匹代步，他们一路昼行夜宿，走走停停，还要应酬沿途官府的吊丧。这一路凄惨的心境竟与沿途的下层人民的处境找到了共通之处，震动了武则天的心灵，好奇心淡化了她的悲哀。

二　初入宫廷

武则天十四岁了，长成为一个美丽的少女了。容长脸儿、细白如腻，长长的睫毛，眼皮下是一双会说话的大眼睛。粉白的脸上、两腮及樱唇不抹胭脂，自然红润，尤其是两腮，每当一笑即现出两个小酒坑。洁白细小的牙齿，整齐排列在口中，鼻似悬胆，颈如蝤蛴。身材修长，亭亭玉立。

杨夫人为了有这样美丽的女儿而高兴。

一天，利州刺史陪着一位太监，带着随从、衙役，鸣锣喝号地来到武家小院。

刺史对杨夫人道："圣旨下，快快跪下接旨。"

那与刺史同来的太监，走向正面，展开圣旨，尖着像女人的嗓音，读道："奉天承运，皇帝诏曰，闻得已故荆州都督武士彟有一女，名照儿，容颜秀美，贤淑惠雅，特召入京，以备后宫之选。钦此。"

刺史道："杨夫人，叩头谢恩。"

杨夫人终是大家出身，她边叩头边呼道："吾皇万岁，万岁，万万岁。"然后站起来，对太监及刺史道："寒舍狭窄，简陋，且又贫穷，无法招待公公和刺史大人。"

太监道："不劳夫人费心。"又回头道："快将衣履头饰呈上来。"

刺史道："杨夫人，令媛在哪里？"

"在学馆读书，未归。"

刺史道："这位汪公公不能久等，请将令媛接回来，明天香汤沐浴，换好衣服，先接进下官衙内，后天，刘公公将动身回京。"

太监及刺史等人走后。杨夫人即命家人去学馆将武则天接回来。

武则天刚一进屋，杨夫人即笑着道："武则天，天大的喜事，咱们母女该翻身了。"

杨夫人将汪公公及刺史之来及圣旨内容细细地说了一遍。

武则天并没有乐得立即跳起来，她心里很矛盾。去京师吧，还真舍不得小情人徐士杰。他们曾多次拥抱、亲吻，而且徐士杰不但人物清秀俊美，而且还有一身武功，拥抱时是那样地有力，将来洞房之夜……可是去京师，进入皇宫就有可能被皇上宠幸，也许皇上年龄大，也许皇上生得很丑，但是，皇上却是全国中最高掌权的人，一旦被皇上宠幸，自己也会借光有权，那时……她沉思着。

武则天终于下定决心，进京。但是她却淡淡地道："妈妈，这算不得什么天大的喜讯，我进入宫中，也许当一辈子宫女，终日为皇后、为妃嫔端茶送水。那时候，咱们母女想见一次面也不可能。"

杨氏一听女儿说的有道理，一腔子高兴，立即散了。将笑开的口闭上了。

武则天看了妈妈的表情，又道："妈妈，不要灰心，你女儿也许不当一辈子宫女，碰巧了也许有出头之日。"

入宫后，汪太监命人安置武照休息，他自己去向皇上禀报。

皇上即太宗李世民。

李世民要武照进宫是碰巧了。

李唐王朝自以为是老子李耳的后人，所以特崇道教。

就在李世民下诏接武照进宫前，一个偶然的机会，他从一个被接见的道士口中得知武照是个小美人。那道士在利州见过武照一面，他说武照乃天下第一美人，西施、昭君、貂蝉也不如武照美。李世民听了这席话，才下诏接武照入宫的。

李世民见到汪太监，头一句话就问道："武照接来没有？"

"奴才不辱圣旨，已将武照接来。"汪太监跪在地上答道。

"现在哪里？"李世民急急地问，他并没赦汪太监起来回话。

汪太监只好跪着答道："奴才将她安置在后宫休息。"

"快，快去叫她即来见朕。"

"遵旨！"汪太监这才站起来，小跑着向后宫奔去。

武照还没洗去路上的尘土，即被汪太监领来见李世民。

武照见到皇上，立即跪下叩头，道："民女武照，叩见皇上，愿吾皇万岁，万岁，万万岁。"

李世民急于细睹武照芳容，即道："武照，站起来回话。"

武照站起来了，却仍低着头。

"抬起头来！"李世民命令道。

武照抬起头。

李世民一看，真个是美，虽然风尘仆仆，但仍容光照人，美丽无比，美颜压倒后宫数千妃嫔。

李世民问道："你可是已故都督武士
彟之女武照？"

"回陛下，奴婢是武照。"

"今年多大了？"

"回陛下，奴婢十四岁。"

李世民心中暗喜，真个是嫩草，是一株将放之花苞。他为了多看一会儿，又问道："家中还有何人？"

"回陛下，奴婢家中一母杨氏，一妹名欢儿。"

"读过书吗？"

"读了五年多书。"

"下去吧！"

李世民

李世民是色中恶狼，也是色中饿狼，他迫不及待地，没让武照休息两天，当夜即令召武照侍寝。

武照香汤沐浴后，更是美艳出众。当她被领进皇上的寝殿，李世民在灯光下看武照，更是如出水芙蓉。他立即令武照上床，脱衣，宫女们侍候武照脱光了衣服，又侍候李世民脱了衣服，退出去。

李世民扑在武照身上，立即动作起来。武照叫道："哎哟、疼死我了……"

"怎么?"李世民问道。

武照一边哎哟,一边道:"皇上,太疼了,请你轻点儿。"

"别怕,过一会儿就好了。"李世民一边说话,一边大动。

武照又故作姿态地哎哟了几声,再不言语了。

从龙床上传出吱吱呀呀之声,以及呼呼的喘息声。

事毕,武照心中暗喜。一喜,皇上没发觉她已是破了身子的;二喜,皇上当夜即令侍寝,今后很可能得到宠爱,那么权力……

李世民已是四十多岁的人,虽说身体尚好,但干了那事后,还是疲乏地睡去。

武照却一时无法入睡,她想了很多。首先想到了徐士杰。她方才和皇上干了那事,那么是谁当了乌龟呢?是徐士杰还是皇上?两个人相比较,谁好呢?士杰哥,年轻,勇武有力,俊美,为人可爱;皇上呢,年老,体质不如士杰,可是他却有权,有无上的大权。与士杰哥在一起,一辈子可以有美满的夫妻生活,可是权力呢?和皇上在一起,皇上比自己大了二十多岁,她是猜测的,她并不知皇上多大岁数。皇上比自己早死二十多年,也许不止二十年,那么以后的日子呢?关键是权,只要得到皇上宠爱,权力就会有的,有了权,一切都好办,她似乎要睡,不行,得把褥子洇红了。她做了之后,又想了一些事,不知不觉睡着了。

皇上下诏,封武照为才人。

李世民爱武照之美貌、年轻,令连夜侍寝。

世民退朝后,心情烦躁,自思,我为李唐江山出生入死,冀延续万代,不期,诸子不肖,实令人寒心。又思及,我为秘记中有"唐三世之后,则女主武王代有天下"之句中有一武字,而舍弃了可爱的武则天,我这是何为?所以,他于喝过一些烈酒之后,诏武才人来侍寝。

李世民在武才人身上大动一阵之后。身子疲乏,加上酒精的麻醉,从武才人身上滚下来,即沉沉睡去。

武才人却一时无法入睡。她在想,为什么今夜皇上又召她侍寝?今后又将怎样?她想不清楚。

第二天,李世民一觉醒来,发觉身边侍寝的人是武才人。他一愣,继而想起昨天发生的事。秘记中的"武"字又回来了。他想,还是要远"武"字的好。

此后,一连几十天没召奉武才人,可是,武才人的音容笑貌,那苗条的身材,不时萦回在脑际。他知道,自己无法忘掉这个武才人。召侍寝,又忌一"武"字,想忘掉又不能。怎么办?

过了几天,李世民终于想出一个两全其美——他认为是办法,立即下诏,令武才人为皇上随侍。

从这以后,武才人与李世民形影不离。

一日,李世民猎于终南山下。

太子承乾已废。

魏王泰正眼巴巴地静候佳音,他以为这皇太子之位非他莫属。

不料,传出的圣旨却是立晋王治为皇太子,同时,诏将魏王泰交作监看管,不久又降为东莱郡王。

李治乃李世民第九个儿子,贞观二年生,封晋王。自立为太子后,即令随朝观政。有朝事机会与议之。

李治当了太子之后,才第一次看到武才人。他当即为武才人之美迷住了。但是,他明白,这个皇上随侍是皇上的侍妾,他只能偷着看,不能在皇上面前表现什么。

武才人初一见李治,没什么好感。长得瘦瘦的,脸色虽白净,却缺少火色,身子单薄,不像皇上那样雄壮,威武。她拿这父子二人相比较,皇上身材魁伟,像是雄武有力,自有一股英姿,令人望而生畏。而太子却像一根竹竿或豆芽菜。猥琐、懦弱,初看似文弱书生,令人望而生怜。她想,这皇太子只是生了好位置,根本不像个皇上的样子。她以为只有像李世民那样才有皇上的威势。才真正像个皇上。而太子只不过是命好而已。即使以后当了皇上,也不像个皇上。但是,她也明白,这李治长得再不像样,也是未来的皇上,是一点也不能得罪的。

自从李治被立为皇太子,几乎每天都可看到武才人,但是,两人却从未说过一句话。

武才人,每日当值二至三个时辰,在她当值的时间内,很少说话。但是却让皇上非常满意。皇上口渴了,才人及时地送上香茶。茶凉了,保证会换上热的,而且是正可口那样热,既不烫嘴,也不太凉。当皇上要揩一下脸,不等皇上开口,手巾已送到皇上手中。皇上要读的奏章,整齐地摆在案上,而且分出轻重缓急。急需的、重大的一定摆在上面。当皇上需要批答时,墨已研好,笔也摆在架上,随手可用。所以李世民不但满意,而且离不开了。

自从李治随朝观政,武才人从不正眼看皇太子,只是偶尔用眼角溜一下。

李治虽有和武才人说话之意,却无说话之借口,况且在皇上面前,他也装得老老实实的,也从不瞪着眼看武才人,仅是偷窥而已。

今天机会来了。

皇上去追逐一只小鹿,众随从喊叫着,策马于皇上之两侧或其后。李治看见武才人却策马向一侧的小森林奔去。

李治随皇上出猎,仅是随而已。他既不带弓,也不带箭。当然,皇上用的弓箭也不自己带着,自有侍卫代为背弓带箭。可是李治根本就没有箭。此次也是一样。他见武才人策马奔向小树林,他迟疑了一下。这一迟疑,他的马已落在众人之后。他见武才人身披大红缎子斗篷,骑着一匹白马,红衣白马,飞奔而去,煞是好看。他见武才人已接近小树林,人下了马,人马将进入树林,他一拍座下马,向小树林飞奔而去。

李治奔到小树林处,下了马,一眼就看见武才人的马就在林内不远处,却不见武才人。李治也将马牵进树林,将马拴在武才人的马一处。他刚拴好马,打算找一找武才人在何处,却见红衣一闪,武才人已从林深处走过来。李治眼睛一亮,因为他看见武才脸上一改平日不苟言笑的冷漠之容,脸上却挂着令人迷醉的微笑。李治有点看呆了,他想和武才人说话,也不知头一句该如何开头。

武才人先开口了,她道:"太子,您没去射猎?"

平日里,李治拙嘴笨腮,今天却来了灵机,他道:"我看见一只火红的狐狸跑进这树林,所以就追过来了,火红的狐狸不见了,却看见你在这里。"

武才人已明白太子在调侃她,她笑道:"太子,你的弓呢? 箭呢?"

"我不用弓箭,只用手捉。"李治说着话走向武才人。

武才人见李治走向,她一动不动,两眼看着李治,脸上仍挂着笑容。

李治距武才人两步远了,猛地伸出双手,抱住了武才人,口中道:"我这不是捉住了吗?"随着话音,他将武才人已搂到胸前。

李治已是渴慕武才人多日。今日有此良机岂肯放过。他将武才人搂得紧紧的。武才人的双乳已贴在他的胸上,他觉得那两团肉软软的,温热而又有一股热流流向他的体内。他不假思索,即低下头,用自己的额头拱开武才人的额头,将自己的嘴唇印在武才人的嘴唇上。李治为了吻得实在些,将搂武才人柳腰的手移到武才人的头上,双手捧武才人的头,用力亲吻起来。

武才人也应合地吮吸李治的嘴唇。

过了一会儿。

李治又腾出手来,将手伸入武才人衣服内,探向武才人的胸前。

武才人仍不推不拒。

李治一手揽着武才人的柳腰,另一只手轮流抚摸着武才人的双乳。

武才人像一只温顺的小猫,一动不动,只是将身子斜倚在李治的怀中。

李治的手又向下探去。

武才人扭动了一下身体,道:"太子,不要,不要,不可以的,万一……"

"不要怕,没有人往这里来。此时,父皇等已追到南边去了。我自从见到你,无时无刻不在想你,今日这大好良机,岂可错过。"李治说着话,动手解武才人的衣带。

武才人道:"太子,不可以的,万一被皇上知晓,奴将死无葬身之地。"她虽如此说,却不推拒,也不扭动,任凭李治解她的衣带。

"不要怕,一切都由我做主,万一被人知晓,我一个人承担责任。"李治说着话,已解开了武才人的衣带,开始为她脱衣服。

武才人既不自己动手也不反对。她不是不怕,而是豁出去了。她自从和徐士杰在家乡小树林干过那事之后,心中只希望夜夜有一个男人陪她睡。她进入皇宫已四五年了,已有一千多个夜,可是,皇上召幸她侍寝总共不过三十个夜晚。每夜她一个人睡的时候,形只影单、孤枕空衾,没有人搂抱,没有人抚摸,没有……所以,她何尝不希望有一个男人的拥抱,何尝不希望有一个男人——只要是个男人,其他条件不择,饥不择食。她已是大饥之人。她也曾多次思念徐士杰,可是,徐士杰虽人在内廷,两人相见的机会却很少,即有偶然相见,甚至连说句话的机会都没有,又何谈拥抱呢? 另外,她想用自己的裤带拴住这个未来的皇上。她为什么不主动些呢? 因为她早已看出太子对她有意,她从太子偶尔偷窥她的眼光中已发现太子有了得到她的野心。所以她才故作姿态。

太子脱光了武才人的衣服,自己又匆忙地抛掉自己的衣服。

李治将武才人放倒在林中的草地上。

武才人顺从地仰卧着。李治歪着头看脱得一丝不挂的武才人,白而细腻的身子,线条分明,高耸的双乳,细细的柳腰,……李治不再欣赏了,一下子扑到武才人身上……

武才人闭上双目，两只手搂着李治不住动作的身子。

李治已有了几个妃子，他已与多个女人做过爱。但是，他说不出什么原因，似乎与武才人做爱另有一番滋味，这是从别个女人身上从未得到过的滋味。

武才人也在细细品味，但却未觉出另有什么滋味。她以为李治既不如李世民，连徐士杰也不如，但李治终归是个男人，她也得到了她需要的满足。

时间过去了多久？两个人没有注意。

林外的世界，狩猎的皇上及随从已不在他们的脑海中。

两个人都沉浸在满足之中。

李治道："我们下一次……"

"不要既得陇复望蜀，可一不可再。以后能有机会，当然可以。而机会是可遇而不可求的。"

"可是，我割舍不下你。"李治有些悲伤地道。

"太子，妾已明言，机会可遇而不可求，耐心等待吧！"武才人平静地道。

武才人说得对，机会来了。

高丽反。

皇上去远征高丽，武才人不能随侍，却又摇身一变，变为太子的随侍。

李治很高兴，武才人也暗自高兴。

三　遭贬入寺

转瞬间，过了年。一天，李世民下诏，封皇孙——李治之子为陈王。诏下，陈王忠之母刘氏，太子李治及所亲近皆高兴相贺。

贞观二十三年一月己巳，李世民死于翠微宫之含风殿。

李世民到翠微宫，武才人当然也随侍。从太宗李世民死亡那天开始，她就在考虑自己的未来命运。所以对太子即位，统兵还京，发丧，殡殓皆不关心，她也无从关心。因为她随太子回京后，亦不再是皇上随侍，只是被关在后宫的掖庭宫，她自己的房间内。自从还京之后，她无缘再见新皇上一面。

丧事办完了。该处理像武才人这样的人了。凡和皇上睡过觉，而又没有生儿育女的，身份在美人以上，包括美人，一律送往城郊感业寺为尼。

当知客及执事等人刚分别派定一些老尼将众女剃发之际，送宫女来的太监却道："圣上有旨，令此众带发修行，无须剃发。"

此语一出，寺内听者皆不解，这可是从来未有的事。但既然是圣旨，只能听从，连议论也不敢。

众女也不解其中之故。

唯有武才人心中一喜。皇上既然令带发修行，自己的希望可能不会落空。如果不是为了让自己重新入宫，又何须诏令留发呢？

剃发免了，法号还要赐的。武才人被赐名为空明，其意大概是欲求空空，明心见性，以后将成正果吧！

武才人从入寺那天起，就盼望有重新入宫的那一天。

就在第三天夜晚。众尼做完了晚课，也就是念经，都回到自己的住房去安歇。

武才人无法入睡，她在想心思，她在盼，也许明天会有好音讯来……突然，已闩好的门开了。

武才人一惊，刚张口欲大叫，却见门口黑影一闪，一个人影冲到床前，捂住了她的口，同时，一个熟悉的声音在她耳边道："是我，士杰。"

武才人又惊又喜，她紧紧搂住徐士杰，却一句话也说不出来。

徐士杰却道："松开我，将那尼姑先料理好再说。"

武才人一惊，脱口道："你不能杀死她，她无罪，她……"

"我不杀她，只是让她多睡一会儿，睡得实在些。"徐士杰说着话，拉下武才人的手，走近空性床边，伸手点了空性的昏睡穴。

徐士杰走回武才人床前，拉着武才人，坐在武才人的床上。他道："那个尼姑，我不让她醒，她要一直睡到明晚这个时候，咱们可放胆说说话了。"

武才人又搂住徐士杰。自从八年前，他们在家乡的小树林中，她将自己处女童贞送给徐士杰之后，直到今天，两人才重新亲热，况且现在她又是尼姑了。而且已有几年没有男人来亲她，抚摸她，正是久旱逢甘霖了。

武才人默默地闭起眼，享受士杰的爱抚，一动不动。

徐士杰动情了。他道："脱了衣服吧！"原来武才人自入寺以来，一直是和衣而卧的。她听了徐士杰的话，正中下怀，她渴求有男人来，真就来了。

就在感业寺空明的僧床上，徐士杰与武才人二度良宵，旧梦重温。

这使武才人再次满足快慰。

李世民与李治父子二人虽也是男人，而且李世民还是个马上皇帝，是个武夫，但比起徐士杰来，在与女人做爱方面还是逊色。徐士杰是那样的有力，那样的雄壮，那样的伟岸，令武才人得到了又一次快乐。

武才人道："这里你不能常来，时间长了恐被发觉，而且夜间来也太辛苦。"

"咱们走吧，走得远远的，找个深山，去过一夫一妻的小日子。"徐士杰道。

"不妥，你我同时失踪，人家能不起疑，况且你是我的表哥，尽人皆知。你我出走会连累家里人的。"

"不要紧，我先辞职，在京城留一两个月，然后再与你同走，岂不就无人怀疑了。"徐士杰以为此计甚好。

武才人道："士杰哥，不瞒你说，我还有重新入宫的机会。"

"重新入宫？怎么可能呢？"徐士杰惊道，他不相信。

"有些事你还不知道，我可毫不隐瞒地告诉你。"武才人毫不保留地讲了她在终南山的一片小树林中，曾与太子——即新皇上发生了肉体关系，又说了在老皇上东征高丽时，她与李治在休息殿，多次睡在一起。最后道："李治曾多次说不会忘记我，这次，我们到感业寺来，皇上圣旨令带发修行。我以为此举可能为了召我入宫，怕临时蓄发太慢。"

徐士杰一时无语。

武才人见徐士杰不说话，她说："士杰哥，我是爱你的，我的处女童贞还是先给了你嘛。但是，命运已这样，我们出走，不但家人受累，你我二人也要过着日夜担惊的日子。先等些日子，看看事情的发展，那时再定夺如何？"

"只要你能再入宫，能被皇上宠幸，我是会很高兴的。我爱你，当然希望你能过上好日子。"徐士杰通情达理地道。

徐士杰道："明晚我还来。"

"千万要小心，不要被人发觉。"武才人叮嘱道。

一连十几天，徐士杰每晚必来。

大约是第十五天或者是第十六天，徐士杰又来了，却发现房中已没有了空性的床，而武才人的床换成了双人大床。床上的铺盖已不是青白麻布，而换成绫罗绸缎。

徐士杰感到奇怪，没等他发问，武才人却道："士杰哥，你是不是感到奇怪？空性搬走了，我的床也换了样。"

"是呀，发生了什么事？为什么变成这个样子？"

"今天皇上来过了。他特意来看我，皇上让住持给我换个单间，我怕你来了再找我，既费事，又怕惊动了人，所以我说：'我在这屋住惯了，让空性搬出去也一样。'"

"你们……"

"何必羞口呢？就在这个屋，就在这张大床上，我陪皇上睡了。"

武才人道："皇上说，过几天要接我入宫，等我入宫后，士杰哥，你回乡去吧！回去吧，找个姑娘，一夫一妻过日子。我对不起你，无法陪你一生了。"

"则天，你没啥对不起我的。是那个老皇上，老混蛋，老畜生拆散了我们。我不回乡，永远不回去。如果你被接入宫，我就尽心尽力保护你不受伤害。"

此后，武才人白天陪皇上睡，夜间陪徐士杰睡。

又过了十几天。

徐士杰于夜间来了，武才人对徐士杰道："士杰哥，我大概是怀孕了。我的月经我计算该来，却没来。"

"能不能是有病了？"

"不像，我身上无不适之处，全身无痛无痒，不像有病。"

"这肚子里的孩子是我的还是皇上的？"

"据我计算，应该是你的，不是皇上的。"

"好啊，我很高兴。"徐士杰笑道。"不管是男是女，总是我徐家的骨血。"

"可是……"武才人没有说下去。

"可是什么？"

"可是，生下来你能认吗？"

"此事皇上知道吗？"

"我准备再过几天告诉他，让他相信是他的种。"

徐士杰道："也好，尽管我不能相认，但是，生了儿子可当王，生了女儿可当公主，我也就知足了。"

"只是不能相认。"

"没关系，只要你得好了，子女也得好了，我没什么遗憾的。"

"可惜的是,我再次入宫,你我又要分开了。"

"我说过,只要你能被皇上宠幸,我没有什么遗憾的。"

又过了几天,皇上又来到感业寺。

两个并肩躺着。

武才人道:"臣妾有一事,不敢隐瞒皇上。"

"有什么话尽管说。"

"臣妾可能怀孕了。臣妾计算,月事该来了却没来。"

李治听了一惊,却未言语,他在思考,该怎么办?

武才人见皇上无语,她又道:"皇上,再等几个月,臣妾显怀,该怎么办?臣妾死不足惜,只是恐有碍皇上声誉。皇上来我居室,寺中众人皆知。"

李治此刻下定决心,他道:"勿惊惧,一月之内,必接你入宫就是。"

武才人心中暗喜,自己终有了出头之日。

李治决心是下定了,可是总要找个借口。他回宫之后,日夜思想这件事。

四　重返皇宫

李治想了几天,仍找不到妥善的办法,找不到合适的借口接武才人进宫。他很焦急,却急不出办法。最后,他下定决心,再过五日如仍无借口,直接下诏就是了。

借口终于有了。

原来,李治即位为皇上,他的王妃王氏被册封皇后。

王皇后乃世家出身,其人甚美,但是矫揉造作,娇气十足,美而不贤。原在东宫时,李治就不喜欢她,一年之中,很少去她房中睡觉。而李治宠爱的却是肖良娣。他当上皇上后,册封为淑妃。王皇后得不到皇上宠幸,就愈是好发脾气,她越是发脾气,皇上越不喜欢她,每晚多是在淑妃宫中睡。王皇后虽气得冒火,却也无可奈何。

正是王皇后与肖淑妃争风吃醋,给武才人才入宫提供了机会。

王皇后之母柳氏,王皇后的母舅是中书令柳奭。

王皇后不得宠,即将肖淑妃得宠之事与母亲说了。柳氏亦无良策,柳氏建议找柳奭来共同商议。

柳奭听了王皇后的叙述,他想了想道:"今有一法,不知是否可行?"

王皇后道:"舅父,说一说看。"

柳奭道:"近一个月来,皇上多次去感业寺,看望先帝的才人武照。看样子,皇上很喜欢武照。如能将武照召进宫,做你的身边侍女,皇上就会常到你宫中来了。"

王皇后想了想道:"怕只怕,皇上抛了肖淑妃,再宠上武照就不好办了。"

柳氏道:"武照在你身边,一切还不得听你的吗?你要她死,她活不了。"

柳奭道:"皇后之言,不可不防,唯恐前门驱虎,后门进狼。"

柳氏道:"就看怎样对待这个武照了,她如不听话,打死她就一切都无事了。"

王皇后道:"摆布一个侍婢,我还是有办法的。只要能使皇上不再宠肖淑妃,我有办法处置武照。"

事情就议定了。

第二天，也就是李治允诺武才人接她进宫的第七天。

王皇后令人请来皇上。皇上最讨厌王皇后，他认为和王皇后做爱如同嚼蜡。这还是新婚之夜留下的印象。头一夜，男欢女爱，本来应该是和谐的。可是，王皇后却初次破瓜，有点疼痛，即有反感，做爱之后，她置李治于一侧，自己蒙头而睡，第二次却又扭怩作态，令李治不快。由那以后，李治就有些讨厌她了。加上淑妃肖良娣那时不但美貌，而且媚态十足。所以李治多在良娣寝处睡。

李治被找来了，他没等坐上，头一句话就问道："有什么大事，我正忙着呢。"

王皇后道："有一件事，请皇上恩准。"

"什么事？快说！"

"臣妾听说有个武才人，已被送到感业寺为尼……"

没等王皇后话说完，李治即警觉地打断了王皇后的话，道："武才人怎么了？你提她作甚？她为尼又于你何事？"

"臣妾听说这个武才人，聪明伶俐，精通诗书，文雅贤惠，妾欲召入宫内，做妾身之亲随，伏请皇上恩准。"王皇后平静地道。她就像不知道皇上与武才人私通之事一样。

俗话说，想瞌睡有人送来枕头，想娘家人孩子他舅就来了。李治正找不着借口接武才人入宫，王皇后却主动提出来了。他脸上一改冷漠之容，笑道："你真的看中了武才人？"

"臣妾确是看中了，未知皇上意下如何？"

李治淡淡地笑道："此乃小事，依你就是，明天就派人去接吧！此事由你去办，朕全不过问。"他虽表现淡淡的，似乎不太关心，其实心中是万分高兴。

武才人被接进宫了。

武才人进宫充王皇后侍女六天了，没有一天不挨骂。

第七天，武才人正在侍奉王皇后用早餐，王皇后正找碴骂她，说是她盛的稀饭太稀了，想要饿死自己。

武才人则恭敬地听着王皇后的骂词。

突然，门开了，一个太监走进来。太监手捧圣旨，一进门即尖着嗓子喊道："圣旨下。"

捧旨太监，走上几步，站在众人面前，展开圣旨，读道："奉天承运，皇帝诏曰，朕特册立武照为昭仪。钦此。"太监合上圣旨，又叫道："谢恩哪！"

众人一齐叩首，高呼万岁。

太监捧着圣旨走了。

室内众人都是一惊一愣，其后表情不一。

高兴的当然是武照了。她万没想到幸福来得这么快，而且不是才人，而是昭仪。昭仪乃九嫔之首，而那个徐惠在皇上死之前才升为充容，充容是九嫔中的第八位。况且她已成了未亡人，已再不可能升迁，也不可能得到男人的爱抚，只能守寡到死。

当晚，皇上即幸武昭仪宫。

待皇上的随从、宫内宫女退出后，武昭仪立即向皇上叩谢大恩。

皇上立即将武昭仪拉起，道："卿又何必行此大礼相谢呢？朕早已说过不会忘了你。"说完，即令宫内摆酒，他要为武昭仪贺喜。

武昭仪先敬皇上一杯酒，道："臣妾谢皇上救援之恩，请饮过此杯。"

皇上接过饮了。皇上却又为武昭仪斟上一杯酒，道："昭仪，请饮这一杯酒，朕已考虑再三，贵、淑、德、贤四妃均已有人，且卿是初次进宫，故只能封昭仪，尚望卿见谅。"

武昭仪双手捧过酒杯，饮了。道："皇上，妾身已知足。今后，妾身愿一辈子陪伴皇上，只要皇上不忘妾身，一生相好，妾身对名分是不在乎的。昭仪也好，婕妤也好，甚至为美人也无不可，只要与皇上日日相伴，妾之愿足矣。"

李治才为武昭仪解开闷葫芦，说明了武昭仪被接进宫的经过。最后他道："如果皇后不提出，朕于十日内也将不顾一切，接卿进宫。起初，朕尚不明王皇后葫芦里装的什么药，近几天方知，原来她就是为了折磨你才接你进宫的，这个蛇蝎般的女人，真可恶。这几天卿受屈了，此乃朕虑事不周之过。"

"请皇上勿自责。有皇后出面接妾进宫，比皇上亲自下诏要好得多，该感谢皇后才是。近几天，妾虽受了皇后的窝囊气，权当一次考验，也是一次锻炼。"武昭仪说罢笑笑。

李治轻轻拍着武昭仪的肚子，笑道："让孩子早些生出来吧，什么也不用怕了。生了儿子是王子，生了女儿是公主。"

武昭仪笑道："皇上取笑了，人云怀胎十月，怎会早些生出来呢，总是十月满足才能出生。当然，早几天或迟几天乃常事，但再早也不会早几个月的。皇上且耐心等待，还早呢。"

"朕已有了四个儿子。再生个儿子就是老五了。"

武昭仪没说什么。她在想，最好生个儿子，有了儿子，就有当皇太子的希望，女儿是无济于事的。只有儿子当了太子，待即位当了皇上，自己才有资格成为皇太后，最低也是个太妃。但是，这一切虽不遥远，亦应努力争取。只有争得最高位置，才不枉在世上活了一回。而今天的一切不也是努力争来的吗？还要不懈地努力，还要不断地争取。

王皇后过继陈王忠不久，武昭仪即临盆。

李治对武昭仪甚为关心，当即辍朝，回到昭仪寝殿外，等候生育消息。

李治在殿外踱步。殿内，几个收生婆忙着。

"哇！哇！"殿内传出孩子哭声。

"恭喜皇上，娘娘生了位王子。"这是收生婆头一个报出喜讯。

宫女立即到殿外，对李治道："恭贺皇上娘娘生了一位王子。"

一片贺喜声。一片谢赏的万岁声。

武昭仪自己高兴，自己有儿子了。既然是儿子，就有当皇太子的希望，当上皇太子就是未来的皇上，儿子是皇，生母的身份、地位就不同于一般妃嫔了，她怎能不高兴。另外还有一个只有她自己知道的秘密，这孩子不是李治的种而是徐士杰的种。

王皇后听说武昭仪生了个男孩，心中又急又气。自己是无生子之望了，皇上不来和她睡觉，她怎能生出孩子来。又不能像古人那样，踩了男人的脚印或吞个鸟蛋，或梦中有什么情人，即能生子。

高宗李治并不知武昭仪所生之子，不是自己种。他很喜欢这个襁褓中的儿子，并取名为弘，满月后即封为代王。

皇上为李弘办满月，同日册封陈王忠为皇太子。武昭仪对此半喜半忧。喜的是皇上爱弘儿——尽管不是他的亲生儿子——此事李治并不知道。忧的是陈王忠为太子，自己生的儿子命运又当如何呢？玄武门之变，她听说了。承乾被废，魏王泰被黜，她亲见了。以后弘的命运又当如何呢？武昭仪正在思考，忽听外面有叫喊声。而且声音就在近处，似乎是喊捉刺客。

淑妃肖良娣在东宫为太子念偏妃时，即得到太子李治的宠爱。已生一子二女。她自太子即位为皇上，她被封为淑妃，已是一品夫人仍得到皇上宠幸，她曾多次在李治耳边吹风，要求立自己生的儿子素节为皇太子，李治始终未应允。她决心大吹枕边风。万没想到，王皇后将武才人接进宫来。她和王皇后在东宫时，就争风吃醋。但是，她一直占上风。王皇后虽是正宫娘娘，她并不在乎，因为她每夜搂着皇上睡，这就是倚仗。皇后接武才人进宫，她已猜到是想利用武才人来推倒她。她仍未在乎。出乎她意料的是，皇上竟然突发旨意，立武才人为昭仪，而且当夜就去了武昭仪寝宫。当时，她还幸灾乐祸，以为王皇后是搬石头砸了自己的脚，以为王皇后是引狼入室。及至皇上连夜去武昭仪寝宫住宿，她才慌了。起初，她以为不过是三天新鲜，不料，整整两个月，皇上未步入她寝宫，她这才着忙了。她无奈，只好派人去请皇上，还好，皇上总算来了。也真的住宿在她这里。不过仅此而已。她记得清楚，自从武昭仪进宫，直到武昭仪生子，皇上只三次幸临她的寝宫，而且全是她派人去请来的，其后，再请也不来了。

武昭仪生了儿子，她嫉妒。陈王忠被册立为皇太子，她不仅是嫉妒，而是绝望了。素节已不可能当皇太子了，那么自己的命运呢？她起初是恨王皇后，其后，则将恨转到武昭仪身上了。因为主要是因为有了武昭仪这个浪货，才使她失宠。她咬牙切齿地在暗地里骂武昭仪，可是，骂是无济于事的。继而她想，要想重新得到皇上的宠爱，必须除掉武昭仪，除此别无他法。如何除去呢？下毒吗？不成，即使有了毒药，也无人敢下药。即使收买到人，也很难找到机会。她想啊，想啊，终于想到一个人。是谁？是她的一个从兄，名肖中举。虽名中举却是不学无术，家资丰厚。此前，肖淑妃得宠时，皇上登基之初，封肖中举为卫州刺史，不知州事。就是有名无实、有位无职无权、干得名、干拿俸禄。肖中举不在乎俸禄，只要个虚名。他借着刺史之名位，着实阔气。因为他不必知州事，所以一起住在京城。

肖淑妃知这位从兄虽胸无点墨，却是个智谋多端的人。所以，她立即派人找来肖中举。

肖淑妃对肖中举说了自己的处境，最后提出如何除掉武昭仪之事。

肖中举听了笑道："淑妃妹子，此事再容易不过了。"

"哦！这么一件大事，怎会太易？"肖淑妃盯住肖中举问道。

"一刀杀了她不就完了。"肖中举轻描淡写地道。

"一刀杀了？谈何容易。哥哥，妹子都急死了，你却说笑话。"肖淑妃嗔怪道。

"不是笑谈。"肖中举一本正经地道。"愚兄说一刀杀死这个武昭仪，不是让妹子动手，是由我派人来杀。"

"你派人？派多少人？皇宫里从大门、二门直到每一个宫门，都有禁卫军昼夜值班，另外还有巡逻队。你又能派出多少人来？"肖淑妃摇了摇头道："不行。不要打不死狐狸惹一身臊，打不死狼，反被狼咬死。"

"妹子，你别急吗，听我说，近两年，我的家业大了。"

"这我知道，还不是借了我的名义。"肖淑妃打断肖中举的话头。

"是的！是的！妹子，听我说吗？近两年我的家业更大了，我怕有人入府抢劫，我特意用重金请了两名武林高手，给我保镖护院。这两人是亲兄弟，他们不是一般的武功，一跳就能上房，若是跑起来，一晃就不见人影。每人一口刀，三十、五十人休想伤着他。这还不算，他们还会打镖，这镖妹子大概没见过，就像一个枪头，抓在手中一甩，能打碎摆在远处的茶杯。哥哥派这样的人来，想杀一个什么武什么还不容易。宫中那些兵，恐怕只能看见一个人影一闪，那个武什么就玩完了。"肖中举说得唾液直溅。

"不过，这宫里房屋太多，郁家兄弟来了，又是在夜间，找那个武什么的住处，真不太容易。如果杀错了不是白费劲了吗？"肖中举是头一次进宫，如果没人领着，即使有人告诉他方位、道路，他也找不到肖淑妃的住处。

肖淑妃道："这个容易，我画一张图，标明武昭仪的住处，就不会错了。"

肖淑妃立即画了一张图，标明了武昭仪的寝宫。画完，她又道："哥哥，你得叮嘱郁家兄弟，千万不能打死皇上。如果皇上死了，太子一即位，我这一辈子全完了，恐怕连你外甥也保不住。"

"行，我一定说明，不要伤了皇上。没事，没事，那哥俩只用一镖就可打死那个武什么。还决不伤皇上一根汗毛。"肖中举大咧咧地满不在乎地道。他一直把武昭仪叫成武什么，肖淑妃也不纠正。

肖中举回到府中，立即找来郁氏兄弟。当说明了任务，最后道："事情办成功，回来后，我赏你们每人一百两黄金。如果不成，要尽量脱身，千万不能被捉住，即使被捉，也不要招出是我差派。"

郁有拍着胸脯道："东家放心，我们关中双煞办这些小事易如反掌。宫中那些禁兵，只会吓唬人，三十五十也休想阻挡我们兄弟。焉有不成功之理。"

郁氏兄弟看了地图，认准了武昭仪的住处。

当夜，二更过后，郁家兄弟换上夜行衣服，背上捎好单刀，带上镖囊。将近三更，两人即出发奔往皇宫。

郁氏兄弟轻功不错，飞檐蹿脊，如履平地。进入皇宫后，两人按图示直奔武昭仪寝殿。也是凑巧，今夜徐士杰出来查看值更人情况。

徐士杰自从武才人被接进宫那天起，已不再去感业寺，偶然与正统领互值夜班。

当郁氏兄弟还没到达武昭仪寝殿，徐士杰已发现了他们。他知道这些禁兵不会高来高去的功夫，宫内虽有几个武林高手，却分别在保护皇上皇后，而皇上今夜未到昭仪宫来。所以徐士杰不动声色,在地上监视来的两个刺客并跟踪着。

武昭仪的寝宫是一个单独的小院,郁氏兄弟从房上跃下,直奔小院。徐士杰见了,怕伤着武昭仪,才连连纵跃,阻住郁氏兄弟去路。

郁氏兄弟见徐士杰纵跃如飞,不由稍稍一惊,没想到宫中也有武林人。但两人并没把徐士杰放在心上,两人也不搭话,各自拔出单刀攻向徐士杰。他们认为,两人全力,杀一个小小的禁军或者是小头目不会费事。关中双煞一向是双刀合璧,其威力甚大。两人攻向徐士杰,郁成一式仙人指路,刀尖直刺徐士杰咽喉;郁有同时出刀,一式横扫千军,刀向徐士杰腰际扫去。去势甚快。

徐士杰见两人联手,并无丝毫惧色。对方快,他更快,头向左偏,右手刀一招拨草寻蛇,躲开了上面刺来的一刀,拨开了中间扫来的一刀。立即又一招力挑千斤,手中刀向郁有裆中挑去。逼得郁有退了一步。

三人只打交三招。守卫及巡逻禁兵即发现副统领与两夜行之人交手。他们立即围过来,呐喊起来。

武昭仪正是听到了喊声。

徐士杰力敌二贼,毫无惧色,手中刀舞得飞快。

郁成看出来了,今夜不但不能成功,时间久了非败在对方手中不可,况且仅对手一人,两人已无力打败,如果再来一个——很可能的,自己方面脱身亦难。

"风紧扯活!"郁成发出了逃走的信号。

这是江湖黑话,风紧,意即对手厉害,此次不能得手。扯活,意即快些逃走。

郁有听到哥哥的话,心领神会,与郁成全力攻向徐士杰。就在徐士杰见招还招之际,两人一起后跃八尺,然后向房上跃去。

禁军本已围成一个圈子,没料到,两个贼人却从他们头上跃过来了。他们跃上房子功夫是不会的,但是对付上了房的贼人却有招。众禁军立即拉弓搭箭,分别向二贼射去。

徐士杰本想捉活的,问问口供。他是打算用暗器打住一个,再活捉另一个。他刚跃过人圈。他的一枚飞蝗石刚出手,众禁军的箭已飞蝗般射出来。

还是徐士杰的飞蝗石快,已打中郁有的足三阴交穴。郁有一个倒栽葱,从房上跃下来。也是活该,正跌在地上的一面石鼓上,而且是头撞在石鼓上。立即跌个粉碎,花红脑子也流出来了。

徐士杰也没跃上房,郁成已中了几十箭,死尸从房上滚下来。他见状,先走近郁有,一看,碎了脑子的人是不能活了。他又走过去看郁成,背上插着几十只箭,他踢了一脚,郁成的尸体滚了一下,眼见不得活了。

宫中来了刺客的事,早已惊动了皇上。他吓得不敢出屋,直到统领、总官向他禀报,来了两个刺客,是奔昭仪寝殿,多亏副统领徐士杰阻住厮杀,二贼不敌,当二贼走时,被徐士杰用暗器打中一人,跌到房下跌死了;另一贼被众禁军用箭射死,请皇上示下。

李治当即命将二贼枭首,明日示众。复命侍从、护卫保护他去看武昭仪。

皇上走进昭仪寝殿,见武昭仪与几个宫女正依帐而坐。他先道:"卿受惊了。"

武昭仪及众宫女拜见过皇上,武昭仪道:"圣上没被惊着吧?"

“刺客离朕甚远，且身边有许多护卫，并未惊着。”

“圣上没被惊着，臣妾就放心了。”武昭仪讨好地道。

“刺客就在此院外，卿一定受惊了。”皇上关心地问道。

“臣妾听到叫喊声即起来了，好在刺客并没进入院内。”武昭仪平静地道。其实，她当时是很恐惧的，怕丢了命。

“多亏副统领徐士杰，是他挡住了二贼，就在院门口。二贼逃去时，又是徐士杰打中一个贼子。明天，朕当重赏徐士杰。”李治把听来的消息，告诉武昭仪。

“皇上大概还不知道吧，徐士杰乃臣妾之表兄。当年，先皇令臣妾进宫，士杰表兄一路护送，没出一点麻烦。先皇赏他即将衔，充护卫副统领之职。”武昭仪借机将徐士杰荐给皇上。

李治道：“如此，明天朕当招升徐副统领了，赏赐也不会少的。”

这样一来，徐士杰就有与武昭仪见面的机会了。

当晚，李治到了武昭仪寝宫。

李治先令乳母抱来弘儿，喜爱得还抱了一会儿，在脸上亲了几下。

武昭仪暗道，皇上如果知道弘儿不是他的种，而是徐士杰的不知会怎样？当然，此事泄露不得，万一走漏了消息，徐士杰必死无疑，对己也是大大不妙，可能被赶回感业寺，也可能被打到冷宫，弘儿的命也保不住。

乳母把弘儿抱走了。

李治道：“昨夜，刺客直奔卿寝殿，是误入还是有意？”

“臣妾不知。”

“如果是有意，那么又是何人指使，他们又怎会知道卿居此处？朕百思不解。”李治思考着道。

“也许是误入。”武昭仪不敢肯定地道。

“怎么这么巧？卿可有什么仇人吗？”

“臣妾十四岁入宫，至今的经历，皇上均知，不会与什么人结仇。”

“难道是有人嫉妒……”李治沉思着着。

武昭仪不语，她无法答话。

“这很可能，由嫉而生怨、而生恨，进而遣人刺杀之。但，这又是什么人呢？”李治自语道。

武昭仪仍无语。她无法说，她入宫这一年多，皇上多数日子在她寝宫，上自王皇后，肖淑妃以及其他妃嫔，嫉妒者大有人在，她已听到一些，如果说是，这些人全有嫌疑。而她又不便说出口

李治又道：“刺客是有为而来，可惜没有活口，无从查问。”

武昭仪道：“皇上不要为此分心了，贼人来意不知，即使为了刺杀臣妾，臣妾毫发无损，皇上又何必劳心呢？皇上该休息了。”

过了几天。

这一晚，皇上又去了燕妃寝宫，武昭仪只好独眠。她打发宫女走了，正在脱衣，准备就寝，突然从窗外飞进一物。其物甚轻，落在床上无声。她一惊，及来细看，原来是一个纸团，她打开纸团，上面写道：“三更后，我来你寝殿，届时勿惊叫。”下面

没有署名。武昭仪已看出是徐士杰的笔迹。她不愿让徐士杰来，那样太危险，万一被人知，徐士杰必死，而自己则必被黜。可是，她又无法阻止。只能提心吊胆地等着。她把纸条放在烛火上烧了。熄灭蜡烛，躺在床上等着。

三更过了，窗户一开，一条黑影飞进来。

果然是徐士杰。

徐士杰到了武昭仪床前，即坐在床上。

此时武昭仪也在床上坐着，她拉住徐士杰的手，道："士杰哥，你胆子也太大了。万一被皇上知道，你死无葬身之地，我也将被打入冷宫。"

"放心，无人会知道。"徐士杰说着话，搂住武昭仪亲嘴。

武昭仪没有推拒。

接着，徐士杰扯开自己的衣带，脱衣上床。

武昭仪愿意和徐士杰做爱，因为他比皇上强壮多了。

武昭仪道："可一不可再，这风险太大了。这里是皇宫，不是感业寺。这里的护卫禁军多得很，稍一不慎就会走了消息的。"

"别怕，那些禁军不会发现的，至于皇上每晚宿于何处，我先知道，况且我还要看看我的儿子。"徐士杰笑着道。

"你儿子已封王，你还不知足吗？万一皇上知道你我之事，再知道弘儿不是他的骨血，你、我和弘儿一个也活不成。"

"弘儿之事，只要你不讲，我不讲，没人会知道的。弘儿生下来至今，我还没看过一眼，我很想看看。"

"这样吧，再冒一次险，下次皇上宿于别处，我让乳母将弘儿留在我身边，让你看看。"

"照儿，你别怕，我的武功你是知道的，那些禁军连我的影也见不着。不会犯事的。"徐士杰自信地道："况且，我负后宫保卫之责，夜间，我可以到处走动。那些禁军即使看见我来这院外，也不会起疑的。谁又会知道一个昭仪偷汉子呢。"

过了些日子，皇上又宿于别处。

临睡前，武昭仪对乳母："自弘儿满月之后，我还没让他在我身边睡过，今夜皇上不来，将弘儿留下给我带一晚。"

乳母自然听从。当夜，三更后，徐士杰又来了。

其时，弘儿正睡得香甜，徐士杰俯身看了好大一会儿。然后道："照儿，你看出来没有，弘儿的眼睛像你，鼻子、嘴却像我。"

"我早看出来了，只是皇上尚未看出来。"武昭仪道。

"可惜呀，有子不能相认。"徐士杰感慨着道。

"士杰哥，你该知足了。弘儿已为王，以后还可能当上太子，再以后还可能当皇上呢。"

"当了皇上又怎样，还不是姓李而不能姓徐。"

"秦始皇嬴政，不也是当了皇上吗？而他却又不姓嬴而姓吕。等弘儿当了皇上，让他认你做干爸，或立你个王位，不也很好吗？"

徐士杰没再说什么。

待徐士杰穿好衣服,武昭仪道:"士杰哥,听我一句话,以后千万别来了,不是我嫌你,我是怕万一事泄,你我皆无生路。"

"照儿,你放心,我不会冒险,没有把握我不会来,有了把握,你又怕什么?"徐士杰仍不愿放弃武昭仪。

连孔圣人都说食与色是人之天性,何况徐士杰正是青年时期,对女人的需要正盛,而且与武昭仪做爱又是那么令人难忘,有无穷的快乐,他又怎肯松嘴呢?

武昭仪再一次劝道:"士杰哥,还是听我一次吧,这样做太危险,总得防备万一呀!"

徐士杰没说啥,他搂住武昭仪在嘴上狠狠亲了几下,复又看了看弘儿,又在弘儿脸蛋上亲了一口,转身从窗户走了。

活该徐士杰走运。

这一个多月的时间,李治未走进后宫一步。

徐士杰已知皇上忧心于反叛之事,无心去后宫找女人睡觉。他则放大了胆子,夜夜去武昭仪寝宫。

武昭仪虽然担心走漏消息,徐士杰来了,还是陪徐士杰睡觉。她在性欲上得到了满足,夜夜有男人搂着,但是每夜都把心吊起来,生怕出事。

不到一个月,武昭仪又对徐士杰道:"我大概又怀孕了,月事该来没来,这次大概又是怀上了你的孩子。"

"好啊,你再为我生个女儿。这样,我的儿子是王子,女儿是公主,我徐士杰这一辈子就知足了。"

"皇上已快有一个月没进我寝宫了,我怀孕他能不起疑吗?"武昭仪担心地道。

"不会的,孩子早生几天,晚生几天不算怪事,皇上不会想到的。此时怀孕正好,如果再晚些天就不好说了。"徐士杰坦然地道。

武昭仪一想也对,就不再提起了。

两人依旧做爱。

直到陈硕真被讨平,李治头一次回后宫,直到武昭仪住处。

武昭仪拜见后,即道:"皇上连日辛苦,该好好休息了。"

李治道:"朕已一个月未来后宫。自房遗爱造反,朕即未入后宫一步,劳卿挂念了。"他说着话,拉住武昭仪的手,将武昭仪拥在怀里亲吻着。

武昭仪贼心贼胆,她道:"这一个多月来,臣妾也睡不安稳,总担心叛兵,其后又担心那个姓陈的贼子,怕他们势力大起来。"

"不是贼子是贼女,那个陈硕真是个女子,却又当起了什么皇帝,自号文佳。你说可笑不可笑。"李治纠正武昭仪的话。

"托皇上洪福,总算一一讨平了。陛下该好好休息了。"

"我倒不累,每天只是着急,担心而已。所以夜夜等候战报,日日盼望捷音。"

李治一连在武昭仪寝宫住了十天。

第十一天夜晚,李治又去了其他寝宫。

武昭仪暗自祷告,徐士杰千万别来。不料,三更过后,徐士杰又来了。

"士杰哥,你怎么又来了?"

"皇上今夜去了吴妃寝宫,他给我让出地方,我为什么不来。你轮流给我和皇上当妻子,我和皇上轮流陪你睡,夜夜不空,又有什么不好。"徐士杰笑道。

"你就不怕万一出事?"

"牡丹花下死,做鬼也风流。如果能让我搂着你的身子去死,我也心甘情愿。"徐士杰道,"自从和你相好以来,每次和你睡在一起,我有说不出来的高兴。所以,我心甘愿意为你而死。"

武昭仪道:"士杰哥,我送给你一点好东西,这可是宝贝。"

"什么东西?什么宝贝?"徐士杰道。

武昭仪下地,打开一个皮箱,从最下边取出一个锦缎小包。包袱皮一共三层,全打开了,从中取出两丸药。她对士杰道:"这是御医给皇上配制的十全大补壮阳丸,据说,其中有龙骨、鹿茸、鹿鞭、腽肭脐、瓦骨、杜仲等四十多味药材,功能是壮身、补肾,还有……还有壮阳之功能。我给你倒水,你先服一丸。一个时辰后再服一丸。说还可延年益寿呢,我只偷了两丸,没敢多偷,以后,我再给你偷。"说着,已倒了一杯水。徐士杰当即服下一丸,他咽下后,道:"味道也挺好。"随即又服了一丸。

"呀,士杰哥,你这不是糟蹋东西吗?两丸一齐用,也只起一丸的作用。"

徐士杰笑道:"以后,你再给我偷就是。"说完就跳窗走了。

一个时辰后,外面人声嘈杂。

五　争夺后位

天刚亮,李治带着几个太监走进来,面色很难看。

其时,武昭仪尚睡着,侍从宫女叫醒了武昭仪。

武昭仪伸个懒腰,睁开眼一看,见李治在地中间站着。她忙坐起来,道:"臣妾该死,睡着了,不知皇上驾到,没能及时起来迎接。""你穿上衣服吧!朕不怪你。"李治冷冷的语言,却又很关心地道:"朕也是刚刚起来,有点事,就到这里来了。不用忙,慢慢穿。"

侍女帮助武昭仪穿衣服,武昭仪下床后,侍女帮助理顺头发。

李治道:"昭仪,告诉一个坏消息,不过,你要冷静些,不要激动。"

武昭仪道:"请皇上示知,臣妾会冷静的,天大的事情有陛下为臣妾做主。"

"今天起早,大约是四更多些,侍卫发现左卫大将军徐士杰被人害死了。"

"什么?"武昭仪脸色变白,眼含泪珠,道:"皇上你说谁被害死了?""左卫大将军徐士杰被人害死了。"李治又重复一遍。

"皇上,皇上,你说是徐士杰被害死了?是徐士杰被害死了?"

"昭仪,冷静点儿,是徐士杰死了。朕也很悲伤,人死不能复生,卿宜节哀才是。"李治劝慰道。

武昭仪一下子扑倒皇上脚前,大哭起来。边哭边数叨:"皇上,皇上,可要为臣妾做主啊,是谁害死了徐士杰?请皇上给士杰报仇啊,徐士杰表兄为了护送臣妾到京师,年轻轻地就死了,我怎么对得起表叔表婶呀,皇上,皇上,可要惩治凶手,为士

武则天书法

杰报仇啊……"

李治亲手搀起武昭仪,劝道:"卿要节哀顺变,朕定要追查凶手,给徐士杰报仇。"他回头吩咐宫女,道:"扶昭仪去床上歇一歇。"

武昭仪道:"皇上,士杰停放在哪里?我要再看上一眼。"她说着话,泪往下流。

"昭仪,且歇一会儿,朕已命人准备后事了,过一会儿,朕让人领你去见一见徐士杰的遗体。"

天届巳时,皇上命人来请武昭仪。

武昭仪赶到徐士杰停灵之处。皇上示意,几个太监挪开棺材盖。

武昭仪奔到棺材前,见徐士杰躺在棺材中,脸上蒙着纸。武昭仪伸手揭开纸,见徐士杰面色蜡黄,口鼻似有扭曲,可能死前很痛苦,双眼半睁半闭。武昭仪又大哭,并用手将徐士杰的眼合拢。

皇上走上前,劝道:"昭仪,朕已说过,人死不能复生,宜节哀顺变,不要伤了自己身子。"

武昭仪语言不清地道:"皇上,请找出凶手,为士杰报仇,他死不瞑目啊!我对不起士杰,对不起表叔、表婶啊!"

"卿回宫去吧,朕即查找凶手,为士杰报仇就是。"皇上说完,回头对宫女道:"扶武昭仪回宫休息。"

当晚,皇上来到武昭仪寝宫,见武昭仪的双眼已肿了。他心疼地道:"卿宜节哀,千万不要伤了自己身子。"

武昭仪仍带着悲音道:"士杰哥护送我来到京师,先皇授职,即在京当差。今年才二十多岁,尚未婚娶,今日暴亡,日后,我见了表叔表婶,怎么交代呢?"

"一切有朕担待。"

"皇上,士杰是怎么死的?"

"御医及长安仵作已检验过,身上无一点伤痕。似是中毒,可是又无中毒症状,皮肤不青,七窍无血,御医和仵作也未下结论。"

"无缘无故怎么死人呢? 士杰不是近日没病吗? 啊,昨天上午,我还看见士杰在兴庆宫边走动,不像有病的样子。"武昭仪道,她仍语音中带悲。

"士杰近日无病,已有人证实了。至于死因,朕正令人调查,估计不久就会明了。卿不要悲伤了,一切事情有朕做主。今日为士杰发丧,按上将军丧仪,棺、椁均是上等松木。朕已追封士杰为合川县男,陪葬昭陵,朕又赏赐宫中一些宝器陪葬。这样,卿也对得起士杰和士杰父母了。如其父母家道不丰,朕再赏赐一些物事就是。"

"臣妾谢谢皇上。"武昭仪对皇上拜了一拜。"臣妾代士杰及表叔表婶谢谢皇上。"武昭仪又对皇上拜了一拜。

"卿不要客气,朕对卿之至亲焉能不尽力,以令卿满意。"李治道。

徐士杰到底是怎么死的?

是被人毒死的。谁是凶手? 怎样下的毒?

凶手就是武昭仪。毒就在那两丸药里。

原来,武昭仪收买了一名御医,名叫沈南璆。武才人命他配制了毒药,这种药,必两丸合用方有效。只服一丸仅中毒而已,不会致命,如两丸合用,只要在十二个时辰之内,必然发生效用,第二丸服下后,活不过半个时辰,如服药者活动频繁,只一刻或更少时间,即可毒发身死。武昭仪之所以让徐士杰于一个时辰后再服,是怕徐士杰服药后不立刻就走而死在她的宫内。没想到徐士杰同时服下两丸药后立即走了。正因为他纵跃而行,故很快毒发,死于昭仪宫不太远之处。

那么,武昭仪为什么要害死徐士杰呢?

其实理由很简单,她一而再,再而三叮嘱徐士杰不要来寝宫相会,徐士杰不听。徐士杰正是固执来此才送了命。武昭仪并非不愿和徐士杰做爱,她已感到和徐士杰做爱比起和皇上做爱舒坦得多,但是她怕,万一她和徐士杰私通之事被皇上知晓,徐士杰死了是小事,她自己则前途可虑。为了保住她今天的地位,为了再追求更好更高的地位,只能放弃一时的舒坦,牺牲徐士杰了。

武昭仪完全可以当上演员。她亲手杀死了徐士杰,之后又表现出万分悲痛的样子,凡所见者,没有一个人不相信她的悲痛是真的。如果能真的有神医——譬如解剖,查出徐士杰确系中毒而死,也不会有人相信是武昭仪下的毒,即便有局外人说是武昭仪下毒,也不会有人相信。可见武昭仪演技之高。

时间过得很快,武昭仪又将临盆。

李治还是像上一次一样,在宫门口踱着步子,等着屋里的声音。

武昭仪仍和上次生产一样,大声呼痛。

收生婆有好几个,许多宫女出出入入地忙碌着。

"哇! 哇! 呱!"孩儿的哭声响了。

收生婆头一个报信:"恭贺皇上,添了位公主。"

宫女立即奔出宫来，向皇上报告了。

李治仍很高兴。这个时候，不知什么原因，武昭仪生男还是生女，他都高兴，大约即使武昭仪生个猫儿、狗儿什么的，他也会高兴的。

孩子满月之日，李治又摆酒庆贺。夜间，两个人唠起了家常喀。

武昭仪道："皇上，该给孩子起个名了。"

李治想了想道："就叫她安乐公主吧！让她永远平安、快乐。平平安安，快快乐乐地成长起来。"

"谢皇上赐名。"武昭仪道。

"昭仪，朕观此儿，眼睛像你，和弘儿一样，只是没有像我的地方。"

"俗话有云，养儿随叔，生女随姑。也许弘儿像哪一位王子，乐儿像哪位公主。"武昭仪已吃了一惊，却灵机一动遮掩地道。她这句话说得及时，又合乎情理。世间，子女长相与父母不相像的大有人在。

李治并没怀疑什么，他说的是实话。武昭仪早已知道，弘儿像徐士杰，这个安乐公主生下来之后，她也多次端详过，仍像徐士杰。李治却从未想到徐士杰身上去。他做梦也未想到徐士杰一直是武昭仪的情人，而已生这一子一女全是徐士杰的种。

安乐小公主长得非常可爱，李治和武昭仪都很爱这个女儿。

武昭仪由随侍到尼姑，由尼姑到昭仪，已是九嫔之首，秩列二品。又生了一个王子，一个公主，该知足了。

不！她没有知足，在她上边还有四妃，再上边还有一个皇后。她还要努力攀登，她还要向上追，她还要向上爬，直爬到顶峰，不达目的，决不罢休。她忍辱含垢，她在终南山小树林中任由李治玩弄，脱下了裤子，不也正是为了向上爬吗？她忍痛毒死了情人徐士杰，不也正是为了向上爬吗？此刻尚未达到顶峰，她肯休息下来吗？她能满足吗？她能就此罢手吗？不能！不能！万万不能。

此时的李治，已被武昭仪迷住了，言听计从。他也曾和几位大臣商议过。无奈，几位大臣——重要的大臣，像长孙无忌、褚遂良、韩瑗、柳奭等人，都是很固执又很古板的人，说什么"无此先例，不得破例"就给顶回来了。武昭仪知道了，心中大怒，却又无可奈何。只能另想他法了。

王皇后自己没生过孩子，人又暴躁、矫情、扭捏、蛮横。但是她终归是个女人，她还是爱孩子的。

王皇后听说武昭仪生的女孩非常可爱，她很想看看。本来，她光明正大的，说明要看看安乐公主，没人敢拦，没人敢不让，即使皇上不喜欢王皇后，如果听说或知道王皇后看看孩子，他也不会阻拦。至于武昭仪，更不可能。王皇后要看看她生的女儿，那是她的光荣，对她来说是很有面子的事。

在王皇后这面，则不然。她既想看孩子，又不愿让皇上和武昭仪知道。她怕当着武昭仪的面看，更怕她知道。因为，如果当着武昭仪的面看，武昭仪表情高兴，一定是在表现自己，表现自己生了个好女儿。如果武昭仪表情冷漠，一定是讥笑自己生不出孩子来。所以她打算偷偷地看。她差长寿等宫女监视武昭仪，何时孩子在昭仪宫，而昭仪又外出，就报告她。

这一天,机会来了。长寿报告王皇后:"武昭仪此刻去了花园,估计短时间不能回来。而公主正在宫内。"

王皇后立即去了武昭仪寝宫。

到了昭仪宫,她令众宫女留在门外,她一人进了院。

昭仪的两个宫女、一个乳母,正在宫殿屋门口闲谈,见皇后来了,立即跪拜迎接。

"你们起来吧!"王皇后平静地道。"小公主可在宫内?"

"还在睡觉。"乳母与宫女同声回答。

"你们就守在这里,我进去看看。"王皇后吩咐着。

王皇后步入宫内,安乐公主正在熟睡。

王皇后走近前。安乐公主生得确实很美,眼睛虽闭着,长长的睫毛,小巧的鼻子,小樱桃一样的嘴,脸蛋白白嫩嫩,还略带粉红色。睡梦中,小嘴还吮了几下。小鼻子皱了几下,睫毛也扇动几下。王皇后愈看愈爱,她俯首,用嘴在公主脸蛋上轻轻亲了一下。她怕惊醒孩子,没敢用力。还好,孩子没醒,只是轻轻动一下头。王皇后本不愿离开,想多看一会儿,可是,她又怕突然回来的武昭仪发现,令她难堪,所以她还是不得不走了,因为她不是情愿离开,仍留恋,想多看几眼,所以走两步一回头。最后,才恋恋不舍地走出门去。

王皇后走出门。

乳母及众宫女又拜送。

王皇后道:"公主还在睡觉,你们要轻声些,不要惊动,别吓醒了公主。"说完,走回自己宫中。

王皇后已听说在她去了武昭仪寝殿之后,安乐公主死了,她也很奇怪,她走的时候,公主还睡得很香,怎么过了一会儿就死了呢?她也很惋惜。并无幸灾乐祸之感。其后,听说皇上诬赖是她害死了小公主,她很生气。接着,又得到密报,说是皇上想废了她,惩治她,给小公主报仇,她更生气了。她自己是问心无愧的,她没有杀死小公主。

这时,突然听宫女说,皇上让她到昭仪宫去,她怒气大发。她对宫女道:"我身体不舒服,走不动,不去。"

李治一听,更为生气,立即要去王皇后那里问个清楚。

武昭仪再三劝阻,李治不听,带人到了王皇后那里。

李治见到王皇后,头一句话即道:"是不是你杀死了我的女儿?"

"我没有杀人,我只是看了看正在睡觉的小公主。"

"乳母、宫女都说,除了你之外再无人进去过,不是你又是谁?"

"可谁又证明是我杀死了小公主呢?我没杀就是没杀。"

李治当然也拿不出证据来,证明是王皇后杀死小公主。他复道:"昭仪的乳母等人离开时,小公主睡得很好,直到朕和昭仪回到宫内发现小公主死了,这期间,只有你进过寝宫,而且还是一个人进去的。你赖也赖不掉。"

"我赖什么,我没杀,就是没杀。"王皇后心中无愧,理直气壮。

李治还想说什么,宫女来请,说是武昭仪请他。

李治跺了跺脚，用鼻子哼了一声，走了。

李治对武昭仪说了王皇后的态度及话语，武昭仪道："女儿已死，皇上不要再去惹气生了。皇后也许没动手，即使真的动手了，无人看见，无人作证，她也不会承认。"

李治仍生气。

武昭仪道："皇上，臣妾再为陛下生一个就是了。"

皇上怒气稍解，他益感到武昭仪真是难得的大贤人。自己亲生女儿被人害死，却还能宽宏大量。

过了不到一年，武昭仪又生了一个儿子。李治更为高兴。

武昭仪却道："臣妾还要为皇上生一个公主。"

"好啊，朕更会高兴的。"

武昭仪道："臣妾听到一个消息，不知当说不当说。"

"卿只管说，即使错了，朕亦不怪。"武昭仪道："臣妾先说明白，此事仅是听来的，确切与否？尚不得知。"

"卿尽管说就是，即使是捕风捉影，朕亦不会怪罪的。"李治急于知道是什么事，追道："说吧！"

"臣妾听宫女们议论，王皇后宫中请来一位民间老太婆，在里间屋烧香点烛，不知干些什么？却严禁宫女入内，只许皇后之母柳夫人出入，而且皇后还有气，禁止宫女议论此事。皇上何不亲去查看，大约皇后不会禁止皇上去看的。"

李治一听，怒道："这泼妇，为什么可以找一庶人之老太婆随便出入宫禁，又搞什么鬼把戏？"他说完即命宫女去传总管，让总管带八名护卫来。

总管带着八名护卫来了。

李治命道："皇后宫内有一密室，内藏一民间老妇，尔等去皇后宫中搜查，将老妇抓来，将密室中一切物品全拿来。"

总管太监及八名护卫进入王皇后宫中，皇后一愣。

总管太监及众护卫，按例向王皇后叩拜。

王皇后道："尔等来此何事？"

总管太监道："奉旨搜查皇后娘娘的寝室。奴才奉命行事，请皇后娘娘见谅。"

"不行！"王皇后脸色变白，怒道："谁也不许搜我的寝宫。"

总管太监奉有圣旨，怎会被娘娘吓住，他挥手命令道："搜！"

一名六十多岁的民间老妇，立即被一名护卫抓着走出密室。另外几名护卫拿着香炉，炉中的香还在燃着，蜡烛，还有用黄裱纸剪的人形等。

皇后之母柳氏也跟出来，她面现惊慌，却一语未发。

总管太监向密室看了看，然后也不和皇后打招呼，说了一声走，带着护卫，押着民间老妇，拿着搜出的器物走了。

总管太监等众人到了武昭仪宫中。

李治一见，武昭仪所言是实，怒气大发。他命令道："总管，你审问一下，这是怎么回事？"

总管太监即命道："把犯人带过来。"

一名护卫揪着老妇走过来。

老妇已吓坏了,她跪在总管面前,不住地叩头。

总管问道:"你叫什么名?"

"老妇何氏。"

"你是怎么到宫里来的?"

"是一位公公找我来的。"

"找你来做什么?"

"那位公公带我见了娘娘。娘娘让我使厌魔法。娘娘说,如果成功,赏我五十两金子,即使无效也赏我十两金子。"

"什么叫厌魔法?"

"就是咒人死的法儿。"

"如何咒法?"

"将要咒的人的姓名、生辰八字,写在用黄裱纸剪的纸人身上。再将纸人儿贴在墙上,老妇每天要烧香,叩首三次,夜间子时要念咒一次。"

"多少日生效?"

"整一百天。"

"你拜了多少天了?"

老妇屈指算了一下,道:"已十三天了。"

总管不再问,却扭头看着皇上。

李治怒道:"拉到院外砍了,尸首扔到狼狗圈里去。"

两名护卫走过来,抓起老妇就走。

老妇人嚎叫道:"皇上饶命啊,老妇人是奉了皇后之命啊……"

"总管!"李治道。

"奴才在。"

"你带人去皇后宫,将皇后之母柳夫人立即押送出宫,此后永远不许进宫。"

李治怒气未息,道:"这泼妇,太不像话了。祖宗有令,宫中禁用厌魔之术,她却明知故犯,太可恨了。"

武昭仪道:"皇上何不看看,诅咒是何人?"

李治点点头。

宫女立即将纸人送到皇上手中。

李治看了看,即道:"拿去烧了。"

宫女接过纸人去烧。

李治道:"把这些东西扔出去。"他指着香炉、蜡烛等。

"皇上看了何以不给臣妾看看?"

"卿看了会生气的,何必看呢?"

武昭仪明白了,纸人上写的是她。其实,她早知道。

武昭仪为什么早知道?

因为这主意是她出的。

武昭仪在她还是先皇随侍之时,就已知道宫中严禁厌魔之术。

她牺牲了一个女儿，却未扳倒王皇后，她感到太亏了，大大地赔本。她昼夜思考，终于想出了这个主意。

王皇后宫中的长寿宫女。她从当上昭仪以后，就有意拉拢长寿。最初，她的动机，仅是想让长寿埋伏在皇后身边，当个耳目。这回用着了。她授意长寿，令长寿与同伴密语有关厌魔法的事，还得想法让柳氏听到。

长寿如法炮制，柳氏果真上当了。

待将民妇何氏找来，长寿立即告诉了武昭仪。

王皇后也是被武昭仪逼得无路可走，就昏了头，听信了母亲的话。正因为她急于求成，忘掉了宫中禁忌。她满以为除了她的几个亲信，别人不会知道。却不知已落在武昭仪手掌心了，当然上当了。

第二天，早朝时，李治又提出废掉王皇后之事。

废后诏书颁布了。

长孙无忌、褚遂良及韩瑗等也无可奈何了。既成事实，已无人有力挽回了。

诏书颁布之日，即将王皇后被夺宫服，迁于宫内一所小院中去。

王皇后还不算孤寂，同屋还有肖淑妃为伴。

后妃宫官大传

·后妃传·

图文珍藏版

六　主宰后宫

高宗早在废王皇后之日，已决心要立武昭仪为皇后。他亲到长孙府上，送重礼、赏高官，下嫁衡阳公主，意在收买长孙无忌。但是，他白白搭了许多，长孙无忌始终未表态。他接到许敬宗等人的奏章，狠狠心，不要怕长孙无忌反对，他想，此次就坡骑驴，反正有了大臣奏事为依据，表示是臣下之议，颁出了圣旨，长孙无忌总不能让皇上把圣旨收回吧！据此，他读过了许敬宗等人的奏章后，即宣布道："朕准许卿所奏，立武昭仪为皇后。"说完，即命许敬宗、刘祎之当堂草诏，以颁示天下。

长孙无忌就立在班臣之首，当许敬宗、李义府等人纷纷上表之时，他已猜到奏章的内容了。他本想在皇上对众臣议计时，要极力反对的，尽管褚遂良、韩瑗等不在朝中了，他估计附和他的人还会有的。出乎他的意料，皇上竟然不让朝臣议计，竟直接下旨了。他还能说什么？让皇上收回成命吗？不可能，此前，皇上驾幸长孙府，封官、送礼不全是为此吗？许敬宗游说，焉知不是皇上示意。看起来再反对也无济于事了，皇上是不可能收回旨意的。他叹了一口气，怨自己低估了这个武昭仪的能力，想不到一个贱门出身的女人，一个先皇的才人，一个先皇身边的侍女，有这么大的能力，搬倒了王皇后而跻身皇后宝座。他想，以后又会怎样呢？这样个善于玩弄权术的女人，今后又会玩出什么花样呢？

刘祎之有倚马立待之才，诏书很快草成，请皇上过目。李治看后，一字未改，即令当堂颁示。令许敬宗读诏——没让太监读，这也是李治的用心。因为太监嗓音尖细、难听，而许敬宗声音洪亮。

读完诏书，众朝臣表情不一。

拥武派面现喜色，相互对视，点头微笑，他们的好日子即将开始了。

反对派表现冷漠，轻轻皱眉，轻轻叹气。他们暗道：今后将不会有好果子吃。

李治当然高兴，因为长孙无忌没有当着朝臣的面出来反对。顺利地通过了。

皇宫内，在李治未回来之时，武昭仪已得到密报，立她为皇后的圣旨已下。朝中无一人有异议，她心里大笑着迎接皇上。

李治以为她尚未知道，见面即道："朕已下诏，立卿为皇后。"

"臣妾谢陛下。"武昭仪拜下去。

李治伸手搀起："明天，不！今天就搬到皇后宫中去吧！"

"不！"武皇后——从此该称皇后了。撒娇地道："等举行过册封大典再搬不迟。"

"好！好！"李治赞同了。

武昭仪又道："皇上政务繁忙，这册封典礼之事，就交给我去办吧！"

武皇后是有才干的，即日起，忙碌起来。李治却不闻不问。

八天后，武皇后对李治道："皇上，一切就绪，明天即吉日，将行册封臣妾为后之大典。皇上还有何要吩咐的？"

"挺快啊，朕无话可说，明天举行封后大典就是。"

第二天，武皇后穿特制的皇后大礼服，宫女们为之梳好头髻。

李治围绕着武皇后绕了一圈，看了又看，夸奖道："皇后越来越美丽了。"

李治与皇后分乘龙凤辇，到了太极殿。

殿内文武百官全肃立以待。人很多，凡在京城的文武官员从七品下阶以上皆参加了。再加上侍卫校尉、太监、宫女挤了满满一大殿。

李治与皇后并肩而立。

司空李勣、左仆射于志宁读皇册。

李、于二人读罢皇册。

大殿上所有人全三呼万岁，人声震荡，几乎要顶破房盖，惊得殿顶上的鸽子都飞起来了。

皇后笑靥如花，李治也合不拢嘴。

继之有许敬宗代表文武百官献贺词。

张昌令献赋。元思敬献诗。

其后，太监代表、后宫代表亦献贺词。

一片颂扬声。

典礼在典礼官的吆喝声中有序地进行。

这是有史以来最隆重、最复杂的一次册后大典，不但有唐三代未曾有过，唐前诸代亦未曾有过。

最后，典礼官高声道："请皇后、皇上登肃仪门楼，接受文武百官、外国使臣及长安市黎庶之朝贺。"

高宗李治一听，吃了一惊。此举更是前所未有的。而且，一向是皇后不见外人，更不能与外邦使臣及黎庶见面。也怪自己没有过问这件事，他轻声道："此举出于常规，且前所未有，皇后怎可见外邦使臣及黎庶呢？太出格了。还是由你收回成命吧，朕不便说话。"

武皇后也轻声道："凡事皆有个头一次，所谓常规也是有第一次的，现在收回成命已来不及了。外邦使臣及长安成千上万的庶民,此刻正在肃仪门等着见到我们。我们不出面相见,外邦使臣及庶民将怎样议论? 我们不该为此而失信的。"她说得头头是道。

李治听了,也只能听从了。

两人登上肃仪门楼。

文武百官,外邦使臣及成千上万的庶民正在等待着。

李治为这壮观的场面吃了一惊,怎么会有这么多人? 他哪里知道,皇后早已发下命令:令京城县令晓谕百姓,定于今日由皇上皇后于今天接见百姓。

典礼官见皇上与皇后已在门楼上站好,高声叫道:"天皇大帝、则天皇后接受民之朝贺。"

当皇上与皇后登上门楼站好之际,文武百官、外邦使臣、黎民百姓皆肃立无声。当典礼官的话音一落,大家沸腾了。

"皇上万岁,万岁,万万岁!"

"皇后万岁,万岁,万万岁!"

臣民的呼声如春雷,上万人的呼声响在肃仪门前,声彻云霄,声音滚过长安街市的上空。呼声、笑声、喊声响成一处。

皇后武则天——今后则称则天皇后了——举起手,向楼下挥着。

高宗也被感动了,他从来未见到过这样壮观的场面,这是他有史以来头一次见到这么多人。这里,他似乎是配角,因为他清楚地听到,万民呼万岁的声音中,只有少数人呼皇上万岁,更多的人,更多的次数是呼皇后万岁。他并不以当配角为耻,反以有了这样的皇后为荣。他想只有我的皇后才有这样的才干,只有我的皇后才有这么多的人拥戴,只有我的皇后才有这么多的人参加册封皇后大典。

又过了几天。

武则天之母杨氏,已被接进宫。

杨夫人见了武则天,始则哭,继而笑,道:"阿照,想不到我们母女还有今天,多亏了神佛菩萨保佑。阿照,今天,你得势了,要有仇报仇,有怨报怨。不要忘了,咱们娘俩落难时,那些欺侮过咱们的人。"

"娘,不要忙,过去的事我不会忘记,要一步一步来。"

随杨氏同来的人还有武则天大姐兰儿。

兰儿嫁给越王封功曹参军贺兰越石,其时,贺兰越石已卒。应了袁天罡的话。

武则天见贺兰夫人虽已三十许,却依然容光照人,俊美异常。

两人说了些家常。

"三妹在哪里?"武则天问杨夫人。

"你三妹已嫁给郭家,可惜,你三妹嫁后不到一年就病故了。"

武则天似对三妹没甚感情,三妹已死,并无悲戚之色。

李治下朝后,武则天引杨氏及贺兰夫人与之相见。

李治看了贺兰夫人,不由一惊,喝! 又一个美人。活该朕有艳福。

第二天早朝。李治令许敬宗草诏,封武士彟为司徒、周国公,杨氏为荣国夫人,贺兰夫人为韩国夫人。

诏书颁示天下，同时在宫中颁布。

李治下朝后，杨夫人、贺兰夫人一齐叩谢皇上之封赠。

李治道："不必相谢，此乃朕之当为也。不过，周国公府未曾建好之前，你们就住在宫里吧，这里很宽敞。"

荣国夫人、韩国夫人再次相谢。

李治道："今后，咱们在宫中常见面，再见到朕不必行大礼了。"

李治留荣国夫人与韩国夫人住在室内，他是有私心的，因为他看中了韩国夫人。

其实韩国夫人已三十多岁了，由于保养得好，又是天生丽质，所以仍非常俊美。正像俗话说的"徐娘半老，丰韵犹存"。

李治像一只馋猫急于要吃到小鱼那样，对韩国夫人垂涎三尺。

李治要找韩国夫人，与韩国夫人私通，他是权、钱、闲全具有了。关键在于机会。

韩国夫人又怎样呢？

韩国夫人也是个淫妇，她自从守寡之后，每欲重结新婚，无奈总无机会。无权、无势、无钱者，她不愿嫁；而有权、有势而又有钱的人，是不愿娶个寡妇——尽管她很美。所以，从她守寡后，想找个情人也未能如愿。自从她进宫后，她差不多天天能见到李治，但都是和母亲或者妹妹在一起，她只能偷偷地看李治。而李治也常常偷偷地看她。多次，两人目光相遇。两人互相间已用眼睛暗示了对方。两人既然都有意，只差机缘了。

韩国夫人在宫内，终日无所事事。只是有时逗弄李治的第二个儿子李贤玩儿，她苦于有意于李治，却无机会启齿。

李治是每天要上朝的，退朝后就得闲了。自从韩国夫人入宫后，他每天多是早早退朝，退朝后就往后宫跑。

两相情愿，只差东风。

东风刮来了。

李治已发现韩国夫人多次去贤儿的寝殿。这天，他下朝后，直奔贤儿寝殿。所料不差，贺兰夫人正在这里。

韩国夫人正逗弄贤儿玩耍。

乳母及两个专服侍贤儿的宫女，陪立在旁，互相说着话儿。

乳母及宫女见李治来了，连忙跪下叩首，齐叫道："奴婢迎接皇上。"

韩国夫人是听过李治吩咐的，在宫内不必行大礼，所以只是把腰弯了弯，问一声："皇上好。"

李治令乳母及宫女起来，然后道："你们出去，朕与韩国夫人说几句话。"

乳母及宫女退到门外去。

韩国夫人没话找话地道："皇上，今天退朝似乎比往日早些？"

"是的，朕忙着将几件大事处理完，就回来了，就是为了早一些看到夫人。"

"皇上说笑话了，妾身蒲柳之质，且已是半老徐娘，怎值得皇上眷顾？"韩国夫人故作忸怩之态，且又用眼睛向皇上一溜。媚态十足，浪态十足，淫态十足。

李治哪里经得起韩国夫人这一眼,他走前两步,伸手握住韩国夫人的手,声音发抖地道:"夫人,朕自夫人进宫那一刻起,已在艳羡夫人的美貌,久欲一亲芳泽,惜无机缘。今日乃天赐良机。"

"臣妾资质粗陋,哪里及皇上身边那些年轻貌美之妃嫔呀?"韩国夫人嗲声嗲气地轻声笑道,同时,身子扭了一下,手却捏了李治手一下。

李治的身子就像触电一样,酥了半边。他伸出另一只手,按住了韩国夫人的柳腰。

韩国夫人趁势倚到李治的怀里,一阵阵馨香刺入李治的鼻孔,李治低下头去,亲着韩国夫人的脸颊和樱唇。

韩国夫人闭上双眼,享受着李治的爱抚。

李治腾出一只手,伸入韩国夫人衣衫内,抚摸韩国夫人的双乳。

韩国夫人浪声道:"皇上,不怕宫女们看见吗?"

"不得到朕的呼唤,她们不敢进来。"李治有把握地道。李治说着,将韩国夫人搂得更紧。韩国夫人像躺在李治怀里一样,依偎着。

李治低声在韩国夫人耳边道:"夫人,咱们到床上去。"

韩国夫人顺从地跟李治到了床边。

李治开始给韩国夫人解衣带。

韩国夫人故作姿态地道:"皇上,大白天的不方便吧?"

"没事,没有人敢撞进来,卿放心好了。"李治手不停地道。

李治没立即上床,却一伸手拉了韩国夫人身上的被子。

"皇上,你……"韩国夫人见李治拉掉了她身上的被子,却没上床,不解地问道。

李治轻声笑道:"朕最爱看美女的玉体,让朕好好看看。"

韩国夫人很听话,她摆了身子,仰卧着,给李治看。

韩国夫人的身体白嫩、细腻,她虽已生过两个孩子——孩子仍养在贺兰越石的父母处,身材仍是那样苗条。又因为她生的孩子,不是自己喂乳,所以两个乳房仍像未生育过的少妇一样,并没有松弛下垂。从脖颈到脚,雪一样白、霜一样净,无一疵点。

李治仔细欣赏着,从上到下看个够。

韩国夫人则一动不动地,任凭李治观看、抚摸。

韩国夫人道:"皇上,此事可一不可再。"

"朕已得到了你,不会轻易放开的,岂止是再,还要三、四、永久,永久。"李治将头歪倚在韩国夫人的肩头道。

"皇上,你就不怕照儿知道吗?"

"咱们明天另选一个地方,不让她知道。"

"臣妾只怕照儿知道会吃醋的,如果她醋性大发,可不好办。臣妾深知照儿的脾气,她在幼年时就是这样。她的玩具,她喜爱的东西,别人碰一下都不行,更不用说拿着玩了。"

"咱们紧守秘密,不让她知道就是。"

一天又一天过去了,精明的武则天竟未发现其姐与皇上私通的事。一是二人做得秘密,宫女及太监虽有知情者,却无一人敢告密,因为男方是皇上。二是两人幽会全是在白天,夜间李治仍去皇后宫与武则天做爱,所以也未引起武则天的怀疑。

武则天此时已心满意足,自己当上了皇后,儿子当了皇太子。以前对她不利之人,如褚遂良、韩瑗、武元爽、武元庆、武惟良、武怀运等人全贬往外州去了。

皇上李治也很满意,美丽的武则天成了自己的后妃,此时,又来了美丽的大姨子。白昼下朝后搂着大姨子寻欢作乐,夜晚则有武则天陪着睡觉。

但是不愉快的事终于发生了。

李治与韩国夫人幽会,全是在白昼进行,目的就是防备武则天知晓,所以,他每日下朝后,直接就去找韩国夫人。

武则天虽精明,由于她没有怀疑李治和韩国夫人会发生什么伤风败俗、违背伦理纲常的事,所以她没有想到要捉奸。

这一天活该有事。李治下了早朝,又去找韩国夫人取乐。由于他是皇上,他干这窃玉偷香之事,只背着武则天一个人,至于宫女、太监等人,他用不着怕,也不用瞒着。其实,宫女、太监中,凡是李治身边的人,韩国夫人身边的人,全知道他们私通的事。不过是不敢议论而已。所以,李治是有恃无恐,大模大样地去找韩国夫人。这天,他刚走进李贤的寝殿,恰巧武则天从这里出来。

武则天看着李治的背影,不由得纳闷,皇上这么早就退朝了?退朝以后,不回我的寝宫?不到上书房?去哪里呢?那边没有妃嫔的寝宫啊?她本是个多疑的人,遇到无法可解之事,怎能不弄个明白。她停止脚步,向李治的背影看着。见李治走进一所小院。"皇上去那里干什么?那里无人住哇?"武则天暗想,她的疑心更大了。她没有走,反而退回李贤寝宫小院里去,又将宫女叫进院内,示意宫女不许出声,不许露出身影。她则从花墙的孔中,向那里张望着。

约莫过了有炷香的功夫。

李治出来了。他走出门,领着几个宫女、太监,奔皇后寝宫去了。

武则天没有露面,她还要等一等,看一看,如果再无人出来,她就要去那院看一看,那个小院到底有什么古怪?皇上为什么去了那里。

半炷香时间过去了,院内再无人出来。她刚要离开花墙孔,却看见有一个宫女从院内走出来。那宫女到了院外,四下看了看,见附近无人,回头对院内说了句什么话,旋即见韩国夫人与另一个宫女走出来。

三人直奔李贤的寝宫。

此时,武则天一切都明白了。此时的武则天正是怒从心上起,恶向胆边生。可是,她想了想,压住了心头怒火,返身走进李贤的寝殿。站到李贤的床前,逗弄李贤。

韩国夫人走进来,两人互相招呼。

韩国夫人道:"我每天都要来看看贤儿,一天不来就想得慌。"

"姐姐,小妹谢谢你了,我每日忙于宫中事务,无暇顾及贤儿,多亏你常来照看。"武则天平静地,就像什么事也没发生一样,坦然地,真诚地道。

"皇后怎么和我客气起来了。贤儿是我的外甥,我像疼亲生儿子一样疼他,也是正常的。"韩国夫人也若无其事地道。

"姐姐,我来已有一个时辰了,还有些事等着我处理,姐姐就在这里多等一会儿吧!"武则天道,她说完领着宫女走了。

李治到了皇后寝宫,没看见武皇后,他就走了。

更令武则天生气的是她回到寝宫没见着李治,她本就生着气,这一来,气更大了。她在自己宫内生气,思考着该怎对待李治和韩国夫人私通的事。

李治这头他惹不起。李治再无能,但是,他的地位好,是皇上,一句话就可将武则天举上天——就像现在这样,同样,另一句话也可让她下地狱——就像王皇后那样。

对韩国夫人呢?能惹得起,但怎样对付呢?用什么办法呢?她却大费脑筋。

更让她生气的是,这天夜晚,李治没到皇后宫里来睡觉。让武则天守了一夜空房。武则天是一夜也离不开男人的,哪怕有三个五个男人陪睡更好。这可真是气上加气,火上浇油了。这一夜她也没睡好。

第二天。

武则天所要做的头一件事,就是了解李治昨夜睡在哪里?

皇宫内。皇后是第一主人,她要了解一件事易如反掌。她很快就弄明白了。

原来,昨天有二十名新选的美女进宫,皇上看过后,看中了一个名叫李娟的年仅十五岁的姑娘。皇上昨夜就让李娟侍寝,今早已封李娟为宝林,仍住掖庭宫。

武则天听到了上述的禀报,心里又一气。她是个聪明人,知道光生气是气不出办法来的,总得想法解决才是,所以她自己压下气,开始心情平静地想主意。

聪明人永远不办糊涂事,只想了一会儿,武则天就想出一个一箭双雕,杀鸡吓猴的好主意来。

她立即命人去请韩国夫人。

武则天与姐姐叙过家常礼。

韩国夫人坐下来。

武则天道:"姐姐,你进宫已有好久了,大概尚未见过我是怎样处置宫人的,今天请你来,请你开开眼界。"

韩国夫人不明白武则天葫芦里卖的是什么样的药,她道:"处置宫人有什么好看的?"

"哈哈!"武则天打着哈哈道:"你看看就知道了。"

"我就开一次眼界吧,看看你有什么新花样。当年在家时,你虽年龄不大,却很淘气。很会想一些花样玩儿。"韩国夫人笑着道。

"带李娟来!"武则天命令道。

过了一会儿,外面有太监禀道:"禀报皇后娘娘,宝林李娟到了。"

"带进来!"武则天命令道。

有两个宫女走出去,随即带着一个姑娘走进来。

武则天与韩国夫人一齐看那个叫李娟的宫女。

李娟个子中等,粉团般的脸,长眉细目,丹凤眼,樱桃口,元宝耳朵,秀发乌黑,脸上还现有稚气。

武则天突然想起,自己初进宫时,和这个李娟相仿,自己比李娟还小一岁。但是,这个想法,只是一闪就过去了。

李娟年龄尚小,对宫中礼节完全不懂。因为宫人入宫后,应该有人教习宫中礼节。可是,李娟因为入宫还不到十二个时辰,还没来得及学习宫中礼节。就是这跪拜及呼千岁,自称也是在她从掖庭宫来这里的路上,去唤她的那两个太监,见她年龄小,临时教的,可惜,这个善良的太监却忘了告诉她皇后是什么打扮。这下子可惹了大祸。

"你向谁叩拜?"武则天轻声道,语气中不严厉,却显得柔。

"向皇后娘娘。"

"谁是皇后?"武则天的语气仍如前,没有大声恫吓。

李娟年龄虽小,也很聪明。立即明白了。这问话的一定是皇后了,她立即挪动膝盖,面向武则天,并又叩头,并道:"请皇后娘娘恕罪,臣妾实不认识皇后娘娘。臣妾该死。"

"你就叫李娟吗?"武则天柔声问道。

"回禀娘娘,臣妾是李娟。"

"多大了?"

"回禀娘娘,臣妾十五岁。"

"你父是什么人?"

"回禀娘娘,臣妾父是合川县丞。"

"你祖上是什么人?"

"回禀娘娘,臣妾祖父是军器监主簿。"

"大胆的小浪蹄子,竟敢不把本宫放在眼里。本宫今天不狠狠惩治你,你会反上天去。"武则天一改面孔,撂下寡妇脸,面现怒色,厉色骂道,又道:"去!快传慎刑监司赵田来,快!跑步去!"

韩国夫人本打算代李娟求情。说实话,这事不怨李娟,李娟并无过错。可是,她张了张口,却没说出话来。她深知自己的妹妹的脾气,是不会听劝的。但她不明的是,李娟本无罪,妹妹为什么发这么大的火呢?

赵田带着人,拿着竹杖、板子等刑具来了。叩见皇后。

武则天命令道:"赵田,将这个李娟,先重打五十杖。"

李娟仍边用力叩头边哀求道:"皇后,皇后,李娟该死,李娟无知,请饶过这一回吧!皇后,皇后……"

两个拉她的太监已用力拉起李娟,拉向殿外。

随即,竹杖着肉声、哭叫声传向殿内。

赵田听武则天命令中有一重字,他明白这个字的分量与含义。是不止五十的,以致死为目的。所以他在旁边监刑却不查数。而执行的太监则是听命于赵田的,只要赵田不查数,一定是打死为止。

李娟的哭叫声、哀求声,由强转弱,最后已无声息了。

赵田见李娟不滚动、不哀求、不叫喊,他一摆手。

两个执刑太监,停住手中竹杖,立着喘息着,他们也累了。

赵田走过去,俯身,伸手试李娟的口鼻,已无呼吸之气。他走进殿内,道:"回禀皇后娘娘,刚打到五十杖,李娟已死。"

"扔到荒野去喂狗!"武则天恶狠狠地道。

赵田答应着走了。

待赵田等人将李娟的尸体拖走。韩国夫人道:"二妹,李娟是怎样触犯了你,令你生这么大的气?"

"姐姐,你真的不知道吗?"武则天扭头,看着韩国夫人的脸道。

"愚姐哪里知道。不过,听李娟说,她昨日方进宫啊?这么短的时间,她……"韩国夫人没有说下去,她不知怎样措辞。

"不错,我已知道她是昨天才进宫,可是,仅进宫一天一夜,就有了夺取皇后之位的坏心,时间久了,她将取我而代之。"武则天道,语气冷冷的。

韩国夫人还是不明白,仅进宫一天的人,怎么会有夺皇后宝座之心呢?何况李娟年仅十五岁,是否有夺皇后位之心,还很难说。即使有这个心吧,又哪里有这个能力呢?即使有,也不能一天一夜就表现出来,而且即使有,也不会对人说,皇后又是怎样知道的呢?不!绝对不是这样。那么到底为了什么?看样子,这个皇后妹妹不会说的,所以她也不便再问,只是默然。

武则天见姐姐没说话,面上表现的是冷漠,看不出在想什么。她又道:"姐姐。你也许要问,我为什么打死李娟?我是怎么知道她取代我而代之的?理由很简单,她进宫头一天,就将皇上夺取陪她睡。凡是和我争夺皇上的人,我绝不轻饶,直到置她于死地。姐姐,你说,我该不该这样做?我绝不允许有人将皇上从我的身边夺走,无论她是什么人。"

韩国夫人听了上面的话,尤其是最后这两句,让她吃了一惊。怎么?难道我和皇上偷情之事被她知道了?不能啊!难道侍奉我的宫女或皇上身边的人有人告密?不能啊?这些人不怕我,难道不怕皇上?不行!我得跟皇上把这事说说。不过,我还不信妹妹敢让太监用竹杖打死我,她总得向皇上说明白。她虽然想了这些,却又不能不说话了。再不说话,好像我是那个将皇上从皇后身边夺走的人。她镇定一下,道:"妹妹说得对。不过,愚姐估量,尚不会有那么大胆的人。"

"不!姐姐你说错了。"武则天脸上无一丝笑意,声调平平,却有一种冷冷的味儿。接着哼了一声,又恶狠狠地说:"哼!我打死李娟,就是向那个有野心的人敲一下警钟,告诉她要迷途知返,否则的话,哼!"她又鼻哼了声。"别怪我心狠手辣。皇上是我的,是我一个人的,别人休想染指。"

这些话等于当着秃子骂和尚,那意思再清楚不过了。打死李娟给谁看?警告谁?太监?宫女吗?当然都不是,此外,看到的人自然是韩国夫人了。这话就等于告诉韩国夫人,我说那个人就是你呀!

韩国夫人不是笨的,骂能听不出来?她怕了,她的耳边又响起李娟那哀叫声。悲惨的哀叫声与竹杖打在肉上的声音交织在一起,在她耳边响着。她会打死我的,这个武照什么事都干得出来,她会打死我的,我该怎么办?怎么办?韩国夫人的身子颤抖起来。就像打摆子一样哆嗦着,身子似乎已坐不稳了,左右摇晃着,她的灵魂出窍了……

韩国夫人的样子,武则天已看在眼里,因为她正盯住韩国夫人。但是,她虽精明,却没想到韩国夫人这个样子是被吓得的。她忙站起来,两步走到韩国夫人身边,急道:"姐姐,姐姐,你这是怎么了? 哪里不舒服,是得了什么病吗?"此时,武则天的声音还是关切的,声音虽急却不严厉。

　　武则天说的"得了什么病"这句话,将她的魂叫回来了,她声音发抖,轻声道:"我身上发冷,大概是受了凉。"说着话,挣扎着要站起来。

　　武则天亲手扶着姐姐并命令宫女道:"你们快些将韩国夫人送回她的寝宫去。"过来几个宫女,搀扶着韩国夫人走了。

　　武则天回到宫内,暗道,但愿姐姐是真病了。她又灵机一动,别是被我的话吓的吧? 如早点让我吓住了,倒是件好事。姐姐既怕了,从此和皇上断绝来往,姐姐的命就保住了。菩萨保佑,姐姐迷途知返吧! 姐姐真的此后再不与皇上勾搭,那么李娟就没有白死,总算起到了杀鸡吓猴的作用。

　　李娟头一天进宫即被皇上召去侍寝,以后会不会和她争风,还不能定,本来不该打死她,可是,不打死她又怎能警告姐姐呢? 李娟,你死了可怨不得我,谁让你不走运呢? 正巧遇上韩国夫人与皇上偷情呢? 只能拿你示警,不能拿姐姐试刀。

　　韩国夫人本没有病,她是被武则天的话吓坏了。她被宫女扶回自己的寝宫,躺在床上仍战栗不已。

　　李治退朝了,又是与往天一样,去找韩国夫人作乐。可是,他却扑了个空。他听宫女说韩国夫人没来,他有些奇怪。以前,都是韩国夫人先到这里等他,今天为什么迟到了? 一定有原因。发生了什么事? 他不去仔细思考。因为一团高兴而来,以为到了这里将把美人搂在怀中,亲吻,抚摸,其后再欣赏那洁白细腻的裸体,再后则窃玉偷香,享受那温柔乡的好滋味。现在,美人不在,希望落空,心凉了,身子凉了。他不再犹豫,一转身出了屋,奔出院,向韩国夫人的寝殿奔去。

　　李治进了院,进了屋,对接驾的宫女说了句"起来吧"! 几步急奔到韩国夫人床前,开口就问道:"怎么了? 是病了吗? 哪里不舒服? 朕即传御医来诊视……"

　　一连串的问语,不容韩国夫人回答,但也可看出李治对韩国夫人的关心。

　　韩国夫人见李治对自己这样热情,心里一热一酸,泪已流下来了,听到皇上要传御医,立刻道:"皇上,不必传御医,臣妾没有病。"

　　"没病?"李治诧异地道:"那么是发生了什么事?"

　　韩国夫人本无病,此时见李治这样关心自己,恐惧之心减去了九成,只剩下一成了。她见皇上仍立在床前,自己坐起来,意思是让皇上坐下。

　　李治的心与韩国夫人相通,他见韩国夫人坐起来,即坐在床上,将韩国夫人搂在怀中,不顾宫女在侧,先亲了个嘴。

　　韩国夫人用手轻轻捏了李治的手一下,然后以嘴、眼示意。

　　李治明白了,摆手让宫女们退出去。

　　几个宫女悄无声息地退出去,又随手关严了门。

　　李治见屋内无人,即拥着韩国夫人求欢。此刻,韩国夫人将武则天的话已丢到九霄云外了,何况她也需要男人的搂抱、爱抚,自己解带宽衣。

　　李治疲劳地躺在韩国夫人身边,他已忘了问韩国夫人为什么在床上躺着? 为

· 风流皇后 ·

图文珍藏版

什么没有按时赴约。这些被舒坦与疲乏代替了。

过了一会儿。

韩国夫人道："皇上，今天这事是咱们俩最后一次了。以后再不可能了。"语调清丽，有如鸟鸣。吐气如兰，赛同花香。

"为什么？"李治奇怪地问道："卿家要走吗？发生了什么事？是什么人得罪你了吗？怎么会是最后一次？朕的打算是永远，永远，直到白头。"

"皇上，听臣妾慢慢告诉你。"韩国夫人将武则天打死李娟，以及说的话，向李治细述一遍。

"李娟死得太可惜了。她是昨天才进宫的，她怎会认识皇后，她还不懂宫中的礼节，再说为此小事，也不至于被打死呀？唉，白白搭了一条小命。李娟是个很可爱的姑娘。昨夜初次陪朕睡觉，她是头一次干那事，但是，她不大声叫疼，只是轻声呻吟，要求朕轻一点儿……唉，可惜了。"李治语气中是怜悯，却无一句责备武则天的话。

韩国夫人道："皇上英明，皇后不过是以李娟不认识她，不向她参拜为借口罢了。即使李娟礼节上不失信，她还会找出其他借口来惩罚李娟。她打死李娟是给我看的，是在向我示威，是在警告我。她对我说的话，已等于挑明了。只是不知道，她是怎样知道了我和皇上这事的？"

"不去管她。夫人，你放心好了，皇后再狠、再辣，她还不至于打死自己的亲姐姐吧？退一步，即使她有这个心，谅她也没这个胆，她不敢打死你。朕也决不允许她动你一根汗毛，放心，放心。咱们还是照样乐咱们的。不过，为了减少麻烦，还是背着她。今后，咱们不再去那里，我就到你的寝宫来，咱们就在这屋里寻欢乐。"李治满不在乎地道。他是皇上，除了天老爷，数他大，他怎会怕呢？

俗话说色胆包天。这话一点不假。韩国夫人被武则天吓了个半死。此时，有了李治壮胆又舍不得失去被男人搂抱的滋味，所以胆子也大起来了。她道："皇上说得对，俗云，点灯，灯亮了，却照不见灯本身，此谓之灯下黑。我这里似乎不安全，外人也这样认为。其实，这里却更安全。"

这真让韩国夫人说对了。

第二天。

武则天派亲信宫女去李治与韩国夫人私会处去蹲坑，得到的回报是皇上去了，韩国夫人根本没去。

第三天。

武则天得到的回报是，那个小院已锁了院门。再无人问津。

武则天暗自庆幸。这回她有了空闲，该对付与她作对或不睦的人了。

这阴谋又全出自武则天的策划。

第一步，武则天指使许敬宗密奏长孙无忌谋反。武则天已料到，这一奏章不会生效，但是可引起李治的怀疑。

第二步，派刺客入宫。所谓刺客，皆是大内侍卫中的高手，而于振海正是参与者之一。假刺客与真护卫假交手，假刺客再扔下夜明珠，然后逃走。

第三步，就是李弘恭出场。李弘恭实有其人，并非捏造，这是预防李治亲自过问。不过李弘恭并不是什么卖菜的人，而是许敬宗的亲信家人。当然，李弘恭的所见所闻也全是许敬宗编造的。

第四步，由武则天证实宝石乃宫中之物。为了立皇后事，送给长孙无忌。宝石真是宫中之物吗？是的，不过没有送给长孙无忌，而是握在武则天手中。这事也是一个偶然的巧合。当初，为了买动长孙无忌，李治听信武昭仪之计，送宝器金银及绸缎给长孙无忌。可是在送什么？送多少？李治委托武昭仪办理。在送的宝器中确实有这颗猫眼绿，也确实从四宝库中取出来了，尚宝监确实在账上登印了，不过，它却未送往长孙府第，而是被武昭仪私吞了。万没想到，这次还有用了，成为陷害长孙无忌的工具。

尽管证明了刺客乃长孙无忌指使，武则天还料到李治不肯将长孙无忌问斩、抄家。所以她又主动提出从轻发落。这从轻发落当即被李治采纳。

最后一步，就是袁公瑜去黔州，迫使长孙无忌自缢了。

武则天迫害长孙无忌致死，心中大为高兴。朝中一个最大的对头去掉了。但是，她仅仅高兴了一天，另一件不愉快的事又发生了。

李治与武则天幸东都洛阳，当然也将韩国夫人带来了。

韩国夫人当然仍住在皇宫院内，当然仍然与李治偷情。

武则天原以为她打死李娟给韩国夫人看，会吓住她了。尤其是长安宫内那个闲屋封锁之后，她以为李治与韩国夫人已不敢了。没想到两人另择了幽会之处。

武则天在听到许敬宗报告长孙无忌死讯第二天。

长孙无忌死了，家产抄没。她心里万分高兴，她想乘着李治上朝未退的时间，将这些事告诉姐姐，让姐姐分享她的快乐，所以她就到韩国夫人住处来了。

武则天来到韩国夫人寝宫外，守门的太监吓了一跳，明知要出事，他却不敢跑进去禀报，只得叩拜皇后。

院内的宫女、太监见了皇后也吃一惊，但也无可奈何，只能跪接皇后，听任事情发展。但宫女、太监在叩接、迎接时，喊出的皇后娘娘四字非常响亮。这是这些宫女、太监为皇上韩国夫人送信，告诉他们皇后来了。

武则天由于心中高兴，对宫女太监的大声接驾并未起疑，边说着"起来吧"边开门进屋。门是宫女代开的，可是，她一进屋就脸色大变，因为她看见李治赤裸着身子正从韩国夫人身上下来，正拉着衣服要穿，而韩国夫人赤裸的身子仰卧着，正要坐起来。

武则天也够泼辣的了。如换个女人，一定会退出门去。武则天就是武则天，不是一般的女人，她不但不走，反而走前一步，盯视着二人，冷冷地道："皇上、韩国夫人，你们别忙，何必忙呢？慢慢穿衣就是。哦，你们也太大意了，也太性急了，为什么不把床帐放下来，这让外人看了可不大好看。"

武则天没有呼唤宫女，自己拉了把椅子，坐着看戏。

李治穿好衣服，跳下床，走也不是，坐也不是，还不知该说什么，只是尴尬地站在床前看着武则天。

韩国夫人穿完衣服，仍在床上坐着，把头低低地俯视着床，不敢看武则天一眼。也不敢说一句话，她也不知该说什么？

武则天见了二人的表现,她冷冷地笑道:"我原以为皇上还在大殿处理政务,没想到是来这里的床上处理家务。皇上,你坐呀,臣妾坐着,皇上怎么站着呢。"

李治自己拉了把椅子坐下来,仍不说话,他还看着武则天。

武则天见二人均不说话。她道:"皇上,既然你与韩国夫人相好,就把事情公开了吧,不必再偷偷摸摸的了。"

"依皇后该怎么办?"李治看着武则天问道。

"皇上该知道汉代的故事。飞燕与合德不是同事一夫、同事一个皇上吗?"

高兴起来的李治,忘了方才的尴尬与羞怯。声音高高地赞道:"皇后,你真英明,这提议太好了。"他为能时时与韩国夫人干那种事而高兴,他为武则天不吃醋而高兴。

"皇上同意了,韩国夫人,你也不会反对吧?"武则天问姐姐道。

韩国夫人仍垂首不语。

李治代答道:"她高兴还来不及,怎么会反对呢。"

韩国夫人之所以不说话,一来是她害羞,二来是她不相信武照会这样开通。她的心还在问,这个武照真的变好了?真的会让我与皇上明着结合?

武则天胸有成竹地道:"皇上,既然你和韩国夫人都无异议,这事由我来安排。不过吗,名义不太好办。名位低了,有辱于韩国夫人;高了吧,皇后又只能有一个。韩国夫人的名义最低也得是一个皇妃。不过,目前四妃均已有人,杨氏已补了淑妃。怎么办呢?总不能让姐姐这韩国夫人的辈分去充九嫔之一吧?"

李治来了精神,也来了灵感,他道:"何不另立一名义。"他想了想说:"就册封韩国夫人为宸妃如何?"

"很好!"武则天立即赞同道:"宸者,帝王所居之处也。很好!很好!"

"皇后既然赞同,就这样定了吧!"李治非常高兴。"宸妃在贵淑德贤四妃之前。"

"韩国夫人姐姐,这下你该满意了?"武则天微笑道,"皇上,你忙于政务,这事交由我来办,保你妥妥帖帖,包你满意。"

"皇后办事朕放心,由你去办好了。"李治喜滋滋地道。

接着,武则天又与李治议完了宸妃的住处,及使唤宫女的配备等。

"册封仪式也要隆重些。"武则天道:"不能草草从事,不能委屈了我姐姐。"

"朕同意,你就一手包办吧!"李治说完走了。

武则天从椅子上站起来,走向床边,坐在床上,拉过韩国夫人的手,笑道:"姐姐,你和皇上的事,我早知道了。在京城长安宫中时,我已发觉,本想阻止你们来往,我打杀李娟就是给你看,想吓住你,不让你再与皇上来往。今天,我一进屋,肺都要气炸了,本想狠狠骂你一顿,再撵出宫去。可是,过了一会儿,我的火气消了。皇上喜欢你,而你又是我的亲姐姐,我怎能忍心杀了你。况且,你已守寡多年,我尝过守寡的滋味,真让人受不了。所以,我思前想后,才决心成全你们。现在,你的地位不低了,居于贵淑德贤四妃之前,仅次于我这个皇后了。当初,我为昭仪时,皇上曾想出封我为妃,打算另加一宫,竟遭到长孙无忌、褚遂良等人的反对。不过,姐姐,我可有言在先,你千万不能夺我的皇后宝座,你不能起这个心。你应该知足,也不要因为你是姐姐，我是妹妹，你位置在我之下而抱怨。否则，我可不答应。"

武则天附着韩国夫人的耳朵，轻声道："姐姐，以后，你和皇上还是白天干那种事。把夜晚留给我，咱们互不妨碍，又各得实惠，我也决不许别个后妃染指。咱们姐俩把皇上包了。你看行吗？"

韩国夫人没有说话，只是笑了笑。

李治与韩国夫人仍在白天幽会，韩国夫人将武则天对她说的私房话，告诉了李治。

李治道："皇后说的是实话，晚间，她离不开我，所以把白天让给你。看来，咱们只能在白天团聚了。"

"这样，我已很知足。"韩国夫人道。"皇后在幼年就不许别人动她的东西，今天，这样对待我，真是为了顾及姐妹之情了。"

册封宸妃日期已定于本月庚辰日。这日期是武则天选的，不是太史令选的。因为这天有个辰字，与宸相合。

不幸事发生了。

就在册封仪式将临之前一天。韩国夫人突然失踪了。

李治着急，武则天震怒。

武则天立即传来侍卫校尉。

侍卫校尉的头头是左右内卒，昨夜是右内卒当值，他被传来了。

"昨夜，你们可有人看见过韩国夫人或别的什么人？"武则天急问道。

"禀皇后，臣已查问过，昨夜当值人员，没看见韩国夫人，也没看见有人在宫内来往。"

武则天挥手让于振海和右内卒走了，她转对李治道："这就怪了，宫内夜间有那么多人守着，姐姐能走向哪里呢？"

"皇上，别看窗台上只有一个小脚印，似乎是韩国夫人的，我心里总感觉着她是被人害死了。"武则天有些悲伤地道。

"搜！在宫内搜查，既然护卫、侍卫均未见，大概不会出宫。即使姐姐被人害死，我也要把尸体搜出来，然后再找凶手。"武则天道。她说干就干，立即命人传唤太监总管。

十几个人，搜查了近三个时辰，却不见韩国夫人的踪迹。

入夜，李治躺在武则天身边，道："也是韩国夫人无福，明天就是册封之日，偏偏今天出事了。皇后白白费了那么多力气，册封仪式白白准备了。"

"臣妾费力费神是应该的，可惜姐姐却莫名其妙地失踪了。这事太令人费解了。如果说被人所害或所劫持，那么总该有人发觉，至少该有尸体呀，可是，却既无人见，也找不到尸体。如果说姐姐自己走了？她为什么要走呢？明天就是吉期呀，再说，她又如何走的呢？这么大的宫院，院内有那么多值夜的人。即使无人看见，她又怎么出的宫呢？且不说宫门关着，门口还有守卫呀！太令人不解了。"武则天叹息着道。

"也许皇后说对了，韩国夫人到了贺兰越石家已学会了武功，穿房越脊就走了。"

"为何要走呢？明天，她就要正式成为宸妃了。她岂能不愿呢？她走，又走向何处？她已别无亲人了。"武则天悲伤地道。

"不能吧？武家没什么人，贺兰家还有人啊，能否去贺兰家？"李治猜测着道。

"皇上何不派人去查看一下？"武则天建议道。"如果姐姐真的去了贺兰家，我也好放心了。"

第二天，武则天对荣国夫人道："皇上猜想，姐姐可能去了贺兰家，他已差人去查问了。"

"阿弥陀佛，佛爷保佑，你姐姐别出事才好。你妹妹没了，你姐姐再出了事，我的心怎么能受得了。"荣国夫人悲哀地道。

"姐姐不会出事的。妈妈，你放宽心好了，也许姐姐真的在贺兰家。她的一双儿女不是在贺兰家吗？她也许去看望他们了。皇上封她为宸妃，也算改嫁。在改嫁前去看看儿女也是人之常情。"武则天说得合乎情理。

回音来了，却不是福音。贺兰夫人并未去贺兰家。

李治不怎么悲伤，反正美女有的是，何必计较一个贺兰夫人呢？

武则天在李治面前，在荣国夫人面前表现出悲伤的样子。其实，她正在得意。

为什么？因为韩国夫人之死，正是她一手策划的。

就在她操持册封大典时。她暗地找来亲信护卫于振海，密谋其事。因为于振海是亲信，已在谋陷长孙无忌时出过力，所以她直截了当地说出谋杀韩国夫人之办法。

于振海乃武林人，在江湖走动多年，他道："皇后，此事甚易，您定了日子，到时候，臣亲自劫走韩国夫人。到郊外杀死，再将尸体扔入山涧即可。"

"如此甚好！你去办吧！本宫不会亏待你们的。"武则天赏赐亲信，一向不吝惜财物。所以，她的死党都愿为她卖命。

这一切把李治与荣国夫人全蒙在鼓里。只有武则天和她的两个亲信知道，外人无从知晓。所以历史上只写上某年某月某日，韩国夫人在洛阳皇宫失踪。

不久，武则天给李治生下了第四个儿子。起名为旭轮，几个月后，封为殷王。

旭轮被封王不久，李治病倒了。

自武则天被立为皇后以来，朝中许多大事，李治总是和皇后商议而行。这次他病倒，朝中事不能无人处置，太子尚幼，无处置朝政之能力，委诸朝中重臣当然可以。可是，李治却相信皇后可以代理。他在病榻上，对武则天道："皇后，朕身体不适，不能处理朝政，太子年龄还小，不能代理。朕本欲委托朝臣，可是，想到皇后之才略，故请皇后暂代理朝政。"

武则天听了很高兴，虽然她预闻朝政已五六年了，但那仅是襄助皇上，凡事尚不能自专，现在有了这样的好机会，她怎能不高兴，但是，她却道："皇上信任臣妾，臣妾自该尽力，不过臣妾终是女流之辈，凡事不如皇上明鉴，所以臣妾在处理庶政时，尚望皇上在旁多加指点，有什么大事，臣妾还要请教皇上。"她很巧妙地答应了，同时又把李治捧了一下。

武则天临朝，垂帘听政。

第一件大事就是修造蓬莱宫。

第二件大事是处置李义府。

第三件大事是拔擢立她为后时之有功的人。此前,仅升了许敬宗、李义府。

第四件大事,就是追封被她亲手捏死的长女为安定公主,谥日思,重新举行葬礼,其规格同于王制,并改葬于崇敬寺。

在武则天做上述这些事的时候,李治的病已好了。

李治没有上朝,武则天也乐得多代理皇上一些时日,她是初次尝到掌天下大权的滋味,当然不愿放手。

李治为啥不上朝呢?因为他也得到了便宜,得到了实惠。

原来,他和武则天的外甥女儿、韩国夫人的女儿、魏国夫人蓉儿勾搭成奸。

事情终于败露了。

这一天,武则天因早朝无事,很早就退朝了。她回到后宫。她已早就知道李治病好了,但李治不愿上朝,假称病未痊愈。她也乐得多掌几天大权,所以只劝李治很好地休息,甚至在晚间李治要与她做爱时,她还假惺惺地劝李治要保重身体,似乎勉强才应承与李治做爱。而平常她退朝时,李治多是在皇后寝宫——因为李治与魏国夫人干完那事,估计武则天将要退朝就回来了。

这一天武则天退朝早,李治不在,她也不在意。由于这些日子忙于朝政——因为她退朝后,总要把她的决定,她处理的大事对李治学说一遍,故很少得闲。今天得闲了,她想起好多日子未见到外甥女了,她想去看看。她虽然亲手杀死了姐姐,而对这个外甥女儿还是疼爱的。她当即在宫内未停留,带了几个宫女来看魏国夫人。

武则天来到魏国夫人的寝殿外,门外的太监宫女一齐跪下接驾。她不在意地摆了一下手,说了一声"起来吧"!就领着宫女走进门去。

武则天一见李治裸着身子趴在魏国夫人身上,脸当时冷了。她呆了一下,听到李治的叫声,没有说什么。先向宫女喝道:"走!回宫去!"

魏国夫人道:"皇上,这事被皇后撞见,妾身死无葬身之地了。"

"别怕,一切有朕做主。"李治拍着露出肋骨的胸脯道。

"皇上说话可要算数。"

"放心,明天,朕要亲自封你为妃。咱们可以明着来,用不着偷偷摸摸的了。夫人,你相信朕,朕乃皇上,她这个皇后,也是朕亲口封的,她还敢把朕怎么样?她如不听话,朕照样可以废了她。那时候,朕要立你为皇后,你还怕什么?"李治斩钉截铁般地道。

武则天问清楚皇上的住宿之后,什么话也没说,心里的气可大了。她暗自骂道:"这个小骚货太可恶了,不但白天搂着皇上睡,连夜间也被她争去了,这口气我一定要出。"

怎么办?长此下去,连皇后的宝座也可能被这个小骚货夺去。

不行,得想办法。

她想好了对付魏国夫人的办法,可是,徐士杰不在了。还有谁可用呢?她想到了于振海。

于振海被武则天密召到御花园相见。

"本宫有一件小事,烦于将军去做,于将军可肯去?"

"小的愿为皇后娘娘效劳。"

"本宫命你去杀一个仇人,你可敢去?"

"为皇后娘娘效力,小的万死不辞,请问杀的是谁?"

"无论是谁,你都肯干吗?"

"只要他是皇后娘娘的仇人,不管他是谁,小的都敢去杀了他。"

"魏国夫人。"武则天从牙缝里挤出了这四个字,而且是一字一顿说出的。

"魏国夫人?"于振海心中一惊,不自觉地重复了一句。

"怎么? 不敢杀吗?"武则天声虽不高,口气却严厉。

"小的不是不敢,只是……"于振海还没有说完,武则天打断了的话。仍严厉地平声道:"只是什么?"

"小的只是不明白。"

"这有什么不明白的,杀了就是。"

"小的不明白,魏国夫人不是娘娘的外甥女儿吗?"于振海仍有些惊讶。

"不必问那么多,本宫只问你,你敢不敢去杀,能不能杀?"

"敢杀,小的敢。"于振海道。

"不可粗心大意。事成之后,本宫赏你一千两黄金,赏你一对璧玉,十粒珍珠,还将封你为镇东大将军。"

"小子先谢谢娘娘的赏赐与栽培。"于振海起身拜谢。

三更打过了。

李治睡得很香甜。

武则天正在胡思乱想,突然,锣声响了。接着,有了人的叫喊声。

李治被锣声惊醒了。他朦胧地问道:"哪里敲锣? 发生了什么事?"他随即大声道:"去个人看看,发生了什么事? 为什么敲锣?"

外面值班太监答应着,立即响起脚步声。

过了一会儿,门外太监道:"禀报皇上,宫中来了刺客,去了魏国夫人寝宫。现在,刺客已逃走了,护卫及巡逻队正在宫内搜查。"

李治一听是魏国夫人寝宫去了刺客,他大为着急,忙着:"刺客把魏国夫人怎样了? 是……是……杀了吗?"他的话后面已不连贯。他是太着急了。

李治此时已起来穿衣,穿好衣服,急得在地上绕圈子。

武则天也起来穿衣服,她的心也悬起来了。于振海逃走了,大概能逃出去。那么,是否把魏国夫人杀了呢? 如果已杀死魏国夫人,于振海也逃出去,该是天大的喜事。如果没杀死魏国夫人,以后再想杀更难了。至于于振海是否逃得出去,似乎不太重要。逃出去,当然好。逃不脱,被捉住,于振海大概不会供出是自己指使的,即使如实招供,自己早已想好了开脱自己的话,许多人也不会相信。

探消息的太监回来了,在外面高声禀道:"回禀皇上,魏国夫人安然无恙。刺客入了魏国夫人寝宫,惊动了魏国夫人。魏国夫人自己走出寝宫,与刺客交手,两人一时未分胜败,惊动了护卫与巡逻队。众人赶来,刺客怕被擒,自己逃走了。现在,魏国夫人正在喝茶。"

探消息太监一说话，李治就停止绕圈子，听到头一句话"魏国夫人安然无恙"，他就乐了。

武则天在暗中想要除掉魏国夫人。用什么办法呢？暗杀是不行了。下毒？毒药是有的。

机会来了。

十月间，绛州来报，说是在斤山有人看见麒麟，此乃祥兆。不久，在蓬莱宫的含元殿，又发现麒麟的足印。李治当即与武则天计议，改年号为麟德。

不久，洛阳东都起造的乾元殿建成。

不久，秘阁郎中李淳风造成历书，即名之为麟德历，颁行天下。

武则天见机会来了，即对李治道："皇上，自秦王嬴政始，历代皇上多有封禅之举。先祖高祖皇帝、先皇太岁皇帝均有封禅之意，由于连年兵戎无暇封禅，今皇上何不为之？"

李治道："朕享受的是先祖与先皇创下的江山，朕本人无尺寸之功，何谈封禅？"

"皇上之言差矣。今天下升平，国泰民安。盗贼不起，烽烟早息。四方来朝，番邦岁贡。五谷丰登，黎庶安宁。陛下怎言无尺寸之功，此皆陛下治国有方，封禅正其时也。"

武则天请封禅泰山，是有私心的。一是宣扬自己之名，立自己之威。二是拟于去泰山途中毒死魏国夫人。她已估计到，李治必带魏国夫人同往，途中的饮食与宫中不同，下毒的机会多些，即使去时不成，还有返回的途中。

李治却认为不当有封禅之举，既劳民又费财，无甚意义。但是，他架不住武则天的一再请求。他道："皇后，明天早朝，朕与众卿共议，听听众臣之见。"

"也好。"武则天同意了。她心中有数，许敬宗、崔义玄、王德俭等人，必定会赞成。

第二天，早朝时，没等李治提议，司礼常伯刘祥道却奏请封禅。

许敬宗已得到武则天的密旨，当即上奏，皇上宣封禅。

随后，崔义玄、王德俭、袁公瑜等人皆随声附和。

诏书颁下后，番邦外国，国内各州县均收到诏书，故番邦使节，各州县官员均皆奔赴东都洛阳。

武官中的地方官，如大、中、下都督府的都督，大都护府的大都护，上都护府的都护等，凡无战事，无紧急战情的均赴东都。文官中西都长安牧、北都并州牧、三都府尹、上中下州的刺史等亦均奔赴东都。

上述诸人于圣驾启行前赶到了东都洛阳，其中单表武惟良与武怀运。

武则天当上皇后以后，曾借口远外戚，将武元庆、武元爽、武惟良、武怀运均派任外州刺史。其实在报复这些兄长对她们母女的不恭之仇。

武元庆为龙州刺史，到任后，由于心情不快，又畏惧武则天进一步报复，忧惧成疾，病死于龙州。

武元爽初任濠州刺史，不久，又贬往振州为刺史。振州乃更边远之地，气候恶劣，而武元爽又心情恼丧，气候不宜加上忧愤而病，也死在振州。

武惟良与武怀运还没死，此次来到京城，为了缓和一下与武则天母女的积怨，特备了重礼来看望荣国夫人杨氏。

杨氏年老了,过去武惟良与武怀运虽然与武元庆、武元爽一个鼻孔出气,比起武元庆与武元爽二人,恶感小些,此次又送来重礼。两人又一再道歉、赔礼,杨氏夫人的气消了,以礼接待二人。

众人叙过闲话。

武惟良道:"婶母,您能否将皇后请来一见?"

武惟良乃武士彟之次兄武士逸之子,他之所以不称荣国夫人之尊称,而叫婶母,意在套亲近,以示是一家人。

武怀运立即接道:"婶娘,听说大妹妹之女已封魏国夫人,也住在宫中,可否请来一见,共叙天伦之乐。"

武怀运乃武士彟长兄武士棱之子,故也称杨夫人为婶娘。

武敏之立即赞成,道:"祖母,你老人家就答应吧!今天,咱们武家的人全了,再将皇后请来,将妹妹也叫来,咱们全家聚一聚,也是一大快事。"

杨夫人也很高兴,她笑着道:"咱们武家,今天来齐了,应该乐一乐,我这就差人去叫照儿回来。"她当即叫来一名侍卫,吩咐几句,命他进宫去请皇后,顺便叫魏国夫人回来。

武则天正在宫中谋划于东去封禅途中,如何毒死魏国夫人。太监领着荣国夫人府的侍卫来了,侍卫转达了荣国夫人的话。

武则天一听武家人齐全了,心中很高兴,立即吩咐宫女,去请魏国夫人。

魏国夫人来了,武则天指着荣国夫人府的侍卫,又转达了荣国夫人的话。最后道:"蓉儿,今天,咱们武家的人总算聚齐了,应该举行个家宴,大家好好乐一乐,你回宫去收拾一下,打扮一下,咱们一同去。"

魏国夫人急匆匆地回自己寝宫去了。

武则天与魏国夫人是一同出的皇宫,除了二人各自带的宫女,武则天还带了几个太监及侍卫。

两人的车轿来到荣国夫人府——实际是周国公府,守门侍卫报进去。荣国夫人、武惟良、武怀运、武敏之率一些仆妇、丫鬟接出来。

众人寒暄几句。即请武则天在前,魏国夫人拉着荣国夫人的手次之,其余人在后,步入客厅。

武则天坐下了。

魏国夫人与荣国夫人也坐下了。

武则天见武惟良、武怀运及武敏之还在恭敬地站着,即笑道:"今天,咱们是家庭聚会,不必拘于朝廷之礼,你们也请坐。"

武则天又道:"今天,咱们只叙家礼,不必拘束。今天,在这里的全是咱们武家的人。可惜元庆大哥、元爽二哥不在了,否则,都来了,咱们会更高兴的。"她说着话,还掏出手帕抹了一下眼睛,似乎在抹泪,其实,她并没有流泪,不过故作姿态罢了。

武惟良将身子欠了一下,道:"皇后娘娘我……"

他的话只开了个头,武则天即笑道打断他的话,道:"惟良哥哥,我已说过,今天只叙家礼,不行朝礼,不必称我皇后,只直接叫我妹妹好了。这样还亲切些。"

"那……这……是否有些不恭啊?"武怀运语不连贯地口吃着道。

"好!好!"荣国夫人也分外高兴。自从武士彟死了之后,武家从未像今天这样,人多了,权势有了,钱也花不完。"越热闹越好,热闹些,说明我们武家人丁兴旺。"还没等杨夫人派人,武敏之道:"奶奶,待孙儿派人去叫艺人,你老歇一会儿吧!"

"好!好!敏儿去吧,不拘什么艺人,只要热闹就好。"杨夫人乐得合不拢嘴。

武敏之走出去。

武惟良又欠了欠身子,对武则天道:"二妹,这是二妹让愚兄这样称呼的。"

"这样最好了。"武则天道,仍然面带笑容,似乎很开心。

"二妹,"武惟良道:"过去……以前……在利州的时候,愚兄……"

"咳,二哥,过去的事就让它过去吧,不必再提了。"武则天笑道。"俗话说,亲戚记仇不过百日。过去的事已过去十几年了,还提它做什么,别说咱们兄妹没什么大冤仇,即使有,过去这么多年,愚妹早忘了。别提了,别提了。今天,咱们全家聚会,是很难得的,过去的陈谷子烂芝麻全丢开。"武则天一直是笑着,开心地笑着。

武惟良见武皇后这样宽宏大量,非常感激,他道:"愚兄见识浅,还是二妹宽宏大量,不愧为皇后。二妹的腹内可行船走马,胸怀开阔,愚兄万万不及。"

众人说说笑笑——时间过得很快。

艺人来了,原是一帮杂耍艺人。

宴席也备好了。

武敏之道:"二姨妈,是先看杂耍,还是先开席?"

"边吃酒边看杂耍岂不更好。"武则天笑道。她轮番看着大家,似乎在征求意见。

"好!""对!""边看边吃。""边吃边看。"众人七言八语地附和着。

武则天见丫鬟拿上酒来,她道:"把这些酒撤下去,我从宫中带来一些葡萄酒,全是西凉进贡的。"随即命宫女去取酒。

武则天又道:"今天,咱们既是家宴,不要分什么宾主,咱们团聚在一张桌上。"

"对!""好!"又是一片赞同声。

武则天指着北面的位子道:"娘,您坐在这里。敏之就坐在奶奶左边,三哥坐在敏之左边,蓉儿挨着三舅坐,二哥,你坐在娘右边,我一边是蓉儿,另一边是二哥。"

众人依言坐下。

武惟良端着酒杯站起来道:"今天,我借花献佛,这第一杯酒祝姨母健康长寿,福如东海长流水,寿比南山不老松。先干为敬,小侄先喝了。"说完,一饮而尽,然后杯底朝上,照杯,以示干了。

武怀运端着酒杯站起来,他道:"我这也是借花献佛。这一杯酒,先祝姨娘福寿绵长。二祝咱武家人丁兴旺,永远富贵。三祝二妹健康长寿。四祝敏之、蓉儿生活愉快,前途光明远大。我也先干了。"说完也一饮而干。

"还是三舅便宜,只喝一杯酒,却祝愿四个方面。"魏国夫人笑道。

武则天先站起来,然后端起酒杯,道:"小妹这杯酒,一祝妈妈长寿,二祝二位哥哥明天得个称心如意的官职,三祝敏之和蓉儿永远快乐地活着,永远称心如意。"说完,她也喝干了杯中酒。

"姨妈好聪明,跟三舅学会了,现批发现卖,一杯酒祝了好多人。"魏国夫人笑着道。

武则天轻轻拍了魏国夫人肩头一下,道:"小丫头,总要贫嘴。好了,咱们还是边吃酒边看杂耍吧!敏之和蓉儿就不要敬酒了。"

武敏之和魏国夫人本就懒得敬酒,有了武则天这句话,就坡下驴。

周国公府第的客厅很大,家宴摆在客厅,演杂耍的就在厅内演。

众人边吃酒边看。

这八九个杂耍艺人的功夫都不错。

突然间,演杂耍的演员停下了。那是个变戏法的,他正在变空手取物。手向上伸,空着手掌向空一抓,然后往地上放着的一个木箱中一扔。那箱子已给众人看过,是空箱子,可是他只那么一抓一扔,伸手从木箱中取出一件衣服。一抓一扔,又从箱中取出一双鞋。一抓一扔,又从木箱中取出一把雨伞。一抓一扔,从木箱中取出几个三彩瓷盘,一个盘中盛着梨子,一个盘中盛着大枣,又一个盘中盛着花生。突然间,那个变戏法的艺人,一手伸向空中,却不抓了,就那么伸着手,瞪起眼睛,看着席上。厅上的主仆都很奇怪,他为什么不抓了?但是却无人问。过了一会儿,这一会儿时间,厅上众人仍在看着艺人,只见那艺人将伸在空中的手收回来,却没有抓,也没有向木箱中扔,而是伸出一根手指,手指向席上指着。

这时,厅内众人都顺着艺人的手指看。

众人不看则已,看了之后,全是一惊。他们全看见了,原来魏国夫人已不再看杂耍了,而是躺在了地上。

武则天头一个站起来,一步就到了魏国夫人身前,她俯身一看,惊叫道:"蓉儿!蓉儿!你怎么了?"

蓉儿另一边的武怀运也站起来,低头一看,惊叫道:"她……她……八成是……是中……中毒……中毒了。"

武敏之一个箭步,蹿到了蓉儿身边。只看了一眼,就叫道:"这是谁干的?"

"快看看,是否有气?"武则天叫道。"如果还有口气,快去传御医。"

武敏之俯身,用手在蓉儿鼻口间试了试,过了一会道:"一点气息也没有了。这是谁下的毒?"他后一句是大声喝问。

武则天叫道:"真的没有气息?"

"姨妈,是真的。"武敏之带着哭腔道。"姨妈、姑妈、皇后,可要查出凶手,给蓉儿报仇哇。"

武则天亲自俯身,用手试了试蓉儿的口鼻,然后直起身子,带着怒容叫道:"来人呀!"

门外有几个人答应着,走进几个带刀侍卫。进门后,手扶刀把,躬身对武则天道:"皇后娘娘,有何吩咐?"

武则天用手指着武怀运与武惟良道:"把他们先绑起来!"

侍卫走过来,掏出绳索,来拉武惟良与武怀运。

"二妹！不！皇后，微臣没有下毒。微臣冤枉，微臣无罪！"武怀运嘶声喊着。

武惟良也嘎道："皇后，小臣没有下毒，小臣是无辜的。"

武则天厉声喝道："你们还敢犟嘴？席上只有咱们六个人。不是你们下的毒，这毒难道是本宫下的？"

"不！不！小臣不是那个意思？"武惟良分辩道。

"难道是蓉儿与外婆下的毒？"武则天仍厉声喝问。"是她老人家要毒死自己的亲外甥女儿？"

"不！不是！微臣并没说是婶母下毒。"武怀运带着哭腔着。

"那么，该是敏之下的毒了，是他要毒死自己的亲妹妹？"

"不是！不是！绝不是！"武惟良与武怀运齐声嘶叫道。

武则天厉声喝道："既不是本宫，不是荣国夫人，不是敏之，席上还有何人？"

"这……这……说不定……说不是是……"武惟良结结巴巴地道。却没说出一个具体的人来。因为他不知是谁下的毒。

"也许……也许……是……是……"武怀运道，他也不敢说是什么人，因为他也不知道。因为他并没看见下毒的人。

"你们还想抵赖吗？还想诬赖他人吗？"武则天双目盯住二武，目光咄咄逼人。

侍卫扯着武惟良与武怀运往厅外走。

武惟良与武怀运口中叫着："皇后，皇后，我冤枉，我无罪。""我没有下毒哇。"身子打着坠。

侍卫用力将他们拉出去，外面立即响起了棍子打在肉上的声音。同时，传出了二武的嚎叫声、哀求声……

武则天不愧是皇后，她见荣国夫人抚着魏国夫人的尸体痛哭，边哭边数叨："儿呀，婆的心肝呀，你妈无故失踪了，现在，你又被人害死了，婆可怎么活呀……"

武则天则劝道："娘，人死不能复生。女儿也很悲伤，可是光哭有何用？女儿必定给蓉儿报仇就是。"

一个时辰后。

一个校尉进来，向武则天禀道："回禀皇后，小的送犯人去大理寺，大理寺卿侯善业大人与大理寺少卿袁公瑜大人，听了小的诉明案情，立即升堂审问。二犯供认不讳，已判了斩立决，此时，大概已斩了二犯。小子怕皇后惦念，于判决后立即赶回来了。"

武惟良与武怀运真的下了毒吗？他们为什么招认了。

原来，他们两人各挨了五十大棍，已被打得皮开肉绽。到了大理寺大堂上，侯善业什么不问，先命人夹棍摆上来，然后才问案。

二武一看，明白了，今天他们死定了，不招供不过是多受些皮肉之苦，不招是不行了。看样子不招，打也得打死。所以二人一句也不抵赖，立即承认是他们二人下的毒。

侯善业见已录了亲供，即命二人画押，然后判了个斩立决，立即问斩。

七　排除异己

　　哪知,乐极生悲。武则天正在兴头上,突然一个太监奔进来,急急禀道:"禀皇后,大事不好了……"

　　那个太监继续道:"万岁爷昏倒在大殿上。"

　　武则天一听,心中一惊。她不及细问,忙匆匆地奔出去。

　　武则天奔进大殿时,御医已到,正在为皇上诊脉。

　　李治横卧在龙椅一侧,仰面直卧,双目紧闭,脸色本就虚白泛黄,此际更无血色。

　　武则天并不理睬众臣的接驾、叩问,直奔到李治身侧,急问道:"这是怎么回事?"

　　一随侍太监道:"禀天后,皇上正在说话,突然不说了,倒在椅子扶手上。"

　　武则天虽急,还是没有再问。因为御医尚未诊完脉。

　　待御医看完脉站起来,武则天立即问道:"皇上得的什么病?要紧吗?"

　　御医道:"禀皇后——也尚不知改称天后,圣上六脉洪数而虚,乃风眩也。亦称掉眩。掉摇也,眩昏乱旋旋运也。风主动故也,所以风气甚而头目眩晕者,由风木旺必是金衰不能制木。而木复生火,风火皆属阳多为兼化,阳主手动两动相搏,则为之旋转,故火本动也,焰得风自然旋转……"

唐代庶民婚服

　　御医话还未说完,武则天厉声道:"说这些话有什么用?本宫只问你皇上的风眩病要不要紧?是怎么得的?该怎样治?"

　　御医不敢再进医论了,他道"此病不要紧,但治标易,治本难……"

　　"混账!"武则天骂道:"什么治标治本的,别搬书本,快说人人明白的话。"

"是!"御医躬身道:"此病虽不要紧,却很难除根。"

"行了!行了!先用药把皇上救醒。"武则天命令道。

"遵命!"御医答道,即走向另一侧去开药方。

御医为了让皇上快醒,开了一剂"清晕化痰汤"。

御医写完,双手举起。道:"请皇后过目。"

武则天对中医、中药一窍不通,但她还是将药方看了一遍。

即令人去拣药煎药。

御医虽看出病根,却不敢说,病根是淫欲过度、肾经亏损、肾亏不能纳气归孕、逆气上所致。他为什么说不能除根呢?因为此病欲治本,单靠草根树皮是不行的,首先得禁绝房事。他认为皇上绝不会禁绝房事,所以他说治标易,治本难。

药煎好,送来了,太监们七手八脚地将药给李治灌下去。

真是药到病除。药灌下去不大功夫,李治醒了。

武则天见李治醒了,即回头对御医道:"不错,药果然有效。"

她又命令道:"赏他二十两银子。下去吧!"这后一句话是对御医说的。

李治的病,发作时吓人,过后就无事了。所以,过了不到一个时辰,又可照样活动。

第二天。

上朝前,武则天道:"皇上,日日临朝,臣妾日日提心吊胆,甚不放心。生怕再发生像昨天那样的事。"

"朕不能不临朝啊!"

"臣妾与皇上同去。"

"同去?"李治抬起头,看着武则天,惊讶地问道。

"是的!"武则天道:"臣妾与皇上同坐以便随时照顾皇上,对那些太监、宫女,臣妾不放心。"

"这……"李治没有说下去。

"皇上又是想说没有先例,对吗?不要顾什么先例,还是皇上的龙体要紧,就这样办吧,臣妾陪你去。"

从这一天起,在龙书案后,设两个座位,李治在东,武则天在西。

朝廷上,所有大臣的奏章,都是二人共看,商议着批答。

朝臣们将皇上与武则天合称二圣,名称则是天皇与天后。

此时,新建的太子宫已建成。所以,太子将妃娶进新宫。

武则天于太子成亲之日,又暗自祷告道:"士杰哥,你在阴间也会高兴吧,你的儿子成亲了。"

为了太子成婚,大赦天下,赐酺三日。

李治的病确如御医所言,未除根,不时发作。他对武则天道:"天后,朕之身体日渐虚弱,当令弘儿于临朝日,见习我们处理庶政,以便有一天,令其即位。"

武则天岂能不同意,她道:"天皇所言甚是,弘儿已二十多岁了,该令他习练一下了。从明日开始。"

李弘皇太子开始在李治之身侧,观看父皇与母后于朝上处理庶政。

八 毒杀生子

这一天,李治与武则天吃过晚膳,正在闲谈。突有一太监慌慌张张地跑进来,跪奏道:"启禀天皇天后,皇太子……皇太子……"

李治与武则天忙急问道:"皇太子怎么了?"

"他……"太监匆忙中却说出个他字。

"皇太子他怎么了?"李治怒道。

"不……不好……不好了……"

李治与武则天不再问,立即率人赶赴合璧宫之绮云殿。

太子为什么不在东宫,而住到了合璧宫的绮云殿?

原来,太子李弘,今天身体不适,李治与武则天没让他回东宫,令他住在绮云殿,以便于上下朝。

当李治与武则天赶到绮云殿。

殿内的宫女,太监正围在太子的床前。

李治与武则天不理宫女与太监的跪拜,急忙奔到太子床前。

皇太子李弘,闭着双眼,面色蜡黄,已失去了往日风采。身子仰卧,手足伸直。

"弘儿!弘儿!你怎么了?"武则天叫道。声音中充满了关心,还有些急迫,语气哀伤。

李治也叫道:"弘儿,你睁开眼睛,朕与你母后看你来了。"

一个太监禀道:"启禀天皇天后,皇太子已薨。"

"什么?你说什么?"武则天声色俱厉地扭头问那个说话的太监。

"皇太子已薨。"

"弘儿!弘儿!你不能走哇。弘儿!弘儿你不会死的,你醒醒,你醒醒。"武则天双手搂住李弘的尸体,拥着,拨动着。竟然大哭起来,真正是声泪俱下。

李治没有哭出声来,他用手抚摸着李弘的头、脸,眼泪却不住地流。

武则天哭了好大一会儿,足有一刻,才收住泪,停住哭。他转身问道:"太子得的什么病?可请御医看过?为什么不早早禀报?"

太子的随侍太监立即禀道:"回禀天

唐代仕女

皇天后。太子晚膳吃得如常。膳后,散了一会儿步,回来又看了一会儿书。放下书,说了一句头有点晕,即躺到床上。奴才走近前问太子要不要请太医来诊视?太子不语,奴才连问数声,太子仍不语,奴才见太子一动不动,双目紧闭,似乎不呼吸。奴才大着胆子,轻轻推太子一下,问太子怎么了,太子不语,身体只是被奴才推动了一下。奴才用手试太子口鼻,太子已无呼吸。奴才喊众人过来,大家试,方知太子已薨。奴才这才命人去禀告天皇天后。"

"传御医!"武则天听了太监的话,立即决断地命令道。

李治道:"弘儿已无呼吸,御医也是无能为力的。"

武则天道:"弘儿无病而亡,定是有人下的毒,让御医检查一下,看是什么毒?然后再追查下毒的人。"

李治点头不语。李弘是李治最钟爱的人,人生得好,又正直、忠厚、有正义感。今天突然暴亡,这一下把他击昏了,他的脑袋是木然空空,什么也想不出。

有个太监去找御医。

武则天逐个问太子身边的宫女、太监。

众人所言一致。

御医来了,立即检查太子身体。扒开眼皮看眼,拨开嘴验舌,看了鼻翼、耳朵、指甲、手掌……——检查完毕,即禀道:"回禀天皇天后,据微臣所见,皇太子不似中毒。"

"什么叫不似?我只问是不是?"武则天厉声道。

"回禀天后,微臣所见不是。"

"来人"!"武则天又大声叫道。

一个太监应声走过来道:"天后有何吩咐?"

"去太医院,不管是侍御医还是司御医,也不管是医正医佐,凡是高明的全传来!"武则天命令道。

李治对武则天的命令、问话似不闻,仍站在李弘床头,抚摸着李弘的头、脸,眼中仍有泪流下。

太监领着十几个御医走进来。

没等御医叩拜起来,武则天即道:"快去检查太子,看得的是什么病?是不是中毒。一定要仔细,有一点疏漏,要你们的脑袋。"

众御医立即围向太子床前。

检查得很仔细,边检查边合计。

足足用了半个时辰,总算检查完了。

太医院的院丞即禀道:"启奏天皇天后,臣等检查所见,太子无疾,无中毒之症。臣等无能,臣等有罪,请示下。"

"一帮酒囊饭袋。"武则天出口道。是因悲愤而激动?还是因怒气而激动?不得知。"退下去!"

众御医拜辞后,一个个低着头,悄无声息地走出去。

武则天亲自指挥,操持丧事。

李治辍朝三日。

李治经与武则天议定,谥李弘为孝敬皇帝。

皇太子李弘到底是怎么死的?

中毒。

什么人下的毒?

武则天。

原来。

沈南璆自从为武则天配制毒药,毒死徐士杰之后,已成为武则天的左右手,成为主要亲信之一。

武则天要求沈南璆,必须配一种毒药,使被毒死的人,没有中毒症状。

沈南璆不愧为御医中高手,他还真的配制成了。

这种毒药无色、无味,服食之后并不立即死亡。有一定时间的潜伏期。如果稍稍用一点,使人可睡几个时辰。而多用一些,则长睡不起,永远不起来了。

当沈南璆将毒药交给武则天时,武则天曾问道:"此药何名?"

"回禀天后,臣为之起名为安乐汤。"

"挺好的名啊!"

"回禀天后,服药的人平安、快乐而无痛苦地长睡不醒,不是很安乐吗?"

武则天用安乐汤将上等茶叶浸泡了,然后烘干。药液就被茶叶吸收。妙就妙在此汤无色无味,浸过的茶叶再泡时,只有茶香、茶色,并无药味,也无异色。

当李弘觉得身体有些不适时,被李治和武则天留在宫中。名义上是李弘不用从东宫跑来上朝,可就近上朝,免得往返劳走。

此主意是武则天提出的,却是李治告诉李弘的。

李弘竟为此感到高兴,以为父皇是疼他,却不知因此送了命。

当武则天给李弘送茶时,就是当着李治的面拿出来的。然后,差太监去送。当时,她对送茶的太监道:"你去将茶送给皇太子,告诉他,这茶是沙贡来的贡品,是天皇特赏给皇太子喝的。"

李治并不计较,既然武则天亲手拿出茶叶,却让他应名。他当时还很高兴,以为天后是在将爱子的名声归于天皇,为此很满意。其实,她是怕李弘不喝。因为她已知李弘对她的成见很深,两次交谈,均不欢而散,每次都是李弘把她问了个张口结舌,让她不但无法回答,而且下不来台,一点情面都不留。

武则天真猜对了。

当太监将茶送到时,李弘听太监说是父皇赏赐的,即命人泡了饮用。他心里不禁道,如果是母后赏的,他才不领情呢。休想用小恩小惠,故作关心来拉拢我。

送茶太监回去禀报,说是太子谢父皇的赏赐,当即命人泡饮。武则天听了很高兴。她喜的是奸计得逞。毒药果然有效。李弘死了。毒药果然高明。李弘的尸体无中毒症状。武则天果然高明,害死了人,还无人怀疑她是凶手。皇太子李弘死后。过了不到一个月,立雍王李贤为皇太子。此时的李贤已是两个孩子的爸爸了。

李贤是武则天的第二个儿子,确实是李治的儿子,确实是武则天生的。

李弘之死,给李治的打击太大了。他一下子老了许多,还不到五十岁的人,却像是一个六十多岁的老翁了。

武则天又把希望寄托在新太子李贤身上。她希望李贤不要像李弘那样。希望新太子李贤听话，当然，她还要经过一段时间，来进行考验。

自从明崇俨与武则天通奸后，武则天感到了性欲的满足。她曾经把几个与她发生肉体关系的人比较过。

头一个令她满足，感到非常快乐的是徐士杰，其次当数李世民，最差的是李治，沈南璆与李治差不多，强点有限。而明崇俨则不如徐士杰与李世民，比李治、沈南璆强多了。谁料到今天却死了。

自从明崇俨死了之后，武则天就秘密地展开了调查。

武则天虽是个淫妇，心肠极毒，却也是个有智计的人。她对明崇俨之死的调查，并非大海捞针，她是有步骤的。

首先与明崇俨有嫌隙之人，列一名单，然后，再逐个调查。

在嫌疑犯的名单上，太子李贤赫然列于其上。

这是武则天在知道太子痛打明崇俨之事，被她想起之后，亲自列上的。

对太子李贤的调查在秘密进行。

进一步调查，武则天已认定明崇俨是太子李贤派人所杀的了。

第二天。

武则天令人将太子"请"到大理寺。

司刑卿品秩是从三品。但是，他是大理寺的主官，所以，他首先发问，他道："请问太子殿下，马厩中藏那么多皂甲为甚？"

太子李贤坐在椅子上，对大堂上、桌案后边的四个人，看也不看，平静地答道："东宫中除侍卫有皂甲，并无多皂甲，本宫不知皂甲从何而来？"

"太子殿下，皂甲是藏在东宫的马厩之内，殿下却说不知从何而来，能说得通吗？"高智周说道。

"东宫的东西多了，难道你都要本宫回答它们从何而来吗？本宫不是总管，即使是总管，当也不会全知道每一件东西的来处。"太子面现怒意，冷冷地道。

"太子殿下，皂甲非寻常之物，乃兵杖之用，太子藏之，臣等奉命推鞫，当然该问个清楚。"裴炎道。

"本宫已明白告诉你们，本宫不知皂甲来自何处？又怎知其用来作甚。皂甲非本宫所藏，至于何人所藏？又来自何处？用来作甚？你们去问别人好了，本宫一概不知。"

薛、裴、高、侯四人，奉了武则天之命，定要追查太子藏皂甲的用途——造反。所以才盯住不放。现在，太子提出再问则不答，又让他们传东宫总管来问，他们不敢自专。

侯善业不怕得罪太子，他首先道："太子殿下，对您的提议，臣等当请旨再作决定。不过，事涉东宫，而殿下又提议传问总管，为了避免涉嫌串供之事，请太子殿下屈尊暂留在大理寺。"

"侯善业，你敢将本宫拘禁吗？"太子李贤怒问道。

"臣不敢，只是请屈尊留下，臣即为殿下备一精舍，一切用度听殿下吩咐。"侯善业恭敬地道。

既然侯善业提出避嫌串供,太子不好再坚持。如坚持回宫,显然有鬼。所以他道:"本宫留下就是。"

侯善业果然备一精舍,其设备不亚于太子在东宫的寝殿。

武则天听了四人的详细报告。她想了想,道:"明天,可传东宫总管一问。记住,不许动刑逼供,明白吗?"

"臣等明白。"四个齐答。

武则天唯一的女儿太平公主结婚了。李弘被自己毒死了,李贤被废以后,又令运往巴州看押。身边只剩下三子李显及幼子李旭轮了。再看看娘家人,两个亲哥哥,武元庆、武元爽死于外州。两个从兄武惟良、武怀运被自己诬陷而死了。妈妈死了,一个姐姐被自己害死了。一个妹妹早已死了。姐姐的一子一女,一个被自己毒死,一个被自己勒死。再也无人了。

她感到了孤单。

李治可是一大家子呀,姓李的封王,封郡王的就有几十个。可是,文武百官中却无一个姓武的。两相比较,自己太孤单了。

不能如此。

立即下令,将武元爽的儿子武承嗣从岭南召回。

武承嗣神气了。袭祖爵周国公,拜官尚衣奉御。不久,又升为秘书监。从一个囚犯,升为从三品大员了。

过了不久,又将武元庆之子武三思从岭南召入京。初拜内常侍。

武则天为了多到外地游览、享受,于嵩山南山根造奉天宫,于蓝田建万全宫。

九　临朝听政

李治死了,时在永淳二年十二月。

李治本打算这一年改元为弘道,可惜,他连宣诏书的力气都没有了。所以,终未改元。

李治这一年五十六岁,他二十二岁登上皇帝位,当了三十四年皇上,前后改十三个年号,最后一个不在内。他是个怯懦的人。有许多事,自己都拿不定主意。他一生中做的最大的一件事,就是把他父亲李世民的小老婆才人武照娶进宫当老婆,后来又当了皇后。

李治之死,乃武则天意中之事,故并不悲伤。一切后事,仍以总管、尚书令、中书令、太常卿、字正卿、鸿胪卿等人执掌分派操持。

李治的尸体成殓了。

皇太子李显于先皇灵柩前即位。

这就是历史上的中宗皇帝李显。

改年号为嗣圣。

尊武则天为皇太后。

依旧临朝。

李显当了皇上,既高兴又不满意。

唐高宗乾陵

　　高兴的是,他已成天子,是天下的首脑,掌握天下生杀予夺大权。随便说一句话,就是圣旨,所有的人都要照办,一点也不得违误。

　　不满意的是皇太后也与他一同上朝,而且许多大事,不是他说了算,而是皇太后说了算,太令人不痛快了。

　　李显在朝上说了不算,回到宫中,皇后韦氏还不满意。

　　韦皇后埋怨道:"皇上,你怎么不看看先朝,今皇太后为皇后时,追赠亡父为国公,为司空,母为代国夫人,姐姐为韩国夫人,连个外甥女也封了个魏国夫人。现在可好,你当了皇上,可我的爹爹却仍然是小小的八品参军。别的皇后连亲戚、朋友都借光,我为皇后,连亲爹也没借上光。"

　　"你埋怨我有什么用? 在朝上我说了不算,一切都是皇太后说了算。"李显无可奈何地道。

　　"你真笨,皇太后不一定天天临朝,万一有那么一天,皇太后病了,有事了,不去上朝,你就拟旨,宣布,等皇太后知道了,皇太后见生米煮成了熟饭,她也不好再撤了吧!"

　　"对! 还是皇后高明,就这么办。你瞧好吧,不但封了我的老丈夫,凡是你的亲戚全要封赠。"

　　过了一会儿。

　　李显又道:"皇后,你的亲戚中,有一些我都不知道,你写个名单吧! 按名单封就是了。"

　　"好,皇上也学聪明了。"韦氏赞道。她说完,即命宫女取过文房四宝。

　　这一张名单足足列了一百三十多人。

　　机会终于被李显等到了。

　　武则天病了。

　　其实,不是什么大病,是一点心病。

李治死了以后，武则天虽不问李治的丧事，但是，她不能不在场。李治之死，虽在意料之中，她并不怎么悲伤，而且还如愿。但是，她不能不装出悲伤的样子，总得做做样子给外人看。

李治的丧事占了她的时间，她不好意思去找郭行真。

丧事还未办完，大臣安置有了点眉目，她该去会郭行真了，意外的是郭行真病了。

武则天这么多日正想着郭行真，想着和郭行真欢悦地交媾。她已许多日子没尝着那种滋味了，哪想到郭行真病了。真是一头凉水浇下来，从心往外凉，从头往下凉。上下里外凉个透。

武则天为此而病，其实是心里不痛快，也不妨称之为相思病，五十多岁的女人相思病？是呀，这是千真万确的事。

武则天不上朝，正合了李显的本意。他可以为所欲为了。

李显在朝上对大臣道："拟旨！"

秘书监、内侍省的两个官员，备好文房四宝，准备记下皇上想宣布圣旨的内容。

李显接着道："原普州参军韦玄真，诏为侍中。"

韦玄真即韦后之父。

那拟旨官记下了。

李显还继续念下去。他是按着韦后拟的名单，在人名后加上官职。

一百多人，每人都有官做。后面那个韦后乳母的儿子，给了一个游击将军的职衔。

待李显念完。

裴炎出班奏道："侍中一职已有人，况且一个州参军怎能胜任丞相一职，请皇上三思之，宜收回圣命。"

李显的第一炮就有人反对，他很生气。他道："侍中已有人又怎么样，多设一个两个有何不可？"

"陛下，侍中不但不宜增人，而且韦玄真也不胜任左相之职。"裴炎据理言道。

"我是皇上，我愿意这样做。"李显并无理由提升韦玄真，他说不出道理，所以就不讲理了。

裴炎有武则天撑腰，他又奏道："陛下，江山、社稷乃先祖、先皇留下的，陛下亦不该任意施为。"

"怎么，你敢说我任意施为？我任命韦玄真有何不可？他是韦后之父，韦后，你知道吗？她是皇后，不就是一个侍中吗，不就是一个小小的左相吗？你还再三再四地反对？我是皇上，我再说一遍，我是皇上。别说我任命韦玄真当个侍中，我把江山送给韦玄真，你也管不着。退下去！"李显怒了，急了，一个不学无术的人，一个缺乏修养的人，急怒之下是口不择言的。

裴炎不好再说。

其余朝臣也不便再说什么。

李显大为生气，也不再管大臣们的表现与反映，也不管值殿太监喊："有本早奏，无本卷帘散朝"的话，他一甩袖子往后宫走去。

李显到了后宫，仍气愤不已。

韦后见了，问道："皇上，你这是怎么了，为什么气成这样？"

李显气哼哼地将朝上情况说了一遍。

韦后道："皇上，你太糊涂了，管他裴炎说什么，不用理，只管令人拟旨，然后用宝——摞盖上玉玺，再诏告天下。只要你干成这件事，皇太后也得另眼看你。以后再有大事，你也可做主的。为何一甩袖子就走呢？"

"那么，我再回到朝上去？"李显后悔地道。

"晚了，现在大臣们都散了，回去干什么？明天再说吧！"韦后不屑地道。

"行！明天，我一定听你的话，按你的主意办，我决不再甩袖子了。"

再说裴炎，在李显堵气走后，众大臣互相看了看，有的冷笑，有的漠然，有的摇头，有的叹气，表现不一地走了。

裴炎则于散朝后，急忙赶到皇太后武则天处。

武则天本无病，正在床上想心事，见裴炎来了，定有急事，所以她坐起来。

裴炎道："皇太后，身体欠安？"

"没什么大病。裴卿，发生了什么大事吗？说说看。"

裴炎将朝廷上他与皇上之争，以及皇上说过的话，详细地、一字不落地学说一遍。

"这还得了，这个小混蛋，竟然背着我发号施令了。"武则天气得变了脸色。

"皇太后……"裴炎叫了一声，没有继续说下去。

"裴卿，有话尽管说，错了，本宫亦不怪你。"武则天道。

"皇太后，打算怎样处理这件事？"裴炎还是没有说出他的本意。

"本宫的打算是，不能让他当皇上了。"

武则天说出了心里话。

"具体的办法是什么？"

"本宫还未想好，裴卿，你有何高见可直说出来。"武则天确实还没想好办法。

裴炎道："臣有一见。"

"说吧！"

"今天准备好，明日早朝，皇太后可亲临早朝，宣布废掉皇上。"

"做哪些准备？"

"由臣去安置吧，皇太后尽管放心，一定不会出纰漏的。"裴炎说了他的打算。

"好，一切由你安排好。明天早朝即按计划行事。"

"皇太后放心好了。"裴炎再一次表态，说完就辞别武则天，去进行布置。

第二天，早朝时，出乎李显的预料，皇太后临朝了。

李显傻眼了，吓蒙了。吓得他忘了韦后的嘱咐，也忘了再任命韦玄真等人的诏书，他直视着武则天好大一会儿。

武则天只看了儿子一眼，就转向群臣了。

值殿太监，在静鞭响过之后。才尖着嗓子喊道："有本出班早奏哇！"

值殿太监的哇字拖音拖得很长，他的这个哇音没结束，从殿外走进一帮人来。

殿上所有的人——众臣与皇上，太监、宫女……均是一愣。

进来的这帮人，中书令裴炎、中书侍郎刘祎之在前，他们身后是御林将军程务挺与张虔勖。其后，则是弓上弦，刀出鞘的御林军士兵。御林军士兵入殿后，立即面向东西两班的文武大臣。武则天嘴角挂着冷笑，立即宣布道："扶李显下殿，去掉帝号，封为庐陵王，暂居于别殿。"

御林军的两个校尉，早已准备好，听了武则天的话，立即走上去，一左一右夹住李显走下来。

"我有何罪？竟废掉我……"李显扭动着身子，高声叫道。

"你还不知吗？汝将天下、江山送给韦玄贞，还敢言无罪吗？拉下去！"武则天也高声严厉地叫道。

李显无言了，两个校尉将李显拉走了。

第二天，武则天在早朝上宣布。

"予王旦为帝。"

李旭轮，在改封为冀王时，改名单一轮字，其后于改封相王时，改名旦。旋又封为予王。

李旦被扶上皇帝宝座。

李旦虽当了皇上，皇太后武则天仍临朝称制，大小政事皆由武则天裁决。

李旦不满意，有名无实，虽名为皇上，却无一点权力，说了不算。

二武与二宗不满意，是武则天有实无名，虽握有大权，却没有皇上的名。

二武与二宗私下议论。

宗楚客与宗秦客都是武士虚逸的外孙子。

武士彟有两个弟弟，即武士特与武士逸。宗楚客与宗秦客之母，即武士逸之女，也就是武则天的叔伯姐姐了。

如此，宗楚客兄弟是武则天的两姨外甥，与武承嗣、武三思就成了表兄弟。

二武与二宗议论后，意见一致，就去私下找武则天。

武则天不知四人来意，于拜见后，赐座。

四人中，以宗秦客善于言辞，事先已公推他代表说话。所以他于坐定后，道："皇太后，臣等弟兄四人，有一个共同的想法，特来请示皇太后。"

"有什么话，尽管说。"武则天温柔平和地道："咱们乃至亲，不用怕，即使说错了，本宫也不会怪罪你们。"

宗秦客见宫女们出去了，才道："皇太后，今皇上年幼无知，不学无术，无处置朝政之能力，皇太后与其临朝称制，何不废皇上而自代之。"

"妄言皇上之废立，可是杀头灭族之大罪呀！"武则天声音仍平和。

"皇太后，臣乃由衷之言，也是臣等四人一致的想法，请太后裁夺。"

武则天想了想道："你们回去吧！不过，此话决不可与外人言。"

"臣等知道。"

第二天，仍无动静。

二武二宗求见武则天。

宗秦客又道："皇太后，此乃革李家之命的良机也，机不可失，时不再来。上天赐予，当取不取，悔之晚矣。"

"你们认为可行?"

"可行!"四人齐声道。

"别忙,再等等看,机会失不掉的。"

第二天。

武则天于早朝上宣布:

"毕王上金改封泽王。"

"葛王素节改封许王。"

"哲于均州安置。"哲即废皇帝李显。

"东都洛阳名神都。"

"改年号光宅。"

"旗帜尚金,饰以紫画。"

改官名。

尚书省改为文昌台,设置左右相。

中书省改为凤阁,中书令改为内史。

门下省改为鸾台,侍中改为纳言。

秘书省改为麟台。

内侍省改为司宫台。

国子监改为成均监。

吏部改为天官,户部改为地官,礼部改为春部,兵部改为夏官,刑部改为秋官,工部改为冬官。"

"御史台改为左肃政御史台,另设右肃政御史台。"

"太常寺改为司礼寺,光禄寺改为司膳寺,卫尉寺改为司卫寺,宗近寺改为司属寺,太仆寺改为司仆寺,大理寺改为司刑寺,鸿胪寺改为司宾寺,太府寺改为司府寺,少府监改为尚坊监,将作监改为营缮监,司津监(原称都水监)改为水衡监。"

"门下省设左补阙,左拾遗,中书省设右补阙,右拾遗,充任谏官。"

"武承嗣为凤阁鸾台三品。"

"原太常卿兼予州府长史王德真为纳言。"

"钦此。"

这是为什么?

三省、六部、九寺、五监全改易名?

一为标新立异,二为武则天革李唐之命张本。

二武二宗有点明白了。

朝臣的大部分不明白,都感到疑惑不解。为什么改易官名?

武则天自己则满意。

政治上的满足,代替不了性欲上的满足。

此时,李治死了。

武则天方便多了。

武则天本该知足了,朝权在握,威气可行,皇上仅有空名,不得亲政。但是,她仍不满足,主要是性的不满足。

郭行真已成废人，与太监无异，为了灭口，武则天竟诬郭行真忤旨，令人打死了。

这种事不好办。

她自己无法出宫去找个野汉子。

她虽年近六十，已是一个花甲的人了。由于伙食好，保养得好，仍然皮肤白嫩，脸上的皱纹仍不多。正因为她身体好，所以她的性欲仍然很强，只苦于找不到一个像样的男人。

武则天害了那么多的亲人，她还是有知己的。正是这个知己，帮了她的大忙，给她找了一个身强体壮的野汉子。

李治有个妹妹，叫千金公主。千金公主有个侍女，叫小芳。小芳有个相好的叫冯小宝。

这个冯小宝是个在市上摆地要把式卖药的江湖浪子。冯上宝与小芳相好已非一日。两人通奸的事被千金公主知道了。

巧得很，千金公主是个寡妇，更巧的是千金公主也是个淫妇。千金公主见了冯小宝。见这个人身高体壮，很想试一试。

千金公主找来小芳。她对小芳道："你们的事，我已知道了。我暂时不想处罚你，你去告诉那个人，让她到我这里来。你让他放心，我还不想惩罚他。"

小芳怎敢违命，因为她的生命就掌握在公主手里。

小芳找到冯小宝，对他说了情况。

冯小宝听了，一惊，道："咱们逃吧！咱俩的事既被公主知道，咱们还有命吗？"

"不行。普天下都是皇家的人，咱们能逃到哪里去，被抓回来会死得更惨。公主已说不惩罚你，你就去吧，凭命由天罢了。"

冯小宝一想，确实无处可逃，只好壮着胆子去见公主。

千金公主见了冯小宝，面带笑容地问道：

"你叫什么名？"

"冯小宝。"冯小宝并不懂朝廷礼节，所以对公主像对常人一样。

公主并不怪罪，她看了冯小宝一会儿，把冯小宝看得直发毛。

千金公主再没问什么，即令人将冯小宝领走了。

先领冯小宝到了一处空屋，晚饭时，有人送饭来。伙食不错，鸡鸭鱼肉，山珍海味，一应俱全。还有两壶杜康酒。

冯小宝活了这么大，他还从未吃过这么丰盛的饭菜。平时他只填饱肚子而已。

饭后，有人领他去洗澡，不但是领去，还有人侍候他洗。

洗完澡，有人给他拿过一套新的绸缎衣服，这样的衣服，也是冯小宝从下生之后，头一次穿着。

二更天，有人将冯小宝送入一间屋子。冯小宝一进屋就闻到一种香味，什么香？他不知道，只觉好闻。

屋里暖烘烘的，却不太亮。他进屋后，立即停下了，因为屋里光太暗，他看不清屋里的情况。他看了看才看清了，原来屋里点了不少蜡烛，却都是像灯笼一样，蜡烛外面有红纱罩着。所以屋里到处都成了红色。

"过来!"声音发自墙边。是个女人的声音,因为娇滴滴的。

冯小宝向发声处看去,正是白天他见过的女人,身披白纱衣坐在床上,白纱被红光一照,成了浅粉色。

冯小宝还没明白是在叫他,他仍发呆地站在门口。

"冯小宝,我叫你过来!"声音仍娇嫩,而且还有点甜味。

冯小宝听到叫他的名,这才走过去。

冯小宝立在床前。"坐下呀!"又是甜甜的声音。

冯小宝拘谨地坐下了,离公主有一尺远。

公主伸手将冯小宝拉到自己身边。

"小宝,你看我老不老?"公主甜笑着道。

其实,千金公主才四十多岁。

冯小宝见状,明白了,他是走江湖的,见多识广。他不再拘束,大着胆子,一伸手搂住了公主的腰,搂得很紧,随即一扭身,一扑,将公主扑倒在床上,他压在公主身上,他的嘴封住了公主的嘴。

冯小宝立即给公主脱了衣服。

脱得赤裸的公主,仰卧在床上。

公主的裸体细嫩而白,像一头白羊。

冯小宝看呆了。

"看什么,快脱光了衣服上床来。傻东西,光看有什么用?"公主娇嗔道。

冯小宝飞快地脱下自己的衣服,上了床。

千金公主满意地睡着了。冯小宝也睡着了,他疲乏了。

千金公主将冯小宝一连用了三天。

第四天。千金公主进宫了,她见到了武则天。

千金公主附着武则天的耳朵道:"让宫女们出去。"

武则天不知道自己这个守寡的小姑子,耍玩什么把戏,但她还是让宫女出去了。

"太后,我今天献给你一件宝贝。"

"什么宝贝,拿出来我看看。"

"先不必看,保证你满意的宝贝。"

"我总得看看哪。"

"我先问你要不要?"

"我这里什么宝贝都有? 不稀罕你的宝贝,你舍不得,我不要了。"

"我是有些舍不得,可是我还是要送给你。"

武则天不解地看着千金公主。

千金公主笑了笑,放低了声音道:"一个活宝,会走路,会说话的宝贝,你要不要?"

武则天恍然大悟,她斜眼看了千金公主一下,脸上挂着满意的笑,仍未说话。

千金公主道:"太后,说真的,臣不敢朦哄太后。"她正经起来了,自己称臣了。

"臣已亲自试过,确是个宝贝。次品、差等的,臣不敢献的。"她又不正经了。"说真的,如果不是太后需要,臣真舍不得。嘿,我都没法说了,你今天用过就知道了。"

武则天道:"此人在哪里?"

"在我府里。"

"立即去带来。"千金公主把冯小宝带来了。

千金公主带着冯小宝,见了武则天,并未介绍武则天的身份。

武则天一见冯小宝的面,就满意外表了。大个,雄壮,魁伟。

冯小宝一见武则天,见是个贵妇人,但不知是皇太后。公主既来引见,他也不知道跪拜的礼节,所以也未问好。只是对着武则天嘿嘿地笑了笑。

"怎么样?"公主问武则天。

"不错。你去吧! 如果真像你说的那样,我会奖赏你。"武则天道。

武则天乃久饥之人,已经有一年多的时间,未尝到男子的滋味了。

千金公主笑了笑,又飞了武则天一眼,走了。

武则天偷汉子,已不避宫女。她偷沈南璆,偷明崇俨,偷郭行真,她的随侍宫女知道,是半公开的秘密。

冯小宝见武公主走了,将他扔下了。又见这个贵妇人遣走了侍女,似乎明白了,这个贵妇人要和他干那个事了。他不在乎,他和小芳就不止一次地在白天干过那个事。

武则天有个乖僻,既愿意欣赏裸男人,也愿意让男人欣赏自己的裸体。

此次,她对小宝道:"你叫什么名?"

"冯小宝。"

"小宝,你先脱光了衣服。"

冯小宝既知对方用意,毫不犹豫地脱光了衣服,上床,仰卧在床上。

武则天见冯小宝确实强壮,因为冯小宝为了卖药,练了些武功,武功虽不太高,身子骨却非常强壮。

武则天久违男人,所以没有多欣赏,只看了一小会儿,就脱光了自己的衣服,上了床。她也没让小宝欣赏她的身体。

只一下,武则天就非常高兴。

武则天虽年近六十,从十四岁起就和男人发生关系。她已让六个男人搂过,从雄壮上说,冯小宝与徐士杰相仿。她仍记住徐士杰。当然,李世民等人都不行。

武则天抚摸冯小宝又黑又硬的头发,道:"小宝,你知道我是什么人?"

"不知道。"

"猜猜看。"

"猜不着。不过,你总不会是皇后娘娘。"

"你错了。"

"你真是娘娘?"冯小宝惊奇地道。他虽未见过皇后,但朝中的大事,他在市井是听人议论过的,听说皇上才二十多岁,怎么会有四十多岁的娘娘呢? 他不相信,所以反问一句。

"我是皇太后,是娘娘的婆婆。"武则天道。"你奇怪吗?"

　　冯小宝奇怪。他没想到皇太后这么年轻,更没想到皇太后也偷汉子。但是有一点,他却知道,现在的皇太后是真正的皇上,这是天下大多数人都知道的事,他高兴了。虽然这个女人不如公主年轻,更不如小芳年轻嫩绰,但她是实际的皇上。自己能骑皇上,这不是骑龙吗?那么全天下当以我为尊了。我,只有我冯小宝才是天下的老大。

　　从此,冯小宝就成了武则天的面首。

　　武则天嫌小宝之名不雅,又嫌冯非望族,令冯小宝改姓薛,名怀义。

　　太平公主的夫婿叫薛绍。

　　令薛怀义与薛家连亲,命薛绍对薛怀义以叔呼之。

　　冯小宝摇身一变,从一个撂地摊打把式卖大力丸的混入了望族名门,每日衣锦绸,食珍馐,真正地一步登天了。

　　白天,武则天早朝,忙于政事。小宝则于宫中到处游逛,武则天觉得不太像话,特下令整修白马寺。

　　白马寺很快就扩建整修完毕,武则天令小宝出家为僧,当上白马寺的住持。

　　小宝的住持,不诵经,不念佛。他有的是钱,用不着化缘。他买了一匹白马,又招来一些无赖,做他的随从,每人一匹白马。他唯一的工作,就是每夜入宫,搂武则天睡觉。白昼无事,则骑着白马在大街上逛。

　　久之。

　　洛阳市民大多数都知道这个骑白马的和尚每天于晚间进宫。

　　久之。

　　市民皆知这和尚进宫干什么了。

　　武则天为了方便告密,特设匦,类似今天的意见箱,检举箱。

　　武则天设之匦以铜制,正方形。四面各有开口。四面有字,各有不同用途。

　　东曰延恩,怀材报国,希于闻达者投之。

　　南曰招谏,匡正补过,裨于政理者投之。

　　西曰申冤,怀冤负屈,无辜受刑者投之。

　　北曰通元,献赋作颂者投入。

　　特设知匦使。以谏议大夫、外阙、拾遗一人充任,受纳诉状。每日暮进内,晨出之。

　　武则天在早朝上宣布,设匦之意乃"申天下冤滞,达万人之情状,盖古善旌诽谤木之意也。"

　　武则天很高兴。有了满意的野汉子,夜夜享受。铜匦之议,确有大用。

　　高兴之余,封李旦诸子为王。首先册李旦长子李宪为皇太子,次子成义为恒王,三子隆基(即后来的唐明皇)为楚王,四子隆范为己王,五子隆业为赵王。

　　武则天经过深思,总管给薛怀义找到一个主动的机会。

　　拆毁乾元殿,就其旧址,建造明堂。

　　下诏,白马寺住持为建造明堂总监。

　　这个活很容易干,武则天给他配备了许多有力助手。一应事务都用不着他操心,他只应个名就行了。

武则天嘱咐薛怀义，虽不必费心，亦应坐镇，不要再去街市上闲逛。

薛怀义总算有权了，他不再闲逛，每日坐镇监造明堂。

这中间，武则天曾一度还政于皇上。

皇上李旦心里明白，这是做样子给人看，所以他固辞。

"朕尚年幼，不懂事理。太后熟悉政事，恳请太后临朝称制，待朕年长，有执政能力时再复政不迟。"

三交三辞。

武则天确实无意复政于皇上，确实是做样子给人看的。

可是，皇上已经二十五岁了。还"年幼"吗，还真的不懂事吗？所有的人包括武则天及李旦本身，都明白这一点。

武则天不能再等了，等下去，也等不上三年二年，总该复于皇上的。自己该为自己当皇上做准备了。

先铺平道路。

找些借口。

第一个立功的是武承嗣。

天下将姓武，他岂能不尽心尽力。

武承嗣将一块石头，令人刻上"圣母临人，永昌帝业"八个字，又令人偷着埋于洛河之滨。然后，令许多人挖掘，石头当然被挖出来了。领头挖掘的是雍州人唐同泰，也是武承嗣的亲信。唐同泰将石头献上去。

武则天很慎重，她并没因为有了石头就立即当皇帝。

众人称此石为瑞石。

武则天先赐名为宝图，自己加上尊号：圣母神皇。

复又改宝图为天授圣图。

对此瑞石，大臣、黎庶议论纷纷。

部分人认为是有人作假，部分人认为是天赐。

武则天煞有其事地亲自到洛水祭祀。册封洛水神为显圣，又为洛水神立庙，于洛水侧设置永昌县，永远昌威之意。

天下大赦，大酺五日。

武则天为自己当皇上，紧锣密鼓地进行着。李氏宗族岂能坐视不理，不能眼看李氏江山，轻易落入武氏手中。

首先是琅玡王李冲，在博州举兵造反，声讨武则天。

李冲是越王真的儿子。

越王真随即于予州举兵响应。

武则天已估计到诸王会有此举，所以她是早有准备的。

当二王反报到京师——东都。

武则天即令左金吾大将军丘神绩为行军大总管，讨伐李冲。令内史岑长倩，风阁侍郎张光辅，左监门大将军鞠崇裕率兵讨伐李真。琅玡王李冲起兵之前，与其父越王真，以及韩王元嘉、鲁王灵夔、元嘉之子黄国公李撰、灵夔之子左散骑举侍范阳王李荡、霍王元轨及轨之子江都王李绪、已故虢王元凤之子东莞公李融，全打过招呼。

这些王公一致赞成。

所以,李冲及李真举兵造反后,这些王公亦皆结集兵马,欲响应之。

十　登基为帝

至此,李家的诸王公,上至李世民同辈的,下至李治同辈、李弘同辈、李弘子侄辈已杀得差不多了。

高祖有二十二个儿子。

现在已一个也没有了。包括他们的子孙。

太宗李世民有十四个儿子。

现在也不剩一个。只有个别的后代,尚在苟延残喘。对武则天已构不成威胁。

高宗李治有八个儿子。

现在只剩下李显、李旦二人,全是武则天亲生的。

李显封庐陵王,在房州,无兵、无权,只是活着罢了。

李旦则在武则天的手掌心里。

李治的孙子辈,忠无子。原王者早死。泽王上金、许王素节,也只剩下幼子了。李弘无子。李贤的儿子暂时也活着,那是自己的亲孙子,李显、李旦的儿子也构不成威胁。

行了。

万事俱备。

载初元年,九月九日。

这一天是个值得记住的日子。

武则天改国号为永周。

年号天授(上天授予之意)。

大赦天下,赐酺七日。

第三天。

武则天加尊号为圣神皇帝。这就是我国历史上第一个女皇帝。皇上李旦降级为皇嗣。

首先,立武氏七庙于东都,东都改名为神都。

其次,追赠文太尉太原王士彟为孝明皇帝,五代祖以下皆封王。

然后,大封武氏子孙。

武承嗣为魏王,武三思为梁王。纳言武攸宁为建昌王,太子通事舍人攸归为九江王,司礼卿重规为高平王,左卫京府中郎将载德为颍川王,右卫将军攸暨为千乘王,司农卿懿宗为河内王,左千牛中郎将嗣宗为临川王,右卫勋二府中郎将攸宜为建安王,尚乘直长攸望为会稽王,太子通事舍人攸绪为安平王,攸止为恒安王,武承嗣子延基为南阳王,延秀为淮阳王,武三思子崇训为高阳王,崇烈为新安王,武承业子延晖为嗣陈王,延祚为咸安王。

已死的,就是被武则天杀了的武元庆封为梁宪王,武元爽封为魏德王。

武则天这个女人,别看她有多坏,阴险、狡诈、毒辣、残忍……但是她是有心计的。未革命之先,抓了政权,抓了兵权,从上述的武氏家族的官职就可看出,文武齐抓。然后,又利用人们迷信的心理,造符瑞,改佛经。诛杀异己。一切俱备,方改国号,当皇帝。

果然,在武则天称帝之后,竟没有一个起兵来讨武的。

武则天专权之心,早已有之。

毒杀亲生子李弘就是为了专权,但是,那时她尚无当皇帝之心。

武则天起当皇帝之心是在废了李贤之后。

那时候,李治的身体一天不如一天。她已料定李治活不多久,而自己却硬朗。

外边曾有这传言,说李治是武则天毒死的。

非也。

武则天已料定李治将死,又何必毒死。

李治死,她当皇帝之意已决定了。

扶李显为帝,不过是个过渡,即使李显不说出"将江山送给韦玄真"的话,李显也必被废无疑。

李旦还是明智的。自知自己无权,也没有能力(文武大臣全在母后手握之中)当皇上。所以,当武则天摆出复政的架势,他再三拒绝。因此,才保住了皇太子的位子,也保住了性命。

武则天杀尽了李氏子孙,唯独对千金公主特别青睐,不但不杀,武则天让千金公主认己为母。小姑子成了干闺女,改邑号为延安大长公主,赐姓武。她可以随时入宫,可以随时见武则天。

为什么?

主要原因是她能体察武则天的心意,及时进献了一个活宝——冯小宝。仅这一点,就得到了武则天的欢心。真正的雪中送炭。

十一　女帝偷情

当年。武则天偷野汉子,知沈南璆、明崇俨等,都是从北门出入,这叫走后门。因为那时候李治还活着,还是皇上,武则天偷汉子还是偷偷摸摸的。

现在,武则天当了皇上,丈夫李治已埋入土中,她就公开地找汉子,而不是偷了。她也明白,她和薛怀义的事已是人人皆知了。只不过不明说罢了。所以起初,薛怀义也是走后门的。后来,薛怀义为了显示自己大将军、国公的身份,竟大摇大摆地走前门了。

一般的大臣,乘马或坐轿,坐车来上朝,到了皇宫门口都要下马,然后将马或车或轿由家人看管,他本人则步入皇宫大门。只有皇上特许的,如当年的李绩,还有那个靠武则天拍马、为武则天效力的许敬宗曾恩批,可骑小马入宫门,直到殿门再下马。

薛怀义则不同了。他不但骑马进皇宫,而且进了皇宫仍骑马绕过大殿,直入后宫。

这可是从未有过的事。

唐律上没有这方面的规定，但是内廷法规上却有明文。

李昭德既有惩罚薛怀义之意，他要先占住理，不能莽撞行事。他不熟内廷法规，首先，他找到宫内内官的尚宫司。问及宫中法规之事，尚宫司说应找宫内的司刑司。他又找司刑司，弄清了宫内禁戒之条律。他还听说这个骚和尚虽是耍把式卖大力丸的，也确实有点武功，所以他又找了几名武功高强的王府护卫。当然都是对薛怀义不满的人。

李昭德准备就绪。这一天，是薛怀义大大倒霉的日子。这一天他是太岁星照命，丧门星当值。

他和往日一样，骑着马，由武承嗣牵着，威风不可一世地昂首挺胸走近皇宫大门。

守门的校尉，习以为常，不敢置一词，只露不满的目光。

正巧，李昭德等一班大臣正从皇宫往外走。

薛怀义对这些人理也不理，也不等马一侧，而是直撞过去。他一向这样惯了。

有时，他来了，正赶上散朝，他与众臣头碰头，众臣都是给他让路。他从未给别人让过路。

不过，他很少与大臣碰头。

因为早朝散时，多是在上午，或辰时尾、或巳时尾、有时是午时，却很少有未时。而薛怀义却很少在上午到皇宫来。

今天是上午，正赶上散朝。

薛怀义满以为像往常一样，这些大臣必然给他让路。同时，也必定有人向他问好，或称大将军或称上柱国，或称鄂国公。

今天不同于往日。

莫高窟的唐代舞乐壁画

他正策马前行，突然听到一声断喝：

"下马！你怎敢乘马进宫，不怕王法吗？"

薛怀义感到奇怪。真有胆子大的人，竟敢掠老子的胡子。自从他由耍把式卖大力丸的人一摇身变为骑龙人,后又成为大将军,还从来没有一个人敢对他这样大声吆喝,也包括权揽天下的皇上武则天。他不高兴了。他斜了李昭德一眼,认识,是丞相。他不屑地道:"李老头,是你跟我说话吗?"

"下马!"李昭德不理薛怀义的话,仍大声喝道。

"嘿嘿!"薛怀义冷笑一声,道:"是你大呼小叫地让我下马?"

"下马!"李昭德声音严厉,不怒而威。

武承嗣见僵了,忙过来打圆场。他和蔼地对李昭德道:"相爷,你不认识薛将军吗?他是……"

李昭德对武承嗣也不理,仍声音高亢地道:"下马!"

武承嗣有些怕李昭德,因为他曾在武则天面前说李昭德的坏话,却碰了钉子。所以,他见李昭德不理他,他只好讪不搭地退回来了。

薛怀义见李昭德不止一次地喝令他下马,他来气了。嘴角上挂着冷笑。道:"就凭你敢喝令我下马?你也不掂量掂量,你是什么人?别看你是一个什么屌子宰相你薛爸爸还没把你看在眼里,你给我滚开,滚得远远的。"他骂完,策马就走。

李昭德忙叫道:"来人呀!"

四个武林高手,早已埋伏在皇宫大门外,听到李昭德的召唤,一跃而入。

薛怀义的马已迈开步子。武林高手的身法有多快,只又一个飞跃,已扯住了马缰绳。另一个高手一下子扯住了薛怀义的腿,一用力,将薛怀义从马上扯下来。

薛怀义确实会些武功,他从马上一跃,可惜,腿被人扯住了,一跃未跃成。他被那个护卫扯腿一抖,人已倒在地上。

薛怀义被摔在地上。四个高手开始动打了。

李昭德早有指示,狠狠地打,但是不要打死,也不要打断骨头,只让他皮肉受苦。

这些武林高手,谙熟此道。

武则天不立武氏子孙为皇太子,但对原来的皇太子李旦仍不放心。

她不是不想传位于儿子,而是在担心在她未死之前,儿子就夺了她的皇上之位。所以,她宣布登基,自称皇帝,降皇上为皇嗣那天开始,就严加防备了。

武则天派出几个亲信,使为皇太子李旦的随侍,随时报告李旦的举动。

李旦名为太子,而他住的东宫如同豪华的监狱,不许他走出宫门。在宫内吃、喝、玩都可以,条件也不错,就是不许出宫门,形同软禁。

李旦不许出门,却有人来看望他了。

尚方监裴匪躬,内侍范云仙先后来了。

裴匪躬在李旦幼时,就在东宫为府僚,两人相处甚好。

裴匪躬来的目的,就是安慰李旦。

裴匪躬说了许多安慰的话。

李旦既不发怨言,也不提政事。

裴匪躬见李旦似无怨容,放心地走了。

裴匪躬刚走,范云仙就来了。

范云仙原来就是李旦身边的小太监,两人年龄相仿。

李旦与范云仙很合得来。所以,当李显被废,李旦当了皇上的时候,李旦就让范云仙当上了朝殿上的随从当值。

李旦被降为太子。

范云仙却被武则天留下了。她见范云仙聪明、伶俐、机警,所以留在身边。这天他在散朝后没事了,就来看望李旦。

李旦很快乐,没有一句不满的话,没有一句牢骚话。

两人说了一些闲话。

范云仙放心地走了。

坏事了。

李旦身边的太监,立即向武则天密报了裴匪躬与范云仙去看望太子的事。

武则天遣走了密报人。暗道:此风不可长,这两个人虽未谈夺位之语——也许谈了,用的是暗语——也说不定。长此下去,李旦就有可能夺了这个皇帝的宝座。不行,必须严惩以杜绝效尤者。

第二天。

武则天就以私谒太子罪,将裴匪躬与范云仙腰斩于市。

私谒太子也有罪,真是个大笑话。

大唐律上并没有这一条。

武则天是皇上,她的话就是法。

众臣听了有这样一条罪名,再没有一个人敢去东宫见太子李旦了。

接着有了谣言,说是皇嗣李旦有异谋。

武则天令来俊臣审理此案。

在东宫侍弄花草的工人,名叫安金藏。

有一个来俊臣照例问过姓名,年龄、籍贯之后,又问道:"东宫的异谋是什么?速速招来。"

安金藏道:"我在东宫已十余年了,宫中确无异谋,太子一直老实住在宫中,没有什么异谋。"

"你不从实招来,想吃苦头吗?"

"我已说过,东宫无异谋,大人为什么不相信呢?"

"你不说实话,让我相信什么?"

"我说的却是实话。"

"看起来,不动刑你是不会说实话的。"

"我说的全是实话,大人不信,请挖出我的心,以证明皇太子不反。"安金藏说着话,取出他用来修剪树木的剪子,一下子从自己胸膛插入,向下划开。五脏即出来,流的血已成了一个小池。安金藏已扔了手中剪子,身体又立了一会,气绝,倒地。

探事的太监已飞跑着去报告武则天。

武则天听了一惊。她即传令,兵分两路,一路人去传御医,一路人抬上辇车,将安金藏抬进宫来。

两路人马几乎是同时到达宫中。

御医中确有高手。他先将五脏纳入腑内,正其位,然后以桑白皮为线,缝合伤口,再敷上止血之类的药。

过了一宿,第二天巳时头,安金藏才苏醒。

武则天听说安金藏活了,亲去看望,她见了安金藏,看了一会儿,安慰了几句,又道:"吾子不能自明,不如尔之忠也。"

武则天即令来俊臣撤出东宫,停止审讯。

安金藏的举动,是大大的忠,他救了李旦。如果来俊臣继续审下去,宫中的人全招承反叛,李旦还能免死吗?

后来,安金藏因母丧辞工,将母安葬于神都之南,关口之北。紫茅庐于墓侧,一人拣石修坟,造塔,日夜不息。未几,原上有涌泉自出,墓侧所植李树,盛冬开花,有鹿追逐于坟木之间。本道使卢怀慎听说了上述的异状,亲往看观,使闻不假,卢即表奏皇上——那时是中宗李显。

皇上降勅,旌表其门。

李旦无事。

安金藏未死。

有两个人送了命。

她们就是李旦的妃子刘氏、窦氏。

她们并未犯罪,只是说了几句话。

就在安金藏剖腹以表示李旦不反,武则天下令让来俊臣撤回来之后,两人私下议论。

刘氏道:"这次多亏了安金藏,是他救了咱们一家人。"

"是呀!"窦氏应道:"如果再让那个姓来的审下去,谁能挺住刑?全得承认造反。"

"那十个招认的,还不是屈打成招。其实,太子并没有造反之心。"

"这些,宫中的人都知道。可是,那个姓来的不信,问一个,打一个,直到招认为止。"

"唉!"刘氏叹了一口气,道:"我真担心,如果再有这么一次,只怕咱们也要受刑。"

"有什么办法,等着吧!"

"混一时,少一时,活一天,算一天。咱们就是这个命了。"

两个人是晚上说的这些话。

第二天,早朝散后,武则天亲临东宫。到了东宫,李旦拜见天后。

武则天即命令道:"速令刘氏、窦氏来见我。"

刘氏、窦氏被叫来了。

两人拜见皇上。

武则天也不赐她们平身,即厉声道:"你们这两个小贱人,昨晚说了些什么?"

两人一听,并未怕,因为她们的话,并无一句涉及皇上。

她们二人将昨晚的交谈,一字不落地说了一遍。

武则天怒喝道:"你们这些小贱人,对朕派来之人不满,就是对朕不满。拉出去,各打五十杖。"

刘氏与窦氏当即被拉到宫外。

武则天来时,即带着司刑司的人来的。此时,赵田已死。

司刑司的人,不敢徇私,立即动手打人。

宫门外立即传来杖打肉之声,两人的哀叫声。两样声音夹杂着,甚为难听。

李旦心里非常难过,外面的每一声哀叫,都扯动他的心。可是,他坐在那里一言不发,就像挨打的人与他无关一样。

武则天一直观看李旦。

李旦却未发一言。

外面太监来报,刘、窦二人已死。

"扔到城外去喂鹰。"武则天恶狠狠地道。说完,看也不看李旦,带着人走了。

李旦没有讲情。他知道,讲也没用,也许会落个祖护之罪。

武则天回到宫中。气出了,她觉得很寂寞。尤其是夜晚,更为难耐。

为什么? 薛怀义已有多日不进宫了。

武则天没有派人去叫,因为她已对薛怀义不感兴趣了。有时来了,睡觉时,薛怀义已没有以前那样有力了,所以她已感不到当初的快乐与舒坦了。

尽管武则天打扮得年轻,无论如何也掩饰不住老样子。所以薛怀义对武则天也不感兴趣了。

自从那次薛怀义被打,武则天对薛怀义并不怎么热情。在薛怀义养伤的十几天,成天什么人参、燕窝、银耳汤粥没缺过,武则天却表现有些冷淡。

每天下了早朝,武则天也打听他的伤势,问一声好些没有。薛怀义已明显地感到冷淡。

武则天对李昭德也处罚了,将李昭德贬南宾县尉。

武则天下朝回来,当即就告诉薛怀义。道:"朕已将李昭德处分了,贬为南宾县尉。"

这处分已不轻。从一个正三品的朝廷大员降为从九品上阶的县尉。

薛怀义听了不满意地道:"应该杀了他。最轻也得先打一顿,然后再降级。"

"杀了他? 凭什么?"武则天反问道。

"就凭他打了我,这一条就该杀。"

"一个朝廷大臣,又是个宰相,打了人就该杀吗?"

"当然该杀,因为他打的是我。"

"那天你挨打,是你不对,你犯了宫中禁律,又出口辱骂大臣,如按律治罪,该杀的是你而不是他。那年,你打了侯思勋,已给我惹了麻烦。今后,你少给我惹麻烦吧! 我曾经告诉过你,不要惹那些大臣。你偏不听,你不替我想想。如果我杀了李昭德,众大臣会怎么说? 就是贬李昭德,我不是还等了好几天吗?"

这一席话说得薛怀义答不出话了。

武则天贬李昭德并不为给薛怀义报仇。如果是报仇,薛怀义挨打第二天就该贬了,为什么等了好几天呢?

这里有个原因。

一天,有人带一块石头来进献。其人自言这石头从洛水中拾得。

武则天素好符瑞,即命人带献石者进见。

献石头的人跪在大殿上。

武则天问道:"此石有何好处?"

献石人道:"此石是赤心石。"

"何谓赤心石?"武则天问道。

"请陛下看这里。"献石人指点着道。他指处,有一点赤。

武则天也看到了那一点赤。即问道:"众卿,过来看看。"

几位重臣走近了看,见石上果有赤点。

李昭德却道:"此石赤石,洛水中其他石头难道全是反石、邪石吗?"

献石人不能答。

武则天也有些扫兴。她本意是想听到一些对石头赞颂的话,却不料李昭德不识趣,说了令人扫兴的话。她不好再说什么,即道:"赏他二十两银子,让他下去吧!"

献石人虽未得到五品官,一块石头换了二十两银子太值得了。他满意了。

此事即令武则天不快。

哪知,当天下午,武则天连接收到两个密奏。

一个是前鲁王府功曹参军丘愔的密本。本中写道:"臣闻百王之失,皆由权归于下。宰臣持政,势盛映。"下面,他列举了魏冉相秦的故事,用以说明,宰相权重,威震人主。接着道:"自长寿以来(长寿是年号,武则天齿落重生,自以为长寿,故改年号为长寿)。陛下厌倦细政,委托昭德,使掌机权,然其于济小才,不堪重用。直以性好凌轹,负气刚强,音聋下人。刍狗同利,刻薄庆赏,矫枉宪章,国家所赖者微,所功者大。天下枉口,莫敢一言,声威翕赤,日已炽盛。"臣近于南台见勑曰:"诸侯奏事,陛下已依,昭德请不依,陛下便不依……今有秩之吏,每为昭德之人。陛下勿谓昭德小心,是我手臂,臣观其胆,乃大于身,鼻息所冲,上拂云汉。"下面又举了汉光武托孤庞萌,魏明帝托孤司马懿的故事,言李昭德如同庞萌、司马懿一样。

接着,凤阁舍人逢弘敏上奏长上果毅邓注写的《硕论》。《硕论》数千言,详细记述了李昭德专权之事。

武则天正是为此才贬了李昭德,几天后,又命"昭德免死,配流"。

薛怀义病伤只十余日就全好了。他在宫中住了几夜,回到白马寺,那以后,就不愿入宫了。

此时的薛怀义有势,有权,有钱。他无权无势的时候,还与千金公主的一个小丫鬟私通。现在有了一切,岂能消停。

薛怀义已收了一帮无赖小和尚。他命这些和尚无赖,专为他找女人。

有了权,有了钱,办事不难。

薛怀义从宫里回来第二天开始,就有了一个女人住进白马寺。

不到十天,白马寺已有了十七个女人。最大的一个三十四岁,最小的一个才十八岁。

薛怀义有这些女人陪着睡觉,他还能愿意进宫吗?

武则天又怎么样呢?

就在李昭德被贬的那天,她又收到两个密奏。一个是柳模的,一个是史侯祥的。

柳模的表中写道:"臣有一子,名良宾,面洁白、美须眉、善体人意……堪充供奉。"史侯祥的表中写得不多,只有"臣阳道壮伟,强于薛怀义"几个字。

在薛怀义走后,再未来。

武则天则于杀了李旦的两个妃子后,立即召史侯祥入宫。

史侯祥来了。他与薛怀义不同,他是做官的,他是军器监的主簿,是明白礼节的。他见了武则天,立即跪下,道:"臣史侯祥,叩见陛下。"

"起来吧!"

史侯祥站起来。

武则天见史侯祥,中等个头,身子并不魁伟,面孔黄中带点红黑,尚未留胡子。也问道:"史卿,今年多少岁?"

"陛下,臣今年四十一岁。"

"现任何职?"

"军器监主簿。"

"你见过朕吗?"

"见过,不是在朝廷上。"

武则天想,试过再说。当即命人领史侯祥去洗澡,换衣服。

入夜,武则天命史侯祥脱去衣服。

史侯祥为的就是这样,他脱光了衣服,躺在床上。

这一点,史侯祥与当年冯小宝不同。

史侯祥不同了,他不敢任情、任性,非常拘谨。他还不住地提醒自己,这是在尽职,不能渎职,不能惹皇上生气。

侯祥没有欺骗武则天。他在表章中写的"阳道壮伟,强于薛怀义"的话是真的。武则天看见了,也尝着了。

史侯祥从武则天身上轻轻地挪下来。立即道:"臣该死,臣有罪。"

武则天没有笑,她是很聪明的,她在想,必须打消他脑中有不平等感,犯罪意识。她让史侯祥躺在自己身边。以臂代枕,让史侯祥枕在自己臂上。抚摸着他的头发——就像妈妈在抚摸婴儿——其实,武则天比史侯祥大了近三十岁,真的像她妈。过了一会儿,她道:"侯祥,你有妻子吗?"

"有,臣已有妻子。"

"你和你的妻子每天晚间都睡一被窝吗?"

"回皇上,是的,每晚都一样。"

"过夫妻生活你也认为是犯罪吗?"

"回皇上,臣对妻子从未认为是犯罪。"

"你今天为什么说有罪呢?"

"您是皇上。"

"我让你来,就是为的这个事,所以你不要把我当成皇上。我在白天是皇上,夜间上了床就仅仅是个女人。你就把我当成一个女人好了,你应该像对待你妻子那样对待我。"武则天开导着道。

"臣……"

"不要这样,我已说过,到了夜间,没有君臣之分,我是女人,你是男人,懂了吗?"

"臣明白了。"

"你怎么记不住?"

"臣错了,不该再称臣。"

"我是女人,你是男人,这里没有君臣之分。这是卧床,你怎么了?"武则天有些不耐烦了,口气也严厉些。

史侯祥不敢答话。

"把我的话复述一遍。"武则天又将口气缓和了。她这是在打消史侯祥的畏惧心理。她明白,史侯祥的畏惧心理不打消,他就不敢放开,自己也就得不到更大的满足与快乐。

史侯祥将武则天的话复述一遍。

"上了床,你就把我当作你的妻子,明白吗?"

"明白了。"史侯祥没有再称臣。

"我再说一遍,咱俩——咱们俩上了床,我不是皇上的,是你的妻子,你在家时,对妻子什么样,就对我什么样。这回明白了吧!"武则天简直像教小孩子,百厌不烦地再三说明,还打着比喻。

史侯祥总算明白了。

史侯祥不顾一切,他要表演,他要证明自己强于薛怀义,所以他打消顾虑后,真的像疯了一样,在武则天那虽已年老,皮肤仍白嫩,不松弛,不枯黄的身子上猛烈地跳动,像是在一具白白尸体上跳舞。是暴风,是狂飚,是奔马,是雄狮。

两次相隔仅一个时辰,史侯祥累了,真的太累了。他连大声说话的力气也没有了。他不愿开口说话。

武则天也满足了,最大的满足。她曾比较过,冯小宝强于徐士杰,而这个史侯祥又强于冯小宝。她暗道:这个史侯祥应该早日自荐。可惜晚了十年。晚了就晚了吧,总算得着了,还比得不着强。

薛怀义已多日不进宫了。他在干些什么? 明日应该了解一下。

武则天到处有她的亲信,有眼线,只是对薛怀义法外开恩。白马寺她没有设置眼线,没派去亲信。

第二天,上早朝前,他赏给史侯祥一百两金子,同时道:"把金子拿回去,交给你妻子,以后,你不要去军器监点卯了。有机会,我封你个大官当当。白天你爱到哪儿去就到哪儿去,晚间酉时到宫里来就行了。"

早朝时,武则天宣布,自号为金轮圣神皇帝。大赦天下,赐酺七日。

她这是因得到了史侯祥高兴。

同时,将已封王的皇孙辈,改为郡王。

李成器(李旦长子)为寿春郡王。李成义(李旦次子)为衡阳郡王。李隆基(李旦第三子）为临淄郡王。李隆范（李旦第四子）为巴陵郡王。李隆业（李旦第五子）为彭城郡王。

这些降王为郡王的事，是"皇嗣有异谋"谣言的影响，而造成的后果。

武承嗣因当不上皇太子，忧郁而死。

武则天并不在意。

武三思见武承嗣死了，以为机会来了，不乘此良机取悦于皇上，等到何时。况且皇上年事已高，说不定哪一天就崩逝了。

此时，武三思封梁王了，春官尚书，监修国史。

先上表奏请建造三阳宫于嵩山，其后又议建造兴泰宫于万寿山，供武则天游玩临幸之用。武则天依奏兴建。

武三思又令四夷，番邦酋长献钱买铜铁，以便制造天枢。共聚钱万亿。不足，又收聚民间铜铁，连家具也收。

天枢制造成了。

高一百零五尺，径十二尺，八面多经五尺。下面是铁山，周一百七十尺，用铜制成的蟠龙、麒麟祭绕铁山。天枢上置一腾云承露盘，经三丈。四龙直立，齐捧一火球，高一丈。

此天枢之制造，模型出自一工人毛婆罗之手。

武三思撰文，歌颂武则天之功与德。

天枢置于端门之外。

后来，到了李隆基（唐明皇）当皇上时代，毁了天枢，工匠们熔铜铁，一个月尚未熔完，可见其用铜铁之多。

武则天看了天枢，甚为高兴。

自己又加尊号：为越古金轻圣神皇帝。

武三思见武则天高兴，又开始铸九鼎。

九鼎铸成，以古代之九州名之。

因神都洛阳正在古代九州中之予州，故予州鼎最大。高一丈八尺，可容谷一千八百石。

其余八州鼎各高一丈四尺，可容谷一千二百石。

鼎上图画山川物产。

九鼎共用铜五十六万七百余斤。

鼎成。

武则天又为己加尊号，慈氏越古金轻圣神皇帝。

大赦天下，赐酺七日，改年号为证圣。

武则天高兴，既得男宠史候祥，更有铜天枢及九州鼎铸成。

武则天派人调查薛怀义及白马寺。

得报。

白马寺藏妇女十余人。薛怀义日夜与众女宣淫取乐。

又报。

白马寺已有僧千余人。由薛怀义授以武功。动向，目的不详。

　　武则天得报,既怒且惊。

　　怒薛怀义私藏许多女人,日夜淫乐,所以才不入宫。真正的喜新厌旧。新的是什么人? 旧的可是皇上。

　　惊薛怀义为何召那么多僧人,又练武功? 干什么? 想谋反篡位吗?

　　武则天当机立断,立召薛怀义入宫。

　　史侯祥入宫之事,薛怀义已知道了。他仍满不在乎的样子,见了武则天,既不问安,亦不叩拜,他一向是这样。进门后,一屁股坐在椅子上。粗声粗气地问道:"你找我有事吗?"

　　"你为什么多日不进宫?"

　　"有了史侯样,还要我干什么?"薛怀义满不在乎地道。

　　"不错,史侯祥是来了。那么在史侯祥未来之前呢?"武则天没发怒。

　　"我不大愿意来。"

　　"你又找了些小老婆,嫌我老了,是不是? 嫩的比老的好?"武则天口角挂着冷笑,看着薛怀义道。

　　薛怀义看了武则天一眼,头低下了。这是他入宫当了武则天的野汉子以后,第一次向武则天低头。

　　"是不是呀? 你说呀?"

　　薛怀义不答,头仍低着。

　　"我今天留下你,你可愿意?"武则天仍盯住薛怀义的脸。

　　"不是已有了史侯祥吗?"薛怀义怯懦地低声道。

　　"我问你愿不愿留下,不要提史侯祥。"武则天的脸变冷了,声虽不高,口气却严厉。

　　"我愿意留下。"薛怀义低声道。

　　"你的白马寺有多少僧人?"

　　"一千多。"薛怀义如实答道。

　　"要那么多僧人干什么?"

　　"我教他们武艺,以便需要时,保卫你。他们比那些官兵更可靠。"

　　"你这话是真的?"武则天的口气不那么严厉了。

　　薛怀义又恢复了原样。他道:"当然是真的,我不护着你还去保护谁。"

　　"这些僧人的武功练得怎样了?"

　　"还不行,才练了不长时间。你放心,用不上一年,他们就管用了。"

　　"行了,你回去吧! 记住,好好在白马寺享受你那些女娃子,不要再给我找麻烦事。"

　　薛怀义乐了,他道:"放心,放心,我也这么大年纪了,不再像前几年那样了,不会再给你添麻烦了。"

　　薛怀义走了。

　　当晚,正当史侯祥与武则天兴味正浓的时候。突然间人声鼎沸。

　　接着,锣声响亮。不大工夫,寝宫外被照得大亮。

　　宫外太监大声禀报:"回皇上,明堂起火。"

明堂,即薛怀义监修的明堂。

外面是更亮了,人声更多了,喊叫声更响了,只是听不清叫喊些什么。

武则天道:"你累了,歇一会儿,我得起来去看看。如果火烧到这里,我会先让人来告诉你。"她说着话,开始穿衣服。

武则天一出寝宫门,就看见冲天大火了。

火势甚猛,照亮了大半个洛阳城。整个皇宫全照亮了。

武则天站在寝宫门口,不断有人来报。

"发现火起是在酉时尾。"

"首先发现火情的是明堂夜班侍卫。"

"姚踌在指挥灭火……"

"杜景俭在指挥灭火……"

"夏官尚书王青杰已布置好火场警卫。"

"韦巨源在协助王尚书……"

"杨再思组织人力抢救……"

明堂是一座高大的建筑,是在拆了乾元殿,在其旧基上建筑成的。薛怀义正因为监造明堂而被册封为国公、大将军。

明堂共分三层,高总计九十四尺。基层方三百二十尺。下层分为春、夏、秋、冬四季形式。中层分为十二地支,内置二十属相生肖,十二生肖均为铜铸。上层圆顶,由九条龙支撑着,圆顶上有一丈高的铁制贴金凤凰。凤凰是展开双翅的。

这样高大的建筑,走了火,其火势可知。

有宫女搬来椅子。

武则天就坐在寝宫门口看火势。

报告不断传来。

火势太猛,人们已无法进去。

大火足足烧了一宿。

过了几天,武则天在早朝上宣布,将尊号中的"慈氏越古"去掉。

亲祀祖庙,请罪。

躬避正殿以谢罪。

武则天的圣旨刚发下。

秋官尚书,同凤阁鸾台平章事姚踌,即出班奏道:"此次明堂火,非天灾,乃人为之。至如成周宣榭,卜代愈隆,汉武建章,盛德弥永。臣观弥勒下生。经云,当弥勒成佛之时,七宝台须臾散坏,观此无常之相,便成正觉之因,故知圣人之道,随缘示化,方便不利,博济良多,可使由之义有于此。况今明堂乃是布政之所,非宗库之地,陛下若陛正殿,于礼未为得也。"

武则天令姚踌出班。

左拾遗刘承庆又出班奏道:"明堂宗犯之所,今即被焚,陛下以辍朝思过。"

姚踌又重申前议与之争。

武则天表态了。她道:"姚卿所言甚是,就依其奏。"

其先,姚踌曾为天枢督造使,此次又提了好的建议。

武则天宣敕，赐爵一等。

姚珤上表，请回赠一官。

武则天乃制下，珤父予州同户参军处平为博州刺史。

姚珤说明堂实乃人火，非天火。这样说的人不止姚珤一个。

武则天也相信是人火，有人放火。

是何人纵火？

武则天派人四处查访。

有一个报告，令武则天起疑。

这个报告来自无名氏。

报告中说，他于起火后，起来小便，发现有人影在白马寺墙上，一跃而入。这个人提出两点，一，与白马寺有关，二，其人会武功。而时间又相合，是在起火不长时间之后。

武则天想，难道是薛怀义？

两个疑点全与薛怀义相合。他是白马寺人，会武功。

仅仅是怀疑，没有一点证据。

他是住持，无人可证明他夜间外出。只此一点即可推翻了是他放火的证明，作案总得有时间。

武则天拿不定主意，是不是问问薛怀议？她已厌烦薛怀义了。但是，她还不想杀薛怀义，薛怀义令她得到了快乐，而且时间还不短。

不忙，等等看。

武则天早朝散后，去花园散步。

突然传来朗诵诗的声音。

武则天驻足细听。

"孟冬寒令至，北风何惨慄。愁多知夜长，仰观众星列。三五明月满，四五蟾兔缺。客从远方来，遗我一书札。上言长相思……"

声音清脆悦耳，却突然断了，武则天向后一招手。

几个宫女忙跑过来。

武则天无言地用手向左一指。

宫女明白了，留下一人陪着皇上，其余几人向左侧搜索过去。

不大工夫，宫女们回来了。宫女群中，多了一个人，是个女人。

为什么笼统说是个女人？因为武则天无法断定她的年龄，说她是少女吧，个子很高，比几个宫女还略高一点儿。说她是个妇人吧，不是，尚未开脸，说她是个大姑娘吧，她那脸还有些少女的天真。

这个女人认识武则天。

她到了武则天面前，立即跪倒，叩头在地，口中道："上官婉儿拜见陛下，愿陛下万岁，万岁，万万岁！"

上官婉儿？上官婉儿？好像听说过这个名字，又好像不知道。

武则天道："平身！"

上官婉儿站起来，低着头，站在武则天面前。

"抬起头来,朕看看你。"

上官婉儿听到皇上的命令,慢慢抬起头。

武则天仔细看着。

是个美人。

面似桃花,白中带粉红。眼似秋水,眉黛春山。柳腰樱唇。

"你多大了?"

"回皇上,罪女二十一岁。"

"罪女?你是哪个宫的?"

"回皇上,罪女在掖庭宫。"

"上官婉儿……掖庭宫……上官婉儿……掖庭宫……"武则天反复自语。她想不起有哪个妃子贬在掖庭宫,可是在她的记忆中,没有贬过姓上官的。突然,她灵机一动。

"上官仪是你什么人?"

"罪女之祖父。"

武则天想起来了。因为废后诏书的事,杀了上官仪。她知道上官仪是替罪的,所以网开一面,赦了上官仪的孙女,因为其孙女尚在襁褓之中,故也赦了上官仪的儿媳。

"你方才读的是古诗十九首吗?"

"是的。"

"是读还是背诵?"

"是背诵。"

武则天有些喜欢上官婉儿。长相喜人,庄重,懂礼仪。所以她才想亲问一些什么。

"你读过多少古诗?"

"回皇上,罪女无事时,喜读书,古诗读了不少,《诗经》,古诗十九首,三曹父子的诗,七贤、七子的诗……"

"婉儿,你听着,我读一句,你要接下去。"武则天道。她也读了许多诗,不过,自从当了皇后,很少摸书本了。她的精力全放到政治上了。但是,她的记忆很好,如今还记得许多诗,不过记不全了。她想考考上官仪的孙女。所以她左右看了看,不远处有凳,有石,均可坐。

"走!到那里去!"

武则天坐在一木凳上。

众宫女及上官婉儿跟过来。

众宫女站在武则天身后或两侧。

上官婉儿站在武则天面前。

武则天道:"听清了,我要念了。'采采卷耳'……"

"不盈顷筐。"上官婉儿立即接上一句,一点儿未停。

"汉之广矣。"

"不可泳思。"

"母氏圣善。"

"我无令人。"

"《诗三百》，你全读过吗？"武则天问道。

"回皇上，全读过。"

"能背诵吗？"

"勉强可以。"

"婉儿，听着，我又要念了。'人生寄一世。'"

"奄忽如飚尘。"

"不惜歌者苦，"

"但伤知音稀。"

"邪经败良田，"

"谗口乱善人。"

"行役在战场，"

"相见未有期。"

"携手何梁上，"

"游子暮何之？"

"良时不再至，"

"离别在须臾。"

"婉儿！你读了不少书吧？"

"罪臣女从八岁开始读书，一直未间断。"

"婉儿，我封你为婕好，做朕的随侍。"

"谢皇上恩典，臣祝陛下万岁，万岁，万万岁。"

"起来吧！"

"谢万岁！"

"长福，你去告诉副总管，在朕寝殿附近，给婉儿收拾一个屋子，设备要好一些。给婉儿预备三品明色，今天就办好！"

宫女长福答应着走了。

"婉儿，从现在起，你就跟着我。每天，你随我上早朝。散朝后，如果我不派你做事，你可随便玩了。"

"臣遵旨。"

第二天，武则天即领着文武百官祀南郭。

从此，上官婉儿就常在武则天左右了。

祀郭回来，有加尊号为无册金轮圣神皇帝。

宣布改年号为天册万岁，大赦天下。

武则天确实在标新立异。自古以来，历代王朝，所有的皇上，所用年号都是两个字。她却别出心裁，用四个字做年号。

武则天的花样多着了。她忽发奇想，要去御苑夜赏牡丹。

其时，牡丹尚未开放。但无人敢拦，因为一句话不慎，就要杀头。

武则天一行人来到御苑，果然来早了。牡丹花蕾有不少，却无一朵开放的。

武则天并不气馁,她竟领着宫女们,当然还有上官婉儿在内的一行人竟在牡丹丛中看起来。

看什么?

无花只看花蕾。

看了一会儿。

武则天来了诗兴。她对着花蕾作了一首五言诗:

"明朝游上苑,火急报春知。

花须连夜发,莫待晓风吹。"

武则天一生写了不少诗,很可惜,留传下来的,只有这一首了。

为什么这一首留传下来?

其诗并不见得高。

因为围绕这首诗,有了一个传说故事。

故事有两个。

一个是说,武则天是皇上,说出的话人神皆得遵守。她写完诗,焚于牡丹丛,花神知道后,不敢违旨,第二天,所有的牡丹,全都开放。所以至今洛阳牡丹出名。

另一个故事。第二天牡丹未开花,武则天一怒之下,将牡丹连根拔。将根扬弃于外,这些牡丹根随风飘扬,送于四周,所以洛阳之外才有了牡丹。

其实,这两个故事都是后人杜撰。武则天的诗未焚,花神也未于第二天令牡丹开放。武则天也未拔掉御苑的牡丹。

武则天兴尽了,率人回宫。

他们一行人,刚走出御苑的大门。突然从暗中跃出两条黑影。

武则天等全是一惊。

两条黑影是两个人。每人手中有兵刃,二人直奔武则天。

来人身手不凡,身影极快。二人中,一人持剑,一人持刀。

这二人似乎认识武则天。他们并不理宫女,也不理上官婉儿,直接一刺,一砍,目标都是武则天。

武则天是有胆量的,此时却吓了个亡魂皆冒。暗道:我命休矣。她没有跑,不知是吓昏了头,还是明知跑不脱,反正她没跑。

眼看着一刀一剑全招呼在武则天身上。一刺咽喉一刺胸膛。两件兵刃,有一件招呼上,武则天就玩完了。唿唿!嘟嘟!两声响。

就在一刀一剑离武则天的咽喉,胸膛还有三指远的时候。飞来二物。大概是镖、飞蝗石、钉,蒺藜等暗器,正好打在刀与剑上。

刀与剑全被打歪了。

也就在刀剑被暗器打中的同时,另外有几件暗器向刀剑的主人打去。

刀剑的主人为了躲暗器,不得不旁跃五尺,这才离武则天远了。

就在几枚暗器打出的同时,响起了人声:"行刺的朋友,慢来,吾等在此。"

随着人声,从暗中跃出四名护卫。

暗器就是护卫打出的。

当刺客将伤及武则天的时候,护卫离着远,想救来不及了,所以才打出了暗器。

再说四个护卫与两个刺客一朝相,才发现两个刺客全是青纱蒙面。

四个护卫,两个打一个,与刺客交手了。

武则天已吓出一身冷汗。此时,方镇定下来。她仍没有走开,领着宫女及上官婉儿站在园门口看热闹。她见护卫是四人,刺客是两个人,即高声道:"要活捉刺客。"稍停,又补充道:"至少留一个活口。"

因为武则天已下令,要留一个活口,所以四名护卫,出招全没往刺客的要害处下手。

刺客则不同了,出手就是狠的,招招攻击护卫要害。

正因为双方想法不同,而武功又相差不多,所以,护卫人虽多,却一时间没能将两个刺客拿住。

此时,于振海已死,护卫统领是王山友。副统领吴三立也死了。王山友是后聘的。李治时代的护卫老人,一个也没有了。

王山友今天带班,他有个绰号,叫多臂人熊。得号的由来有二,一是他精通各种兵刃,二是他能打许多暗器。方才救武则天时,所有的暗器全是他打出来的。

此时,王山友见久战不下。他怕两个刺客跑了。如果跑了,他不好交代。正赶上他带班,刺客来了,虽未伤及皇上,却又跑了,即使皇上不责罚,传扬出去,于他这个统领脸上也无光。他打算用暗器抓人。

两个刺客本来是来杀武则天的,目的未达到,反被护卫围上了。两人心里明白,如果不是武则天下令抓活的,二人早已不死即伤。因为他们也看出,以自己的武功,与护卫一对一不会败的,百招之外,有胜的可能,现在是二打一,久了,必败无疑。

两人中的一个突然呼哨一声,却未说话。这一声呼哨,就是通知对方,一同逃走。

两人心意已通,同时,猛地向护卫攻击。

两人的身影,步法均快捷。

两个刺客刚落到房上。

王山友的三只连珠镖,一枚追魂钉打向刺客。

两个刺客到了房上,刚稳住身形,也就是脚刚立在瓦上。王山友的暗器到了,其中一人脚一麻,立即从房上跃下去。

另一个刺客发现同伴中了暗器,他没有去救,连忙逃走。他明白,自己下去,不但救不了同伴,自己也难脱身。

再说那个从房上跌下的刺客,人一落地,立即往起一跃。

他已发觉,打中他的暗器不是浸毒的,但是,他还是晚了一步,就在他往起一跃之际,一个护卫的宝剑已指向他的咽喉,同时听到一个声音:"朋友,还是老实躺一会儿吧!"

用剑指他的护卫,话刚说完,另一个已跃过来的护卫,伸手来点刺客的穴道。

刺客没动,没说话。只见他头一低,随即又一歪,接着腿伸开了。

"晚了,他死了。"用剑指着刺客的护卫对点穴的护卫道。

王山友没有走过来,他叫道:"卢护卫,将刺客提过来。"

用剑指着刺客的护卫,已收起剑,他一边往回走,一边道:"刺客死了。"

"死了?"王山友有些不相,他道:"我只中他的腿,我的暗器上从不浸毒。"他自言自语地道。

"把刺客提过来!"这话是武则天说的。

点穴那个护卫,哈腰,抓起刺客,走向武则天。

刺客被放在武则天面前。

王山友走过来,用脚拨动一下刺客的尸体,道:"刺客确实死了。"

武则天想了想,道:"王统领,带一个护卫,将刺客尸体拿到我宫中去。"

武则天等一行人回到宫中。

王山友与另一个护卫,提着刺客的尸体也到了宫中。

武则天见刺客蒙着面纱,即道:"扯去他的面纱。"

尸体面纱扯去了。

众人看清了,死者大约在四十岁左右,是个螃蟹脸的人,双目紧闭,此时,面色发青。

王山友道:"此人服毒自杀。"

"服毒?"武则天反问了一句。

"是的,这是江湖人常用的法子。毒药就缝在领边,头一低即可咬到。"王山友说着,低头、俯身,翻开尸体的衣领处,那里果然有一处牙咬的痕迹。王山友二指一用力,扯开了那里,已可看见,那里有一处像小口袋的样子。"毒药就藏在这里。"王山友指着道。

另一个护卫道:"这个刺客也真大胆,天还没黑就敢行刺。"

武则天道:"搜搜他,看有没有能证明他身份的东西。"

王山友与那个护卫搜尸体,两人搜遍了尸体全身,没有一件东西,只有身上的衣服,从衣服上什么也看不出来。

王山友道:"刺客来得奇怪。正像李护卫所言,才一更天,刺客敢来行刺,而且又埋伏在御苑门口。可见刺客知皇上今夜去御苑。皇上,今夜去御苑都有哪些人知道?今天,刺客来行刺,显然事先知道皇上去御苑的事。"

武则天道:"知道此事的人太多了。朕今天散朝后,就说过,将于夜间去看牡丹。"

"皇上,请想一想,也让皇上身边的人共同想一想,也许从这知道的人身上找出刺客的来龙去脉。这次逃走一个刺客,他可能还来。是他们本人有为而来,还是有人主使,收买指派而来?要查个清楚。"王山友道。

"等朕想一想,明天告诉你。"武则天道。

"这尸体?"王山友请示道。

"将全尸在都亭悬挂三日。"武则在说道。"给刺客们看看,这就是入宫行刺的下场。"

第二天,武则天向王山友提供了一个名单。名单上的人,全知他夜游上苑之事。

王山友与宫内总管展开了调查。

·风流皇后·

图文珍藏版

武则天听了报告,当机立断。"立即包围白马寺。"此时,正是申时尾,酉时初。左右金吾卫的禁军,在两个大将军的指挥下,立即包围了白马寺。

王山友及众护卫,撞开了山门,一拥而入。

王山友率众护卫打进去,只遇到十几个小僧。

小僧被众护卫打倒几个。其余的飞快逃走,有的向里逃,有的向外逃。

向外逃的,不出声,以为逃出去就可活命。向里逃的边逃边叫,杀人呀,来强盗了!

薛怀义露面了。他是得到小和尚的报告,才出来的。

当时,他正在用饭。有几个女人陪着他。他一边饮酒,一边与女人调情,左拥右抱,这个脸上拧一下,那个脸上拧一下……

小和尚的报告,让他一愣。

什么人这么大胆?竟敢到白马寺撒野,难道吃了熊心豹子胆不成?

他推开身边的女人,又令小和尚去招呼他的几个亲信。

亲信来了,他边走边道:"走,看看去,是哪里来的胆大狂徒,敢上我的白马寺撒野?"

薛怀义与王山友照面了。

"王统领,你们这是什么意思?不知道我是这里的住持吗?"薛怀义不满意地道。

"本统领奉旨拿人。"王山友平静地盯住薛怀义道。

"圣旨?什么人的圣旨?敢来拿我薛大将军,你是不是弄错了?"

"没错,如果你们不束手就擒,我们可就动手了。"

到这时,薛怀义才知不妙。他以为不会发生这样的事,所以连兵刃也未带。他身后的一帮亲信中,听到招呼时,就带了兵刃,立即与众护卫打起来了。

王山友不再费话,身形一动,一招苍鹰捕兔,抓向薛怀义。

薛怀义见王山友抓来,他本以为王山友不敢,所以无备,此时,只好后退八步。就在他将落地之际,突然,身子一仰,仰面跌倒在地。

王山友飞身上前,忙伸手点了薛怀义的昏晕穴,黑屏穴。

此时。

众护卫大获全胜。

地上躺着十几具尸体,活着的人全逃开了。

白马寺僧被打死二十七人,轻重伤二十一人,无伤而被活捉的一千二百一十七人。无一漏网。还有妇女二十二人。

武则天已传下旨意:已死者,扔到野外去喂鹰,轻重伤者令军医包扎,捕获的僧人押秋官部及司刑司、洛阳县大狱,等候发落。捕获之女人先押宫内司刑司。

武则天要亲自审问薛怀义。

薛怀义被抬来了。

武则天问道:"他死了吗?"

"他没死,是属下点了他的黑屏穴、昏晕穴。解开穴就活了。"王山友道。

"将他弄活。"武则天道。

王山友先检查了薛怀义身上有无毒药？没有，这才解开了昏晕穴及黑屏穴，却立即点了他软麻穴。他是防备狗急跳墙，危及皇上。

薛怀义醒了。他见自己躺在地上，想一跃而起，却未跃起来，已知软麻穴被点了。他躺着看，看见了武则天。他问道："是你下令抓我？"

"对！是我下的令。"

"为什么要抓我？是不是弄误会了？"

"我没有误会，是不是你误会了？你为什么派刺客杀我？"武则天不怒不气，声音平板，不带一点感情。

"怎么？你知道了？难道白全龙没死？是他招供了？"薛怀义吃惊地道。

"别说什么白全龙，你这不是自己招供了吗？另一个刺客是谁？是你吗？"

"不是，另一个是计成玉。唉！这个白全龙，是个软骨头。我白白养活他了。"

"你一共养活多少个刺客？"

"不是刺客，我身边有八大金刚。"

"都叫什么名？"

薛怀义一一说出八大金刚的名字，其中有白全龙。

"你养他们专为刺杀我吗？"

"起初不是，我并没想到干什么？打算哪里需要就用到哪里。火烧明堂的就是他们中的老七吴彪。"

"明堂果然是你烧的？"

"是我修的，我当然要烧了它。我恨那个明堂，也恨你。"

"现在，你已是恶贯满盈了。"武则天冷冷地道。

武则天令将薛怀义拖到宫门口，用竹杖打死他。

只两杖，已打折了他的骨头。

又打了二百多杖，薛怀义才死了。

看看已死的薛怀义，身上的肉所剩不多，从肩膀开始，往下一直到小腿，所有的肉，用高明的屠户剐下来，大概不足二斤。

死得够惨的了。

武则天亲眼看着行刑。

薛怀义死了。

武则天没有一点怜惜之意，她的面孔是平静的。

武则天没让扔到野外去喂鹰，因为尸体上没多少肉，鹰不会光顾的。她命令将薛怀义的尸体埋到白马寺的空闲处。

武则天是闲不住的，她要尽情享乐。又命起驾去嵩山，她要封嵩岳，故又改元万岁登封。

十二　文韬武略

武则天虽然也组织人撰写了《烈女传》《女则》之类的书，倡导道德教化。但她更多地表现出对女子的同情，打破一些男尊女卑的旧规。她在给高宗上的"请父在为母终三年服表"中说:"礼,缘人情而立制,因时事而为范。变古者未必是,循旧者不足多也。至如父在为母服止一期,虽心丧三年,服由尊降。窃谓子之于母,慈爱特深。非母不生,非母不育。推燥居湿,咽苦吐甘。生养劳瘁,恩斯极矣!所以禽兽之情,犹知其母。三年在怀,理宜崇报。有父在为母服止一期,尊父之敬虽周,报母之慈有阙。且齐衰之制,足为差减。更令周以一期,恐伤人子之志。"她在回归故里时,代高宗下诏授并州八十岁以上的妇女以郡君的荣誉。在泰山封禅时,她又改变了女子不能封禅的旧规,亲率内外命妇登山祭祀。这些都是她敢于打破陈规旧礼提高妇女地位的一种尝试。在她执政几十年的时间里,她一直是垂帘听政,接触臣下和接受朝臣、各邦使者的朝觐,与臣民总有一帘之隔。尽管很不适宜,但她作为皇后、太后,她又必须这么做,按宫廷规则行事,向传统习惯低头。但现在,她既然要做一国之君,怎么能还与臣下相隔、躲躲闪闪呢?她在《臣轨》中一再阐明"君臣一体"的观念,如果君臣不能正面交锋、交流,那怎么能做到君臣一体呢?皇帝是臣民的父母,臣民就好像她的子女,父母不能与子女面对面的交流吗?她是君王,富有天下,应该像所有男性皇帝那样,展现皇帝的风采,展现她非凡的威仪、气度,让万民敬仰。因此,武则天决心打破女子不能见外人的成规,走出帷帘,大大方方地与臣民接触,与臣民交谈。在拜领"圣图"的大典中,她已经撤去了帷幕,风采照人地主持庆贺仪式了。

垂拱四年十二月己酉,武则天率领睿宗皇帝、皇太子拜洛水,受宝图。朝廷内外的文武百官,少数民族各部落酋长,邻国的使节也都扈驾随行,沿途鸾卫仪仗,逐队行进,各种雅乐齐奏。等到洛水,司礼官员已经设起祭坛,武则天亲临致祭。她头戴冕旒,身穿衮袍,徐徐登坛,皇帝与太子随后而上,焚起香烛,案前供着"天授圣图"。内外文武百官、部落酋长各依次站立,各种珍禽、奇兽、异宝陈列在祭坛之前。乐队演奏着武则天亲撰的《唐大享拜洛乐章》十四首,已经谱曲让乐队演奏。这么盛大的场面,为唐兴以来从未有过的。《唐大享拜洛乐章》十四首歌词内容如下:

武则天的这十四首祭祀歌词,在这里显其原貌,以便让读者能一睹武则天在宫廷文学创作中的风采。近人谢元量在其所编《中国妇女文学史》中,特设一章专门谈武则天的文学成就,称她为"古今妇女之冠","自来妇女亦无此大手笔",评价很高。

从她的十四首歌词里,武则天大做神灵的文章,极赞上天对她恩宠,利用了儒家的"天人感应"学说来表现她的政绩。同时,她也谦虚地表示还"有惭虚菲","未能弘至道",需要努力奋斗,把"三圣"(即高祖、太宗、高宗)传下来的基业,再从她这里开始,励精图治,遗传千年,"永昌帝业,式播淳风"。

次年正月,武则天又在明堂大宴群臣,祭祀天帝、祖先。太后身穿帝王的衮冕服饰,腰带上佩着三尺长的大圭,手执二寸长的镇圭,为初献,皇帝为亚献,太子为终献。先祭昊天上帝,次及高祖、太宗、高宗,再祭魏王武士彟,然后祭五帝。祭祀毕,武则天登上则天门,宣布改元"永昌",大赦天下。第二天,武则天坐在明堂宝座上,接受百官朝贺。第三天,她在明堂布政,并颁布九条政令以训导百官。又次日,再宴群臣。

这两次盛大活动武则天都是按照天子的规格主持进行的,丝毫不因为是一个女人而藏藏掖掖，躲躲闪闪。她实质上是在宣布她是名副其实的君主，无人敢阻挡她。但她在祭典上又表明她是继承先帝的遗志，治理天下，永昌帝业。

明堂的建筑师是武则天所宠爱的男侍妾薛怀义。武则天自高宗去世，对高宗思念至深，在她的祭祀文章、言论及常年的祭祀活动中，经常提到他，三十多年的恩爱之情难以割舍。不过，武则天也不愿受制于封建礼法认为女人一定就要守贞。所以在三年服制刚满，她即宠爱了一个男侍妾薛怀义。

公元697年，酷吏头子来俊臣被推上断头台，这标志着则天女皇酷吏政治的终结。则天女皇之所以结束酷吏政治，不能说与执法公平的大臣如徐有功，朱敬则的规谏无关，但更重要的是自武周革命以来，经过六七年的整治，反对派已基本上销声匿迹，正如朱敬则所说的那样："今既革命，人心已定。"似应该刀枪入库，马放南山了，再也用不着像过去那样以肆行杀戮以树威势了。

武则天提倡告密之风，推行酷吏政治是从公元684年开始的，至此已经过了十三四年。这一时期，应该说是武则天统治最为昏暗的时期。这种酷吏政治，无疑对社会的发展不利。但如果站在武则天的立场上，也是可以理解的。她是一个临朝称制乃至要登上九五至尊之位的女性，在儒家的男尊女卑思想根深蒂固、传统势力强大的情况下，要想达到自己的目的，除了用杀戮的手段，严厉打击反对派之外，还能有什么锦囊妙计呢？右补阙朱敬则在上疏时也曾说过这一点，他说："自文明草昧，天地屯蒙，三叔流言，四凶构难，不设钩距，无以应天顺人；不切刑名，不可摧奸息暴。故置神器，开告端，曲直之影必呈，包藏之心尽露，神道助直，无罪不除，苍生晏然，紫宸易主。"因为封建时代争夺皇位的斗争历来是异常残酷的，为了使自己能做上皇帝，竟不惜父子相杀、兄弟相杀、亲属相杀，类似这样相杀的事件在史书上数不胜数，可以顺手拈来。则天女皇的罪过就是滥杀，冤杀了数以千计的无辜士民。此事是她一生最大的污点，是任何时候也难以洗刷掉的。

则天女皇对她这一历史罪过，至酷吏政治结束时略有觉悟。例如公元697年9月，她曾对侍臣说："往者周兴、来俊臣等推勘诏狱，朝臣递相牵引，咸承反逆，国家有法，朕岂能违。中间疑有枉滥，更使近臣就狱亲问，皆得手状，承引不虚，朕不以为疑，即可其奏。近日周兴、来俊臣死后，更无闻有反逆者，然则以前就戮者，不有冤滥耶？"

为了提高朝政的执政能力，天授二年六月，武则天任用了并非她亲信的能人充实执政班子，以左肃政大夫格辅元为地官尚书，与鸾台侍郎乐思晦、凤阁侍郎任知书同为平章事。九月，起用被贬为洛州司马的狄仁杰为地官侍郎，与冬官侍郎裴行本同为平章事。武则天对狄仁杰说："卿在汝南，很有善政声誉，但被人陷害，卿欲知是谁要害你吗？"狄仁杰当然知道，就是那位滥杀豫州无辜被他当面斥责的行军元帅张光辅。但他却拜谢武皇说："陛下以为臣有过，臣请改过自新；陛下知道臣无过，是臣之大幸。臣不愿知道潜害我人的名字。"武则天听了，很是赞赏他的品格。

但是，小人与君子同朝列，必然格格不入，相互争斗。当时凤阁舍人张嘉福秉承武承嗣之意旨，指使洛阳人王庆之等数百人，故伎重演，上表请立武承嗣为皇太子。这一举动为朝廷大臣所厌恶，他们极力想保住延续李唐江山之余脉，保全太子李显，因此断然反对此议。文昌右相、同鸾台凤阁三品岑长倩认为："有皇嗣在东

·风流皇后·

图文珍藏版

宫,还另立什么太子,此议荒谬,应予以谴责,让这些人回去。"武则天心下犹豫,就问地官尚书、同平章事格辅元,格辅元也认为不可,应如岑长倩所说的那样。司礼卿兼判纳言事欧阳通也表示坚决反对。他们这种坚决态度让武氏兄弟们很是痛恨。他们即罗织谋反罪名,将岑长倩、格辅元下制狱。来俊臣还把岑长倩之子岑灵原抓起来;胁迫他诬陷欧阳通等数十人同谋。欧阳通在狱,受尽了各种毒刑,终不肯认罪,来俊臣竟伪造认罪书上奏武皇。在天授二年十月,岑长倩、格辅元、欧阳通等人被诛杀。武则天虽对皇嗣更易之事犹豫不决,但她认为这些人既然反对武承嗣等武氏近戚,一定也对她心怀不满,既然有人告他们谋反,她也就相信了,把这些忠直大臣付以严刑。狄仁杰、乐思晦两位宰相也是不谄事诸武的,但狄仁杰新近受武则天信任,武氏兄弟怕扳不倒他,就把目标指向乐思晦。因右卫将军李安静没有参与劝武则天称帝的活动,而且还说了一些反对的话,曾被武则天处置,诸武借此诬陷乐思晦,说他与李安静关系友善,共同谋反。因此乐思晦也被诛杀。一时朝中又是诸武得志。

诸武还想把其他正直大臣一网打尽。宰相狄仁杰为人正直,是个难得人才,经常劝谏武则天。有一次,太学生王循之上表,请假还乡,武皇允许了。狄仁杰当即借此劝谏武则天:"臣听说皇帝只有生杀大权不借手于人,其余的事情都交由别的人去处理。故左、右相的官,对流放以下的事就不管了,因为其地位太高。左右丞的官,就不管徒刑以下的事。那个学生请假,只有丞、主簿等小官才去管,如果天子为此区区小事去发命令,那又如何去管理天下的大事呢?即使要满足那个学生的愿望,普遍地立一个制度就可以了。"这实际上是借以劝武则天只管去做一个皇帝分内要做的事,不要事事插手,越俎代庖,应该让各职司官员按职权各司其职。武则天听了,觉得狄仁杰的话很有道理,觉得自己有必要改掉谋取皇位时期事事躬亲,对官员们不放心任使的老毛病了。

对于这些尚留在朝内的忠直之臣,武承嗣等人蓄意残害,以清除争当皇嗣的障碍。所以在长寿元年春一月指使来俊臣等将宰相任知古、狄仁杰、裴行本以及崔宣礼、卢献、魏元忠、李嗣真等七人罗织罪名上告。结果,狄仁杰巧妙用计,让皇上得知真相,来俊臣等人的诬告被阻止,狄仁杰等七人被保下来,只是贬了他们的官。贬任知古为江夏令,狄仁杰为彭泽令,裴宣礼为夷陵令,魏元忠为涪陵令,卢献为西乡令。裴文本、李嗣真被流放到岭南。

武则天主政的时期,是唐代科举制度、选人用人制度大改革的时期。她力图通过各种途径延揽庶族地主阶级的人才,为她的统治服务。

武则天辅政时期,对科举制就进行了一些改革。龙朔三年,特设书学、算学、律学等专门学校,培养专门人才,并设明书、明算、明法等科举专门科目,考生优秀者送入专门部门任职。进升虽很慢,但满足了政事的实际需要。上元二年,武则天又建议在国子监设"大成"二十人,即让已经在进士、明经科及第而又特别聪明的人充任,让他们进行进一步的培养进修,学成后,补其俸禄,直接任用,同其他及第听从通常的调遣者相比官位要高,升迁也要快得多。永隆二年,武则天又调整考试内容,加试诗赋各一篇,通文律者,才能进行策试。这种奖励诗文的制度被后代皇帝所采用,这对于唐诗唐文的卓越成就以及后世文学的发展都有积极作用。

武则天执政以后，更注意广泛罗致人才，对科举制进行了更多的改革。在天授元年，她亲自在洛阳南门内的洛城殿策问贡人，数日才策试完，以后盛行了一千多年的贡士殿试的制度就是从这时开始的。殿试能增强考生的光荣感，使科举取士更受社会的重视，考生对皇帝也会更加忠诚。长安二年，武则天又创立武举科，专门选拔军事人才，由兵部主持考试。考试科目有三种：一是用一石弓和六钱重的镞射箭；二是用八斤重的长矛刺枪；三是举重。达到标准的考生及第，任命为武官。武举适应了当时频繁的边疆战争对军事人才的需求。武举制度也被历代统治者采用，一直到晚清时期才被废除。武则天还提高各州县贡士的身份地位，在此之前，贡人排在各地贡物之后，到长安二年则改在贡物之前，让皇帝检阅。在高宗时，她就开设"南选"即从边远落后地区选用人才，在她称帝以后，"南选"，更成为一项固定的制度，并且推行到岭南、福建等地。

武则天还对科举录用人才进行扩招，在她辅政执政的五十年里，进士及第人数共有1013人，每年平均录取的人数是唐太宗时的两倍多。

她还多次下诏求贤，命各级官员推荐各种人才，来表示自己求贤的决心。同时在诏书里面，她又一再强调要推荐有真才实干的人，如果借机营私舞弊，她就要严加惩罚。在一次求贤诏书中，这样写道："上之临下，最重要的就是求得贤才。朕虽然殚思竭虑，辛苦万分，思考治国之术，但九域这么广大，靠一个人是搞不好的，必须广蓄贤才，作为羽翼。今天虽然群英在位，朝廷已有不少贤德之臣，但朕还是怕像姜太公那样的人会被遗漏在草泽，总是放心不下。朕一直都这样想，文武官员都有责任举荐所知道的贤才。或者是栋梁之材，可以丹青神化；或者很有韬略，可以在军事上振耀国威；或者道德高修，可以奖训风俗；或者孝顺友爱，可以劝化生灵；或者饱读经书，可以教育民众；或者文思敏捷，可以振兴文字；或者心明如镜，可以忠言直谏；或者节操清白，可以守职不渝。大凡这些人，都可以举荐，有关部门要规定期限，务要各官员行使这一职责，从而不负朕求贤之意。"

她还特别强调臣下要在富民方面做出政绩。她说："衣食者，人之本也；人者，国之本也。""君臣之道，务在劝农。家给人足，则国自安。"所以"助君而恤人者，至忠之远谋也；损下而益上者，人臣之浅虑也。"正因为有此认识，她在规定考察州县官的政绩时，很重要的一条，就是劝课农桑如何。如果"田畴垦辟，家有余粮"者，即可升官；反之，"为政苟滥，户口流移"者，就要降级。

武则天不仅以《臣轨》和《百僚新诫》教育官员，而且还经常派出使者，按她所拟的具体项目来考察州县官员。如她专设监督州县官员的左肃政台和专门监督中央机构的右肃政台，加强整肃吏治的力量。

在高宗皇帝驾崩、武太后临朝称制的初期，当时的经济形势是比较严峻的。关中地区先是水灾，继之又发生了严重的旱灾、蝗灾，随之又是疾疫流行，百姓死亡很多，米每斗涨至400文，东都洛阳也是连年水灾，淹没了不少农田，吞噬了许多百姓的生命与财产。因此出现了"两京间死者相枕于路，人相食"的局面。这是武则天执政以后所面临的一个严峻考验。

武则天具有治国安邦与发展经济的才能。早在她做皇后时，即向高宗建言十二事，其中第一条就是"劝农桑，薄赋敛"。她懂得"建国之本，必在安农"，"家给人足,则国自安"的道理。在发展农业生产方面,她采取了一些有力措施:兴修水利事业,既有利于农田灌溉,又有利于排涝和漕运。武则天比较注意兴修水利事业。据统计,在她当政的二十一年间,共兴修了19项水利工程。其中较大的水利工程,主要有以公元688年,在泗州涟水开凿了新漕渠,其南与淮水相通,并沟通了海州、沂州和密州之间的联系,有利于这一地区的经济交流。

从制文可以看出,这次由关中向河南道迁移民户的原则有两个:其一是百姓自愿,制文中二次出现了"情愿"一词,显见这次移民不是只出于官方意志、强迫百姓所为的;其二是对迁移到河南道的民户给予优惠政策,"给复三年",即移民三年不服徭役,这为新定居的百姓营建房舍、开地种田保证了足够的人力和时间。

至于这次向河南道究竟迁移了多少民户,制文无所记载,而《通鉴》的记载正好做了补充,其中说,这年七月,"徙关内户数十万以实洛阳"。

《通鉴》所言移民"数十万户",大致是可信的。但所言"以实洛阳",大概是泛指洛阳周围的广大地区,并不一定仅指洛阳,因为将如此之多的民户一下子全迁到洛阳,它是很难承受与安排的。

据制文中有"其官人、百姓有情愿于洛、怀等七州附贯者,亦听"的记载,故《通鉴》所说的"以实洛阳"当包括"洛、怀等七州"。制文中还有关于七州的记载,系指神都、畿内、怀州、郑州、汴州、许州、汝州,这七州包括了今洛阳地区及洛阳以北、东、东南的广大地区。

像这样有计划、有组织的大规模的移民,不仅大大缓解了关中人口密集,受田不足的压力,而且也为洛阳以东地旷人稀的地区补充了大量的劳动力,对于开发这一地区的农业,发展经济无疑是起到了积极的作用。

在我们考察武则天当政时期的社会经济状况问题时,逃户问题是无论如何也是回避不了的。因为早在唐高宗时,就出现了较多的逃户。武则天临朝称制乃至改朝称帝后,逃户仍是一时居高不下,它已成为当时最严重的社会问题之一。

封建国家的租税和徭役,一般都是来自封建政权所控制下的编户齐民,即在原籍编入户籍册的自耕农。农民的逃亡,既影响了社会的安定,又影响了封建国家的徭役与财政收入,因此,历代君主都比较注意解决逃户这一社会问题,以安定农民。武则天也是这样,她曾采取了相应的措施,以解决逃户问题。

农业生产的发展,首先是表现在粮食有了储备。公元704年1月,则天女皇欲幸西凉,洛阳县尉杨齐哲在其所上谏行表中说:"神都帑藏储粟,积年充实;淮海漕运,日久流衍。"其中所说的"积年充实",说明了洛阳仓是多年储备充足的。久视元年,任右补阙的张说在《陈则天幸三阳宫表》中也说:"太仓武库,并在都邑;积粟利器,蕴若丘山。"从当时朝臣的上表都说明洛阳仓储十分丰足,由此可见农业生产发展的情况。

人口的增加也从另一个侧面反映了当时农业发展的情况。一般地说,在社会安定、农业生产发展较好的情况下,人口增长就比较快;反之,社会动荡,经济凋敝,饿殍遍野,人口就会下降。今据历史文献记载,唐高祖在位的武德年间,户为200万;到了唐太宗在位的贞观年间,户还不满300万,其间23年,增加不到100万户。可是,至则天女皇退位的神龙元年,天下竟达到635万多户,是贞观年间户口的2

倍多。其间包括唐高宗在位的 35 年,计 56 年。显然,人口的增长速度超过了唐太宗时期。

人们在研究武则天这一历史人物时,容易给人造成这样的印象:武则天篡夺皇权,排斥诸子,用酷吏滥杀王公大臣,朝野上下似是一塌糊涂,其实不然。《新唐书》的作者曾给武则天作了这样的评价:

> 武后自高宗时挟天子威福,挟制四海,虽逐嗣帝,改国号,然赏罚己出,不假借群臣,僭于上而治于下,故能终天年,贴乱而不亡。

这里所说的"僭于上而治于下",正是问题的真谛所在。

武则天临朝称制以后,最初几年边境平安无事。但自垂拱三年开始,边境战事又起,其规模不亚于高宗在位时期。武则天早就有处理边境战事的经验,因此调兵遣将,攻防结合,仗恃雄厚的国力,使边境复归于平安无事。

武则天废唐为周,做了大周女皇帝,标志着她改朝换代的成功。但她毕竟是一个女性皇帝,而且又是史无前例的,这样从她称帝那一天起,就必须遇到一个很棘手的问题,那就是在千秋万岁后,皇位究竟应该由谁来继承。

千余年来传统的宗法制度规定,"立嫡以长",父死子继。这对于男性皇帝来说,是很自然的事情,但对则天女皇来说,这就使她感到困惑了。如果她要传位于儿子,势必复辟李氏皇朝,自己不惜一切、惨淡经营的武周政权就要一世而亡,这当然不是她心甘情愿的;但如果要保持武周政权,那么只能传位于她的武姓侄子,但姑侄关系总不如母子关系,而且享受宗庙血食也就成了问题。因为自古以来,宗庙祭祀都是子孙祭祀先祖父母、祖父母和父母,又有谁会祭祀他的姑母、姑奶奶呢?更甚的是祭祀姑母不符合传统的礼制,这一棘手的问题在武则天即位之初,并不显得那样突出与重要,因为当时帝位尚不十分稳固,她要集中力量安定内外。现在国家已经安定,武则天年事已高,处于风烛残年中的女皇已经认识到,确立皇位继承人已经是刻不容缓的事情了。

在则天女皇面对这个棘手问题的时候,朝廷两派势力围绕着皇位继承权一事展开了激烈的斗争。其中一派是外戚,以女皇侄子武承嗣、武三思为首,他们想方设法地要篡夺皇太子之位,以便将来能像其姑母那样,堂而皇之地登上大宝之位;另一派势力则以大臣李昭德、狄仁杰为主,他们积极拥戴李氏皇子,极力恢复李唐天下。

在外戚中,最早觊觎皇太子之位的是武承嗣。在武太后将中宗皇帝赶下台,自己治理朝政之时,"承嗣自谓传国及己,武氏当有天下,即讽革命,去唐家子孙,诛大臣不附者,倡议追王先世,立宗庙"。武则天改唐为周、称帝之后,就在神都洛阳立武氏七庙,追尊先祖为帝,妣为皇后,封武承嗣为魏王,武三思为梁王,并改睿宗皇帝为皇嗣。这样,武承嗣求做皇太子的欲望更甚,但他自己还不好意思明言此事。凤阁舍人张嘉福窥知了武承嗣这一难言之隐,便于公元 691 年 9 月唆使洛阳人王庆之出头露面,鼓动数百人上表,请立武承嗣为皇太子。但这次由于宰相岑长倩、格辅元极力反对,尽管后来武承嗣僭杀了岑、格二相,但武承嗣的阴谋仍未得逞。

王庆之为凤阁侍郎李昭德所杖杀，其党徒也四散而去。这场风波才得以平息。之后，李昭德又规劝则天女皇说："天皇，陛下之夫；皇嗣，陛下之子。陛下身有天下，当传之子孙为万代业，岂得以侄为嗣乎！自古未闻侄为天子而为姑立庙者也！且陛下受天皇顾托，若以天下与承嗣，则天皇不血食矣。"则天女皇想了想，还是同意了李昭德的这一说法。

公元692年5月，已擢为夏官侍郎的李昭德又秘密向则天女皇进言，说魏王武承嗣威权太重。女皇不以为然，认为武承嗣是自己的侄子，故"委以腹心"。李昭德极力争辩，说侄与姑母，岂能比上父子之亲？儿子还有弑父篡权者，何况侄子呢？如今承嗣已经是亲王，又做了宰相，其威权与人主相当，臣恐怕陛下不能久安于天子之位！则天女皇听了似有所感，不久即罢免了武承嗣的文昌左相、同凤阁鸾台平章事的职务，改授为特进，这是一个闲散的官职，在朝臣的力挫下，武承嗣谋做太子之事一再受阻。

时间一天天过去了。但武承嗣仍是贼心不死，因为他曾经为建立武周政权而摇旗呐喊，就是为了建立武氏王朝，企望有朝一日继则天女皇之后，能爬上皇帝宝座，女皇的另一个侄子武三思比武承嗣要小几岁，他野心膨胀，也是处心积虑地要做皇太子。他俩见姑母一天比一天衰老，而且还经常生病，求做太子之心更是急不可待。公元698年3月，武承嗣与武三思一再唆使朝臣上言则天女皇，说什么"自古天子未有以异姓为嗣者"。异姓是指武姓以外的人，其用意十分明白，就是李氏不能继承皇位，那么嗣皇位的只有武姓，当然就是武承嗣或武三思了。则天女皇听了虽然觉得有些道理，但仍未能下定决心，究竟是立儿子还是立侄子为皇太子。

尽管在武则天临朝称制时，对于主张归政于睿宗的宰相裴炎、刘祎之等人先后处以死刑，此后一般大臣不敢再明言恢复李氏皇统，但像李昭德那样真正倾心于唐室的大臣却不乏其人。鸾台侍郎狄仁杰就是其中的一人。公元698年3月的一天，他规劝则天女皇说："文皇帝栉风沐雨，亲冒锋镝，以定天下，传之子孙。大帝以二子托陛下。陛下今乃欲移之他族，无乃非天意乎！且姑侄之与母子孰亲？陛下立子，则千秋万岁后，配食太庙，承继无穷；立侄，则未闻侄为天子而祔姑于庙者也。"

狄仁杰所劝武则天要立子不立侄的话，与以前李昭德所说的大致相同，都是以身后的利害关系来劝说武则天。则天女皇听了，仍是拿不定主意，便说："此朕家事，卿勿预知。"

原来当年，在立武昭仪为皇后时，宰相李勣曾向高宗说过这样的话，以促使高宗下定决心，并以此来搪塞大臣。但这次并没有堵住狄仁杰的口，他听了这话以后并不退让，又进一步规谏女皇说："王者以四海为家，四海之内，孰非臣妾，何者不为陛下家事！君为元首，臣为股肱，义同一体，况臣备位宰相，岂得不预知乎！"

则天女皇无话可说，半天沉默不语。这时内史王及善、鸾台侍郎、同平章事王方庆也极力劝说，武则天才有些回心转意。

过了几天，武则天做了一个奇怪的梦，梦见一只大鹦鹉，羽毛非常丰满，可是两个翅膀却折断了，想飞又飞不起来。她猜不透这是什么征兆，便召来宰相，想问个究竟。众宰相听了都不解其意，无言以对，狄仁杰却站出来，谈了个人的意见。他认为梦中的"鹉",是陛下的"武"姓,两翅折断是指陛下的两个皇子庐陵王与皇嗣遇到了折磨。如果陛下能启用这两个皇子,两翅俱全,不就可翱翔长空了吗?

武则天听了,点头称是,从此才下定了传位于皇子的决心。

魏王武承嗣见女皇决意传位于皇子,自己多年的努力全部付诸东流,他懊恼自己不能被立为皇太子,做皇帝无望,心中怏怏不乐,抑郁成疾,就在这一年,他呜呼哀哉,命归黄泉了。

武则天晚年,精神减损,朝廷大政,全都交给诸宰相。这些宰相有狄仁杰、娄师德、王及善、姚元崇、李峤、苏味道、陆元方、魏元忠;也有武家族人武三思、武攸宁以及亲信之臣吉顼等人。其中尤以狄仁杰最受看重。

武则天在用人方面一直很清醒。唐朝的朝廷中枢大臣的设置,本就起着一种互相牵制的作用,用以提高皇帝的权威。武则天时更扩大宰相队伍,不仅用同中书门下三品这样的方式,而且还让低品级资历不够的人以同平章事的头衔来加入宰相行列。这样,武则天既可以不将全部的权力交付给元老重臣,使权力分散,又可以培养宰相之才,提拔任用。这是她在一拨宰相被清除,一拨宰相又兴起,即使在大杀之时,朝政仍得以正常运行的根本原因。在她暮年的权力中枢中,仍是这么一种互相制衡的机制。其中,吉顼是她的心腹,对她绝对忠心,又有谋略才干,出入内宫,起监视作用。武姓侄儿在中枢中,得以干预朝政,可以牵制诸宰相,既维护大周朝这么一个名号,但又不使武氏侄儿任意妄为。娄师德为人稳重,有丰富的治军、屯田经验,给他陇右诸军大使的身份,足可抵御强大的吐蕃,哪怕山东河北凶险有多大,始终没有更换娄师德的位置。陆元方不善细务,但大事不糊涂。王及善学问不及其他宰相,但有实际才干,为人清正难夺,有大臣之节。姚元崇头脑清晰,办事周密,是难得的和平宰相。苏味道温驯,不讲原则,不足以定大事,但这位人称"苏模棱"的宰相却有处理朝政的经验。在这些人之中,武则天尤敬重狄仁杰。狄仁杰才能见识超过诸宰相,又老成可靠,直率坦诚,公正无私,出则安定一方,政事远播;入则定夺大事,稳若磐石,在朝野都有很高的声望。尤其是他能针对武则天个性很强的特点,每决大事,必能打动武则天的心,从而得到她的赞许和支持,武则天尊重他,把他称为"国老"。自武则天执政以来,包括刘仁轨在内,还没有人能获得这等殊荣。

以前在西北,武则天付全权与娄师德,但70岁的娄师德已病弱不堪,终于在圣历二年去世。娄师德自上元初年拜为监察御史,至圣历二年,在武则天驾下历仕三十年。由于他器量过人,虽大狱屡兴,罗织不绝,他却与世无悖,从未涉及。其实,娄师德也是智慧超群,胆识不凡,但他却明时势,用一种大智若愚的姿态,来侍奉个性很强的女皇帝。所以刚直者遭忌,阿谀者被轻视,都难逃武则天的处置,起伏跌宕,危机四伏,唯有娄师德却能一直保全功名。娄师德死后,武则天开始命老将唐休璟代替他,唐休璟又数败吐蕃,威震四海,以年老召回朝廷。武则天又破格命左武卫铠曹参军郭元振代掌陇右诸军。郭元振在凉州南境的硖口设和戎城,北境碛中设白亭军,控制要冲,拓州境一千五百里,从此吐蕃不敢兵临城下。郭元振让甘肃刺史李汉通开置屯田,兴修水利,继承娄师德的屯田事业,使凉州粟麦达数千斛。后来还招来民众耕种,所积的军粮可给西北军队数十年之用。郭元振以一个六品参军而迅速升为大将,武则天看得很准。他抚慰将士,防御强敌,在凉州五年,各族畏慕,令行禁止,牛羊遍野,路不拾遗。武则天从他出使论钦陵军前的时候就看出他的胆略才干,女皇破格任用他,确为知人甚深。

狄仁杰从河北入京师后,御突厥没有合适人选。女皇又任用得力之人魏元忠为萧关道大总管,以备突厥。默啜虽强,始终没能从魏元忠那里讨到便宜,气焰稍挫,于是再次遣使求婚太子,遣回武延秀。魏元忠是武则天时期的又一位难得的文武全才。

既然大事委重诸臣,武则天就能经常听到大臣们的忠直谏劝,她本来就有隐忍、听谏的风度。武则天宠爱张易之兄弟,每侍内宴时,这两个小白脸戏弄群臣,王及善看不过去,屡奏以为不可。武则天不高兴,就对王及善说:"爱卿年高,不宜在内宫侍候宴游了,但检校外廷就可以了。"王及善听了不高兴,清服一个多月,武则天也不召他问事。王及善火了,叹道:"岂有中书令而有天子一天不见的事呢?到了什么程度!"乃上疏请退职休养。武则天却不肯放归,反让他担任文昌左相、同凤阁鸾台三品,只是不让他打扰内廷的热闹,王及善担任此职直到他去世。

久视元年,武则天在三阳宫避暑,有外国僧侣邀请皇上观葬舍利。武则天已准许并走到了半路上,狄仁杰赶过来跪奏马前,说:"佛为外族之神,不足以让天下之主屈驾,这些和尚诡诈多端,不过是想让陛下降临,为其扬名罢了,况且山路险狭,侍卫难近,皇上怎么好去呢?"武则天说:"好吧,我就回去,以成就我的直臣的气概。"

武则天又欲建造大佛像,以补偿天堂被火烧之缺憾。乃令天下僧尼每日出一钱来资助兴建。狄仁杰又上疏谏道:"现在的佛寺,规模已超过了皇宫。这种事情都是劳役人民建造起来的。财物可不是天上掉下来的,终究要从土地上长出来,不损害百姓,钱从哪里来?近来水旱不定,当今边境也还不很安宁。若大事兴建,既要耗费官库,又要浪费人力,一旦国家有难,将用什么来救急呢?"武则天听了,连忙说:"公教朕为善,朕怎么能违背呢!"于是下令免去这项工程。

狄仁杰喜欢劝谏,武则天无不听从,尊重他的意见。一次,狄仁杰随武则天游幸,遇风,将他的头巾吹掉了,而马受惊狂奔,武则天竟然让太子追上去牵住马缰系马,怕国老有失。狄仁杰老迈,屡次请退休,武则天都不肯。他每次入见武则天,武则天总不让他下拜,说:"每次见公拜时,朕就心痛。"为了照顾狄仁杰,武则天特地免除了他在宰相府值班的规定,并对其他宰相和狄仁杰的下属说:"如果不是什么军国大事的话,你们不要去烦劳狄公。"

狄仁杰曾向女皇推荐了像夏官侍郎姚元崇、监察御史桓彦范、太州刺史敬晖等数十人,无不得到武则天重用。有人对狄仁杰说:"天下桃李,尽在公门。"狄仁杰道:"荐贤为国,并非为私。"狄仁杰长子狄光嗣曾任司府丞。武则天令宰相各举尚书郎一人,狄仁杰荐狄光嗣。狄光嗣被封为地员外郎中,才能称职。武则天称赞狄仁杰说:"晋祁奚内举不避亲,爱卿可比之。"武则天见狄仁杰很老了,又一再请他推荐能人,问他:"朕欲得一佳士用之,你看谁合适呢?"狄仁杰说:"论文学修养,苏味道、李峤可以当选。如一定要有过人的奇才,则有荆州长史张柬之。他年纪虽老,但有宰相之才。"张柬之因谏和亲突厥的事让武则天不高兴,后来在蜀州刺史任上又奏罢姚州的守兵和州治,武则天没有采纳,就调他为荆州长史。听狄仁杰这么一说,就提拔他为洛州司马。过数日,又问狄仁杰,要他推荐将相才。狄仁杰说:"前时不是推荐了张柬之吗? 陛下还没有任用啊!"武则天说:"已迁升了。"武则天还没看出张柬之有什么大才。狄仁杰说:"臣所荐的是当宰相的人才,不是当司马的人才。"武则天乃又迁已八十岁的张柬之为秋官侍郎,然后又用为宰相。可见武则天对狄仁杰信任到何种程度。

久视元年九月,一代名宰相狄仁杰终于过世。武则天哭着说:"我的朝堂空了!我的朝堂空了!"她为狄仁杰举哀,罢朝三天,追赠狄仁杰为文昌右相。此后,朝廷每遇到大事而众臣不能解决时,她总是叹息着说:"老天爷啊,为什么这么早就夺走我的国老啊!"

长安二年,侍御史张循宪为河东采访史,有疑难事不能解决,急出病来,问侍从说:"这里有可与共议大事的人吗?"有人说平乡县尉张嘉贞有奇才,张循宪召见,就事问他,张嘉贞竟分析得清清楚楚,使他豁然开朗。张循宪回朝,对武则天说:"张嘉贞之才可以胜任御史台官员,请把我的官职俸禄给他。"武则天马上召见了张嘉贞。在内殿,武则天因见他是外臣,就隔着帘子和他说话。张嘉贞毫不怯懦地说:"我是一个小吏,而能进入九重,这是千载难逢的事。但在咫尺之间,如隔云雾,不能见到日月,恐怕君臣之道还没有尽到。"武则天听了,立即下令卷帘,跟他谈得很投机,随即破格提拔他为监察御史。又提升张循宪为司勋郎中,以奖赏他识人之功。

唐休璟在长安二年被征入朝后,武则天赐宴,吐蕃使者论弥萨正来求和,也被赐宴,屡次过来偷看唐休璟的模样。武则天问论弥萨为何对我大将这么感兴趣,他说:"此将军猛厉无敌,数败我军,所以想认识认识他。"武则天听了,即命提拔唐休璟为右武威、金吾二卫大将军,并任命为夏官侍郎,同凤阁鸾台三品。以宰相兼大将军,兵部侍郎,这是少有的提拔。当时,西突厥发生战事,武则天令唐休璟与诸宰相讨论此事。一会儿,奏疏就上来了,武则天令依议而行。后来十几日,安西诸州请兵接应,路程日期都如唐休璟所规划的。武则天说道:"恨用卿太晚哪。"接着又对诸宰相说:"休璟熟习边事,卿等十个抵不了他一个。"唐休璟对从碣石以西过四镇,这么宽阔的地方,绵亘万里,其山川要害,他都了如指掌,武则天之所以没有很早地起用他,为军国大事策划,只是因为西部有娄师德这个人,他的名资都太高了,难显唐休璟之才。

长安四年夏,武则天又心血来潮,下令税天下僧尼,作大佛像,命春官尚书武攸宁管理,糜费大概要巨亿。宰相李峤上疏说:"天下编户,贫弱者众,造像钱合计有一十七万余缗,若用来散施于民,人给一千,就可救济一百七十余户贫民。拯饥寒之弊,又能省劳役,顺乎诸佛慈悲之心,又使民众得沾圣君养育之意。人与神都高兴,是功德无穷的好事啊!"监察御史张廷珪也说:"臣即以时政论之,则宜先边境,蓄府库,养人力;以释教论之,则宜救苦厄,灭诸相,崇无为,伏愿陛下察臣之愚,行佛之意。"武则天听了,又罢此役,召见张廷珪,对他的直谏赞赏不已。

武则天继续求贤。又命宰相各举可为员外郎的人。韦嗣立就推荐岑羲,但说:"只是他的伯父是岑长倩,恐荐用不妥。"武则天说:"他只要有才干就用,与他伯父犯过罪有什么关系呢？"于是拜岑义为天官员外郎。武则天暮年用人识人，反而达到了她这方面智慧的顶点。特别是她当时已七十四高龄。在这个年龄头脑如此清醒、办事如此干练的皇帝更是寥若晨星了。

当时，宫中又出一才女，深得女皇的喜爱，她就是上官仪的孙女上官婉儿。麟德元年上官仪获罪被诛，上官婉儿时在襁褓之中，就随母没入宫廷为奴。唐代制度，没入宫廷的女犯手工巧的入内侍省掖庭局，从事手工劳动，无技能的隶属司农局，从事园圃内的劳作。上官婉儿母女没入掖庭局。当时武则天对上官仪废后之举虽然气愤，但因上官仪有才，本也是武则天劝高宗提升他的，恨不能为自己所用，也深为惋惜。所以对这俩母女还是很关照，令其母养育女儿，没有劳役之苦。上官婉儿之母，也是书香贵族之女，有诗文才学，一心一意教育女儿，以忘却破家之灾。据说当初上官婉儿还在母腹中时，其母梦见人赠给她一杆大秤，请巫者占梦，巫者说："当生贵子，将来要秉掌国政当宰相的。"后来生出来的却是个女儿，大家都笑巫者不灵验。没想到后来在中宗即位后，上官婉儿执掌诏令的草拟，参与政事，权盛于宰相。在宫中宴会上，中宗召文人赋诗作文，皆以上官婉儿作评判，所写评语众人悦服，真的"称量天下之士"。这当然是迷信传说，不足为凭。不过，上官婉儿自小聪颖异常，能说会道，姿容美丽。其母死后，武则天可怜她，特地在宫中召见她，一见喜爱，让她在宫内学习读书习礼，后来觉得此女像她的性格，更为喜爱，就让她随侍宫中，成为其侍女，并倚为心腹。

上官婉儿本来对武则天一直暗藏着仇恨。但她在女皇身边，渐渐地佩服起女皇的学识才干来，心中十分矛盾。一次，上官婉儿悖旨不恭，按律应处死，但武则天爱其才，不忍杀她，只是黥其面，其后又加意笼络。从此，上官婉儿彻底被女皇的人格精神所征服。自圣历元年起，女皇身体渐衰，就让已经三十四岁的上官婉儿帮助她起草诏令，掌管文墨，参决百司奏表。当年她自己年轻时所盼望的就是这样。在自己身上难以实现的东西，她要让它在上官婉儿身上实现，因为上官婉儿也是出类拔萃的女子。可惜人的命运不同。她虽有武则天那样的机遇，最终却随波逐流，在后来落得身首异处，不得善终。

十三　宠幸男宠

一个二十多岁的青年男子与一个七十岁出头的女人竟然行房事。从年龄看就像祖母和孙子。

张昌宗虽是由太平公主推荐来的，但他本人也非常愿意。

从第二天起，武则天就让他继续抹粉，涂胭脂，化妆成女人的样子。

不！并不是为了掩饰，武则天根本就不想掩饰，有什么好掩饰的。男子的妻子死了，可以再娶，女子死了丈夫当然可以再嫁。

张昌宗非常高兴。尽管武则天老了，可他却神气了。他原来那个以门荫得到的尚乘奉御，名义上是个官，可那叫官吗？一个马夫而已。现在不同了。从他进宫的第二天起。宫内的宫女，太监见了他全是恭敬地小声问好，见了他先给他让道。他到了宫外，哪怕是三品大员，见了他也是先打招呼，在以前行吗，你主动和人家说话,人家也不理你。为什么?还不是因为他骑上了皇上。

这么好的事,打着灯笼找不着,却被他张昌宗碰上了,真正是吉星高照。

武则天基本上满意了。张昌宗会让武则天更为满意的。仅仅过了十天。张昌宗对武则天道:"陛下,臣有一弟,通合炼之术。陛下可否一试?"

"尔弟何名?"

"张易之。"

"明天领来见朕。"

第二天,张昌宗把张易之领进宫。

武则天一看就相中了。

张易之面孔白皙,眉清目秀,比张昌宗还好像美了一点儿。

"你叫张易之?"

在张易之叩拜毕,武则天问道。

"臣张易之。"

"尔愿为朕办事吗?"

"能为陛下效力,臣之幸运。"

"你长得不错。"武则天满意地赞道。

"臣还粗通音律。"

"很好。"

夜间,张昌宗为了给张易之创造机会,为武则天服务。他对武则天道:"陛下,今夜由易之服侍陛下吧,臣到别处去安歇。"

"不!"武则天道。"由你兄弟二人共同服侍我。"

张昌宗当然留下了。

武则天仍然是先让二张为她脱光衣服,让二张欣赏她的裸体。

是营养好,还是天生的? 武则天虽已七十多岁了,皮肤仍然光泽、细腻、白嫩、无皱褶,不像个老人。

武则天的胆子大起来了。

在张易之入宫的第二天。

在早朝上,武则天即出勅:

"张昌宗任云麾将军,左千牛中郎将。"

"张易之为司卫少卿。"

"各赐第一区,绢五百段。"

"同京官塑望朝参。"

二张全神气起来了。

武三思,武懿宗及宗楚客,宗晋卿之流,往往在二张府第门外或门房等候,等二张出来,争着为二张执鞭,扯辔。

诸武及二宗呼张易之为五郎,呼张昌宗为六郎而不呼其名。

武则天突然想起,还有一件心愿未了。

贞观年间,令狐德叶等人撰《氏族志》。仍以崔王祖恒等世家列于前。

她下制,令重修,改名为《姓氏录》。《姓氏录》以武为第一姓,置于李之前。

武则天为了令张兄弟常在禁中,特令设置一官署,名之为"控鹤府"。特置控鹤府官员,以张易之为控鹤监,内供奉。原有官不动。张昌宗就任控鹤府为内供奉。

武则天忽然想起了有一密奏自荐,遂翻检旧密奏,找到了,原是柳模推荐自己的儿子柳良宾。

第二天。

武则天即令张昌宗召柳良宾入宫。

柳良宾也是个小白脸,且年轻。

武则天即令柳良宾为控鹤府之内供奉。

同时,武则天密令张易之、张宗昌、柳良宾等人招揽年轻,容貌完善的人入控鹤府。

女皇以二张兄弟为近侍,游山玩水,宴饮嬉笑,以消遣暮年的寂寞。这种行为自古以来为正直的大臣所反对。亲君子,斥小人,清心寡欲,役己利物,为臣下树立好榜样,为天下树立好风气,这是儒臣们对君主的理想。女皇晚年的这些行为,与这种理想是相违背的。因此一些敢于忠言直谏的大臣是看不惯的。狄仁杰、王及善等还活着时,对女皇屡有劝谏,但都有所保留。因为武则天并不是一个昏君,她虽亲近小人,但并不疏远君子,政事委与众宰相,而不让二张兄弟等近臣干预朝政,在朝堂上仍是树立清正之风,而不是奸佞之气。她虽然耽于宴游玩乐,但七十多岁高龄,却仍思维明敏缜密,也没有荒废政事。她崇尚奢华,广建宫宇,但还能重视农桑,轻用民力,国力没受太大的损伤。这对于比较实际的狄仁杰来讲,觉得女皇并不特别出格。自古帝王少有这种年迈而又清醒的人。女皇宠幸面首,虽事关风化,但古来哪个帝王不是三宫六院,粉黛成群。女皇这种行为是一个年老帝王的常情罢了。

但他们对近侍们干扰朝政,恃宠骄恣,就难以容忍了。张易之、张昌宗兄弟竞相以豪华奢侈相竞比,众臣已有微言。

十四 逊位归天

庐陵王李显虽然从房州回到洛阳,再次被立为皇太子,又已过七八年了,这时他已是长了胡子的年近半百的人了,却仍是迟迟不得即位亲政;而年逾八十的武则天尽管也是风烛残年,又连年闹病,是朝不保夕的老太婆,却仍然贪婪大宝之位,根本没有禅位的意思。在这种情况下,大臣中有意拥戴皇太子即位的人越来越多。

在这种情况下,终于发生了以宰相张柬之、桓彦范、敬晖、袁恕己、崔玄暐等五大臣为首的宫廷政变,而且取得了成功。

一场惊心动魄的宫廷政变终于蓄势待发。

正月二十日,张柬之、崔玄暐与桓彦范、敬晖等人率领左威卫将军薛思行所辖左右羽林兵五百余人来到玄武门,又派遣李多祚、李湛及内直郎、李显的女婿驸马都尉王同皎等人,到东宫去迎接太子李显。李显心里很害怕,迟疑不愿出来。女婿王同皎劝道:"先帝以神器付给殿下,殿下却横遭幽废,人神共愤,已经有二十三年了。今天北门羽林诸军与南衙众宰相都同心协力,以诛杀二张兄弟,恢复李唐社稷。希望殿下立即到玄武门,不要辜负大家的期望。"李显还在犹豫,结结巴巴地说:"凶竖诚当消灭,可是皇上身体不好,不要惊吓了她。请诸公暂且停止行动,日后再图。"李湛听不下去了,急说:"诸将相连身家性命都不顾来保卫国家,殿下难道让大家白白地去送死吗? 如殿下要停下不举,请自己出来制止他们去吧!"太子不得已,这才出来。

王同皎抱岳父李显上马,一路步行跟随到玄武门,破门而入。女皇这时在迎仙宫住着,张易之、张昌宗兄弟都在那里侍奉,听见外面有动静,出来看时,被张柬之命人拖到厕庑下斩首。然后众人拥着太子进到女皇的卧房长生院,士兵及众臣团团环绕侍卫着。女皇在昏睡中被惊醒问道:"谁在作乱?"张柬之答道:"张易之、张昌宗谋反,臣等奉太子之命,诛杀了他们,因为怕走漏消息,所以事先不敢奏明陛下。臣等在宫禁中用兵,真是罪该万死!"女皇明白了,她看到了太子李显,没想到儿子还会有这个胆量,就说:"是你啊!"又说:"两个小子既然已经杀了,你回东宫去吧!"

司刑少卿桓彦范上前说:"太子怎么能再回东宫去呢! 过去天皇把爱子托给陛下,现在年岁已不小了,却还久居在东宫。天意民心都在思念唐朝。群臣不忘太宗、天皇之德,故奉太子命诛杀贼臣。希望陛下传位给太子,以上顺天意、下遂民愿!"

女皇听了,心里难过,百感交集。没想到自己防备多年,最终仍没能笼络住臣下,有生之年看到了自己最不愿看到的情形。她看见李湛在,他是女皇早年的心腹李义府之子,女皇对他说:"你也来参加诛杀张易之、背叛朕的行动? 过去我待你们父子不薄,却有今天!"李湛羞愧得无言对答。女皇又看见崔玄暐也在里面,说道:"别人都是由别人推荐上来的,你却是朕亲自提拔上来的。竟也参加这种事!"崔玄暐说道:"臣下这就是为了报答陛下的大恩大德呀!"女皇没有再说什么,她已不能再主宰局势,只能听之任之。说了这么一回话,她已感疲倦,便躺下又复昏睡过去。

在外面,张易之的兄弟张昌期、张同仪、张同休等也被抓住斩首示众。袁恕己随同相王李旦统领南衙兵士巡视警卫着皇宫,以防备非常之事发生。

第二天,女皇下诏:由太子监国,大赦天下。他们计议,为安定人心,以袁恕己为凤阁侍郎,同平章事,同其他使者分赴十道各州去宣慰。

第三天,女皇下诏:传位给太子。

第四天,太子李显即皇帝位。根据他的庙号,史称他为中宗。大赦天下,唯有张易之党羽不赦。当年被周兴等酷吏枉杀的人,下令全部昭雪,子女没为奴的一概放出。以相王为安国相王,拜太尉,同凤阁鸾台三品。以太平公主为镇国太平公主。李姓皇族被没者,子孙皆恢复其属籍,按情况叙官。

第五天,女皇徙居上阳宫,由李湛在那里宿卫。在女皇迁居上阳宫的时候,只有宰相姚元之痛哭流涕。张柬之对他说:"今天难道是哭的时候吗? 恐怕你的大祸要来了!"姚元之说:"元之侍奉则天皇帝时间很久,突然与她分开,实在是悲痛难忍。前天我和你诛杀奸逆,是臣的情义;今天离别旧君主,也是臣的情义。即使因

·风流皇后·

图文珍藏版

此得罪,也是心甘情愿的。"在这时,其他人是不敢哭的。果然,就在这一天,宰相姚元之被贬为亳州刺史。

政变的时候,殿中监田归道率千骑宿卫玄武门,敬晖派人去索要千骑使用。田归道事先不知此政变,拒不给予,坚守不动,但也不敢阻拦。政变成功后,敬晖请奏杀田归道,田归道认为:拱卫天子是一个殿中监的职责,没有皇帝的命令,怎么能轻易就调动兵马?于是因此免死。中宗觉得他说的有道理,对皇上很忠心,马上又授给他太仆少卿的官职。政变之后,张柬之被任命为夏官尚书,同凤阁鸾台三品,崔玄暐为内史,袁恕己同凤阁鸾台三品,敬晖、桓彦范都为纳言。全部赐爵郡公。李多祚则赐爵辽阳郡王,王同皎为右千牛将军、琅琊郡公,李湛为右羽林大将军、赵国公。其余人员各按等升官赏赐。

政变第六天,中宗皇帝李显率领百官,到上阳宫拜见女皇,给女皇上尊号为则天大圣皇帝。自此以后,中宗每十日率百官探视一次女皇的起居。

这次政变,诸武之王都不知,事既成,竟无人敢动。

在唐中宗复位的第二天,即公元705年2月23日,退出皇位的武则天拖着病体,迁居上阳宫,被幽禁起来,由右羽林将军李湛负责监管与宿卫。曾杀死过唐高宗的几个亲生皇子与公主、幽禁了众多儿孙的武则天,如今自己也要品尝一下被亲生儿子幽闭的滋味,这无疑是一场悲剧。

2月28日,中宗皇帝再次率文武百官来到上阳宫,为太后请安。从此之后,中宗皇帝每隔十日就来这里为太后请安一次。中宗懦弱昏庸,虽然不得不赞成用武力把武则天赶下皇帝宝座,但武则天毕竟是他的亲生母亲,而且已是八十二岁高龄的老人,所以他也没有计较过去太后对他的排斥。

唐中宗对武则天的酷吏政治进行了清算。这年4月,他颁下制书,规定自公元684年以来,凡被破家的子孙皆恢复以前的资荫,授以官爵,只有李敬业与裴炎不在其内。其实,宰相裴炎正是为了维护唐宗室的利益,力主恢复李旦帝位而遭武则天所杀的。唐中宗对此却执迷不悟,致使裴炎继续蒙受冤枉,戴着谋反的帽子。

枭氏、蟒氏也都恢复其旧姓。在武则天争做皇后时,打败了情敌王皇后、萧淑妃,并将王氏改为蟒氏,萧氏改为枭氏。二人冤魂不散,常使武则天在梦里看到二人披发沥血、阴森恐怖的形象。如今已离开皇帝宝座、卧病在床的武则天听到这一消息,回忆起往事,仍然会有些不寒而栗吧!

唐中宗还颁下诏令说:周兴、来俊臣等酷吏,凡已经死去的要追夺他们的一切官爵,现仍活在世上的如唐奉一、李秦授、曹仁哲等一律罢免其所有官爵,并全部流放到岭南等险恶的地区。

在这次宫廷政变中,除了将武则天赶下皇帝宝座之外,武氏宗族其他成员并未曾受到什么打击。在诛杀张易之、昌宗兄弟时,洛州长史薛季昶曾规劝张柬之、敬晖要除掉武三思,他认为二凶虽除,吕产、吕禄犹在,不斩草除根,终当死而复生。吕产、吕禄是汉代吕后的侄子,这里借指武三思。但张柬之等人却认为,除去二张,大事已定,武三思不过是案上的一块肉,不能有什么作为,将来由皇太子复位后再惩治他好了。

唐中宗复位后,也没有对武三思采取什么行动,这大概是因为武则天以前曾让皇太子、相王与诸武在明堂宣誓，保证今后和睦相处，中宗不好违背誓言，大概是中宗没有看到武三思的潜在危险。但最主要的是由于武三思的投机钻营。

武三思是个惯于看风使舵的人。他见则天女皇一天比一天病弱，认为女皇在千秋万岁后，太子即位做了皇帝，如果能有皇帝这个靠山，谁还敢动自己？狡兔三窟的武三思转而把目标瞄准了皇太子，要从这里谋求一条出路。因此，武三思特为其子武崇训娶了皇太子爱女安乐公主为妻，以婚姻为纽带，加强了与皇太子的关系。唐中宗复位后，武崇训拜为驸马都尉、太常卿兼左卫将军，武三思也进为司空、同中书门下三品。这位昔日张氏兄弟的大红人，不但没受株连，反而摇身一变，成为诛灭张氏死党的有功之臣。

武三思还与上官昭容勾勾搭搭。上官昭容即上官婉儿，上官仪的孙女。由于她文才出众，颇受则天女皇青睐，由她掌管制诰。现在她已成为唐中宗的昭容，仍在宫中掌管制命，很受中宗与韦后宠信。于是武三思又通过上官昭容的帮助与韦后拉上了关系。由于武三思善于逢迎，又很快得到了韦后的宠幸。武三思时常出入后宫，有时甚至坐在御座上，与韦后玩双陆游戏。（双陆是一种棋类，以吃对方子多少决定输赢。）在二人游戏时，唐中宗亲自为他俩点子，"以为欢笑，丑声日闻于外"。

从此，武三思的地位更加稳固了。所以不管后来张柬之等人怎样劝唐中宗处治武三思，中宗始终不听。但为了顺从民心，唐中宗只得降低了诸武的爵位，梁王武三思降封为德静王，定王武攸暨降封为东寿王，河内王武懿宗等十二人都降封为公。

武则天自徙居上阳宫以后，终日抑郁不乐。她这个当年曾用铁鞭、匕首制服烈马狮子骢的人，在政治舞台上也曾叱咤风云二十多年的女皇帝，如今却落到如此下场，终日幽闭在上阳宫中，不得越雷池一步，她受到的压抑之大，自然是不言而喻的。这种压抑对她的身心摧残也是很严重的。

这时，武三思已完全博得唐中宗与韦皇后的宠信，上官昭容

武则天无字碑

也从中鼎力相助。韦皇后是个野心勃勃的女性，也想有朝一日，重温武则天的女皇梦。当时张柬之等五人皆为辅相，掌管朝政，是她登上皇帝宝座的最大障碍，因而把他们视为眼中钉、肉中刺，必欲拔之而后快。武三思对张柬之等人也是既惧又